Das Widerrufsrecht in der Verbraucherkreditrichtlinie 2008/48/EG

Europäische Hochschulschriften Recht

European University Studies in Law

Publications Universitaires Européennes de Droit

Band/Volume **6070**

Silke Maas

Das Widerrufsrecht in der Verbraucherkreditrichtlinie 2008/48/EG

PETER LANG

Bibliografische Information der Deutschen Nationalbibliothek
Die Deutsche Nationalbibliothek verzeichnet diese Publikation in der Deutschen Nationalbibliografie; detaillierte bibliografische Daten sind im Internet über http://dnb.d-nb.de abrufbar.

Zugl.: Münster (Westf.), Univ., Rechtswissenschaftliche Fakultät, Diss. 2017

D 6
ISSN 0531-7312
ISBN 978-3-631-78106-7 (Print)
E-ISBN 978-3-631-78617-8 (E-PDF)
E-ISBN 978-3-631-78618-5 (EPUB)
E-ISBN 978-3-631-78619-2 (MOBI)
DOI 10.3726/b15464

Peter Lang – Berlin · Bern · Bruxelles · New York · Oxford · Warszawa · Wien

Diese Publikation wurde begutachtet.

www.peterlang.com

Meinen Eltern

Vorwort

Die vorliegende Arbeit wurde im Sommersemester 2017 von der Rechtswissenschaftlichen Fakultät der Westfälischen Wilhelms-Universität Münster als Dissertation angenommen. Zur Drucklegung wurde die Arbeit noch einmal aktualisiert. Gesetzesstand, Rechtssprechung und Literatur konnten bis Februar 2018 berücksichtigt werden.

Bedanken möchte ich mich bei meinem Doktorvater Prof. Dr. Dr. h.c. Reiner Schulze für die Anregung des Themas sowie für die Begleitung der Arbeit. Prof. Dr. Ingo Saenger gilt Dank für die schnelle Erstellung des Zweitgutachtens.

Herzlich bedanken möchte ich mich bei Prof. Dr. André Janssen und Ulrich Intveen, die mich während der gesamten Promotionszeit auf vielfältige Art und Weise unterstützt und damit zum Gelingen der Arbeit beigetragen haben. Großer Dank gebührt auch Dr. Birthe Hericks und Dr. Arne Alberts für die fachkundige Durchsicht und die mühevolle Arbeit des Korrekturlesens. Bedanken möchte ich mich zudem bei meinen ehemaligen Lehrstuhlkolleginnen und -kollegen am Centrum für Europäisches Privatrecht in Münster sowie bei meinen Freunden und Weggefährten für ihre Hilfsbereitschaft und aufmunternden Worte.

Mein besonderer Dank gilt meinem Ehemann Manuel Rossak, der mir in den letzten Jahren nicht nur den Rücken freigehalten hat, sondern mir stets zugesprochen, mich motiviert und aufgefangen hat. Zutiefst bedanken möchte ich mich schließlich bei meinen Eltern, Ingrid und Ludger Maas, die mich jederzeit verständnisvoll und vorbehaltlos unterstützt, gefördert und begleitet haben. Ihnen ist diese Arbeit gewidmet.

Berlin, März 2019 Silke Maas

Inhaltsübersicht

Inhaltsverzeichnis

Abkürzungsverzeichnis

a. A.	anderer Ansicht
ABl.	Amtsblatt
Abs.	Absatz, Absätze
AbzG	Gesetz betreffend die Abzahlungsgeschäfte (Abzahlungsgesetz)
AcP	Archiv für civilistische Praxis
ACQP	Acquis-Prinzipien
AEUV	Vertrag über die Arbeitsweise der Europäischen Union
a. F.	alte Fassung
AG	Amtsgericht
AGB	Allgemeine Geschäftsbedingungen
AGBG	Gesetz zur Regelung des Rechts der allgemeinen Geschäftsbedingungen
AGG	Allgemeines Gleichbehandlungsgesetz
Alt.	Alternative
ÄndG.	Änderungsgesetz
Anm.	Anmerkung
AnwKomm	Anwaltskommentar
Art.	Artikel, Artikeln
AT	Allgemeiner Teil
Aufl.	Auflage
Az.	Aktenzeichen
B-to-B	Business-to-business
B-to-C	Business-to-consumer
BAG	Bundesarbeitsgericht
BB	Der Betriebsberater
Bd.	Band
BeurkG	Beurkundungsgesetz
BGB	Bürgerliches Gesetzbuch
BGBl.	Bundesgesetzblatt
BGH	Bundesgerichtshof
BGHZ	Entscheidungen des Bundesgerichtshofs in Zivilsachen
BKR	Zeitschrift für Bank- und Kapitalmarktrecht
Brüssel–I-VO	Verordnung EG Nr. 44/2001 des Rates vom 22. Dezember 2000 über die gerichtliche Zuständigkeit und die Anerkennung und Vollstreckung von Entscheidungen in Zivil- und Handelssachen.
Brüssel–Ia-VO	Verordnung EU Nr. 1215/2012 des Europäischen Parlaments und des Rates vom 12. Dezember 2012 über die gerichtliche Zuständigkeit und die Anerkennung und Vollstreckung von Entscheidungen in Zivil- und Handelssachen (Neufassung).

bspw.	beispielsweise
BT-Drs.	Verhandlungen des Bundestages – Drucksachen
BWNotZ	Baden Württembergische Notarzeitschrift
bzgl.	bezüglich
bzw.	beziehungsweise
C. cons	Code de la consommation
C-to-C	Consumer-to-consumer
ca.	circa
CEE	Communauté économique européenne
Ch.	Chapter
c.i.c.	culpa in contrahendo
CISG	United Nations Convention on Contracts for the International Sale of Goods / Übereinkommen der Vereinten Nationen über Verträge über den internationalen Warenkauf vom 11.4.1980 (UN-Kaufrecht)
CLJ	Consumer Law Journal
CML Rev.	Common Market Law Review
CR	Computer und Recht
D.	Dalloz
DB	Der Betrieb
DCFR	Draft Common Frame of Reference/Entwurf eines Gemeinsamen Referenzrahmens
ders.	derselbe
d. h.	das heißt
dies.	dieselbe, dieselben
DZWir	Deutsche Zeitschrift für Wirtschafts- und Insolvenzrecht
€	Euro
EC	European Community
EEA	Einheitliche Europäische Akte
EFTA	European Free Trade Association, Europäische Freihandelsassoziation
EFZG	Gesetz über die Zahlung des Arbeitsentgelts an Feiertagen und im Krankheitsfall (Entgeltfortzahlungsgesetz)
EG	Europäische Gemeinschaft; Vertrag zur Gründung der Europäischen Gemeinschaft ab 1. Mai 1999
EGBGB	Einführungsgesetz zum Bürgerlichen Gesetzbuch
EGV	Vertrag zur Gründung der Europäischen Gemeinschaft bis 1. Mai 1999
Einf.	Einführung
Einl.	Einleitung
einschl.	einschließlich
EL	Ergänzungslieferung
EP	Europäisches Parlament
ErbbauRG	Erbbaurechtsgesetz

ERCL	European Review of Contract Law
et al.	et alii, et aliae
etc.	et cetera
EU	Europäische Union
EuGH	Europäischer Gerichtshof
EuGVÜ	Übereinkommen von Brüssel über die gerichtliche Zuständigkeit und die Vollstreckung gerichtlicher Entscheidungen in Zivil- und Handelssachen von 1968 (konsolidierte Fassung), ABl. EG Nr. C 27 vom 26. Januar 1998, S. 1–33.
EuGVVO; EuGVO	Verordnung (EG) Nr. 44/2001 des Rates vom 22.12.2000 über die gerichtliche Zuständigkeit und die Anerkennung und Vollstreckung von Entscheidungen in Zivil- und Handelssachen
EuEheVO; Brüssel IIa- Verordnung	Verordnung (EG) Nr. 2201/2003 des Rates über die Zuständigkeit und die Anerkennung und Vollstreckung von Entscheidungen in Ehesachen und in Verfahren betreffend die elterliche Verantwortung und zur Aufhebung der Verordnung (EG) Nr. 1347/2000
EuInsVO	Verordnung (EG) Nr. 1346/2000 des Rates vom 29. Mai 2000 über Insolvenzverfahren
EuLF	European Legal Forum
EuR	Europarecht
EUV	Vertrag über die Europäische Union
EuVTVO	Verordnung (EG) Nr. 805/2004 des Europäischen Parlamentes und des Rates vom 21. April 2004 zur Einführung eines europäischen Vollstreckungstitels für unbestrittene Forderungen
EuZustellungsVO	Verordnung (EG) Nr. 1348/2000 des Rates vom 29. Mai 2000 über die Zustellung gerichtlicher und außergerichtlicher Schriftstücke in Zivil- oder Handelssachen in den Mitgliedstaaten
EuZW	Europäische Zeitschrift für Wirtschaftsrecht
e.V.	eingetragener Verein
EVÜ	Europäisches Schuldvertragsübereinkommen
EWG	Europäische Wirtschaftsgemeinschaft
EWGV	Vertrag über die Europäische Wirtschaftsgemeinschaft
EWiR	Entscheidungen zum Wirtschaftsrecht
EWS	Europäisches Wirtschafts- und Steuerrecht
ex.	ehemals
f.	folgende (Seite)
FARL	Fernabsatzrichtlinie (Richtlinie 97/7/EG des Europäischen Parlaments und des Rates vom 20. Mai 1997 über den Verbraucherschutz bei Vertragsabschlüssen im Fernabsatz, ABl. EG Nr. L 144 vom 4. Juni 1997, S. 19–27)

FARLF	Fernabsatzrichtlinie für Finanzdienstleistungen (Richtlinie 2002/65/EG des Europäischen Parlaments und des Rates vom 23. September 2002 über den Fernabsatz von Finanzdienstleistungen an Verbraucher und zur Änderung der Richtlinie 90/619/EWG des Rates und der Richtlinien 97/7/EG und 98/27/EG)
ff.	fortfolgende (Seiten)
FLF	Finanzierung Leasing Factoring
Fn.	Fußnote
frz.	französisch
FS	Festschrift
GA	Generalanwalt
GbR	Gesellschaft bürgerlichen Rechts
GEK	Gemeinsames Europäisches Kaufrecht
gem.	gemäß
ggf.	gegebenenfalls
ggü.	gegenüber
GmbH	Gesellschaft mit beschränkter Haftung
GPR	Zeitschrift für Gemeinschaftsprivatrecht
GRUR	Gewerblicher Rechtsschutz und Urheberrecht
HausratsVO	Hausratsverordnung
HGB	Handelsgesetzbuch
HGRL	Haustürgeschäfterichtlinie (Richtlinie 85/577/EWG des Rates vom 20. Dezember 1985 betreffend den Verbraucherschutz im Falle von außerhalb von Geschäftsräumen geschlossenen Verträgen, ABl. EG Nr. L 372 vom 31. Dezember 1985, S. 31)
Hk-BGB	Handkommentar zum BGB
Hrsg.	Herausgeber
Hs.	Halbsatz
HWiG	Gesetz über den Widerruf von Haustürgeschäften
i.d.F.	in der Fassung
i.d.R.	in der Regel
insbes.	insbesondere
i. S. d.	im Sinne des/der
i. S. e.	im Sinne eines/einer
i. S. v.	im Sinne von
i. V. m.	in Verbindung mit
JA	Juristische Arbeitsblätter
JBl.	Juristische Blätter
JCP	Journal of Consumer Policy
JURA	Juristische Ausbildung
jurisPR-ITR	Juris Praxis Report IT-Recht
JuS	Juristische Schulung
JZ	Juristenzeitung

Kap.	Kapitel
KJ	Kritische Justiz
KKG	Bundesgesetz über den Konsumentenkredit (Konsumentenkreditgesetz)
KMU	kleine und mittlere Unternehmen
KOM	Europäische Kommission
K&R	Kommunikation & Recht
KRL	Klauselrichtlinie (Richtlinie 93/13/EWG des Rates vom 5. April 1993 über mißbräuchliche Klauseln in Verbraucherverträgen, ABl. EG Nr. L 95 vom 21. April 1993, S. 29–34)
KSchG	Kündigungsschutzgesetz
KWG	Gesetz über das Kreditwesen
LG	Landgericht
lit.	Litera
LPartG	Lebenspartnerschaftsgesetz
MDR	Monatsschrift für Deutsches Recht
MittBayNot	Mitteilungen des Bayerischen Notarvereins der Notarkasse und der Landesnotarkammer Bayern
Mrd.	Milliarden
MüKo	Münchener Kommentar
m. w. N.	mit weiteren Nachweisen
NJOZ	Neue Juristische Onlinezeitschrift
NJW	Neue Juristische Wochenschrift
NJW-RR	Neue Juristische Wochenschrift Rechtsprechungs-Report Zivilrecht
Nr.	Nummer
NZA	Neue Zeitschrift für Arbeitsrecht
NZI	Neue Zeitschrift für das Recht der Insolvenz und Sanierung
ÖBA	Bank Archiv, Zeitschrift für das gesamte Bank- und Börsenwesen
OLG	Oberlandesgericht
ORDO	Jahrbuch für die Ordnung von Wirtschaft und Gesellschaft
PECL	Principles of European Contract Law
PEL S	Principles of European Law: Sales
ProdHaftG	Produkthaftungsgesetz
ProstG	Prostitutionsgesetz
PRRL	Pauschalreiserichtlinie (Richtlinie 2015/2302/EU des europäischen Parlaments und des Rates vom 25. November 2015 über Pauschalreisen und verbundene Reiseleistungen, zur Änderung der Verordnung (EG) Nr. 2006/2004 und der Richtlinie 2011/83/EU des Europäischen Parlaments und des Rates sowie zur Aufhebung der Richtlinie 90/314/EWG des Rates, ABl. EU Nr. L 326 vom 11. Dezember 2015, S. 1–33)

RabelsZ	Rabels Zeitschrift für ausländisches und internationales Privatrecht
RIW	Recht der internationalen Wirtschaft
RL	Richtlinie
RMC	Revue du marché commun
Rn.	Randnummer
Rs.	Rechtssache
Rspr.	Rechtsprechung
RTDE	Revue Trimestrielle de Droit Européen
S.	Satz, Seite, Seiten
Slg.	Sammlung der Rechtsprechung des Gerichtshofs und des Gerichts erster Instanz der Europäischen Gemeinschaften
sog.	sogenannter, sogenannte, sogenanntes
TSRL 1994	Timesharing-Richtlinie von 1994 (Richtlinie 94/47/EG des Europäischen Parlaments und des Rates vom 26. Oktober 1994 zum Schutz der Erwerber im Hinblick auf bestimmte Aspekte von Verträgen über den Erwerb von Teilzeitnutzungsrechten an Immobilien, ABl. EG Nr. L 280 vom 29. Oktober 1994, S. 83–87)
TSRL 2009	Timesharing-Richtlinie von 2009 (Richtlinie 2008/122/EG des Europäischen Parlaments und des Rates vom 14. Januar 2009 über den Schutz der Verbraucher im Hinblick auf bestimmte Aspekte von Teilzeitnutzungsverträgen, Verträgen über langfristige Urlaubsprodukte sowie Wiederverkaufs und Tauschverträgen, ABl. EG Nr. L 33 vom 3. Februar 2009, S. 10–30)
u. a.	unter anderem
ugs.	umgangssprachlich
UKlagG	Unterlassungsklagengesetz
UN	United Nations (Vereinte Nationen)
Unidroit	Institut International pour l'Unification du Droit Privé/International Institute for the Unification of Private Law/Internationales Institut für die Vereinheitlichung des Privatrechts
Urt.	Urteil
usw.	und so weiter
u. U.	unter Umständen
UWG	Gesetz gegen den unlauteren Wettbewerb
v.	von, vom
VAHRG	Versorgungsausgleich-Härtegesetz
VerbrKrG	Verbraucherkreditgesetz
Verf.	Verfasser
VersR	Versicherungsrecht
VGKRL	Verbrauchsgüterkaufrichtlinie (Richtlinie 99/44/EG des Europäischen Parlaments und des Rates vom 25. Mai 1999 zu bestimmten Aspekten des Verbrauchsgüterkaufs und

	der Garantien für Verbrauchsgüter, ABl. EG Nr. L 171 vom 7. Juli 1999, S. 12–16)
vgl.	vergleiche
VKRL 1986	Verbraucherkreditrichtlinie von 1986 (Richtlinie 87/102/EWG des Rates vom 22. Dezember 1986 zur Angleichung der Rechts- und Verwaltungsvorschriften der Mitgliedstaaten über den Verbraucherkredit, ABl. EG Nr. L 42 vom 12. Februar 1987, S. 48–53)
VKRL 2008	Verbraucherkreditrichtlinie von 2008 (Richtlinie 2008/48/EG des Europäischen Parlaments und des Rates vom 23. April 2008 über Verbraucherkreditverträge und zur Aufhebung der Richtlinie 87/102/EWG des Rates, ABl. EG Nr. L 133 vom 22. Mai 2008, S. 66–92)
Vorb.	Vorbemerkung
VRRL	Verbraucherrechterichtlinie (Richtlinie 2011/83/EU des Europäischen Parlaments und des Rates vom 25. Oktober 2011 über die Rechte der Verbraucher, zur Abänderung der Richtlinie 93/13/EWG des Rates und der Richtlinie 1999/44/EG des Europäischen Parlaments und des Rates sowie zur Aufhebung der Richtlinie 85/577/EWG des Rates und der Richtlinie 97/7/EG des Europäischen Parlaments und des Rates, ABl. EU Nr. L 304 vom 22. November 2011, S. 64–88)
VuR	Verbraucher und Recht
WEG	Wohnungseigentumsgesetz
WIKRL	Wohnimmobilienkreditrichtlinie (Richtlinie 2014/17/EU des Europäischen Parlaments und des Rates vom 4. Februar 2014 über Wohnimmobilienkreditverträge für Verbraucher und zur Änderung der Richtlinie 2008/48/EG und 2013/13/EU und der VO (EU) Nr. 1093/2010, ABl. EU L 60 vom 28. Februar 2014, S. 34–85)
WM	Wertpapiermitteilungen
WRP	Wettbewerb in Recht und Praxis
z. B.	zum Beispiel
ZBB	Zeitschrift für Bankrecht und Bankwirtschaft
ZEuP	Zeitschrift für Europäisches Privatrecht
ZfgKW	Zeitschrift für das gesamte Kreditwesen
ZfRV	Zeitschrift für Rechtsvergleichung
ZGS	Zeitschrift für das gesamte Schuldrecht
ZHR	Zeitschrift für das gesamte Handels- und Wirtschaftsrecht
ZJS	Zeitschrift für das Juristische Studium
ZIP	Zeitschrift für Wirtschaftsrecht und Insolvenzpraxis
ZPO	Zivilprozessordnung
ZRP	Zeitschrift für Rechtspolitik
ZVI	Zeitschrift für Verbraucher- und Privat-Insolvenzrecht

§ 1 Einleitung und Gang der Arbeit

> *„EU consumer protection rules can make a real difference in the lives of citizens, by protecting the vulnerable party, by protecting David when he is negotiating with Goliath. It is important to know that in these difficult times of financial crisis, EU Law is there to ensure fairness.“*[1]
>
> Viviane Reding

A. Hintergrund und Problemstellung

Das Widerrufsrecht ist eine der wichtigsten Errungenschaften des europäischen Verbraucherrechts. Es erlaubt dem Verbraucher, einen Vertragsschluss zu überdenken und sich ggf. von dem Vertrag ohne Angabe von Gründen wieder zu lösen. Damit rüttelt das Widerrufsrecht an dem auf das kanonische Recht zurückgehenden Grundpfeiler des Vertragsrechts *pacta sunt servanda* – Verträge sind einzuhalten.[2] Dieser Grundsatz wird beim Widerrufsrecht zugunsten der materiellen Vertragsfreiheit, die auf ein ausgeglichenes Vertragsverhältnis abzielt, in dem beide Vertragsparteien eine selbstverantwortliche Entscheidung treffen können,[3] aufgeweicht.

Das Widerrufsrecht findet sich bereits in der Haustürgeschäfterichtlinie,[4] in der Fernabsatzrichtlinie,[5] in der Fernabsatzrichtlinie für Finanzdienstleistungen[6] und

1 *Viviane Reding*, Towards a more coherent enforcement of EU consumer rules, Speech 13/237 vom 19. März 2013.

2 *Wolter*, Ius canonicum in iure civili, 11, 100 ff.; *Zimmermann*, JZ 2007, 1 (5, 9); *Lorenz*, Der Schutz vor dem unerwünschten Vertrag, 30 f.

3 *Drexl*, Die wirtschaftliche Selbstverantwortung des Verbrauchers, 294.

4 Richtlinie 85/577/EWG des Rates vom 20. Dezember 1985 betreffend den Verbraucherschutz im Falle von außerhalb von Geschäftsräumen geschlossenen Verträgen, ABl. EG Nr. L 372 vom 31. Dezember 1985, S. 31–33.

5 Richtlinie 97/7/EG des Europäischen Parlaments und des Rates vom 20. Mai 1997 über den Verbraucherschutz bei Vertragsabschlüssen im Fernabsatz, ABl. EG Nr. L 144 vom 4. Juni 1997, S. 19–27.

6 Richtlinie 2002/65/EG des Europäischen Parlaments und des Rates vom 23. September 2002 über den Fernabsatz von Finanzdienstleistungen an Verbraucher und zur Änderung der Richtlinie 90/619/EWG des Rates und der Richtlinien 97/7/EG und 98/27/EG, ABl. EG Nr. L 271 vom 9. Oktober 2002, S. 16–24.

in der Timesharing-Richtlinie[7] und wurde in der Verbraucherrechterichtlinie[8] aus dem Jahr 2011 mit dem Ziel einer weiteren Rechtsangleichung weiterentwickelt.

Mit Verabschiedung der Verbraucherkreditrichtlinie am 23. April 2008[9] wurde erstmals auf europäischer Ebene im Verbraucherkreditrecht ein Widerrufsrecht eingeführt. Diese Neuerung ist von hoher praktischer Bedeutung und großer Tragweite für Unternehmer und Verbraucher. Denn der Verbraucherkredit ist einerseits häufiges Instrument zur Absatzförderung der Unternehmer, andererseits kann er durch seine meist komplizierte Ausgestaltung mit langen Laufzeiten und seiner leichten Verfügbarkeit für die Finanzierung zahlreicher unterschiedlicher Geschäfte zur Überschuldung von Verbrauchern beitragen und damit ihre wirtschaftliche Existenz bedrohen oder gar zerstören.

Der europäische Gesetzgeber führt in den Erwägungsgründen für die Einführung des Widerrufsrechts in das Verbraucherkreditrecht lediglich das Ziel der „Angleichung der Art und Weise der Ausübung des Widerrufsrechts auf verwandte Sachgebiete“[10] an. Dies wirft die Frage auf: Lassen sich die Widerrufsbestimmungen der „verwandten Sachgebiete“ überhaupt sinnvollerweise auf das Verbraucherkreditrecht übertragen?

In der vorliegenden Arbeit wird daher untersucht, ob das Widerrufsrecht der Verbraucherkreditrichtlinie dem Verbraucherschutzkonzept des übrigen Gemeinsamen Besitzstandes, dem Acquis communautaire,[11] folgt und ob dadurch ein

---

7 Richtlinie 2008/122/EG des Europäischen Parlaments und des Rates vom 14. Januar 2009 über den Schutz der Verbraucher im Hinblick auf bestimmte Aspekte von Teilzeitnutzungsverträgen, Verträgen über langfristige Urlaubsprodukte sowie Wiederverkaufs- und Tauschverträgen, ABl. EG Nr. L 33 vom 3. Februar 2009, S. 10–30.

8 Richtlinie 2011/83/EU des Europäischen Parlaments und des Rates vom 25. Oktober 2011 über die Rechte der Verbraucher, zur Abänderung der Richtlinie 93/13/EWG des Rates und der Richtlinie 1999/44/EG des Europäischen Parlaments und des Rates sowie zur Aufhebung der Richtlinie 85/577/EWG des Rates und der Richtlinie 97/7/EG des Europäischen Parlaments und des Rates, ABl. EU Nr. L 304 vom 22. November 2011, S. 64–88.

9 Richtlinie 2008/48/EG des Europäischen Parlaments und des Rates vom 23. April 2008 über Verbraucherkreditverträge und zur Aufhebung der Richtlinie 87/102/EWG des Rates, ABl. EG Nr. L 133 vom 22. Mai 2008, S. 66–92.

10 Erwägungsgrund 34 der Verbraucherkreditrichtlinie von 2008.

11 Der „gemeinschaftliche Besitzstand“ oder frz. „Acquis communautaire“ umfasst den gesamten Bestand an europäischen Rechtsnormen. Zum Begriff des Acquis communautaire *Martens*, EuZW 2010, 527, 529; *Jansen*, JZ 2006, 536 (537). Da im Folgenden das Widerrufsrecht der Verbraucherkreditrichtlinie, die selbst Bestandteil des Acquis communautaire ist, im Kontext des verbrauchervertragsrechtlichen Besitzstandes analysiert werden soll, wird der Begriff Acquis communautaire benutzt, um die verbraucherschützenden Richtlinien zu bezeichnen, die ein Widerrufsrecht regeln, mit Ausnahme der Verbraucherkreditrichtlinie. Um dies kenntlich zu machen, wird in diesen Fällen die Bezeichnung „im übrigen Acquis communautaire“ gewählt.

ausgeglichenes Verhältnis zwischen Verbraucher und Unternehmer geschaffen wird.

Insbesondere dadurch, dass auf Unionsebene das Recht zunehmend angeglichen wird und – wie in der Verbraucherrechterichtlinie – Rechtsinstitute sektorübergreifend zusammengeführt werden, ist es von Bedeutung, die Besonderheiten und speziellen Erfordernisse eines so sensiblen Rechtsgebietes wie dem des Verbraucherkreditrechts näher herauszuarbeiten. Es ist zu prüfen, ob ein Widerrufsrecht im Verbraucherkreditrecht gerechtfertigt werden kann, um den Ausnahmecharakter des Widerrufsrechts zu wahren. Das Widerrufsrecht dient dazu, Ungleichgewichte in Geschäften zwischen Unternehmern und Verbrauchern auszugleichen.[12]

Zudem ist zu untersuchen, ob die auf europäischer Ebene mittlerweile vereinheitlichten Begriffe des Verbrauchers und des Unternehmers auch beim Verbraucherkredit verwendet werden können oder ob diese speziell für den Verbraucherkredit angepasst werden müssen. Anders als etwa der Käufer im Fernabsatz oder beim Haustürgeschäft befindet sich der Kreditnehmer aufgrund seiner wirtschaftlichen Lage in einer stärkeren Drucksituation. Die Sensibilität des Kreditgeschäfts kann es notwendig machen, den Kreis der Schutzbedürftigen auszuweiten. Dies führt wiederum zu der Frage, welches Verbraucherleitbild der Verbraucherkreditrichtlinie zugrunde liegt und wie sich dies zu dem Verbraucherleitbild im übrigen Acquis communautaire verhält.

Neben dem Anwendungsbereich müssen auch die Modalitäten des Widerrufsrechts so ausgestaltet werden, dass die Interessen von Unternehmer und Verbraucher ausgeglichen werden. Für die Regelungen zum Widerrufsrecht im übrigen Acquis communautaire wird diskutiert, wie die Fülle an Informationen, die dem Verbraucher zuteilwerden, vermieden werden kann, ob das Widerrufsrecht durch die Einführung eines absoluten Fristendes, durch Verzicht, Verwirkung oder Mitwirken eines Notars eingeschränkt werden kann und ob der Verbraucher gegenüber dem Unternehmer bei Ausübung seines Widerrufsrechts nutzungsersatzpflichtig wird.[13] Von besonderem Interesse ist die Frage, ob und wie das Widerrufsrecht der Verbraucherkreditrichtlinie diese Themenfelder im Vergleich zu den anderen Widerrufsrechten aufgreift und ob die Richtlinie damit wichtige Impulse für die Weiterentwicklung des Widerrufsrechts im Acquis communautaire setzt.

Schließlich ist zu untersuchen, wie sich die Vorschrift der Verbraucherkreditrichtlinie von 2008 zu den verbundenen Verträgen zu den Regelungen über verbundene Verträge im übrigen Acquis communautaire verhält und ob sie Auswirkungen auf die vorangegangene EuGH-Rechtsprechung zu den sog. Schrottimmobilien-Fällen[14] hat. In diesen Fällen werden Verbraucher in einer Haustürsituation zum

---

12 *Schulze/Zoll*, Europäisches Vertragsrecht, § 3, Rn. 120.

13 Vgl. § 4 C. II. 2.

14 Auf europäischer Ebene ist insbesondere zu verweisen auf EuGH, Urteil v. 13. Dezember 2001, Rs. C-481/99 – Heininger, Slg. 2001, I-9945; EuGH, Urteil v. 25. Oktober 2005, Rs. C-350/03 – Schulte, Slg. 2005, I-9215; EuGH, Urteil v. 25. Oktober 2005, Rs.

Erwerb einer Immobilie oder zum Beitritt zu einem geschlossenen Immobilienfonds gedrängt. Vor Verabschiedung der Verbraucherkreditrichtlinie von 2008 führte ein Widerruf dieser Verträge bzw. ihrer Kreditverträge entweder dazu, dass sich der Widerruf nach nationalem Recht nicht auf den verbundenen Vertrag erstreckte, oder dazu, dass er für den Verbraucher nicht kostenfrei war. In beiden Fallkonstellationen musste der EuGH mangels unionsrechtlicher Regelung der Rechtsfolgen des Widerrufs sich damit begnügen, auf eine angemessene Umsetzung der damals einschlägigen Haustürgeschäfterichtlinie zu verweisen, die den verbraucherschützenden Zweck der Richtlinie berücksichtigt.[15]

B. Gang und Methodik der Untersuchung

I. Gang der Untersuchung

Die vorliegende Arbeit widmet sich zunächst der Entwicklung der Verbraucherkreditrichtlinie von der Ursprungsrichtlinie von 1986[16] bis zur überarbeiteten Verbraucherkreditrichtlinie von 2008 (§ 2). Dabei konzentriert sich die Untersuchung auf das Harmonisierungskonzept, den Anwendungsbereich und die Schutzinstrumente, soweit dies für die Einordnung des Widerrufsrechts in den übrigen Acquis communautaire relevant ist.

Im nächsten Schritt (§ 3) soll als Grundlage für den anschließenden Vergleich mit der Verbraucherkreditrichtlinie die europäische Verbraucherschutzkonzeption untersucht werden. Dazu sind die Entwicklung des europäischen Vertragsrechts auf politischer Ebene, marktökonomische Aspekte und die Ausgestaltung der verbraucherschützenden Richtlinien, die ein Widerrufsrecht als Schutzinstrument beinhalten, sowie der Entwurf eines Gemeinsamen Referenzrahmens maßgeblich.[17]

C-229/04 – Crailsheimer Volksbank, Slg. 2005, I-9273; EuGH, Urteil v. 15. April 2010, Rs. C-215/08 – Friz, Slg. 2010 I-00000.

15 EuGH, Urteil v. 25. Oktober 2005, Rs. C-350/03 – Schulte, Slg. 2005, I-9215, Rn. 69, 71; EuGH, Urteil v. 15. April 2010, Rs. C-215/08 – Friz, Slg. 2010 I-00000, Rn. 43.

16 Richtlinie 87/102/EWG des Rates vom 22. Dezember 1986 zur Angleichung der Rechts- und Verwaltungsvorschriften der Mitgliedstaaten über den Verbraucherkredit, ABl. EG Nr. L 42 vom 12. Februar 1987, S. 48–53.

17 *Von Bar et al.*, Principles, Definitions and Model Rules of European Private Law. Draft Common Frame of Reference (DCFR), Outline Edition. Bei dem Entwurf eines Gemeinsamen Referenzrahmens zum europäischen Vertragsrecht handelt es sich um ein wissenschaftliches Regelwerk, das auf den Principles of European Law (PEL) und auf den Acquis-Prinzipien aufbaut. Dabei beruhen die PEL auf den Rechtstraditionen der EU-Mitgliedstaaten und die Acquis-Prinzipien auf den bereits bestehenden Regeln des Gemeinsamen Besitzstandes des europäischen Vertragsrechts. Der Entwurf des Gemeinsamen Referenzrahmens stützt sich bei den Regelungen zum Widerrufsrecht lediglich auf die Acquis-Prinzipien; Besonderheiten der Acquis-Prinzipien

Im zentralen Kapitel (§ 4) werden die Widerrufsvorschriften der Verbraucherkreditrichtlinie mit den Widerrufsrechtsbestimmungen der Fernabsatzrichtlinie für Finanzdienstleistungen, mit der Verbraucherrechterichtlinie, mit der Timesharing-Richtlinie und mit dem Entwurf eines Gemeinsamen Referenzrahmens verglichen und auf ihre Effektivität im Kontext der Verbraucherschutzkonzeption hin überprüft.[18] Die Untersuchung gliedert sich dabei in die Abschnitte *Rechtfertigung*, *Persönlicher Anwendungsbereich*, *Modalitäten der Ausübung des Widerrufsrechts* und *Rechtsfolgen*. Durch die Diskussion der Stärken und Schwächen der Vorschriften der Verbraucherkreditrichtlinie im Vergleich zu den übrigen Widerrufsvorschriften werden Lösungen zur Verbesserung der Widerrufsrechtsvorschriften im Acquis communautaire vorgeschlagen.

Nach einem Ausblick über die möglichen Weiterentwicklungen des Widerrufsrechts im Acquis communautaire unter Einbeziehung des Verbraucherkreditrechts (§ 5) schließt die Arbeit mit einer Zusammenfassung der wesentlichen Ergebnisse (§ 6).

II. Methodik

Die Rechtswissenschaft beschäftigt sich bereits lange Zeit mit dem Rechtsvergleich zwischen dem Recht zweier oder mehrerer Staaten, um auf diese Weise nach Lösungen zu suchen, die auch die Lücken und Probleme in der eigenen Rechtsordnung beheben.[19] Im Europäischen Privatrecht entstanden mit den verbraucherschützenden Richtlinien sektorspezifische Regelungen, die untereinander nicht aufeinander abgestimmt wurden.[20] Dies betrifft auch das Schutzinstrument des Widerrufsrechts, das bereits im Jahr 1985 Gegenstand der Haustürgeschäfterichtlinie war und seitdem als Instrument in zahlreichen verbraucherschützenden Richtlinien Eingang gefunden hat.[21] Mit der Revision der Richtlinien konnten zwar einige Regelungen wie z.B. die unterschiedlichen Längen der Widerrufsfristen

---

werden im Rahmen der Analyse des Entwurfs des Gemeinsamen Referenzrahmens berücksichtigt.

18 Da die Widerrufsrechtsvorschriften des Kommissionsvorschlags über ein Gemeinsames Europäisches Kaufrecht sich an denen der Verbraucherrechterichtlinie orientieren und bezüglich der zu prüfenden Aspekte im Vergleich zur Verbraucherrechterichtlinie keine anderen Regelungen aufweisen, wird der Vorschlag über ein Gemeinsames Europäisches Kaufrecht nicht in die Prüfung mit einbezogen. Auf Entwicklungen hinsichtlich der Systematik der Widerrufsrechte wird im Ausblick eingegangen.

19 *Zweigert/Kötz*, Einführung in die Rechtsvergleichung, 14 ff.

20 *Von Vogel* in Riesenhuber/Nishitani (Hrsg.), Wandlungen oder Erosion der Privatautonomie?, 143; *Zöchling-Jud*, AcP 212 (2012), 550 (551 ff.).

21 *Eidenmüller* in Eidenmüller/Faust/Grigoleit/Jansen/Wagner/Zimmermann (Hrsg.), Revision des Verbraucher-*acquis*, 110.

angepasst werden. Es existieren jedoch weiterhin Unterschiede bei den Regelungen der Widerrufsrechtsausübung und der Rechtsfolgen.[22]

Ähnlich wie beim Rechtsvergleich von Rechtsvorschriften verschiedener Rechtsordnungen kann ein sektorübergreifender Vergleich der Widerrufsrechtsvorschriften im Europäischen Privatrecht dabei helfen, Unterschiede auszumachen, sie zu hinterfragen und Lösungsansätze zu finden, die auch für das Widerrufsrecht in einem anderen Sektor übertragbar wären und eine Fortentwicklung und Verbesserung darstellen würden. Dieser Vergleich kann allerdings nicht alleine stehen, sondern bedarf eines Ziels. Sinn und Zweck des Widerrufsrechts ist es, ein Marktungleichgewicht dadurch auszugleichen, dass dem Verbraucher zusätzliche Bedenkzeit eingeräumt wird und ihm die Möglichkeit gegeben wird, mithilfe weiterer Informationen eine selbstbestimmte und rationale Entscheidung über das Aufrechterhalten des Vertrages zu treffen.[23] Mit der Maßgabe dieser Zielsetzung kann der Vergleich der Widerrufsvorschriften dazu beitragen, dass sich Regelungen zum Widerrufsrecht durchsetzen, die im Sinne des Verbraucherschutzes ein effektives Rechtsinstrument darstellen. Dabei sind stets die Interessen der Unternehmer und der Verbraucher gegeneinander abzuwägen und eine Lösung zu wählen, die unter dem Gesichtspunkt der Zweckmäßigkeit und Effektivität dem Verbraucher am besten schützt.

Die Untersuchung der Widerrufsvorschriften unterteilt sich in die Abschnitte Rechtfertigung, Persönlicher Anwendungsbereich, Modalitäten der Ausübung des Widerrufsrechts und Rechtsfolgen und folgt damit der Reihenfolge in den Widerrufsvorschriften. Es wird stets zunächst die Widerrufsvorschriften der übrigen verbraucherschützenden Richtlinien und des Entwurfs eines Gemeinsamen Referenzrahmens analysiert und einen gemeinsamen Nenner gesucht, bevor die Regelung der Verbraucherkreditrichtlinie von 2008 mit diesem verglichen und diskutiert wird. Schließlich wird darauf aufbauend untersucht, wie die Widerrufsvorschriften der Verbraucherkreditrichtlinie von 2008 in ein allgemeines Widerrufsrecht für alle Vertragssituationen und Vertragstypen integriert werden können.

---

22 *Heiderhoff*, Europäisches Privatrecht, § 6, Rn. 321.
23 *Schulze/Zoll*, Europäisches Vertragsrecht, § 3, Rn. 120.

§ 2 Entwicklung, Harmonisierungskonzept und Inhalt der Verbraucherkreditrichtlinie (2008/48/EG)

Die Richtlinie zum Verbraucherkredit wurde am 23. April 2008 nach einem langen und beschwerlichen Weg verabschiedet, der auf europäischer Ebene bereits 1974 seinen Anfang nahm.[24] Ein erster großer Schritt zur Harmonisierung des Verbraucherkreditmarktes auf europäischer Ebene stellt die Verabschiedung der Verbraucherkreditrichtlinie 87/102/EWG am 22. Dezember 1986 dar. Daher sind zunächst die Entstehung und der Inhalt der Verbraucherkreditrichtlinie 87/102/EWG (A.) und deren Änderungsrichtlinien von 1990[25] (B.) und 1998[26] (C.) zu untersuchen, bevor auf die Vorarbeiten und neuen Regelungen der Verbraucherkreditrichtlinie 2008/48/EG (D.) eingegangen werden kann, die zuletzt eine Änderung durch die Wohnimmobilienkreditrichtlinie[27] erfahren hat. Dabei wird das Augenmerk auf die Entwicklung des Harmonisierungskonzepts und das Widerrufsrecht als Schutzinstrument gelegt.

A. Die Verbraucherkreditrichtlinie (87/102/EWG)

I. Entstehung der Verbraucherkreditrichtlinie 87/102/EWG

Im März 1974 legte die Kommission der Europäischen Gemeinschaften ein Arbeitspapier mit dem Titel „Vorschläge für Artikel, die als Grundlage eines Entwurfs einer Richtlinie über Verbraucherkredit zur Diskussion gestellt

---

24 Eine ausführliche Darstellung zur Entwicklung der Verbraucherkreditrichtlinie von 1986 in *Hüttebräuker*, Die Entstehung der EG-Richtlinien über den Verbraucherkredit, 13 ff.

25 Richtlinie 90/88/EWG des Rates vom 22. Februar 1990 zur Änderung der Richtlinie 87/102/EWG zur Angleichung der Rechts- und Verwaltungsvorschriften der Mitgliedstaaten über den Verbraucherkredit, ABl. EG Nr. L 61 vom 10. März 1990, S. 14.

26 Richtlinie 98/7/EG des Europäischen Parlaments und des Rates vom 16. Februar 1998 zur Änderung der Richtlinie 87/102/EWG zur Angleichung der Rechts- und Verwaltungsvorschriften der Mitgliedstaaten über den Verbraucherkredit, ABl. EG Nr. L 101 vom 1. April 1998, S. 17–23.

27 Richtlinie 2014/17/EU des Europäischen Parlaments und des Rates vom 4. Februar 2014 über Wohnimmobilienkreditverträge für Verbraucher und zur Änderung der Richtlinien 2008/48/EG und 2013/36/EU und der Verordnung (EU) Nr. 1093/2010, ABl. EU Nr. L 60 vom 28. Februar 2014, S. 34–85.

werden“ vor, das eine Diskussion zu den Kernfragen einer Richtlinie über den Verbraucherkredit, wie den persönlichen und sachlichen Anwendungsbereich oder die Frage nach einem Widerrufsrecht und seinen Voraussetzungen, entfachen sollte.[28] Dieses erste Arbeitspapier wurde innerhalb der in der Kommission zuständigen Arbeitsgruppe Verbraucherkredit mit Vertretern der Kreditinstitute in zwei Sitzungen, am 25. und 26. April und am 18. bis 20. November 1974, intensiv diskutiert.[29] Während der weiteren Vorarbeiten an einem Richtlinienvorschlag zum Verbraucherkredit hat der Rat am 14. April 1975 das erste Verbraucherschutzprogramm der Europäischen Wirtschaftsgemeinschaft angenommen.[30] In diesem Verbraucherschutzprogramm wurde die Harmonisierung der Vertragsbedingungen im Verbraucherkredit in erster Linie zum Schutz der wirtschaftlichen Interessen der Verbraucher verstanden. Zuvor hatten Untersuchungen auf dem Gebiet des Kreditmarktes hierzu eine Schutzbedürftigkeit des Verbrauchers belegt.[31]

Den endgültigen Vorschlag für eine Richtlinie des Rates zur Angleichung der Rechts- und Verwaltungsvorschriften der Mitgliedstaaten über den Verbraucherkredit hat die Kommission dem Rat am 27. Februar 1979 vorgelegt.[32] Nachdem die Kommission aufgrund der Stellungnahmen des Wirtschafts- und Sozialausschusses[33] und des Parlaments[34] im Jahr 1984 einen geänderten Richtlinienvorschlag unterbreitet hatte,[35] wurde die Richtlinie 87/102/EWG zur Angleichung der

---

28 *Freiherr Marschall von Bieberstein*, Gutachten zur Reform des finanzierten Abzahlungskaufs, 112.

29 Die Arbeitsgruppe setzte sich aus Mitgliedern der Generaldirektion Binnenmarkt, der Generaldirektion für wirtschaftliche und finanzielle Angelegenheiten, des juristischen Dienstes und aus Mitarbeitern der Dienststelle Umwelt- und Verbraucherschutz zusammen.

30 Erstes Programm der Europäischen Wirtschaftsgemeinschaft für eine Politik zum Schutz und zur Unterrichtung der Verbraucher, ABl. EG Nr. C 92 vom 25. April 1975, S. 2–16.

31 *Reich/Micklitz*, Verbraucherschutzrecht in den EG-Staaten, 154 ff.; *Kirschen*, RMC 1990, 621 (621); für Deutschland zudem *Reich/Micklitz*, Verbraucherschutzrecht in der Bundesrepublik Deutschland, 344 ff.

32 Vorschlag für eine Richtlinie des Rates zur Angleichung der Rechts- und Verwaltungsvorschriften der Mitgliedstaaten über den Verbraucherkredit vom 21. Februar 1979, KOM(79) 69 endg., ABl. EG Nr. C 80 vom 27. März 1979, S. 4.

33 Stellungnahme des Wirtschafts- und Sozialausschusses, ABl. EG Nr. C 133 vom 7. Mai 1980, S. 22.

34 Entschließung zum Abschluss des Verfahrens der Konsultation des Europäischen Parlaments zu dem Vorschlag der Kommission der Europäischen Gemeinschaften an den Rat für eine Richtlinie zur Angleichung der Rechts- und Verwaltungsvorschriften der Mitgliedstaaten über den Verbraucherkredit vom 4. Juli 1983, ABl. EG Nr. C 242 vom 12. September 1983, S. 10.

35 Änderung des Vorschlags für eine Richtlinie des Rates zur Angleichung der Rechts- und Verwaltungsvorschriften der Mitgliedstaaten über den Verbraucherkredit vom

Rechts- und Verwaltungsvorschriften der Mitgliedstaaten über den Verbraucherkredit schließlich am 22. Dezember 1986 vom Rat erlassen.

Die Verbraucherkreditrichtlinie von 1986 ist insgesamt weit hinter dem zweiten Vorschlag der Kommission von 1984 zurückgeblieben.[36] Grund hierfür ist zum einen die wirtschaftliche Bedeutung der Richtlinie, die eine Reihe von Interessengruppen veranlasste, Stellung zu nehmen und zur Diskussion beizutragen. Zum anderen führte das Einstimmigkeitserfordernis im Rat zu einer Kompromisslösung auf dem kleinsten gemeinsamen Nenner aller Mitgliedstaaten.[37] Daher mussten einige Regelungen – wie auch die Einführung eines Widerrufsrechts – mangels Einigung zunächst ausgeklammert werden.

II. Harmonisierungskonzept der Verbraucherkreditrichtlinie 87/102/EWG

Die Verbraucherkreditrichtlinie von 1986 stützt sich nach intensiver Diskussion zwischen dem Parlament und der Kommission auf Art. 100 EWGV (jetzt Art. 115 AEUV). Art 115 AEUV begründet eine Kompetenzgrundlage der EU zur Angleichung derjenigen Rechts- und Verwaltungsvorschriften, die sich unmittelbar auf die Errichtung oder das Funktionieren des Binnenmarktes auswirken.

1. Rechtsgrundlage

Nach dem Prinzip der begrenzten Einzelermächtigung, das in Art. 5 Abs. 1, S. 1, Abs. 2 EUV (ex. Art. 3 b EWGV) verankert ist, sind die Organe der EU nur zur Verwirklichung der im EUV (damals noch im EWGV und dann im EG) festgesetzten Ziele zuständig, sodass jede Maßnahme auf Unionsebene einer Rechtfertigung aus dem EUV (EWGV; EG) bedarf.[38]

Die heute für die verbraucherschützenden Maßnahmen herangezogene Rechtsgrundlage in Art. 114 AEUV existierte noch nicht und erhielt erst mit dem Inkrafttreten der Einheitlichen Europäischen Akte von 1986[39] Einzug in den

---

13. Juni 1984, KOM(84) 342 endg., ABl. EG Nr. C 183 vom 10. Juli 1984, S. 4–16; zu der langen und wechselvollen Vorgeschichte der Verbraucherkreditrichtlinie von 1986 auch *Kirschen*, RMC 1990, 299 (302).

36 *Schmelz/Klute*, ZIP 1989, 1509 (1511); *Gilles*, ZRP 1989, 299 (302), der durch die Verbraucherkreditrichtlinie von 1986 lediglich ein „verbraucherschutzpolitisches Minimum" verwirklicht sieht.

37 Die Verbraucherkreditrichtlinie von 1986 erging noch vor der Einheitlichen Europäischen Akte vom 28. Februar 1986, ABl. EG Nr. L 169 vom 29. Juni 1987, S. 1–28, die am 1. Juli 1987 in Kraft getreten ist.

38 *Streinz*, Europarecht, § 6 I, Rn. 544 f.; *Hüttebräuker*, Die Entstehung der EG-Richtlinien über den Verbraucherkredit, 22; *Haratsch/Koenig/Pechstein*, Europarecht, Rn. 155 ff.

39 Einheitliche Europäische Akte vom 28. Februar 1986, ABl. EG Nr. L 169 vom 29. Juni 1987, S. 1–28.

EWGV.[40] Daher stützte die Kommission die Verbraucherkreditrichtlinie von 1986 auf Art. 100 EWGV (jetzt 115 AEUV). Dieser Artikel erlaubt noch heute dem Rat, Richtlinien zur Angleichung der Rechts- und Verwaltungsvorschriften der Mitgliedstaaten zu erlassen, die sich unmittelbar auf die Errichtung oder das Funktionieren des Binnenmarktes auswirken. Art. 115 AEUV (ex. Art. 100 EWGV; ex. Art. 94 EG) stellt damit zwar eine Ermächtigungsgrundlage dar, die den Unionsorganen bei dem Erlass von Unionsrecht[41] einen weiten Spielraum lässt.[42] Die Richtlinien, die auf der Grundlage von Art. 115 AEUV erlassen werden, müssen allerdings einstimmig vom Rat in einem besonderen Gesetzgebungsverfahren nach Vorschlag der Kommission und nach Anhörung des Europäischen Parlaments sowie des Wirtschafts- und Sozialausschusses beschlossen werden.[43]

Als Begründung für die Harmonisierung nach Art. 100 EWGV (jetzt Art. 115 AEUV) führte die Kommission an, dass die unterschiedlichen Rechtsvorschriften für Verbraucherkredite die Verbraucher davon abhielten, einen Kredit in einem anderen Mitgliedstaat aufzunehmen. Dies führe zu einer Verfälschung des Wettbewerbs zwischen den Kreditgebern auf dem Gemeinsamen Markt, die sich im Volumen und in der Art der in Anspruch genommenen Kredite sowie im Erwerb von Waren und Dienstleistungen niederschlage.[44]

2. Ziele

Die Verbraucherkreditrichtlinie von 1986 verfolgt zwei Ziele: die Errichtung eines einheitlichen europäischen Verbraucherkreditmarktes und die Verbesserung des Schutzes des Verbrauchers vor missbräuchlichen Kreditbedingungen.[45] Dabei wird in den Erwägungsgründen vordergründig die Notwendigkeit der Errichtung eines

---

40 Schwarze/*Herrnfeld*, EU-Kommentar, Art. 114 AEUV, Rn. 3; Calliess/Ruffert/*Korte*, EUV/AEUV, Art. 114 AEUV, Rn. 3; *Streinz*, EUV/AEUV, Art. 114 AEUV, Rn. 1.

41 Die Verschmelzung der Europäischen Gemeinschaft mit der Europäischen Union durch den Vertrag von Lissabon bringt auch eine sprachliche Veränderung mit sich. Die Gemeinschaftsorgane werden zu Unionsorganen. Auch wenn der Begriff „Gemeinschaft" für das Privatrecht eine passendere und tiefgründigere Bedeutung aufweist, soll im Folgenden vom Unionsprivatrecht die Rede sein. Vgl. zu der Begrifflichkeit *Müller-Graff*, GPR 2008, 105 (105) ff.

42 Grabitz/Hilf/Nettesheim/*Tietje*, Das Recht der Europäischen Union, Bd. II, Art. 115 AEUV, Rn. 9; *Grundmann*, Europäisches Schuldvertragsrecht, 4.10, Rn. 8.

43 Lenz/Borchard/*Fischer*, EU-Verträge Kommentar, Art. 115 AEUV, Rn. 4; zur Schwierigkeit der Erzielung einer Einstimmigkeit *Eiden*, Die Rechtsangleichung gemäß Art. 100 des EWG-Vertrages, 96 ff.

44 *Hoffmann*, Die Reform der Verbraucherkredit-Richtlinie (87/102/EWG), 23.

45 *Henrich* in Canaris/Zaccaria (Hrsg.), Die Umsetzung von zivilrechtlichen Richtlinien der Europäischen Gemeinschaft in Italien und Deutschland, 25; *Hoffmann*, Die Reform der Verbraucherkredit-Richtlinie (87/102/EWG), 24; *Ritz*, Harmonisierungsprobleme bei der Umsetzung der EG-Richtlinie 87/102 über den Verbraucherkredit, 6; Staudinger/*Kessal-Wulf*, Einl. zu §§ 491 ff., Rn. 2; Ulmer/Habersack/*Ulmer*, VerbrKrG,

gemeinsamen Verbraucherkreditmarktes genannt.[46] Es wird argumentiert, dass die Rechtsvorschriften im Bereich des Verbraucherkreditrechts in den Mitgliedstaaten sehr unterschiedlich ausgestaltet seien.[47] Dadurch könnten zum einen Wettbewerbsverzerrungen entstehen und zum anderen könnte der Verbraucher davon abgehalten werden, in einem anderen Mitgliedstaat einen Kredit aufzunehmen. Die divergierenden Rechtsvorschriften würden auf diese Weise den freien Waren- und Dienstleistungsverkehr beeinflussen und zu einer direkten Beeinträchtigung des Gemeinsamen Marktes führen. Dies laufe der Errichtung eines Gemeinsamen Marktes zuwider.

Das zentrale Ziel der Verbraucherkreditrichtlinie von 1986 ist jedoch in einem verbesserten Verbraucherschutz zu sehen.[48] Die Verbraucherkreditrichtlinie von 1986 knüpft an die Vorgaben der „Programme der EG für eine Politik zum Schutz und zur Unterrichtung der Verbraucher“[49] an. Im ersten Programm wird die Notwendigkeit einer Unionspolitik hervorgehoben, „die auf den Schutz der Verbraucher abzielt und die durch Zusammenfassung, Verstärkung und Ergänzung der Arbeiten der Gemeinschaft auf diesem Gebiet das Bemühen der Gemeinschaft unterstreicht, die Lebensqualität ihrer Einwohner zu verbessern“.[50] Daher strebt die Verbraucherkreditrichtlinie von 1986 nicht nur die Schaffung eines einheitlichen Mindestschutzes für Verbraucher im Bereich des Verbraucherkreditrechts auf EU-Ebene an, sondern geht darüber hinaus und zielt auf eine Verwirklichung des Mindestverbraucherschutzes auf hohem Niveau ab.[51] Das Ziel eines Verbraucherschutzes auf hohem Niveau findet sich heute ausdrücklich als geteilte Zuständigkeit in Art. 4 Abs. 2 lit. f AEUV wieder.

3. Mindestharmonisierung

Die Verbraucherkreditrichtlinie von 1986 zielt darauf ab, die Rechts- und Verwaltungsvorschriften der Mitgliedstaaten über den Verbraucherkredit in einem gewissen Umfang anzugleichen. Dennoch besagen bereits die Erwägungsgründe, dass es

---

Vorb., Rn. 12; Graf von Westphalen/Emmerich/Rottenburg/*Emmerich*, VerbrKrG, Einl. zu § 1, Rn. 24.

46 Vgl. Erwägungsgründe 2, 4 der Verbraucherkreditrichtlinie von 1986.

47 Vgl. für den Überblick über die Rechtslage in den Mitgliedstaaten vor dem Erlass der VKRL 1986 *Emmerich*, FLF 1991, 140 (142).

48 *Henrich* in Canaris/Zaccaria (Hrsg.), Die Umsetzung von zivilrechtlichen Richtlinien der Europäischen Gemeinschaft in Italien und Deutschland, 25; Ulmer/Habersack/*Ulmer*, VerbrKrG, Vorb., Rn. 12.

49 *Schmelz/Klute*, ZIP 1989, 1509 (1511), die die Verbraucherschutzprogramme als Anstoß für die Entwicklung einer Verbraucherkreditrichtlinie ansehen.

50 Erstes Verbraucherschutzprogramm, ABl. EG Nr. C 92 vom 25. April 1975, Einführung, Rn. 1.

51 Graf von Westphalen/Emmerich/Rottenburg/*Emmerich*, VerbrKrG, Einl. zu § 1, Rn. 24.

den Mitgliedstaaten überlassen bleiben soll, unter Beachtung der Verpflichtungen aus dem EU-Recht Maßnahmen zum Schutz der Verbraucher zu erlassen, die über den Umfang der Richtlinie hinausgehen. Die Verbraucherkreditrichtlinie von 1986 legt damit nur einen Mindeststandard fest und räumt den Mitgliedstaaten eine zusätzliche Gestaltungsfreiheit ein, die lediglich durch ihre Pflichten aus dem EU- und AEU-Vertrag beschränkt wird. Art. 15 VKRL 1986 erlaubt den Mitgliedstaaten somit ausdrücklich, weitergehende Vorschriften aufrechtzuerhalten oder neu zu erlassen.[52]

Von der Mindestharmonisierung sind nur solche nationalen Vorschriften betroffen, die den Anwendungsbereich der Richtlinie berühren. Der Schutz der Vorschriften darf dann nicht hinter den Standard zurückfallen, den die Richtlinie setzt. Für Regelungen der Mitgliedstaaten außerhalb des Anwendungsbereichs der Richtlinie kommt die Mindestklausel in Art. 15 VKRL 1986 nicht zur Anwendung. Insoweit haben die Mitgliedstaaten weiterhin die volle Regelungshoheit.[53]

Das Konzept der Mindestharmonisierung verstößt nicht gegen das Ziel, ein hohes Verbraucherschutzniveau in den Mitgliedstaaten zu schaffen. Zwar regelt die mindestharmonisierte Richtlinie lediglich *Mindeststandards*, die bei der Transformation in das nationale Recht nicht unterschritten werden dürfen. Dies bedeutet jedoch nicht, dass sich der europäische Gesetzgeber auf einen *minimalharmonisierten* Standard einigt. Vielmehr werden Regelungen zum Schutz des Verbrauchers verabschiedet, die für jeden Mitgliedstaat noch vertretbar sind. Gleichzeitig werden die Mitgliedstaaten aufgerufen, durch nationale Regelungen über diese Mindeststandards hinauszugehen.[54]

Darüber hinaus muss Beachtung finden, dass die Technik der Mindestharmonisierung einen wesentlichen Beitrag dazu geleistet hat, dass eine Teilharmonisierung im Bereich des Verbraucherkreditrechts überhaupt erreicht werden konnte. Das Einstimmigkeitserfordernis im Rat und die unterschiedlichen Vorstellungen der Mitgliedstaaten über ein gemeinsames Verbraucherschutzniveau haben eine Einigung über eine Verbraucherkreditrichtlinie deutlich erschwert.

Dennoch besteht der Nachteil, dass die Mitgliedstaaten bei mindestharmonisierten Richtlinien unterschiedlich strenge Vorschriften zum Verbraucherkredit erlassen und damit das Ziel der Errichtung eines funktionierenden Binnenmarktes, in

---

52 *Conrad*, Das Konzept der Mindestharmonisierung, 81 ff.; *Wagner*, Das Konzept der Mindestharmonisierung, 53 ff.; *Hoffmann*, Die Reform der Verbraucherkredit-Richtlinie (87/102/EWG), 25; *Henrich* in Canaris/Zaccaria (Hrsg.), Die Umsetzung von zivilrechtlichen Richtlinien der Europäischen Gemeinschaft in Italien und Deutschland, 25; Staudinger/*Kessal-Wulf*, Einl. zu §§ 491 ff., Rn. 2; Bülow/Artz/*Bülow*, Verbraucherkreditrecht, Einf., Rn. 4; Lenz/Borchard/*Fischer*, EU-Verträge Kommentar, Vorb. Art. 114–118 AEUV, Rn. 10; *Wolf* in FS Heinsius, 967 (969 f.).

53 *Hoffmann*, Die Reform der Verbraucherkredit-Richtlinie (87/102/EWG), 26; *Grundmann*, Europäisches Schuldvertragsrecht, 4.10, Rn. 42.

54 *Streinz*, EUV/AEUV, Art. 114 AEUV, Rn. 29 ff.

dem ein freier Waren-, Dienstleistungs- und Kapitalverkehr herrscht, beeinträchtigt wird.[55] Vor allem Deutschland hatte – anders als etwa Italien – die Verbraucherkreditrichtlinie von 1986 durch das Verbraucherkreditgesetz (VerbrKrG) deutlich *überschießend* umgesetzt.[56] So fanden die Vorschriften zum Widerrufsrecht (§ 7 VerbrKrG), zur Höhe der Verzugszinsen und der Anrechnung von Teilleistungen (§ 11 VerbrKrG), zu den Voraussetzungen für die Gesamtfälligstellung bei Teilzahlungskrediten (§ 12 VerbrKrG) und zu den schützenden Vorschriften hinsichtlich des Abschlusses von Kreditvermittlungsverträgen (§§ 15–17 VerbrKrG) keine Anhaltspunkte in der Verbraucherkreditrichtlinie von 1986. Dies resultiert vor allem daraus, dass in Deutschland bereits vor Verabschiedung des auf die Verbraucherkreditrichtlinie von 1986 zurückzuführenden Verbraucherkreditgesetzes detaillierte Regelungen zum Abzahlungsgeschäft existierten, die teilweise durch das Verbraucherkreditgesetz übernommen und auf sämtliche Formen des Verbraucherkredites übertragen wurden.[57] Darüber hinaus bestand Handlungsbedarf, als die Kosten für Kleinkredite explosionsartig anstiegen, nachdem 1967 die staatliche Zinsregulierung im Kreditwesen durch die „Verordnung über die Aufhebung der Zinsverordnung und von Bestimmungen über die Kosten für Teilfinanzierungskredite und Kleinkredite“[58] beseitigt worden war.[59] Dies führte dazu, dass zahlreiche Kreditverträge enorme Überschreitungen des Marktzinses aufwiesen und dass schätzungsweise fast jeder zweite Kreditvertrag sittenwidrig war.[60] Viele Kreditverträge wurden notleidend und mussten vorzeitig gekündigt werden. Im Jahre 1979 waren 48 % aller Privathaushalte in der Bundesrepublik wegen eines Konsumentenkredits verschuldet.[61] Es

55 *Schmelz/Klute*, ZIP 1989, 1509 (1515); *Grimm*, Das neue Verbraucherkreditgesetz, 120; *Gilles*, ZRP 1989, 299 (303); *Wolf* in FS Heinsius, 967 (974), der in der Ausdehnung der Vorgaben der Verbraucherkreditrichtlinie von 1986 im deutschen Recht (insbesondere beim Einwendungsdurchgriff) eine wirtschaftliche Gefahr und Beeinträchtigung für den Kreditgeber und darin eine Beschränkung der Binnenmarktfreiheit sieht; *Eiden*, Die Rechtsangleichung gemäß Art. 100 des EWG-Vertrages, 69.

56 *Henrich* in Canaris/Zaccaria (Hrsg.), Die Umsetzung von zivilrechtlichen Richtlinien der Europäischen Gemeinschaft in Italien und Deutschland, 26.

57 BT-Drs. 11/5462, S. 12 = ZIP 1988, 1215, 1219; *Schmelz/Klute*, ZIP 1989, 1509 (1517); Staudinger/*Kessal-Wulf*, Einl. zu §§ 491 ff., Rn. 8; *Henrich* in Canaris/Zaccaria (Hrsg.), Die Umsetzung von zivilrechtlichen Richtlinien der Europäischen Gemeinschaft in Italien und Deutschland, 26.

58 BGBl. 1967 I Nr. 16, S. 352.

59 Ulmer/Habersack/*Ulmer*, VerbrKrG, Vorb., Rn. 8.

60 *Schmelz/Klute*, ZIP 1989, 1509 (1510).

61 Staudinger/*Kessal-Wulf*, Einl. zu §§ 491 ff., Rn. 6; *Henrich* in Canaris/Zaccaria (Hrsg.), Die Umsetzung von zivilrechtlichen Richtlinien der Europäischen Gemeinschaft in Italien und Deutschland, 26.

galt, die „Schuldturmproblematik“[62] zu bewältigen und die Verbraucher besser zu schützen.[63]

III. Inhalt der Verbraucherkreditrichtlinie 87/102/EWG

Die Regelungen der Verbraucherkreditrichtlinie von 1986 beginnen – wie ihr französisches Vorbild der Loi Scrivener von 1978[64] oder der englische Consumer Credit Act (CCA)[65] – mit der Bestimmung eines weiten Anwendungsbereichs.

1. Anwendungsbereich

Art. 1 VKRL 1986 enthält einen Katalog, in dem die Begriffe *Verbraucher*, *Kreditgeber*, *Kreditvertrag*, *Gesamtkosten* und *effektiver Jahreszins* definiert werden.[66] Neu ist die einheitliche Definition des *Kreditvertrages*, die zum ersten Mal versucht, sämtliche Finanzierungshilfen unter einen Begriff zu fassen.[67] Danach findet die Richtlinie – abgesehen von einigen anderorts geregelten Ausnahmen – auf Verträge Anwendung, bei dem ein Kreditgeber einem Verbraucher einen Kredit in Form eines Zahlungsaufschubs, eines Darlehens oder einer sonstigen ähnlichen Finanzierungshilfe gewährt oder zu gewähren verspricht. Dabei wird in Art. 1 Abs. 2 c) VKRL 1986 klargestellt, dass Verträge über die kontinuierliche Erbringung von Dienstleistungen oder Leistungen von Versorgungsbetrieben, bei denen der Verbraucher berechtigt ist, für die Dauer der Erbringung Teilzahlungen zu leisten, nicht als Kreditverträge im Sinne der Richtlinie gelten. Gemeint ist damit vor allem die Versorgung mit Elektrizität, Gas, Wasser usw. oder aber die periodische Zahlung von Versicherungsprämien.[68]

---

62 Vom „modernen Schuldturm“ ist die Rede, wenn ein Verbraucher dazu gebracht wird, eine langfristige Verbindlichkeit einzugehen, die er aus verschiedenen Gründen (wie Arbeitslosigkeit durch Arbeitgeberinsolvenz, Wirtschaftsrezession, Unvernunft) nicht erfüllen kann, sodass Verzug eintritt, der zu neuen Verbindlichkeiten zwingt, die ihm dennoch keine Chance eröffnen, schuldenfrei zu werden, sodass der Schuldenberg wächst; vgl. Bülow/Artz/*Bülow*, Verbraucherkreditrecht, Einf., Rn. 51; *Gilles*, ZRP 1989, 299 (300); *Henrich* in Canaris/Zaccaria (Hrsg.), Die Umsetzung von zivilrechtlichen Richtlinien der Europäischen Gemeinschaft in Italien und Deutschland, 26; *Schwintowski*, JA 1992, 33 (34); Staudinger/*Kessal-Wulf*, Einl. zu §§ 491 ff., Rn. 6 ff.; *Steppeler* in Hörmann (Hrsg.), Verbraucherkredit und Verbraucherinsolvenz, 592 (593 f.); Graf von Westphalen/Emmerich/Rottenburg/*Emmerich*, VerbrKrG, Einl. zu § 1, Rn. 7.

63 Vgl. zu der Forderung der Ausdehnung des sachlichen Anwendungsbereichs des AbzG: Staudinger/*Kessal-Wulf*, Einl. zu §§ 491 ff., Rn. 8; *Gilles*, ZRP 1989, 299 (299 ff.); *Schmelz/Klute*, ZIP 1989, 1509 (1510).

64 Loi Nr. 78–23 v. 10. Januar 1978, JO 1978, S. 301.

65 *Howells/Weatherill*, Consumer Protection Law, 295 ff.

66 *Ritz*, Harmonisierungsprobleme bei der Umsetzung der EG-Richtlinie 87/102 über den Verbraucherkredit, 6.

67 *Schmelz/Klute*, ZIP 1989, 1509 (1511).

68 *Latham*, RMC 1988, 219 (220); *Hüttebräuker*, Die Entstehung der EG-Richtlinien über den Verbraucherkredit, 109.

Ein *Kreditgeber* im Sinne der Richtlinie ist eine natürliche oder eine juristische Person, die in Ausübung ihrer gewerblichen oder beruflichen Tätigkeit einen Kredit gewährt. Der *Verbraucher* ist nach der Definition in Art. 1 Abs. 2 a VKRL 1986 eine natürliche Person, die bei den von dieser Richtlinie erfassten Geschäften zu einem Zweck handelt, der nicht ihrer beruflichen oder gewerblichen Tätigkeit zugerechnet werden kann.[69]

Dieser weite Anwendungsbereich hatte in Deutschland zunächst für Umsetzungsschwierigkeiten gesorgt, da sich die durch die Richtlinie vorgeschriebenen Regelungen zwar im deutschen Recht in einigen Teilen bereits wiedergefunden haben, teilweise jedoch auf bestimmte Kreditformen beschränkt waren.[70]

Art. 2 VKRL 1986 schränkt den weiten Anwendungsbereich mithilfe eines Negativkatalogs wieder ein.[71] So findet die Richtlinie auf Kreditverträge oder Kreditversprechen keine Anwendung, die hauptsächlich zum Erwerb oder zur Beibehaltung von Eigentumsrechten an einem Grundstück oder an einem vorhandenen oder noch zu errichtenden Gebäude oder die zur Renovierung oder Verbesserung eines Gebäudes bestimmt sind (Art. 2 Abs. 1 a) VKRL 1986). Zudem werden Mietverträge aus dem Anwendungsbereich ausgeschlossen, es sei denn, sie sehen letzten Endes einen Eigentumswechsel auf den Mieter vor (Art. 2 Abs. 1 b) VKRL 1986). Darüber hinaus sind Kredite, die zins- und gebührenfrei gewährt oder zur Verfügung gestellt werden (Art. 2 Abs. 1 c) VKRL 1986), und Kreditverträge, nach denen keine Zinsen in Rechnung gestellt werden, sofern der Verbraucher sich bereit erklärt, den Kredit auf einmal zurückzuzahlen (Art. 2 Abs. 1 d) VKRL), nicht von der Verbraucherkreditrichtlinie von 1986 erfasst.

Auf Verträge über Überziehungskredite auflaufenden Konten mit Ausnahme der Kreditkartenkonten ist nur Art. 6 anwendbar (Art. 2 Abs. 1 e) VKRL 1986), der eine Reihe von Informationspflichten des Kreditgebers vorsieht.

Eine weitere Ausnahme vom Anwendungsbereich stellen Kreditverträge über weniger als 200 ECU oder mehr als 20 000 ECU dar. Darüber hinaus sind Kreditverträge ausgenommen, die der Verbraucher entweder innerhalb eines Zeitraumes von höchstens drei Monaten oder in nicht mehr als vier Raten innerhalb von höchstens zwölf Monaten zurückzuzahlen hat (Art. 2 Abs. 1 f–g).

Ferner finden auf Kreditverträge oder Kreditversprechen, die durch Grundpfandrechte gesichert und nicht bereits aufgrund von Art. 2 Abs. 1 a) VKRL 1986 vom Anwendungsbereich der Richtlinie ausgeschlossen sind, nicht alle verbraucherschützenden Vorschriften Anwendung (wie beispielsweise nach Art. 4 VKRL 1986 die Vorschriften über die Schriftform und den Vertragsinhalt). Von dieser

69 Zu den Einzelregelungen der Verbraucherkreditrichtlinie von 1986 im Überblick vgl. *Gilles*, ZRP 1989, 299 (302); *Paschke/Iliopoulos*, Europäisches Privatrecht, 112 ff.

70 Das Abzahlungsgesetz (AbzG) bspw. fand gem. § 1 AbzG nur auf Abzahlungsgeschäfte über bewegliche Sachen Anwendung.

71 Zu den Ausnahmen vgl. *Hoffmann*, Die Reform der Verbraucherkredit-Richtlinie (87/102/EWG), 41 ff.

Ausnahme können gewöhnliche Konsumentenratenkredite betroffen sein, die nicht den Erwerb oder die Renovierung von Grundstücken und Gebäuden bezwecken, allerdings dinglich gesichert sind. Für diese Kredite gelten dann lediglich die Bestimmungen zur Effektivzinsangabe bei Werbung und Angeboten unter Preisangabe (Art. 3 VKRL 1986) sowie die Vorschriften, die die Angabe der Gesamtkreditkosten anstelle des effektiven Jahreszinses gestatten (Art. 5 VKRL 1986).[72]

Daneben können Mitgliedstaaten nach Art. 2 Abs. 2 VKRL 1986 Kredite vom Anwendungsbereich ausschließen, die zu Zinssätzen bewilligt worden sind, die unter den marktüblichen Sätzen liegen und im Allgemeinen nicht öffentlich angeboten werden (beispielsweise Arbeitgeberdarlehen, Kredite für karitative Zwecke, Kreditvereine und Verbrauchergenossenschaften).[73] Ferner steht es den Mitgliedstaaten frei, notariell oder gerichtlich beurkundete Kreditverträge von einigen verbraucherschützenden Vorschriften auszuschließen. Die Herausnahme dieser Fallgruppen lässt sich im Grunde dadurch rechtfertigen, dass entweder das Schutzbedürfnis der Fallgruppe vermindert ist bzw. anderweitige Schutzmechanismen eingreifen oder dass bei der Fallgruppe eine beiderseitige Leistungserbringung im Vordergrund steht, die das Kreditkriterium überwiegt.[74]

2. Schutzinstrumente der Verbraucherkreditrichtlinie von 1986

Die Verbraucherkreditrichtlinie von 1986 sieht im Wesentlichen Informationspflichten als Schutzinstrument vor. Der Kreditgeber muss in seiner Werbung die Kreditkosten und den effektiven Jahreszinssatz angeben und die Kosten notfalls durch ein repräsentatives Beispiel verdeutlichen. Damit soll bereits vor Vertragsschluss ein ausreichender Informationsfluss gewährleistet werden.[75]

In der Vertragsurkunde *muss* der Kreditgeber mindestens den effektiven Jahreszins und die Bedingungen angeben, unter welchen der effektive Jahreszinssatz geändert werden kann. Darüber hinaus *soll* er Angaben zu den wesentlichen Vertragsbestimmungen machen. Im Anhang der Richtlinie findet sich eine Liste solcher Angaben, die von den Mitgliedstaaten als wesentliche Vertragsinhalte vorgeschrieben werden *können*. Dabei wird nach Finanzierungskrediten, Kreditkartenkrediten, Kontokorrent-Kreditverträgen und sonstigen unter die Richtlinie fallende Kreditverträgen differenziert.[76] Für Finanzierungskredite kommen in erster Linie Informationen und Kosten der zu finanzierenden Ware oder Dienstleistung

---

72 *Scholz*, MDR 1988, 730 (734); *Ritz*, Harmonisierungsprobleme bei der Umsetzung der EG-Richtlinie 87/102 über den Verbraucherkredit, 7.

73 *Scholz*, MDR 1988, 730 (735); *Latham*, RMC 1988, 219 (222).

74 Vgl. *Grundmann*, Europäisches Schuldvertragsrecht, 4.10, Rn. 20 (21).

75 *Grundmann*, Europäisches Schuldvertragsrecht, 4.10, Rn. 1; *Riesenhuber* in Riesenhuber (Hrsg.), Das Prinzip der Selbstverantwortung, § 10, 223; *Ritz*, Harmonisierungsprobleme bei der Umsetzung der EG-Richtlinie 87/102 über den Verbraucherkredit, 8; kritisch *Lanzke*, ZfgKW 1985, 500 (501).

76 Vgl. *Scholz*, MDR 1988, 730 (732); *Seydel*, FLF 1986, 39 (42).

in Betracht. Bei den übrigen im Anhang aufgeführten Kreditarten können die etwaige Kredithöchstgrenze und die Benutzungs- und Rückzahlungsbedingungen als wesentliche Vertragsinhalte vorgeschrieben werden.[77] Bei allen Kreditverträgen kann eine etwaige Bedenkzeit als wesentliche Vertragsbestimmung festgesetzt werden. Sofern dies erfolgt, muss die Vertragsurkunde Informationen über das Widerrufsrecht enthalten (Art. 4 Abs. 3 VKRL 1986).

Neben den Informationspflichten wird der Verbraucher gem. Art. 11 VKRL 1986 durch die Einführung eines Einwendungsdurchgriffs bei verbundenen Geschäften geschützt. Dabei bestimmt Abs. 1 das Verhältnis zwischen dem Verbraucher und dem Lieferanten. Dem Verbraucher dürfen aus der Finanzierung einer Ware oder einer Dienstleistung mittels Kreditvertrags keine Nachteile hinsichtlich seiner Gewährleistungsansprüche gegenüber dem Lieferanten erwachsen. Für mehr Diskussionsbedarf sorgte das in Art. 11 Abs. 2 VKRL 1986 geregelte Verhältnis zwischen Verbraucher und Kreditgeber.[78] Danach ist der Verbraucher unter bestimmten Voraussetzungen berechtigt, Rechte gegen den Lieferanten gegenüber dem Kreditgeber geltend zu machen (sogenannter Einwendungsdurchgriff).

Im Vergleich zu den ersten beiden Richtlinienvorschlägen aus den Jahren 1979 und 1984, nach denen lediglich der Beweis einer Zusammenarbeit bzw. eine Vereinbarung zwischen dem Kreditgeber und dem Lieferanten der Waren und Dienstleistungen erforderlich war, stellt Art. 11 Abs. 2 VKRL 1986 für das Merkmal des verbundenen Vertrags engere Mindestvoraussetzungen auf, die kumulativ vorliegend müssen.[79] Zunächst muss ein Kreditvertrag für den Bezug von Waren und Dienstleistungen mit einer anderen Person als dem Lieferanten (Kreditgeber) abgeschlossen worden sein. Der Lieferant muss mit dem Kreditgeber eine vorherige Abmachung mit dem Inhalt getroffen haben, dass Kredite zum Zwecke des Erwerbs von Waren oder der Inanspruchnahme von Dienstleistungen ausschließlich vom betreffenden Kreditgeber an die Verbraucher, die Kunden des Lieferanten sind, bereitgestellt werden.[80] Der Kreditvertrag zwischen Kreditgeber und

---

77 Dazu *Hoffmann*, Die Reform der Verbraucherkredit-Richtlinie (87/102/EWG), 50 ff.; *Grimm*, Das neue Verbraucherkreditgesetz, 100 ff.

78 *Lanzke*, ZfgKW 1985, 500 (502); *Scholz*, MDR 1988, 730 (733); *Rott*, EuLF 2006, I-61 (I-62).

79 *Hoffmann*, Die Reform der Verbraucherkredit-Richtlinie (87/102/EWG), 55 ff.; *Latham*, RMC 1988, 219 (224), der es bedauert, dass das Wort „ausschließlich" in Art. 11 Abs. 2 lit. b aufgenommen wurde, und es guthieße, wenn die Mitgliedstaaten aus Verbraucherschutzgründen diese Regelung überschießend umsetzen würden; zur Entstehungsgeschichte des Einwendungsdurchgriffs in der Verbraucherkreditrichtlinie von 1986 *Hüttebräuker*, Die Entstehung der EG-Richtlinien über den Verbraucherkredit, 142 ff.; *Rott*, EuLF 2006, I-61 (I-62).

80 *Grundmann*, Europäisches Schuldvertragsrecht, 4.10, Rn. 39 f., dem eine bloße Vermittlung ohne vorherige Vereinbarung nicht ausreicht; *Reifner* in Hörmann (Hrsg.), Verbraucherkredit und Verbraucherinsolvenz, 621 (634), der die Vorschrift wegen mangelnder Beweisbarkeit für nicht praktikabel hält.

Verbraucher muss zudem im Rahmen dieser Abmachung geschlossen worden sein. Schließlich muss sich der Verbraucher zunächst an den Lieferanten halten, wenn die besagten Waren oder Dienstleistungen nicht oder nur teilweise geliefert bzw. durchgeführt worden sind oder dem Liefervertrag nicht entsprechen. Erst wenn dies nicht zum Erfolg führt, ist der Verbraucher berechtigt, seine Rechte auch dem Kreditgeber gegenüber geltend zu machen.[81]

Das Ausmaß und die Bedingungen des Einwendungsdurchgriffs bestimmen die Mitgliedstaaten.[82] Von einer gesamtschuldnerischen Haftung des Kreditgebers und Lieferers – wie in den Richtlinienvorschlägen von 1979 und 1984 vorgesehen – wurde in der Verbraucherkreditrichtlinie von 1986 Abstand genommen.[83] Die Verbraucherkreditrichtlinie von 1986 sieht eine subsidiäre Haftung des Kreditgebers vor.

3. Ausgestaltung als zwingendes Recht

Um sicherzustellen, dass die Schutzinstrumente nicht unterlaufen werden, bestimmt Art. 14 Abs. 1 VKRL 1986, dass die materiellen Regelungen zum Kreditvertrag als zwingendes Recht umgesetzt werden. Von den ins nationale Recht umgesetzten Vorschriften darf nicht durch Parteivereinbarung zum Nachteil des Verbrauchers abgewichen werden. Darüber hinaus sind die Vorschriften der Verbraucherkreditrichtlinie von 1986 derart ins nationale Recht umzusetzen, dass sie nicht umgangen werden können.

IV. Diskutierte, aber ausgenommene Materien

Keine Einigung konnte unter den Mitgliedstaaten hinsichtlich der Art und Weise der Errechnung des effektiven Jahreszinses, des Verbots von Haustürgeschäften und der Einbeziehung eines Widerrufsrechts erzielt werden. Für den Fortgang der Untersuchung ist lediglich die Frage der Einbeziehung eines Widerrufsrechts von Interesse.

---

81 Nach dem Ratsprotokoll ist darunter der Konkurs oder Gleichwertiges zu verstehen. Eine bloße Klageerhebung ohne positive Entscheidung genügt nicht, um das Subsidiaritätserfordernis zu erfüllen, vgl. *Scholz*, MDR 1988, 730 (734); *Ritz*, Harmonisierungsprobleme bei der Umsetzung der EG-Richtlinie 87/102 über den Verbraucherkredit, 10.

82 Kritisch *Grimm*, Das neue Verbraucherkreditgesetz, 111.

83 *Brenner*, Die verbraucherschützenden EG-Richtlinien im Bereich des Schuldrechts und ihre Umsetzung in Deutschland und Frankreich, 131; *Grundmann*, Europäisches Schuldvertragsrecht, 4.10, Rn. 3, 40; *Münstermann* in Hörmann (Hrsg.), Verbraucherkredit und Verbraucherinsolvenz, 610 (617).

1. Ausgliederung des Widerrufsrechts

Die ersten Vorüberlegungen zur Verbraucherkreditrichtlinie in den Jahren 1974 bis 1978 sahen neben dem Verbot von Haustürgeschäften ein Widerrufsrecht für den Verbraucher vor. Dieses war im ersten Vorschlag von 1974 noch als ein generelles Widerrufsrecht für alle Arten von Kreditgeschäften ausgestaltet.[84] Der nächste überarbeitete Entwurf sah nur noch ein Widerrufsrecht für Kreditverträge vor, die außerhalb der Geschäftsräume des Kreditgebers oder des Lieferanten geschlossen worden sind.[85] Über die Ausgestaltung des Widerrufsrechts speziell im Bereich des Verbraucherkreditrechts konnte keine Einigung erzielt werden. Daher entschied die Kommission, alle mit einem Widerrufsrecht zusammenhängenden Fragen bei außerhalb der Geschäftsräume geschlossenen Verträgen in der Richtlinie zu den Haustürgeschäften[86] zu regeln.[87]

2. Wiederaufnahme in den Entwurf der Verbraucherkreditrichtlinie von 1984

Auf Betreiben des Europäischen Parlaments wurde in Art. 4 des Entwurfs der Verbraucherkreditrichtlinie von 1984 wieder ein Widerrufsrecht für Kreditverträge eingeführt, die außerhalb von Geschäftsräumen geschlossen werden.[88] Dieses sah vor, dass der Verbraucher innerhalb von sieben Tagen ab Vertragsschluss vom Kreditvertrag zurücktreten konnte, wenn der Kreditgeber zum Zwecke des Vertragsabschlusses ohne vorheriges Auffordern den Verbraucher in seiner Wohnung, an seinem Arbeitsplatz oder an einem sonstigen Ort aufgesucht hat. Spätestens zum Zeitpunkt des Vertragsschlusses war der Verbraucher von dem Widerrufsrecht schriftlich zu unterrichten.

3. Vergleich mit dem Widerrufsrecht der Haustürgeschäfterichtlinie

Es ist dem Widerrufsrecht des Entwurfs der Verbraucherkreditrichtlinie von 1984 deutlich anzumerken, dass die Kommission die Ausgestaltung eines Widerrufsrechts

---

84 Zu der historischen Entwicklung der Einbeziehung eines Widerrufsrechts *Hüttebräuker*, Die Entstehung der EG-Richtlinien über den Verbraucherkredit, 131 f.

85 *Freiherr Marschall von Bieberstein*, Gutachten zur Reform des finanzierten Abzahlungskaufs, 113.

86 Richtlinie 85/577/EWG des Rates vom 20. Dezember 1985 betreffend den Verbraucherschutz im Falle von außerhalb von Geschäftsräumen geschlossenen Verträgen, ABl. EG Nr. L 372 vom 31. Dezember 1985, S. 31–33.

87 Zustimmend *Steppeler* in Hörmann (Hrsg.), Verbraucherkredit und Verbraucherinsolvenz, 592 (604).

88 *Hüttebräuker*, Die Entstehung der EG-Richtlinien über den Verbraucherkredit, 133; *Steppeler* in Hörmann (Hrsg.), Verbraucherkredit und Verbraucherinsolvenz, 592 (604); *Seydel*, FLF 1986, 39 (42).

für Kreditgeschäfte, die durch Direktvertrieb zustande gekommen sind, zunächst auf die Haustürgeschäfterichtlinie auslagern wollte. Zum Teil wurden die Regelungen der Haustürgeschäfterichtlinie übernommen und pauschalisiert. Dies wird beispielsweise bei der Ausgestaltung der Widerrufsbelehrung deutlich. Während die Haustürgeschäfterichtlinie in Art. 4 HGRL den Zeitpunkt der Widerrufsbelehrung für jede einzelne im Anwendungsbereich aufgezeigte Haustürsituation individuell festsetzte und konkretisierte, bestimmte der Entwurf der Verbraucherkreditrichtlinie von 1984 in Art. 4 im Gegenzug dazu lediglich, dass der Verbraucher durch eine „klare schriftliche Mitteilung spätestens zum Zeitpunkt des Vertragsschlusses" über sein Widerrufsrecht informiert werden musste. Die Notwendigkeit, den Verbraucher in der Widerrufsbelehrung konkret über das Widerrufsrecht zu belehren, wird im Entwurf der Verbraucherkreditrichtlinie durch die Formulierung *klare Mitteilung* nicht hinreichend deutlich. Damit wird vielmehr das Erfordernis der Verständlichkeit und der Transparenz betont.[89]

a. Beschränkung auf das Transparenzgebot

Das Transparenzgebot hat seinen Ursprung im Wettbewerbsrecht[90] und wurde Ende der 1980er Jahre auf die verbraucherschützenden Richtlinien übertragen.[91] Inzwischen ist es im gesamten europäischen Verbraucherschutzrecht als grundlegendes Prinzip anerkannt.[92] Es stärkt den Verbraucher, indem es vorschreibt, dass ihm Informationen klar und verständlich dargeboten werden. Dadurch soll verhindert werden, dass die Belehrungspflichten umgangen und im Kleingedruckten versteckt werden und dass der Verbraucher dadurch seine Rechte nicht wahrnehmen kann.

Auch im Entwurf der Verbraucherkreditrichtlinie von 1984 zielt das Transparenzgebot darauf ab, dem Verbraucher die Informationen zum Widerrufsrecht derart klar zu übermitteln, dass er das Widerrufsrecht erkennt, versteht und ausüben kann.[93] Dazu muss er jedoch nicht nur erkennen, dass er ein Widerrufsrecht hat, sondern auch verstehen, unter welchen Voraussetzungen er es ausüben kann.[94]

---

89 Zu den Anforderungen an die Verständlichkeit, die ein Verbraucher mitbringen muss, *Pfeiffer*, NJW 2011, 1 (6 f.).

90 *Micklitz*, ZIP 1998, 937 (941); *Micklitz*, EuZW 1997, 229 (236).

91 *Schwintowski*, EWS 2001, 201 (207); *Micklitz*, EuZW 1997, 229 (236); *d'Usseaux*, CLJ 1998, 320 (325); *Coelho de Sousa Ribeiro* in Schulte-Nölke/Schulze (Hrsg.), Europäisches Vertragsrecht im Gemeinschaftsrecht, 213.

92 *Nassall*, JZ 1995, 689 (692); *Micklitz*, ZEuP 1998, 253 (265 ff.); *Staudinger*, WM 1999, 1546 (1550); *Coelho de Sousa Ribeiro* in Schulte-Nölke/Schulze (Hrsg.), Europäisches Vertragsrecht im Gemeinschaftsrecht, 214; *Klauer*, Die Europäisierung des Privatrechts, 95; *Heiderhoff*, Europäisches Privatrecht, § 5, Rn. 256; a. A. *Riesenhuber*, System und Prinzipien des Europäischen Vertragsrechts, 573.

93 *Marx/Bäuml*, WRP 2004, 162 (162 f.).

94 Die Vorgabe einer klaren und verständlichen Informationsgabe findet sich im deutschen Recht für außerhalb von Geschäftsräumen geschlossenen Verträge in § 4 des

Informationen zur Ausübung des Widerrufsrechts fehlen in dem Entwurf von 1984 allerdings völlig. Der Entwurf sieht in Art. 4 und in Art. 6 Abs. 2 lediglich vor, dass der Verbraucher über die Existenz des Widerrufsrechts und dessen Frist informiert wird. Dies führt dazu, dass das Widerrufsrecht im Entwurf der Verbraucherkreditrichtlinie von 1984 mangels konkreter Angaben zur Ausübung des Widerrufsrechts nicht dieselben Anforderungen an den Unternehmer stellt wie das Widerrufsrecht der Haustürgeschäfterichtlinie, und damit hinter dem Verbraucherschutzniveau der Haustürgeschäfterichtlinie zurückbleibt.

b. Risiko der Verallgemeinerung

Neben den Anforderungen an die Widerrufsbelehrungen unterscheiden sich der Entwurf der Verbraucherkreditrichtlinie von 1984 und die Haustürgeschäfterichtlinie auch im Anwendungsbereich. Die Haustürgeschäfterichtlinie bestimmt konkret diejenigen Vertriebssituationen, in denen die Richtlinie Anwendung finden soll. Unter die schützenswerten Orte fallen die Wohnung oder der Arbeitsplatz des Verbrauchers. Darüber hinaus sind organisierte Ausflüge und Fälle, in denen der Gewerbetreibende zwar auf Wunsch des Verbrauchers einen Besuch abstattet, dann aber zusätzlich andere Waren oder Dienstleistungen anbietet, vom Anwendungsbereich umfasst.[95] Zudem werden ähnlich überrumpelnde Situationen in den Generalklauseln in Art. 1 Abs. 3 und 4 HGRL in den Anwendungsbereich einbezogen.[96]

Der Entwurf der Verbraucherkreditrichtlinie von 1984 führt dagegen als Vertriebssituation lediglich die Wohnung, den Arbeitsplatz und sonstige Orte auf. Damit weitet er den Anwendungsbereich auf sämtliche Geschäfte außerhalb der Geschäftsräume aus. Durch die Formulierung „oder an einem sonstigen Ort" wird der Bezug zu den anderen genannten Überrumpelungssituationen nicht so deutlich wie in Art. 1 Abs. 3, 4 HGRL. Das Widerrufsrecht in dem Entwurf der Verbraucherkreditrichtlinie von 1984 wird dadurch insgesamt auf Verträge ausgeweitet, die außerhalb der Geschäftsräume geschlossen werden. Dies läuft dem beabsichtigten Ziel entgegen, zum Schutze des Verbrauchers ein Widerrufsrecht lediglich für bestimmte gefährliche Verkaufssituationen zu schaffen.[97]

Art. 246a EGBGB und bezieht sich zunächst auf das Druckbild, den Aufbau und den Umfang der Informationen, die der Unternehmer dem Verbraucher zukommen lassen muss. Dazu MüKo/*Wendehorst*, § 312d Anh. I, Rn. 57. Darüber hinaus müssen die Informationen so gestaltet werden, dass der Verbraucher den Inhalt und die Bedeutung ohne Weiteres verstehen kann; vgl. BGHZ 106, 42 (49 f.); 112, 115 (119); 115, 177 (185); *Rünz*, Verbraucherschutz im Fernabsatz, 53.

95 *Rott*, Die Umsetzung der Haustürwiderrufsrichtlinie in den Mitgliedstaaten, 6 f.

96 *Reich/Micklitz*, Europäisches Verbraucherrecht, 552; *Grundmann*, Europäisches Schuldvertragsrecht, 2.01, Rn. 12; Grabitz/Hilf/Nettesheim/*Micklitz*, Das Recht der Europäischen Union, Bd. IV, A 2, Art. 1–3, Rn. 33 ff.

97 So die Erwägungsgründe des Entwurfs der Verbraucherkreditrichtlinie von 1984 (ABl. EG Nr. C 183 vom 10. Juli 1984, S. 4–16), die auf das zweite Programm zum

Die Einführung eines allgemeinen Widerrufsrechts für Verbraucherkreditverträge wurde auf europäischer Ebene zu dieser Zeit noch nicht überwiegend befürwortet.[98] Die Rechtfertigung eines Widerrufsrechts beschränkte sich Mitte der 1980er Jahre auf den Schutz des Verbrauchers vor Überrumpelungssituationen. Das Ziel, ein Widerrufsrecht auch aufgrund der Komplexität eines Vertragstyps einzuräumen, wurde zu diesem Zeitpunkt noch nicht verfolgt. Es ist daher nur verständlich und folgerichtig, dass das Widerrufsrecht ausgeklammert wurde. Bei einer Regelung eines situationsbedingten Widerrufsrechts in der Verbraucherkreditrichtlinie 1986 wäre es zudem zu einer Kollision mit dem Widerrufsrecht aus der Haustürgeschäfterichtlinie gekommen. Die Vorschriften hätten dann stärker aufeinander abgestimmt werden müssen. Ein Widerrufsrecht in der Verbraucherkreditrichtlinie von 1986 hätte einen eigenen Anwendungsbereich nur im Hinblick auf solche Geschäfte gehabt, die an einem sonstigen Ort etwa auf Wunsch des Verbrauchers abgeschlossen worden wären. Kreditverträge, die außerhalb von Geschäftsräumen in einer für den Verbraucher überraschenden Situation vereinbart werden, fielen jedenfalls auch unter Art. 1 Abs. 3 HGRL, sodass die Verbraucherkreditrichtlinie von 1986 diesbezüglich lediglich spezieller gewesen wäre.

c. Ausgestaltung des Widerrufsrechts durch eine Option

In der Verbraucherkreditrichtlinie von 1986 wurde schließlich kein Widerrufsrecht eingeführt. Allerdings verschwand die Idee eines Widerrufsrechts nicht insgesamt aus der Verbraucherkreditrichtlinie von 1986, sondern wurde in Form einer „Option“[99] ausgestaltet. Art. 4 Abs. 3 VKRL 1986 in Verbindung mit Anhang I besagt ausdrücklich, dass die Mitgliedstaaten im Wege der Mindestharmonisierung ein nationales Widerrufsrecht erlassen können. In Anhang I sind Angaben aufgelistet, die von den Mitgliedstaaten als wesentlich vorgeschrieben werden können. Die Angaben über eine etwaige Bedenkzeit finden sich bei allen Kreditformen wieder. Damit macht der europäische Gesetzgeber die Mitgliedstaaten über Art. 4 Abs. 3 VKRL 1986 auf die Möglichkeit der Einführung eines Widerrufsrechts in die mitgliedstaatlichen Rechtsordnungen bzw. dessen Aufrechterhaltung aufmerksam und fördert dies.[100] Darüber hinaus ordnet er die Angaben über das Widerrufsrecht in ihrer Bedeutung den wesentlichen Vertragsbestimmungen zu.

Schutz und zur Unterrichtung der Verbraucher verweisen und mit dem Entwurf anstreben, „die Arbeiten im Bereich bestimmter missbräuchlicher Verkaufspraktiken fortzusetzen [...], soweit sie den Verbraucherkredit betreffen“.

98 *Hüttebräuker*, Die Entstehung der EG-Richtlinien über den Verbraucherkredit, 131.

99 *Reich/Micklitz*, Europäisches Verbraucherrecht, 567.

100 *Scholz*, MDR 1988, 730 (732); *Hüttebräuker*, Die Entstehung der EG-Richtlinien über den Verbraucherkredit, 130.

B. Die Änderungsrichtlinie über den Verbraucherkredit (90/88/EWG)

Am 22. Februar 1990 erließ der Rat auf der Grundlage der erweiterten Rechtsangleichungskompetenz des Art. 114 AEUV (ex. Art. 100a EWGV; ex. Art. 95 EG) eine Änderungsrichtlinie zur Verbraucherkreditrichtlinie.[101] Sie hat insbesondere die Berechnung des effektiven Jahreszinses und die in die Rechnung einzubeziehenden Rechnungsposten zum Inhalt. Hierauf konnten sich die Mitgliedstaaten zuvor nicht einigen.[102] Eine einheitliche mathematische Formel für die Berechnung des effektiven Jahreszinses und die Eingrenzung der Kreditkostenfaktoren, die bei der Berechnung zugrunde zu legen sind, sind für eine Harmonisierung des Verbraucherkreditrechts unentbehrlich.[103] Dadurch werden die Kreditbedingungen für den Verbraucher im grenzüberschreitenden Rechtsverkehr transparenter und sind einfacher zu vergleichen. Dies soll dazu führen, dass mehr Verbraucher Kreditverträge auch in einem anderen Mitgliedstaat abschließen und damit der Binnenmarkt gefördert wird.[104] Die Änderungsrichtlinie sieht eine Kompromissformel vor, die bis zum 31. Dezember 1995 Gültigkeit haben sollte.[105] Danach wird als Gemeinschaftsmethode zur Berechnung des effektiven Jahreszinses die Gegenwartswertmethode festgelegt.[106] Art. 1 Abs. 5a) der Änderungsrichtlinie erlaubt allerdings denjenigen Mitgliedstaaten, in denen vor dem 1. März 1990 eine andere mathematische Berechnungsformel eingeführt worden war,[107] diese bis zum 31. Dezember 1995 beizubehalten. Der Rat sollte auf der Grundlage eines Berichts der Kommission sodann vor dem 1. Dezember 1996 eine einheitliche Formel beschließen.[108]

---

101 Richtlinie 90/88/EWG des Rates vom 22. Februar 1990 zur Änderung der Richtlinie 87/102/EWG zur Angleichung der Rechts- und Verwaltungsvorschriften der Mitgliedstaaten über den Verbraucherkredit, ABl. EG Nr. L 61 vom 10. März 1990, S. 14.

102 Staudinger/*Kessal-Wulf*, Einl. zu §§ 491 ff., Rn. 4.

103 So auch der Rechtsausschuss des EP im 2. Bericht vom 28. Januar 1983, PE 70.998 endg., S. 29; siehe auch *Latham* in Hörmann (Hrsg.), Verbraucherkredit und Verbraucherinsolvenz, 568 (573); *Steppeler* in Hörmann (Hrsg.), Verbraucherkredit und Verbraucherinsolvenz, 592 (601).

104 Ulmer/Habersack/*Ulmer*, VerbrKrG, Vorb., Rn. 15.

105 *Hüttebräuker*, Die Entstehung der EG-Richtlinien über den Verbraucherkredit, 104.

106 Auch bekannt unter: AIBD-Rule 803 oder „méthode actuarielle", dazu *Latham*, RMC 1988, 219 (220); *Boest*, NJW 1993, 40 (41); *Brenner*, Die verbraucherschützenden EG-Richtlinien im Bereich des Schuldrechts und ihre Umsetzung in Deutschland und Frankreich, 132; *Wimmer*, BB 1993, 950 (953 ff.).

107 In Deutschland die 360-Tage-Methode, in Frankreich das Proportionalverfahren.

108 Zu einem Ratsbeschluss vor dem 1. Dezember 1996 kam es nicht. Zwar hat die Kommission am 11. Mai 1995 einen Erfahrungsbericht, zu dem sie bereits aus Art. 17 VKRL 1986 angehalten war, abgegeben. Anstelle eines weiteren Berichts zur Vorbereitung des Ratsbeschluss hat die Kommission am 15. April 1996 einen Änderungsvorschlag der Änderungsrichtlinie von 1990 unterbreitet, der zur zweiten Änderungsrichtlinie von 1998 führte: Vorschlag für eine Richtlinie des Europäischen

Mit der Änderungsrichtlinie werden darüber hinaus die vorvertraglichen Informationspflichten der Kreditgeber um Angaben zur Rückzahlung des Kredits und zu Kostenelementen erweitert, die nicht in die Berechnung des effektiven Jahreszinses einbezogen werden.[109] Dadurch wird der Verbraucher exakt auf die Modalitäten seiner Zahlungsverpflichtung und auf mögliche Kosten, die der effektive Jahreszins nicht enthält, hingewiesen. Auf diese Weise kann der Verbraucher die Gefahr der Kreditaufnahme, bezogen auf seine persönliche Situation, besser einschätzen, und er wird vor plötzlicher Inzahlungnahme gewarnt.

C. Die Änderungsrichtlinie über den Verbraucherkredit (98/7/EG)

Am 16. Februar 1998 wurde die zweite Änderungsrichtlinie der Verbraucherkreditrichtlinie von 1986 verabschiedet.[110] Die Änderungsrichtlinie hebt in erster Linie die Übergangsfristen für die Länder auf, die von den Ausnahmevorschriften Gebrauch gemacht haben, weil sie beispielsweise nachträglich Höchstgrenzen für den effektiven Jahreszins festlegten, weil Kostenfaktoren unberücksichtigt bleiben konnten[111] oder weil sie eine andere mathematische Formel zur Berechnung des effektiven Jahreszinses als die in Anhang II angegebene vorsahen.

Zudem wird in der Vorschrift zu den Informationspflichten in der Werbung (Art. 3 der VKRL 1986) festgesetzt, dass in jeder Anzeige oder in jedem Angebot mit Bezug auf die Kreditkosten auch der effektive Jahreszins anzugeben ist. Auf diese Weise kann keine Werbung, die auf Kosten Bezug nimmt, auf das Erfordernis der Angabe des effektiven Jahreszinses verzichten.

D. Die Verbraucherkreditrichtlinie (2008/48/EG)

Zur Vorbereitung des Erfahrungsberichts[112] nach Art. 17 VKRL 1986 hat die Kommission eine breit angelegte Anhörung über die Reformbedürftigkeit der

---

Parlaments und des Rates vom 15. April 1996 zur Änderung der Richtlinie 87/102/EWG (in der durch die Richtlinie 90/88/EWG geänderten Fassung) zur Angleichung der Rechts- und Verwaltungsvorschriften der Mitgliedstaaten über den Verbraucherkredit, KOM(96) 79 endg., ABl. EG Nr. C 235 vom 13. August 1996, S. 8.

109 Ulmer/Habersack/*Ulmer*, VerbrKrG, Vorb., Rn. 15.

110 Richtlinie 98/7/EG des Europäischen Parlaments und des Rates vom 16. Februar 1998 zur Änderung der Richtlinie 87/102/EWG zur Angleichung der Rechts- und Verwaltungsvorschriften der Mitgliedstaaten über den Verbraucherkredit, ABl. Nr. L 101 vom 1. April 1998, S. 17–23.

111 Von dieser Ausnahmeregelung hatte laut den Erwägungsgründen der Änderungsrichtlinie von 1998 kein Mitgliedstaat Gebrauch gemacht, sodass dieser Artikel gegenstandslos geworden ist.

112 Europäische Kommission, Bericht über die Anwendung der Richtlinie 87/102/EWG, KOM(95) 117 endg. vom 11. Mai 1995.

Verbraucherkreditrichtlinie durchgeführt, deren Ergebnisse sie im Jahre 1997 in Form eines zusammenfassenden Berichts[113] veröffentlichte. Aus den Stellungnahmen ging hervor, dass die Vorschriften über die Kreditvergabe in den Mitgliedstaaten noch immer sehr unterschiedlich sind und dass die Vorgaben der Verbraucherkreditrichtlinie nicht mehr dem aktuellen Stand und den Bedürfnissen des Marktes entsprechen. Dieses Ergebnis wurde zum Anlass genommen, die Verbraucherkreditrichtlinie grundsätzlich zu überarbeiten. Die Kommission ließ zunächst weitere Studien zu einzelnen Themen erstellen, wobei die nationalen Rechtsvorschriften einer gründlichen rechtsvergleichenden Analyse unterzogen wurden.[114]

I. Vorarbeiten einer neuen Verbraucherkreditrichtlinie

Am 8. Juni 2001 hat die Kommission in einem Diskussionspapier sechs Orientierungsleitlinien für eine geplante Reform der Verbraucherkreditrichtlinie vorgestellt.[115] Die Leitlinien umfassen:

1. die Neudefinition des Anwendungsbereichs der Richtlinie;
2. die Einbeziehung neuer Bestimmungen, die nicht nur auf Kreditgeber, sondern auch auf Kreditvermittler zugeschnitten sind;
3. die Schaffung eines strukturierten Rahmens in Sachen Information der Krediteinrichtungen, damit diese ihre Risiken besser einschätzen können;
4. die Festschreibung einer Regelung in Sachen Information der Krediteinrichtungen;
5. die Schaffung eines ausgewogeneren Verhältnisses der jeweiligen Pflichten des Verbrauchers und des Gewerbetreibenden;
6. die Verbesserung der Modalitäten und Praktiken zur Handhabung von Zahlungsausfällen für die Gewerbetreibenden, und zwar im Interesse sowohl der Verbraucher als auch der Krediteinrichtungen.

Diese sechs Leitlinien sollten als Anleitung für die Überarbeitung der Richtlinie dazu dienen, einen transparenten und effizienten Markt zu schaffen und dabei ein Verbraucherschutzniveau zu erreichen, das bestmögliche Bedingungen für Unternehmer und Verbraucher bereitet.[116]

---

113 Europäische Kommission, Zusammenfassender Bericht über die Reaktionen und Stellungnahmen, KOM(97) 465 endg. vom 24. September 1997.

114 Vgl. zu den weiteren von der Kommission in Auftrag gegebenen Studien die Verweise in der Begründung des Vorschlags für eine Richtlinie des Europäischen Parlaments und des Rates vom 11. September 2002 zur Harmonisierung der Rechts- und Verwaltungsvorschriften der Mitgliedstaaten über den Verbraucherkredit, KOM(2002) 443 endg., ABl. EG Nr. C 331 E vom 31. Dezember 2002, S. 200 (202).

115 Synthesepapier der Europäischen Kommission, Generaldirektion Gesundheit und Verbraucherschutz, vom 8. Juni 2001, vgl. Anhang.

116 Zu den sechs Leitlinien des Diskussionspapiers *Kaiser*, VuR 2002, 385 (385 f.).

Dazu fordert die *erste* Leitlinie die Neudefinition des Anwendungsbereichs der Richtlinie. Hintergrund hierfür ist vor allem, dass die erste Verbraucherkreditrichtlinie auf den Erfahrungen des Konsumverhaltens der 1960er und 1970er Jahre basiert und sich das Verbraucherverhalten seitdem grundlegend verändert hat. Zeichnete sich die Gesellschaft der damaligen Zeit als sogenannte Barzahlungsgesellschaft aus,[117] hat die Bereitschaft der Verbraucher, Konsumgüter mittels Kredit zu erwerben, seit der 1990er Jahre bedeutend zugenommen.[118] Darüber hinaus hat sich die Angebotspalette der Finanzierungsprodukte in den letzten 30 Jahren deutlich ausgeweitet. Als bestes Beispiel sei nur der Überziehungskredit genannt, der in den 1970er Jahren nur selten zu Konsumzwecken genutzt wurde und heute aus dem täglichen Leben nicht mehr fortgedacht werden kann.[119] Die Veränderung des Konsumentenverhaltens und die Unübersichtlichkeit des Finanzierungsangebots auf dem Kreditmarkt stellen zudem auch wichtige Gründe für die übrigen Leitlinien zur Anpassung der Vorschriften zum Verbraucherkredit dar.

Die *zweite* Leitlinie spricht sich für die Einbeziehung der Kreditvermittler in die Pflichten der Kreditgeber aus. Kreditvermittler stehen zwischen dem Bankinstitut und dem Verbraucher, beraten den Verbraucher und führen den Abschluss eines Kreditvertrages herbei.[120] Sie haben daher direkten Kontakt zum Verbraucher und können ohne die Beachtung verbraucherschützender Regelungen die Unsicherheit und Unerfahrenheit der Verbraucher ausnutzen.

Die *dritte* Leitlinie betrifft die Errichtung eines strukturierten Rahmens für Informationen. Dabei handelt es sich um Informationen, die der Kreditgeber vom Verbraucher erhält, um die Kosten des Kredits am Maßstab des individuellen Risikos besser berechnen zu können. Die Berechnung des Risikos ist abhängig von der Aussagekraft der Informationen. Je detaillierter die Informationen des Verbrauchers sind, desto besser können auf den Verbraucher abgestimmte Konditionen angeboten werden.[121]

Die *vierte* Leitlinie sieht vor, Regelungen zu treffen, wonach Verbraucher und Garanten, wie Bürgen, besser unterrichtet werden. Die Informationspflichten sollen danach ausgeweitet werden, um ein hohes Verbraucherschutzniveau festzuschreiben.

Die *fünfte* Leitlinie strebt ein ausgewogenes Verhältnis der jeweiligen Pflichten von Verbraucher und Kreditgeber an. Damit sind vor allem Fragen der rechtlichen Absicherung des Verbrauchers in Bezug auf aggressive Absatzmethoden, Höchstzinsen und Wucherzinsen, die Bereitstellung des Kreditbetrags, die vorzeitige

---

117 Erster Vorschlag für eine Verbraucherkreditrichtlinie, KOM(2002) 443 endg., S. 3.

118 Von Ende der 1970er Jahren bis 2005 haben sich die Kreditvolumina von 50 Milliarden Euro auf knapp über 230 Milliarden Euro mehr als vervierfacht *Hoffmann*, Die Reform der Verbraucherkredit-Richtlinie (87/102/EWG), 158.

119 *Reifner*, Finanzielle Allgemeinbildung, 29.

120 Zur Definition vgl. Art. 3 lit. f) VKRL 2008; Müko/*Schürnbrand*, § 655a, Rn. 8.

121 *Kaiser*, VuR 2002, 385 (386).

Rückzahlung und das Verhältnis der Haftung des Kreditgebers und des Lieferanten bei finanzierten Kaufgeschäften gemeint.[122]

Die *sechste* Leitlinie zielt auf die Verbesserung der Vorgehensweise bei Zahlungsausfällen ab. Zum einen sollen präventive Maßnahmen wie eine Versicherung oder die genaue Überprüfung der Bonität vor Überschuldung schützen. Zum anderen sollen sich im Fall einer Rückabwicklung wegen Zahlungsausfalls die Rechte und Pflichten von Kreditgeber und Verbraucher die Waage halten.

Zu diesen Leitlinien fand Anfang Juli 2001 eine Anhörung mit Vertretern der Mitgliedstaaten, der Industrie und der Verbraucher statt, die als Grundlage für die Erarbeitung eines ersten Vorschlags für eine neue Verbraucherkreditrichtlinie diente.

II. Die Entstehung einer neuen Verbraucherkreditrichtlinie

Am 11. September 2002 legte die Kommission einen ersten Vorschlag für eine Richtlinie zur Harmonisierung der Rechts- und Verwaltungsvorschriften über den Verbraucherkredit vor.[123] Nach mehreren Diskussionen im Rat[124] und auf der Grundlage der Stellungnahme des Europäischen Wirtschafts- und Sozialausschusses[125] veröffentlichte das Parlament eine legislative Entschließung, die den Richtlinienvorschlag in der von der Kommission vorgelegten Fassung um 152 Punkte änderte und die Kommission aufforderte, einen überarbeiteten Entwurf vorzulegen.[126] Daraufhin legte die Kommission am 7. Oktober 2005 einen zweiten

---

122 Synthesepapier der Europäischen Kommission, Generaldirektion Gesundheit und Verbraucherschutz, vom 8. Juni 2001 S. 17 ff., vgl. Anhang; zu den Vorarbeiten auch *Kaiser*, VuR 2002, 385 (385 ff.).

123 Vorschlag für eine Richtlinie des Europäischen Parlaments und des Rates vom 11. September 2002 zur Harmonisierung der Rechts- und Verwaltungsvorschriften der Mitgliedstaaten über den Verbraucherkredit, KOM(2002) 443 endg., ABl. EG Nr. C 331 E vom 31. Dezember 2002, S. 200–248.

124 Vgl. Pressemitteilung zur 2462. Tagung des Rates Wettbewerbsfähigkeit (Binnenmarkt, Industrie und Forschung) vom 14. November 2002, PRES/2002/344; Pressemitteilung zur 2510. Tagung des Rates Wettbewerbsfähigkeit (Binnenmarkt, Industrie und Forschung) vom 19. Mai 2003, PRES/2003/140.

125 Stellungnahme des Europäischen Wirtschafts- und Sozialausschusses zu dem „Vorschlag für eine Richtlinie des europäischen Parlaments und des Rates zur Harmonisierung der Rechts- und Verwaltungsvorschriften der Mitgliedstaaten über den Verbraucherkredit“, KOM(2002) 443 endg., ABl. EG Nr. C 234 vom 30. September 2003, S. 1–10.

126 Legislative Entschließung des Europäischen Parlaments zu dem Vorschlag für eine Richtlinie des Europäischen Parlaments und des Rates zur Harmonisierung der Rechts- und Verwaltungsvorschriften der Mitgliedstaaten über den Kredit an Verbraucher, KOM(2002) 443, ABl. EG Nr. C 104 E vom 30. April 2004, S. 233–260; vgl. zu den Änderungen *Hoffmann*, BKR 2004, 308 (315).

Richtlinienvorschlag vor, mit dem sich die Gesetzgebungsorgane im Folgenden beschäftigten.[127] Nachdem der Rat am 21. Mai 2007[128] und die Kommission am 21. September 2007[129] einen gemeinsamen Standpunkt des Richtlinienvorschlags angenommen hatten, billigte das Parlament am 16. Januar 2008 in zweiter Lesung diesen gemeinsamen Standpunkt[130] und führte weitere Änderungen durch. Wenige Wochen später einigten sich Rat und Parlament auf einen Text, sodass die überarbeitete Verbraucherkreditrichtlinie am 23. April 2008 verabschiedet werden konnte.

III. Harmonisierungskonzept der Verbraucherkreditrichtlinie 2008/48/EG

Im Weiteren soll das Harmonisierungskonzept der Verbraucherkreditrichtlinie von 2008 anhand ihrer Rechtsgrundlage, ihrer Ziele und ihrer Ausgestaltung im Wege der Vollharmonisierung herausgearbeitet werden.

1. Rechtsgrundlage

Die Verbraucherkreditrichtlinie von 2008 beruht auf Art. 95 EG (jetzt Art. 114 AEUV).[131] Nach Art. 114 AEUV können der Rat und das Parlament nach Maßgabe des ordentlichen Gesetzgebungsverfahrens Maßnahmen zur Angleichung der Rechts- und Verwaltungsvorschriften der Mitgliedstaaten vornehmen, welche die Errichtung und das Funktionieren des Binnenmarktes zum Gegenstand haben. Im Vergleich zur Rechtsgrundlage der Verbraucherkreditrichtlinie von 1986 (jetzt Art. 115 AEUV) werden in Art. 114 AEUV das Spektrum der Handlungsformen von Richtlinien auf „Maßnahmen" erweitert und mit der Festsetzung des

---

127 Geänderter Vorschlag für eine Richtlinie des Europäischen Parlaments und des Rates über Verbraucherkreditverträge und zur Änderung der Richtlinie 93/13/EWG des Rates vom 7. Oktober 2005, KOM(2005) 483 endg.

128 Vgl. Pressemitteilung zur 2801. Tagung des Rates Wettbewerbsfähigkeit (Binnenmarkt, Industrie und Forschung) vom 21. Mai 2007, PRES/2007/108.

129 Vgl. Mitteilung der Kommission an das Europäische Parlament über den gemeinsamen Standpunkt des Rates im Hinblick auf den Erlass einer Richtlinie des Europäischen Parlaments und des Rates über Verbraucherkreditverträge vom 21. September 2007, KOM(2007) 546 endg.

130 Berichtigung des Standpunkts des Europäischen Parlaments festgelegt in zweiter Lesung am 16. Januar 2008 im Hinblick auf den Erlass der Richtlinie 2008/.../EG des Europäischen Parlaments und des Rates über Verbraucherkreditverträge und zur Aufhebung der Richtlinie 87/102/EWG des Rates, ABl. EG 2008, Nr. C 138 E vom 9. April 2008, S. 21–23.

131 *Knops* in Habersack/Mülbert/Nobbe/Wittig (Hrsg.), Die zivilrechtliche Umsetzung der Zahlungsdienste-Richtlinie, 201 ff., der die Frage aufwirft, ob die Verbraucherkreditrichtlinie von 2008 überhaupt von Art. 114 AEUV gedeckt ist.

ordentlichen Gesetzgebungsverfahren die starren Voraussetzungen des Einstimmigkeitsprinzips überwunden.[132] Das ordentliche Gesetzgebungsverfahren lässt eine qualifizierte Mehrheit für die Beschlussfassung im Rat ausreichen und stärkt die Beteiligung des Europäischen Parlaments.[133]

Im Gegenzug zu der Erleichterung beim Gesetzgebungsverfahren wird die Kommission in Art. 114 AEUV Abs. 3 (ex. Art. 100a Abs. 3 EWGV; ex. Art. 95 Abs. 3 EG) verpflichtet, bei ihren Vorschlägen für Harmonisierungsmaßnahmen in den Bereichen Gesundheit, Sicherheit, Umweltschutz und Verbraucherschutz von einem hohen Schutzniveau auszugehen.[134] Die beiden Kompetenznormen haben sich durch die einheitliche Verwendung des Begriffs des Binnenmarkts seit dem Vertrag von Lissabon stark angeglichen.[135] Art. 115 AEUV bleibt aufgrund ihrer strengeren Voraussetzungen lediglich als Auffangnorm für Materien bestehen, für die die Mitgliedstaaten den Weg zum ordentlichen Gesetzgebungsverfahren nicht öffnen wollten, beispielsweise nach Art. 114 Abs. 2 AEUV für die Harmonisierung der direkten Steuern.[136]

2. Ziele

Mit der Wahl des Art. 114 AEUV als Kompetenznorm hat sich die Kommission auf die Errichtung und das Funktionieren des Binnenmarktes als Ziel festgelegt. Für diese Zielsetzung reicht eine bloße Behauptung, den Binnenmarkt nach Art. 26 AEUV zu fördern, jedoch nicht aus. Vielmehr muss der europäische Gesetzgeber tatsächlich auf eine Verbesserung der Voraussetzungen für die Errichtung und das Funktionieren des Binnenmarktes abzielen. Die Wettbewerbsverzerrungen, gegen die sich die Maßnahme richtet, müssen zudem spürbar sein.[137]

132 Schwarze/*Herrnfeld*, EU-Kommentar, Art. 114 AEUV, Rn. 8; *Streinz*, EUV/AEUV, Art. 114 AEUV, Rn. 1; Lenz/Borchard/*Fischer*, EU-Verträge Kommentar, Art. 114 AEUV, Rn. 7, 16, 21.

133 *Bieber/Epiney/Haag/Kotzur*, Die Europäische Union, § 7, Rn. 18; *Herdegen*, Europarecht, § 8, Rn. 78.

134 Schwarze/*Herrnfeld*, EU-Kommentar, Art. 114 AEUV, Rn. 49; Lenz/Borchard/*Fischer*, EU-Verträge Kommentar, Art. 114 AEUV, Rn. 1.

135 Vor dem Vertrag von Lissabon bezog sich die Vorgängerregelung zu Art. 115 AEUV auf den Gemeinsamen Markt und die Vorgängerregelung zu Art. 114 AEUV auf den Binnenmarkt. Über die Abgrenzung der Begriffe Gemeinsamer Markt und Binnenmarkt wurde kräftig gestritten. Vgl. dazu Schwarze/*Hatje*, EU-Kommentar, Art. 26 AEUV, Rn. 7 m. w. N. Mit der Anpassung der Begrifflichkeit durch den Vertrag von Lissabon ist der Streit obsolet geworden.

136 Geiger/Khan/Kotzur/*Khan*, EUV/AEUV, Art. 115 AEUV, Rn. 2; Lenz/Borchardt/*Fischer*, EU-Verträge Kommentar, Art. 115 AEUV, Rn. 1, der über Art. 115 AEUV von einer „subsidiär anwendbaren Auffangnorm" spricht.

137 *Callies* in FS Fischer, 1 (16 ff.).

Für die Notwendigkeit der Überarbeitung der neuen Verbraucherkreditrichtlinie wird insbesondere die Divergenz der nationalen Rechtsordnungen herangezogen.[138] Die Mitgliedstaaten haben unter Bezugnahme auf die Mindestharmonisierungsklausel des Art. 15 VKRL 1986 detailliertere und strengere Vorschriften zu den meisten Aspekten der Verbraucherkreditrichtlinie verabschiedet und damit jeweils ein eigenes Verbraucherschutzniveau etabliert.[139] So wurde etwa der Anwendungsbereich in einigen Mitgliedstaaten erweitert und es wurden Verbraucherschutzinstrumente, die die Verbraucherkreditrichtlinie von 1986 nicht vorsieht, eingeführt. Zu nennen ist insbesondere das Widerrufsrecht bei Verbraucherkreditverträgen, das in mehreren Mitgliedstaaten bereits existierte und doch unterschiedlich konzipiert war. So betrug etwa die Widerrufsfrist in Frankreich 7 Tage und in Deutschland 14 Tage.[140] Hinzu kommt, dass einige Mitgliedstaaten bereits auf die modernen Entwicklungen auf dem Verbraucherkreditmarkt reagiert hatten oder reagieren wollten. Diese unterschiedlichen Rechtsvorschriften erschwerten es sowohl Verbrauchern als auch Kreditgebern, grenzüberschreitend Kreditverträge abzuschließen.

Daher ist mit der Kommission das Vorliegen spürbarer Wettbewerbsverzerrungen anzunehmen. Es war somit geboten, auf der Grundlage von Art. 114 AEUV ein Auseinanderdriften der Vorschriften vorzubeugen, bevor die einzelnen Mitgliedstaaten auf die neuen Tendenzen im Verbraucherkreditsektor reagieren und selbst auf nationaler Ebene Vorschriften erlassen.[141]

Neben der „Entwicklung eines reibungslos funktionierenden Binnenmarkts bei Verbraucherkrediten“, zielt die Verbraucherkreditrichtlinie von 2008 auf die Gewährleistung eines hohen Verbraucherschutzniveaus ab. Nach den Erwägungsgründen 7 und 8 soll ein „freier Verkehr von Kreditangeboten unter den bestmöglichen Bedingungen für Kreditanbieter wie auch für Kreditnehmer unter gebührender Berücksichtigung der Besonderheiten in den einzelnen Mitgliedstaaten“ stattfinden können.

Das Ziel eines hohen Verbraucherschutzniveaus ist gegenüber dem Ziel der Binnenmarktverwirklichung als gleichberechtigt anzusehen, zumal Art. 114 Abs. 3 EGV die Zielrichtung eines hohen Verbraucherschutzniveaus vorgibt.[142]

---

138 Erwägungsgrund 4 der Verbraucherkreditrichtlinie von 2008.

139 Begründung des ersten Vorschlags für eine Verbraucherkreditrichtlinie, KOM(2002) 443 endg., S. 5; *Hoffmann*, Die Reform der Verbraucherkredit-Richtlinie (87/102/EWG), 160.

140 Art. L. 311–15 C. cons; §§ 495 Abs. 2, 355 Abs. 2, S. 1 BGB a. F.

141 *Vogenauer/Weatherill*, JZ 2005, 870 (877); *Hoffmann*, BKR 2004, 308 (309); *Stathopoulos*, ZEuP 2003, 243 (244); ablehnend *Emmerich/Doehner* in FS Derleder, 367 (379).

142 *Hoffmann*, Die Reform der Verbraucherkredit-Richtlinie (87/102/EWG), 147.

3. Vollharmonisierung

Art. 22 VKRL 2008 besagt im Gegensatz zu Art. 15 VKRL 1986, dass die Mitgliedstaaten keine Bestimmungen in ihrem innerstaatlichen Recht aufrechterhalten oder einführen dürfen, die von den Bestimmungen dieser Richtlinie abweichen, soweit diese Richtlinie harmonisierte Vorschriften enthält. Anders als bei der Ursprungsrichtlinie wird zum Erreichen der Ziele in der Verbraucherkreditrichtlinie von 2008 die Vollharmonisierung der Vorschriften vorgesehen.[143] Begründet wird dies mit der „effektiveren Möglichkeit, allen Verbrauchern in der Union ein hohes und vergleichbares Maß an Schutz ihrer Interessen zu gewährleisten und damit einen echten Binnenmarkt zu schaffen".[144]

a. Entwicklung des Prinzips der Vollharmonisierung im Reformprozess

Der erste Richtlinienvorschlag für eine Verbraucherkreditrichtlinie von 2002 sah im Vergleich zur endgültigen Regelung in Art. 22 VKRL 2008 eine strengere Harmonisierungsklausel vor. Art. 30 des Vorschlags regelte eine vollständige Harmonisierung, abgesehen von zwei marginalen Ausnahmen zur Aufnahme von Kredit- und Sicherungsverträgen in zentrale Datenbanken und zur Möglichkeit der Beweislastumkehr für die Pflichten der Kreditgeber und Kreditvermittler.[145] Über die Ausnahmen hinaus war es den Mitgliedstaaten nicht erlaubt, andere als die in der Richtlinie vorgegebenen Vorschriften festzulegen. Diese Vorgehensweise wurde insbesondere vonseiten der Wirtschaft kritisiert.[146]

Der zweite Richtlinienentwurf aus dem Jahre 2005 begrenzte die Harmonisierung auf einzelne Aspekte der Verbraucherkreditrichtlinie. Für die übrigen Regelungsbereiche bestimmte der Entwurf die Anwendung des Prinzips der gegenseitigen Anerkennung zur Erleichterung grenzüberschreitenden Tätigwerdens.[147] Danach hätte ein Kreditgeber bei grenzüberschreitenden Geschäften in den nicht vollharmonisierten Regelungsbereichen des Richtlinienvorschlags lediglich die rechtlichen Anforderungen seines Herkunftsmitgliedstaates einhalten müssen.[148]

---

143 *Riehm/Schreindorfer*, GPR 2008, 244 (245); *Rott*, WM 2008, 1104 (1105); *Bülow/Artz*, WM 2005, 1153 (1153 ff.); *Danco*, WM 2003, 853 (858 ff.); *Hoffmann*, BKR 2004, 308 (310).

144 Erwägungsgrund 9 der Verbraucherkreditrichtlinie von 2008.

145 Zum Harmonisierungsprozess der Verbraucherkreditrichtlinie von 2008 *Rott* in Reich/Micklitz/Rott/Tonner (Hrsg.), European Consumer Law, 197 (205 ff.).

146 *Emmerich/Doehner* in FS Derleder, 367 (367 ff.); *Reifner*, Empfehlungen, VuR 2004, 11 (13); *Danco*, WM 2003, 853 (859), die nicht nur Bedenken bzgl. der positiven Auswirkungen von vollharmonisierten Vorschriften auf den Binnenmarkt, sondern insbesondere hinsichtlich der Unbestimmtheit der maßgeblichen Begriffe äußert.

147 Begründung des zweiten Vorschlag für eine Verbraucherkreditrichtlinie, KOM(2005) 483 endg., S. 9.

148 *Siems*, EuZW 2008, 454 (457); Zimmermann, BKR 2006, 178 (179).

Kreditgebern wird dadurch zwar erleichtert, ihre Angebote auch in einem anderen Mitgliedstaat anzubieten, da das Hemmnis, sich mit einer fremden Rechtsordnung auseinandersetzen zu müssen entfällt und hierdurch sich dem Kreditgeber ein größerer und kompakterer Markt bietet.[149] Allerdings wird den Kreditgebern durch die Einführung des Prinzips der gegenseitigen Anerkennung ein Anreiz geboten, sich in dem Mitgliedstaat niederzulassen, in dem die für ihn günstigsten Vorschriften existieren. Dies birgt die Gefahr eines „race to the bottom" in sich.[150] Benachteiligt werden dadurch vor allem die Verbraucher, die nicht weiter auf den Schutz der ihnen bekannten Rechtsordnung vertrauen können und sich unter Umständen mit weniger Schutz zufriedengeben müssen.[151] Dies kann eine enorme Rechtsunsicherheit auf Nachfrageseite zur Folge haben. Außerdem widerspricht dieses Prinzip dem in der Rom-I-Verordnung[152] festgelegten Grundsatz, nach dem ein Verbrauchervertrag grundsätzlich dem Recht des Staates unterliegt, in dem der Verbraucher seinen gewöhnlichen Aufenthalt hat.[153]

Das Europäische Parlament und der Rat haben im Gemeinsamen Standpunkt der Verbraucherkreditrichtlinie die Regelung zum Prinzip der gegenseitigen Anerkennung nicht länger aufrechterhalten. Verabschiedet wurde schließlich eine Richtlinie, der ein differenziertes System an Harmonisierungskonzept zugrunde liegt.

b. Endgültiges Harmonisierungskonzept der Richtlinie

Grundsätzlich folgt die Verbraucherkreditrichtlinie von 2008 gem. Art. 22 dem Prinzip der Vollharmonisierung. Dieser Ansatz wurde jedoch durch eine Reihe von Optionen aufgeweicht, die den Mitgliedstaaten auch inhaltlich größere Möglichkeiten bei der Ausgestaltung ihrer nationalen Vorschriften gestatten.[154] Schließlich wird die Regelung mancher Bereiche komplett den Mitgliedstaaten überlassen.[155]

Durch die Festsetzung der Vollharmonisierung haben die Mitgliedstaaten bei der Richtlinienumsetzung nur hinsichtlich der Art und Weise, nicht aber hinsichtlich des Inhalts einen Spielraum. Von besonderer Wichtigkeit ist dabei die genaue

---

149 *Grundmann*, RabelsZ 2003, 246 (256); *Rott*, EuZW 2005, 167 (169 f.).

150 *Reich*, VuR 2007, III (IV).

151 *Rott*, WM 2008, 1104 (1105); *Rott*, EuZW 2005, 167 (170); *Rott*, EuLF 2006, I-61 (I-65).

152 Verordnung (EG) Nr. 593/2008 des europäischen Parlaments und des Rates vom 17. Juni 2008 über das auf vertragliche Schuldverhältnisse anzuwendende Recht (Rom I), ABl. EG Nr. L 177 vom 4. Juli 2008, S. 6–16.

153 *Rott* in Reich/Micklitz/Rott/Tonner (Hrsg.), European Consumer Law, 197 (206); *Reich*, VuR 2007, III (IV); *Rott*, EuZW 2005, 167 (170), der sich bereits während der Entstehung der Rom-I-Verordnung gegen eine Verankerung des Prinzips ausspricht; *Sujecki*, EWS 2010, 360 (361 ff.); *Wilhelmsson*, ZEuP 2008, 225 (228 f.).

154 *Reich*, ZEuP 2010, 7 (24 ff.); *Riehm/Schreindorfer*, GPR 2008, 244 (245), die anhand der Überschrift bzgl. den Pflichten des Kreditvermittlers sogar eine Mindestharmonisierung annehmen.

155 So die Vorschrift zu den Sanktionen, Art. 23 VKRL 2008.

Bestimmung des Anwendungsbereichs der Richtlinie. Nach Art. 22 VKRL 2008 ist ein Abweichen nicht erlaubt, *soweit* die Richtlinie harmonisierte Vorschriften enthält.[156] Sobald Sachverhalte nicht in den Anwendungsbereich der Verbraucherkreditrichtlinie von 2008 fallen, unterliegen sie nicht dem harmonisierten Bereich der Richtlinie.[157] Dann steht es den Mitgliedstaaten frei, für diese Sachverhalte andere, weitergehende oder weniger weitgehende Regelungen zu treffen oder sie ebenfalls den Vorschriften der Richtlinie zu unterwerfen.[158]

Die Optionen erlauben den Mitgliedstaaten, von der Regelung der Richtlinie in der Form abzuweichen, die die Option vorgibt. Eine derartige Option findet sich etwa in Art. 16 Abs. 4 VKRL 2008, der besagt, dass die Mitgliedstaaten vorsehen können, dass der Kreditgeber bei vorzeitiger Rückzahlung durch den Verbraucher eine Entschädigung nur verlangen kann, wenn der vorzeitig zurückgezahlte Betrag den innerstaatlichen Schwellenwert übersteigt. Ausnahmsweise kann der Kreditgeber eine höhere Entschädigung verlangen, wenn er nachweist, dass sein Verlust höher ist als die nach objektiven Kriterien zu bestimmenden Entschädigung.

Die Mitgliedstaaten haben die Wahl bzgl. des *Ob* der Übernahme der Option in ihre Rechtsordnungen. Hinsichtlich der Ausgestaltung (dem *Wie*) sind die Mitgliedstaaten allerdings an die Vorgaben der Richtlinie gebunden, sodass sie sich entweder gegen die Anwendung einer Option entscheiden können oder dafür, wobei sie die vorgesehene Alternativregelung umsetzen müssen. Eine teilweise oder eine abgeänderte Übernahme der Option, beispielsweise eine Bestimmung der Entschädigung bei vorzeitiger Rückzahlung erst bei einer Summe, die höher ist als der innerstaatliche Schwellenwert, ist nicht zulässig. Dies gilt auch, wenn sie dadurch den Verbraucher in größerem Maße schützt.[159]

Für den Fall, dass ein Mitgliedstaat von einer Option Gebrauch macht, muss er die Kommission gem. Art. 26 VKRL über die Änderungen informieren, damit diese die Alternativregelungen auf einer Internetseite oder auf einem anderen leicht zugänglichen Weg veröffentlichen kann. Im gleichen Zug hat der Mitgliedstaat dafür zu sorgen, dass die Kreditgeber und die Verbraucher seines Staates über diese Alternativvorschriften Kenntnis erlangen.

Schließlich sieht die Verbraucherkreditrichtlinie von 2008 in Art. 22 ein Abweichungs- und Umgehungsverbot sowie ein Verzichtsverbot und eine IPR-Klausel vor. Danach darf der Schutz des Verbrauchers nicht durch die Wahl des Rechts

156 *Streinz*, EUV/AEUV, Art. 114 AEUV, Rn. 26; *Schürnbrand*, Das neue Recht der Verbraucherkredite und der verbundenen Verträge, 175.

157 *Gsell/Schellhase*, JZ 2009, 20 (22).

158 *Rott*, WM 2008, 1104 (1106); *Riehm/Schreindorfer*, GPR 2008, 244 (245); *Riehm*, JZ 2006, 1035 (1036); *Bülow/Artz*, WM 2005, 1153 (1153); *Hoffmann*, Die Reform der Verbraucherkredit-Richtlinie (87/102/EWG), 246 f.; *Bülow*, WM 2006, 1513 (1513).

159 *Riehm/Schreindorfer*, GPR 2008, 244 (247).

eines Drittstaats entzogen werden, solange der Vertrag eine enge Verbindung mit einem oder mehreren Mitgliedstaaten aufweist.[160]

c. Vor- und Nachteile der Vollharmonisierung

Laut Erwägungsgrund 9 ist die Vollharmonisierung der Vorschriften der Verbraucherkreditrichtlinie von 2008 nötig, um ein hohes und vor allem gleichmäßiges Verbraucherschutzniveau zu garantieren und um einen echten Binnenmarkt auf dem Gebiet des Verbraucherkreditrechts zu schaffen. Die Kommission macht die voneinander abweichenden Vorschriften für die geringe Anzahl grenzüberschreitender Kreditverträge (von unter 1 %)[161] verantwortlich.[162] Einheitliche Vorschriften auf einem hohen Verbraucherschutzlevel würden dem Verbraucher vor allem Vertrauen geben, auch grenzüberschreitend Kreditverträge abzuschließen und damit die Anzahl der grenzüberschreitenden Verbraucherkredite in Europa zu erhöhen und den Binnenmarkt auszubauen. Darüber hinaus würden die Kosten für Kreditgeber zur Einhaltung der Regelungen beim Abschluss grenzüberschreitender Verbraucherkredite minimiert, sodass auch kleineren Unternehmen der Zutritt zum Binnenmarkt erleichtert würde.[163]

Diese Schlussfolgerung ist nicht unumstritten geblieben, da insbesondere auch rechtstatsächliche Gründe wie die Sprachbarriere bei grenzüberschreitendem Handeln, fehlender persönlicher Kontakt und das Vertrauen zu Kreditinstituten, zu denen bereits Vertragsbeziehungen bestehen, ursächlich für die geringe Inanspruchnahme grenzüberschreitender Kreditverträge sind.[164]

Darüber hinaus wird der Ansatz der Vollharmonisierung an sich kritisiert.[165] Insbesondere bestehe die Gefahr, dass die Mitgliedstaaten, die bereits in ihren jeweiligen Rechtsordnungen einen hohen Verbraucherschutzstandard etabliert haben, durch die Harmonisierungsmaßnahme gezwungen würden, dieses Niveau

---

160 Näher zu der Gestaltung der Verbraucherschutzvorschriften als zwingendes Recht und zur Einführung einer Kollisionsnorm *Hoffmann*, Die Reform der Verbraucherkredit-Richtlinie (87/102/EWG), 248 f.

161 Presseerklärung der EU-Kommission vom 16. Januar 2008, IP/08/55.

162 Siehe dazu unter § 2 D. III. 2.

163 *Reich*, VuR 2007, 111 (111).

164 *Danco*, WM 2003, 853 (859); *Siems*, EuZW 2008, 454 (457); diese Indizien lassen sich zudem einer Anfang 2006 durchgeführten Eurobarometer-Umfrage (Eurobarometer, Consumer protection in the Internal Market, Nr. 65.1) entnehmen, für die Menschen in Europa gefragt wurden, worin ihrer Meinung nach Hemmnisse einer grenzüberschreitenden Inanspruchnahme von Finanzdienstleistungen liegen, abrufbar unter: http://ec.europa.eu/public_opinion/archives/ebs/ebs252_en.pdf; zuletzt abgerufen am 5. Februar 2018.

165 *Gsell/Schellhase*, JZ 2009, 20 (24), die den Vollharmonisierungsansatz für ungeeignet halten, einer Rechtszersplitterung entgegenzuwirken, wenn Regelungsbereiche ausgenommen und damit nicht harmonisiert werden.

zu senken.[166] Eine europäische Maßnahme stelle einen politischen Kompromiss dar, sodass es sich bei dem konsensfähigen „hohen Verbraucherschutzniveau“, wie er in Art. 114 Abs. 3 AEUV festgeschrieben ist, nicht um das in einigen Mitgliedstaaten existierende höchste nationale Verbraucherschutzniveau handele. Vielmehr stehe es zu befürchten, dass eine Angleichung auf einem gemeinsamen Nenner stattfände, der einen „race to the bottom“, also einen Wettlauf um die niedrigsten Standards, nach sich ziehe.[167]

Zudem bestünde die Gefahr, dass die Vollharmonisierung im Gegensatz zur Mindestharmonisierung die Dynamik der Weiterentwicklung des Europäischen Privatrechts stoppe. Die Vielfalt der nationalen Rechtssysteme galt stets als Grundlage für die Erarbeitung von Vorschriften auf der europäischen Ebene. Mit der Vielfalt sah sich die Europäische Union in der Lage, die geeignetsten Lösungsansätze heraussuchen zu können. Dadurch werde zwischen den Mitgliedstaaten ein Wettbewerb um die besten Regelungsmodelle angefacht und die Mitgliedstaaten würden zu einer stetigen Weiterentwicklung ihrer Rechtssysteme angehalten. Dabei hätten die Mitgliedstaaten untereinander an den Erfahrungen der jeweiligen anderen partizipieren können, indem sie Regelungen vergleichen und bewährte Modelle als Vorbild für eigene Legislativmaßnahmen heranziehen konnten.[168] Der europäische Gesetzgeber habe anschließend von den nationalen Erfahrungswerten mit den jeweiligen Regelungsmodellen profitieren und darauf aufbauend europäische Vorschriften erlassen können.

Vollharmonisierte Regelungen, die den Mitgliedstaaten nur wenig Spielraum für eigene Ideen lassen, könnten daher zu einer „Retardation“ der Entwicklung des Europäischen Privatrechts und damit auch der nationalen Rechtsordnungen führen.[169]

d. Bewertung

Die im vorangegangenen Kapitel zu den Vor- und Nachteilen der Vollharmonisierung beschriebene Gefahr einer verlangsamten Entwicklung des Europäischen Privatrechts ist im Allgemeinen begründet. Für die Verbraucherkreditrichtlinie von 2008 stellt sich die Sachlage jedoch anders dar. Zum einen wurde durch die Verbraucherkreditrichtlinie von 1986 bereits eine gemeinsame Basis zum Verbraucherschutz geschaffen. Die mitgliedstaatlichen Vorschriften haben sich dadurch bereits angeglichen und ein starker Abfall des Verbraucherschutzniveaus ist

---

166 *Rott*, WM 2008, 1104 (1105); *Tamm*, KJ 2007, 391 (398); *Tamm*, EuZW 2007, 756 (759); *Reich*, VuR 2007, III (III); *Hoffmann*, BKR 2004, 308 (310).

167 Lenz/Borchert/*Grub*, EU-Verträge Kommentar, Art. 169 AEUV, Rn. 10.

168 *Tamm*, KJ 2007, 391 (394); *Tamm*, EuZW 2007, 756 (758); *Hoffmann*, BKR 2004, 308 (310).

169 *Wilhelmsson*, ZEuP 2008, 225 (226 ff.), der zudem auf die Problematik einer Harmonisierung eines speziellen Teilbereichs des besonderen Vertragsrechts ohne einer ähnlichen Harmonisierung des allgemeinen Vertragsrechts aufmerksam macht.

nicht zu befürchten. Zum anderen konzentriert sich die vollharmonisierte Ausgestaltung auf die Pfeiler des Verbraucherschutzes, wie insbesondere die Informationspflichten und das Widerrufsrecht. Dabei konnte auf die Erfahrungen der Mitgliedstaaten bei der Umsetzung der Verbraucherkreditrichtlinie von 1986 und die Ausgestaltung der Schutzinstrumente in anderen verbraucherschützenden Richtlinien zurückgegriffen werden. Durch die Ausgestaltung der Optionen und der bewussten Auslassung einer Regelung einzelner Materien, wie der Sanktionen, besteht für die Mitgliedstaaten genügend Raum für eine individuelle Weiterentwicklung des eigenen nationalen Rechts. Die Gefahr des „Stillstandes" der Weiterentwicklung besteht deshalb nicht.[170]

IV. Inhalt der Verbraucherkreditrichtlinie 2008/48/EG

Im Folgenden soll auf den Regelungsinhalt der Verbraucherkreditrichtlinie von 2008 näher eingegangen werden.[171] Dabei wird an gegebener Stelle die Änderung der neuen Verbraucherkreditrichtlinie von 2008 zu den vorangegangenen Richtlinienentwürfen aufgezeigt. Mitberücksichtigt wird zudem, dass die Wohnimmobilienkreditrichtlinie vom 4. Februar 2014 den Anwendungsbereich der Verbraucherkreditrichtlinie von 2008 ergänzt.[172] Für die Frage nach der Eingliederung der Verbraucherkreditrichtlinie von 2008 in den übrigen Acquis communautaire sind die Ausgestaltung des Anwendungsbereichs und die Schutzinstrumente der Richtlinie von Bedeutung. Der Anwendungsbereich steckt den Rahmen ab, bei welchen Kreditverträgen Schutzinstrumente eingreifen und bei welchen nicht. Als Schutzinstrumente sieht die Verbraucherkreditrichtlinie von 2008 vorvertragliche Informationspflichten und Rechte und Pflichten bei der Durchführung von Kreditverträgen vor, zu denen auch das Widerrufsrecht gehört. Hierauf legt die Arbeit im Folgenden ihren Schwerpunkt.

1. Anwendungsbereich

Wie bereits die Verbraucherkreditrichtlinie von 1986 sieht auch die Verbraucherkreditrichtlinie von 2008 einen weiten Anwendungsbereich vor. Im Vergleich zur

---

170 So aber *Hoffmann*, BKR 2004, 308 (310).

171 Zum Regelungsinhalt der Verbraucherkreditrichtlinie von 2008 und deren Umsetzung *Derleder*, NJW 2009, 3195 (3195 ff.); *Kulke*, VuR 2009, 12 (12 ff.); *Rösler/Werner*, BKR 2009, 1 (1 ff.); *Wösthoff*, Die Verbraucherkreditrichtlinie 2008/48/EG und deren Umsetzung ins deutsche Recht, 47 ff.

172 Auf die Änderung der Verbraucherkreditrichtlinie von 2008 durch die Richtlinie 2011/90/EU vom 14. November 2011, die den Anhang I Teil II der Verbraucherkreditrichtlinie von 2008 mit zusätzlichen Annahmen zur Berechnung des effektiven Jahreszinssatzes ändert soll dagegen nicht näher eingegangen werden. Diese Richtlinienänderung hat keinerlei Auswirkungen auf das Widerrufsrecht.

Ursprungsrichtlinie wurde der Anwendungsbereich der Verbraucherkreditrichtlinie von 2008 nach mehreren Änderungen im Ergebnis noch ausgeweitet.

a. Persönlicher Anwendungsbereich

Der persönliche Anwendungsbereich ist stark an den der Ursprungsrichtlinie angelehnt. Er betrifft Kreditverträge zwischen einem Kreditgeber und einem Verbraucher. Die neue Richtlinie ergänzt die Definition des Kreditgebers der Verbraucherkreditrichtlinie von 1986 um Konstellationen, in denen der Kreditgeber einem Verbraucher einen Kredit zu gewähren verspricht.[173] Hinsichtlich der Definition des Verbrauchers wird der enge EU-rechtliche Verbraucherbegriff verwendet, den auch schon die Verbraucherkreditrichtlinie von 1986 und darauffolgende verbraucherschützende Richtlinien zugrunde gelegt haben.[174]

Zu Beginn der Reform wollte die Kommission auch den Sicherungsgeber und den Kreditvermittler in den Anwendungsbereich einbeziehen. Die Anforderungen an den Kreditvertrag sollten prinzipiell auch für Sicherungsverträge gelten und Kreditvermittler sollten denselben Informations- und Beratungspflichten unterworfen werden wie die Kreditgeber.[175] Diese Vorschläge wurden jedoch vom Parlament nicht gebilligt. Folglich verbleibt der Schutz des Sicherungsgebers, wie etwa des Bürgen oder des Garantiegebers, im Kompetenzbereich der Mitgliedstaaten. Der Kreditvermittler wurde zwar in die Richtlinie mit aufgenommen. Ihn treffen jedoch nicht alle Pflichten, insbesondere nicht die Prüfung der Kreditwürdigkeit. Dafür sind in Art. 21 VKRL 2008 bestimmte spezielle Pflichten für den Kreditvermittler normiert.[176]

b. Sachlicher Anwendungsbereich

Der sachliche Anwendungsbereich wird zunächst in Art. 2 VKRL 2008 positiv bestimmt. Danach gelten die Vorschriften der Richtlinie für alle Kreditverträge, bei dem ein Kreditgeber einem Verbraucher einen Kredit in Form eines Zahlungsaufschubs, eines Darlehens oder einer sonstigen ähnlichen Finanzierungshilfe gewährt oder zu gewähren verspricht.[177] Von dieser Definition werden Verträge über die kontinuierliche Erbringung von Dienstleistungen sowie Verträge über

---

173 *Hoffmann*, Die Reform der Verbraucherkredit-Richtlinie (87/102/EWG), 172 f., der zudem den Wegfall des Merkmals „Gruppe“ aus der ursprünglichen Definition zu Recht nicht als inhaltliche Änderung des Kreditgeberbegriffs ansieht.

174 *Rott*, WM 2008, 1104 (1106).

175 *Danco*, WM 2003, 853 (853); *Hoffmann*, BKR 2004, 308 (311); *Kaiser*, VuR 2002, 385 (386).

176 Da die Pflichten des Kreditvermittlers nach der Verbraucherkreditrichtlinie von 2008 insbesondere die Informationspflichten, nicht aber das Widerrufsrecht betreffen, bleiben die Besonderheiten zum Kreditvermittler bei der weiteren Untersuchung außen vor.

177 Zur Definition des Kreditvertrags siehe Art. 3 lit c) VKRL 2008.

die Lieferung von Waren gleicher Art, bei denen der Verbraucher Teilzahlungen leistet, gem. Art. 3 lit. c VKRL 2008 ausdrücklich ausgenommen. Bei letzteren sind laut Erwägungsgrund 12 der Verbraucherkreditrichtlinie von 2008 Versicherungsverträge gemeint. Die Leistungen von Versorgungsbetrieben werden zwar im Vergleich zur Ursprungsrichtlinie nicht mehr explizit im Katalog der Ausnahmen erwähnt, fallen jedoch weiterhin nicht in den Anwendungsbereich der Richtlinie. Dieser Passus hatte schon in der Ursprungsrichtlinie lediglich eine Klarstellungsfunktion inne.[178]

Da der Anwendungsbereich der Verbraucherkreditrichtlinie von 2008 festlegt, auf welche Kreditverträge ein Widerrufsrecht Anwendung findet, ist es entscheidend, wie weit der sachliche Anwendungsbereich gefasst ist. Die Bedeutung des Widerrufsrechts ist somit abhängig vom Anwendungsbereich der verbraucherschützenden Richtlinie. Daher werden im Folgenden die Ausnahmen dahingehend untersucht, ob sie den hohen Verbraucherschutz der Richtlinie schmälern. Dabei werden die Ausnahmen in die Gruppen vollständige Ausnahmen, teilweise Ausnahmen und optionale Ausnahmen aufgeteilt.[179]

aa. Vollständige Ausnahmen

Bei den vollständigen Ausnahmen werden die dort aufgeführten Kreditverträge komplett vom Anwendungsbereich der Richtlinie ausgeschlossen, sodass die Schutzvorschriften der Richtlinie nicht zur Anwendung kommen.

(1) Immobilienkredite und grundpfandrechtlich gesicherte Kredite

In der Verbraucherkreditrichtlinie von 1986 waren Kreditverträge, die hauptsächlich zum Erwerb eines Grundstücks oder Gebäudes oder zur Renovierung des Gebäudes bestimmt sind, ausgenommen. Zudem galten für grundpfandrechtlich gesicherte Kredite nur die Schutzinstrumente zur Werbung und zum effektiven Jahreszinssatz (Art. 3, 5 VKRL 1986). Auch wenn im Verlauf der Reform vorgeschlagen wurde, den Anwendungsbereich teilweise auch auf grundpfandrechtlich gesicherte Kredite zu erstrecken,[180] sieht die Verbraucherkreditrichtlinie von 2008 im Ergebnis eine Ausnahme sowohl für grundpfandlich gesicherte Kredite als auch für Kredite vor, die für den Erwerb oder die Erhaltung von Eigentumsrechten an einem Grundstück oder einem Gebäude bestimmt sind. Somit werden alle Kreditverträge, die im Zusammenhang mit dem Eigentumsrecht an Immobilien stehen, unabhängig von ihrer Zweckbestimmung vom Anwendungsbereich der Richtlinie komplett ausgenommen. Daraus folgt aber auch, dass der Anwendungsbereich der

---

178 *Reich/Micklitz*, Europäisches Verbraucherrecht, 743; *Hoffmann*, Die Reform der Verbraucherkredit-Richtlinie (87/102/EWG), 175.

179 Für die Verbraucherkreditrichtlinie von 2008 *Rott*, WM 2008, 1104 (1106); *Rott* in Reich/Micklitz/Rott/Tonner (Hrsg.), European Consumer Law, 197 (208 ff.).

180 Art. 3 Abs. 3 Richtlinienentwurf von 2002.

Verbraucherkreditrichtlinie von 2008 im Vergleich zur Ursprungsrichtlinie weiter ist, da ungesicherte Kredite, die zur Renovierung eines Gebäudes aufgenommen werden, nun unter den Anwendungsbereich fallen.[181]

Dies ist zu begrüßen, da der Verbraucher nicht weniger schutzwürdig ist, wenn er den Kredit für neue Fenster oder Renovierungen am Dach eines Gebäudes aufnimmt, als wenn er sich ein Auto oder Gartenmobiliar anschafft.[182]

Die Kommission hat die grundpfandrechtlichen Kredite zudem deshalb ausgeklammert, weil sie für Hypothekarkredite eine eigenständige Regelung schaffen wollte.[183] Die Richtlinie über Wohnimmobilienkreditverträge wurde letztlich am 4. Februar 2014 verabschiedet und schließt nunmehr die Lücke, die durch die Herausnahme der Immobilien- und grundpfandrechtlich gesicherten Kreditverträge vom Anwendungsbereich der Verbraucherkreditrichtlinie von 2008 entstanden war.[184]

(2) Miet- und Leasingverträge

Als weitere Ausnahme nennt die Verbraucherkreditrichtlinie von 1986 in Art. 2 Abs. 1 lit. b) Mietverträge, die nicht zum Kauf des Mietobjekts führen. Die Regelung wurde im ersten Richtlinienentwurf von 2002 auf solche Mietverträge eingegrenzt, bei denen der Eigentumsübergang auf den Mieter explizit ausgeschlossen ist. Der zweite Richtlinienentwurf von 2005 nimmt Mietverträge vom Anwendungsbereich heraus, es sei denn diese sehen vor, dass das Eigentum letztlich auf den Mieter übergeht. Darüber hinaus schafft er eine zusätzliche Ausnahme für Leasingverträge, die nicht zum Erwerb des Leasingobjekts verpflichten. Die Verbraucherkreditrichtlinie von 2008 fügt die beiden Ausnahmen zu einer zusammen und versieht sie mit der Negativvoraussetzung der Erwerbsverpflichtung.[185] Dies führt dazu, dass Leasinggeber in der Praxis den Anwendungsbereich der Verbraucherkreditrichtlinie umgehen können, indem sie in ihren Verträgen eine Kaufoption festschreiben. Dann finden die Schutzinstrumente der Verbraucherkreditrichtlinie keine Anwendung, obwohl gerade Finanzierungsleasingverträge eine moderne Alternative zu Abzahlungskaufverträgen geworden sind und somit unter den Schutz der Verbraucherkreditverträge fallen sollten.[186]

---

181 Erwägungsgrund 14 der Verbraucherkreditrichtlinie von 2008.

182 *Hoffmann*, Die Reform der Verbraucherkredit-Richtlinie (87/102/EWG), 177.

183 Zur Vorgeschichte der Wohnimmobilienkreditrichtlinie *Schäfer*, VuR 2014, 207 (207 ff.); *Rott*, BKR 2015, 8 (8 f.).

184 *Schürnbrand*, ZBB 2014, 168 (168).

185 *Rott*, WM 2008, 1104 (1106).

186 *Hoffmann*, Die Reform der Verbraucherkredit-Richtlinie (87/102/EWG), 177; *Reifner*, VuR 2005, 414 (415).

(3) Zins- und gebührenfreie Kredite

Die Verbraucherkreditrichtlinie von 2008 begrenzt die Ausnahme der Ursprungsrichtlinie für zins- und gebührenfreie Kredite auf solche Kreditverträge, die binnen drei Monaten zurückzuzahlen sind und bei denen nur geringe Kosten anfallen (Art. 2 Abs. 2 lit. f) VKRL 2008). Zudem formuliert die Verbraucherkreditrichtlinie von 2008 in Art. 2 Abs. 2 lit. j) VKRL 2008 aufbauend auf dem zweiten Richtlinienentwurf eine weitere Ausnahme für unentgeltliche Stundungen.

Die Ausnahme für Kreditverträge, durch die keine oder nur geringe Kosten anfallen, ist zu begrüßen, da die Verbraucher bei diesen Formen entweder aufgrund der Kredithöhe oder des häufig privaten Umfelds nicht desselben Schutzes bedürfen wie bei entgeltlichen Krediten.

(4) Überziehungskredite

Die Verbraucherkreditrichtlinie von 2008 greift die Ausnahme der Ursprungsrichtlinie bei Kreditverträgen mit Überziehungsmöglichkeit[187] auf und differenziert nach der Anzahl der Kreditraten. Kreditverträge, die binnen eines Monats zurückzuzahlen sind, schließt sie aus dem Anwendungsbereich aus. Auf Verträge, die nach Aufforderung oder binnen drei Monaten zurückgezahlt werden müssen, lässt sie lediglich einen Teil der Vorschriften der Richtlinie Anwendung finden.[188] Diese Aufteilung ist konsequent. Bei Krediten, die der Verbraucher binnen eines Monats zurückzuzahlen hat, ist die Zinslast selbst bei hohem Zinssatz wegen der einmaligen Inanspruchnahme nicht allzu hoch. Zudem ist die Zeitspanne so gering, dass unvorhergesehene Zwischenfälle nicht zu erwarten sind und der Verbraucher die Belastung leichter einschätzen kann. Dies ist bei Kreditverträgen, die auf Abruf oder binnen drei Monaten zurückzuzahlen sind, anders. Sie stellen zwar nicht eine unübersehbare finanzielle Belastung dar. Jedoch ist die Zeitspanne größer und damit sind Zwischenfälle wie plötzliche Arbeitslosigkeit oder Krankheit eher möglich.

(5) Ober- und Untergrenzen

Die Verbraucherkreditrichtlinie von 2008 nimmt Kreditverträge, deren Kredithöhe unter 200 Euro oder über 75 000 Euro beträgt, vom Anwendungsbereich der Richtlinie heraus.[189] Verbraucher, die Kredite mit einer höheren Summe zu Konsumzwecken aufnehmen, gelten als geschäftlich erfahren und daher nicht als schutzbedürftig.[190] Zudem greifen oftmals andere Schutzinstrumente wie die

187 Eine Überziehungsmöglichkeit im Sinne der neuen Richtlinie ist gem. Art. 3 lit. d) VKRL 2008 ein Kreditvertrag, bei dem der Kreditgeber dem Verbraucher Beträge zur Verfügung stellt, die das aktuelle Guthaben auf dem laufenden Konto des Verbrauchers überschreiten.

188 *Rott*, WM 2008, 1104 (1106 f.).

189 Art. 2 Abs. 2 lit. c) VKRL 2008.

190 *Hoffmann*, Die Reform der Verbraucherkredit-Richtlinie (87/102/EWG), 185.

Formbedürftigkeit ein. Die Höhe der Ober- und Untergrenzen war im Reformprozess der Verbraucherkreditrichtlinie lange umstritten. Legte die Verbraucherkreditrichtlinie von 1986 die Untergrenze bei 200 ECU und die Obergrenze bei 20 000 ECU fest und sah für Kreditverträge außerhalb dieser Grenzen partielle Pflichten vor, verzichtete der Richtlinienentwurf von 2002 vollständig auf Mindest- oder Höchstgrenze und bezieht alle Kreditverträge in den Schutzbereich der Richtlinie.[191] Im Richtlinienentwurf von 2005 wurde wieder eine Höchstgrenze von 50 000 Euro normiert und eine Untergrenze von 300 Euro festgesetzt. Bagatellkredite fielen unter die partiellen Ausnahmen; für sie galt ein Teil der Informationspflichten. Mit der Festsetzung auf 75 000 Euro bezieht die Verbraucherkreditrichtlinie von 2008 deutlich mehr Kreditverträge in den Anwendungsbereich der Richtlinie ein.[192] Im Gegenzug werden Kreditverträge unterhalb der Bagatellgrenze nicht mehr – auch nicht partiell – von den Vorschriften der Richtlinie erfasst.

Damit grenzt der europäische Gesetzgeber den Anwendungsbereich klarer ab. Dies ist zu begrüßen. Bagatellkredite sind nicht im selben Maße schutzwürdig wie höher dotierte Kredite. Zahlreiche Informationen würden den Verbraucher eher abschrecken als ihm nützen. Dafür sorgt die höhere Obergrenze zur Vermeidung von Grenzfällen. Es wird ein Puffer zu den Krediten gesetzt, bei denen man von einer geschäftlichen Erfahrenheit der Verbraucher ausgehen kann.

Eine Ausnahme von der Höchstgrenze von 75 000 Euro ist seit 2014 durch die Wohnimmobilienkreditrichtlinie in die Verbraucherkreditrichtlinie von 2008 aufgenommen worden. Art. 46 WIKRL ändert die Verbraucherkreditrichtlinie von 2008 dahin gehend, dass ungeachtet der Regelung der Höchstgrenze von 75 000 Euro die Verbraucherkreditrichtlinie von 2008 sich auch auf unbesicherte Kreditverträge erstreckt, die zum Zwecke der Renovierung einer Wohnimmobilie abgeschlossen werden und bei denen der Gesamtkreditbetrag mehr als 75 000 Euro beträgt. Diese Ergänzung des Anwendungsbereichs war notwendig, um Regelungslücken zwischen der Verbraucherkreditrichtlinie von 2008 und der Wohnimmobilienkreditrichtlinie vorzubeugen und einen vergleichbaren Schutz der Verbraucher bei Krediten im Bereich von Immobilien zu gewährleisten.[193] Ohne eine Erweiterung des Anwendungsbereichs würden unbesicherte Renovierungskredite mit einer Kreditsumme von über 75 000 Euro nicht dem Schutzregime des europäischen Kreditvertragsrechts unterfallen. Sie unterliegen nicht den Regelungen der Wohnimmobilienkreditrichtlinie, da ein Renovierungskredit kein Immobilienkredit im Sinne der Wohnimmobilienkreditrichtlinie ist.[194] Sie sind aber auch wegen der Höchstgrenze von 75 000 Euro nicht vom Anwendungsbereich der Verbraucherkreditrichtlinie von 2008 erfasst. Wegen des engen Bezugs zum Erwerb oder Erhalt eines Eigentumsrechts an einer Immobilie wurden die Renovierungskredite

---

191 *Danco*, WM 2003, 853 (853); *Rott*, WM 2008, 1104 (1106).
192 *Riehm/Schreindorfer*, GPR 2008, 244 (246).
193 Erwägungsgrund 18 der Wohnimmobilienkreditrichtlinie.
194 Vgl. § 2 D. IV. 1. b. aa. (1); siehe auch *Bülow*, WM 2015, 1309 (1309).

richtigerweise in den Anwendungsbereich der Verbraucherkreditrichtlinie von 2008 mit aufgenommen. Der enge Bezug zeigt sich bereits dadurch, dass in der Verbraucherkreditrichtlinie von 1986 die Kredite zum Erwerb oder Erhalt von Eigentumsrechten und die Renovierungskredite zusammen vom Anwendungsbereich ausgenommen wurden. Zudem würde eine unterschiedliche Behandlung von Krediten zum Eigentumserwerb und Renovierungskrediten zu Wertungswidersprüchen führen. Beim Kauf einer Immobilie ist regelmäßig auch eine Renovierung vonnöten. Übersteigt die benötigte Summe der Renovierung 75 000 Euro, ist der Kredit zum Erwerb des Eigentums an der Immobilie widerrufbar, da er unter die Wohnimmobilienkreditrichtlinie fällt. Der Renovierungskredit allerdings wäre nicht widerrufbar, weil er weder vom Anwendungsbereich der Wohnimmobilienrichtlinie noch von der Verbraucherkreditrichtlinie erfasst wäre.

Darüber hinaus kann bei einem Renovierungskredit die Kreditsumme leichter als in anderen Bereichen die Höchstgrenze der Verbraucherkreditrichtlinie übersteigen, ohne dass der Kreditgeber davon ausgehen kann, dass der Verbraucher geschäftlich erfahren ist.

(6) Weitere Ausnahmen

Bereits der erste Richtlinienentwurf von 2002 bestimmte, dass Kredite, die Arbeitnehmern von ihren Arbeitgebern als Nebenleistung zinsfrei oder zu niedrigeren effektiven Jahreszinsen gewährt und nicht der Allgemeinheit bereit gestellt werden,[195] sowie Kredite, die zum Zwecke eines Anlegergeschäfts mit einer Wertpapierfirma abgeschlossen werden,[196] nicht unter den Anwendungsbereich der Verbraucherkreditrichtlinie fallen.[197] Diese Ausnahmen wurden von dem Richtlinienentwurf von 2005 und von der endgültigen Verbraucherkreditrichtlinie von 2008 übernommen.[198]

Die aktuelle Verbraucherkreditrichtlinie von 2008 nimmt zudem – basierend auf dem zweiten Richtlinienentwurf von 2005 – drei weitere Kreditverträge aus dem Anwendungsbereich heraus: Kreditverträge, die aus einem Vergleich vor einem Richter oder einer anderen staatlich befugten Stelle hervorgehen, Kreditverträge, nach denen sich die Haftung des Verbrauchers auf einen Pfandgegenstand

195 Eine ähnliche Vorschrift existierte bereits in Form einer Option in Art. 2 Abs. 2 VKRL 1986 und gilt nun für alle Mitgliedstaaten.

196 Diese Ausnahme bezieht sich auf die Richtlinie 2004/39/EG des Europäischen Parlaments und des Rates vom 21. April 2004 über Märkte für Finanzinstrumente, ABl. EG Nr. L 145 vom 30. April 2004, S. 1–44 und die Richtlinie 2006/48/EG des Europäischen Parlaments und des Rates vom 14. Juni 2006 über die Aufnahme und Ausübung der Tätigkeit der Kreditinstitute, ABl. EG Nr. L 177 vom 30. Juni 2006, S. 1–200, die den Anlegerschutz zum Ziel haben.

197 Zu den Ausnahmen *Hoffmann*, Die Reform der Verbraucherkredit-Richtlinie (87/102/EWG), 188.

198 Art. 2 Abs. 2 lit. g) und h) VKRL 2008.

beschränkt und Kredite, die der Kreditgeber aus gesetzlich verpflichtetem Gemeinwohlauftrag einem begrenzten Kreis von Verbrauchern zu einem niedrigeren als marktüblichen Zinssatz oder zinslos gewährt.

Mit diesen Ausnahmen werden Kreditverträge ausgeschlossen, die ratio legis nicht zu einer Überschuldung des Verbrauchers führen. Dennoch wäre die Angabe von Informationen wie der effektive Jahreszins für den Verbraucher auch bei diesen Kreditverträgen hilfreich und sinnvoll.[199]

bb. Partielle und optionale Ausnahmen

Die Verbraucherkreditrichtlinie von 2008 sieht wie bereits die Verbraucherkreditrichtlinie von 1986 partielle und optionale Ausnahmen vor. Bei den partiellen Ausnahmen handelt es sich um Kreditverträge, auf die lediglich bestimmte Vorschriften, insbesondere Informationspflichten, nicht aber das Widerrufsrecht Anwendung finden.[200] Bei den optionalen Ausnahmen haben die Mitgliedstaaten die Wahl, die genannten Kreditverträge unter den aufgeführten Voraussetzungen vom Anwendungsbereich der Richtlinie auszuschließen oder bestimmte Vorschriften, nicht aber das Widerrufsrecht, auf diese Kreditverträge anzuwenden. Neben den bereits erläuterten Überziehungskrediten, die nach Aufforderung oder binnen drei Monaten zurückzuzahlen sind, fallen Kreditverträge in Form von Überschreitungen gem. Art. 2 Abs. 3 VKRL 2008 unter die partiellen Ausnahmen.

Kreditverträge, die unter gewissen Bedingungen von Verbrauchervereinigungen ohne Erwerbszweck geschlossen werden, sowie Verträge, in denen Stundungs- und Rückzahlungsmodalitäten vereinbart werden, wenn der Verbraucher seinen Verpflichtungen aus dem ursprünglichen Kreditvertrag nicht nachgekommen ist, werden im Richtlinienentwurf von 2005 den partiellen Ausnahmen[201] und in der Verbraucherkreditrichtlinie von 2008 den optionalen Ausnahmen zugeordnet. Die Verbraucherkreditrichtlinie von 1986 sah in Art. 2 Abs. 4 VKRL 1986 noch eine optionale Ausnahme vom Anwendungsbereich der Richtlinie bei notariell oder gerichtlich beurkundeten Kreditverträgen vor. Diese optionale Ausnahme wird in der Verbraucherkreditrichtlinie von 2008 nicht länger aufrechterhalten. Geblieben ist die Möglichkeit für Mitgliedstaaten nach Art. 14 Abs. 6 VKRL 2008, für Kreditverträge, die unter Mitwirkung eines Notars geschlossen werden müssen, das Widerrufsrecht auszuschließen. In diesen Fällen muss der Notar bestätigen, dass die Verbraucher die vorvertraglichen Informationen und die zwingenden Angaben in den Kreditverträgen erhalten haben.

---

199 So auch *Hoffmann*, Die Reform der Verbraucherkredit-Richtlinie (87/102/EWG), 189.

200 *Rott*, WM 2008, 1104 (1107); *Hoffmann*, Die Reform der Verbraucherkredit-Richtlinie (87/102/EWG), 189.

201 Zu den partiellen Ausnahmen des Richtlinienvorschlags von 2005 *Hoffmann*, Die Reform der Verbraucherkredit-Richtlinie (87/102/EWG), 189 f.

2. Schutzinstrumente

Im Zentrum der Verbraucherkreditrichtlinie von 2008 steht weiterhin das Schutzinstrument der Informationspflichten.[202] Daneben führt die Richtlinie neue Schutzinstrumente wie das Widerrufsrecht, die Vorschrift über den Sollzinssatz sowie die Kündigung bei unbefristeten Kreditverträgen[203] und die Regelung zur vorzeitigen Rückzahlung[204] ein. Im Folgenden soll sich die Untersuchung auf sämtliche Schutzinstrumente im Zusammenhang mit dem Widerrufsrecht beschränken. Dabei werden die vorvertraglichen und vertraglichen Informationspflichten sowie der Grundsatz der verantwortlichen Kreditvergabe in die Betrachtung insoweit einbezogen, als sie als Grundlage für die Frage des Umgangs der Verbraucherkreditrichtlinie 2008 mit dem Informationsüberfluss und mit der Bestimmung des Verbraucherleitbilds dienen. Mit der Darlegung der Vorschriften zum Widerrufsrecht wird die Basis für die Analyse gelegt, inwieweit die Verbraucherkreditrichtlinie von 2008 den Vorschriften des übrigen Acquis communautaires folgt und inwiefern sie bei der Weiterentwicklung der Widerrufsvorschriften im Verbraucheracquis als Vorbild dienen kann.

a. Vorvertragliche Informationspflichten

Im Vergleich zur Ursprungsrichtlinie wurden die vorvertraglichen Informationspflichten in der Verbraucherkreditrichtlinie von 2008 noch deutlich ausgedehnt und zeitlich vorverlagert.[205]

Der Richtlinienentwurf von 2002 regelt in Art. 6 die vorvertragliche gegenseitige Unterrichtungs- und Beratungspflicht.[206] Dabei sollte der Kreditgeber dem Verbraucher sämtliche Informationen, die er über den Kreditvertrag wissen muss, in genauer und vollständiger Form erteilen. Der Verbraucher sollte bereits vor Abschluss des Vertrags einen Anspruch auf Aushändigung dieser Informationen auf Papier oder einem anderen dauerhaften Datenträger haben. Die Angaben

---

202 *Schürnbrand*, Das neue Recht der Verbraucherkredite und der verbundenen Verträge, 176.

203 Vgl. *Rott* in Reich/Micklitz/Rott/Tonner (Hrsg.), European Consumer Law, 197 (223); *Rott*, WM 2008, 1104 (1110).

204 Dazu *Freitag*, ZIP 2008, 1102 (1103); *Hoffmann*, Die Reform der Verbraucherkredit-Richtlinie (87/102/EWG), 235; *Hoffmann*, BKR 2004, 308 (313 f;) *Lang/Rösler*, BKR 2002, 793 (793); *Metz*, VuR 2007, 361 (362); *Rott* in Reich/Micklitz/Rott/Tonner (Hrsg.), European Consumer Law, 197 (225 f.); *Rohe*, BKR 2003, 267 (272); *Rott*, WM 2008, 1104 (1111); *Zimmermann*, BKR 2006, 178 (178).

205 *Hoffmann*, BKR 2004, 308 (311); zu den Informationspflichten in der ersten Verbraucherkreditrichtlinie *Grundmann*, Europäisches Schuldvertragsrecht, 4.10, Rn. 28; *Reich/Micklitz*, Europäisches Verbraucherrecht, 745.

206 Der Begriff der „Gegenseitigkeit“ ist bei einer Gegenüberstellung der Antwortpflicht des Verbrauchers mit den umfangreichen Informationspflichten des Kreditgebers zu relativieren.

sollten in kurzer und klarer Form erteilt werden und die Eckdaten des Kredits, seine Bedingungen und Kosten, insbesondere die Laufzeit, den Gesamtkreditbetrag und den effektiven Jahreszinssatz umfassen.

Weitere Informationspflichten waren auf den Gesamtzins, den Betrag und die Anzahl der Zahlungen sowie Zahlungsperioden, wiederkehrende und nicht wiederkehrende zusätzliche Kosten, den Barzahlungspreis der finanzierten Ware oder Dienstleistung, Sicherheiten und Versicherungen sowie auf die Widerrufsfrist gerichtet.[207]

Im Gegenzug sollte der Verbraucher dem Kreditgeber oder Kreditvermittler die zur Einschätzung der wirtschaftlichen Situation angemessenen und sachdienlichen Informationen geben. Auf Fragen des Kreditgebers sollte er präzise und vollständig antworten, damit der Kreditgeber die Bonität des Verbrauchers richtig einschätzen und dem Verbraucher die dementsprechenden Konditionen anbieten kann.[208]

Im Vergleich zu dem Entwurf von 2002 wurden die vorvertraglichen Informationspflichten im Entwurf von 2005 konkretisiert und erweitert. So sollten zusätzlich Informationen zu Entgelten an Dritte (wie beispielsweise Notarkosten), zur Verpflichtung zum Abschluss von Nebenpflichten (wie beispielsweise einer Versicherung), zu Verzugszinsen und zu weiteren Nichterfüllungskosten von den vorvertraglichen Informationspflichten umfasst sein. Weitere vorvertragliche Informationspflichten bezogen sich auf das Recht auf vorzeitige Rückzahlung und das Recht über die Unterrichtung des Ergebnisses einer Datenbankabfrage.[209] Im Übrigen werden im Entwurf von 2005 auch die vorvertraglichen Informationspflichten zum Widerrufsrecht ausgeweitet. Bezog sich die vorvertragliche Informationspflicht zum Widerrufsrecht im Entwurf von 2002 nur auf die Widerrufsfrist, so muss der Kreditgeber im Entwurf von 2005 auch über das Bestehen oder Nichtbestehen eines Widerrufsrechts informieren.

Der europäische Gesetzgeber nutzt die Reform der Verbraucherkreditrichtlinie zudem, um die Frage des Verhältnisses der Verbraucherkreditrichtlinie zur Haustürgeschäfterichtlinie wieder aufzugreifen, welche bereits während der Vorarbeiten zur Verbraucherkreditrichtlinie von 1986 lange diskutiert wurde.[210] Art. 5 des Richtlinienentwurfs von 2002 sah ein Verbot von Haustürgeschäften i. S. d. Haustürgeschäfterichtlinie vor, sodass Kreditverträge beispielsweise in der Wohnung des Verbrauchers nur noch auf dessen ausdrücklichen Wunsch hin verhandelt werden können sollten.[211] Damit ging die Kommission einen Schritt weiter in Richtung eines protektionistischen Verbraucherschutzes. Das Verbot von Haustürgeschäften

207 Art. 6 Abs. 2 Richtlinienentwurf von 2002.

208 *Riesenhuber*, ZBB 2003, 325 (327); *Franck*, ZBB 2003, 334 (341).

209 Art. 5 Abs. 2 lit. a) -m) Richtlinienentwurf von 2005.

210 *Hüttebräuker*, Die Entstehung der EG-Richtlinien über den Verbraucherkredit, 134. Siehe dazu unter § 3 A. IV.

211 *Bülow/Artz*, WM 2005, 1153 (1157); *Danco*, WM 2003, 853 (854); *Hoffmann*, BKR 2004, 308 (311); *Lang/Rösler*, BKR 2002, 793 (794).

wurde von dem Richtlinienentwurf von 2005 und von der anschließend verabschiedeten Verbraucherkreditrichtlinie von 2008 zu Recht nicht weiter aufrechterhalten. Ein Verbot einer Vertriebsform kann nur als Ultima Ratio gerechtfertigt werden und würde zu weit greifen, zumal der Verbraucher mit dem Widerrufsrecht aus der Haustürgeschäfterichtlinie ein weniger einschneidendes Schutzinstrument in den Händen hält, das ihn ausreichend schützt.

Auch die Verbraucherkreditrichtlinie von 2008 schreibt umfassende vorvertragliche Informationspflichten fest, die rechtzeitig vor einer Bindung mithilfe des Formulars „Europäische Standardinformationen für Verbraucherkredite“ zu erteilen sind.[212] In diesem Formular[213] müssen neben den bereits erwähnten Angaben im Richtlinienentwurf von 2005 die Art des Kredits, Identität und Anschrift des Kreditgebers, bei Aufschub- oder verbundenen Verträgen die Ware oder Dienstleistung und deren Barzahlungspreis sowie ein Warnhinweis zu den Folgen ausbleibender Zahlungen angegeben werden. Der Verbraucher muss zudem über das Recht, unentgeltlich eine Kopie des Kreditvertragsentwurfs zu erhalten und den Zeitraum, während dem der Kreditgeber an die vorvertraglichen Informationen gebunden ist, informiert werden.[214] Darüber hinaus muss der Verbraucher über das Bestehen oder Nichtbestehen eines Widerrufsrechts unterrichtet werden.

Die vorvertraglichen Informationspflichten werden allerdings nicht komplett standardisiert. Der Verbraucher kann Präferenzen äußern, zu welchen Angaben er nähere Informationen bekommen möchte. Außerdem müssen die von dem Verbraucher angegebenen Informationen mitberücksichtigt werden.[215] Diese Informationen müssen in einem gesonderten Dokument dem Standardformular beigefügt werden.[216]

Während man im Richtlinienentwurf von 2002 noch den Eindruck gewinnen konnte, dass die Informationspflichten gegenseitiger Natur sind,[217] verlor die Antwortpflicht des Verbrauchers zunehmend an Bedeutung. Vielmehr wird das Augenmerk nun auf den Kreditgeber gelegt, der verpflichtet wird, sich die nötigen Informationen von den Verbrauchern oder einschlägigen Datenbanken selbst zu beschaffen, die Kreditwürdigkeit zu überprüfen und danach den Verbraucher umfassend über Kreditverträge zu informieren. Dies ist zu begrüßen. Zwar benötigt der Kreditgeber gewisse Informationen, um passende Angebote vorzubereiten.

---

212 *Rott* in Reich/Micklitz/Rott/Tonner (Hrsg.), European Consumer Law, 197 (214), der auf den Zusammenhang der Vermeidung von Informationsüberfluss und Standardisierung von Informationen hinweist.

213 Das Formular „Europäische Standardinformationen für Verbraucherkredite“ ist in Anhang II der Richtlinie zu finden.

214 Art. 6 Abs. 1 lit. a)–l) VKRL 2008.

215 *Rott*, WM 2008, 1104 (1108), der die vorvertraglichen Informationspflichten in der neuen Verbraucherkreditrichtlinie als nicht „völlig entindividualisiert“ ansieht.

216 Dies soll die Überfülle an Informationen verringern, *Metz*, VuR 2007, 361 (362).

217 *Riesenhuber*, ZBB 2003, 325 (328).

Jedoch ist es der Verbraucher, der die abschließende Entscheidung für einen Kredit trifft. Daher sollten die Informationen über die einzelnen Finanzierungsmittel und die Unterrichtung des Verbrauchers im Mittelpunkt stehen.

b. Grundsatz der verantwortlichen Kreditvergabe

Zusätzlich zu den umfassenden vorvertraglichen Informationspflichten erhält der Grundsatz der verantwortungsvollen Kreditvergabe Einzug in das europäische Kreditrecht.[218] Das Konzept der verantwortungsvollen Kreditvergabe aus dem Richtlinienentwurf von 2002 sollte dem Kreditgeber auf drei verschiedenen Ebenen begegnen.[219] Zunächst sollte der Kreditgeber verpflichtet werden, den Verbraucher vor Vertragsschluss über alle wesentlichen Umstände des Kreditvertrags zu informieren. Im zweiten Schritt sollte dann die Kreditwürdigkeit des Verbrauchers überprüft werden. Dazu sollte der Kreditgeber sämtliche Angaben des Verbrauchers und Informationen aus zentralen Datenbanken i.S.d. Art. 8 des Entwurfs von 2002[220] einholen und analysieren.[221] Über das Ergebnis der Abfrage sollte der Verbraucher unverzüglich und unentgeltlich informiert werden.[222] Einen Anspruch zu erfahren, worauf sich die Angaben der Datenbank stützen, sollte der Verbraucher jedoch nicht haben.[223]

Nach Art. 2 Abs. 3 des Entwurfs von 2002 muss der Kreditgeber schließlich anhand der vom Verbraucher dargebotenen Informationen aus seinen Angeboten denjenigen Kredittyp und Gesamtkreditbetrag aussuchen, der für den Verbraucher am besten geeignet ist.[224] Nach Art. 9 des Entwurfs von 2002 muss er zur Überzeugung gelangen, dass der Verbraucher in der Lage sein wird, den Kredit zurückzuzahlen. Damit enthielt der Entwurf von 2002 umfassende Informations-, Prüfungs- und Beratungspflichten des Kreditgebers, die zu einer Mitverantwortung

---

218 *Hoffmann*, Die Reform der Verbraucherkredit-Richtlinie (87/102/EWG), 202.

219 *Bülow/Artz*, WM 2005, 1153 (1157); *Herresthal*, WM 2009, 1174 (1174).

220 Zur Frage, ob die SCHUFA als „Kreditwürdigkeitsdatenbank" in diesem Sinne zu betrachten ist, *Lang/Rösler*, BKR 2002, 793 (793). Dagegen hält *Rott* eine Datenbank, die alle Kreditverpflichtungen eines Verbrauchers aufzeigt, für nützlicher, vgl. *Rott* in Reich/Micklitz/Rott/Tonner (Hrsg.), European Consumer Law, 197 (219).

221 *Kaiser*, VuR 2002, 385 (387); *Ramsay* in Howells/Janssen/Schulze (Hrsg.), Information Rights and Obligations, 47 (57 ff.); *Knops* in Habersack/Mülbert/Nobbe/Wittig (Hrsg.), Die zivilrechtliche Umsetzung der Zahlungsdienste-Richtlinie, 220.

222 Art. 8 Abs. 1 des Richtlinienentwurfs von 2002; dazu *Riesenhuber*, ZBB 2003, 325 (331), der die Gefahr sieht, dass mit der unentgeltlichen Preisgabe der Daten an die Verbraucher die Kosten zur Informationsbeschaffung auf alle geschlossenen Kreditverträge umgelegt werden.

223 *Metz*, VuR 2007, 361 (362), kritisch *Rott* in Reich/Micklitz/Rott/Tonner (Hrsg.), European Consumer Law, 197 (216).

224 Näher dazu *Riesenhuber*, ZBB 2003, 325 (328 ff.).

des Kreditgebers für die Rückzahlungsfähigkeit des Kreditnehmers geführt hätten.[225]

Dieses Konzept, das auf Regelungen in der Schweiz beruhte und das zum Zeitpunkt des ersten Richtlinienentwurfs von 2002 bereits in Belgien etabliert war und in der Rechtsprechung Frankreichs Erwähnung fand,[226] erfuhr während der Reform der Verbraucherkreditrichtlinie eine deutliche Abschwächung. Auch wenn sich gem. Art. 5 Abs. 1 des Richtlinienentwurfs von 2005 Kreditgeber und Kreditvermittler zum Grundsatz der verantwortlichen Kreditvergabe „bekennen" und der Richtlinienentwurf eine vorvertragliche Unterrichtung und Prüfung der Kreditwürdigkeit basierend auf Verbraucherinformationen und Auskünften aus Datenbanken beibehielt, sollten keine rechtlichen Konsequenzen mehr hinsichtlich des Ergebnisses der Bonitätsprüfung bestehen.[227] Art. 9 des Entwurfs von 2002 wurde im Richtlinienentwurf von 2005 gestrichen. Der Kreditgeber sollte weder verpflichtet sein, dem Verbraucher den nach seiner finanziellen Situation geeignetsten Kredit anzubieten, noch sollte er zu der Überzeugung gelangen müssen, dass der Verbraucher in der Lage sein wird, seinen vertraglichen Verpflichtungen aus dem Kreditvertrag nachzukommen. Nach Art. 2 Abs. 5 des Richtlinienentwurfs von 2005 sollte der Kreditgeber vielmehr „angemessene Erläuterungen zum angebotenen Kreditvertrag" geben. Die Beurteilung, ob ein Kreditvertrag den Bedürfnissen und der finanziellen Lage des Verbrauchers entspricht, sollte damit wieder in den Verantwortungsbereich des Verbrauchers gelegt werden.[228]

In der Verbraucherkreditrichtlinie von 2008 ist von dem Grundsatz der verantwortlichen Kreditvergabe nicht viel übriggeblieben.[229] Art. 8 VKRL 2008 sieht eine Verpflichtung zur Einholung von Informationen über den Verbraucher und eine anschließende Bewertung der Kreditwürdigkeit vor. Die Beratungspflicht aus dem Richtlinienentwurf von 2002 findet sich in abgeschwächter Form in Art. 5 Abs. 6 VKRL 2008 wieder, nach dem die Mitgliedstaaten sicherstellen müssen, dass die Kreditgeber den Verbrauchern angemessene Erläuterungen bezüglich der Hauptmerkmale der angebotenen Produkte geben. Auf diese Weise beantwortet die Richtlinie die im Reformprozess aufgekommene Frage, ob der Kreditgeber nur das einzig passende Produkt anbieten muss, oder ob der Verbraucher weiterhin zwischen einigen wenigen Angeboten wählen kann, und setzt eindeutig eine Wahlmöglichkeit fest.[230]

---

225 *Benedict*, ZEuP 2008, 394 (397).

226 *Reifner*, BKR 2009, 51 (56); *Rott*, BKR 2003, 851 (853); *Benedict*, ZEuP 2008, 394 (399); kritisch *Koziol* in: Wiegand (Hrsg.), Banken und Bankrecht im Wandel, 129 (141 ff.).

227 *Hoffmann*, BKR 2004, 308 (312).

228 *Zimmermann*, BKR 2006, 178 (178).

229 *Rott*, WM 2008, 1104 (1109); *Siems*, EuZW 2008, 454 (456); *Rott* in Reich/Micklitz/Rott/Tonner (Hrsg.), European Consumer Law, 197 (219).

230 *Riesenhuber*, ZBB 2003, 325 (328 f.), der auf die Begründung zu Art. 9 des Richtlinienentwurfs von 2002 hinweist („den richtigen Kredit"); gegen eine enge Wortlautinterpretation *Danco*, WM 2003, 853 (857), die auf die Begründung des Art. 6

Schließlich nimmt die Verbraucherkreditrichtlinie von 2008 das Recht des Verbrauchers auf unverzügliche und unentgeltliche Unterrichtung über das Ergebnis einer Datenbankabfrage in den Katalog der vorvertraglichen Informationspflichten auf. Art. 9 Abs. 2 VKRL 2008 begrenzt dieses Recht auf die Fälle, in denen ein Abschluss eines Kreditvertrages aufgrund der Abfrage einer Datenbank abgelehnt wurde.

c. Informationspflichten in der Vertragsurkunde

Neben den vorvertraglichen Informationspflichten muss nach Art. 10 VKRL 2008 auch der Kreditvertrag selbst eine Vielzahl von Informationen in klarer und prägnanter Form enthalten.[231] Neben der Einführung von vorvertraglichen Informationspflichten haben die Richtlinienentwürfe und die Verbraucherkreditrichtlinie von 2008 auch die Informationspflichten in der Vertragsurkunde konkretisiert und erweitert. Dies führt dazu, dass die vorvertraglichen Informationspflichten teilweise wiederholt werden.[232] Im Hinblick auf die Informationen zum Widerrufsrecht sah der Entwurf von 2002 noch vor, dass der Verbraucher vorvertraglich über die Frist des Widerrufsrechts und in der Vertragsurkunde sodann über das Verfahren bei der Ausübung des Widerrufsrechts informiert wird. Nach dem Entwurf von 2005 sollte der Verbraucher sowohl vorvertraglich als auch in der Vertragsurkunde über das Bestehen oder Nichtbestehen eines Widerrufsrechts sowie über die Widerrufsfrist unterrichtet werden. Die Modalitäten für die Ausübung des Widerrufsrechts waren der Vertragsurkunde vorbehalten. Die Verbraucherkreditrichtlinie von 2008 beschränkt sich bei den vorvertraglichen Informationspflichten auf die Angabe zum Bestehen oder Nichtbestehen eines Widerrufsrechts. Informationen zur Widerrufsfrist und den anderen Modalitäten für die Ausübung des Widerrufsrechts erhält der Verbraucher mit der Vertragsurkunde.

d. Widerrufsrecht

Als vielleicht bedeutendste Neuerung der Verbraucherkreditrichtlinie von 2008 ist das Widerrufsrecht anzusehen, dass nun für alle Verbraucherkredite gilt.[233] Anders als die meisten anderen verbraucherschützenden Richtlinien sah die ursprüngliche

---

des Richtlinienentwurfs von 2002 verweist, der dem Verbraucher die Wahl des passenden Kredits überlässt.

231 Die Informationspflichten nach Art. 10 VKRL 2008 haben nach der Einführung der vorvertraglichen Informationspflichten nicht mehr die zentrale Stellung inne, die sie noch in der Ursprungsrichtlinie besaßen, so auch *Rott* in Reich/Micklitz/Rott/Tonner (Hrsg.), European Consumer Law, 197 (221).

232 *Rott*, WM 2008, 1104 (1110).

233 *Hoffmann*, Die Reform der Verbraucherkredit-Richtlinie (87/102/EWG), 223; *Danco*, WM 2003, 853 (854); *Siems*, EuZW 2008, 454 (455), der das Widerrufsrecht als eine von fünf Kernfragen ansieht.

Verbraucherkreditrichtlinie kein Widerrufsrecht, aber eine Vorschrift zu verbundenen Verträgen vor.[234] Die Vorschriften des Widerrufsrechts der Verbraucherkreditrichtlinie von 2008 wurden mit der schon vorhandenen Regelung zu verbundenen Geschäften verknüpft und in ihrer Ausgestaltung an das Widerrufsrecht der Fernabsatzrichtlinie für Finanzdienstleistungen angelehnt. Dies ist im Hinblick auf eine Vereinheitlichung des Abschlusses von Finanzdienstleistungsverträgen auf elektronischem Weg zu begrüßen.[235]

Sowohl die Richtlinienentwürfe von 2002 und 2005 als auch die endgültige Richtlinie von 2008 bestimmen, dass der Verbraucher innerhalb von 14 Kalendertagen ohne Angabe von Gründen den Kreditvertrag mit einem Unternehmer widerrufen kann.[236] Unterschiede sind allerdings in der näheren Ausgestaltung des Rechts zu verzeichnen.

aa. Beginn der Widerrufsfrist

Nach dem Entwurf von 2002 sollte die Widerrufsfrist mit dem Erhalt der Vertragsurkunde zu laufen beginnen. Der Entwurf von 2005 konkretisierte den Zeitpunkt und legte den Fristbeginn fest auf den Tag des Vertragsabschlusses oder auf den Tag, an dem der Verbraucher die Vertragsbedingungen und die in der Vertragsurkunde vorgesehenen Informationen erhält, sofern dies erst nach Vertragsabschluss geschieht. Die Verknüpfung des Widerrufsfristbeginns mit den Informationspflichten des Kreditgebers behält die endgültige Verbraucherkreditrichtlinie zu Recht bei. Die Widerrufsfrist soll dem Verbraucher die Möglichkeit bieten, seine Entscheidung in Ruhe noch einmal zu bedenken. Dazu benötigt er vom Kreditgeber alle wesentlichen Informationen. Damit der Verbraucher seine Bedenkzeit voll ausschöpfen kann, muss er alle Informationen vor Fristbeginn bekommen.

bb. Verkürzung der Widerrufsfrist

Art. 14 Abs. 2 VKRL 2008 führt eine neue Sonderregelung für bestehende nationale Rechtsvorschriften über echte Cooling-off-Perioden ein, die insbesondere der französischen Rechtsordnung Rechnung trägt.[237] Die Regelung besagt, dass Mitgliedstaaten bestimmen können, dass die Widerrufsfrist der Verbraucherkreditrichtlinie von 2008 auf ausdrücklichen Wunsch des Verbrauchers verkürzt werden kann, sofern eine nationale Rechtsordnung bei verbundenen Kreditverträgen eine Bereitstellung der Mittel vor Ablauf einer speziellen Frist verbietet. Im französischen Kreditrecht existiert das Rechtsinstitut der „offre préalable", wonach der

---

234 *Bülow/Artz*, WM 2005, 1153 (1154); *Rott* in Reich/Micklitz/Rott/Tonner (Hrsg.), European Consumer Law, 197 (223). Siehe unter § 2 A. III., IV.

235 So auch *Rott*, WM 2008, 1104 (1111); *Zimmermann*, BKR 2006, 178 (178).

236 Art. 14 Abs. 1 VKRL 2008.

237 *Rott* in Reich/Micklitz/Rott/Tonner (Hrsg.), European Consumer Law, 197 (225).

Kreditgeber dem Kreditnehmer ein verbindliches Vorabangebot zu unterbreiten hat, das ihn verpflichtet, die Konditionen für mindestens 15 Tage aufrechtzuerhalten.[238] Dem Verbraucher soll damit die Möglichkeit gegeben werden, bereits vor Abgabe seiner Annahmeerklärung die Bedingungen des Vertrages, die ihm schriftlich ausgehändigt werden, zu studieren und zu überdenken, ohne dass er dadurch einen Nachteil erleidet. Mit der Einführung des Widerrufsrechts durch die europäische Verbraucherkreditrichtlinie von 2008 wird Frankreich verpflichtet, zusätzlich eine 14-tägige Widerrufsfrist nach Vertragsschluss einzuführen. Mit der Sonderregelung in Art. 14 Abs. 2 VKRL 2008 wird einem übermäßig langen Warten auf den Kreditbetrag und vor allem auf die damit verbundenen Waren oder Dienstleistungen entgegengewirkt.[239]

cc. Ausübung des Widerrufsrechts

Das Widerrufsrecht ist ein Gestaltungsrecht.[240] Daher muss der Verbraucher dem Unternehmer vor Ablauf der Widerrufsfrist den Widerruf in einer Weise mitteilen, die dem Beweis zugänglich ist. Der Verbraucher wahrt gem. Art. 14 Abs. 3 lit. a) VKRL 2008 die Frist, wenn er die Mitteilung auf Papier oder einem dauerhaften Datenträger vor Fristablauf dem Kreditgeber zusendet. Das Verzögerungsrisiko des Zugangs fällt demnach in den Verantwortungsbereich des Kreditgebers.[241] Der Richtlinienentwurf von 2005 sah noch vor, dass der Verbraucher innerhalb der ersten sieben Kalendertage ab Beginn der Widerrufsfrist den Kreditgeber über seine Absicht, das Widerrufsrecht auszuüben, unterrichten kann. Bei dieser Vorschrift konnte es sich nicht um eine Verpflichtung des Verbrauchers handeln, da ansonsten sein Widerrufsrecht stark verkürzt worden wäre. Es hätte dem Verbraucher jedoch auch keinerlei Vorteile gebracht, wenn er seine Absicht vorab angekündigt hätte.[242] Aus diesem Grund hält die endgültige Verbraucherkreditrichtlinie von 2008 diese Regelung zu Recht nicht weiter aufrecht.

dd. Rechtsfolgen des Widerrufs

Unterschiede zwischen den Entwürfen zur Verbraucherkreditrichtlinie und der Verbraucherkreditrichtlinie von 2008 selbst zeigen sich bei den Bestimmungen zur Rückabwicklung des Kreditvertrages nach der Ausübung des Widerrufsrechts. Der erste Richtlinienentwurf verpflichtete den Verbraucher, gleichzeitig mit der Widerrufserklärung die Beträge zurückzuzahlen bzw. die Ware zurückzugeben, die

238 Art. L. 311–11 C. cons.
239 *Rott*, WM 2008, 1104 (1111).
240 *Remien*, Zwingendes Vertragsrecht und Grundfreiheiten des EG-Vertrages, 322; *Boemke*, AcP 197 (1997), 161 (178); *Fuchs*, AcP 196 (1996), 313 (321 ff.)
241 *Riesenhuber*, System und Prinzipien des Europäischen Vertragsrechts, 338.
242 *Hoffmann*, Die Reform der Verbraucherkredit-Richtlinie (87/102/EWG), 227, der keinen Sinn in dieser Vorschrift zu erkennen vermag.

er aufgrund des Kreditvertrages erhalten hat. Zugleich musste der Verbraucher die Zinsen zurückzahlen, die – gemessen am vereinbarten effektiven Jahreszins – im Zeitraum der Inanspruchnahme des Kredits entstanden sind. Weitere Entgelte sollten nicht verlangt werden können. Im Gegenzug sollte dem Verbraucher jede Anzahlung, die aufgrund des Kreditvertrages erfolgt ist, unverzüglich erstattet werden.[243]

Der Richtlinienentwurf von 2005 dagegen verpflichtete den Kreditgeber, den Verbraucher nach Ausübung des Widerrufsrechts auf Papier oder einem anderen dauerhaften Datenträger über die zurückzuzahlenden Beträge zu informieren. Die Höhe der Zinsen richtete sich nach dem Zeitraum der Inanspruchnahme des Kredits und sollte anhand des vereinbarten Sollzinses berechnet werden. Der Verbraucher sollte die Beträge sofort nach der Berechnung zurückzahlen.

Die Verbraucherkreditrichtlinie von 2008 kehrt zu den Bestimmungen des ersten Entwurfs von 2002 zurück und präzisiert die Vorschriften. Danach muss der Verbraucher dem Kreditgeber die Beträge unverzüglich, spätestens innerhalb von 30 Kalendertagen nach Absendung der Widerrufserklärung zurückzahlen. Zu den Beträgen aus dem Darlehen werden die Zinsen hinzugezählt, die sich zwischen dem Zeitpunkt der Inanspruchnahme des Kredits und dem Zeitpunkt der Rückzahlung des Darlehens angesammelt haben. Diese sind auf der Basis des vereinbarten Sollzinses zu berechnen. Weitere Entschädigungen kann der Kreditgeber von dem Kreditnehmer nicht verlangen, es sei denn, es handelt sich um Entgelte, die an Behörden zu entrichten sind und die nicht zurückverlangt werden können. An Nebenleistungen, die im Zusammenhang mit dem Kreditvertrag vereinbart wurden, ist der Verbraucher bei Ausübung des Widerrufsrechts nicht weiter gebunden. Die Verbraucherkreditrichtlinie von 2008 regelt somit explizit den Verbleib von Nebenleistungen, wie insbesondere Restschuldversicherungen, die speziell für den Abschluss eines Kreditvertrages abgeschlossen worden sind.[244]

Damit hält die Verbraucherkreditrichtlinie von 2008 an dem Vorschlag zur Einführung einer zusätzlichen Unterrichtung des Verbrauchers über die zurückzuzahlenden Beträge zu Recht nicht länger fest. Die Rückabwicklung des Kreditvertrags wird durch eine weitere Informationspflicht des Kreditgebers nur künstlich verlängert. Der Kreditgeber hat den Betrag entweder selbst noch nicht ausgekehrt, dann erübrigt sich eine weitere Information. Oder der Kreditgeber wird von sich aus, ohne dass es gesetzlich normiert sein müsste, dem Verbraucher die Höhe des Betrages mitteilen.

ee. Ausnahmen und Verhältnis zu anderen Richtlinien

Die Richtlinienentwürfe von 2002 und 2005 und die Verbraucherkreditrichtlinie von 2008 bestimmen Ausnahmen vom Widerrufsrecht. Der erste Entwurf von 2002

---

243 Dazu *Kaiser*, VuR 2002, 385 (387).

244 *Rott*, WM 2008, 1104 (1111).

sah für hypothekarisch gesicherte und wohnungswirtschaftliche Kredite sowohl eine Ausnahme vom Anwendungsbereich der Richtlinie als auch vom Anwendungsbereich des Widerrufsrechts vor.[245] Darüber hinaus sollten die Widerrufsrechte aus der Fernabsatzrichtlinie für Finanzdienstleistungen (Art. 6 FARLF), aus der Fernabsatzrichtlinie (Art. 6 Abs. 4 FARL) sowie aus der Timesharing-Richtlinie (Art. 7 TSRL 1994)[246] dem Widerrufsrecht der Verbraucherkreditrichtlinie vorgehen. Der Richtlinienentwurf von 2005 strich die klarstellende Ausnahme vom Widerrufsrecht für hypothekarisch gesicherte und immobilienbezogene Kreditverträge. Zudem nahm er Kreditverträge vom Anwendungsbereich des Widerrufsrechts heraus, die unter Mitwirkung eines Amtsträgers geschlossen werden, solange der Amtsträger die Einhaltung der Informationspflichten bestätigt.[247] Diese kreditgeberfreundliche Ausnahme relativiert die Verbraucherkreditrichtlinie von 2008 und gestaltet den Ausschluss des Widerrufsrechts bei Mitwirken eines Amtsträgers (in der endgültigen Version speziell nur des Notars) gem. Art. 14 Abs. 6 VKRL 2008 als Option aus.

Darüber hinaus regelt die Verbraucherkreditrichtlinie von 2008 das Verhältnis zu den anderen verbraucherschützenden Richtlinien neu. Das Widerrufsrecht der Verbraucherkreditrichtlinie von 2008 genießt gegenüber den Widerrufsrechten der Fernabsatzrichtlinie und der Haustürgeschäfterichtlinie nun Vorrang, solange der Anwendungsbereich der Verbraucherkreditrichtlinie von 2008 betroffen ist. Da die Verbraucherrechterichtlinie im Jahr 2011 gem. Art. 31 VRRL die Haustürgeschäfterichtlinie und die Fernabsatzrichtlinie abgelöst hat und ebenfalls in Art. 9 Abs. 1 VRRL eine Widerrufsfrist von 14 Tagen vorsieht, hat die Vorrangregelung keine große Auswirkung. Darüber hinaus bleiben innerstaatliche Vorschriften unberührt, die eine Frist vorsehen, innerhalb derer mit der Ausführung des Vertrags nicht begonnen werden darf.[248]

ff. Verbundene Geschäfte

Bereits die Verbraucherkreditrichtlinie von 1986 enthielt in Art. 11 Abs. 2 VKRL 1986 eine Vorschrift zu verbundenen Geschäften und regelte das Verhältnis zum Lieferanten und zum Kreditgeber.[249] Es stellte sich jedoch heraus, dass diese

245 *Kaiser*, VuR 2002, 385 (387); *Bülow/Artz*, WM 2005, 1153 (1154); kritisch *Reifner*, Konsumentenkreditrichtlinie, VuR 2004, 85 (86). Zum Hintergrund der Ausklammerung vom Anwendungsbereich der Richtlinie siehe § 2 D. IV. 1. b. aa. (1).

246 Richtlinie 94/47/EG des Europäischen Parlaments und des Rates vom 26. Oktober 1994 zum Schutz der Erwerber im Hinblick auf bestimmte Aspekte von Verträgen über den Erwerb von Teilzeitnutzungsrechten an Immobilien, ABl. EG Nr. L 280 vom 29. Oktober 1994, S. 83–87.

247 *Hoffmann*, Die Reform der Verbraucherkredit-Richtlinie (87/102/EWG), 226.

248 Damit sind echte „Cooling-off"-Fristen gemeint, wie sie etwa in Frankreich existieren. *Rott* in Reich/Micklitz/Rott/Tonner (Hrsg.), European Consumer Law, 197 (225). Siehe dazu unter § 2 D. IV. 2. d. bb.

249 Siehe dazu unter § 2 A. III. 2.

Regelung nur einen geringen praktischen Nutzen für den Verbraucher hatte. Das Problem bestand in der engen Definition des verbundenen Geschäfts und der lediglich subsidiären Haftung des Kreditgebers.[250] Daher schlug die Kommission im ersten Richtlinienentwurf von 2002 eine gesamtschuldnerische Haftung für den Fall vor, dass der Lieferant von Waren und Dienstleistungen als Kreditvermittler auftritt. Diese Regelung wurde von der Kreditbranche stark kritisiert.[251] Das Europäische Parlament sprach sich schließlich gegen die Einführung einer gesamtschuldnerischen Haftung und für die Beibehaltung der ursprünglichen Vorschrift der Verbraucherkreditrichtlinie von 1986 aus.[252]

Dies griff der Richtlinienentwurf von 2005 auf und gestaltete die Frage der gesamtschuldnerischen Haftung als Option aus. Nach Art. 14 Abs. 3 des Entwurfs von 2005 ist den Mitgliedstaaten erlaubt, eine gesamtschuldnerische Haftung in ihren nationalen Vorschriften vorzusehen bzw. beizubehalten. Die Frage der gesamtschuldnerischen Haftung wird somit aus der Harmonisierung ausgeklammert.[253] Darüber hinaus führt der Entwurf von 2005 in Art. 14 Abs. 1 einen Widerrufsdurchgriff ein.[254] Hatten die Mitgliedstaaten nach Art. 11 Abs. 1 VKRL 1986 noch dafür Sorge zu tragen, dass die Rechte des Verbrauchers gegenüber dem Lieferanten von Waren bzw. Erbringer von Dienstleistungen nicht durch den Kreditvertrag beeinträchtigt wird, lässt Art. 14 Abs. 1 des Entwurfs von 2005 den Widerruf eines Waren- bzw. Dienstleistungsvertrags erstmals auf den Kreditvertrag erstrecken.

Die Verbraucherkreditrichtlinie von 2008 übernimmt diese Regelung und fügt hinzu, dass das Widerrufsrecht des Vertrags über die Lieferung von Waren und Dienstleistungen auf dem Unionsrecht beruhen muss.[255] Diese Vorschrift ist allerdings im Zusammenhang mit Erwägungsgrund 37 als nicht abschließend anzusehen, sodass die Mitgliedstaaten den Widerrufsdurchgriff auch auf nationale Widerrufsrechte erstrecken dürfen.[256]

Die Voraussetzungen für die Haftung des Kreditgebers bei verbundenen Kreditverträgen für den Fall, dass Waren und Dienstleistungen nicht oder nur zum Teil

---

250 Erläuterungen zu Art. 19 Richtlinienentwurf von 2002; *Rott*, WM 2008, 1104 (1112); *Rott* in Reich/Micklitz/Rott/Tonner (Hrsg.), European Consumer Law, 197 (227).

251 *Danco*, WM 2003, 853 (855).

252 *Rott*, EuLF 2006, I-61 (I-63 f.).

253 Damit wurde insbesondere die englische Rechtsordnung berücksichtigt, die in Sec. 75 Consumer Credit Act eine „joint and several liability" vorsieht, vgl. *Hoffmann*, Die Reform der Verbraucherkredit-Richtlinie (87/102/EWG), 229; *Rott*, EuLF 2006, I-61 (I-64).

254 Dazu *Hoffmann*, Die Reform der Verbraucherkredit-Richtlinie (87/102/EWG), 229 f.

255 *Rott*, EuLF 2006, I-61 (I-64), der sich fragt, ob auch ein national eingeführtes Widerrufsrecht ausreicht; *Rott* in Reich/Micklitz/Rott/Tonner (Hrsg.), European Consumer Law, 197 (228), der die Frage aufwirft, ob der Verbraucher an dem verbundenen Kreditvertrag auch weiterhin festhalten kann.

256 *Riehm/Schreindorfer*, GPR 2008, 244 (246).

geliefert worden sind bzw. nicht dem jeweiligen Warenlieferungs- oder Dienstleistungsvertrag entsprechen, regelt die Verbraucherkreditrichtlinie von 2008 in Art. 15 Abs. 2 VKRL 2008 neu.

Im Vergleich zur Verbraucherkreditrichtlinie von 1986 lockert die Verbraucherkreditrichtlinie von 2008 die Voraussetzung der Verbundenheit zwischen dem Kreditvertrag und dem Waren- bzw. Dienstleistungsvertrag.[257] Anstelle einer Absprache zwischen Kreditgeber und Lieferanten, wonach Kredite an Kunden dieses Lieferanten ausschließlich von dem betreffenden Kreditgeber bereitgestellt werden,[258] reicht gem. Art. 3 n) VKRL 2008 für die Annahme eines verbunden Vertrags nach der Verbraucherkreditrichtlinie von 2008 eine wirtschaftliche Einheit von Kredit- und Waren- bzw. Dienstleistungsvertrag aus. Eine wirtschaftliche Einheit wird gem. Art. 3 n) ii) VKRL 2008 im Regelfall angenommen, wenn der Lieferant den Kredit finanziert, wenn sich der Kreditgeber der Mitwirkung des Lieferanten bedient oder wenn im Kreditvertrag ausdrücklich die spezifischen Waren oder Dienstleistungen angegeben sind.

Darüber hinaus muss der Verbraucher seine Rechte zuerst bei dem Lieferanten geltend machen und nicht durchsetzen können, bevor er sich an den Kreditgeber wendet.[259] Die weitere Ausgestaltung wird den Mitgliedstaaten überlassen.

Die Regelung der wirtschaftlichen Einheit trägt der heutigen Marktsituation Rechnung. Ein Lieferant arbeitet nicht mehr nur mit einem Kreditgeber zusammen. Zudem hat der europäische Gesetzgeber auch zu Recht die subsidiäre Haftung des Kreditgebers beibehalten.[260] Es ist zu berücksichtigen, dass die Schlecht- oder Nichtleistung bezüglich der Ware oder Dienstleistung im Lager des Lieferanten eintritt, sodass es nur interessengerecht ist, wenn der Verbraucher sich zunächst an den Lieferanten hält. Das die wirtschaftliche Einheit begründende Verhältnis zwischen Kreditgeber und Lieferanten geht regelmäßig nicht so weit, dass der Kreditgeber auch für die Leistungen des Lieferanten haften will. Beide bleiben im Verhältnis zum Verbraucher eigenständige Vertragspartner. Der Verbraucher wird bei Ausfall des Lieferanten durch die subsidiäre Haftung des Kreditgebers geschützt. Dieses Risiko kann der Kreditgeber aufgrund der Massengeschäfte mit dem Lieferanten besser auffangen als der Verbraucher und wird es in seine Vertragskonditionen einkalkulieren.

---

257 *Tamm*, Verbraucherschutzrecht, 662.

258 Zu den Voraussetzungen zu den verbundenen Verträgen der Verbraucherkreditrichtlinie von 1986 siehe § 2 A. III. 2.

259 Damit bleibt eine „weiche“ Subsidiaritätsformel bestehen, so auch *Rott*, WM 2008, 1104 (1112).

260 MüKo/*Habersack*, § 359, Rn. 69; *Rott*, WM 2008, 1104 (1112).

E. Ergebnis zu § 2

Die Gegenüberstellung der Richtlinienentwürfe aus den Jahren 2002 und 2005 mit der im Jahre 2008 verabschiedeten Verbraucherkreditrichtlinie zeigt, dass der erste Entwurf insbesondere durch die Integration des Grundsatzes der verantwortungsvollen Kreditvergabe eine starke verbraucherschützende Position eingenommen hatte.[261] Der Entwurf von 2005 orientierte sich in seiner Ausrichtung dagegen sehr an den Interessen des Bankensektors, was vor allem durch die Einführung des Grundsatzes der gegenseitigen Anerkennung und durch die Streichung einer Reihe von Vorschlägen des ersten Entwurfs von 2002 deutlich wird.[262] Die aktuelle Verbraucherkreditrichtlinie von 2008 nimmt eine vermittelnde und dadurch zurückhaltende Rolle ein. Zum einen wird durch sie der Verbraucherschutz, der durch den ersten Entwurf von 2002 vorgeschlagen wurde, relativiert. Als Beispiel dient die Rücknahme der Beratungspflicht auf der Grundlage der verantwortungsvollen Kreditvergabe. Zum anderen folgt sie aber auch nicht den Vorschlägen des Entwurfs von 2005. Zu nennen sind an dieser Stelle die zusätzlichen Ausnahmen vom Anwendungsbereich der Verbraucherkreditrichtlinie von 2008. Gegenüber der Verbraucherkreditrichtlinie von 1986 weist die Verbraucherkreditrichtlinie von 2008 bereits durch die vollharmonisierte Ausgestaltung eine umfangreichere Regelungsdichte auf.

Es stellt sich die Frage, wie sich die Verbraucherkreditrichtlinie von 2008 in das Verbraucherschutzkonzept des übrigen Acquis communautaire eingliedert. Bevor auf diese Frage näher eingegangen werden kann, muss zunächst geklärt werden, welcher Ursprung und welche Konstellation sich hinter diesem Verbraucherschutzkonzept verbirgt.

---

261 *Danco*, WM 2003, 853 (856).

262 *Reifner*, Konsumentenkreditrichtlinie, VuR 2004, 85 (89 f.).

§ 3 Verbraucherschutzpolitik und Verbraucherschutzrecht

Eine Verbraucherschutzpolitik, wie sie heute in zahlreichen Artikeln des AEU-Vertrags verankert ist, hat es auf europäischer Ebene nicht von Anfang an gegeben.[263] Der EWG-Vertrag orientierte sich zu Beginn grundlegend am Anbieter und verfolgte eine Integrationsstrategie über die Errichtung eines *Gemeinsamen Marktes.*[264] Die EWG (später EG und heute EU)[265] war als Wirtschaftsgemeinschaft angelegt und zielte darauf ab, den Anbietern am Markt größere Produktions- und Vertriebsfreiheiten zu verschaffen. Wie sich aus diesem ökonomisch geprägten Integrationsverständnis eine Politik zum Schutze des schwächsten Glieds einer Vertriebskette, des Verbrauchers, entwickelt hat, soll im ersten Abschnitt (A.) behandelt werden. Die Marktbezogenheit der Europäischen Wirtschaftsgemeinschaft (heute EU) bedingt es, marktökonomische Aspekte und deren Kompatibilität mit Verbraucherschutzgedanken in einem zweiten Abschnitt (B.) zu erläutern.[266] Die Frage, ob sich aus den europäischen Regelungen eine eigene europäische Verbraucherschutzkonzeption ableiten lässt und wie diese ausgestaltet ist, bildet den Gegenstand des dritten Abschnitts (C.). Der vierte Abschnitt (D.) enthält die Untersuchung des europäischen Verbraucherschutzkonzepts im übrigen Acquis communautaire. Hierbei stehen für die weitere Prüfung, inwiefern das Widerrufsrecht der Verbraucherkreditrichtlinie von 2008 dem Verbraucherschutzkonzept des übrigen Acquis communautaire folgt, die einzelnen Widerrufsvorschriften im Vordergrund.

A. Entwicklung

Nach der Präambel des Gründungsvertrags der damaligen EWG schließen sich die Gründungsstaaten zu einer Gemeinschaft zusammen, u.a. um die Wirtschaft stetig auszuweiten, für einen ausgewogenen Handelsverkehr zu sorgen und einen redlichen Wettbewerb zu fördern. Diesen wirtschaftsbezogenen Zielen stehen aber auch Ziele zum Schutz der EU-Bürger gegenüber wie die Verbesserung der

---

263 Der EWG-Vertrag enthielt zunächst nur fünf ausdrückliche Verweise auf den Verbraucher, dazu *Weatherill*, EU Consumer Law and Policy, 3.

264 *Reich/Micklitz*, Europäisches Verbraucherrecht, 14; *Bourgoignie*, RTDE 1982, 1 (17), der das Wirtschaftssystem der Gemeinschaft als „productiviste" kennzeichnet.

265 Mit dem Vertrag von Lissabon ist die EG vollständig in die jetzt handlungsfähige EU übergegangen; vgl. *Bieber/Epiney/Haag/Kotzur*, Die Europäische Union, § 3, Rn. 49 ff.; Geiger/Khan/Kotzur/*Geiger*, EUV/AEUV, Art. 1 EUV, Rn. 6; *Haratsch/König/Pechstein*, Europarecht, Rn. 54; *Herdegen*, Europarecht, § 5, Rn. 1; *Oppermann/Classen/Nettesheim*, Europarecht, § 3, Rn. 14.

266 So auch *Grundmann*, JZ 2000, 1133 (1136).

Lebensbedingungen der Menschen und die Verfestigung des sozialen Fortschritts. Diese Ziele sollten jedoch mittelbar durch produktionsorientierte Maßnahmen und nicht mithilfe eines eigenständigen Politikbereichs erreicht werden.[267] Gem. Art. 2 EWGV bestand die Aufgabe der Gemeinschaft darin, durch die Errichtung eines Gemeinsamen Marktes und die schrittweise Annäherung der Wirtschaftspolitik der Mitgliedstaaten u.a. eine beschleunigte Hebung der Lebenshaltung und engere Beziehungen zwischen den Staaten zu fördern, die in dieser Gemeinschaft zusammengeschlossen sind.

Um das Hauptziel eines Gemeinsamen Marktes zu fördern, mussten zunächst nationale Handelshemmnisse beseitigt und nationale Rechtsordnungen dereguliert werden.[268] Ausschlaggebend dazu waren die Grundfreiheiten, die den Wirtschaftsverkehr von nationalen Beschränkungen auf dem Gebiet des freien Warenverkehrs und hinsichtlich der Mobilität von Niederlassungen, Arbeitnehmern, Dienstleistungen und Kapital befreien. Von diesen Deregulierungsprozessen sollten indirekt wiederum die Verbraucher profitieren.[269] Man ging davon aus, dass bei Öffnung des Marktes der gesteigerte Konkurrenzdruck zwischen den Anbietern der verschiedenen Mitgliedstaaten dazu führt, dass das Angebot für die Verbraucher wächst und die Preise sich an der Nachfrage orientieren und sinken.

Zu Beginn der 1970er Jahre erkannte man allerdings, dass die Vielfalt der Produkte, eine stärker werdende Massenproduktion und neue Marketinginstrumente die Transparenz auf dem Markt schwächen und die Verbraucher in eine schwächere Position auf dem Markt drängen.[270] Es wuchs der Bedarf für eine Verbraucherpolitik.

I. Verbraucherpolitische Programme

Im Jahre 1972 reagierte die Politik auf den Bedarf für eine gemeinsame Verbraucherpolitik in Europa. Beim Treffen der Regierungschefs und Staatsoberhäupter am 19. und 20. Oktober 1972 in Paris betonten die Vertreter der Mitgliedstaaten die Notwendigkeit einer Gemeinschaftspolitik zum Schutz und zur Unterrichtung der Verbraucher und forderten die Organe der Gemeinschaft auf, die Maßnahmen zugunsten der Verbraucher zu verstärken und zu koordinieren.[271] Der Rat hat sodann am 14. April 1975 ein erstes Programm für eine Politik zum Schutz und zur Unterrichtung der Verbraucher beschlossen.[272] Darin stellte er – Bezug nehmend

---

267 *Reich/Micklitz*, Europäisches Verbraucherrecht, 14.

268 Dauses/Ludwigs/*Micklitz/Rott*, Handbuch des EU-Wirtschaftsrechts, H. V., Rn. 3; *Heiderhoff*, Europäisches Privatrecht, § 3, Rn. 46.

269 *Weatherill*, EU Consumer Law and Policy, 29 ff.

270 Dauses/Ludwigs/*Micklitz/Rott*, Handbuch des EU-Wirtschaftsrechts, H. V., Rn. 5.

271 *Bourgoignie*, RTDE 1982, 1 (20); *Weatherill*, EU Consumer Law and Policy, 6; *Kendall*, EC Consumer Law, 7; *Micklitz/Weatherill*, JCP 1993, 285 (292 f.).

272 Erstes Verbraucherschutzprogramm, ABl. EG Nr. C 92 vom 25. April 1975.

auf Art. 2 EWGV – fünf fundamentale Rechte zusammen, die die Interessen des Verbrauchers widerspiegeln sollten:

„1. das Recht auf Schutz seiner Gesundheit und Sicherheit,
2. das Recht auf Schutz seiner wirtschaftlichen Interessen,
3. das Recht auf Wiedergutmachung erlittenen Schadens,
4. das Recht auf Unterrichtung und Bildung und
5. das Recht auf Vertretung (Recht, gehört zu werden).“[273]

Die Rechte sollten dazu dienen, das Gleichgewicht zwischen Unternehmer und Verbraucher wiederherzustellen, das für eine wirtschaftlich schwächere Stellung des Verbrauchers verantwortlich sei. Ursächlich für das Ungleichgewicht seien die neuesten Entwicklungen der Marktbedingungen. Darüber hinaus erläuterte der Rat im ersten Verbraucherschutzprogramm jeweils Grundsätze zu den einzelnen Schutzzielen und setzte Prioritäten fest, auf welchem Gebiet zuerst Maßnahmen ergriffen werden müssten.[274] Konkreter als im ersten Programm bestimmte der Rat in seinem zweiten Programm vom 19. Mai 1981, welche Maßnahmen vorgenommen werden müssten und welche schon vorgenommen wurden.[275] Für den Verbraucherkredit stellte er fest, dass ein Richtlinienvorschlag über den Verbraucherkredit auf der Grundlage der im ersten Verbraucherschutzprogramm festgehaltenen Prinzipien in den Gremien des Rats beraten wird. Im Abschnitt B „Schutz der wirtschaftlichen Interessen der Verbraucher“ spricht sich der Rat für einen verstärkten Schutz der Verbraucher im Dienstleistungssektor, insbesondere in Bezug auf die Qualität der Dienstleistungen und die Preistransparenz, aus. Den Verbraucherkredit ordnet er dabei den nicht warengebundenen privaten Dienstleistungen zu.[276]

Den beiden verbraucherpolitischen Programmen folgten weitere Entschließungen des Rates zum Schutz und zur Förderung der Interessen der Verbraucher, welche die Festlegung künftiger Ziele der Politik der Europäischen Wirtschaftsgemeinschaft,[277] die Einbindung der Verbraucherpolitik in weitere gemeinsame

---

273 Die Zusammenstellung der Verbraucherrechte im ersten Verbraucherschutzprogramm wurde von einer Erklärung des damaligen US-Präsidenten John F. Kennedy beeinflusst, die dieser am 15. März 1962 gegenüber dem Kongress abgegeben hatte. Die Erklärung von John F. Kennedy wurde vollständig abgedruckt in *von Hippel*, Verbraucherschutz, 281 ff.

274 Zu den verbraucherpolitischen Programmen zudem *Reich/Micklitz*, Europäisches Verbraucherrecht, 16; Schwarze/*Berg*, EU-Kommentar, Art. 169 AEUV, Rn. 1 f.; Schulze/Zuleeg/Kadelbach/*Schulte-Nölke*, Europarecht, § 23, Rn. 4; *Sonntag*, Das BGB unter europäischem Einfluss, 8 ff.; *Reinhard*, EuLF 2004, 86 (86 f.).

275 Vgl. 3. Erwägungsgrund des zweiten Verbraucherschutzprogramms, ABl. EG Nr. C 133 vom 3. Juni 1981.

276 Zweites Verbraucherschutzprogramm, ABl. EG Nr. C 133 vom 3. Juni 1981, S. 7 (9).

277 Entschließung des Rates vom 23. Juni 1986 betreffend die künftige Ausrichtung der Politik der Europäischen Wirtschaftsgemeinschaft zum Schutz und zur Förderung der Interessen der Verbraucher, ABl. EG Nr. C 167 vom 5. Juli 1986, S. 1–2, die auch

Politiken[278] und künftige Prioritäten bei der Neubelebung und beim Ausbau der Verbraucherpolitik[279] beinhalteten. Abgerundet wurden diese Entwicklungen mit der Veröffentlichung des Dreijährigen Verbraucherpolitischen Aktionsplans[280] der Kommission im Mai 1990. Darin hat die Kommission vier Eckpfeiler zum Verbraucherschutz aufgeführt, dessen Berücksichtigung bei weiteren Rechtsvorschriften dazu beitragen sollte, das Vertrauen der Verbraucher zu stärken und das Ziel der Errichtung eines Binnenmarktes bis Ende 1992 zu erreichen. Bei den Eckpfeilern handelte es sich um

1. die Vertretung von Verbrauchern,
2. die Information für den Verbraucher,
3. die Verbrauchersicherheit und
4. die Förderung von Verbrauchertransaktionen.

Obwohl Art. 288 AEUV (ex. Art. 189 EWGV; ex. Art. 249 EG) bestimmt, dass Empfehlungen und Stellungnahmen nicht bindend sind, haben die verbraucherpolitischen Programme und Entschließungen einen starken Einfluss auf Gesetzgebung und Rechtsprechung.[281] Auf der Basis der Programme wurden mehrere verbraucherschützende Richtlinien verabschiedet und damit das Widerrufsrecht als Schutzinstrument etabliert. Zudem waren diese Soft-Law-Instrumente mitursächlich für die Änderung der Gründungsverträge im Hinblick auf die Einführung einer Verbraucherpolitik durch das Inkrafttreten der Einheitlichen Europäischen Akte, des Maastrichter Vertrags, des Amsterdamer Vertrags und des Lissabonner Vertrags. Darüber hinaus orientiert sich auch der EuGH bei seiner Interpretation des EU-Vertrages und des AEU-Vertrages an der Ausrichtung der Programme.

II. Änderungen der Gründungsverträge

Die Einheitliche Europäische Akte[282] stellt den ersten Änderungsvertrag des damaligen EWG-Vertrags dar. Er wurde im Februar 1986 von allen Mitgliedstaaten unterzeichnet und ist am 1. Juli 1987 in Kraft getreten.

---

als das dritte verbraucherschützende Programm bezeichnet wird, dazu *Micklitz/Weatherill*, JC 1993, 285 (294).

278 Entschließung des Rates vom 15. Dezember 1986 für die Integration der Verbraucherpolitik in die anderen gemeinsamen Politiken, ABl. EG Nr. C 3 vom 7. Januar 1987, S. 1–2.

279 Entschließung des Rates vom 9. November 1989 über die künftigen Prioritäten bei der Neubelebung der Verbraucherschutzpolitik, ABl. EG Nr. C 294 vom 22. November 1989, S. 1–3; Entschließung des Rates vom 13. Juli 1992 über künftige Prioritäten für den Ausbau der Verbraucherschutzpolitik, ABl. EG Nr. C 186 vom 23. Juli 1992, S. 1–3.

280 Dreijähriger Verbraucherpolitischer Aktionsplan für die EWG (1990–1992) vom 3. Mai 1990, KOM(1990), 98 endg.

281 *Weatherill*, EU Consumer Law and Policy, 7.

282 Einheitliche Europäische Akte, ABl. EG Nr. L 169 vom 29. Juni 1987, S. 1.

Für die Entwicklung des europäischen Verbraucherschutzrechts von besonderer Bedeutung war die Einführung der neuen Kompetenznorm Art. 100a EWGV (jetzt Art. 114 AEUV) und die Zielsetzung, bis Ende des Jahres 1992 einen europäischen Binnenmarkt zu errichten.[283] Mit der Verpflichtung der Kommission in Art 100a Abs. 3 EWG, im Rahmen der Erarbeitung der Maßnahmen von einem hohen Verbraucherschutz auszugehen,[284] wird zum ersten Mal im Primärrecht der Begriff des Verbraucherschutzes ausdrücklich erwähnt. Daraus kann geschlossen werden, dass die Einheitlichen Europäischen Akte zum ersten Mal den Verbraucherschutz als eine eigenständige Politik anerkannt hat. Dennoch bedeutet dies noch nicht, dass mit der Einheitlichen Europäischen Akte ein eigenständiger Titel für Verbraucherschutz eingeführt wurde.[285]

Erst mit dem Maastrichter Vertrag vom 7. Februar 1992 erhielt der EG-Vertrag mit Art. 129a EGV einen eigenen Titel „Verbraucherschutz".[286] Als Vorbild zur Konzeption dieses Titels diente der durch die Einheitliche Europäische Akte eingeführte Titel für den Umweltschutz.[287] Wie im Umweltschutz wurden für den Verbraucherschutz in Art. 129a EGV das Subsidiaritätsprinzip, das Mindeststandardprinzip und die Klarstellung der Kompetenzen geregelt. Mit dem eigenen Titel wird nicht länger nur der Kommission, sondern der Gemeinschaft als Ganzes auferlegt, „einen Beitrag zur Erreichung eines hohen Verbraucherschutzniveaus" zu leisten. Dies kann durch Maßnahmen zur Errichtung des Binnenmarktes nach Art. 100a EGV oder – mit dem Maastrichter Vertrag in Art. 129 Abs. 1b EGV neu eingeführt – durch „spezifische Aktionen" erfolgen, die „die Politik der Mitgliedstaaten zum Schutz der Gesundheit, der Sicherheit und der wirtschaftlichen Interessen der Verbraucher und zur Sicherstellung einer angemessenen Information der Verbraucher unterstützen und ergänzen". Somit basiert die Verbraucherschutzpolitik auf zwei Grundlagen: auf der binnenmarktabhängigen Politik und auf der binnenmarktunabhängigen Politik.[288]

Der Vertrag von Amsterdam vom 2. Oktober 1997[289] hebt den Verbraucherschutztitel auf eine den anderen Politiken gleichrangige und eigenständige Position,[290] indem er in Art. 153 Abs. 1 EG die Ziele des Verbraucherschutzes feststeckt.

---

283 Zur Kompetenznorm nach Art. 114 AEUV siehe § 2 D. III. 1.

284 *Von Vogel*, Verbrauchervertragsrecht und allgemeines Vertragsrecht, 56; *Staudenmayer*, RIW 1999, 733 (733).

285 *Micklitz/Weatherill*, JCP 1993, 285 (297).

286 Vertrag über die Europäische Union vom 7. Februar 1992, ABl. EG Nr. C 191 vom 29. Juli 1992, S. 1–110.

287 *Micklitz/Reich*, EuZW 1992, 593 (593); *Rösler*, EuR 2008, 800 (804 f.).

288 *Reich/Micklitz*, Europäisches Verbraucherrecht, 18.

289 Vertrag von Amsterdam zur Änderung des Vertrags über die Europäische Union, der Verträge zur Gründung der Europäischen Gemeinschaften sowie einiger damit zusammenhängender Rechtsakte vom 2. Oktober 1997, ABl. EG Nr. C 340 vom 10. November 1997, S. 1–111.

290 *Staudenmayer*, RIW 1999, 733 (734); *Reich*, VuR 1999, 3 (4 f.); *Sommer*, Das BGB unter europäischem Einfluss, 13.

Danach leistet die Gemeinschaft einen Beitrag zum Schutz der Gesundheit, der Sicherheit und der wirtschaftlichen Interessen der Verbraucher, sowie zur Förderung des Rechts auf Information, Erziehung und Bildung von Vereinigungen.[291] Darüber hinaus führt er in Art. 153 Abs. 2 EG eine Querschnittsklausel ein. Mit der Querschnittsklausel werden sowohl die Gemeinschaftsinstitutionen als auch die Mitgliedstaaten verpflichtet, bei den Festlegung und Durchführung der anderen Gemeinschaftspolitiken und -maßnahmen den Erfordernissen des Verbraucherschutzes Rechnung zu tragen. Damit ist die besondere Stellung des Verbraucherschutzes bei einer Abwägung zu berücksichtigen und in ein Verhältnis praktischer Konkordanz zu bringen.[292]

Der Vertrag von Nizza vom 26. Februar 2001[293] und der Vertrag von Lissabon vom 17. Dezember 2007[294] haben für den Verbraucherschutz keine wesentlichen Neuerungen mit sich gebracht. Der Vertrag von Lissabon ordnet den Verbraucherschutz in den Katalog der zwischen Mitgliedstaaten und Union geteilten Zuständigkeit nach Art. 4 Abs. 2 AEUV ein.[295] Die in Art. 153 Abs. 2 EG verankerte Querschnittsklausel wird als eigenständiger Art. 12 AEUV zu den allgemeinen Bestimmungen an den Beginn des Vertrages gezogen. Dadurch wird die Eigenständigkeit des Verbraucherschutzes noch weiter verstärkt. Mit dem Verweis in Art. 6 Abs. 1 EUV auf die Charta der Grundrechte der Europäischen Union erhält der Verbraucherschutz nun auf einer weiteren Ebene Eingang in das europäische Recht. Denn in Art. II-98 der Grundrechtecharta wird ein hohes Verbraucherschutzniveau als eigenständiges Grundrecht genannt.

III. Rechtsprechung

Neben den politischen Bestrebungen um die Entwicklung eines europäischen Verbraucherschutzes trug auch der EuGH einen wesentlichen Teil zu diesem Prozess bei. Im Cassis-de-Dijon-Urteil[296] entschied der EuGH über die Vereinbarkeit einer deutschen gesetzlichen Bestimmung, nach der Trinkbranntweine nur mit einem bestimmten Mindestalkoholgehalt als solche in den Verkehr gebracht werden konnten, mit den europäischen Grundfreiheiten. Der EuGH erklärte die deutsche

291 Zu den Zielen der Verbraucherschutzpolitik *Stuyck*, CML Rev. 2000, 367 (384 ff.).

292 *Staudenmayer*, RIW 1999, 733 (735); Callies/Ruffert/*Krebber*, EUV/AEUV, Art. 169 AEUV, Rn. 15.

293 Vertrag von Nizza zur Änderung des Vertrags über die Europäische Union, der Verträge zur Gründung der Europäischen Gemeinschaften sowie einiger damit zusammenhängender Rechtsakte, unterzeichnet in Nizza am 26. Februar 2001, ABl. EG Nr. C 80 vom 10. März 2001, S. 1–87.

294 Vertrag von Lissabon zur Änderung des Vertrags über die Europäische Union und des Vertrags zur Gründung der Europäischen Gemeinschaft, unterzeichnet in Lissabon am 13. Dezember 2007, ABl. EU Nr. C 306 vom 17. Dezember 2007, S. 1–271.

295 Schwarze/*Berg*, EU-Kommentar, Art. 169 AEUV, Rn. 6.

296 EuGH, Urteil v. 20. Februar 1979, Rs. C-120/78 – Cassis de Dijon, Slg. 1979, 649.

Vorschrift für unvereinbar mit der Warenverkehrsfreiheit nach Art. 30 EWGV (Art. 28 EG; jetzt Art. 34 AEUV) und prüfte, ob zwingende Erfordernisse einen Verstoß rechtfertigen. Mit der Entscheidung hat der EuGH zum einen den Verbraucherschutz als zwingendes Erfordernis auf gleicher Stufe mit beispielsweise der Gesundheit anerkannt.[297] Zum anderen hat er im Rahmen einer Abwägung zwischen Warenverkehrsfreiheit und Verbraucherschutz eine Verhältnismäßigkeitsprüfung vorgenommen und erstmals Informationspflichten den Vorzug gegenüber zwingenden Vorschriften in Form von Geboten und Verboten gegeben. Damit ebnete er die Entwicklung sowohl des europäischen Rechts als auch des Rechts der einzelnen Mitgliedstaaten hin zu einem Informationsmodell.[298]

Die Einführung des Maßstabs der zwingenden Erfordernisse führt zudem zu einem Wechsel im Harmonisierungsansatz. War mit der Harmonisierung bislang in erster Linie die Beseitigung von Markthemmnissen und die Öffnung des Gemeinsamen Marktes bezweckt, erlaubt die Cassis-Rechtsprechung die Schaffung von Recht in den Gebieten der zwingenden Erfordernisse, wie der Gesundheit, der Sicherheit, des Umwelt- und insbesondere auch des Verbraucherschutzes. Somit wurde der Weg geebnet, neben einer *negativen* Harmonisierung,[299] die letztlich über die Einhaltung der Grundfreiheiten und des Diskriminierungsverbots in Art. 18 AEUV lediglich der Marktöffnung und der Beseitigung nationaler grundfreiheitswidriger Vorschriften dient, ebenfalls eine *positive* Harmonisierung vorzunehmen. Sie hat den Vorteil, Verbraucherinteressen direkt fördern und eine eigene Verbraucherpolitik betreiben zu können.[300] Dies erfolgt nahezu ausschließlich durch das Sekundärrecht, und zwar in bevorzugter Weise in Form von Richtlinien nach Art. 288 Abs. 3 AEUV.[301]

IV. Aktuelle Entwicklung

Nach dem Erlass einer Reihe von verbraucherschützenden Richtlinien in verschiedenen Sektoren stellte sich alsbald die Frage nach der weiteren Entwicklung des europäischen Vertragsrechts.[302] Der Acquis communautaire, der sich seit der

---

297 *Reich/Micklitz*, Europäisches Verbraucherrecht, 16.

298 *Grundmann*, JZ 2000, 1133 (1138); *Dauses*, RIW 1998, 750 (751).

299 Näher dazu *Collins*, The European Civil Code, 35 ff.; *Klauer*, Die Europäisierung des Privatrecht, 7 ff.; *Lurger*, Regulierung und Deregulierung im europäischen Privatrecht, 9; *Reich/Micklitz*, Europäisches Verbraucherrecht, 36 ff., die wie *Collins* und *Lurger* diesbezüglich von „Negativ- und Positivintegration" sprechen; *Grundmann*, JuS 2002, 768 (768), der die Ansätze „negative und positive Standards" nennt; *Franzen*, Privatrechtsangleichung durch die Europäische Gemeinschaft, 10 f., der sich der Begriffe „positive" und „negative Rechtsangleichung" bedient.

300 *Reich/Micklitz*, Europäisches Verbraucherrecht, 39; *Franzen*, Privatrechtsangleichung durch die Europäische Gemeinschaft, 10.

301 *Martens*, EuZW 2010, 527 (528).

302 Zu den Problemen der fragmentarischen Rechtsangleichung *Grigoleit*, AcP 210 (2010), 356 (378 ff.).

Haustürgeschäfterichtlinie entwickelt hat, weist in sich Widersprüchlichkeiten, beispielsweise durch unterschiedliche Widerrufsfristen, auf.[303]

Die Europäische Kommission verfolgte zwei verschiedene Ansätze zur Weiterentwicklung und Verbesserung des europäischen Vertragsrechts.[304] Zum einen sollte das existierende Europäische Privatrecht durch Anpassung, Überarbeitung und gegebenenfalls Ergänzungen verbessert werden.[305] Daher hatte die Kommission begonnen, einige Richtlinien wie die Richtlinien zum Timesharing und Verbraucherkredit zu überarbeiten. Zum anderen sollte das europäische Vertragsrecht durch die Erarbeitung eines Gemeinsamen Referenzrahmens fortentwickelt werden, der als Werkzeugkasten für die nationalen wie für den europäischen Gesetzgeber dienen kann.[306] Maßgebliches Ziel war es jedoch, den Verbraucher-Acquis zu reformieren und in einem sektorübergreifenden Instrument zusammenzufassen.[307] Das optionale Instrument sollte neben den Rechtsordnungen der Mitgliedstaaten als wählbares Recht stehen.[308]

Hinsichtlich der Überarbeitung des gemeinsamen Besitzstands zielte die Kommission zunächst darauf ab, acht bereits existierende Richtlinien auf dem Gebiet des Europäischen Privatrechts zu einer einzelnen horizontalen Richtlinie, der Verbraucherrechterichtlinie, zusammenzustellen und damit einzelne Aspekte wie auch das Widerrufsrecht zu harmonisieren.[309] Ein erster Entwurf, der vier bereits bestehende Verbraucherschutzrichtlinien und zwar die Haustürgeschäfterichtlinie, die Klauselrichtlinie, die Fernabsatzrichtlinie und die Verbrauchsgüterkaufrichtlinie vereinte,

---

303 Mitteilung der Kommission an den Rat und das Europäische Parlament zum europäischen Vertragsrecht vom 11. Juli 2001, KOM(2001) 398 endg., ABl. EG Nr. C 255 vom 13. September 2001, S. 12.

304 *Martens*, EuZW 2010, 527 (530); *Zimmermann*, EuZW 2009, 319 (321).

305 Auf diese Weise wurde neben der Verbraucherkreditrichtlinie auch die Timesharing-Richtlinie und die Pauschalreiserichtlinie überarbeitet.

306 Zu der Entwicklung des Entwurfs eines Gemeinsamen Referenzrahmens *Schulze* in Schulze/von Bar/Schulte-Nölke (Hrsg.), Der akademische Entwurf für einen Gemeinsamen Referenzrahmen, 1 ff.; *von Bar/Schulte-Nölke*, ZRP 2005, 165 (165 f.); *Loos*, Review of the European Consumer Acquis, 2.

307 Mitteilung der Kommission an das Europäische Parlament und den Rat – Europäisches Vertragsrecht und Überarbeitung des gemeinschaftlichen Besitzstands – weiteres Vorgehen vom 11. Oktober 2004, KOM(2004) 651 endg., ABl. EG Nr. C 14 vom 20. Januar 2005, S. 9.

308 *Schulze*, ZEuP 2007, 130 (135 ff.); *Schulze* in Schulze/von Bar/Schulte-Nölke (Hrsg.), Der akademische Entwurf für einen Gemeinsamen Referenzrahmen, 13; *von Bar/Schulte-Nölke*, ZRP 2005, 165 (167); *Beale*, ERCL 2007, 257 (269) ff.; *Ernst*, AcP 208 (2008), 248 (263 ff.); *Hirsch*, ZIP 2007, 937 (939); *Leible*, BB 2008, 1469 (1471 ff.); *Schulte-Nölke*, ERCL 2007, 332 (348); *Staudenmayer*, ZEuP 2003, 828 (831 ff.).

309 Zum Werdegang der Verbraucherrechterichtlinie *Martens*, EuZW 2010, 527 (529); *Stabentheiner/Cap*, ÖJZ 2011, 1045 (1046 ff.); *Schwab/Giesemann*, EuZW 2012, 253 (253).

wurde der Öffentlichkeit am 8. Oktober 2008 vorgestellt[310] und in Politik[311] und Wissenschaft[312] sowie vonseiten des Rates und des Parlaments stark kritisiert. Die endgültige Verbraucherrechterichtlinie, die nach Streichung aller strittiger Punkte nur noch die Kapitel zu den Haustür- und Fernabsatzgeschäften beinhaltet, wurde am 25. Oktober 2011 verabschiedet.[313]

Ein Entwurf eines Gemeinsamen Referenzrahmens (Draft Common Frame of Reference; DCFR)[314] konnte Ende 2007 von dem von der Kommission zu diesem Zwecke eingerichteten Netzwerk *Joint Network on European Private Law*[315] veröffentlicht werden und wird seitdem von Wissenschaft und Praxis kritisch analysiert.[316] Der Rat reagierte im April 2008[317] und im November 2008[318] auf den Vorschlag und sprach sich dafür aus, den weiten Anwendungsbereich des Entwurfs eines Gemeinsamen Referenzrahmens, der sich auch auf ein allgemeines

---

310 Vorschlag für eine Richtlinie des Europäischen Parlaments und des Rates über Rechte der Verbraucher vom 8. Oktober 2008, KOM(2008) 614 endg.

311 *Zypries*, ZEuP 2009, 225 (225 ff.).

312 *Schulze/Howells* (Hrsg.), Modernising and Harmonising Consumer Contract Law; *Effer-Uhe/Watson*, GPR 2009, 7 (7 ff.); *Jud/Wendehorst* (Hrsg.), Neuordnung des Verbraucherprivatrechts in Europa?; *Micklitz/Reich*, EuZW 2009, 279 (279 ff.); *Rott/Terryn*, ZEuP 2009, 456 (456 ff.); *Tonner/Tamm*, JZ 2009, 277 (277 ff.); *Tettinger*, ZGS 2009, 106 (106 ff.); *Martens*, EuZW 2010, 527 (529).

313 Richtlinie 2011/83/EU des Europäischen Parlaments und des Rates vom 25. Oktober 2011 über die Rechte der Verbraucher, zur Abänderung der Richtlinie 93/13/EWG des Rates und der Richtlinie 1999/44/EG des Europäischen Parlaments und des Rates sowie zur Aufhebung der Richtlinie 85/577/EWG des Rates und der Richtlinie 97/7/EG des Europäischen Parlaments und des Rates, ABl. EU Nr. L 304 vom 22. November 2011, S. 64–88.

314 *Von Bar et al.*, Principles, Definitions and Model Rules of European Private Law. Draft Common Frame of Reference (DCFR), Interim Outline Edition.

315 Das Netzwerk besteht aus einer Vielzahl von Forschern und Forschergruppen aus ganz Europa, darunter die sich an die Arbeiten der Lando Kommission anschließende *Study Group on a European Civil Code* und die auf das existierende europäische Privatrecht Bezug nehmende *European Research Group on the Existing EC Private Law (Acquis Group).*

316 *Schulze* (Hrsg.), Common Frame of Reference and Existing EC Contract Law; *Schulze/von Bar/Schulte-Nölke* (Hrsg.), Der akademische Entwurf für einen Gemeinsamen Referenzrahmen; *Eidenmüller et al.*, JZ 2008, 529 (529 ff.); *Wagner* (Hrsg.), The Common Frame of Reference; *Schmidt-Kessel* (Hrsg.), Der Entwurf eines Gemeinsamen Referenzrahmens; *Hesselink* (Hrsg.), CFR and Social Justice.

317 Entwurf eines Berichts an den Rat über die Festlegung eines Gemeinsamen Referenzrahmens für ein europäisches Vertragsrecht vom 11. April 2008, Dok. 8286/08, JUSTCIV 68 CONSOM 39. Näher dazu *Remien*, GPR 2008, 124 (124 ff.).

318 Entwurf eines Berichts an den Rat über die Festlegung eines Gemeinsamen Referenzrahmens für ein europäisches Vertragsrecht vom 7. November 2008, Dok. 15306/08, JUSTCIV 236 CONSOM 167.

Schuldrecht erstreckte, auf das Vertragsrecht einzugrenzen. Unklar war, in welche Rechtsform der wissenschaftliche Text überführt werden sollte und welche Rechtsgebiete es umfassen sollte.[319] Klarheit bestand lediglich darüber, dass das Instrument das Kaufrecht für bewegliche Sachen umfassen sollte.[320] Auf der Grundlage der sogenannten „Machbarkeitsstudie zu einem optionalen Instrument im europäischen Vertragsrecht“[321] veröffentlichte die Kommission am 11. Oktober 2011, und damit nur 14 Tage vor der Verabschiedung der Verbraucherrechterichtlinie, einen Vorschlag für eine Verordnung des Europäischen Parlaments und des Rates über ein Gemeinsames Europäisches Kaufrecht (GEK bzw. *Common European Sales Law*; CESL[322]).[323] Der Entwurf schlägt die Einführung eines optionalen Europäischen Kaufrechts für grenzüberschreitende Verträge über den Kauf von Waren, die Bereitstellung digitaler Inhalte und verbundene Dienstleistungen vor. Damit war mit dem Verordnungsvorschlag über ein Gemeinsames Europäisches Kaufrecht erstmals ein „Einheitsrechtsentwurf“ Gegenstand der politischen und wissenschaftlichen Diskussion um die Vereinheitlichung des europäischen Vertragsrechts.[324]

Der Vorschlag wurde allerdings nie verabschiedet. Am 16. Dezember 2014 hat die Kommission mitgeteilt, dass sie den Vorschlag für eine Verordnung über ein Gemeinsames Europäisches Kaufrecht zurücknimmt und durch einen neuen Vorschlag ersetzt, der sich mehr auf den elektronischen Handel im digitalen

319 *Tonner*, EuZW 2010, 767 (768 ff.); *Twigg-Flesner*, ERCL 2007, 198 (200 ff.).

320 Zu den Arbeiten in der Expertengruppe *Schulte-Nölke* in Schulze/Stuyck (Hrsg.), Towards a European Contract Law, 35 (35 ff.); *Schulte-Nölke* in Schulte-Nölke/Zoll/Jansen/Schulze (Hrsg.), Der Entwurf für ein optionales europäisches Kaufrecht, 13 ff.

321 Die Machbarkeitsstudie ist abgedruckt in *Schulze/Stuyck* (Hrsg.), Towards a European Contract Law, 217 ff.

322 Vorschlag für eine Verordnung des Europäischen Parlaments und des Rates über ein Gemeinsames Europäisches Kaufrecht vom 11. Oktober 2011, KOM(2011) 635 endg.

323 Zu den Vorarbeiten *Schulte-Nölke* in Schulte-Nölke/Zoll/Jansen/Schulze (Hrsg.), Der Entwurf für ein optionales europäisches Kaufrecht, 1 ff; *Staudenmayer*, NJW 2011, 3491 (3493); *Mansel*, WM 2012, 1253 (1254); *Wagner/Zimmermann*, AcP 212 (2012), 467 (467 f.); *Remien* in Remien/Herrler/Limmer (Hrsg.), Gemeinsames Europäisches Kaufrecht für die EU?, 1 ff.; *Reich*, General Principles of EU Civil Law, 169; *Konecny*, Der Verordnungsentwurf über ein Gemeinsames Europäisches Kaufrecht, 23 ff.

324 *Schmidt-Kessel* in Schmidt-Kessel (Hrsg.), Ein einheitliches europäisches Kaufrecht?, 1. Zu den Vorzügen einer Harmonisierung durch ein optionales Instrument gegenüber einer Rechtsvereinheitlichung durch Vollharmonisierung *Schulze* in Hahn (Hrsg.), Gemeinsames Europäisches Kaufrecht, 73 (73 ff.); *Herresthal* in Hahn (Hrsg.), Gemeinsames Europäisches Kaufrecht, 102 (102 ff.); *Tamm*, VuR 2012, 3 (4); *Mittwoch*, JuS 2010, 767 (771). Zu der Frage der EU-Kompetenz für den Erlass eines optionalen Instruments insbesondere *Riesenhuber*, EWS 2012, 7 (7 ff.); *Schmidt-Kessel* in Schmidt-Kessel (Hrsg.), Der Entwurf für ein Gemeinsames Europäisches Kaufrecht, Einl. GEK-VO-E, Rn. 22 ff.

Binnenmarkt konzentriert.[325] Am 9. Dezember 2015 veröffentlichte die Kommission zwei Richtlinienvorschläge zum Fernabsatz von Waren und zur Bereitstellung digitaler Inhalte, die insbesondere die Anforderungen an die Vertragsmäßigkeit digitaler Inhalte, nicht aber Regelungen zum Widerrufsrecht zum Gegenstand haben.[326] Damit rückt die Kommission von der Idee eines optionalen Instruments ab und erstreckt die Harmonisierung auf den digitalen Binnenmarkt.

V. Zwischenergebnis

Es ist festzuhalten, dass seit den 1970er Jahren der Weg für ein europäisches Verbraucherschutzrecht sowohl auf Primärrechtsebene als auch in der Rechtsprechung und in der Wissenschaft geebnet wurde. Auf Primärrechtsebene hat sich die Verbraucherschutzpolitik als gleichwertige Politik etabliert und muss bei sämtlichen Unionspolitiken und -maßnahmen Berücksichtigung finden. Darüber hinaus hat der Rat durch verbraucherpolitische Programme und Entschließungen Prioritäten im Hinblick auf verbraucherschützende Maßnahmen gesetzt und die Verabschiedung von Sekundärrecht forciert. Die Rechtsprechung hat den Verbraucherschutz generell als zwingendes Erfordernis für eine Beschränkung der Grundfreiheiten anerkannt und damit den Weg für eine Rechtssetzung auf europäischer Ebene freigemacht. Die Wissenschaft hat sich beide Entwicklungsstränge zunutze gemacht und auf der Grundlage der politischen Mitteilungen Regelwerke entwickelt, die wiederum als Vorbild weiterer Legislativakte dienen können.

Auf welcher marktökonomischen Grundlage das europäische Verbraucherschutzrecht fußt, welche Verbraucherschutzkonzeption hinter dem europäischen Verbraucherschutzrecht steht und wie es ausgestaltet ist, soll Gegenstand der weiteren Untersuchung sein.

B. Marktökonomische Aspekte

Die Europäische Union ist im Kern stark marktorientiert ausgerichtet.[327] Wie jedoch im vorangegangenen Kapitel erläutert hat seit den 1970er Jahren die Verbraucherpolitik und die Harmonisierung von nationalen Vorschriften in verbrauchersensiblen Bereichen des Vertragsrechts immer mehr an Bedeutung gewonnen.[328] Im

---

325 Mitteilung der Kommission an das Europäische Parlament, den Rat, den Europäischen Wirtschafts- und Sozialausschuss und den Ausschuss der Regionen KOM(2014) 910 final, Annex 2, Nr. 60.

326 Vorschlag für eine Richtlinie des Europäischen Parlaments und des Rates über bestimmte vertragsrechtliche Aspekte der Bereitstellung digitaler Inhalte, KOM(2015) 634 endg. und Vorschlag für eine Richtlinie des Europäischen Parlaments und des Rates über bestimmte vertragsrechtliche Aspekte des Online-Warenhandels und anderer Formen des Fernabsatzes von Waren, KOM(2015) 635 eng.

327 *Körber*, Grundfreiheiten und Privatrecht, 11 ff.

328 Siehe unter § 3 A.

Hinblick auf die Binnenmarktausrichtung der EU stellt sich die Frage, ob und in welchem Ausmaß es ökonomisch sinnvoll ist, den Verbraucher als Nachfrager zu schützen. Dies ist bedeutsam für die Frage, welche Vorstellung hinter dem Schutzgedanken der europäischen Verbraucherpolitik steht und wie weit der europäische Gesetzgeber bei der Rechtsangleichung des Verbraucherrechts gehen will. Im Folgenden werden die verschiedenen existierenden Markttheorien danach untersucht, inwiefern sie Verbraucherschutz zulassen.

I. Die klassischen Markttheorien

Die klassischen Markttheorien werden durch die Theorie *Adam Smiths* (1723–1790) geprägt, der den Markt als ein Gefüge wirtschaftlicher Entscheidungen begreift und als „Vater des Wirtschaftsliberalismus und der Theorie des freien Marktes"[329] gilt.

1. Die Preistheorie nach *Smith*

Smith stellt die Theorie auf, dass der Markt ein dezentraler Mechanismus wirtschaftlicher Interessen ist und der Preis einer Ware dabei ein ausschlaggebendes Informationsinstrument darstellt.[330] Unter der Prämisse, dass beiden Vertragspartnern gleichermaßen Vertragsfreiheit zugutekommt, geht *Smith* davon aus, dass beide Marktakteure den Preis vereinbaren, der der Knappheit der Ware am ehesten entspricht. Somit würden knappe Ressourcen sparsam auf dem Markt gehandelt und Waren durch einen Ausgleich der Interessen zum günstigsten Preis angeboten. Dieser Prozess fördere den Wohlstand des Einzelnen, was wiederum dem Gemeinwohl der ganzen Gesellschaft zugutekomme.

Der Einzelne werde bei seinen wirtschaftlichen Entscheidungen durch eine „invisible hand" unbeabsichtigt zu seinem Vorteil gelenkt und steuere ohne seines Wissens ein übergeordnetes Ziel an.[331] Diese Systematik funktioniere allerdings nur dann, wenn der Einzelne in einem gesunden Eigeninteresse handelt und weder von überzogenem Egoismus noch von Marktdesinteresse geleitet wird. Darüber hinaus müsse ein intakter Wettbewerb bestehen. Die Bedingungen für einen freien Markt und einen unbeschränkten Wettbewerb herzustellen, sei Aufgabe des Staates.[332] Der Staat soll nicht aktiv in das Marktgeschehen eingreifen, sondern Rahmenbedingungen für einen unbeeinflussten Wettbewerb schaffen.

Die Denkansätze *Smiths* stehen der Einführung eines Verbraucherschutzrechtes, beispielsweise als Korrektiv zur Wiederherstellung der Funktionsfähigkeit des

329 *Laurent*, Les grands courants du libéralisme, 48.

330 *Smith*, Eine Untersuchung über das Wesen und die Ursachen des Reichtums der Nationen, Bd. I, Buch I, Kap. VII, 71 ff.

331 *Drexl*, Die wirtschaftliche Selbstbestimmung des Verbrauchers, 92 f.; *Denkinger*, Der Verbraucherbegriff, 25; *Rösler*, Europäisches Konsumentenvertragsrecht, 25.

332 *Drexl*, Die wirtschaftliche Selbstbestimmung des Verbrauchers, 93. *Denkinger*, Der Verbraucherbegriff, 25; *Rösler*, Europäisches Konsumentenvertragsrecht, 25.

Marktes, grundsätzlich nicht entgegen. Dabei darf jedoch nicht außer Betracht gelassen werden, dass *Smith* unter Vertragsfreiheit die *formale* Vertragsfreiheit versteht, wonach dem Einzelnen lediglich die Willensfreiheit und damit die Möglichkeit eingeräumt wird, eine eigene Entscheidung zu treffen.[333] Eine Theorie der materiellen Vertragsfreiheit, wonach die Marktakteure eine selbstbestimmte Entscheidung treffen,[334] fehlt den Denkansätzen dieser Zeit.

2. Die Neoklassische Theorie

Die Nachfolger *Smiths* führten die Markttheorien *Smiths* fort, indem sie sie unter Verwendung mathematischer Systematik zu formalisieren versuchten. Dabei lag das Hauptanliegen darin, die Preistheorie in einer grafischen Darstellung zu präsentieren und damit ihre Glaubwürdigkeit zu unterstreichen.[335]

Die von den Nachfolgern *Smiths* entwickelten Grafik zeigt zwei sich schneidende Kurven, die Nachfragekurve und die Angebotskurve. Die Nachfragekurve gibt an, welchen Preis ein Verbraucher bei einem bestimmten Angebot zu zahlen bereit wäre, und die Angebotskurve den Preis, den ein Unternehmer verlangen müsste, damit sich die Produktion einer bestimmten Menge der Ware rentieren würde.[336] Die Neoklassische Theorie geht davon aus, dass sich der Preis in einem gesunden Wettbewerb innerhalb der Schnittmenge der beiden Kurven, dem sogenannten Gleichgewichtspunkt, befindet. Dieser Punkt gleiche die Interessen der Marktteilnehmer am effizientesten aus und fördere den Gesamtwohlstand der Gesellschaft.

Die grafische Anschauung des Marktmechanismus stellt zwar anschaulich die Zusammenhänge und die Grundlagen der Preistheorie dar, verkennt jedoch, dass ein Modell nur durch konstante Annahmen der Marktkomponenten dargestellt werden kann. Zudem gehen die Vertreter der Klassik und Neoklassik von einem „rational egoistischen Menschen“[337] aus. In der Realität wird wirtschaftliches Handeln von Menschen durch Irrtümer und Informationsdefizite geprägt, die

333 *Fuchs*, AcP 196 (1996), 314 (327 f.); *Heinrich*, Formale Freiheit und materiale Gerechtigkeit, 53 f.

334 *Heiderhoff*, Grundstrukturen des nationalen und europäischen Verbrauchervertragsrechts, 308; *Canaris*, AcP 200 (2000), 273 ff.; *Drexl*, Die wirtschaftliche Selbstbestimmung des Verbrauchers, 294, für das deutsche Recht prägend *Flume*, AT, Bd. II, § 1, 7 (8); *Medicus/Petersen*, AT, § 17, Rn. 176 ff.

335 *Drexl*, Die wirtschaftliche Selbstbestimmung des Verbrauchers, 95 f.

336 Dazu *Samuelson/Nordhaus*, Volkswirtschaftslehre, 85 ff.

337 Abgekürzt REM. Die Annahme wird daher auch REM-Hypothese genannt. Im Englischen wird der Modellmensch als „resourceful, evaluating and maximizing man“ beschrieben, und daher als REMM abgekürzt. Zur REM-Hypothese *Schäfer/Ott*, Lehrbuch der ökonomischen Analyse des Zivilrechts, 95 ff.; *Berlemann*, Makroökonomik, 278; *Kowalewski*, Das Vorerwerbsrecht der Mutteraktionäre beim Börsengang einer Tochtergesellschaft, 81.

rein rationales Handeln nicht zulassen. Sie bleiben in der grafischen Anschauung unberücksichtigt, obwohl sie ein wesentlicher Grund für Verbraucherschutzinstrumente sein können. Hinsichtlich der Kompatibilität der neoklassischen Markttheorie mit dem Verbraucherschutzrecht ist auf die Einschätzung zur Preistheorie zu verweisen.[338]

II. Die Markttheorien des 20. Jahrhunderts

Auf Grundlage der klassischen Wirtschaftstheorien haben sich im Laufe des 20. Jahrhunderts mit der Entwicklung der Industriestaaten und Industriegesellschaften unterschiedliche Markttheorien entwickelt.

1. Die Wirtschaftsform des Laissez-faire

Zu Beginn des 20. Jahrhunderts war die Wirtschaftsform des *Laissez-faire* die vorherrschende Markttheorie. Basierend auf der von *Smith* entwickelten Theorie der „unsichtbaren Hand“ verstanden die Vertreter des *Laissez-faire* jedes staatliche Handeln, seien es auch nur ordnende Eingriffe in das Marktgeschehen, als Verbot und Widerspruch zu den Lehren *Smiths*. Entgegen der bei *Smith* noch sichernden Rolle des Staats kommt dem Staat im *Laissez-faire* keinerlei Bedeutung im Marktgeschehen zu. Vielmehr wird ein „ungezügelter Wirtschaftsliberalismus“ gefordert, wobei der Staat lediglich als Beobachter fungiert (sogenannter Nachtwächterstaat).[339] Für Verbraucherschutz ist in diesem Konzept kein Platz. Weil es der Wirtschaftsform des *Laissez-faire* nicht gelungen war, Vorschläge zur Verringerung sozialen Missstands vorzutragen, musste sich diese Markttheorie massiver Kritik stellen und wurde von der Politik nicht weiter aufgegriffen.

2. Marxistische Wirtschaftstheorie

Ausgehend von den klassischen Markttheorien stellte *Karl Marx* (1818–1883) eine grundlegende ökonomische Analyse der kapitalistischen Gesellschaft an. Dabei kritisierte er in seinem dreibändigen Hauptwerk „das Kapital“ die kapitalistischen Produktionsverhältnisse seiner Zeit.[340] Durch eine Analyse der Warenform, des Kapitals, des Geldes und der kapitalistischen Produktions- und Besitzverhältnisse kommt er zu dem Schluss, dass Waren nur aufgrund ihres Tauschwertes[341]

---

338 Sie unter § 3 B. I. 1.

339 Der Begriff Nachtwächterstaat wurde von Ferdinand Lassalle (1825–1864) geprägt, dazu *Kervégan* in Kervégan/Mohnhaupt (Hrsg.), Wirtschaft und Wirtschaftstheorien in Rechtsgeschichte und Philosophie, 307.

340 *Grossmann*, Marx, die klassische Nationalökonomie und das Problem der Dynamik, 20 ff.

341 Marx unterscheidet zwischen dem Gebrauchswert und dem Tauschwert einer Ware. Dabei ist unter einem Gebrauchswert die Nützlichkeit der Sache zu verstehen,

produziert werden und lediglich demjenigen zugutekommen, der das Privateigentum an den Produktionsmitteln innehat, somit den Produzenten. Diese ungerechte Verteilung könne nur mit der Erhebung der Arbeiterklasse beseitigt werden, die zum Ziel haben müsse, das Eigentum an den Produktionsmitteln vom Alleineigentum der Produzenten in Gesellschaftseigentum zu überführen.

Wettbewerb und ein Markt, der von Angebot und Nachfrage bestimmt ist, findet in dieser Wirtschaftstheorie nicht weiter statt. Verbraucherschutz erfolgt durch Verstaatlichung. Insgesamt passt diese Wirtschaftstheorie nicht mit dem anbieterorientierten Ansatz der EU zusammen.

3. Keynesianismus

Der Keynesianismus bildete sich in den Jahren der Weltwirtschaftskrise in den 30er Jahren des 20. Jahrhunderts aus. Sein Namensgeber *John Maynard Keynes* (1883–1946) sah die bestehende marktwirtschaftliche Ordnung, die dem Staat nur eine beobachtende Rolle zugestand, als nicht ausreichend an. Vielmehr müsse der Staat – insbesondere zu Zeiten einer Weltwirtschaftskrise – eine aktive Rolle übernehmen und fiskalpolitische Maßnahmen ergreifen, um eine instabile Nachfrage zu stärken.[342] Dazu sollte der Staat entweder auf seine Rücklagen zurückgreifen oder kurzfristig Schulden aufnehmen, die er beim nächsten Wirtschaftsaufschwung wieder zurückbezahlen kann. Nur wenn man die Nachfrage stabilisiere, könne man das Ziel der Vollbeschäftigung ansteuern und somit das Gesamtwohl der Gesellschaft steigern.[343] Eine Errichtung eines Verbraucherschutzrechts, das die Position des Verbrauchers auf dem Markt stärkt, ist aufgrund der aktiven Rolle des Staates gut mit der nachfrageorientierten Theorie *Keynes* vereinbar.

4. Wirtschaftsliberalismus bei *Hayek*

Die nachfrageorientierte Sichtweise des Keynesianismus auf das Marktgeschehen wurde von den liberalen Ökonomen, insbesondere von *Friedrich August von Hayek* (1899–1992), stark kritisiert. Nach *Hayek* stehen die Freiheit des Individuums und der Markt als „Korrektiv fehlenden Wissens“[344] im Zentrum. Der Markt verschaffe

---

wohingegen der Tauschwert nur einen abstrakten Wert verkörpert, der erst beim Tausch an Bedeutung gewinnt.

342 *Keynes*, Allgemeine Theorie der Beschäftigung, des Zinses und des Geldes, 20 ff.; *Stavenhagen*, Geschichte der Wirtschaftstheorie, 585; *Bartling/Luzius*, Grundzüge der Volkswirtschaftslehre 230 ff.

343 *Keynes*, Allgemeine Theorie der Beschäftigung, des Zinses und des Geldes, 206 ff.; *Ziegler*, Geschichte des ökonomischen Denkens, 115 f.; zur keynesianischen Theorie im Detail *Flaschel/Groh/Krolzig/Proano*, Keynesianische Makroökonomik, 73 ff.

344 *Hayek* beschreibt den Markt und den Wettbewerb selbst als „Entdeckungsverfahren“, vgl. *Hayek*, Der Wettbewerb als Entdeckungsverfahren, 249 (255 ff.); dazu *Lehmann*, JZ 1990, 61 (63 f.).

Informationen über die Reichweite des Angebots, sorge für eine angemessene Informationsverarbeitung und biete Anreize für ein den Informationen entsprechendes Handeln. Um die Freiheit des Einzelnen und die Funktionen des Markts zu garantieren, müsse der Staat sich zurückhalten und die Bedingungen für das Entstehen spontaner Ordnungen schaffen. Das vom Staat erlassene Recht soll die Freiheit sichern und die informationsgebende Funktion des Marktes unterstützen.[345] Die Einführung eines Verbraucherschutzrechts ist mit den Lehren *Hayeks* vereinbar, da der Staat nach seiner Vorstellung gleiche Bedingung für alle schaffen und die Information auch der Nachfrageseite fördern soll.[346] Festzuhalten bleibt aber auch, dass Hayek dabei von einem formellen Verständnis der Vertragsfreiheit ausgeht.

5. Die Chicago School

Bekannt wurde die Chicago School durch den Monetarismus von *Milton Friedman* in den 1960er und 1970er Jahren. Dieser entwickelte einen Gegenentwurf zum nachfrageorientierten Keynesianismus, wobei er die angebotsorientierten Wirtschaftskonzeptionen wieder aufgriff. Wie die neoklassische Wirtschaftstheorie ging auch *Friedman* von einem stabilen Wirtschaftskreislauf aus und lehnte grundsätzlich kurzfristige Eingriffe des Staates ab.[347] Als zentrales Instrument, das den Markt steuert, wird die Geldmenge angesehen.[348] Eine zu große Geldmenge im Marktkreislauf führe zu einer Inflation, eine zu geringe zur Deflation.

Die zweite Generation der Chicago School beschäftigte sich mit dem Wettbewerbsrecht, insbesondere dem Antitrust Law. Dabei gingen die Vertreter von drei Prämissen aus: *Erstens* verhalte sich der Einzelne rational und sei stets bemüht, seine Bedürfnisse zu befriedigen; *zweitens* reagiere der Einzelne auf Anreize durch den Preis; und *drittens* könnten Rechtsnormen und ihre Folge an ihrem Effizienzgehalt gemessen werden. Daraus folge, dass die Rechtsnormen möglichst hohe wirtschaftliche Effizienz anstreben sollten, der Staat das Marktgeschehen aber im Übrigen sich selbst regeln lassen sollte.[349] Auf dieser Grundlage entwickelten die Vertreter der Chicago School eine ökonomische Analyse des Rechts unter dem wirtschaftlichen Postulat der Effizienz, und verband somit Recht und Wirtschaft zu *law and economics*.[350] Es war unter anderem *Richard Posner*, der die ökonomische

---

345 Dazu *Drexl*, Die wirtschaftliche Selbstbestimmung des Verbrauchers, 100 f.

346 *Radnitzky*, ORDO 38 (1987), 47 (49).

347 *Ziegler*, Geschichte des ökonomischen Denkens, 122 (124); *Cezanne*, Allgemeine Volkswirtschaftslehre, 381 f.; *Köhler*, Geldwirtschaft, 357 f.

348 *Schlecht*, Grundlagen und Perspektiven der sozialen Marktwirtschaft, 99 f.; *Berlemann*, Makroökonomik, 328 f.

349 Zu den Grundlagen der Chicago School *Mercuro/Medema*, Economics and the Law, 102 f.

350 *Mercuro/Medema*, Economics and the Law, 97 f.; *Drexl*, Die wirtschaftliche Selbstbestimmung des Verbrauchers, 104 f.

Analyse auch auf andere Rechtsgebiete, beispielsweise das Familienrecht, ausweitete.[351]

Für Verbraucherschutzrecht ist dabei nur wenig Raum. Auch wenn die Vertreter der Chicago School mit dem Wettbewerbsrecht die Konsumentenwohlfahrt (*consumer welfare*) verbessern wollen, kann daraus noch nicht geschlossen werden, dass dies zum Zwecke des Verbraucherschutzes erfolgt. Ziel des Antitrust-Rechts ist vielmehr die Verbesserung der gesamtwirtschaftlichen Effizienz.[352] Die Interessen des Verbrauchers stünden dabei nicht primär im Mittelpunkt. Die Vertreter der Chicago School zeichnen sich durch einen anbieterorientierten Marktansatz aus, der an der formalen Privatautonomie festhält und mit dem Ziel der Effizienz vor allem private Unternehmen unterstützen möchte.

6. Der Ordoliberalismus

Der Ordoliberalismus der Freiburger Schule, für die *Walter Eucken* (1881–1950) maßgebliche Akzente setzte, entstand wie der Keynesianismus während der Weltwirtschaftskrise in den 30er Jahren des 20. Jahrhunderts.[353] Ausgangspunkt waren die schlechten Erfahrungen des *Laissez-faire*-Liberalismus im 19. Jahrhundert, der zu Monopolisierung und Wettbewerbsbeschränkung führte.

Eucken differenziert zwischen zentral geleiteter Wirtschaft und Verkehrswirtschaft, in der der Markt das Wirtschaften selbst koordiniere.[354] Vorzugswürdig sei eine Marktform der Verkehrswirtschaft, die sich durch eine vollständige Konkurrenz, d. h. durch Konkurrenz auf Angebots- und Nachfragerseite, auszeichnet.[355] Der Staat habe dabei die Aufgabe, nicht nur die notwendigen Voraussetzungen für eine freiheitliche und marktwirtschaftliche Wirtschaftsordnung zu schaffen, sondern vielmehr diese auch zu erhalten, indem er eine Rahmenordnung schafft und dadurch wirtschaftlicher Machtkonzentrationen verhindert.[356]

---

351 *Posner*, Economic Analysis of Law, 183 ff.; zur ökonomischen Analyse der Europäischen Vertragsrechtsentwicklung *Schmidtchen* in Eger/Schäfer (Hrsg.), Ökonomische Analyse der europäischen Zivilrechtsentwicklung, 11 ff.

352 *Drexl*, Die wirtschaftliche Selbstbestimmung des Verbrauchers, 105 f.

353 Der Ordoliberalismus wird auch als deutscher Neoliberalismus verstanden. Neoliberalismus bezeichnet das Wiederaufleben des Liberalismus in den 30er Jahren des 20. Jahrhunderts und vereint die verschiedenen Strömungen der Schulen. Eine Zuordnung und Abgrenzung der Schulen und Personen untereinander und zu den Wirtschaftstheorien ist zumeist umstritten und hier ohne Belang. Dem Ordoliberalismus liegt zudem dem Modell der Sozialen Marktwirtschaft zugrunde, das im Wesentlich auf *Ludwig Erhard* zurückgeht, dazu *Ptak*, Vom Ordoliberalismus zur sozialen Marktwirtschaft, 59 (60), der *Erhard* als „Vater der sozialen Marktwirtschaft" beschreibt.

354 *Eucken*, Die Grundlagen der Nationalökonomie, 78 ff.

355 *Drexl*, Die wirtschaftliche Selbstbestimmung des Verbrauchers, 109.

356 Näheres zur Rahmenordnung *Peters*, Wirtschaftspolitik, 151.

Der Ordoliberalismus steht ein für eine „Interdependenz der Ordnungen“[357] und ist damit mit einem Verbraucherschutzrecht sehr gut in Einklang zu bringen. Die Nachfragerseite in Form der Verbraucher muss in der Weise gestärkt werden, dass sie gegenüber der Angebotsseite konkurrenzfähig ist. Wichtiges Instrument hierfür kann die Vertragsfreiheit sein. Während die anderen Markttheorien stets von einem formellen Verständnis der Vertragsfreiheit ausgegangen sind, möchte *Eucken* die verschiedenen Positionen der Marktteilnehmer in ein Gleichgewicht bringen, womit er das Verständnis der Vertragsfreiheit materialisiert.[358]

III. Zwischenergebnis

Bei Betrachtung der unterschiedlichen Markttheorien wird deutlich, dass das Verbraucherschutzrecht in den modernen Markttheorien einen Platz findet. Diese Markttheorien entfernen sich von der Vorstellung eines perfekten Marktes und erkennen an, dass Marktungleichgewichte existieren und dadurch Schwächen der Wettbewerbsordnungen auftreten können, die der Staat durch regulierende Prinzipien beheben kann.[359] Allen modernen Markttheorien gemeinsam ist, dass das Recht so ausgestaltet werden muss, dass die Freiheit der Marktteilnehmer geschützt wird und ein freier und gerechter Wettbewerb herrschen kann. Es stellt sich die Frage, welche Möglichkeiten es gibt, Verbraucherschutz in ein Marktkonzept zu integrieren und welchen Weg die EU verfolgt. Darauf aufbauen knüpft die Frage an, wie das Recht nun ausgestaltet werden muss, um diesem Verbraucherschutzkonzept gerecht zu werden.

C. Verbraucherschutzkonzeptionen

Nachdem die Debatte der 1970er Jahre über das *Ob* eines Verbraucherschutzes überwunden worden war, stellte sich – und stellt sich auch heute noch – die Frage nach dem *Wie* der Ausgestaltung des Verbraucherschutzes. Die zahlreichen Verbraucherschutzkonzeptionen, die aus dieser wissenschaftlichen Diskussion erwachsen sind, können vereinfacht in zwei Gruppen eingeteilt werden: die Gruppe der Vertreter einer liberalen Verbraucherschutzkonzeption, die einem marktorientierten Informationsmodell folgt, und die Gruppe der Vertreter einer sozialen Verbraucherschutzkonzeption, die eine generelle Stärkung der Position der schwächeren Partei anstrebt.[360] Dabei ist man sich einig, dass ein Ungleichgewicht zwischen

357 *Nützenadel*, Stunde der Ökonomen, 193.

358 *Drexl*, Die wirtschaftliche Selbstbestimmung des Verbrauchers, 113; *Canaris*, AcP 200 (2000), 273 (277 ff.); *Reiner*, AcP 203 (2003), 1 (13 ff.).

359 *Fleischer*, Informationsasymmetrie im Vertragsrecht, 112.

360 Die Bezeichnung der zweiten Gruppe als „sozial“ darf nicht in der Art und Weise verstanden werden, dass die liberale Verbraucherschutzkonzeption nicht sozial ist. Der Begriff „sozial“ dient lediglich der vereinfachten Abgrenzung zum marktorientierten und liberalen Schutzmodell, wobei auf den Begriff „paternalistisch“

Verbraucher und Unternehmer gesetzgeberisch auszugleichen ist, um einen stabilen Markt wiederherzustellen.[361] Uneins ist man sich lediglich bezüglich des Weges, wobei verschiedene ökonomische Grundpositionen zugrunde gelegt werden.

I. Liberale Verbraucherschutzkonzeption

Die liberale Verbraucherschutzkonzeption verfolgt einen wirtschaftsliberalen Ansatz und basiert im Wesentlichen auf zwei Grundannahmen: *Erstens* wird davon ausgegangen, dass bei einem funktionierenden marktwirtschaftlichen Wettbewerb ein Markt existiert, der die Interessen des Verbrauchers am besten einbezieht. *Zweitens* wird vorausgesetzt, dass der Verbraucher grundsätzlich in der Lage ist, die Chancen, die sich auf dem Markt ergeben, seinen Bedürfnissen entsprechend zu nutzen.[362]

Ein freier Wettbewerb ist somit Grundvoraussetzung für ein auf der liberalen Verbraucherschutzkonzeption basierendes Verbraucherschutzrecht. Um einen freien Wettbewerb zu schaffen, sei dafür als erster Schritt ein funktionierendes Wettbewerbs- und Kartellrecht erforderlich, da dadurch der Wettbewerb gesichert werde und wettbewerbshindernde Zusammenschlüsse vermieden würden.[363] Der Verbraucher gelange auf diese Weise in die Position, am Marktgeschehen teilzunehmen und sich ein Produkt auszusuchen. Seine Kaufentscheidung beeinflusse, welche Produkte hergestellt werden, da der Unternehmer auf die Bedürfnisse auf dem Markt reagiere. Die liberale Verbraucherschutzkonzeption geht davon aus, dass der Verbraucher diese Ausgangslage für sich nutzen kann. Ihr liegt eine Vorstellung des rationalen Verbrauchers, eines *Homo oeconomicus,* zugrunde, der Informationen beschaffen und verstehen kann und der eine selbstverantwortliche Entscheidung treffen kann.[364] Der Verbraucher lenke als Souverän das Geschehen auf dem Markt.[365]

---

verzichtet werden soll, um bei der Darstellung der Konzeptionen wertungsneutral zu bleiben. Vgl. zur Benutzung der Abgrenzung sozial/liberal auch *Canaris*, AcP 200 (2002), 273 (289 ff.).

361 *Drexl*, Die wirtschaftliche Selbstbestimmung des Verbrauchers, 25.

362 *Drexl*, Die wirtschaftliche Selbstbestimmung des Verbrauchers, 26; *von Vogel*, Verbrauchervertragsrecht und allgemeines Vertragsrecht, 40.

363 *Grundmann*, JZ 2000, 1133 (1136), der insbesondere darauf hinweist, dass aus diesem Grund das Wettbewerbsrecht als einziges materielle Recht Einzug in die Gründungsverträge (heute Art. 101–106 AEUV) erhielt.

364 *Dauner-Lieb*, Verbraucherschutz durch Ausbildung eines Sonderprivatrechts für Verbraucher, 52 f.; aus ökonomischer Sicht *Erlei/Leschle/Sauerland*, Neue Institutionenökonomik, 2 ff.; *Wein* in Grundmann/Kerber/Weatherill, Party Autonomy and the Role of Information in the Internal Market, 80 ff.

365 *Grüner/Köhler*, Verbraucherschutz in der Marktwirtschaft, 12; *Dreher*, JZ 1997, 167 (177); *Jeschke*, Konsumentensouveränität in der Marktwirtschaft, 15 ff.; ausführlich *Dick*, Das Verbraucherleitbild in der Rechtsprechung, 13.

Die liberale Verbraucherschutzkonzeption verfolgt einen marktkomplementären Ansatz,[366] nach dem das Marktgeschehen als solches nicht berührt wird. Der Staat schafft lediglich Rahmenbedingungen für einen ausgewogenen Wettbewerb auf dem Markt.[367] Staatliche Eingriffe werden dagegen auf ein Mindestmaß reduziert und erfolgen nur dann, wenn ein Ungleichgewicht an Informationen, eine sogenannte Informationsasymmetrie, dazu führt, dass der Markt versagt.[368] Ein Marktversagen wird angenommen, wenn eine Vertragspartei nicht mehr oder nur mit unverhältnismäßig großem finanziellen Aufwand zu den benötigten Informationen gelangen kann.[369] Um dieses Ungleichgewicht auszugleichen, werden staatliche Interventionen in Form von verbraucherschützenden Regelungen erlaubt, die so geringfügig in das Marktgeschehen eingreifen wie eben möglich und dabei den Verbraucher nicht entmündigen, sondern ihm helfen, eine rationale Entscheidung zu treffen.[370] In erster Linie dienen dazu Informationspflichten als Schutzinstrument, da sie das Informationsdefizit des Verbrauchers gegenüber dem Unternehmer kompensieren,, aber die Wettbewerbsfreiheit des Unternehmers nur geringfügig beeinträchtigen.[371] Das Widerrufsrecht geht im Vergleich zu den Informationspflichten einen Schritt weiter und erlaubt dem Verbraucher, nach Vertragsschluss den Vertrag rückgängig zu machen. Es greift dadurch in das Marktgeschehen ein, da der Vertrag rückabgewickelt werden muss. Daher ist das Widerrufsrecht nicht von der reinen liberalen Verbraucherschutzkonzeption umfasst.[372]

II. Soziale Verbraucherschutzkonzeption

Die Vertreter der sozialen Verbraucherschutzkonzeption kritisieren die liberale Verbraucherschutzkonzeption in Bezug auf ihre beiden Grundannahmen: ein funktionierender Wettbewerb als am besten geeignete Marktform und der Verbraucher als rational denkender Mensch. Die Realität sähe ganz anders aus.[373] Die Vertreter dieser Konzeption gehen davon aus, dass der Verbraucher – selbst wenn

---

366 Der Begriff des marktkomplementären Ansatzes wurde maßgeblich geprägt von *Reich*, Markt und Recht, 198 ff.

367 *Grundmann*, JZ 2000, 1133 (1136); *von Vogel*, Verbrauchervertragsrecht und allgemeines Vertragsrecht, 40, der von Selbstheilungskräften des Marktes spricht.

368 *Fritsch*, Marktversagen und Wirtschaftspolitik, 278.

369 *Von Vogel*, Verbrauchervertragsrecht und allgemeines Vertragsrecht, 41.

370 *Rösler*, Europäisches Konsumentenprivatrecht, 140; *Fleischer*, ZEuP 2000, 772 (780 f.).

371 *Drexl*, Die wirtschaftliche Selbstbestimmung des Verbrauchers, 27; *von Vogel*, Verbrauchervertragsrecht und allgemeines Vertragsrecht, 41; *Dauner-Lieb*, Verbraucherschutz durch Ausbildung eines Sonderprivatrechts für Verbraucher, 69 f.; *Heiderhoff*, Grundstrukturen des nationalen und europäischen Verbrauchervertragsrechts, 266 ff.

372 So auch *Bydlinski*, System und Prinzipien des Privatrechts, 751 f.

373 *Reifner*, Alternatives Wirtschaftsrecht am Beispiel der Verbraucherverschuldung, 24 ff.; *Simitis*, Verbraucherschutz, Schlagwort oder Rechtsprinzip?, 108 ff.

er umfassend informiert ist, faktisch nicht in der Lage ist, sich ökonomisch vernünftig zu verhalten. Ihm fehle vor allem aufgrund geschäftlicher Unerfahrenheit die Möglichkeit, Informationen so zu verarbeiten, dass sie zu wirtschaftlich vertretbaren Entscheidungen führen.[374] Daraus folge, dass Informationspflichten – selbst wenn sie von einer unabhängigen Drittinstitution durchgeführt würden – ungeeignet sind, um die typische Unterlegenheit des Verbrauchers auszugleichen.[375] Vorgeschlagen werden verschiedene Lösungsansätze, um den Verbraucher ausreichend zu schützen.

Simitis geht von der These aus, dass die Hersteller- und Verbraucherinteressen durch die technische Entwicklung und der damit einhergehende Produktionsüberschuss nicht mehr in einem Gleichgewicht stehen. Dies führe dazu, dass der Verbraucher mehr Schutz benötigt als die schlichte Bereitstellung von Informationen und die Einführung von Widerrufsrechten. Solche Schutzinstrumente seien nicht effektiv und nur als Abwehrrecht auf ein situatives strukturelles Marktungleichgewicht geeignet.[376] Er spricht sich daher für ein gestaltendes Verbraucherschutzrecht aus, bei dem der Gesetzgeber durch konkrete gesetzliche Regelungen den Spielraum der Hersteller einengt und die Stellung der Verbraucher verbessert.

Reifner fordert eine Anpassung der Zivilrechtsordnung, indem mehr auf die tatsächliche Position von Unternehmer und Verbraucher im Wirtschaftsgeschehen abgestellt wird und Verbraucherinteressen stärker Berücksichtigung finden.[377] Als ersten Schritt schlägt er eine soziale Auslegung der existierenden Rechtsnormen vor. Dies könne insbesondere dadurch erreicht werden, dass Generalklauseln so ausgelegt und soziale Rechtsinstitute wie die Störung der Geschäftsgrundlage so angewandt werden, dass die soziale Rücksichtnahme in den Vordergrund rückt und die schwächeren Marktteilnehmer stärker geschützt werden.[378] Darüber hinaus müssten Ausnahmevorschriften zur Regel gemacht werden.

Auch *Reich* spricht sich für eine Zivilrechtsdogmatik aus, die den Verbraucher stärker berücksichtigt, und schlägt eine Dreiteilung des Vermögensrechts in Unternehmerrecht, Verbraucherrecht und Bürgerrecht vor.[379] Im Verbraucherrecht könne wegen des Ungleichgewichts zwischen Unternehmer und Verbraucher das Prinzip der formalen Privatautonomie nicht gelten. Vielmehr müsste im Verbraucherrecht das Verhältnis von zwingendem und dispositivem Recht umgekehrt

374 *Reich*, Markt und Recht, 183.
375 *Simitis*, Verbraucherschutz, Schlagwort oder Rechtsprinzip?, 118 ff.
376 *Simitis*, Verbraucherschutz, Schlagwort oder Rechtsprinzip?, 150 f, der in diesem Zusammenhang von einer „polizeilichen Funktion" des Verbraucherrechts spricht.
377 *Reifner*, Alternatives Wirtschaftsrecht am Beispiel der Verbraucherverschuldung, 80.
378 *Reifner*, Alternatives Wirtschaftsrecht am Beispiel der Verbraucherverschuldung, 92 ff.
379 *Reich*, ZRP 1974, 187 (188). So auch *Westermann*, Verbraucherschutz, 10, der als marktkompensatorische Maßnahmen Formvorschriften, zwingende Einzelnormen inhaltlicher Art, ein kurzfristiges und grundloses Widerrufsrecht sowie ein Recht zu nachträglichen einseitigen Vertragsänderungen nennt.

werden, und Regelungen, die die schwächere Partei schützen, aber als Ausnahme im Zivilrecht verankert sind, als Ausdruck eines sozialstaatlichen Zivilrechts verallgemeinert werden.[380] Darüber hinaus solle eine stärkere Preis-, Werbe- und AGB-Kontrolle eingeführt werden und die Verbraucher sollen durch Information, Förderung von Verbraucherverbänden und Verbesserung des gerichtlichen Individualschutzes gestärkt werden.[381]

Die Lösungsansätze der Vertreter der sozialen Verbraucherschutzkonzeption zeigen, dass sie den Verbraucher als strukturell unterlegenen Marktteilnehmer ansehen. Anders als die liberale Verbraucherschutzkonzeption, die so wenig wie möglich von außen in das Marktgeschehen eingreifen möchte, setzen die Vertreter der sozialen Verbraucherschutzkonzeption bewusst bei der Gestaltung des Rechts, etwa durch Einführung von Verbotsgesetzen oder eine soziale Auslegung bestehender Normen zugunsten des Verbrauchers, an. Informationspflichten und die Einführung eines Widerrufsrechts reichen den Vertretern der sozialen Verbraucherschutzkonzeption nicht aus. Fraglich ist, wie sich die europäische Verbraucherschutzkonzeption in die Konzeptionen einordnen lässt.

III. Europäische Verbraucherschutzkonzeption

Die Europäische Union hat sich nicht von Anfang an auf eine Verbraucherschutzkonzeption festgelegt. Vielmehr entwickelte sich nach und nach ein eigenes Modell, welches sich von den mitgliedstaatlichen Verbraucherschutzkonzeptionen unterschied.[382]

Der Europäischen Union liegt ein marktbezogener Ansatz zugrunde; bereits die Gründungsverträge benennen in ihrer Präambel eine beständige Wirtschaftsausweitung, einen ausgewogenen Handelsverkehr und einen redlichen Wettbewerb als Ziel der Gemeinschaften.[383] Ausgangspunkt für ein Verbraucherschutzkonzept der Europäischen Union ist demnach das in Abschnitt I dargestellte marktorientierte liberale Verbraucherschutzkonzept, welches sich auch für einen freien Wettbewerb ausspricht.

Hierfür spricht zudem, dass basierend auf den verbraucherpolitischen Programmen der Jahre 1975[384] und 1981[385] und der *Cassis-de-Dijon*-Rechtsprechung[386] des EuGH eine Reihe von verbraucherschützenden Richtlinien erlassen wurden, die im Kern den Schutz durch Informationspflichten zum Gegenstand haben, wodurch

380 *Reich*, ZRP 1974, 187 (189).

381 *Reich*, Markt und Recht, 221 ff.; Reich, ZRP 1974, 187 (192 f.).

382 Die deutsche Verbraucherschutzkonzeption ging zu der Zeit noch von einem unerfahrenen Verbraucher aus und ist eher der sozialen Verbraucherschutzkonzeption einzuordnen.

383 *Körber*, Grundfreiheiten und Privatrecht, 11 ff. Näheres siehe unter § 3 A.

384 Erstes Verbraucherschutzprogramm, ABl. EG Nr. C 92 vom 25. April 1975.

385 Zweites Verbraucherschutzprogramm, ABl. EG Nr. C 133 vom 3. Juni 1981.

386 EuGH, Urteil v. 20. Februar 1979, Rs. C-120/78 – Cassis de Dijon, Slg. 1979, 649.

die europäische Verbraucherschutzkonzeption in der Literatur als „Informationsmodell" bezeichnet wird.[387] Die Information des Verbrauchers stellt somit das primäre Mittel und zugleich das erstrebenswerte Ziel des Verbraucherschutzes auf europäische Ebene dar.[388]

Als Grund für die Etablierung von Informationsvorschriften ist vor allem auch die große Konsensfähigkeit zu nennen. Im Ergebnis widerspricht keine Verbraucherschutzkonzeption der Tatsache, dass zulasten der Verbraucher in typischen Situationen eine Informationsasymmetrie besteht. Eine Beseitigung dieses Ungleichgewichts durch die Festschreibung von Informationspflichten stellt zwar einen Eingriff in die Selbstbestimmung des Unternehmers dar. Dieser wird jedoch allgemein als geringfügig und damit hinnehmbar empfunden.[389]

Die europäischen verbraucherschützenden Richtlinien enthalten allerdings nicht nur Informationspflichten, sondern schützen die Verbraucher auch durch ein Widerrufsrecht, welches dem Verbraucher erlaubt, sich nach dem wirksamen Abschluss eines Vertrags ohne Angabe von Gründen innerhalb einer bestimmten Frist von dem Vertrag wieder zu lösen. Der Vertrag ist sodann rückabzuwickeln. Damit ist die europäische Verbraucherschutzkonzeption weiter zu verstehen als die liberale Verbraucherschutzkonzeption, da erstere mit dem Widerrufsrecht auch Schutzinstrumente umfasst, die in das Marktgeschehen eingreifen und den Unternehmer zur Rückabwicklung eines Vertrages zwingen. Sie ist aber nicht der sozialen Verbraucherschutzkonzeption zuzuordnen, da mit der Einführung des Widerrufsrechts weiterhin ein freier und ausgeglichener Wettbewerb und nicht eine Gestaltung des Rechts bezweckt wird, die zu einer einseitigen Begünstigung des Verbrauchers führt. Denn das Widerrufsrecht ist Teil einer material verstandenen Privatautonomie.[390] Danach wird ein Marktgleichgewicht angenommen, wenn jede Vertragspartei in der Lage ist, eine wirtschaftlich selbstbestimmte

---

387 *Von Vogel*, Verbrauchervertragsrecht und allgemeines Vertragsrecht, 43; *Körber*, Grundfreiheiten und Privatrecht, 16; *Reich/Micklitz*, Europäisches Verbraucherrecht, 23, die den Begriff „Informationsparadigma" verwenden; *Heiderhoff*, Grundstrukturen des nationalen und europäischen Verbrauchervertragsrechts, 366 ff., die das europäische Verbraucherschutzkonzept als Informationsprinzip bezeichnet; *Angermann*, Die Verletzung vertragsschlussbezogener Informationspflichten des Europäischen Privatrechts, 83.

388 *Fleischer*, ZEuP 2000, 772 (781 ff.).

389 *Heiderhoff*, Grundstrukturen des nationalen und europäischen Verbrauchervertragsrechts, 366 f.; Grundmann, JZ 2000, 1133 (1143); *Kroll-Ludwigs*, ZEuP 2010, 509 (523); *Martinek* in Grundmann (Hrsg.), Systembildung und Systemlücken in Kerngebieten des Europäischen Privatrechts, 511 (520); für das Widerrufsrecht auch *Riesenhuber*, System und Prinzipien des Europäischen Vertragsrechts, 559.

390 *Heiderhoff*, Grundstrukturen des nationalen und europäischen Verbrauchervertragsrechts, 308; *Canaris*, AcP 200 (2000), 273 ff.; *Drexl*, Die wirtschaftliche Selbstbestimmung des Verbrauchers, 294.

Willenserklärung abzugeben.[391] Das Widerrufsrecht bietet dem Verbraucher die Möglichkeit, sich in Situationen, in denen ihm Zeit zur Informationsverarbeitung fehlt, nach Vertragsschluss noch einmal die Bedeutung des Vertragsabschlusses bewusst zu werden und informiert eine zweite Entscheidung zu fällen.[392] Auf diese Weise ermöglicht das Widerrufsrecht eine selbstverantwortliche Entscheidung beider Marktakteure.[393]

Darüber hinaus stellt die Einräumung eines Widerrufsrechts einen geringeren Eingriff des Gesetzgebers gegenüber denjenigen Vorschriften dar, die den Inhalt gestalten, eine Form vorschreiben oder gar ein Verbot aussprechen.[394] Auch wenn die Widerrufsvorschriften zwingenden Charakter haben und daher nicht durch die beiden Vertragspartner abbedungen werden können, berühren sie nicht den Inhalt des Vertrages, sondern fordern in Ausnahmesituationen eine Umorganisierung der Geschäfte des Unternehmers. Die Möglichkeit der Widerrufsausübung des Verbrauchers kann im Geschäftsablauf des Unternehmers Berücksichtigung finden.

Folglich lässt sich das Rechtsinstitut des Widerrufsrechts dem wirtschaftsorientierten Ansatz der europäischen Verbraucherschutzkonzeption zuordnen, das auf die Informiertheit des Verbrauchers abzielt. Dennoch bleibt zu berücksichtigen, dass aufgrund des marktorientierten Ansatzes der europäischen Verbraucherschutzkonzeption nicht die Position des Verbrauchers generell gestärkt, sondern die Interessen von Verbraucher und Unternehmer gerecht ausgeglichen werden sollen.

IV. Zwischenergebnis

Auf europäischer Ebene hat sich ein eigenes Verbraucherschutzkonzept entwickelt, das sich insgesamt am liberalen Verbraucherschutzkonzept orientiert, allerdings die Informationspflichten insbesondere durch das Widerrufsrecht ergänzt. Mit den Informationspflichten kann die Position des Verbrauchers gestärkt werden, ohne dass allzu sehr in das Marktgeschehen eingegriffen wird. Die Etablierung des Widerrufsrechts ist diesbezüglich als eine Fortentwicklung der Verbraucherschutzkonzeption anzusehen. Es baut auf der Informationsgabe auf und geht in

391 *Reiner*, AcP 203 (2003), 1 (8); *Riesenhuber*, System und Prinzipien des Europäischen Vertragsrechts, 344.

392 *Enders*, Neuerungen im Recht der Verbaucherdarlehensverträge, 82 f; *Riesenhuber*, EU-Vertragsrecht, § 8, Rn. 4; *Reiner*, AcP 203 (2003), 1 (9), der darauf hinweist, dass „der Verbraucher nicht etwa deshalb widerrufen darf, weil er seinen Willen zu einem geringeren Maße in den Vertrag einbringen konnte als der Unternehmer, sondern weil er seinen Willen nicht ausreichend bilden konnte".

393 Zum Prinzip der Selbstverantwortung *Riesenhuber* in Riesenhuber (Hrsg.), Das Prinzip der Selbstverantwortung, § 1, 1 ff.; *Müller-Graff* in Riesenhuber (Hrsg.), Das Prinzip der Selbstverantwortung, § 7, 140 f.

394 *Canaris*, AcP 202 (2002), 273 (345); *Riesenhuber* in Riesenhuber (Hrsg.), Das Prinzip der Selbstverantwortung, § 10, 236.

einem weiteren Schritt darüber hinaus, indem es dem Verbraucher erlaubt, nach sorgfältiger Informationsverarbeitung sich von dem Vertrag zu lösen. Es bleibt die Frage offen, wie das Widerrufsrecht genau ausgestaltet werden muss, um die Position des Verbrauchers derart zu stärken, dass auch er gleichberechtigt am Marktgeschehen teilnehmen kann, ohne dabei allerdings allzu sehr ins Marktgeschehen einzugreifen.

D. Schutzkonzeptionen im Acquis communautaire

Auf der Grundlage der verbraucherpolitischen Programme in den Jahren 1975 und 1981, die das Recht des Verbrauchers auf Information festgeschrieben haben,[395] hat der europäische Gesetzgeber mehrere verbraucherschützende Richtlinien erlassen. Eine Harmonisierung fand zunächst sektorspezifisch und ohne gegenseitige Abstimmung statt. Es entstand ein europäisches Vertragsrecht, das sich durch eine „Inselbildung“[396] auszeichnete und dem es an Kohärenz und Systematik fehlte.[397] Um dieser Entwicklung entgegenzuwirken, wurden einzelne Richtlinien – darunter auch die Verbraucherkreditrichtlinie – überarbeitet und versucht, verschiedene Sektoren in ein horizontales Regelwerk zu überführen.

Im Folgenden sollen die jeweiligen Ausgestaltungen des Widerrufsrechts im europäischen Vertragsrecht dargestellt und Gemeinsamkeiten und Unterschiede hervorgehoben werden. Widerrufsrechte finden sich in der Fernabsatzrichtlinie für Finanzdienstleistungen, in der Verbraucherrechterichtlinie und in der Timesharing-Richtlinie. Darüber hinaus enthält der Entwurf des Gemeinsamen Referenzrahmens eine Widerrufsrechtsvorschrift. Einen eigenen Weg im Hinblick auf das Widerrufsrecht geht schließlich die Wohnimmobilienkreditrichtlinie.[398]

I. Fernabsatzrichtlinie für Finanzdienstleistungen

Am 23. September 2002 wurde speziell für den Fernabsatz von Finanzdienstleistungen die Fernabsatzrichtlinie für Finanzdienstleistungen verabschiedet. Sie konnte von den Erfahrungen der Fernabsatzrichtlinie von 1997 profitieren und den Verbraucherschutz für die Absatzform des Fernabsatzes ausbauen.

1. Anwendungsbereich

Die Fernabsatzrichtlinie für Finanzdienstleistungen regelt in persönlicher Hinsicht Vertragsabschlüsse über Finanzdienstleistungen, die mittels Fernabsatz zwischen

---

395 Siehe unter § 3 A. I.

396 *Rittner*, JZ 1995, 849 (851 f.); *Pfeiffer*, NJW 2012, 2609 (2610); *Schulze/Zoll*, Europäisches Vertragsrecht, § 1, Rn. 33.

397 *Staudenmayer*, EuZW 2001, 485 (487); Aktionsplan KOM(2003) 68 endg. mit dem Titel: „Ein kohärenteres europäisches Vertragsrecht“.

398 Siehe unter § 3 D. V.

einem Verbraucher und einem Unternehmer, der in der Fernabsatzrichtlinie für Finanzdienstleistungen als *Anbieter* bezeichnet wird, abgeschlossen werden. Die Abgrenzung der Akteure erfolgt anhand der Zweckrichtung ihrer Tätigkeit.[399]

In sachlicher Hinsicht sind Verträge über eine Finanzdienstleistung betroffen, die im Wege eines speziell für den Fernabsatz organisierten Vertriebs- oder Dienstleistungssystems abgeschlossen werden. Unter den Begriff der Finanzdienstleistung fallen jegliche Bankdienstleistungen und Dienstleistungen im Zusammenhang mit Kreditaufnahme, Versicherung, Altersvorsorge, Geldanlage und Zahlungen einer Einzelperson (Art. 2 b) FARLF).[400]

Für den Abschluss im Wege des Fernabsatzes ist gem. Art. 2 lit. a) FARLF das Kriterium der Abwesenheit der beiden Vertragsparteien bei Vertragsschluss und dessen Anbahnung sowie das Kriterium der ausschließlichen Verwendung eines Fernkommunikationsmittels maßgeblich.[401] Dabei erstrecken sich die beiden Kriterien auf die gesamte Zeitspanne von der Vertragsanbahnung bis zum Vertragsschluss.

2. Schutzinstrumente

Da sich die besondere Schutzbedürftigkeit des Verbrauchers insbesondere daraus ergibt, dass der Verbraucher keinen direkten Kontakt zu seinem Vertragspartner hat und diesen daher nicht einschätzen kann, und damit die Informationsbeschaffung und -erhaltung schwieriger ist als bei einem direkten Dienstleistungsvertrag, wird der Verbraucher durch umfangreiche Informationspflichten und ein Widerrufsrecht geschützt.[402]

Der Verbraucher muss vor Vertragsschluss über die wesentlichen Vertragseigenschaften und insbesondere auch über das Widerrufsrecht unterrichtet werden.[403] Eine Bestätigung der vorvertraglichen Informationspflichten bei Vertragsschluss, wie es die Fernabsatzrichtlinie vorsah und auch die Verbraucherrechterichtlinie

---

399 Damit wurde der persönliche Anwendungsbereich an die vorangegangenen verbraucherschützenden Richtlinien angelehnt, was eine Verwendung unterschiedlicher Begriffe für den Unternehmer infrage stellt.

400 *Härting/Schirmbacher*, CR 2002, 809 (810); Dauses/Ludwigs/*Micklitz/Rott*, Handbuch des EU-Wirtschaftsrechts, H. V., Rn. 405. Zum Begriff der Finanzdienstleistung im Richtlinienvorschlag von 1998 *Riesenhuber*, WM 1999, 1441 (1443).

401 Für die Fernabsatzrichtlinie *von Vogel*, Verbrauchervertragsrecht und allgemeines Vertragsrecht, 75; *Reich*, EuZW 1997, 581 (582); *Bodewig*, DZWir 1997, 447 (448); *Micklitz*, EuZW 2001, 133 (134); *Finke*, Der Fernabsatz von Finanzdienstleistungen an Verbraucher, 32 ff.

402 *Büßer*, Das Widerrufsrecht des Verbrauchers, 51; *Angermann*, Die Verletzung vertragsschlussbezogener Informationspflichten des Europäischen Privatrechts, 105; *Finke*, Der Fernabsatz von Finanzdienstleistungen an Verbraucher, 41 ff.

403 *Sever*, Kreditwesen 2002, 58 (59 f.); *Hadding*, ÖBA 2001, 105 (108 f.); *Felke/Jordans*, WM 2004, 166 (167).

übernommen hat, erfolgt bei der Fernabsatzrichtlinie für Finanzdienstleistungen nicht. Dies ist auch nicht nötig, da die Informationen bereits vor Vertragsschluss dem Verbraucher in Papierform oder auf einem dauerhaften Datenträger vorlagen.

Das Widerrufsrecht beträgt gem. Art. 6 Abs. 1 FARLF 14 Kalendertage (bei Lebensversicherungen und Altersvorsorge sogar 30 Kalendertage) ab Vertragsschluss oder mit Erhalt der Vertragsbedingungen bzw. der vorvertraglichen Informationen.[404] Die Frist gilt gem. Art. 6 Abs. 6 FARLF als gewahrt, wenn der Verbraucher die Mitteilung vor Fristablauf absendet. Unterrichtet der Anbieter den Verbraucher nicht über das Widerrufsrecht, fängt die Widerrufsfrist nicht zu laufen an.[405] Eine absolute Widerrufsfrist ist nicht geregelt.

Die Fernabsatzrichtlinie für Finanzdienstleistungen bestimmt zudem die Pflichten des Anbieters und des Verbrauchers im Fall des Widerrufs. Mit Erhalt der Mitteilung über die Ausübung des Widerrufsrechts erstattet der Anbieter dem Verbraucher gem. Art. 7 Abs. 4 FARLF unverzüglich und spätestens binnen 30 Kalendertagen jeden Betrag, den er von dem Verbraucher nach dem Fernabsatzvertrag erhalten hat. Da der Verbraucher die Dienstleistung des Anbieters nicht zurückgeben kann, hat er gem. Art. 7 Abs. 1 FARLF unverzüglich für die vom Anbieter nach dem Fernabsatzvertrag tatsächlich erbrachte Dienstleistung zu zahlen. Dabei muss der zu zahlende Betrag dem Anteil der bereits erbrachten Dienstleistung im Vergleich zum Gesamtumfang der im Fernabsatzvertrag vorgesehenen Dienstleistung entsprechen und darf nicht einer Strafzahlung gleichkommen.[406]

Der Verbraucher ist vor einer solchen Teilzahlung jedoch gem. Art. 7 Abs. 3 FARLF insoweit geschützt, dass der Anbieter mit der Erfüllung des Vertrags erst nach der Zustimmung des Verbrauchers beginnen darf. Holt er die Zustimmung des Verbrauchers nicht ein oder unterrichtet er den Verbraucher nicht vor Vertragsschluss über den Betrag für Dienstleistungen, die vor Ablauf der Widerrufsfrist erbracht werden, darf der Anbieter den Betrag vom Verbraucher nicht verlangen.

Damit wurde die Pflicht, den Verbraucher zu informieren, derart mit dem Widerrufsrecht verknüpft, dass es als Sanktionsmittel für die Nichtausübung der Informationspflicht dient. Darüber hinaus wird dem Verbraucher durch die Zustimmungspflicht ein Teil des wirtschaftlichen Risikos übertragen. Er muss die selbstverantwortliche Entscheidung treffen, ob er lieber das für ihn kostenlose Recht auf Widerruf aufrechterhalten oder die sofortige Dienstleistung in Anspruch nehmen möchte, die er trotz Widerruf dann anteilig vergüten muss.[407] Schließlich

404 Zu berücksichtigen sind insbesondere die Ausnahmen eines Widerrufsrechts bei Finanzdienstleistungen, die aus Schwankungen auf dem Finanzmarkt, kurzer Vertragslaufzeit oder anderweitigen Schutzmechanismen wie Versicherungen herrühren. Vgl. dazu Dauses/Ludwigs/*Micklitz/Rott*, Handbuch des EU-Wirtschaftsrechts, H. V., Rn. 424.

405 *Felke/Jordans*, WM 2004, 166 (169); *Hudding*, ÖBA 2001, 105 (108).

406 Dauses/Ludwigs/*Micklitz/Rott*, Handbuch des EU-Wirtschaftsrechts, H. V., Rn. 427.

407 *Heiderhoff*, Europäisches Privatrecht, § 6, Rn. 325.

regelt die Fernabsatzrichtlinie für Finanzdienstleistungen gem. Art. 6 Abs. 7 FARLF einen Widerrufsdurchgriff auf Kreditverträge bzw. auf weitere Fernabsatzverträge, die auf einer Vereinbarung zwischen den Anbietern basieren.[408]

Damit orientieren sich die Vorschriften der Fernabsatzrichtlinie für Finanzdienstleistungen stark an der europäischen Verbraucherschutzkonzeption[409] und setzen auf Information und Selbstverantwortung statt auf Beschränkung des Distanzhandels. Insgesamt erkennt der europäische Gesetzgeber, dass der Fernabsatz für den Verbraucher neue Möglichkeiten schafft und fördert eine verstärkte Zuhilfenahme von modernen Vertriebsarten.[410]

II. Verbraucherrechterichtlinie

Die Verbraucherrechterichtlinie wurde am 25. Oktober 2011 nach etwa dreijähriger Gesetzgebungsgeschichte verabschiedet und ist am 12. Dezember 2011 in Kraft getreten. Nachdem die Kommission zunächst acht verbraucherschützende Richtlinien[411] vereinheitlichen wollte, hat sich der Anwendungsbereich der Verbraucherrechterichtlinie letztendlich auf Geschäfte, die außerhalb von Geschäftsräumen oder im Fernabsatz geschlossen werden, reduziert. Die Haustürgeschäfterichtlinie von 1985 und die Fernabsatzrichtlinie von 1997 werden durch die Verbraucherrechterichtlinie aufgehoben und sind daher nicht länger eigenständiger Teil des Acquis communautaire. Sie werden im Laufe der vorliegenden Arbeit daher nur noch ergänzend herangezogen.

Von Anfang an war es das Ziel der Verbraucherrechterichtlinie, einerseits den Acquis communautaire zu systematisieren und dabei Unstimmigkeiten zu beseitigen sowie Teilaspekte zu modernisieren, und andererseits den Harmonisierungsansatz der Vollharmonisierung einzuführen.[412]

1. Anwendungsbereich

Der Richtlinienvorschlag ist auf die Harmonisierung von Rechtsvorschriften zum Schutz der Verbraucher beim Abschluss von Verträgen zwischen Unternehmern und Verbrauchern begrenzt, die entweder im Fernabsatz oder außerhalb von Geschäftsräumen abgeschlossen werden.

---

408 *Hadding*, ÖBA 2001, 105 (110).

409 Vgl. § 3 C. III.

410 Erwägungsgrund 3 der Fernabsatzrichtlinie für Finanzdienstleistungen. Zu der Fernabsatzrichtlinie *von Vogel*, Verbrauchervertragsrecht und allgemeines Vertragsrecht, 73 f.; *Grundmann*, Europäisches Schuldvertragsrecht, 2.02, Rn. 7; *Kammerer*, Harmonisierung des Verbraucherrechts in Europa, 23.

411 Grünbuch: Die Überprüfung des gemeinschaftlichen Besitzstands im Verbraucherschutz vom 8. Februar 2007, KOM(2006) 744 endg., 3.

412 *Unger*, ZEuP 2012, 270 (272); *Grundmann*, JZ 2013, 53 (54).

a. Persönlicher Anwendungsbereich

Während der Unternehmer im Entwurf der Verbraucherrechterichtlinie von 2008 noch in Anlehnung an die Haustürgeschäfterichtlinie als Gewerbetreibender bezeichnet wurde,[413] verwendet der endgültige Richtlinientext die Begrifflichkeit des Unternehmers. Danach bezeichnet der Begriff Unternehmer jede natürliche oder juristischen Person, die zu Zwecken tätig wird, die ihrer gewerblichen, geschäftlichen, handwerklichen oder beruflichen Tätigkeit zugerechnet werden können (Art. 2 Nr. 2 VRRL). Dabei ist es nicht entscheidend, ob die juristische Person öffentlicher oder privater Natur ist und ob die Person selbst den Vertrag abschließt oder sich vertreten lässt. Damit übernimmt die Verbraucherrechterichtlinie die Begriffsbestimmungen aus der Haustürgeschäfterichtlinie und der Fernabsatzrichtlinie, die den Unternehmer ebenfalls nach der Zweckrichtung seiner Tätigkeit bestimmen.[414] Neu aufgeführt wird das Merkmal *handwerklich*, sodass jede Person, die eine handwerkliche Arbeit anbietet, die unter den sachlichen Anwendungsbereich fällt, als Unternehmer anzusehen ist. Die Ergänzung des Unternehmerbegriffs stellt jedoch lediglich eine Präzisierung dar, da Handwerkertätigkeiten in den in der Richtlinie vorgesehenen Absatzformen regelmäßig als berufliche Tätigkeit anzusehen sind.[415]

Art. 2 Nr. 1 VRRL definiert den Verbraucher als jede natürliche Person, die bei von dieser Richtlinie erfassten Verträgen zu Zwecken handelt, die außerhalb ihrer gewerblichen, geschäftlichen, handwerklichen oder beruflichen Tätigkeit liegen. Die Verbraucherrechterichtlinie führt damit den engen Verbraucherbegriff fort, der sich in den meisten verbraucherschützenden Richtlinien etabliert hat.[416] Die negative Abgrenzung in der Verbraucherdefinition wird um die geschäftlichen und handwerklichen Tätigkeiten ergänzt, was angesichts der spiegelbildlichen Definition des Verbrauchers zum Unternehmer konsequent ist. Neu ist, dass die Verbraucherrechterichtlinie eine Abgrenzungshilfe für Verträge vorsieht, die teilweise für gewerbliche und teilweise für nichtgewerbliche Zwecke abgeschlossen werden. Nach Erwägungsgrund 17 der Verbraucherrechterichtlinie soll der Käufer/Dienstleistungsnehmer als Verbraucher betrachtet werden, wenn der gewerbliche Zweck im Gesamtzusammenhang nicht überwiegt.[417]

b. Sachlicher Anwendungsbereich

In sachlicher Hinsicht gilt die Verbraucherrechterichtlinie für jegliche Verträge, die zwischen einem Unternehmer und einem Verbraucher im Fernabsatz oder

---

413 Art. 2 Abs. 2 des Vorschlages für eine Richtlinie des Europäischen Parlaments und des Rates über Rechte der Verbraucher vom 8. Oktober 2008, KOM(2008) 614 endg.

414 *Von Vogel*, Verbrauchervertragsrecht und allgemeines Vertragsrecht, 10 f.

415 *Grundmann*, JZ 2013, 53 (55), *Koch*, JZ 2014, 758 (759).

416 Dauses/Ludwigs/*Micklitz/Rott*, Handbuch des EU-Wirtschaftsrechts, H. V., Rn. 209;

417 Dazu mehr unter § 4 B. II. 1. a. cc. (3).

außerhalb von Geschäftsräumen abgeschlossen werden. Während der sachliche Anwendungsbereich beim Fernabsatz weitgehend beibehalten wurde, werden die Haustürsituationen im Vergleich zur Haustürgeschäfterichtlinie deutlich ausgeweitet.[418] Einbezogen werden gem. Art. 2 Nr. 8 VRRL alle Verträge, die unter gleichzeitiger körperlicher Anwesenheit beider Vertragspartner außerhalb von Geschäftsräumen geschlossen werden und solche Verträge, die zwar bei gleichzeitiger Anwesenheit im Geschäft abgeschlossen werden, bei denen der Verbraucher aber zuvor außerhalb des Geschäfts angesprochen wurde. Dabei ist lediglich wichtig, dass die Willenserklärung des Verbrauchers außerhalb der Geschäftsräume des Gewerbetreibenden abgegeben wird.[419]

Die Verbraucherrechterichtlinie nimmt in Art. 3 Abs. 3 VRRL u.a. Finanzdienstleistungen, Immobilienverträge und Notarverträge aus dem Anwendungsbereich aus.[420] Dies ist konsequent, da es entweder zu den speziellen Verträgen bereits rechtsangleichende Richtlinien gibt oder die Verträge des hohen Verbraucherschutzniveaus nicht bedürfen. Überraschend ist jedoch die Herausnahme der Verträge, die gem. Art. 3 Abs. 3 lit. i) VRRL vor einem öffentlichen Amtsträger geschlossen werden. Der Schutz der Haustürgeschäfterichtlinie war gerade in den sog. Schrottimmobilienfällen, in denen Verbraucher in einer Haustürsituation zum Erwerb einer Immobilie oder zum Beitritt zu einem geschlossenen Immobilienfonds gedrängt wurden,[421] von großer Bedeutung. Die Notartermine fanden häufig im engen zeitlichen Zusammenhang mit dem Haustürgeschäft statt, sodass eine ausreichende Bedenkzeit nicht bestand. Weder war sichergestellt, dass die Verbraucher im Vorfeld alle nötigen Informationen hatten noch, dass sie vor dem Notartermin ausreichend Zeit für eine selbstbestimmte Entscheidung hatten. Die Mitwirkung eines Notars muss in Situationen psychischen Drucks und Überrumpelung nicht stets ein Äquivalent zum Widerrufsrecht sein.[422] Es bleibt zu hoffen, dass die Mitgliedstaaten die Verbraucher bei Notarverträgen unter einen der Richtlinie vergleichbaren Schutz stellen.

2. Schutzinstrumente

Die Verbraucherrechterichtlinie sieht im Wesentlichen Informationspflichten, Formvorschriften und ein Widerrufsrecht als Schutzinstrumente für den Verbraucher vor. Im Folgenden soll sich die Untersuchung auf das Widerrufsrecht und die

418 *Grundmann*, JZ 2013, 53 (56); Dauses/Ludwigs/*Micklitz/Rott*, Handbuch des EU-Wirtschaftsrechts, H. V., Rn. 218; 240.

419 *Effer-Uhe/Watson*, GPR 2009, 7 (9); Dauses/Ludwigs/*Micklitz/Rott*, Handbuch des EU-Wirtschaftsrechts, H. V., Rn. 240.

420 *Stabentheiner/Cap*, ÖJZ 2011, 1045 (1053 f.).

421 Siehe zu den Schrottimmobilienfällen unter § 4 B. II. 1. d.; § 4 D. IV.3.

422 So auch *Grundmann*, JZ 2013, 53 (57).

Informationspflichten konzentrieren, die im Zusammenhang mit dem Widerrufsrecht stehen.

a. Informationspflichten

Die Verbraucherrechterichtlinie stellt in Art. 6 VRRL einen Katalog vorvertraglicher Informationspflichten zusammen, die für Fernabsatzverträge und Verträge, die außerhalb von Geschäftsräumen geschlossen werden, gleichermaßen gelten. Damit werden beide Absatzformen auf die gleiche Stufe gestellt.[423]

Zu den Informationspflichten gehören Angaben zu den wesentlichen Merkmalen des Produkts, die Anschrift und Identität des Unternehmers, Preis, Zahlungs- und Lieferungsmodalitäten sowie das Bestehen und die Modalitäten eines Widerrufsrechts.[424] Die Mitgliedstaaten können lediglich weitergehende Vorschriften zu sprachlichen Anforderungen einführen oder beibehalten.[425]

Neben dem schlichten Bestehen eines Widerrufsrechts muss der Unternehmer den Verbraucher über die Bedingungen, die Widerrufsfrist und die Art und Weise der Ausübung des Widerrufsrechts sowie über das Muster-Widerrufsformular gem. Anhang I Teil B informieren. Darüber hinaus muss er nach Art. 16 VRRL über die Kostenpflicht der Rücksendung der Ware und die Möglichkeit anfallender Kosten bei Beginn der Ausführung einer Dienstleistung sowie über das Bestehen einer Ausnahme vom Widerrufsrecht unterrichtet werden. Zur Erleichterung für die Widerrufsbelehrung wird dem Unternehmer in Annex I (A) eine Muster-Widerrufsbelehrung zur Verfügung gestellt. Der Unternehmer ist nicht verpflichtet, die Muster-Widerrufsbelehrung in Anspruch zu nehmen.[426] Gem. Art. 6 Abs. 4 VRRL ist die Informationspflicht des Unternehmers jedoch erfüllt, wenn der Unternehmer das Informationsformular zutreffend ausgefüllt dem Verbraucher übermittelt hat, sodass die Verwendung dem Unternehmer Sicherheit über die Vollständigkeit der Widerrufsbelehrung gibt.

Alle Informationen nach Art. 6 Abs. 1 VRRL werden mit Abschluss des Vertrags fester Bestandteil des Vertrags, unabhängig davon, ob der Unternehmer sie vor Vertragsschluss ausgehändigt hat oder nicht (Art. 6 Abs. 5 VRRL).[427] Sie dürfen nur geändert werden, wenn die Vertragsparteien dies ausdrücklich vereinbaren. Dabei obliegt dem Unternehmer die Beweislast. Diese Regelung führt zu

---

423 *Micklitz/Reich*, EuZW 2009, 279 (284).

424 *Weatherill*, EU Consumer Law and Policy, 112; Dauses/Ludwigs/*Micklitz/Rott*, Handbuch des EU-Wirtschaftsrechts, H. V., Rn. 220. Zu einzelnen Informationspflichten im Kommissionsentwurf der Verbraucherrechterichtlinie *Dehn* in Jud/Wendehorst (Hrsg.), Neuordnung des Verbraucherprivatrechts in Europa?, 55 ff.; *Nordhausen Scholes* in Howells/Schulze (Hrsg.), Modernising and Harmonising Consumer Contract Law, 218, die die Unterschiede zu den zugrunde liegenden Richtlinien aufzeigt.

425 Kritisch *Hall/Howells/Watson*, ERCL 2012, 139 (147).

426 *Koch*, JZ 2014, 758 (759 f.).

427 *Grundmann*, JZ 2013, 53 (58).

mehr Rechtssicherheit, denn für beide Vertragsparteien ist unabhängig von der tatsächlichen Ausübung der Informationspflicht ermittelbar, was Vertragsbestandteil geworden ist.

Als Sanktion für Fehler bei der Widerrufsbelehrung sieht die Verbraucherrechterichtlinie in Art. 10 VRRL eine Verlängerung des Widerrufsrechts vor. Danach läuft die Widerrufsfrist gem. Art. 10 Abs. 1 VRRL erst zwölf Monate nach Ablauf der ursprünglichen Widerrufsfrist ab, wenn der Unternehmer den Verbraucher nicht gem. Art. 6 Abs. 1 lit. h VRRL über sein Widerrufsrecht belehrt hat. Erteilt der Unternehmer dem Verbraucher die relevanten Informationen zum Widerrufsrecht erst innerhalb von 12 Monaten, endet die Widerrufsfrist gem. Art. 10 Abs. 2 VRRL 14 Tage nach dem Tag, an dem der Verbraucher diese Informationen erhalten hat. Kommt der Unternehmer seine Informationspflicht über zusätzliche und sonstige Kosten, wie beispielsweise über die Rücksendekosten, nicht nach, muss der Verbraucher diese gem. Art. 6 Abs. 6 VRRL nicht entrichten.

Zu Recht wird kritisiert, dass die Verbraucherrechterichtlinie die Rechtsfolgen bei fehlerhafter Information nicht geregelt hat und damit den Mitgliedstaaten überlässt.[428] Im Entwurf der Verbraucherrechterichtlinie hatte die Kommission noch die Nichtigkeit für den Fall vorgesehen, dass der Verbraucher das Bestellformular mit den vorvertraglichen Informationspflichten nicht erhält oder unterschreibt. Die Rechtsfolge der Nichtigkeit hätte jedoch dazu geführt, dass dem Verbraucher u.U. ein gewollter Vertragsschluss verwehrt geworden wäre. Dies hätte einen massiven Eingriff in die Vertragsfreiheit beider Vertragspartner dargestellt. Vorzugswürdig und weniger eingreifend im Sinne der europäischen Verbraucherschutzkonzeption ist es, die Nichteinhaltung der Informationspflichten über vertragliche Rechtsbehelfe abzuwickeln.[429] Hier käme wie bei der Widerrufsbelehrung die Verlängerung der Widerrufsfrist in Betracht.

b. Widerrufsrecht

Das Widerrufsrecht ist in der Verbraucherrechterichtlinie für Verträge, die außerhalb von Geschäftsräumen geschlossen werden, und für Fernabsatzverträge zusammen geregelt. Dies sorgt für eine größere Harmonisierung der Vorschriften. Denn auf diese Weise konnten Unterschiede in den einzelnen Regelungen überdacht und ggf. zusammen angepasst werden. So wird die Widerrufsfrist, innerhalb der der

---

428 *Grundmann*, JZ 2013, 53 (58); *Hall/Howells/Watson*, ERCL 2012, 139 (151 ff.); *Unger*, ZEuP 2012, 270 (285 f.); *Grigoleit* in Eidenmüller/Faust/Grigoleit/Jansen/Wagner/Zimmermann (Hrsg.), Revision des Verbraucher-*acquis*, 250 ff.

429 *Nordhausen Scholes* in Howells/Schulze (Hrsg.), Modernising and Harmonising Consumer Contract Law, 228.

Verbraucher den Vertrag ohne Angabe von Gründen und kostenfrei widerrufen darf, gem. Art. 9 Abs. 1 VRRL einheitlich auf 14 Tage gesetzt.[430] Der Fristbeginn wird nicht länger anhand der Abschlusssituation, sondern nunmehr anhand des Vertragstyps differenziert. Bei Dienstleistungsverträgen beginnt die Widerrufsfrist gem. Art. 9 Abs. 2 lit. a) VRRL 14 Tage ab dem Tag des Vertragsschlusses und bei Kaufverträgen gem. Art. 9 Abs. 2 lit. b) VRRL 14 Tage ab dem Tag, an dem der Verbraucher den physischen Besitz der Ware erhält. Für Verträge über die Bereitstellung von Wasser, Gas, Elektrizität und Fernwärme gilt gem. Art. 9 Abs. 2 lit. c) VRRL der Tag des Vertragsschlusses.

Diese Vorschrift zeigt, inwieweit der europäische Gesetzgeber die Widerrufsrechtsbestimmungen in der Verbraucherrechterichtlinie auf der Basis der beiden zugrundeliegenden Richtlinien zusammengefasst und weiterentwickelt hat. Bereits die Fernabsatzrichtlinie differenzierte in Art. 6 Abs. 1 FARL nach Waren und Dienstleistungen. Allerdings knüpft Art. 9 Abs. 2 lit. b) VRRL nicht wie Art. 6 Abs. 1 FARL zusätzlich an den Erhalt der vorvertraglichen Informationspflichten an. Da der Beginn der Widerrufsfrist zudem weder auf den Vertragsschluss noch wie in Art. 5 Abs. 1 HGRL auf die Widerrufsbelehrung Bezug nimmt, besteht die Möglichkeit, dass eine Widerrufsfrist bei einem Kaufvertrag zu laufen beginnt, ohne dass der Verbraucher überhaupt Kenntnis von dem Widerrufsrecht hat.[431] Insgesamt ist es als positiv zu bewerten, dass die Verbraucherrechterichtlinie gemeinsame Anknüpfungspunkte für Haustürgeschäfte und Fernabsatzgeschäfte bestimmt.[432] Allerdings wäre es wünschenswert gewesen, wenn der Fristbeginn zusätzlich an den Erhalt der Informationen aus Art. 6 VRRL, insbesondere an die Widerrufsbelehrung, geknüpft worden wäre.

Zudem ist zu beachten, dass sich die Widerrufsfrist gem. Art. 10 Abs. 1 VRRL um zwölf Monate verlängert, wenn der Unternehmer nicht über das Widerrufsrecht aufgeklärt hat. Damit folgt die Verbraucherrechterichtlinie – anders als zuvor der Kommissionsvorschlag, der eine absolute Widerrufsfrist von sechs Monaten vorsah[433] – zu Recht den Vorschlägen der Acquis-Prinzipien und des Entwurfs eines

430 *Unger*, ZEuP 2012, 270 (288 ff.); *Grundmann*, JZ 2013, 53 (59 f.); *Hall/Howells/Watson*, ERCL 2012, 139 (154 ff.). Zum Kommissionsvorschlag *Tacou*, ZRP 2009, 140 (141); *Effer-Uhe/Watson*, GPR 2009, 7 (11).

431 Zu der Schwierigkeit der Bestimmung der Bezugspunkte im Kommissionsentwurf *Howells/Schulze* in Howells/Schulze (Hrsg.), Modernising and Harmonising Consumer Contract Law, 16; *Effer-Uhe/Watson*, GPR 2009, 7 (11); *Micklitz/Reich*, EuZW 2009, 279 (284); *Loos* in Howells/Schulze (Hrsg.), Modernising and Harmonising Consumer Contract Law, 254 f.

432 *Loos* in Howells/Schulze (Hrsg.), Modernising and Harmonising Consumer Contract Law, 254 f.

433 Kritisch *Micklitz/Reich*, EuZW 2009, 279 (284), die sich bzgl. des Kommissionsentwurfs auf den Vorschlag der Acquis-Prinzipien und des Entwurfs eines Gemeinsamen Referenzrahmens einer absoluten Frist von einem Jahr stützen.

Gemeinsamen Referenzrahmens.[434] Bei einer kürzeren Frist besteht die Gefahr, dass die Unternehmer bewusst gegen Belehrungspflichten bzgl. des Widerrufsrechts verstoßen und dann auf schnelle Vertragsabwicklung drängen.[435]

Darüber hinaus lässt die Verbraucherrechterichtlinie die Hamilton-Rechtsprechung des EuGH[436] unberücksichtigt,[437] nach der ein Mitgliedstaat eine Regelung aufrechterhalten kann, nach der ein Widerrufsrecht auch bei fehlerhafter Widerrufsbelehrung ein Monat nach vollständiger Erfüllung beider Seiten erlischt.[438] Auch wenn bei Dienstleistungen, mit denen während der Widerrufsfrist bereits begonnen wird, der Verbraucher gem. Art. 13 Abs. 3 VRRL verpflichtet ist, den Unternehmer abhängig vom Umfang seiner Leistung zu vergüten, kann der Unternehmer dies nur nach entsprechendem ausdrücklichen Verlangen des Verbrauchers fordern. Der Verbraucher kann damit auch nach vollständiger Erfüllung der Verpflichtungen beider Vertragsparteien bis maximal zwölf Monate nach regulärem Fristbeginn den Vertrag widerrufen, sofern er nicht belehrt wurde. Dies führt zu einer Vereinfachung der Rechtslage und damit zu einer Stärkung des Rechtsschutzes. Die Vertragsparteien können regelmäßig den genauen Zeitpunkt der Erfüllung nicht genau bestimmen und wären sich über den Ablauf der verlängerten Widerrufsfrist unsicher.

Zur Ausübung des Widerrufsrechts erklärt der Verbraucher dem Unternehmer vor Ablauf der Widerrufsfrist durch das Muster-Widerrufsformular in Annex I (B) oder in einer selbst entworfenen Erklärung den Widerruf. Von einem Formerfordernis der Widerrufserklärung hat der europäische Gesetzgeber Abstand genommen. Damit hat er die Voraussetzungen zur Ausübung des Widerrufsrechts zugunsten des Verbraucherschutzes auf ein Mindestmaß gehalten, damit die Anforderungen den Verbraucher nicht von der Ausübung seines Widerrufsrechts abhalten.

Fraglich ist, wie sich die Risikoverteilung bei der Widerrufserklärung ausgestaltet. Die Verbraucherrechterichtlinie regelt die Wirksamkeit der Widerrufserklärung nicht, sodass sich diese Frage nach den mitgliedstaatlichen Rechtsordnungen richtet. Im deutschen Recht ist für die Wirksamkeit der Widerrufserklärung – wie für andere Willenserklärungen auch – gem. § 130 Abs. 1 BGB der Zugang der Erklärung entscheidend.[439] Das Risiko des Abhandenkommens liegt somit beim Absender der Erklärung, also beim Verbraucher.[440] Davon zu unterscheiden ist jedoch der Zeitpunkt der Fristwahrung. Im Allgemeinen ist für die Fristwahrung

434 Art. II.–5:103 Abs. 3 DCFR; Art. 2:207 Abs. 1; 5:103 Abs. 1 ACQP.
435 *Ebers*, VuR 2008, 268 (270).
436 EuGH, Urteil v. 10. April 2008, Rs. C-412/06 – Hamilton, NJW 2008, 1865–1867.
437 Kritisch bereits *Micklitz/Reich*, EuZW 2009, 279 (284).
438 EuGH, Urteil v. 10. April 2008, Rs. C-412/06 – Hamilton, NJW 2008, 1865–1867.
439 *Wolf/Neuner*, AT, § 33, Rn. 10 ff.; Bamberger/Roth/*Wendtland*, § 130, Rn. 5; Staudinger/*Singer/Benedict*, § 130, Rn. 36.
440 Bamberger/Roth/*Grothe*, § 355, Rn. 13; MüKo/*Fritsche*, § 355, Rn. 48; Staudinger/*Kaiser*, § 355, Rn. 24.

nach deutschem Recht ebenfalls der Zugang der Erklärung innerhalb der Frist maßgeblich.[441] Die Verbraucherrechterichtlinie sieht allerdings für die Rechtzeitigkeit der Widerrufserklärung eine Erleichterung vor. Für die Einhaltung der Frist genügt es dabei gem. Art. 11 Abs. 2 VRRL, wenn die Erklärung vor Ablauf der Widerrufsfrist abgesandt wird. Damit trägt der Unternehmer das Verzögerungsrisiko der Widerrufserklärung.[442]

Die Beweislast der Widerrufsausübung legt die Verbraucherrechterichtlinie gem. Art. 11 Abs. 4 VRRL dem Verbraucher auf. In der Praxis wird es für den Verbraucher schwer nachzuweisen sein, dass der Unternehmer die Widerrufserklärung erhalten hat. Der Unternehmer muss den Erhalt der Widerrufserklärung nicht bestätigen, sodass der Verbraucher von dem Verlust seiner Widerrufserklärung keine Kenntnis erhält. Der Verbraucher wird davor gem. Art. 11 Abs. 3 VRRL nur bei im Internet abgeschlossenen Fernabsatzverträgen geschützt, bei denen der Unternehmer dem Verbraucher die Möglichkeit einräumt, den Widerruf mithilfe eines elektronischen Muster-Widerrufsformulars auszuüben. In diesen Fällen ist der Unternehmer verpflichtet, den Eingang des Widerrufs unverzüglich per E-Mail zu bestätigen.

Fraglich ist, ob für den Widerruf auch eine bloße Rücksendung der Ware ausreicht. Dies sieht der Entwurf eines Gemeinsamen Referenzrahmens in Art. II.–5:102 DCFR und die Acquis-Prinzipien in Art. 5:102 ACQP vor und auch im deutschen Recht war dies bis zur Umsetzung der Verbraucherrechterichtlinie im Juni 2014 möglich.[443] Nach § 355 Abs. 1 S. 2 BGB a. F. musste der Widerruf keine Begründung enthalten und war in Textform oder durch Rücksendung der Sache innerhalb der Widerrufsfrist gegenüber dem Unternehmer zu erklären.

Obwohl die Allgemeine Ausrichtung zur Verbraucherrechterichtlinie vom 10. Oktober 2010 in Erwägungsgrund 28 noch ausdrücklich erwähnt hat, dass unter eine eindeutige Erklärung auch die Rücksendung der Ware fallen kann,[444] verlangt die Verbraucherrechterichtlinie in Art. 11 Abs. 1 lit. b) VRRL eine dem

---

441 HK-BGB/*Dörner*, § 130, Rn. 6.

442 *Loos* in Howells/Schulze, Moderinising and Harmonising Consumer Contract Law, 265.

443 Art. II.–5:102 DCFR; Art. 5:102 ACQP; *Loos* in Howells/Schulze (Hrsg.), Modernising and Harmonising Consumer Contract Law, 262; vgl. zu den Acquis-Prinzipien *Mogelvang-Hasen/Terryn/Schulze* in Research Group on the Existing EC Private Law (Acquis Group), Contract II, Art. 5:102, Rn. 8 ff., die einen sogenannten „tacit withdrawal" aus dem Sinn und Zweck eines Widerrufsrechts herleiten. Für den Verbraucher kann die schlichte Rücksendung einfacher sein und der Gewerbetreibende wird in seinen Interessen nicht beeinträchtigt, da er die bloße Rücksendung von anderen Rechtsbehelfen unterscheiden kann. Zum deutschen Recht Bamberger/Roth/*Grothe*, § 355, Rn. 12; MüKo/*Fritsche*, § 355, Rn. 41; Palandt/*Grüneberg*, § 355, Rn. 5; Staudinger/*Kaiser*, § 355, Rn. 35.

444 Vorschlages für eine Richtlinie des Europäischen Parlaments und des Rates über Rechte der Verbraucher – Allgemeine Ausrichtung (Dok. 16933/10).

Muster-Widerrufsformular entsprechende Erklärung, aus der der Entschluss zum Widerruf des Vertrags eindeutig hervorgeht. Aus Erwägungsgrund 44 der Verbraucherrechterichtlinie ergibt sich, dass die Anforderung im Hinblick auf die Rücksendung der Ware nur in Begleitung einer deutlichen Erklärung erfüllt wird. Mit dieser Regelung stärkt die Verbraucherrechterichtlinie die Rechtssicherheit. Der Verbraucher kann mit der bloßen Rücksendung auch andere Ziele, wie beispielsweise ein mangelbedingtes Nacherfüllungsverlangen, verfolgen.[445] Der europäische Gesetzgeber wollte daher Klarheit für den Unternehmer schaffen, von welchem Recht der Verbraucher Gebrauch macht. Dies führt jedoch zu dem ungerechten Ergebnis, dass ein Widerruf dann nicht wirksam ist, wenn eine fristgerecht versendete Widerrufserklärung verloren geht, die Ware dem Unternehmer jedoch zugeht.[446]

Die Verbraucherrechterichtlinie sieht umfangreiche Regelungen zu den Rechtsfolgen eines Widerrufs vor. Nach Art. 12 VRRL enden mit Widerruf die Verpflichtungen der Vertragsparteien auf Erfüllung oder Abschluss des Vertrags. Die Pflichten der Vertragspartner werden jeweils einzeln in einem gesonderten Artikel aufgeführt und sind inzwischen angeglichen worden. Während der Unternehmer sich in Art. 16 Abs. 1 des Kommissionsentwurfs zur Verbraucherrechterichtlinie mit der Rückzahlung der von dem Verbraucher gezahlten Leistung bis zu 30 Tage nach Eingang der Widerrufserklärung Zeit lassen konnte, muss die Rückzahlung nun gem. Art. 13 Abs. 1 VRRL unverzüglich und darf nicht später als 14 Tage erfolgen. Dafür hat der Unternehmer gem. Art. 13 Abs. 3 VRRL bei einem Kaufvertrag ein Zurückbehaltungsrecht bis Wiedererlangung der Ware oder Nachweis der Rücksendung, wenn er nicht angeboten hat, die Ware selbst abzuholen.[447]

Der Verbraucher hat gem. Art. 14 Abs. 1 VRRL dem Unternehmer die bereits erhaltende Ware unverzüglich und in jedem Fall binnen 14 Tage nach Absendung der Widerrufserklärung zurückzuschicken. Anders als noch die Fernabsatzrichtlinie, die die Entscheidung, die Rücksendekosten dem Verbraucher aufzuerlegen, gem. Art. 6 Abs. 1 FARL den Mitgliedstaaten überließ, regelt die Verbraucherrechterichtlinie in Art. 14 Abs. 1 UAbs. 2 VRRL, dass der Verbraucher nur die unmittelbaren Kosten für die Rücksendung zu tragen hat, es sei denn, er wird vom Unternehmer nicht über die Kostentragungspflicht informiert. Die Hinsendekosten trägt damit grundsätzlich der Unternehmer, es sei denn, der Verbraucher hat eine vom Unternehmer angebotene teurere als die kostengünstige Standardlieferung gewählt. Dann muss der Verbraucher nach Art. 13 Abs. 2 VRRL die Differenz übernehmen.

Ferner regelt die Verbraucherrechterichtlinie in Art. 14 Abs. 2 VRRL die Wertersatzpflicht des Verbrauchers. Während die Fernabsatzrichtlinie in Art. 6 Abs. 1 FARL bestimmte, dass den Verbraucher keine Strafzahlungen infolge des Widerrufs

---

445 *Unger*, ZEuP 2012, 270 (289).
446 *Effer-Uhe/Watson*, GPR 2009, 7 (12).
447 *Föhlisch*, MMR 2009, 75 (78).

treffen sollten, hat der Verbraucher nach Art. 14 Abs. 2 VRRL Wertersatz zu leisten, wenn die Ingebrauchnahme der Ware über eine Prüfung der Eigenschaften und des Funktionierens hinausgeht.[448] Der Wertersatz entfällt, wenn der Unternehmer den Verbraucher nicht ordnungsgemäß über sein Widerrufsrecht informiert hat.[449]

Im Hinblick auf die Regelung des Widerrufsrechts bei Dienstleistungsverträgen, mit dessen Durchführung nach ausdrücklichem Verlangen des Verbrauchers bereits während der Widerrufsfrist begonnen wird, orientiert sich die Verbraucherrechterichtlinie in Art. 14 Abs. 3 und 4 VRRL an der Fernabsatzrichtlinie (Art. 6 Abs. 3 FARL) und vor allem an der Fernabsatzrichtlinie für Finanzdienstleistungen (Art. 7 FARLF). Der Verbraucher kann den Dienstleistungsvertrag – wenn er dem Beginn der Erbringung der Dienstleistung explizit zugestimmt hat – nur bis zur vollständigen Erbringung der Dienstleistung widerrufen.[450] Dann zahlt der Verbraucher gem. Art. 14 Abs. 3 S. 1 VRRL den Betrag, der entsprechend des Umfangs der bereits verrichteten Dienstleistung zum Zeitpunkt der Widerrufserklärung in Bezug auf den vertraglich vereinbarten Preis angefallen ist. Diese Zahlung entfällt, wenn der Unternehmer den Verbraucher nicht über die Bedingungen, Fristen und Verfahren des Widerrufsrechts, einschließlich der Pflicht zur Ersatzleistung informiert hat, oder wenn der Verbraucher die Ausführung vor Ende der Widerrufsfrist gar nicht wollte oder diesem Vorgehen zugestimmt hat. Mit dieser Regelung schafft die Verbraucherrechterichtlinie einen gerechten Ausgleich zwischen den Verbraucher- und Unternehmerinteressen.[451]

Schließlich regelt die Verbraucherrechterichtlinie die Auswirkungen des Widerrufsrechts auf verbundene Verträge und die Ausnahmen vom Widerrufsrecht. Dabei beschränkt sich die Verbraucherrechterichtlinie in Art. 15 VRRL auf die Maßgabe, dass akzessorische Verträge bei Widerruf eines im Fernabsatz oder außerhalb von Geschäftsräumen geschlossenen Vertrags unbeschadet von Art. 15 VKRL 2008 automatisch ohne Auferlegung von Kosten mit beendet werden. Im Übrigen wird die Ausgestaltung den Mitgliedstaaten überlassen.[452]

Insgesamt werden die Verbraucherschutzmaßnahmen der Verbraucherrechterichtlinie mit der absoluten Widerrufsfrist von 12 Monaten, der kurzen 14-tägigen Rückgabepflicht, der einheitlichen Auferlegung der Rücksendekosten und der Festschreibung einer Wertersatzpflicht im Vergleich zu den zugrundeliegenden Richtlinien konkretisiert und zugunsten des Unternehmers eingeschränkt.[453]

---

448 Kritisch *Hall/Howells/Watson*, ERCL 2012, 139 (160), die wegen der Beweislast der Verschlechterung in der Praxis den Mehrwert für den Unternehmer als unsicher einschätzen.

449 Zur Wertersatzpflicht siehe unter § 4 D. II. 3.

450 *Unger*, ZEuP 2012, 270 (296).

451 *Micklitz/Reich*, EuZW 2009, 279 (284).

452 *Micklitz/Reich*, EuZW 2009, 279 (284); *Howells/Schulze* in Howells/Schulze (Hrsg.), Modernising and Harmonising Consumer Contract Law, 11.

453 *Tacou*, ZRP 2009, 140 (141); *Micklitz/Reich*, EuZW 2009, 279 (284).

III. Timesharing-Richtlinie

Am 14. Januar 2009 wurde die überarbeitete Timesharing-Richtlinie verabschiedet, die den Schutz beim Erwerb, Wiederverkauf und Tausch eines Teilzeitnutzungsrechts an einer oder mehrerer Immobilien oder an einem sonstigen langfristigen Urlaubsprodukt zum Ziel hat.

1. Anwendungsbereich

Die Timesharing-Richtlinie von 2009 erfasst Verträge, die zwischen einem Gewerbetreibenden und einem Erwerber geschlossen werden. Maßgebend für den persönlichen Anwendungsbereich ist hier wiederum der Zweck des Handelns innerhalb oder außerhalb der Berufsausübung. In sachlicher Hinsicht stellt ein Teilzeitnutzungsvertrag einen Vertrag mit einer Laufzeit von mehr als einem Jahr dar, mit dem der Verbraucher gegen Entgelt das Recht erwirbt, eine oder mehrere Übernachtungsunterkünfte für mehr als einen Nutzungszeitraum zu nutzen.[454] Damit wurde die Mindestlaufzeit des Teilzeitnutzungsvertrags von drei Jahren auf ein Jahr verkürzt.[455] Der Unterschied zwischen einem Teilzeitnutzungsvertrag und einem Vertrag über ein langfristiges Urlaubsprodukt besteht darin, dass der Verbraucher durch einen Vertrag über ein langfristiges Urlaubsprodukt gegen Entgelt in erster Linie das Recht auf Preisnachlässe oder sonstige Vergünstigungen in Bezug auf eine Unterkunft erwirbt, und zwar unabhängig davon, ob damit Reiseleistungen oder sonstige Leistungen verbunden sind.

Zusätzlich in den sachlichen Anwendungsbereich aufgenommen wurden der Wiederverkaufsvertrag und der Tauschvertrag.[456] Bei einem Wiederverkaufsvertrag hilft der Gewerbetreibende dem Verbraucher gegen ein Entgelt, ein Teilzeitnutzungsrecht oder ein langfristiges Urlaubsprodukt zu erwerben oder zu veräußern. Ein Tauschvertrag stellt demgegenüber gem. Art. 2 Abs. 1 lit. d) TSRL 2009 einen Vertrag dar, der dem Verbraucher gegen Entrichtung eines Entgelts zum Eintritt in ein Tauschsystem verhilft und dabei dem Verbraucher den Zugang zu einer Übernachtungsmöglichkeit oder einer anderen Leistung im Tausch gegen Bereitstellung dieser Vorzüge an andere Personen ermöglicht. Folglich wurde der Anwendungsbereich an die rasante Entwicklung der Branche angepasst.[457]

2. Schutzinstrumente

Die Timesharing-Richtlinie von 2009 sieht wie ihre Vorgängerregelung insbesondere umfangreiche Informationspflichten und eine detaillierte Ausgestaltung des

---

454 Zu den unterschiedlichen juristischen Konstruktionsmöglichkeiten des Timesharings *Martinek*, ZEuP 1994, 470 (479 ff.).

455 Dauses/Ludwigs/*Micklitz/Rott*, Handbuch des EU-Wirtschaftsrechts, H. V., Rn. 379.

456 Zu den Vorgaben für den Tauschvertrag *Friesen*, EuZW 2015, 381 (382).

457 Erwägungsgrund 1 der Timesharing-Richtlinie 2009.

Widerrufsrechts vor.[458] Bereits vor Vertragsschluss wird der Verkäufer angehalten, jedem Kaufinteressenten ein die wesentlichen Angaben umfassendes Formblatt zur Verfügung zu stellen. Für das Widerrufsrecht hat er zudem ein gesondertes Formblatt auszuhändigen, das auf das Bestehen des Widerrufsrechts, die Widerrufsfrist sowie auf das während der Widerrufsfrist geltende Anzahlungsverbot nach Art. 9 TSRL 2009 aufmerksam macht. Diese Angaben unterliegen der Schriftform.[459] Darüber hinaus ist der Unternehmer verpflichtet, dem Verbraucher eine an den Wohnsitz oder die Staatsangehörigkeit gekoppelte Übersetzung dieser Informationen und des Vertrags auszuhändigen.

Neben den Informationspflichten der Art. 3 und 4 TSRL 2009 steht das Widerrufsrecht als weiteres Schutzinstrument im Mittelpunkt der Richtlinie.[460] Gem. Art. 6 TSRL 2009 kann der Verbraucher den Vertrag innerhalb von 14 Kalendertagen ab Vertragsschluss oder Erhalt der Vertragsurkunde ohne Angabe von Gründen widerrufen. Das Widerrufsrecht verlängert sich auf drei Monate und 14 Tage, wenn dem Verbraucher die vorvertraglichen Informationen, einschließlich des anwendbaren Formblatts, nicht in Papierform oder auf einem anderen dauerhaften Datenträger ausgehändigt werden. Es verlängert sich auf ein Jahr und 14 Kalendertage, wenn der Unternehmer dem Verbraucher nicht das gesonderte Formblatt nach Art. 5 Abs. 4 TSRL 2009 aushändigt und damit nicht über sein Widerrufsrecht, die Widerrufsfrist sowie auf das während der Widerrufsfrist geltende Anzahlungsverbot informiert.[461]

Art. 9 Abs. 1 TSRL 2009 sieht ein Anzahlungsverbot während der Widerrufsfrist vor. Dadurch wird die Widerrufsrechtsausübung für den Verbraucher erleichtert, da die Leistungen regelmäßig noch nicht erbracht sind und daher nicht rückabgewickelt werden müssen. Der Verbraucher kann unabhängig von etwaigen Schwierigkeiten einer Rückabwicklung seine Bedenkzeit wahrnehmen und wird dadurch zusätzlich geschützt. Daneben wird das Widerrufsrecht durch eine weite Regelung zur Beendigung akzessorischer Verträge (Art. 11 TSRL 2009) verstärkt.[462]

---

458 Zum Umfang der Schutzinstrumente der Timesharing-Richtlinie 1994 *Reich/Micklitz*, Europäisches Verbraucherrecht, 709 f.; *von Vogel*, Verbrauchervertragsrecht und allgemeines Vertragsrecht, 101; *Paschke/Iliopoulos*, Europäisches Privatrecht, 219; *Mäsch*, EuZW 1995, 8 (11, 14), der vor zu detailreichen Informationspflichten der Vertragsurkunde und der unklaren Rolle des vorab auszuhändigenden Prospekts warnt.

459 Unter der ausgeweiteten Schriftform ist neben der Darbietung in Papierform zudem eine Aushändigung auf einem anderen dauerhaften Datenträger umfasst.

460 *Gaedtke*, VuR 2008, 130 (134); *Tonner*, Pauschalreiserecht und Teilzeitwohnrechte, 89, die das Widerrufsrecht als zweite Säule des Verbraucherschutzes in der Timesharing-Richtlinie bezeichnen.

461 Dauses/Ludwigs/*Micklitz/Rott*, Handbuch des EU-Wirtschaftsrechts, H. V., Rn. 392.

462 Dazu bereits zu der Timesharing-Richtlinie von 1994 Grabitz/Hilf/Nettesheim/*Martinek*, Das Recht der Europäischen Union, Bd. IV, A 13, Art. 6, 7, Rn. 194 ff.; *Reich/Micklitz*, Europäisches Verbraucherrecht, 727 f.

Obwohl die Timesharing-Richtlinie 2009 in ihrem Anwendungsbereich ausgeweitet wurde, belässt sie es im Wesentlichen bei den Schutzinstrumenten der Informationspflichten und des Widerrufsrechts. Dadurch werden zwar die genauen Bestimmungen der Schutzinstrumente immer konkreter. Dennoch belässt der Unionsgesetzgeber den Marktteilnehmern im Übrigen die eigene Gestaltbarkeit der Verträge und greift nicht durch inhaltsbeschränkende Regelungen in die Handlungsfreiheit ein. Vielmehr ist er im Sinne der europäischen Verbraucherschutzkonzeption um Ausgleich des Informationsdefizits beim Verbraucher bemüht.

IV. Entwurf des Gemeinsamen Referenzrahmens

Der Entwurf eines Gemeinsamen Referenzrahmens für ein europäisches Vertragsrecht (DCFR) ist ein wissenschaftlich angelegtes Regelwerk, das versucht, zentrale Bereiche des allgemeinen Vertragsrechts, aber auch des allgemeinen und besonderen Schuldrechts und Teile des Mobiliarsachenrechts, in sich schlüssig zusammenzustellen.[463] Dabei stützt er sich sowohl auf die rechtsvergleichend ermittelten Prinzipien der revidierten Principles of European Contract Law (PECL)[464] als auch auf die Acquis Prinzipien,[465] die auf dem bereits existierenden Acquis communautaire aufbauen.[466] Da sich die Regelungen zum Widerrufsrecht, die für die vorliegende Arbeit von Bedeutung sind, aus dem Teil des Entwurfs eines Gemeinsamen Referenzrahmen ergeben, der sich auf den Acquis communautaire stützt, soll für die weitere Untersuchung nur dieser Teil herangezogen werden.

---

463 *Schulze* in Schulze/von Bar/Schulte-Nölke (Hrsg.), Der akademische Entwurf für einen Gemeinsamen Referenzrahmen, 10; *Martens*, EuZW 2010, 527 (528). Die Streitfrage, ob der Entwurf eines Gemeinsamen Referenzrahmens als Gesetzesentwurf konzipiert wurde, oder lediglich als „Ausgangspunkt für eine europäische Diskussion über Vertrags- und Vermögensrecht“ dient, kann an dieser Stelle dahinstehen, da es hier um die inhaltliche Auseinandersetzung mit dem Regelwerk geht. Vgl. zu den einzelnen Positionen *Eidenmüller et al.*, JZ 2008, 529 (529); *Jansen/Zimmermann*, NJW 2009, 3401 (3401 ff.); *Schulte-Nölke* in Schulze/von Bar/Schulte-Nölke (Hrsg.), Der akademische Entwurf für einen Gemeinsamen Referenzrahmen, 68; *Schulte-Nölke*, NJW 2009, 2161 (2161 f.); *Pfeiffer*, AcP 208 (2008), 227 (238).

464 *Von Bar/Zimmermann*, Grundregeln des Europäischen Vertragsrechts: Teile I und II; Teil III.

465 Zu den Acquis-Prinzipien, die überwiegend Teile des allgemeinen Vertragsrechts umfassen, vgl. insbes. die Kommentierungen *Research Group on the Existing EC Private Law (Acquis Group)*, Contract II.

466 *Schulze* in Schulze/von Bar/Schulte-Nölke (Hrsg.), Der akademische Entwurf für einen Gemeinsamen Referenzrahmen, 18 ff.; zu den Acquis-Prinzipien kritisch *Jansen/Zimmermann*, JZ 2007, 1113 (1115 ff.); zur rechtsvergleichenden Methode *Oderkerk*, ERCL 2007, 315 (317 ff.).

1. Anwendungsbereich

Anders als die verbraucherschützenden Richtlinien begrenzt der Entwurf eines Gemeinsamen Referenzrahmens seinen Anwendungsbereich in persönlicher Hinsicht nicht auf Unternehmer-Verbraucher-Verträge. Vielmehr sollen die Regeln des Entwurfs sowohl für Unternehmer-Verbraucher-Geschäfte (B-to-C) als auch für Geschäfte zwischen zwei Unternehmern (B-to-B) oder zwei Verbrauchern (C-to-C) gelten.[467] Der Entwurf eines Gemeinsamen Referenzrahmens verfolgt im Gegensatz zu den bisherigen Regelwerken, wie den Principles of European Contract Law[468] oder den UNIDROIT-Prinzipien,[469] den Ansatz, dass er Regeln, die ursprünglich für den Verbraucherschutz konzipiert wurden, verallgemeinert und als allgemeine Regeln für alle Verträge – auch Handelsverträge – zur Anwendung bringen lässt.[470] Dennoch bestimmt der Entwurf eines Gemeinsamen Referenzrahmens zudem spezielle Vorschriften für Geschäfte zwischen einem Unternehmer und einem Verbraucher, wozu es dienlich ist, die Definitionen der beiden Begriffe näher zu betrachten.

a. Persönlicher Anwendungsbereich

Nach Art. I.–1:105 Abs. 2 DCFR ist ein Unternehmer jede natürliche oder juristische Person, unabhängig von ihrer öffentlichen oder privaten Natur, die zum Zwecke ihrer selbstständigen, gewerblichen oder beruflichen Tätigkeit handelt, selbst dann, wenn die Person nicht mit Gewinnerzielungsabsicht tätig wird. Damit wird klargestellt, dass auch staatliche Einrichtungen, die privatrechtlich tätig werden, unter den Unternehmerbegriff des Entwurfs eines Gemeinsamen Referenzrahmens subsumiert werden können und die spezifischen Pflichten des Unternehmers einzuhalten haben.[471] Bei dieser Konkretisierung des Anwendungsbereichs handelt es sich jedoch lediglich um eine Klarstellung, und nicht um eine Einschränkung oder Ausweitung des Unternehmerbegriffs.

Nach Art. I.–1:105 Abs. 1 DCFR ist ein Verbraucher jede natürliche Person, die hauptsächlich zu Zwecken handelt, die nicht mit ihrer selbstständigen, gewerblichen oder beruflichen Tätigkeit zu tun haben. Damit hat der Entwurf eines Gemeinsamen Referenzrahmens den Verbraucher ebenso wie die verbraucherschützenden Richtlinien negativ anhand der Zweckrichtung der Handlung bestimmt. Das

---

467 *Herresthal* in Wagner (Hrsg.), The Common Frame of Reference, 168.

468 Zu den Principles of European Contract Law (PECL) auch *Martens*, EuZW 2010, 527 (527 f.).

469 Grundregeln der internationalen Handelsverträge („UNIDROIT Prinzipien"), ZEuP 1997, 890–909; vgl. dazu *Zimmermann*, ZEuP 2005, 264–290.

470 Kritisch *Herresthal* in Wagner (Hrsg.), The Common Frame of Reference, 171 ff.; *Eidenmüller et al.*, JZ 2008, 529 (544).

471 *Schulte-Nölke* in Schulze/von Bar/Schulte-Nölke (Hrsg.), Der akademische Entwurf für einen Gemeinsamen Referenzrahmen, 62.

Aufführen der selbstständig Tätigen hat rein deklaratorische Bedeutung. Der Entwurf eines Gemeinsamen Referenzrahmens geht jedoch in einem Punkt über die Regelungen des Richtlinienrechts hinaus. Er regelt, wie bei gemischt privat-unternehmerischen Geschäften die Verbrauchereigenschaft zu bestimmen ist.[472]

b. Sachlicher Anwendungsbereich

In sachlicher Hinsicht bezieht sich der Entwurf eines Gemeinsamen Referenzrahmens auf alle Verträge und andere Rechtsgeschäfte.[473] Dabei stützt er sich auf die beiden herangezogenen Basisquellen[474] der gemeinsamen Prinzipien der nationalen Rechtsordnungen und des Acquis communautaire. In Buch IV finden sich spezifische Vertragsarten wie Kauf, Leasing, Dienstleistungsverträge oder Mietverträge. Aus dem Verbraucheracquis konnten dazu nur die Bestimmungen über den Verbrauchsgüterkauf und zum Timesharing, und nicht die über den Verbraucherkredit einbezogen werden, da die Verbraucherkreditrichtlinie von 2008 erst kurz vor Fertigstellung des Entwurfs eines Gemeinsamen Referenzrahmens verabschiedet wurde und nicht mehr berücksichtigt werden konnte.[475] Darüber hinaus finden sich Regelungen zum Fernabsatz und zu den Haustürgeschäften.

2. Schutzinstrumente

Für die Einordnung des Widerrufsrechts der Verbraucherkreditrichtlinie von 2008 kann die Untersuchung auf das Widerrufsrecht des Entwurfs eines Gemeinsamen Referenzrahmens und solche Informationspflichten begrenzt werden, die im Zusammenhang mit dem Widerrufsrecht stehen.

a. Informationspflichten

Die Informationspflichten sind in Kapitel 3 des 2. Buches geregelt und lassen sich in vier Gruppen unterteilen: die allgemeine Offenbarungspflicht in Art. II.–3:101 DCFR, die Marketing-Informationspflichten in Art. II.–3:102 DCFR, die Informationspflichten bei bestimmten Verbrauchergeschäften in Art. II.–3:103 DCFR und die spezifischen Informationspflichten bei Echtzeitkommunikation und E-Commerce in Art. II.–3:104 und II.–3:105 DCFR. Für alle diese Gruppen gelten allgemeine Bestimmungen zur Ausübung der Informationspflichten in Art. II.–3:106 bis II.–3:108 DCFR. Art. II.–3:109 DCFR sieht Sanktionen für das Missachten von Informationspflichten vor.

---

472 Dazu mehr unter § 4 B. II. 1. a. cc. (3).

473 Vgl. Überschrift zu Buch II: Contract and other juridical acts.

474 Aktionsplan, KOM(2003) 68 endg., Nr. 63; *Schulze*, ZEuP 2007, 130 (137).

475 *Von Bar et al.*, Principles, Definitions and Model Rules of European Private Law, Draft Common Frame of Reference (DCFR), Outline Edition, Intr. 78.

Die Marketing-Informationspflichten in Art. II.–3:102 DCFR, die Informationspflichten bei bestimmten Verbrauchergeschäften in Art. II.–3:103 DCFR und die spezifischen Informationspflichten bei Echtzeitkommunikation und E-Commerce in Art. II.–3:104 und II.–3:105 DCFR sehen eine Informationspflicht über ein bestehendes Widerrufsrecht vor und verweisen auf Art. II–5:104 DCFR, der die einzelnen Voraussetzungen der Widerrufsbelehrung enthält. Danach muss der Verbraucher auf das Widerrufsrecht aufmerksam gemacht werden und Informationen zur Ausübung des Widerrufsrechts, zur Widerrufsfrist sowie zum Namen und zur Anschrift des Adressaten erhalten. Diese Informationen müssen in Textform auf einem dauerhaften Datenträger in klarer und verständlicher Form übermittelt werden. Damit regelt der Entwurf eines Gemeinsamen Referenzrahmens die Widerrufsbelehrung nicht bei den vorvertraglichen Informationspflichten, sondern im Kapitel zum Widerrufsrecht selbst.

Der Entwurf eines Gemeinsamen Referenzrahmens verknüpft den Verstoß einer vorvertraglichen Informationspflicht bei Verbrauchergeschäften mit dem Beginn der Widerrufsfrist. Verletzt der Unternehmer bei einem Verbrauchervertrag eine vorvertragliche Informationspflicht nach Art. II.–3:103 DCFR und hat der Verbraucher ein Widerrufsrecht, beginnt die Widerrufsfrist nicht zu laufen, bis der Verbraucher alle Informationen hat. Die Widerrufsfrist erlischt erst nach Ablauf der absoluten Widerrufsfrist von einem Jahr nach Vertragsschluss. Im Übrigen verweist Art. II.–3:109 Abs. 2 DCFR bzgl. der Sanktionen auf die Rechtsbehelfe bei Nichterfüllung in Buch 3 Kapitel 3 und sieht in Art. II.–3:109 Abs. 3 DCFR einen Auffangschadensersatzanspruch für den Fall vor, dass Rechtsbehelfe bei Nichterfüllung nicht eingreifen. Diese Rechtsbehelfe lassen sich nur zu einem geringfügigen Teil aus dem Acquis communautaire herleiten, da in den verbraucherschützenden Richtlinien die Rechtsfolgen oftmals den Mitgliedstaaten überlassen bleiben.[476]

b. Widerrufsrecht

Das Widerrufsrecht in Kapitel 5 des zweiten Buchs zeichnet sich durch eine Zweiteilung aus. In einem ersten Teil werden allgemeine Vorschriften zur Ausübung und zu den Rechtsfolgen eines Widerrufsrechts festgeschrieben. Im Anschluss finden sich in einem zweiten Teil besondere Widerrufsrechte, wie beispielsweise Regelungen zum Widerruf eines Timesharingvertrags. Mit dieser Vorgehensweise sollen in dem ersten Teil lediglich die Modalitäten vereinheitlicht, angepasst und festgeschrieben werden. Die Regelungen über das Bestehen eines Widerrufsrechts sowie über spezifische Ausnahmen werden getrennt in eigenen Vorschriften geregelt.[477] Die Vorschriften sind zugunsten des Verbrauchers gem. Art. II–5:101 Abs. 2 DCFR einseitig zwingend.

---

476 Zur starken Ausweitung der Rechtsbehelfe im Vergleich zum Acquis *Herresthal* in Wagner (Hrsg.), The Common Frame of Reference, 178.

477 *Schulte-Nölke* in Schulze/von Bar/Schulte-Nölke (Hrsg.), Der akademische Entwurf für einen Gemeinsamen Referenzrahmen, 59.

Wie aus den verbraucherschützenden Richtlinien bereits bekannt ist, wird das Widerrufsrecht im Entwurf eines Gemeinsamen Referenzrahmens durch einfache Erklärung ohne Angabe von Gründen ausgeübt. Soweit die Umstände es zulassen, ist die Rückgabe der Sache gem. Art. II–5:102 Abs. 2 DCFR der Widerrufserklärung gleichzusetzen.[478]

Art. II–5:103 DCFR setzt eine einheitliche Widerrufsfrist von 14 Tagen fest,[479] die ab Vertragsschluss oder ab dem Zeitpunkt, an dem dem Verbraucher alle erforderlichen Informationen zum Widerrufsrecht vorliegen, oder mit Lieferung der Ware zu laufen beginnt. Maßgeblich für das Einhalten der Frist ist die Absendung der Widerrufserklärung. Darüber hinaus wird – angelehnt an den Acquis-Prinzipien – eine Höchstfrist für das Widerrufsrecht von einem Jahr vorgesehen.[480]

Art. II–5:105 DCFR bestimmt, dass mit dem Widerruf das Vertragsverhältnis und die daraus entwachsenden Pflichten der Vertragsparteien enden und der Unternehmer verpflichtet ist, jedwede Zahlung der widerrufenden Partei spätestens 30 Tage nach Ausübung des Widerrufs zurückzuzahlen. Damit trifft die Vorschrift eine Entscheidung zu der Frage, ob ein Widerruf *ex tunc* oder *ex nunc* wirkt und damit Bereicherungsrecht oder Rücktrittsrecht zur Anwendung kommt.[481] Mit der Regelung in Art. II–5:105 Abs. 1 DCFR, dass die Pflichten beider Vertragsparteien mit Ausübung des Widerrufsrechts enden, und der Verweis in Art. II–5:105 Abs. 2 DCFR auf das Rückgaberecht beim Rücktritt folgt der Entwurf des Gemeinsamen Referenzrahmens dem ursprünglich deutschen Ansatz, nach dem das Widerrufsrecht ein besonderes Rücktrittsrecht ist.[482]

Der Entwurf eines Gemeinsamen Referenzrahmens regelt in Art. II–5:105 Abs. 4, 5 DCFR auf europäischer Ebene erstmals entsprechend der *Messner*-Entscheidung des EuGHs[483] einen Schadensersatz bei Beschädigung der zurückzugebenden

---

478 Dies ergibt sich aus der allgemein anerkannten Annahme, dass das Wort Widerruf in der Erklärung nicht enthalten sein muss. Es reicht aus, wenn der Adressat die Erklärung als Widerruf versteht. Daher kann auch die Rücksendung einer Ware als Erklärung, dass der Kunde die Ware nicht behalten möchte, verstanden werden. Dazu *von Bar/Clive*, DCFR Full Edition, Art. II–5:102, 350. *Mogelvang-Hansen/Terryn/Schulze* in Research Group on the Existing EC Private Law (Acquis Group), Contract II, Art. 5:102 ACQP, Rn. 11.

479 *Loos*, GPR 2008, 117 (118), der die 14-Tage-Frist als einen Mittelweg zwischen Unternehmer- und Verbraucherinteressen ansieht.

480 Diese Frist ergibt sich als ein Kompromiss zwischen einem unbegrenzt geltenden Widerrufsrecht, das in einigen Richtlinien auf der Grundlage der *Heininger*-Rechtsprechung gilt, und einer Begrenzung auf 3 Monate und 7 Werktage, wie es etwa die Fernabsatzrichtlinie vorsah, vgl. *von Bar/Clive*, DCFR Full Edition, Art. II–5:103, 356 f.; *Schulte-Nölke* in Schulze/von Bar/Schulte-Nölke (Hrsg.), Der akademische Entwurf für einen Gemeinsamen Referenzrahmen, 60.

481 Zur Einordnung des verbraucherschützenden Widerrufsrechts insbes. *Reiner*, AcP 2003, 1 (4 ff.).

482 Bülow/Artz/*Artz*, Handbuch Verbraucherprivatrecht, 28 ff.

483 EuGH, Urteil v. 3.9.2009, Rs. C-489/07 (Messner), Slg. 2009, I-7315.

Sache. Solange die widerrufende Partei die Sache während der Widerrufsfrist lediglich testet und inspiziert oder eine angemessene Vorsicht walten lässt, um eine Zerstörung, einen Verlust oder eine Beschädigung zu verhindern, ist sie nicht zum Schadensersatz verpflichtet. Erst dann, wenn der Gebrauch der Sache über ein schlichtes Ausprobieren hinausgeht und die Sache über einen gewissen Zeitraum gebraucht wird, muss die widerrufende Partei für etwaige Schäden aufkommen, es sei denn, sie hat keine angemessene Belehrung über das Widerrufsrecht erhalten. Darüber hinaus trifft die widerrufende Partei allerdings keinerlei Haftung.[484]

Art. II–5:105 Abs. 7 DCFR bestimmt, dass der Unternehmer für die Kosten der Rücksendung aufkommen muss, wenn er die Möglichkeit in Anspruch nimmt, bei mangelnder Verfügbarkeit ein Äquivalent zuzusenden. Damit treffen im Umkehrschluss die Kosten für die Rücksendung grundsätzlich die widerrufende Partei.[485] Darüber hinaus sieht Art. II–5:106 DCFR eine Regelung über verbundene Geschäfte vor, die ihren Ursprung in den Acquis-Prinzipien hat. Bei einem Widerruf eines Vertrages über Lieferung von Waren oder Dienstleistungen erstrecken sich die Wirkungen des Widerrufs auch auf jeden verbundenen Vertrag.[486]

Die Regelungen zu den besonderen Widerrufsrechten finden sich in Art. II–5:201 und II–5:202 DCFR. Danach besteht ein Widerrufsrecht bei Verträgen, bei denen Angebot oder Annahme durch den Verbraucher außerhalb von Geschäftsräumen abgegeben werden. Damit wurden die Voraussetzungen eines situationsbedingten Widerrufsrechts aus der Haustürgeschäfterichtlinie, der Fernabsatzrichtlinie und der Fernabsatzrichtlinie für Finanzdienstleistungen zu einer Vorschrift zusammengefasst.[487] Der Anwendungsbereich wurde dabei durch die Formulierung „außerhalb von Geschäftsräumen" ausgeweitet.[488] Nach der Regelung fallen auch Geschäfte, die auf Initiative des Verbrauchers außerhalb des Geschäftsraums des Unternehmers geschlossen werden, in den Anwendungsbereich. Problematisch erscheint es, dass die situativen Voraussetzungen, wann ein Haustürgeschäft oder ein Fernabsatzgeschäft vorliegen, nicht geregelt sind. Das Widerrufsrecht bedarf jedoch wegen seines Ausnahmecharakters einer Rechtfertigung.[489] Das Fehlen einer Eingrenzung birgt die Gefahr einer Verallgemeinerung des Widerrufsrechts auf alle Verbraucherverträge.[490] Allerdings muss der Entwurf eines Gemeinsamen Referenzrahmens im Zusammenhang mit dem bestehenden Acquis communautaire

---

484 Zu der Problematik der Schadensersatzpflicht beim Widerruf *Grundmann*, Europäisches Schuldvertragsrecht, 2.01, Rn. 17; *Kammerer*, Harmonisierung des Verbraucherrechts in Europa, 80 ff.

485 Diese Wertung ergibt sich bereits aus Art. 6 Abs. 2 FARL.

486 Dazu näher unter § 4 D. IV. 1. d.

487 *Schulte-Nölke* in Schulze/von Bar/Schulte-Nölke (Hrsg.), Der akademische Entwurf für einen Gemeinsamen Referenzrahmen, 60.

488 *Von Bar/Clive*, DCFR Full Edition, Art. II–5:201, 388.

489 *Herresthal* in Wagner (Hrsg.), The Common Frame of Reference, 192; *Eidenmüller et al.*, JZ 2008, 529 (546).

490 *Eidenmüller et al.*, JZ 2008, 529 (546).

gesehen werden. Die einzelnen das Widerrufsrecht rechtfertigenden Elemente sollen weiterhin Bestand haben. Mit dem Entwurf eines Gemeinsamen Referenzrahmens soll vielmehr versucht werden, eine generelle Vorschrift für alle Richtlinien zu erarbeiten, die allen Vertragstypen gerecht wird.

Ein weiteres besonderes Widerrufsrecht betrifft die Timesharingverträge. Da dieses Widerrufsrecht nicht auf die besondere Abschlusssituation, sondern auf den besonderen Vertragstypen zurückzuführen ist, werden spezifische Einzelheiten zur Rückgewähr und Übernahme der Kosten des Verbrauchers geregelt. Auch bei dieser Vorschrift wird der Anwendungsbereich auf Verträge, die dem Verbraucher ein Recht zur Nutzung einer Immobilie geben, pauschalisiert, um die verschiedenen Tauschvarianten nicht festlegen zu müssen und die Vorschrift für neue Möglichkeiten des Timesharings offen zu halten.

V. Wohnimmobilienkreditrichtlinie

Die Wohnimmobilienkreditrichtlinie legt einen Regelungsrahmen für mit Verbrauchern geschlossene grundpfandrechtlich gesicherte Kreditverträge und andere Wohnimmobilienkreditverträge fest.[491] Dabei soll das „Kerngerüst“ der Wohnimmobilienkreditrichtlinie weitgehend der Struktur der Verbraucherkreditrichtlinie folgen.[492]

1. Anwendungsbereich

Die Wohnimmobilienkreditrichtlinie regelt Kreditverträge, die gem. Art. 3 Abs. 1 lit. a) WIKRL durch ein Grundpfandrecht oder ein Recht an Wohnimmobilien besichert sind oder die gem. Art. 3 Abs. 1 lit. b) WIKRL für den Erwerb oder die Erhaltung von Eigentumsrechten an einem Grundstück oder einem bestehenden oder geplanten Gebäude bestimmt sind. Der Verbraucherbegriff in Art. 4 Nr. 1 WIKRL verweist explizit auf die Verbraucherdefinition der Verbraucherkreditrichtlinie von 2008. Und auch der Kreditgeber wird wie in Art. 3 lit. b) VKRL 2008 anhand seiner gewerblichen oder beruflichen Tätigkeit definiert.

2. Schutzinstrumente

Als Schutzinstrument bestimmt die Wohnimmobilienkreditrichtlinie im Wesentlichen umfangreiche allgemeine und vorvertragliche Informationspflichten sowie Regelungen zur Kreditwerbung, zu Koppelungsgeschäften und zur Bündelung von Leistungen.[493] Darüber hinaus überlässt sie gem. Art. 14 Abs. 6 WIKRL den

491 Art. 1 WIKRL.

492 Erwägungsgrund 20 der Wohnimmobilienkreditrichtlinie; siehe auch *Piekenbrock*, GPR 2015, 26 (27).

493 *Rott*, BKR 2015, 8 (10 ff.); *König*, WM 2013, 1688 (1690 ff.); *Schnauder*, WM 2014, 783 (788).

Mitgliedstaaten die Wahl, dem Verbraucher eine Bedenkzeit von mindestens sieben Tagen entweder durch die Regelung eines verbrauchervertragsrechtstypischen Widerrufsrechts oder durch eine vorvertragliche Bedenkzeit, in der das Angebot für den Kreditgeber verbindlich bleibt, oder durch beides einzuräumen.[494] Einen weiteren Schwerpunkt stellen die Regelungen zur Kreditwürdigkeitsprüfung dar, die über die Regelungen in der Verbraucherkreditrichtlinie hinausgehen und ein Kreditvergabeverbot umfassen.[495] Danach darf der Kreditgeber dem Verbraucher gem. Art. 18 Abs. 5 lit. a) WIKRL den Kredit nur bereitstellen, wenn aus der Kreditwürdigkeitsprüfung hervorgeht, dass es wahrscheinlich ist, dass die Verpflichtungen aus dem Kreditvertrag in der vereinbarten Weise erfüllt werden. Zudem sieht die Wohnimmobilienkreditrichtlinie in Art. 16 Abs. 1 WIKRL eine Erläuterungspflicht vor. Danach haben die Mitgliedstaaten sicherzustellen, dass Kreditgeber und gegebenenfalls Kreditvermittler oder benannte Vertreter dem Verbraucher angemessene Erläuterungen zu den angebotenen Kreditverträgen und etwaigen Nebenleistungen geben. Die Erläuterungspflicht bezieht sich gem. Art. 16 Abs. 1 lit. a) i) und ii) WIKRL u.a. auf die Informationspflichten und geht damit über diese hinaus. Der Verbraucher soll somit in die Lage versetzt werden, zu beurteilen, ob die vorgeschlagenen Kreditverträge und die Nebenleistungen seinen Bedürfnissen und seiner finanziellen Situation gerecht werden.

Die Wohnimmobilienkreditrichtlinie verfolgt im Vergleich zur Verbraucherkreditrichtlinie von 2008 einen „umgekehrten Harmonisierungsansatz".[496] Während die Verbraucherkreditrichtlinie von 2008 dem Ansatz der Vollharmonisierung unterliegt und nur in Ausnahmebereichen Öffnungsklauseln vorsieht, ist die Wohnimmobilienkreditrichtlinie vom Grundsatz her mindestharmonisiert ausgestaltet. Lediglich die vorvertraglichen Informationspflichten, die Bestimmungen des effektiven Jahreszinses und die Kreditwürdigkeitsprüfung sind abschließend geregelt.[497]

VI. Zwischenergebnis

Festzuhalten bleibt, dass die verbraucherschützenden Richtlinien und der Entwurf eines Gemeinsamen Referenzrahmens immer detailliertere Verbraucherschutzvorschriften aufweisen. Der Blickwinkel hat sich insgesamt von der sektorspezifischen Regelung hin zu einem sektorübergreifenden Ansatz entwickelt, der auf eine Rechtsangleichung im gesamten harmonisierten Bereich abzielt. Auch die

---

494 Die Wohnimmobilienkreditrichtlinie wird in den Vergleich der Widerrufsrechte nicht mit einbezogen, da sie keine eigenen Regelungen zu einem Widerrufsrecht trifft. Die Regelungen zur Bedenkzeit und zur Kreditwürdigkeitsprüfung der Wohnimmobilienrichtlinie werden an passender Stelle mitberücksichtigt. Die Literatur zur Wohnimmobilienkreditrichtlinie wird daher nur ergänzend herangezogen.

495 Siehe hierzu auch *Buck-Heeb*, BKR 2015, 177 (180); *Pieckenbrock*, GPR 2015, 26 (30).

496 *Schürnbrand*, ZBB 2014, 168 (172).

497 *König*, WM 2013, 1688 (1694); *Schürnbrand*, ZBB 2014, 168 (172).

Regelungen zum Widerrufsrecht haben an Detailliertheit gewonnen. Dabei ist die Tendenz festzustellen, dass die neueren Regelungen zum Widerrufsrecht durch die Einführung einer absoluten Frist, der Übernahme der Rücksendekosten durch den Verbraucher und der Bestimmung der Wertersatzpflicht die verbraucherschützenden Tendenzen in den vorangegangenen Richtlinien wieder eingrenzen.

E. Ergebnis zu § 3

Nachdem der Rat in seinen verbraucherpolitischen Programmen eine Politik zum Schutz und zur Unterrichtung der Verbraucher beschlossen und der EuGH mit seiner Rechtsprechung den Weg für eine positive Harmonisierung geebnet hat, wurden seit Mitte der 1980er Jahre diverse verbraucherschützende Richtlinien erlassen. Diese zeichnen sich in erster Linie durch die Einführung von Informationspflichten und einem Widerrufsrecht aus und gehen nur im Ausnahmefall über diese Schutzinstrumente hinaus. Basierend auf der Vorstellung, dass der Staat nur äußerst restriktiv in das Marktgeschehen eingreifen soll, jedoch zwischen Unternehmer und Verbraucher ein Marktungleichgewicht herrscht, etablierte sich eine europäische Verbraucherschutzkonzeption, die auf die Informiertheit der Verbraucher abzielt und sich durch alle europäischen Verbraucherrichtlinien zieht.[498] Das Widerrufsrecht sichert die Informiertheit ab, indem es dem Verbraucher die Möglichkeit gibt, die erhaltenen Informationen für sich zu prüfen und zu verinnerlichen.

Mit dem 21. Jahrhundert wuchs der Wunsch, den Bereich des Verbraucherschutzrechts weiter zu harmonisieren und Widersprüche, die durch die nicht abgestimmte Harmonisierung einzelner Sektoren entstanden sind, aufzuheben. Das Europäische Privatrecht hat von da an eine zweigliedrige Entwicklung genommen. Auf der einen Seite wurden bereits bestehende Richtlinien reformiert und dem Harmonisierungsansatz der Vollharmonisierung unterworfen.[499] Zudem wurde die Verbraucherrechterichtlinie verabschiedet, die die Haustürgeschäfterichtlinie und die Fernabsatzrichtlinie miteinander vereint. Auf der anderen Seite beschäftigten sich Wissenschaftler mit der Überarbeitung und Zusammenlegung der einzelnen, lediglich sektorspezifischen Richtlinien. Daraus ist der auf den Acquis-Prinzipien und den Principles of European Law (PEL) basierende Entwurf eines Gemeinsamen Referenzrahmens entstanden, der wiederum im Hinblick auf seine inhaltlichen Regelungen Vorbildfunktion für den Kommissionsvorschlag über ein Gemeinsames Europäisches Kaufrecht hatte.[500]

---

498 *Nordhausen Scholes* in Howells/Schulze (Hrsg.), Modernising and Harmonising Consumer Contract Law, 216.

499 Wie etwa die Fernabsatzrichtlinie für Finanzdienstleistungen aus dem Jahre 2002, die Verbraucherkreditrichtlinie aus dem Jahre 2008 oder die Timesharing-Richtlinie aus dem Jahre 2009.

500 *Martens*, EuZW 2010, 527 (528).

Obwohl sowohl die Verbraucherrechterichtlinie als auch der Entwurf eines Gemeinsamen Referenzrahmens auf die verbraucherschützenden Richtlinien zurückzuführen sind, haben sie eine unterschiedliche Ausrichtung inne. Die Verbraucherrechterichtlinie hält sich strikt an die europäische Verbraucherschutzkonzeption[501] und tendiert dazu, unter dem Gesichtspunkt der Rechtssicherheit, den Verbraucherschutz zugunsten des Unternehmers einzudämmen.[502] Der Entwurf eines Gemeinsamen Referenzrahmens dagegen verallgemeinert Vorschriften, die auf Verbraucherverträge zugeschnitten waren, und verwendet sie auch in B-to-B-Situationen.[503] Dabei benutzt er Generalklauseln, die vom EuGH weiter zu konkretisieren wären. Im Hinblick auf die europäische Verbraucherschutzkonzeption bewegt er sich grundsätzlich innerhalb ihrer Grenzen, tendiert jedoch dazu, den Verbraucherschutz auszuweiten und sich bei divergierenden Vorschriften aus den Richtlinien für die verbraucherfreundlichere zu entscheiden.

Aufgrund der Zweigliedrigkeit der Entwicklung des europäischen Vertragsrechts ergibt sich die Frage, inwieweit die Verbraucherkreditrichtlinie von 2008 von der einen oder anderen Seite beeinflusst wurde und wie sie ein ausgeglichenes Verhältnis zwischen Unternehmer und Verbraucher schafft. Dabei ist zu untersuchen, ob es eine einheitliche Ausgestaltung des Widerrufsrechts im übrigen Acquis communautaire gibt und ob die Verbraucherkreditrichtlinie von 2008 dieser folgt. Bei Abweichung ist zu diskutieren, ob die Verbraucherkreditrichtlinie von 2008 durch ihre Regelung Impulse für eine weitere Rechtsangleichung des Acquis communautaire setzen kann oder ob die sich im übrigen Acquis abzeichnende einheitliche Regelung vorzuziehen ist.

501 Vgl. § 3 C. III.

502 Noch zum Entwurf *Nordhausen Scholes* in Howells/Schulze (Hrsg.), Modernising and Harmonising Consumer Contract Law, 236; *Loos* in Howells/Schulze (Hrsg.), Modernising and Harmonising Consumer Contract Law, 277.

503 *Herresthal* in Wagner (Hrsg.), The Common Frame of Reference, 170.

§ 4 Eingliederung der Verbraucherkreditrichtlinie in die europäische Schutzkonzeption

Die Verbraucherkreditrichtlinie von 2008 führt auf europäischer Ebene erstmals im Bereich des Kreditrechts ein Widerrufsrecht ein. Es stellt sich die Frage, wie sich dieses neue Widerrufsrecht zu den übrigen Widerrufsregelungen im europäischen Vertragsrecht verhält. Im Folgenden soll das Widerrufsrecht der Verbraucherkreditrichtlinie von 2008 unter dem Aspekt des sachgerechten Interessenausgleichs näher untersucht werden, mit den weiteren verbraucherschützenden Richtlinien und dem Entwurf eines Gemeinsamen Referenzrahmens verglichen und mit der Zielsetzung der weiteren Rechtsangleichung des Acquis communautaire diskutiert werden. Dabei soll die Eingliederung der Widerrufsvorschriften der Verbraucherkreditrichtlinie im Folgenden anhand der Rechtfertigung des Widerrufsrechts (A.), des Anwendungsbereichs (B.), der Ausübung (C.) und der Rechtsfolgen (D.) des Widerrufsrechts untersucht werden.

A. Rechtfertigung

Ein Widerrufsrecht wird im Bereich des europäischen Kreditrechts schon seit Langem diskutiert.[504] Im Mittelpunkt der Diskussion stand stets die Frage, ob ein Widerrufsrecht im Kreditrecht gerechtfertigt ist.[505] Das Widerrufsrecht des Verbrauchers greift immens in die Vertragsfreiheit des Vertragspartners ein, indem es dem Verbraucher erlaubt, ohne Angabe von Gründen den Vertrag aufzulösen. Dieses weitreichende Schutzinstrument muss demnach restriktiv eingesetzt werden und bedarf der Rechtfertigung.[506]

Die Schwierigkeit bei der restriktiven Handhabe des Schutzinstruments liegt in der Beurteilung des das Widerrufsrechts auslösenden Rechtfertigungselements. Dazu haben sich für die verbraucherschützenden Richtlinien, die bereits länger ein Widerrufsrecht aufweisen, verschiedene Kategorien gebildet. Sowohl die Kategorienbildung als auch die Einordnung in Kategorien ist in der Literatur allerdings uneinheitlich.

---

504 Vgl. unter § 2. A. IV.

505 Die Diskussion um ein Widerrufsrecht im Verbraucherkreditrecht ist ebenfalls im deutschen Recht bekannt; *Lorenz*, Der Schutz vor dem unerwünschten Vertrag, 171.

506 *Kötz*, Europäisches Vertragsrecht, § 11, 281.

I. Einteilung nach dem Schutzziel

Eine Möglichkeit, die Rechtfertigung eines Widerrufsrechts zu kategorisieren, besteht in der Einordnung anhand des hinter der Einführung eines Widerrufsrechts in den jeweiligen verbraucherschützenden Richtlinien stehenden Ziels.[507] Diese Einteilung haben *Kalss/Lurger* in ihrer Studie „Zu einer Systematik der Rücktrittsrechte im Verbraucherrecht“ für das österreichische Zivilrecht vorgenommen und die österreichischen Rücktrittsrechte in die Kategorien Situations-, Abwesenheits-, Informations-, Typen-, Irrtums-, Vertragsänderungs- und Kündigungsrücktritte eingeteilt.[508] Das europäische Verbrauchervertragsrecht lässt sich darauf aufbauend in vier dieser Kategorien aufteilen: Situations-„Rücktritte“, Abwesenheits-„Rücktritte“, Informations-„Rücktritte“ und Typen-„Rücktritte“.[509] Problematisch an dieser Einteilung ist, dass die Widerrufsrechte Merkmale verschiedener Kategorien aufweisen können und diese daher nur schwer voneinander abzugrenzen sind. Ein Widerrufsrecht in einer Haustürsituation fällt beispielsweise regelmäßig in die Kategorie der Situationsrücktritte, wenn die Gefahr des Vertragsschlusses in der ungewöhnlichen Abschlusssituation begründet ist. Es kann aber in bestimmten Konstellationen auch dem Abwesenheitsrücktritt zugeordnet werden, wenn der Unternehmer den Kaufgegenstand nicht dabei hat, sondern ihn lediglich anhand eines Kataloges anpreist. Wenn dann der Kaufgegenstand eine komplexe Vertragsgestaltung erfordert, kommt zudem ein Typenrücktritt in Betracht, der bei „bestimmten komplizierten, langfristigen und schwerwiegenden Geschäftstypen“[510] angenommen wird. Darüber hinaus wäre ein Informationsrücktritt gegeben, wenn der Unternehmer dem Verbraucher nicht rechtzeitig die vorvertraglichen oder vertragsbegleitenden Informationen übermittelt (*eigenständiges Rücktrittsrecht*) oder wenn der Unternehmer den Verbraucher nicht ordnungsgemäß über sein Widerrufsrecht informiert und sich die Widerrufsfrist eines aus einer anderen Kategorie hergeleiteten Widerrufsrechts verlängert (*abgeleitetes Rücktrittsrecht*).

Büßer begegnet der Einteilung von *Kalss/Lurger* mit der These, dass die Hauptintention des europäischen Gesetzgebers zur Einführung eines Widerrufsrechts die mangelnde Information sei.[511] In den Fällen, in denen eine reine Information nicht ausreiche, um eine informierte und damit selbstbestimmte Entscheidung zu treffen, müsse eine gewisse Überlegungsfrist (*cooling-off period*) eingeräumt

---

507 *Büßer*, Das Widerrufsrecht des Verbrauchers, 127; *Kalss/Lurger*, JBl. 1998, 1. Teil, 89 (89 ff.), *Kalss/Lurger*, JBl. 1998, 2. Teil, 153 (153 ff.).

508 Vgl. Übersicht in *Kalss/Lurger*, JBl. 1998, 2. Teil, 153 (162 f.).

509 *Büßer*, Das Widerrufsrecht des Verbrauchers, 124 f. Zu beachten ist, dass der Begriff „Rücktritt“ hier nur gebraucht wird, um in den Kategorien *Kalss/Lurger* zu bleiben. Auf europäischer Ebene ist mit „Rücktritt“ stets das verbraucherschützende Widerrufsrecht gemeint.

510 *Kalss/Lurger*, JBl. 1998, 2. Teil, 153(156).

511 *Büßer*, Das Widerrufsrecht des Verbrauchers, 127.

werden, die ein weiteres Überdenken ermöglicht, mit der Konsequenz, dass sich der Verbraucher vom Vertrag lösen kann. Damit unterstreicht er die Vereinbarkeit des Widerrufsrechts mit der europäischen Verbraucherschutzkonzeption und stellt klar, dass eine Vereinheitlichung der Widerrufsrechte aufgrund dieser einzigen Motivation möglich ist.

Es bleibt festzuhalten, dass eine grundsätzliche Einteilung der Widerrufsrechte möglich und zur Rechtfertigung des Gestaltungsrechts auch erforderlich ist. Eine Kategorisierung muss dabei richtlinienübergreifend und in dem Bewusstsein erfolgen, dass mehrere Elemente auf eine Richtlinie zutreffen können und man sich bei der Einteilung demnach auf eine generelle und schwerpunktmäßige Vorgehensweise beschränken muss. Daher kann auch an dieser Stelle bei der Einteilung der Widerrufsrechte in verschiedene Kategorien nicht auf alle Einzelfälle Rücksicht genommen werden, sondern es muss vielmehr der überwiegende Grund der Gefahrenlage analysiert werden.

1. Überrumpelungs- und Übereilungsschutz

Ein wesentlicher Schutzaspekt des Widerrufsrechts stellt der Überrumpelungs- und Übereilungsschutz dar.[512] Insbesondere die Haustürgeschäfterichtlinie, die als erste verbraucherschützende Richtlinie im europäischen Vertragsrecht ein Widerrufsrecht begründete, stützt sich auf dieses Schutzziel.[513] Dies gilt auch mit der Aufnahme der außerhalb von Geschäftsräumen geschlossenen Verträge in die Verbraucherrechterichtlinie uneingeschränkt fort.[514] Dahinter steht das Ziel, die Entscheidungsfreiheit der Verbraucher in Verkaufssituationen außerhalb von Geschäftsräumen besonders zu schützen. Diese Situationen stellen aus mehrerlei Hinsicht eine Gefahrenlage für den Verbraucher dar. Wesentlich ist, dass die Initiative zu Vertragsverhandlungen in der Regel vom Unternehmer ausgeht und an Orten stattfindet, an denen der Verbraucher auf einen Vertragsabschluss nicht vorbereitet ist. Besucht ein Handelsvertreter den Verbraucher zu Hause oder an seinem Arbeitsplatz, stört er regelmäßig die Privatsphäre des Verbrauchers und unterbricht den Verbraucher bei den Dingen, denen er sich gerade gewidmet hat.[515] Dies führt dazu, dass beim Verbraucher psychologischer Druck aufgebaut wird und er der Argumentation des Unternehmers nicht mit vollem Bewusstsein folgen kann.[516] Hinzu kommt, dass der Unternehmer für diese Situation besonders geschult ist und daher dem Verbraucher argumentativ und situativ überlegen ist.

---

512 *Riesenhuber* in Riesenhuber (Hrsg.), Das Prinzip der Selbstverantwortung, § 10, 226.

513 *Riesenhuber*, System und Prinzipien des Europäischen Vertragsrechts, 326; *Kammerer*, Harmonisierung des Verbraucherrechts in Europa, 26; *Grundmann*, Europäisches Schuldvertragsrecht, 2.01, Rn. 5.

514 Erwägungsgrund 21 der Verbraucherrechterichtlinie. Dazu *Kötz*, Europäisches Vertragsrecht, § 11, 282.

515 *Kammerer*, Harmonisierung des Verbraucherrechts in Europa, 26.

516 *Wolf/Neuner*, AT, § 43, Rn. 9; *Reiner*, AcP 203 (2003), 1 (9).

Bei einer Verkaufsveranstaltung im Rahmen eines Ausflugs spielt zum einen die Vorspiegelung einer Urlaubssituation und der damit verbundenen aufgelockerten Stimmung eine wesentliche Rolle. Zum anderen werden die Verbraucher durch zumeist günstige Ausflugsangebote, bei denen kleine Geschenke oder Kaffee und Kuchen inbegriffen sind, angelockt und an einen ihnen unbekannten Ort gebracht, von dem aus es ihnen unmöglich ist, ohne Hilfe des Veranstalters zum eigenen Wohnort zurück zu gelangen. Aufgrund von Ohnmacht und Dankbarkeit wird dann an den Verkaufsveranstaltungen teilgenommen, die wiederum von geschultem Personal durchgeführt werden. Auch in dieser Situation wird die Entscheidungsfreiheit des Verbrauchers mithilfe von psychologischem Druck beeinflusst.

Beiden Verkaufssituationen ist gemein, dass sie an Orten geführt werden, an denen der Verbraucher mit einem Verkaufsgespräch nicht rechnen muss, dass sie sich durch einen intensiven persönlichen Kontakt zwischen Unternehmer und Verbraucher auszeichnen und dass hinter ihnen zumeist eine aggressive Verkaufsstrategie steckt.[517] Die Verbraucher sind typischerweise in diesen Verkaufsabschlusssituationen nicht in der Lage, eine autonome und bewusste Entscheidung zu treffen, sondern lassen sich überrumpeln und aufgrund des psychischen Drucks voreilig zu einer Entscheidung leiten.[518] Diese Überrumpelungssituation stellt eine für den Verbraucher gefährliche Situation dar, in der er in eine gegenüber dem Unternehmer schwächere Position gedrängt wird, welche eine zusätzliche Bedenkzeit nach Beendigung der Drucksituation rechtfertigt.

Auch das Widerrufsrecht von Timesharingverträgen und Fernabsatzgeschäften ließe sich nach denselben Kriterien in die Kategorie Überrumpelungsschutz einordnen. Ein Timesharingvertrag bahnt sich regelmäßig im Urlaub an, also in einer Situation, in der der Verbraucher sich von seinem alltäglichen Stress erholt und entspannt ist. Widerholt haben Unternehmer dabei die Urlaubsstimmung der Verbraucher ausgenutzt, bewusst psychischen Druck ausgeübt und damit die Verbraucher zu einem Vertragsabschluss gedrängt.[519] Eine solche Überrumpelungssituation kann ein Widerrufsrecht im Timesharing rechtfertigen. Dabei darf aber nicht außer Acht gelassen werden, dass bei der genannten Fallkonstellation in einem gewissen Umfang Überschneidungen mit den außerhalb von Geschäftsräumen geschlossenen Verträgen in der Verbraucherrechterichtlinie bestehen und die Verbraucherrechterichtlinie damit in gewissem Maße den Schutz gegen eine Überrumpelung im Urlaub übernimmt.[520] Darüber hinaus verweist die neue

---

517 *Kammerer*, Harmonisierung des Verbraucherrechts in Europa, 26; *Loos* in Howells/ Schulze (Hrsg.), Modernising and Harmonising Consumer Contract Law, 245.

518 *Mankowski*, WM 2001, 793 (797 f.).

519 *Kind*, Die Grenzen des Verbraucherschutzes durch Information, 230 ff., die die Vertriebsmethoden mit praxisnahen Beispielen unterlegt; *Mäsch*, EuZW 1995, 8 (9 f.); *Martinek*, ZEuP 1994, 470 (478 f.); *Martinek* in Grundmann (Hrsg.), Systembildung und Systemlücken in Kerngebieten des Europäischen Privatrechts, 534.

520 *Riesenhuber*, System und Prinzipien des Europäischen Vertragsrechts, 331; *Kammerer*, Harmonisierung des Verbraucherrechts in Europa, 27.

Timesharing-Richtlinie von 2009 auf die Richtlinie über unlautere Geschäftspraktiken, die irreführende oder aggressive Geschäftspraktiken im Umgang mit dem Verbraucher verbietet,[521] und führt als Begründung des Widerrufsrechts aus, dass dem Verbraucher Gelegenheit gegeben werden soll, seine Rechte und Pflichten zu verstehen.[522] Folglich ist der Überrumpelungs- und Übereilungsschutz nicht vorderstes Schutzziel der Timesharing-Richtlinie.[523]

Beim Fernabsatz wird regelmäßig ebenfalls eine Gefahr vor übereilten Vertragsschlüssen zur Rechtfertigung eines Widerrufsrechts angenommen.[524] Zum einen bestehe insbesondere im elektronischen Geschäftsverkehr die Gefahr, dass Verträge aufgrund der schnelleren und leichteren Kommunikationsmöglichkeit per Internet ohne gründliche Vorüberlegung abgeschlossen würden.[525] Zum anderen trage die gelockerte Geschäftsatmosphäre zu einer möglichen Übereilung bei. Im Fernabsatzgeschäft werden Vertragsabschlüsse zu Hause, am Telefon, per Fax, per Bestellkarte oder im Internet abgeschlossen. Der Verbraucher tritt nicht mit dem Unternehmer persönlich in Kontakt, wobei eine „geschäftliche Atmosphäre" mit einer gewissen Förmlichkeit von Angesicht zu Angesicht verloren geht und eine natürliche Hemmschwelle zum Vertragsabschluss nicht existiert.[526]

Die spezifischen Gefahren bei der Abgabe einer elektronischen Willenserklärung hat der europäische Gesetzgeber in der Zwischenzeit durch die Richtlinie 2000/31/EG zum E-Commerce zum Teil eingedämmt, indem er die Mitgliedstaaten verpflichtet, dass ihre Diensteanbieter – im Verhältnis zum Verbraucher ohne Möglichkeit anderweitiger Individualabrede – für mehr Transparenz beim Bestellvorgang sorgen.[527] So soll der Diensteanbieter nach Art. 10 Abs. 1 lit. a), c), d) der E-Commerce-Richtlinie zusätzlich zu den sonstigen europarechtlichen Informationspflichten klar, verständlich und unzweideutig insbesondere über die einzelnen technischen Schritte, die zu einem Vertragsabschluss führen, über Korrekturmöglichkeiten vor Abgabe der Bestellung und über die für den Vertragsabschluss zur Verfügung stehenden Sprachen informieren.

Eine Überrumpelungsgefahr wie bei außerhalb von Geschäftsräumen geschlossenen Verträgen besteht bei Distanzgeschäften nicht. Zudem wiegen

---

521 Erwägungsgrund 9 der Timesharing-Richtlinie von 2009.

522 Erwägungsgrund 11 der Timesharing-Richtlinie von 2009.

523 *Riesenhuber*, System und Prinzipien des Europäischen Vertragsrechts, 330; *Kammerer*, Harmonisierung des Verbraucherrechts in Europa, 26; *Kappus*, EWS 1996, 273 (275); für das deutsche Recht *Martinek*, NJW 1997, 1393 (1396 f.).

524 *Riesenhuber*, System und Prinzipien des Europäischen Vertragsrechts, 327 f.; *Heinrichs* in FS Medicus, 188 f.

525 *Köhler*, NJW 1998, 185 (186).

526 *Riesenhuber*, System und Prinzipien des Europäischen Vertragsrechts, 328.

527 Richtlinie 2000/31/EG des Europäischen Parlaments und des Rates vom 8. Juni 2000 über bestimmte rechtliche Aspekte der Dienste der Informationsgesellschaft, insbes. des elektronischen Geschäftsverkehrs, im Binnenmarkt (E-Commerce-Richtlinie); ABl. EG Nr. L 178 vom 17. Juli 2000, S. 1–16.

die vereinfachten Möglichkeiten zum Abschluss eines Vertrages nicht so schwer, dass sie ein Widerrufsrecht rechtfertigen könnten. Der Rechtfertigungsgrund des Widerrufsrechts bei Fernabsatzverträgen besteht vielmehr aufgrund einer im Vergleich zum Unternehmer in besonderer Weise benachteiligenden Informationsasymmetrie.

2. Informationsasymmetrie

Eine weitere Kategorie für die Rechtfertigung des Widerrufsrechts stellt die Informationsasymmetrie dar, die vor allem bei der Absatzform des Fernabsatzes als Rechtfertigung dient.[528] Im Gegensatz zum Kauf in einem Ladenlokal hat der Verbraucher im Fernabsatz die von ihm bestellte Ware typischerweise nicht gesehen oder konnte sich von seinen Eigenschaften und Einsatzfähigkeit daher nicht überzeugen.[529] Zudem kann er den Unternehmer mangels persönlichen Kontakts schlechter einschätzen. So begründet auch der europäische Gesetzgeber selbst, dass „der Verbraucher in der Praxis keine Möglichkeit hat, vor Abschluss des Vertrags das Erzeugnis zu sehen oder die Eigenschaften der Dienstleistung im Einzelnen zur Kenntnis zu nehmen."[530] Dagegen hält ein Teil der Literatur ein zwingendes Widerrufsrecht bei Fernabsatzgeschäften für nicht sach- und interessengerecht.[531] Es sei ökonomisch nicht einzusehen, dass Verbraucher, die sich bewusst für eine Ware entschieden haben und sie im Fernabsatz bestellen, höhere Transaktionskosten hinnehmen müssen, um Verbraucher quer zu subventionieren, die sich eine Ware im Fernabsatz nur bestellen, um sie sich erst einmal anzuschauen. Dem ist entgegenzuhalten, dass das Widerrufsrecht dazu beiträgt, dass Verbraucher überhaupt Fernabsatzgeschäfte abschließen. Es hilft, das Vertrauen in den Binnenmarkt aufzubauen und aufrecht zu halten. Es ist sicherlich richtig, dass es Fernabsatzgeschäfte gibt, bei denen eine Prüf- und Bedenkzeit nicht erforderlich ist, beispielsweise weil es sich um einen Wiederholungskauf handelt und der Verbraucher das Produkt kennt. Denkbar bleiben jedoch weiterhin Fernabsatzgeschäfte, bei denen die Qualität nicht anhand des beigefügten Fotos ersichtlich ist und bei denen im Vergleich zum Ladengeschäft ein Informationsungleichgewicht besteht. Eine Aufteilung der Fernabsatzgeschäfte anhand der Waren – wie etwa *Eidenmüller* vorschlägt[532] – würde den Verbraucher verwirren und ihn davon

---

528 *Reiner*, AcP 203 (2003) 1 (10).

529 *Kammerer*, Harmonisierung des Verbraucherrechts in Europa, 29; *Reiner*, AcP 203 (2003) 1 (10); *Grundmann*, Europäisches Schuldvertragsrecht, 2.02, Rn. 18.

530 Erwägungsgrund 14 der Fernabsatzrichtlinie.

531 *Eidenmüller/Jansen/Kieninger/Wagner/Zimmermann*, JZ 2012, 269 (277 f.); *Eidenmüller* in Eidenmüller/Faust/Grigoleit/Jansen/Wagner/Zimmermann (Hrsg.), Revision des Verbraucher-*acquis*, 132 ff. Näher dazu zudem unter § 4 A. V.

532 Eidenmüller AcP 210 (2010), 67 (74); *Höhne*, Das Widerrufsrecht bei Kaufverträgen im Spannungsverhältnis von Opportunismus und Effektivität, 11.

abhalten, Fernabsatzgeschäfte zu tätigen. Daher ist das Widerrufsrecht auch bei Fernabsatzgeschäften wegen einer Informationsasymmetrie gerechtfertigt.

Zudem ist fraglich, ob diese Rechtfertigung auch für Fernabsatzgeschäfte über Dienstleistungen und insbesondere bei Fernabsatzgeschäften für Finanzdienstleistungen gilt. Bei Dienstleistungen kann der Verbraucher auch bei Vertragsschluss in einem Geschäftslokal nur Beschreibungen entgegennehmen und die Dienstleistung selbst nicht testen. Es bleibt lediglich die Unkenntnis über den Vertragspartner, die ein dringliches Verbraucherrisiko, das durch die Absatzform entstanden ist, allerdings nicht rechtfertigt.[533] Für die Fernabsatzverträge sollte die Rechtfertigung des Widerrufsrechts dennoch einheitlich für Waren und Dienstleistungen aufgrund der Informationsasymmetrie angenommen werden. Sowohl die Fernabsatzrichtlinie als auch die Verbraucherrechterichtlinie zielen darauf ab, die Absatzform in Bezug auf Waren und Dienstleistungen einheitlich zu schützen. Darüber hinaus dient die einheitliche Einräumung des Widerrufsrechts dazu, den Fernabsatz insgesamt zu fördern und das Vertrauen der Verbraucher in den Binnenmarkt und in die digitale Welt zu stärken.[534]

Etwas anderes gilt für die Fernabsatzrichtlinie für Finanzdienstleistungen. Sie hat ihren Ursprung zwar ebenfalls in der damaligen Fernabsatzrichtlinie, da der Finanzdienstleistungssektor bewusst aus der Fernabsatzrichtlinie ausgeschlossen wurde, um diesen Bereich gesondert zu regeln. Dennoch handelt es sich hier um Dienstleistungsverträge, die kein Informationsungleichgewicht zulasten des Verbrauchers aus der Tatsache begründen, dass sie durch ein Fernabsatzgeschäft zustande gekommen sind.[535]

3. Komplexität

Als weitere Kategorie hat sich die Komplexität eines Vertrags etabliert,[536] unter die die Timesharing-Richtlinie und die Fernabsatzrichtlinie für Finanzdienstleistungen zu fassen sind. Als komplex kann ein Vertragstyp bezeichnet werden, wenn der Gegenstand des Vertrags ein Rechtsprodukt ist, für dessen Gegenleistung eine mehrere Faktoren umschließende Berechnung erforderlich ist.[537] Daraus folgt, dass

---

533 *Grundmann*, Europäisches Schuldvertragsrecht, 2.02, Rn. 18; in der Weise auch *Loos* in Howells/Schulze (Hrsg.), Modernising and Harmonising Consumer Contract Law, 248, der ein Widerrufsrecht bei Fernabsatzverträgen generell als schwer zu rechtfertigen ansieht. Ein Argument für die Einführung eines Widerrufsrechts sei die Förderung von Onlineverträgen und damit der Abbau der Hemmschwelle zum Abschluss grenzüberschreitender Verträge.

534 *Loos* in Howells/Schulze (Hrsg.), Modernising and Harmonising Consumer Contract Law, 246 ff.; *Schulze/Zoll*, Europäisches Vertragsrecht, § 3, Rn. 122.

535 *Terryn* in Schulze (Hrsg.), Common Frame of Reference and Existing EC Contract Law, 151.

536 *Riesenhuber*, System und Prinzipien des Europäischen Privatrechts, 331; *Schmolke*, Grenzen der Selbstbindung im Privatrecht, S. 864.

537 *Mankowski*, Beseitigungsrechte, 1156.

die Leistung als Rechtskonstrukt für ihn nicht greifbar und die Einschätzung der Gegenleistung und damit der finanziellen Gesamtbelastung schlecht überschaubar ist und daher eine gewisse Zeit zum Entschlüsseln, Verstehen und Bewerten bedarf.

Die neue Timesharing-Richtlinie begründet die Einführung eines Widerrufsrechts damit, dass durch das Widerrufsrecht die Verbraucher die Gelegenheit bekommen, „ihre Rechte und Pflichten aus dem Vertrag in vollem Umfang zu verstehen".[538] Damit impliziert der Gesetzgeber, dass der Verbraucher nach Vertragsschluss Zeit benötigt, die Rechte und Pflichten genau zu studieren und u. U. einen Rechtsanwalt oder einen Steuerberater hinzuzuziehen.[539] In der Tat haben sich insbesondere im Bereich des Timesharings der Absatzmarkt sowie die Vertragsformen und Vertragstypen stark verändert, was u. a. der Grund für die Modifizierung der Richtlinie war.[540] Neue Urlaubsprodukte, Vertragskonstrukte wie der Wiederverkaufsvertrag eines Teilzeitnutzungsrechtes oder der Erwerb eines Rechts über ein Tauschsystem im Internet erfordern eine stärkere und zeitaufwendigere Durchdringung des abgeschlossenen Vertrags und den aus diesem resultierenden Rechten und Pflichten als etwa bei einem schlichten Kauf eines Gegenstandes an der Haustür.

Auch im Bereich der Finanzdienstleistungen hat sich der Vertragsgegenstand in den letzten Jahren deutlich verändert und ist komplexer geworden. Unter die Dienstleistungen im Finanzsektor fallen beispielsweise jedwede Bankdienstleistungen, sowie Dienstleitungen im Zusammenhang mit Geldanlagen, Zahlungen und Versicherungen.[541] Diese Instrumente stellen rechtliche Konstrukte dar, deren Verständnis nicht selten eine Bankausbildung erfordert. Daneben fällt ins Gewicht, dass diese Verträge mithilfe von Kommunikationsmitteln abgeschlossen werden, was eine persönliche Beratung in der Regel ausschließt.

Fraglich ist, ob die vorvertraglichen Informationspflichten diese Aufgabe übernehmen können. Sie dienen dazu, den Verbraucher im Vorfeld hinreichend über mögliche Risiken zu informieren und unterstützen den Verbraucher dabei, den Vertrag nach Verinnerlichung der Informationen informiert abzuschließen.[542] Dabei ist jedoch zu berücksichtigen, dass die Zeit zur Verinnerlichung der Informationen kurz vor Vertragsschluss bei den komplexen Vertragstypen nicht ausreicht. Mit dem Widerrufsrecht erlangt der Verbraucher die Bedenkzeit, die ihm vor Vertragsschluss fehlt.

Die Einbeziehung der Komplexität eines Vertrags in die Rechtfertigungsgründe eines Widerrufsrechts stellt damit eine Ausweitung des Widerrufsrechts dar. Der

---

538 Erwägungsgrund 11 der Timesharing-Richtlinie von 2009.

539 *Kammerer*, Harmonisierung des Verbraucherrechts in Europa, 30.

540 Erwägungsgrund 1 der Timesharing-Richtlinie von 2009.

541 Art. 2 b) FARLF.

542 *Kötz*, Europäisches Vertragsrecht, § 11, 282; *Kroll-Ludwigs*, ZEuP 2010, 509 (523); *Hoffmann*, Die Reform der Verbraucherkredit-Richtlinie (87/102/EWG), 225.

europäische Gesetzgeber beschränkte sich zunächst nur auf die Regelung eines Widerrufsrechts zum Schutz vor übereilten Entscheidungen und Überrumpelung durch den Unternehmer.[543] Bei der Anerkennung der Komplexität als Rechtsgrund für ein Widerrufsrecht ist daher darauf zu achten, dass nicht ein genereller Grund für ein Widerrufsrecht erwächst und sich das Grundsatz-Ausnahme-Prinzip zugunsten eines allgemeinen Widerrufsrechts für den Verbraucher umkehrt.[544] Um ein rechtspolitisches Ausufern des Widerrufsrechts zu verhindern, sollte daher neben der Kategorie der Komplexität noch ein weiterer Rechtfertigungsgrund vorliegen, selbst wenn er nur eine geringfügige Rolle spielt.

Für die Timesharingverträge käme neben der Komplexität noch die Überrumpelungs- und Übereilungsgefahr durch die Urlaubssituation in Betracht. Dieser mit einem weiteren Schutzziel kumulierten Kategorie können auch das Widerrufsrecht der Fernabsatzrichtlinie für Finanzdienstleistungen zugeordnet werden. Bei Fernabsatzverträgen für Finanzdienstleistungen ist neben einem komplexen Vertrag über Dienstleistungen im Bankwesen zu berücksichtigen, dass diese Verträge vereinfacht über das Internet oder ein anderes Kommunikationsmittel abgeschlossen werden und der Verbraucher daher die Seriosität des Unternehmers nicht einschätzen kann. Darüber hinaus betrifft die Richtlinie in weitem Maße die finanziellen Interessen des Verbrauchers, die auch zum Wohle der Wirtschaft besonderen Schutzes bedürfen.[545]

4. Einordnung der Verbraucherkreditrichtlinie 2008/48/EG

Zu Beginn der Diskussion um die Regelung des Verbraucherkredits auf europäischer Ebene in den 1980er Jahren galt als Anknüpfungspunkt für ein Widerrufsrecht allein die Überrumpelungssituation.[546] Zwar können Verbraucherkredite auch in einer Überrumpelungssituation geschlossen werden, etwa an der Haustür oder am Arbeitsplatz, und auch dort können aggressive Verkaufsmethoden eine

543 Zwar sah der Entwurf einer Verbraucherkreditrichtlinie von 1974 noch ein generelles Widerrufsrecht vor. Im Anschluss an den ersten Entwurf und die geführten Diskussionen war sich die Kommission jedoch darüber einig, ein Widerrufsrecht nur bei Kreditverträgen vorzusehen, die außerhalb der Geschäftsräume des Kreditgebers geschlossen wurden; vgl. *Hüttebräuker*, Die Entstehung der EG-Richtlinien über den Verbraucherkredit, 131.

544 *Eidenmüller*, AcP 210 (2010), 68 (68 f.); *Lorenz*, Der Schutz vor dem unerwünschten Vertrag, 212.

545 *Kammerer*, Harmonisierung des Verbraucherrechts in Europa, 30, der den Schutz der finanziellen Interessen basierend auf der *Travel-Vac*-Entscheidung des EuGHs (EuGH, Urteil v. 22. April 1999, Rs. C-423/97 (Travel VAC SL/Manuel José Antelm Sanchis), Slg. 1999, I-2195) sogar als eigenständige Kategorie ansieht.

546 *Steppeler* in Hörmann (Hrsg.), Verbraucherkredit und Verbraucherinsolvenz, 592, 604; *Scholz*, FLF 1987, 83 (85); für das deutsche Recht *Lorenz*, Der Schutz vor dem unerwünschten Vertrag, 175.

wesentliche Rolle für den Vertragsabschluss spielen. Allerdings werden solche Situationen von der damaligen Haustürgeschäfterichtlinie und nunmehr von der Verbraucherrechterichtlinie erfasst, sodass eine weitere Regelung in der Verbraucherkreditrichtlinie überflüssig wäre. Eine spezifische Überrumpelungssituation aufgrund des Vertragstyps ist beim Verbraucherkredit nicht anzunehmen. Dennoch haben viele Mitgliedstaaten von der Möglichkeit des Art. 15 VKRL 1986, über den Verbraucherschutz der Verbraucherkreditrichtlinie hinauszugehen, Gebrauch gemacht. Daher war abzusehen, dass ein Widerrufsrecht bei der Überarbeitung der Richtlinie integriert werden würde.[547] Die Rechtfertigung des Widerrufsrechts in der Verbraucherkreditrichtlinie von 2008 muss daher auf einem anderen Kriterium basieren.

Die Richtlinie selbst nennt kein Schutzziel als Rechtfertigung des Widerrufsrechts. Als Motivation wird die „Angleichung zu verwandten Sachgebieten“[548] angeführt. Eine Einordnung in die Kategorie Überrumpelungs- und Übereilungsschutz scheidet mangels eigenständiger immanenter Überrumpelungsgefahr aus. Die Annahme einer Übereilungsgefahr wäre zwar denkbar. Auch wenn der Verbraucher aus unterschiedlichen Gründen einen Kreditvertrag abschließt – sei es zur Erfüllung eines sehnlichen Wunsches, aus gesellschaftlichem Druck oder aus der Not heraus – ist allen allerdings eine gewisse Verlockung, schnell an Geld zu kommen, und ein spezieller Zeitdruck gemein, der keine längere Überlegung zulässt. Die Übereilungsgefahr allein stellt jedoch keinen Grund für ein Widerrufsrecht dar. Sie besteht ebenso bei einem Abschluss eines Kaufvertrags im Fernabsatz und ist auch dort nicht zentraler Rechtfertigungsgrund für das Widerrufsrecht. Die Gefahr im Verbraucherkredit liegt vielmehr in den langen Laufzeiten der Verträge und den existenzgefährdeten Kreditsummen. Die Rechtfertigung des Widerrufsrechts muss sich daher auf eine andere Begründung stützen.

In Betracht kommt das Kriterium der Informationsasymmetrie. Eine Informationsasymmetrie kann in den Fällen vorliegen, in denen der Verbraucher Kreditverträge im Fernabsatz abschließt. Zu berücksichtigen ist jedoch, dass es bei einem Kreditvertrag keinen Unterschied macht, ob der Verbraucher den Kredit in einem Verkaufslokal, in diesem Fall einer Bank, abschließt oder im Internet. Dadurch, dass es sich bei Kreditverträgen um eine Dienstleistung handelt, können dem Verbraucher sämtliche Informationen über das Internet ebenso wie in einer Bank übermittelt werden, sodass der Verbraucher bis auf einen persönlichen Kontakt zum Vertragspartner sämtliche Informationen vorliegen hat und daher keinem Informationsdefizit unterliegt, das ein Widerrufsrecht rechtfertigen könnte.

Das Widerrufsrecht kann jedoch über die Kategorie der Komplexität des Vertragstyps gerechtfertigt werden. Inhalt des Kreditvertrags ist die Vereinbarung eines Zahlungsaufschubes, eines Darlehensvertrags oder einer anderen

547 *Rott* in Reich/Micklitz/Rott/Tonner (Hrsg.), European Consumer Law, 197 (223, 224).
548 Erwägungsgrund 34 der Verbraucherkreditrichtlinie von 2008. Dazu *Rott* in Reich/Micklitz/Rott/Tonner (Hrsg.), European Consumer Law, 197 (212).

Finanzierungshilfe. Dabei handelt es sich um Verträge und Konstruktionen, deren Formen sich in den letzten Jahren durch immer neue Finanzierungsinstrumente immens verändert haben.[549] Dabei liegt die Gefahr in der zumeist langen Laufzeit, in der wiederkehrende Beträge gezahlt werden müssen und durch die die tatsächliche finanzielle Belastung nur theoretisch eingeschätzt werden kann. Jeder unvorhergesehene Zwischenfall kann die finanzielle Existenz des Verbrauchers enorm bedrohen. Das Widerrufsrecht soll bei den Kreditverträgen dem Verbraucher daher die Möglichkeiten geben, die Konstruktion und die daraus resultierenden möglichen Gefahren mithilfe der Informationen, die der Unternehmer bereitstellen muss, zu verstehen und für sich zu beurteilen.[550]

Zudem spricht für eine Einordnung des Verbraucherkreditvertrags in die Kategorie der Komplexität, dass der europäische Gesetzgeber das Widerrufsrecht im Verbraucherkreditrecht in Erwägungsgrund 34 der Verbraucherkreditrichtlinie von 2008 an die Bedingungen des Widerrufsrechts der Fernabsatzrichtlinie für Finanzdienstleistungen anlehnt, das ebenfalls aufgrund der Komplexität des Vertragstyps gerechtfertigt ist.

Wie beim Kriterium der Komplexität unter 3. erörtert sollte für die Rechtfertigung des Widerrufsrechts bei diesen Vertragstypen ein weiteres Kriterium vorliegen. Beim Kreditvertrag bestehen eine Übereilungsgefahr und ein besonderes Schutzbedürfnis der finanziellen Interessen des Verbrauchers. Im Gleichklang zur Fernabsatzrichtlinie für Finanzdienstleistungen ist die Rechtfertigung des Widerrufsrechts daher in der Komplexität des Vertragsgegenstands zu sehen.

II. Einteilung nach dem Auslöser der Gefahr

Eine andere Möglichkeit der Kategorisierung stellt die Einteilung in ein situationsbezogenes und ein vertragsgegenstandsbezogenes Widerrufsrecht dar.[551] Dabei überschneiden sich die Zuordnungen und die Begründungen zu einem Teil mit den oben dargestellten Kategorien nach dem Schutzziel.

1. Situationsbezogenes Widerrufsrecht

Das Widerrufsrecht wird auch bei dieser Einteilung als Schutzinstrument eingesetzt, weil der Verbraucher sich situationsbedingt gegenüber dem Unternehmer in einer schwächeren Position befindet. Als maßgebliches Kriterium für die Rechtfertigung eines situationsbezogenen Widerrufsrechts wird die Art des

549 Erwägungsgrund 5 der Verbraucherkreditrichtlinie von 2008.

550 *Loos* in Howells/Schulze (Hrsg.), Modernising and Harmonising Consumer Contract Law, 249; a. A. *Riesenhuber* in Riesenhuber (Hrsg.), Das Prinzip der Selbstverantwortung, § 10, 226 f.

551 Canaris, AcP 200 (2000), 273 (346 ff.); *Mankowski*, Beseitigungsrechte, 1155; *von Vogel*, Verbrauchervertragsrecht und allgemeines Vertragsrecht, 153 f.; *Westermann*, Verbraucherschutz, 94 ff.

Vertragsschlusses angesehen. Das Gefahrenmoment liegt in einer den Verbraucher benachteiligenden Situation beim Vertragsschluss. Dies ist insbesondere der Fall, wenn der Verbraucher von den Vertragsverhandlungen, die von dem Unternehmer ausgehen, überrascht wird. Eine Überraschungsgefahr besteht vor allem bei Geschäften außerhalb von Geschäftsräumen, wenn der Unternehmer ungefragt den Verbraucher zu Hause oder an seinem Arbeitsplatz aufsucht und ihn geschickt in ein Verkaufsgespräch verwickelt, oder wenn der Unternehmer unter Verdeckung seiner Absichten dem Verbraucher einen Ausflug anbietet, währenddessen er seine Ware anpreist. Ähnliche Überrumpelungssituationen können bei Vertragsverhandlungen des Unternehmers außerhalb seiner Geschäftsräume angenommen werden. Das Widerrufsrecht des Verbrauchers für außerhalb von Geschäftsräumen geschlossene Verträge bezieht sich demnach auf eine gefährliche Abschlusssituation und fällt somit unter die Kategorie der situationsbezogenen Widerrufsrechte.[552]

Besondere Gefahren bei der Abschlusssituation birgt auch der Fernabsatz für den Verbraucher. Der Verbraucher schließt einen Vertrag über Waren oder Dienstleistungen via Internet, Telefon, Post oder Fax ab, ohne jemals zuvor einen persönlichen Eindruck von dem Unternehmer und dem erworbenen Gegenstand bekommen zu haben. Darüber hinaus muss die niedrigere Hemmschwelle bei Vertragsschlüssen via Internet und weiteren Kommunikationsmitteln berücksichtigt werden. Der Verbraucher befindet sich daher auch während des Fernabsatzes in einer schwächeren Position, sodass der Fernabsatz zu den situationsbezogenen Widerrufsrechten gezählt werden kann.[553]

Fraglich ist dies wiederum für den Fernabsatz für Finanzdienstleistungen, da die besondere Abschlusssituation den Verbraucher im Vergleich zum persönlichen Abschluss in einem dafür vorgesehenen Kundencenter nicht in eine wesentlich schlechtere Lage versetzt.[554] Im Gleichklang an das zu der Einteilung nach Schutzzielen Gesagte liegt das Gefahrenmoment nur zum Teil bei der Abschlusssituation und betrifft vielmehr den Vertragsgegenstand selbst.[555]

2. Vertragsgegenstandsbezogenes Widerrufsrecht

Bei den vertragsgegenstandsbezogenen Widerrufsrechten resultiert die Rechtfertigung eines Widerrufsrechts aus dem Vertragsgegenstand selbst. Bei komplex gestalteten Vertragstypen kann sich ein Ungleichgewicht ergeben, zur Bewältigung dessen ein Übermaß an Informationen zur Erläuterung erforderlich und daher eine gewisse Zeit zur Bewältigung und Verarbeitung vonnöten ist.[556] Zu den

---

552 *Neumann*, Bedenkzeit vor und nach Vertragsabschluss, 114.
553 *Neumann*, Bedenkzeit vor und nach Vertragsabschluss, 114.
554 Vgl. dazu unter § 4 A. I. 3.
555 A. A. *Hau*, Vertragsanpassung und Anpassungsvertrag, 193.
556 *Mankowski*, Beseitigungsrechte, 1156. Zum Begriff der Komplexität siehe oben unter § 4 A. I. 3.

komplexen Vertragstypen zählen – wie bereits oben unter I. 3. erläutert – die verschiedenen Ausformungen des Timesharingvertrags und der Fernabsatzvertrag für Finanzdienstleistungen.

3. Einordnung der Verbraucherkreditrichtlinie 2008/48/EG

Zwar können Verbraucherkreditverträge auch an der Haustür oder im Fernabsatz vereinbart werden. Maßgeblich kommt es bei dem Abschluss von Kreditverträgen jedoch auf die diesem Vertragstyp immanenten Gefahren an.[557] Beim Verbraucherkreditvertrag ist von zentraler Bedeutung, dass der Verbraucher wegen der Komplexität der Materie und aufgrund der zumeist langen Laufzeiten länger Zeit benötigt, um sich der Tragweite des Vertrags bewusst zu werden und eine Entscheidung zu fällen. Das Widerrufsrecht der Verbraucherkreditrichtlinie von 2008 ist demnach den vertragsgegenstandsbezogenen Widerrufsrechten zuzuordnen.[558]

III. Einfluss der Vereinheitlichung von Widerrufsrechten auf die Rechtfertigung

Der Entwurf eines Gemeinsamen Referenzrahmens und die Verbraucherrechterichtlinie haben Widerrufsrechte basierend auf den europäischen Verbraucherschutzrichtlinien zusammengefasst und vereinheitlicht. Dabei hat der Entwurf eines Gemeinsamen Referenzrahmens den Weg gewählt, allgemeine Regeln, die für alle Widerrufsrechte gelten, voranzustellen und darauf spezifische Regeln für die jeweilige Vertragsabschlusssituation bzw. für den jeweiligen Vertragstyp folgen zu lassen. Damit kann der Entwurf eines Gemeinsamen Referenzrahmens in den speziellen Vorschriften etwaige Einschränkungen oder Voraussetzungen, die sich aus dem Rechtfertigungserfordernis ergeben, Folge leisten.

Die Verbraucherrechterichtlinie vereinheitlicht nur die Widerrufsrechte der Haustürgeschäfterichtlinie und der Fernabsatzrichtlinie, also die situationsbedingten Widerrufsrechte. Daher können spezifische Regelungen für beide Absatzformen gemeinsam geregelt werden, wobei möglichst wenig nach Fernabsatz und Haustürgeschäft differenziert wird.[559] Auch auf diesem Weg können besondere sich aus der Rechtfertigung ergebende Beschränkungen Berücksichtigung finden.[560]

Durch die Zusammenlegung von Widerrufsrechten wird der Anwendungsbereich des Widerrufsrechts nicht grundlegend geändert. Insbesondere wird durch

---

557 *Hoffmann*, Die Reform der Verbraucherkredit-Richtlinie (87/102/EWG), 225; *Kroll-Ludwigs*, ZEuP 2010, 509 (511).

558 *Mankowski*, Beseitigungsrechte, 1156.

559 So wird etwa beim Beginn der Widerrufsfrist nach Kauf- und Dienstleistungsvertrag, und nicht länger anhand der Absatzform unterschieden.

560 Einschränkungen und Konkretisierungen ergeben sich insbesondere aus den Definitionen zum Fernabsatz und zum Haustürgeschäft.

diese Arbeitsweise das Rechtfertigungselement des Widerrufsrechts beibehalten und kein allgemeines Widerrufsrecht geschaffen.[561]

IV. Idee eines kompetitiven Vertragsrechts

Abseits der Diskussion um die Rechtfertigung des Widerrufsrechts auf der Grundlage bestimmter Schutzziele schlägt *Micklitz* vor, den Wettbewerb durch ein allgemeines Widerrufsrecht über den Zeitpunkt des Vertragsschlusses hinaus zu verlängern.[562] Das Widerrufsrecht würde dem Verbraucher danach die Möglichkeit geben, sich ohne Angabe von Gründen von der eingegangenen Vertragsverbindlichkeit zu lösen, um das gewünschte Produkt für einen günstigeren Preis bei einem anderen Unternehmer zu erstehen. Allerdings ist zu bedenken, dass das Leitprinzip *pacta sunt servanda*, das sich nicht nur in den nationalen Rechtsordnungen wiederfindet, sondern auch Grundlage des europäischen Vertragsrechts ist, damit aufgelockert würde.[563] An dessen Stellenwert träte eine sehr verbraucherfreundlich ausgestaltete „genuine Gerechtigkeitslogik".[564] Sieht der Verbraucher ein von ihm begehrtes Produkt bei einem anderen Anbieter für einen geringeren Preis, soll er auch kurzfristig aus dem schon abgeschlossenen Vertrag aussteigen und in einen neuen eintreten können. Damit würde der Wettbewerb angefacht und der Verbraucher könne eine neue Macht erhalten, den Markt zu lenken. Der Markt könnte dann noch schnelllebiger auf die Wünsche der Verbraucher eingehen.

Selbst wenn der Eindruck entsteht, dass dem Verbraucher durch das Widerrufsrecht die Möglichkeit eines einfachen Wechsels der Verträge bereitet wird, findet sich in den betreffenden Richtlinien kein Anhaltspunkt für eine solche Ausweitung der Vertragsschlusssituation. Das Widerrufsrecht soll dem Verbraucher vielmehr eine nachträgliche Begutachtung der Ware,[565] ein besseres Verständnis der Rechte und Pflichten[566] und eine weitere Bedenkzeit[567] ermöglichen. Der europäische Gesetzgeber behandelt das Widerrufsrecht somit als Schutzinstrument[568] für den Verbraucher, um ein Ungleichgewicht auszugleichen, und nicht als Marktlenkungsinstrument, um allgemein die Stellung des Verbrauchers zu stärken und den Verbrauchern, die sich schnell und gut auf dem Binnenmarkt zurechtfinden, die Gelegenheit zu bieten, diese Schutzposition auszunutzen.[569]

---

561 A. A. *Eidenmüller et al.*, JZ 2008, 529 (545 f.).
562 *Micklitz*, ZEuP 1998, 253 (265 f.).
563 *Riesenhuber*, System und Prinzipien des Europäischen Vertragsrechts, 248, 579; *Kammerer*, Harmonisierung des Verbraucherrechts in Europa, 31.
564 *Micklitz*, ZEuP 1998, 253 (267).
565 Erwägungsgrund 14 der Fernabsatzrichtlinie.
566 Erwägungsgrund 11 der Timesharing-Richtlinie von 2009.
567 Erwägungsgrund 5 der Haustürgeschäfterichtlinie.
568 Erwägungsgrund 23 der Fernabsatzrichtlinie für Finanzdienstleistungen.
569 So auch *Büßer*, Das Widerrufsrecht des Verbrauchers, 132 f.

V. Idee eines dispositiven Widerrufsrechts

Während der Arbeiten am Entwurf des Gemeinsamen Referenzrahmens und an der Verbraucherrechterichtlinie kam immer wieder die Frage auf, ob ein zwingendes Widerrufsrecht bei außerhalb von Geschäftsräumen geschlossenen Verträgen und Fernabsatzverträgen sachlich noch gerechtfertigt ist.[570] Denn ökonomisch gesehen ist ein Widerrufsrecht nur sinnvoll, wenn dessen Nutzen die Kosten übersteigt.[571] Gegenstand von Fernabsatzgeschäfte seien in den meisten Fällen Waren oder Dienstleistungen mit geringeren Preisen. Ein einzelner ineffektiver Vertrag falle nicht stark ins Gewicht und berühre nicht die Existenz des Verbrauchers. Im Verhältnis dazu ließen jedoch steigende Transaktionskosten für das Bereitstellen eines Widerrufsrechts den Preis wahrnehmbar steigen, da diese Kosten auf alle Käufer verteilt würden. Vorgeschlagen wird daher, das Widerrufsrecht im Fernabsatz dispositiv auszugestalten oder dem Verbraucher eine Option zu bereiten, nach der er entscheiden kann, ob er eine Ware oder Dienstleistung mit oder ohne Widerrufsrecht kaufen möchte.[572]

Es ist sinnvoll, den Acquis communautaire bei einer horizontalen Vereinheitlichung nicht einfach zu übernehmen, sondern kritisch unter die Lupe zu nehmen. Schließlich wird es immer schwieriger, Regelungen, an die sich alle Akteure gewöhnt haben, wieder abzuändern oder gar aufzugeben.[573] Jedoch spricht einiges dafür, ein zwingendes Widerrufsrecht für Fernabsatzverträge aufrechtzuerhalten. Ein zwingendes Widerrufsrecht stärkt das Vertrauen der Verbraucher in das europäische Vertragsrecht. Insbesondere im Versandhandel haben sich die Verbraucher an ein Widerrufsrecht gewöhnt. Dort dient es zusätzlich, die Akzeptanz in neue Vertriebsmethoden und in das Funktionieren des Binnenmarkts zu stärken.[574]

Schließlich ist zu beachten, dass ein standardisiertes optionales Widerrufsrecht den Verbraucher dazu verleiten würde, wegen des Preisnachlasses auf das Widerrufsrecht zu verzichten. Entweder müssten die Verbraucher zusätzlich über die Folgen der Abwahl des Widerrufsrechts aufgeklärt und beraten werden, was zu

570 *Eidenmüller* in Eidenmüller/Faust/Grigoleit/Jansen/Wagner/Zimmermann (Hrsg.), Revision des Verbraucher-*acquis*, 131 ff.; *Wagner* in Eidenmüller/Faust/Grigoleit/Jansen/Wagner/Zimmermann (Hrsg.), Revision des Verbraucher-*acquis*, 22 f., 27 ff.; *Eidenmüller*, AcP 210 (2010), 67 (74 ff.); *Riesenhuber* in Riesenhuber (Hrsg.), Das Prinzip der Selbstverantwortung, § 10, 226; *Eidenmüller/Jansen/Kieninger/Wagner/Zimmermann*, JZ 2012, 269 (276 ff.). Dazu auch *Kötz*, Europäisches Vertragsrecht, § 11, 284.

571 *Eidenmüller*, AcP 210 (2010), 67 (78).

572 *Eidenmüller*, AcP 210 (2010), 67, (77); *Eidenmüller/Jansen/Kieninger/Wagner/Zimmermann*, JZ 2012, 269 (278); *Jansen*, ZEuP 2012, 741 (768 f.); *Heiderhoff*, Europäisches Privatrecht, § 7, Rn. 632.

573 *Zöchling Jud*, AcP 212 (2012), 550 (564 f.).

574 *Schulze/Zoll*, Europäisches Vertragsrecht, § 3, Rn. 133; *Zöchling-Jud*, AcP 212 (2012), 550 (564 f.).

weiteren Informationspflichten vor Vertragsschluss und zu einem Informationsüberfluss führen würde, oder der Verbraucher würde mit der Entscheidung schutzlos gestellt.[575]

Für das Verbraucherkreditrecht würde sich ein optionales Widerrufsrecht ebenfalls nicht anbieten.[576] Der Verbraucher soll die Möglichkeit bekommen, die diffizilen Verträge im Kreditrecht, die noch Auswirkungen weit in die Zukunft haben werden, zu überdenken. Zudem besteht die Gefahr, dass der Verbraucher das Widerrufsrecht ausschlägt, wenn sich dies auf den Kreditzins auswirkt.

VI. Zwischenergebnis

Ein Widerrufsrecht greift zugunsten der materiellen Vertragsfreiheit des Verbrauchers in die Privatautonomie des Unternehmers ein und schränkt das Prinzip *pacta sunt servanda* ein.[577] Daher bedarf jedes Widerrufsrecht einer Rechtfertigung, um dem Ausnahmecharakter gerecht zu werden. Die Schaffung eines allgemeinen Widerrufsrechts für jedes Geschäft mit Beteiligung eines Verbrauchers ist dogmatisch nicht erstrebenswert, da das Prinzip der Vertragsbindung im deutschen und europäischen Recht einen hohen Stellenwert innehat und mit dem Verbraucherschutzgedanken in Ausgleich zu bringen ist. Hinsichtlich der Rechtfertigung des Widerrufsrechts ist daher stets zu überprüfen, ob das Widerrufsrecht in der jeweiligen Regelungsmaterie notwendig ist, um ein Gleichgewicht zwischen hohem Verbraucherschutz und Wettbewerbsfähigkeit der Unternehmer herzustellen.

Die Rechtfertigung kann für jedes Widerrufsrecht einzeln erfolgen, was zunächst auch geschah. Mit dem Wunsch einer richtlinienübergreifenden Zusammenlegung von Rechtsinstituten wurde allerdings zur kohärenteren Rechtsangleichung eine Kategorisierung notwendig. Bisweilen haben sich eine Unterteilung nach den Schutzzielen (Überrumpelungs- und Übereilungsschutz, Informationsasymmetrie und Komplexität) und nach dem Auslöser der Gefahr (situationsbezogen oder vertragsgegenstandsbezogen) etabliert.

Bei der Verbraucherkreditrichtlinie 2008 ist die Rechtfertigung des Widerrufsrechts in der Komplexität des Vertragsgegenstandes zu sehen. Damit lässt sich die Verbraucherkreditrichtlinie von 2008 in die bereits bestehenden Kategorien zur Rechtfertigung des Widerrufsrechts einordnen. Die Ideen eines kompetitiven Vertragsrechts und eines dispositiven Widerrufsrechts unterlaufen das Ziel des Widerrufsrechts, den Vertrag noch einmal anhand aller Informationen zu überdenken

575 *Zöchling-Jud*, AcP 212 (2012), 550 (565).

576 *Eidenmüller*, AcP 210 (2010), 67 (81), der das Optionsmodell nur für den Fernabsatz vorschlägt.

577 *Eidenmüller*, AcP 210 (2010), 67 (67 f.); *Loos*, ZEuP 2007, 5 (6); *Kammerer*, Harmonisierung des Verbraucherrechts in Europa, 32 ff.; *Riesenhuber*, System und Prinzipien des Europäischen Vertragsrechts, 345.

und ggf. die Entscheidung zum Abschluss des Vertrags rückgängig zu machen, und sind daher abzulehnen.

B. Persönlicher Anwendungsbereich

Der Verbraucher kann nach Art. 11 VKRL 2008 den Kreditvertrag innerhalb von 14 Kalendertagen ohne Angabe einer Begründung widerrufen. Ein Widerrufsrecht besteht demnach nur, wenn der Anwendungsbereich der Verbraucherkreditrichtlinie von 2008 berührt ist.

Gem. Art. 2 Abs. 1 VKRL 2008 gelten die Regelungen der Verbraucherkreditrichtlinie für Kreditverträge. Darunter fallen Verträge, bei denen ein Kreditgeber einem Verbraucher einen Kredit in Form eines Zahlungsaufschubs, eines Darlehens oder einer sonstigen ähnlichen Finanzierungshilfe gewährt oder zu gewähren verspricht.[578] Der Anwendungsbereich umfasst somit drei Voraussetzungen: einen Kreditgeber, der aus beruflichen oder gewerbsmäßigen Motiven handelt und Kredite vergibt, einen Verbraucher in der Position des Kreditnehmers sowie einen Kreditvertrag. Im Folgenden sollen die Anforderungen an den Unternehmer und den Verbraucher im Unionsrecht näher untersucht und die Vorgaben der Verbraucherkreditrichtlinie von 2008 in das bestehende Konzept eingeordnet werden.

I. Der Unternehmer

Beim Merkmal des Unternehmers – wie auch beim Verbraucher – ist zwischen dem Unternehmerbegriff und dem Unternehmerleitbild zu unterscheiden. Dabei befasst sich der Unternehmerbegriff mit der Einordnung einzelner Personen und Personengruppen in den persönlichen Anwendungsbereich einer Richtlinie, während das Unternehmerleitbild normativ typisierend die Zweck- und Zielrichtung der Regeln bestimmt.[579] Das Leitbild ist daher für die Auslegung und die Ermittlung des hinter den Vorschriften stehenden Schutzziels von Bedeutung. Die Definition des Begriffs und das Leitbild üben zwar unterschiedliche Funktionen aus, stehen aber dennoch in einer steten Wechselbeziehung zueinander.[580]

1. Der Unternehmerbegriff im Unionsrecht

Zwar bietet das europäische Primärrecht im Wettbewerbsrecht Anhaltspunkte für den Begriff des Unternehmers.[581] Geprägt wurde der Unternehmerbegriff jedoch – wie der Verbraucherbegriff – erst durch die europäischen

578 Art. 3 c) VKRL 2008.
579 *Von Vogel*, Verbrauchervertragsrecht und allgemeines Vertragsrecht, 10.
580 MüKo/*Micklitz/Purnhagen*, Vor §§ 13, 14, Rn. 70, *Dumm*, VersR 1999, 129 (133); *von Vogel*, Verbrauchervertragsrecht und allgemeines Vertragsrecht, 10.
581 Insbesondere aus Art. 101 und 106 AEUV; vgl. Staudinger/*Habermann*, § 14, Rn. 5.

Verbraucherschutzrichtlinien.[582] Diese weisen für den Unternehmer ganz unterschiedliche Bezeichnungen auf. In der Timesharing-Richtlinie heißt er gem. Art. 2 Abs. 1 lit. e) TSRL 2009 *Gewerbetreibender*, in der Fernabsatzrichtlinie für Finanzdienstleistungen gem. Art. 2 c) FARLF *Anbieter* und in der Verbraucherrechterichtlinie gem. Art. 2 Abs. 2 VRRL *Unternehmer*. In der Verbraucherkreditrichtlinie von 2008 wird der Begriff des *Kreditgebers* weiterverwendet (Art. 3 lit. b) VKRL 2008). Im Kern enthält der Unternehmerbegriff zwei Elemente: die Eigenschaft als natürliche und juristische Person und das Handeln in Ausübung einer gewerblichen oder beruflichen Tätigkeit.[583]

Damit stellt der europäische Gesetzgeber im Wesentlichen auf die Zweckbestimmung der gewerblichen oder beruflichen Tätigkeit ab und entscheidet sich damit für einen funktionalen Unternehmerbegriff.[584] Jeder, der ein Geschäft in seiner beruflichen Funktion oder für ein Gewerbe tätigt, fällt unter den Begriff des Unternehmers.

2. Das Unternehmerleitbild im Unionsrecht

Das Unternehmerleitbild zeichnet sich durch eine gewisse Dynamik des Unternehmerbegriffs aus. Entscheidend ist nicht die Art und Weise der Funktionstätigkeit des Unternehmers, etwa ob er privat- oder öffentlich-rechtlich organisiert ist.[585] Der dynamische Unternehmer soll sich vielmehr im Wettbewerb behaupten und aktiv von den Grundfreiheiten Gebrauch machen. Er kann flexibel auf die Gegebenheiten des Binnenmarktes reagieren, ohne berufsregelnden Beschränkungen ausgesetzt zu sein und den Markt positiv gestalten. Das hinter dem Unternehmerbegriff normativ-typisierende Unternehmerleitbild[586] kann folglich als wettbewerbsorientiert[587] bezeichnet werden.

3. Einordnung der Verbraucherkreditrichtlinie 2008/48/EG

Nach Art. 3 lit. b) VKRL 2008 fallen unter den Begriff des Kreditgebers alle natürlichen und juristischen Personen, die in Ausübung ihrer gewerblichen oder beruflichen Tätigkeit einen Kredit gewähren oder zu gewähren versprechen. Der europäische Gesetzgeber wählt somit auch in der Verbraucherkreditrichtlinie von

582 MüKo/*Micklitz/Purnhagen*, Vor §§ 13, 14, Rn. 76.
583 Tamm/Tonner/*Tamm*, Verbraucherrecht, § 2, Rn. 57; *Riesenhuber*, System und Prinzipien des Europäischen Vertragsrechts, 254.
584 MüKo/*Micklitz/Purnhagen*, Vor §§ 13, 14, Rn. 111; Staudinger/*Habermann*, § 14, Rn. 14.
585 Dies lässt sich bspw. an der Definition des Unternehmers in der VRRL zeigen, nach der ein Unternehmer gem. Art. 2 Abs. 2 VRRL unabhängig von seiner öffentlichen oder privaten Natur bestimmt wird.
586 MüKo/*Micklitz/Purnhagen*, Vor §§ 13, 14, Rn. 70.
587 MüKo/*Micklitz/Purnhagen*, Vor §§ 13, 14, Rn. 111.

2008 den weiten funktionalen Unternehmerbegriff.[588] Kreditgeber, die mit der Kreditvergabe ihren Beruf oder ein Gewerbe ausüben, können regelmäßig die Branche mit ihren Risiken und Gefahren überblicken und haben gegenüber kreditnehmenden Verbrauchern einen Wissens- und Erfahrungsvorsprung. Diesen Kreditgebern sind aus verbraucherschützenden Gesichtspunkten Informationspflichten und ein Widerrufsrecht zumutbar, auch wenn das Widerrufsrecht eine Ungewissheit über die Dauer des Bestehens des Kreditvertrags mit sich bringt. Beide Schutzinstrumente zielen darauf ab, einem Ungleichgewicht der Vertragsparteien entgegenzuwirken und den Markt durch nahezu gleichstarke Vertragsparteien stabil zu halten. Das marktorientierte Unternehmensleitbild im Unionsrecht findet sich somit auch in der neuen Verbraucherkreditrichtlinie wieder.

4. Zusammenspiel der Merkmale Unternehmer und Verbraucher

Für die Frage eines Interessenausgleichs entscheidend ist, wer Verbraucher ist und welche Schutzrichtung hinter dem Verbraucherbegriff steht, denn danach bemessen sich die Notwendigkeit von verbraucherschützenden Instrumenten und ihre Effektivität. Das Widerrufsrecht wurde als Schutzmechanismus zugunsten des Verbrauchers in den verbraucherschützenden Richtlinien entwickelt. Der Unternehmer steht dem Verbraucher dabei als Gegenpart gegenüber. Dies spiegelt sich auch in den Definitionen der Begriffe wider, da der Verbraucherbegriff negativ vom Unternehmerbegriff abgegrenzt wird.[589] Der Verbraucherbegriff weist im Wesentlichen die Merkmale „natürliche Person" und „Handeln zu einem Zweck, der nicht der beruflichen oder gewerblichen Tätigkeit zugerechnet werden kann" auf.[590] Der Unternehmerbegriff und der Verbraucherbegriff stehen somit in Bezug zueinander.[591] Dies bedeutet allerdings nicht, dass eine Person oder Personengruppe automatisch der anderen Kategorie zuzuordnen ist, falls eine Eigenschaft zu verneinen ist. Es ist stets für den konkreten Fall zu entscheiden, ob sich ein Unternehmer auf der Anbieterseite und ein Verbraucher auf der Nachfragerseite gegenüberstehen.

Im Folgenden ist zu untersuchen, wer als Verbraucher zu bezeichnen ist und den besonderen Schutz des Verbrauchervertragsrechts genießt. Darüber hinausgehend soll der Überlegung nachgegangen werden, ob die Verbraucherkreditrichtlinie von 2008 dem Verbrauchermodell der vorangegangenen verbraucherschützenden Richtlinien folgt oder eine Veränderung zu verzeichnen ist.

---

588 *Tamm*, Verbraucherschutzrecht, 344.

589 Müko/*Micklitz/Purnhagen*, § 13, Rn. 8; Staudinger/*Habermann*, § 24, Rn. 2.

590 Grabitz/Hilf/Nettesheim/*Pfeiffer*, Das Recht der Europäischen Union, Bd. II, Art. 169 AEUV, Rn. 24.; Staudinger/*Kannowski*, § 13, Rn. 18. Näher dazu unter § 4 B. II. 1. a. bb.

591 *Von Vogel*, Verbrauchervertragsrecht und allgemeines Vertragsrecht, 12, der diesen Bezug „Komplementärverhältnis" nennt; Staudinger/*Habermann*, § 14, Rn. 2; *Gregor*, GPR 2007, 73 (73).

II. Der Verbraucher

Die Unterscheidung zwischen Begrifflichkeit und Leitbild ist beim Verbraucher von größerer Bedeutung als beim Unternehmer. Der Verbraucher steht im Mittelpunkt des Verbraucherrechts. Ihm gebührt der Schutz. Wie weit der Schutz gehen soll, ist abhängig von der zugrunde liegenden Schutzkonzeption. Für eine weitere Rechtsangleichung ist entscheidend, ob es im europäischen Verbraucherprivatrecht bereits eine einheitliche Vorstellung über die Schutzbedürftigkeit des Verbrauchers gibt und ob auch die Verbraucherkreditrichtlinie von 2008 dieser folgt und sinnvollerweise folgen sollte.

1. Der Verbraucherbegriff im Unionsrecht

Dem Unionsrecht liegt keine einheitliche Definition des Verbraucherbegriffs zugrunde. Vielmehr wird der Verbraucher im jeweiligen Kontext definiert.[592] Dennoch haben sich die Definitionen jedenfalls im Sekundärrecht, in der Rechtsprechung und in der Wissenschaft immer weiter angenähert und lassen längst einen einheitlichen Begriffskern erkennen.[593]

a. Verbraucherbegriff im Primär- und Sekundärrecht

Im europäischen Recht findet sich der Begriff des Verbrauchers in den Gründungsverträgen, in den darauf beruhenden Richtlinien zum Vertragsrecht und in den Verordnungen zum internationalen Privat- und Zivilprozessrecht der EU.

aa. Primärrecht

Im Primärrecht wird der Verbraucher an mehreren Stellen erwähnt, ohne dass er einheitlich definiert würde.[594] In der Agrarpolitik wird der Begriff des Verbrauchers in Art. 39 Abs. 1 lit e) AEUV als Gegenpart zum Erzeuger benutzt. Dabei fasst der EuGH unter den Verbraucherbegriff nicht nur den Endverbraucher, sondern auch etwa die verarbeitende Industrie.[595]

In der Wettbewerbspolitik spricht Art. 101 Abs. 3 AEUV von Verbraucherbeteiligung. Auch hier ist der Verbraucherbegriff weit zu verstehen. Er beinhaltet neben den Endabnehmern alle Personen und Unternehmen, die dem Erzeuger und

---

592 *Heiderhoff*, Europäisches Privatrecht, § 5, Rn. 197; *Mohr*, AcP 204 (2004), 660 (671); Schwarze/*Berg*, EU-Kommentar, Art. 169 AEUV, Rn. 7.

593 MüKo/*Micklitz/Purnhagen*, Vor §§ 13, 14, Rn. 79; Tamm/*Tonner/Tamm*, Verbraucherrecht, § 2, Rn. 7; Grabitz/Hilf/Nettesheim/*Pfeiffer*, Das Recht der Europäischen Union, Bd. II, Art. 169 AEUV, Rn. 24.

594 *Dreher*, JZ 1997, 167 (168); *Reichardt*, Der Verbraucher und seine variable Rolle im Wirtschaftsverkehr, 166.

595 EuGH, Urteil v. 16. November 1989, Rs. C-131/87 (Kommission/Rat), Slg. 1989, 3730, Rn. 23 f.

Vertreiber als Abnehmer gegenüberstehen.[596] Dagegen zielen Art. 107 Abs. 2 lit. a) und Art. 169 AEUV auf den privaten Endverbraucher ab, ebenso wie Art. 38 der Grundrechtecharta, die seit dem Vertrag von Lissabon gem. Art. 6 Abs. 1 EUV auf gleicher Stufe mit den Gründungsverträgen steht.[597]

bb. Sekundärrecht

Konkreter wird der Verbraucherbegriff im verbraucherschützenden Richtlinienrecht und in den Verordnungen zum internationalen Privat- und Zivilprozessrecht der EU bestimmt.

(1) Verbraucherschutzrichtlinien

Der verbraucherschützende Acquis communautaire beinhaltet mehrere verbrauchervertragsrechtliche Richtlinien, denen allen zwar keine einheitliche Definition gemein ist, da der Unionsgesetzgeber zunächst nur sektorspezifisch auf die jeweiligen Regelungsbedürfnisse und Regelungsnotwendigkeiten reagiert hat.[598] Allerdings lässt sich den verbrauchervertragsrechtlichen Richtlinien zumindest im Kerngebiet des Vertragsrechts ein eigenständiger gemeinsamer Verbraucherbegriff entnehmen.[599] Danach werden Verbraucher als natürliche Personen definiert, die bei den betroffenen Verträgen zu einem Zweck handeln, der nicht ihrer beruflichen oder gewerblichen Tätigkeit zugerechnet werden kann.[600] Diese Definition des Verbrauchers wird auf Art. 2 HGRL zurückgeführt und hat sich für die weitere Entwicklung des Verbraucherrechts als systembildend herausgestellt.[601] Anders als im Primärrecht schützen die verbraucherschützenden Richtlinien nur den privaten Endverbraucher, der nicht aus beruflichen oder gewerblichen Zwecken handelt. Dieser Definition folgt auch die Fernabsatzrichtlinie für Finanzdienstleistungen

---

596 Für den Art. 101 Abs. 3 AEUV Schwarze/*Brinker*, EU-Kommentar, Art. 101 AEUV, Rn. 87. Dauses/Ludwigs/*Hoffmann*, Handbuch des EU-Wirtschaftsrechts, H. I. § 2, Rn. 181; Zu den Vorgängerregelungen *Krämer*, EWG-Verbraucherrecht, 18; *Rösler*, Europäisches Konsumentenvertragsrecht, 105.

597 Zum Bezug der Grundrechtecharta mit dem engen Verbraucherbegriff *Rösler*, Europäisches Konsumentenvertragsrecht, 105.

598 Dauses/Ludwigs/*Micklitz/Rott*, Handbuch des EU-Wirtschaftsrechts, H. V., Rn. 95; Staudinger/*Kannowski*, Vorbem. zu §§ 13, 14, Rn. 17; *Mülbert*, WM 2004, 905 (906); *Armbrüster*, ZIP 2006, 406 (406); *Reich/Micklitz*, Europäisches Verbraucherrecht, 46 ff.; *Büßer*, Das Widerrufsrecht des Verbrauchers, 36.

599 Dauses/Ludwigs/*Micklitz/Rott*, Handbuch des EU-Wirtschaftsrechts, H. V., Rn. 109; *Riesenhuber*, EU-Vertragsrecht, § 5, Rn. 6; *von Vogel*, Verbrauchervertragsrecht und allgemeines Vertragsrecht, 11.

600 Eine tabellarische Übersicht zu den Unternehmer- und Verbraucherbegriffen in den Vertragsrechtsrichtlinien findet sich in *Riesenhuber*, System und Prinzipien des Europäischen Vertragsrechts, 251 f.

601 Dauses/Ludwigs/*Micklitz/Rott*, Handbuch des EU-Wirtschaftsrechts, H. V., Rn. 104.

in Art. 2 lit. d) FARLF.[602] Die Verbraucherrechterichtlinie ergänzt in Art. 2 Nr. 1 VRRL die Zweckrichtung der Tätigkeit um die geschäftliche und handwerkliche Tätigkeit, was vielmehr eine klarstellende Funktion innehat.[603] Die Timesharing-Richtlinie von 1994 wich noch von der mittlerweile vereinheitlichten Verbraucherdefinition ab und definierte in Art. 2 Spiegelstrich 3 TSRL 1994 den Erwerber, als natürliche Person, der das im Vertrag vorgesehene Recht übertragen wird. Mit der revidierten Richtlinie wird in Art. 2 Abs. 1 lit. f) TSRL 2009 aber auch im Timesharing der enge zweckorientierte Verbraucherbegriff eingeführt.

(2) Verordnungen im internationalen Privat- und Zivilprozessrecht

Sowohl in der Rom-I-Verordnung vom 7. Juni 2008, die das internationale Privatrecht der Europäischen Union im Bereich vertraglicher Schuldverhältnisse regelt,[604] als auch die Brüssel-Ia-Verordnung vom 12. Dezember 2012, die das Recht der internationalen Zuständigkeit der Gerichte sowie der Anerkennung und Vollstreckung von Entscheidungen in Zivil- und Handelssachen zum Gegenstand hat,[605] wird der Verbraucher ausdrücklich definiert. Art. 17 Abs. 1 der Brüssel-Ia-Verordnung bestimmt den Verbraucher als eine Person, die einen Vertrag zu einem Zweck geschlossen hat, der nicht der beruflichen oder gewerblichen Tätigkeit dieser Person zugerechnet werden kann. Dabei folgt die Brüssel-Ia-Verordnung der zweckgebundenen Negativdefinition der verbraucherschützenden Richtlinien. Allerdings ist der Schutz der Verbraucher in der Brüssel-Ia-Verordnung weiter als in den verbraucherschützenden Richtlinien. Zum einen werden juristische Personen oder gemeinnützige Stiftungen und Vereine vom Wortlaut her nicht generell vom Schutzbereich ausgeschlossen.[606] Zum anderen muss dem Verbraucher nicht zwingend ein Unternehmer gegenüberstehen.[607] Ein Verbrauchergeschäft

---

602 Vgl. unter § 3 D. I. 1.

603 *Grundmann*, JZ 2013, 53 (55).

604 Verordnung EG Nr. 593/2008 des Europäischen Parlaments und des Rates vom 17. Juni 2008 über das auf vertragliche Schuldverhältnisse anzuwendende Recht (Rom I), ABl. EG Nr. L 177 vom 4. Juli 2008, S. 6–16.

605 Verordnung EU Nr. 1215/2012 des Europäischen Parlaments und des Rates vom 12. Dezember 2012 über die gerichtliche Zuständigkeit und die Anerkennung und Vollstreckung von Entscheidungen in Zivil- und Handelssachen (Neufassung), ABl. EU Nr. L 351 vom 20. Dezember 2012, S. 1–32.

606 *Faber*, ZEuP 1998, 854 (857), der den Anwendungsbereich nicht auf natürliche Personen begrenzt sieht; a. A. Geimer/Schütze/*Geimer*, Europäisches Zivilverfahrensrecht, A. 1, Art. 15 VO (EG) Nr. 44/2001, Rn. 18; Rauscher/*Staudinger*, Europäisches Zivilprozess- und Kollisionsrecht, Art. 17 Brüssel Ia-VO, Rn. 1 ff.; *Kropholler/von Hein*, Europäisches Zivilprozessrecht, Art. 15 EuGVO, Rn. 6, die nach dem Zweck des Schwächerenschutzes eine enge Auslegung des Verbraucherbegriffs vorsehen.

607 *Pfeiffer*, EuZW 2008, 622 (626); *Rösler*, Europäisches Konsumentenvertragsrecht, 106.

liegt bei Bejahung der Verbrauchereigenschaft bereits vor, wenn es sich bei dem Vertrag um einen Teilzahlungskauf einer beweglichen Sache (Art. 17 Abs. 1 lit. a) der Brüssel-Ia-Verordnung), einen ratenweise zurückzuzahlenden Darlehensvertrag (Art. 17 Abs. 1 lit. b), 1. Alt. der Brüssel-Ia-Verordnung) oder einen sonstigen Kreditvertrag handelt, der der Finanzierung eines Kaufs dient (Art. 17 Abs. 1 lit. b), 2. Alt. der Brüssel-Ia-Verordnung). Bei anderen Vertragstypen kommt es darauf an, ob der Vertragspartner eine berufliche oder gewerbliche Tätigkeit ausübt und seine Tätigkeit auf den Mitgliedstaat richtet, in dem der Verbraucher seinen Wohnsitz hat (Art. 17 Abs. 1 lit. c) der Brüssel-Ia-Verordnung).

Die Rom-I-Verordnung folgt – anders als noch ihre Vorgängerregelung – nicht dem Muster der Brüssel-Ia-VO, sondern orientiert sich vollumfänglich an den verbraucherschützenden Richtlinien. Für einen Verbrauchervertrag bedarf es unabhängig vom Vertragstyp eines Verbrauchers, der einen Vertrag mit einem Unternehmer abschließt. Dabei ist der Verbraucher als eine natürliche Person anzusehen, die zu einem Zweck handelt, der nicht ihrer beruflichen oder gewerblichen Tätigkeit zugerechnet werden kann. Auch wenn die Brüssel-Ia-Verordnung einen weiteren Anwendungsbereich wählt, so ist dennoch festzuhalten, dass sich die Definition des Verbrauchers in beiden Verordnungen der auf den Zweck des Handelns gerichteten Verbraucherdefinition der verbraucherschützenden Richtlinien annähert.[608]

cc. Abgrenzungsbereiche

Die Definition des Verbraucherbegriffs, die sich in den meisten verbraucherschützenden Richtlinien und im europäischen Kollisionsrecht wiederfindet, klärt nicht alle Fragen zur Einbeziehung in den Schutzbereich des Verbrauchers. Einige Abgrenzungsbereiche, etwa Zusammenschlüsse von natürlichen Personen oder Existenzgründer, könnten nach dem Sinn und Zweck in den Schutzbereich mit aufgenommen werden, obwohl sie vom Wortlaut nicht eindeutig als natürliche Person bezeichnet werden können. Dies birgt die Gefahr der Ausweitung des Verbraucherbegriffs in sich. Darüber hinaus ist fraglich, wie Geschäfte zu behandeln sind, die sowohl aus privaten als auch aus beruflichen oder gewerblichen Zwecken vorgenommen werden, sogenannte Dual-Use-Fälle, und ob Arbeitnehmer als Verbraucher anzusehen sind. Neben der Literatur hat sich auch der EuGH mit einigen Abgrenzungsbereichen beschäftigt.

(1) Juristische Personen

In einer ganzen Reihe von Verbraucherdefinitionen wird der Verbraucher zunächst als natürliche Person bestimmt. Auf diese Weise werden juristische Personen durch die verbraucherschützenden Richtlinien vom Anwendungsbereich ausgeschlossen.

---

608 Grabitz/Hilf/Nettesheim/*Pfeiffer*, Das Recht der Europäischen Union, Bd. II, Art. 169 AEUV, Rn. 24; Schulze/Zuleeg/Kadelbach/*Staudinger*, Europarecht, § 22, Rn. 19; *Kluth*, Die Grenzen des kollisionsrechtlichen Verbraucherschutzes, 265.

Eine Ausnahme stellt die Pauschalreiserichtlinie dar,[609] nach der gem. Art 3 Nr. 6 PRRL jede Person, die auf der Grundlage der Richtlinie einen Vertrag schließen möchte oder als Berechtigter hervorgeht, Reisender ist. Ebenso sehen die Vorgängerregelungen der Rom-I-Verordnung und die Brüssel-Ia-Verordnung keine Einschränkungen für juristische Personen vor.[610] Für die Vorgängerregelung der Brüssel-Ia-Verordnung, das EuGVÜ,[611] hat jedoch der EuGH eine Eingrenzung vorgenommen. Er entschied in seinem Urteil *Benincasa*, dass ein Vertrag nur dann ein Verbrauchervertrag ist, wenn ihn „eine Einzelperson zur Deckung ihres Eigenbedarfs beim privaten Verbrauch schließt".[612]

Die generelle Ausklammerung juristischer Personen aus dem Schutzbereich wird verbreitet als verfehlt angesehen.[613] Dies wird deutlich, wenn man die Gesellschaft bürgerlichen Rechts (GbR) einem nicht-wirtschaftlichen Verein, dem Idealverein, gegenüberstellt. Die Ausklammerung juristischer Personen bedeutet im Umkehrschluss für das deutsche Recht, dass Personengemeinschaften, die nach dem deutschen Verständnis keine juristischen Personen sind, wie etwa eine Bruchteilsgemeinschaft, eine Erbengemeinschaft oder eine Wohnungseigentümergesellschaft, Verbraucher sein können, wenn sie außerhalb ihrer beruflichen und gewerblichen Tätigkeit handeln.[614] Dies wird auch für die teilrechtsfähige Gesellschaft bürgerlichen Rechts angenommen.[615] Auch wenn die GbR durch Teilnahme

---

609 Richtlinie 2015/2302/EU des europäischen Parlaments und des Rates vom 25. November 2015 über Pauschalreisen und verbundene Reiseleistungen, zur Änderung der Verordnung (EG) Nr. 2006/2004 und der Richtlinie 2011/83/EU des Europäischen Parlaments und des Rates sowie zur Aufhebung der Richtlinie 90/314/EWG des Rates, ABl. EU Nr. L 326 vom 11. Dezember 2015, S. 1–33.

610 Dazu auch Schulze/Zuleeg/Kadelbach/*Schulte-Nölke*, Europarecht, § 23, Rn. 32.

611 Übereinkommen von Brüssel über die gerichtliche Zuständigkeit und die Vollstreckung gerichtlicher Entscheidungen in Zivil- und Handelssachen von 1968 (konsolidierte Fassung), ABl. EG Nr. C 27 vom 26. Januar 1998, S. 1–33.

612 EuGH, Urteil v. 3. Juli 1997, Rs C-269/95 (Benincasa/Dentalkit), Slg. 1997, I-3767, Rn. 15.

613 *Faber*, ZEuP 1998, 854 (860, 864); *Kapnopoulou*, Das Recht der missbräuchlichen Klauseln in der Europäischen Union, 35 ff.; *Pfeiffer* in Schulte-Nölke/Schulze (Hrsg.), Europäisches Vertragsrecht im Gemeinschaftsrecht, 85 (87); *Remien*, ZEuP 1994, 34 (42).

614 A. A. *Mülbert*, WM 2004, 905 (907), der aus der Einbeziehung der juristischen Person in den Begriff des Gewerbetreibers folgert, dass der Begriff des Verbrauchers nur „rein natürliche" Personen umfasst. Aus den verschiedenen Sprachfassungen könne man herleiten, dass jedenfalls alle rechtsfähigen Identitäten nicht Verbraucher im Sinne des Gemeinschaftsrechts sein können; vgl. auch *Wagner*, BKR 2003, 649 (651).

615 Staudinger/*Kannowski*, § 13, Rn. 35, 36; Bamberger/Roth/*Schmidt-Räntsch*, § 13 Rn. 6; Hk-BGB/*Dörner*, § 14, Rn. 2; MüKo/*Schürnbrand*, § 491, Rn. 16; *Wolf/Neuner*, AT, § 15, Rn. 5; Palandt/*Ellenberger*, § 13, Rn. 2; Nomos Kommentar BGB/*Ring*, § 14, Rn. 10; *Wojtkowiak*, Der Rückforderungsdurchgriff beim verbundenen Geschäft nach dem modernisierten Schuldrecht, 56; a. A. *Dauner-Lieb/Dötsch*, DB 2003, 1666 (1666);

am Rechtsverkehr eigene Rechte und Pflichten begründet, selbst die aktive und passive Parteifähigkeit in einem Zivilprozess innehat und das Verhältnis zwischen der Verbindlichkeit der Gesellschaft und der Haftung der Gesellschafter dem Verhältnis einer OHG entspricht,[616] handelt es sich bei der GbR lediglich um einen Zusammenschluss natürlicher Personen. Solange dieser Zusammenschluss nicht zu beruflichen oder gewerblichen Zwecken handelt, ist er als natürliche Person anzusehen. Die GbR stellt keine juristische Person im Sinne der Ausklammerung dar.[617]

Anders ist die Lage bei nicht-wirtschaftlichen Vereinen, sogenannte Idealvereine, zu beurteilen. Dabei handelt es sich um einen Zusammenschluss mehrerer Personen unter einem Vereinsnamen auf freiwilliger Basis.[618] Der Idealverein ist unabhängig von seinen Mitgliedern auf eine gewisse Dauer angelegt und verfolgt einen gemeinschaftlichen ideellen Zweck. Damit bleiben wirtschaftliche Betätigungen nur untergeordnete Nebenzwecke. Allerdings sind Idealvereine körperschaftlich organisiert und deshalb von den hinter dem Verein stehenden Personen unabhängig. Idealvereine fallen als juristische Personen nicht unter den Verbraucherbegriff.[619]

Die Schutzbedürftigkeit einer Person oder Vereinigung bestimmt sich vor allem aus dem Schutzzweck der verbraucherschützenden Regelungen. Verbraucherverträge schützen alle natürlichen Personen, die mit dem Vertrag nicht ihren beruflichen oder gewerblichen Tätigkeiten nachgehen, sodass davon ausgegangen werden kann, dass sie diese Geschäfte im Gegensatz zum Unternehmer nicht routiniert und erfahren abschließen. Dabei macht es keinen Unterschied, ob sich mehrere natürliche Personen zu diesem Zweck zusammenschließen. Etwas anderes ist es, wenn bei einem Zusammenschluss nicht die dahinter stehenden Personen im Vordergrund stehen, sondern ein unabhängiges Rechtsgebilde.[620] Folglich ist es durchaus sachgerecht, die Rechtsform als Kriterium für die Schutzbedürftigkeit heranzuziehen.[621]

Krebs, DB 2002, 517 (517 f.); *Mülbert*, WM 2004, 905 (907); Jauernig/*Mansel*, § 13, Rn. 2; *Reiff* in FS Schirmer, 501 (509).

616 BGH, Urteil vom 23. Oktober 2001, Az. XI ZR 63/01, NJW 2002, 368; MüKo/*Schäfer*, Vorbem. § 705, Rn. 11; *Bieder*, NZI 2001, 235 (236).

617 Staudinger/*Kannowski*, § 13, Rn. 35, 36; *Mairose*, RNotZ 2012, 467 (469); *Wunderlich*, BKR 2002, 304 (305 ff.); a. A. Prütting/Wegen/Weinreich/*Prütting*, § 13, Rn. 8.

618 MüKo/*Arnold*, § 54, Rn. 1.

619 *Pfeiffer*, NJW 2012, 2609 (2611), der überlegt, „kleine" Idealvereine in den Verbraucherbegriff einzubeziehen.

620 *Wiedenmann*, Verbraucherleitbilder und Verbraucherbegriff im deutschen und europäischen Privatrecht, 173 ff.; *Kluth*, Die Grenzen des kollisionsrechtlichen Verbraucherschutzes, 365, der zudem auf die Trennung des Gesellschaftsvermögens vom Vermögen der Mitglieder eingeht.

621 So auch *von Vogel*, Verbrauchervertragsrecht und allgemeines Vertragsrecht, 13.

Zum einen schützt diese Abgrenzung den Rechtsverkehr durch eine klare Differenzierung, auch wenn die Geschäftskompetenz der Vorstandsmitglieder eines Idealvereins nicht per se größer ist als bei der dahinterstehenden natürlichen Person. Zum anderen ist dem Vorstandsmitglied bei Vertretung des Idealvereins durchaus bewusst, dass er bei einer Handlung für das rechtliche Konstrukt des Vereins und nicht für eine Ansammlung natürlicher Personen tätig wird. Auch der EuGH hat in seiner Entscheidung *Idealservice*[622] den juristischen Personen die Verbrauchereigenschaft versagt. Der Verbraucherbegriff, so wie er in der Klauselrichtlinie definiert wird, sei in der Weise auszulegen, dass er sich ausschließlich auf natürliche Personen bezieht. Dies könne aus einem Umkehrschluss aus der Definition des Gewerbetreibers entnommen werden, der sowohl auf natürliche als auch auf juristische Personen Bezug nimmt.

Neuere Überlegungen gehen dahin, auch kleine und mittlere Unternehmen (KMU) ähnlich dem Verbraucher zu schützen.[623] Dabei sollte der Verbraucherbegriff jedoch nicht auf die KMU ausgeweitet werden, sondern eigene Schutzvorschriften für die KMU erlassen werden, die sich an den Schutzvorschriften des Verbrauchers orientieren.[624]

Ein weiterer Abgrenzungsfall betrifft die Existenzgründungsphase einer juristischen Person. Die sogenannte Vor-GmbH ist noch keine juristische Person und könnte demnach der Verbrauchereigenschaft unterliegen.[625] Auf die Vor-GmbH finden aber bereits vor der Eintragung ins Handelsregister soweit wie möglich die Vorschriften einer GmbH Anwendung.[626] Bereits in dieser Entstehungsphase steht die Gesellschaft im Mittelpunkt. Der Geschäftsführer handelt nicht für eine Gruppe natürlicher Personen, sondern für ein schon handlungsfähiges Rechtskonstrukt. *Artz* bezeichnet die Vor-GmbH daher als *quasi-juristische* Person und spricht sich gegen die Verbrauchereigenschaft aus.[627]

Im Ergebnis sollte die Verbrauchereigenschaft nicht auf Gesellschaften, die der Gründung einer juristischen Person dienen, angewandt werden. Dem widerspricht auch nicht, dass in Deutschland der Verbraucherbegriff gem. § 513 BGB auf die Existenzgründungsphase ausgeweitet wird. Bei der Bestimmung einer Existenzgründerphase wird die gewerbliche oder berufliche Tätigkeit regelmäßig funktional danach bestimmt, ob die Tätigkeit tatsächlich noch nicht vorliegt.[628] Bei einer

---

622 EuGH, Urteil v. 22. November 2001, Rs. C-541/99 und Rs. C-542/99 (Cape Snc/Idealservice Srl und Idealservice MN RE Sas/OMAI Srl), Slg. 2001, I-9049, Rn. 16.

623 Grünbuch der Kommission – Optionen für die Einführung eines Europäischen Vertragsrechts für Verbraucher und Unternehmen vom 1. Juli 2010, KOM(2010) 348 endg., S. 2.

624 Einen ersten Schritt in diese Richtung hat die Kommission mit ihrem Vorschlag über ein Gemeinsames Europäisches Kaufrecht gemacht; vgl. Art. 7 GEKR.

625 Den Gedankengang aufgreifend *Mülbert*, WM 2004, 905 (906).

626 *Flume*, DB 1998, 45 (47).

627 Bülow/Artz/*Artz*, Verbraucherkreditrecht, § 513, Rn. 6.

628 *Faber*, ZEuP 1998, 854 (863); *Wiedenmann*, Verbraucherleitbilder und Verbraucherbegriff im deutschen und europäischen Privatrecht, 176 f.

Vor-GmbH wird jedoch in der Regel bereits vor Eintragung in das Handelsregister der Geschäftsbetrieb aufgenommen.

(2) Existenzgründer

Nicht ganz eindeutig ist, ob Existenzgründer, also natürliche Personen, die sich entschließen, geschäftlich tätig zu werden, noch unter die Verbrauchereigenschaft fallen. Bei Geschäften von Existenzgründern handelt es sich um Geschäfte, die zum Zweck einer zukünftigen gewerblichen und beruflichen Tätigkeit vorgenommen werden.[629] Die Verbraucherdefinitionen sagen nichts über einen Zeitpunkt aus, wann eine gewerbliche, geschäftliche oder berufliche Tätigkeit vorliegen muss. Nach der Schutzbedürftigkeit könnte durchaus argumentiert werden, dass Existenzgründergeschäfte als Verbrauchergeschäfte anzusehen sind.[630] Sinn und Zweck eines Verbrauchergeschäftes ist es, den geschäftlich Unerfahrenen zu schützen und sein Informationsdefizit auszugleichen. Der Existenzgründer verfügt regelmäßig über keine nennenswerten Erfahrungen in dem Gewerbe, in dem er sich niederlassen will. Der Erfahrungshorizont ist vielmehr mit dem eines Verbrauchers vergleichbar. Aus dem Unternehmerbegriff, der eine Unternehmertätigkeit bestimmt, wenn ein Handeln *in Ausübung* der beruflichen oder gewerblichen Tätigkeit erfolgt, kann für den Verbraucherbegriff im Umkehrschluss gefolgert werden, dass eine gewerbliche Tätigkeit erst dann vorliegt, wenn mit der Tätigkeit bereits begonnen wurde. Erst nachdem mit der Tätigkeit eines Gewerbes begonnen wurde, kann ein Geschäft in Ausübung desselben getätigt werden.[631]

Allerdings darf nicht außer Betracht bleiben, dass sich der Existenzgründer bewusst dafür entschieden hat, eine bestimmte gewerbliche oder selbstständige berufliche Tätigkeit auszuüben und aus diesem Zweck ein vorbereitendes Geschäft abzuschließen.[632] Sicherlich lässt sich der Erfahrungsgrad nur schwer von dem eines Verbrauchers unterscheiden. Dennoch sind solche Geschäfte aus dem Anwendungsbereich eines Verbrauchergeschäfts herauszunehmen, bei denen der Existenzgründer bereits gezielt auf die Eröffnung eines bestimmten Gewerbebetriebs oder einer selbstständigen Tätigkeit bezogen handelt, wie z. B. bei den

629 MüKo/*Micklitz/Purnhagen*, § 13, Rn. 62.

630 Diese Argumentation rührt aus der *Di-Pinto*-Entscheidung des EuGH (EuGH, Urteil v. 14. März 1991, Rs. C-361/89 (Strafsache gegen Di Pinto), Slg. 1991, I-1189, Rn. 15). Dort hat der EuGH den Verbraucherbegriff der Haustürgeschäfterichtlinie in der Weise konkretisiert, dass auch Personen, die im Grunde einer gewerblichen oder beruflichen Tätigkeit nachgehen, als Verbraucher gelten können, wenn das konkrete Geschäft nicht mehr im Zusammenhang mit dieser Tätigkeit gesehen werden kann, da es ihren Rahmen überschreitet. Die Existenzgründergeschäfte könnten als solche Geschäfte außerhalb der alltäglichen gewerblichen Sphäre gewertet werden.

631 *Faber*, ZEuP 1998, 854 (889); für eine Einbeziehung der Existenzgründer auch MüKo/*Micklitz/Purnhagen*, § 13, Rn. 66 ff.

632 *Riesenhuber* in Riesenhuber (Hrsg.), Das Prinzip der Selbstverantwortung, § 10, 218.

sogenannten Startgeschäften.[633] Zudem gibt der Existenzgründer dem Rechtsverkehr nach außen hin zu erkennen, dass er sich in die Rolle des Unternehmers begibt. Es ist ihm durchaus bewusst, dass er das Geschäft nicht aus privaten Zwecken, die den Eigenbedarf abdecken, vornimmt, sondern dass dieses Geschäft seiner beruflichen Existenz und seinem unternehmerischen Geist zugeordnet werden muss. Aus dieser Erkenntnis heraus wird dem Existenzgründer zwar ein unternehmerisches Risiko aufgebürdet. Er handelt aber auch durchdachter als bei einem reinen Verbrauchergeschäft.

Prinzipiell ist nach dem objektiven Zweck des Geschäfts zu fragen.[634] Dabei müssen allerdings zwei weitere Aspekte Berücksichtigung finden. Zum einen bestimmt bislang nur die Fernabsatzrichtlinie für Finanzdienstleistungen in Erwägungsgrund 29, dass die Mitgliedstaaten den Schutzbereich auch auf Personen ausweiten dürfen, „die Finanzdienstleistungen in Anspruch nehmen, um Unternehmer zu werden".[635] Zum anderen hat der EuGH die Bestrebung, den Verbraucherbegriff tendenziell eng zu fassen.[636] In der Rechtssache *Benincasa* entschied der EuGH zur Auslegung des Art. 13 EuGVÜ (jetzt Art. 15 der Brüssel-Ia-Verordnung), dass ein Verbrauchergeschäft mangels Schutzbedürftigkeit nicht vorliegt, wenn eine Partei einen Vertrag zur zukünftigen beruflichen oder gewerblichen Tätigkeit abgeschlossen hat.[637] Auch wenn man dem Kollisionsrecht einen Sonderstatus beimisst,[638] sprechen für eine enge Auslegung des Verbraucherbegriffs zudem die Ausführungen des EuGH in der *Di-Pinto*-Entscheidung. Dort führt der EuGH zwar zu einer Geschäftsveräußerung und nicht zu einer Existenzgründung aus, dass Unternehmer nur bei Geschäften zur Befriedigung familiärer oder persönlicher Bedürfnisse als Verbraucher angesehen werden können. Geschäfte zur Existenzgründung bezwecken allerdings in den seltenen Fällen familiäre oder rein persönliche Belange. Der europäische Verbraucherbegriff ist nach diesen Wertungsmaßstäben daher im Zweifel eng auszulegen, sodass der Existenzgründer nicht als Verbraucher anzusehen ist.[639] Diese Wertung liegt auch dem deutschen Recht zugrunde, das in § 513 BGB den Anwendungsbereich der besonderen Vorschriften für Verbraucherdarlehensverträge in §§ 491–512 BGB ganz bewusst auf

---

633 Staudinger/*Kannowski*, § 13, Rn. 60, der die „Startgeschäfte" von den allgemeinen Berufsvorbereitungen, wie allgemeine Existenzgründerseminare, abgrenzt.

634 Prütting/Wegen/Weinreich/*Prütting*, § 13, Rn. 9.

635 *Schulte-Nölke/Twigg-Flesner/Ebers*, EC Consumer Law Compendium, 464; *Denkinger*, Der Verbraucherbegriff, 470, die einen Umkehrschluss aus Erwägungsgrund 29 der FARLF zur Argumentation heranzieht.

636 *Von Vogel*, Verbrauchervertragsrecht und allgemeines Vertragsrecht, 15.

637 EuGH, Urteil vom 3. Juli 1997, Rs. C-269/95 – Benincasa, Slg. 1997, I-3767, Rn. 17.

638 MüKo/*Micklitz/Purnhagen*, § 13, Rn. 64.

639 Dies gilt insbesondere im Kollisionsrecht. Dazu *Rösler/Siepmann*, EuZW 2006, 76 (78).

Existenzgründer ausgedehnt hat.[640] Eine solche Ausweitung hätte es nicht bedurft, wenn Existenzgründer bereits unter den Verbraucherbegriff fielen.

(3) Dual Use

Einen weiteren Abgrenzungsbereich stellen die Dual-Use-Geschäfte dar. Dabei handelt es sich um Rechtsgeschäfte, mit denen der Handelnde zum maßgeblichen Zeitpunkt sowohl einen privaten als auch einen gewerblichen oder selbstständigen Zweck verfolgt.[641] Grundsätzlich ist der Vertragszweck objektiv nach dem Inhalt des Vertrages zu ermitteln. Subjektive Vorstellungen der Handelnden können Indiz sein, sind aber für die Ermittlung der Verbrauchereigenschaft im Wesentlichen unerheblich.[642] Der maßgebliche Zeitpunkt für die Ermittlung des Zwecks des Rechtsgeschäfts ist grundsätzlich die Vornahme der rechtsgeschäftlichen Handlung.

Für die Bewertung der Dual-Use-Fälle haben sich verschiedene Argumentationsstränge herausgebildet. Eine Ansicht schließt die Verbrauchereigenschaft bereits dann aus, wenn ein unternehmerischer Zweck nicht lediglich eine „ganz untergeordnete Rolle spielt".[643] Argumentativ wird dazu – aus der Perspektive des deutschen Rechts – der § 344 Abs. 1 HGB herangezogen, der für Rechtsgeschäfte, die ein Kaufmann abschließt, bestimmt, dass im Zweifel ein Handelsgeschäft anzunehmen ist.[644] Aber auch europarechtlich wird anhand des Wortlauts der Verbraucherdefinition das Verbrauchergeschäft eng ausgelegt.[645] *Faber* sieht in der Formulierung „ein Zweck, der nicht ihrer beruflichen oder gewerblichen Tätigkeit zugerechnet werden kann" eine ausschließlich private Zweckbestimmung.[646] Er untermauert diese Ansicht damit, dass von einer „überwiegenden" Zweckbestimmung, die beispielsweise im ersten Vorschlag der Verbraucherkreditrichtlinie von 1986 vorgesehen war, im endgültigen Richtlinientext bewusst Abstand genommen wurde.[647] Für eine enge Auslegung der Verbrauchereigenschaft spräche zudem, dass der EuGH in der Rechtssache *Gruber*[648] die Verbrauchereigenschaft verneint,

---

640 BGH NJW 2005, 1273; 2008, 435; MüKo/*Schürnbrand*, § 513, Rn. 1, 1a. Palandt/*Weidenkaff*, § 513, Rn. 7; Bülow/Artz/*Artz*, Verbraucherkreditrecht, § 513, Rn. 2; a. A. *Schünemann/Blomeyer*, JZ 2010, 1156 (1159f).

641 Staudinger/*Kannowski*, § 13, Rn. 44.

642 Staudinger/*Kannowski*, § 13, Rn. 42; MüKo/*Micklitz/Purnhagen*, § 13, Rn. 45.

643 *Reinking/Nießen*, ZIP 1992, 217 (217); Jauernig/*Mansel*, § 13, Rn. 3; *Schroeter*, JuS 2006, 682 (684); *Riesenhuber* in Riesenhuber (Hrsg.), Das Prinzip der Selbstverantwortung, 218, der von der Rührei-Theorie spricht (ein „verdorbenes Ei verdirbt das ganze Rührei"); *Loacker*, JZ 2013, 234 (238 ff.).

644 Bamberger/Roth/*Schmidt-Räntsch*, § 13, Rn. 12.

645 *Von Vogel*, Verbrauchervertragsrecht und allgemeines Vertragsrecht, 16.

646 Im Ergebnis auch *Wiedenmann*, Verbraucherleitbilder und Verbraucherbegriff im deutschen und europäischen Privatrecht, 190; *Gottschalk*, RIW 2006, 576 (577).

647 *Faber*, ZEuP 1998, 854 (886 f.).

648 EuGH, Urteil v. 20. Januar 2005, Rs. C-464/01 – Gruber, Slg. 2005, I-439, Rn. 35–37.

wenn der beruflich-gewerbliche Zweck nicht nur derart nebensächlich ist, dass er im Gesamtzusammenhang des betreffenden Geschäftes nur eine ganz untergeordnete Rolle spielt. Die Tatsache, dass der nicht beruflich-gewerbliche Zweck überwiegt, sei dabei ohne Bedeutung.[649] Der EuGH rechtfertigt diese Entscheidung zum Verbrauchergerichtsstand durch prozessökonomische Argumente.

Eine zweite Ansicht stellt bei der Betrachtung der Dual-Use-Fälle auf den überwiegenden Zweck des Handelns ab.[650] Dies kann zum einen aus Art. 9 lit. b) ii) Produkthaftungsrichtlinie[651] hergeleitet werden, wonach der Verbraucher als Normadressat einen Schaden nur ersetzt bekommt, wenn die Sache von dem Geschädigten hauptsächlich zum privaten Ge- oder Verbrauch verwendet wird.[652] Dabei wird der Begriff *hauptsächlich* regelmäßig im Sinne von *ganz überwiegend* verstanden.[653] Zum anderen gebiete es der Schutzzweck der Norm. Der Kauf beispielsweise eines Computers durch eine natürliche Person aus rein privatem Zweck unterscheide sich nach dem Schutzgedanken nicht von einer natürlichen Person, die den Computer hauptsächlich zum privaten Gebrauch kauft, jedoch auch zum Abrufen geschäftlicher E-Mails benutzen wird. Der Erfahrungshorizont sei bei beiden Personen gleich. Eine Differenzierung wegen eines nebensächlichen Geschäftszwecks führe zu weit. Zudem sei die restriktive Auslegung in der *Gruber*-Entscheidung[654] des EuGHs, die den Gerichtsstand für Verbrauchersachen und damit prozessrechtliche Fragen betraf, überhaupt nicht auf das materielle Verbraucherrecht übertragbar.[655] In diese Richtung geht auch eine dritte Meinung. Sie bejaht bei Dual-Use-Fällen stets eine Verbrauchereigenschaft.[656]

Der zweiten Ansicht ist Vorzug zu geben. Die natürliche Person, die überwiegend aus privaten, aber eben auch aus geschäftlichen Zwecken handelt, wird vordergründig ihre privaten Absichten vor Augen haben und danach handeln. Nur

---

649 EuGH, Urteil v. 20. Januar 2005, Rs. C-464/01 – Gruber, Slg. 2005, I-439, Rn. 35–37.

650 *Reich/Micklitz*, Europäisches Verbraucherrecht, 48; Prütting/Wegen/Weinreich/*Prütting*, § 13, Rn. 9; *Pfeiffer* in Schulte-Nölke/Schulze (Hrsg.), Europäische Rechtsangleichung und nationale Privatrechte, 21 (37); Bülow/Artz/*Artz*, Handbuch Verbraucherprivatrecht, 29; *Wojtkowiak*, Der Rückforderungsdurchgriff beim verbundenen Geschäft nach dem modernisierten Schuldrecht, 69 ff.

651 Richtlinie 85/374/EWG des Rates vom 25. Juli 1985 zur Angleichung der Rechts- und Verwaltungsvorschriften der Mitgliedstaaten über die Haftung für fehlerhafte Produkte, ABl. EG Nr. L 210 vom 7. August 1985, S. 29–33.

652 Bülow/Artz/*Bülow*, Handbuch Verbraucherprivatrecht, 500 f.

653 MüKo/*Micklitz/Purnhagen*, § 13, Rn. 52.

654 EuGH, Urteil v. 20. Januar 2005, Rs. C-464/01 – Gruber, Slg. 2005, I-439, Rn. 35–37.

655 *Reich*, EuZW 2005, 241 (244); MüKo/*Micklitz/Purnhagen*, § 13, Rn. 53; Schulze/Zuleeg/Kadelbach/*Schulte-Nölke*, Europarecht, § 23, Rn. 38; *Schulte-Nölke/Twigg-Flesner/Ebers*, EC Consumer Law Compendium, 462; a. A. Bamberger/Roth/*Schmidt-Räntsch*, § 13, Rn. 12.

656 *Bodewig*, DZWir 1997, 447 (449); MüKo/*Micklitz/Purnhagen*, § 13, Rn. 55, der eine Korrektur über das Merkmal „typisierte situative Schutzbedürftigkeit“ vornimmt.

wenn die natürliche Person überwiegend zu privaten Zwecken handelt und die geschäftlichen Zwecke in den Hintergrund geraten, ist sie ebenso schutzwürdig wie eine natürliche Person, die gänzlich zu privaten Zwecken handelt, da sie sich wie eine solche verhalten wird.

Auch wenn der Verbraucherbegriff grundsätzlich eng auszulegen ist, sollten daher natürliche Personen, die hauptsächlich aus privaten Gründen ein Geschäft tätigen, unter den Verbraucherbegriff fallen. Dies ist auch einer Einschätzung des Ausschusses für Binnenmarkt und Verbraucherschutz des Europäischen Parlaments zu entnehmen.[657] Darin schlägt das Europäische Parlament vor, die Verbraucherdefinition auch auf gemischte Geschäfte oder Handlungen zu erstrecken, solange der Hauptzweck der Handlung nicht einer geschäftlichen oder beruflichen Tätigkeit zuzurechnen ist, und stützt sich auf Erklärungen der Kommission und des Rats der Europäischen Union im Rahmen der Umsetzung der Richtlinie über Haustürgeschäfte und der Richtlinie über missbräuchliche Vertragsklauseln.

Auch die Verbraucherrechterichtlinie folgt dieser Abgrenzung.[658] In Erwägungsgrund 17 lässt die Verbraucherrechterichtlinie bei Dual-Use-Verträgen die Verbrauchereigenschaft nicht wegfallen, wenn der gewerbliche Zweck im Gesamtzusammenhang des Vertrags nicht überwiegt. Der deutsche Gesetzgeber hat diese Maßgabe in § 13 BGB umgesetzt, obwohl sie sich nur im Erwägungsgrund der Verbraucherrechterichtlinie wiederfand.[659] Danach ist jede natürliche Person, die ein Rechtsgeschäft zu Zwecken abschließt, die überwiegend weder ihrer gewerblichen noch ihrer selbstständigen beruflichen Tätigkeit zugerechnet werden können, Verbraucher i. S. d. § 13 BGB. Durch die negative Formulierung des „Überwiegens" gehen die Verbraucherrechterichtlinie und § 13 BGB allerdings noch über die zweite Ansicht hinaus. Zwar bedeutet die negative Formulierung im Umkehrschluss, dass dann ein Überwiegen des privaten Zwecks vorliegt. Jedoch lassen die beiden Normen es mit dieser Formulierung für die Bejahung der Verbrauchereigenschaft auch ausreichen, dass beide Zwecke in etwa gleichrangig verfolgt werden.[660] Der Erwägungsgrund 17 der Verbraucherrechterichtlinie sollte jedoch so ausgelegt werden, dass bei einem Dual-Use-Geschäft der überwiegendere Teil zu privaten Zwecken getätigt wird. Eine natürliche Person, die in etwa gleichrangig zu privaten und geschäftlichen Zwecken handelt, wird auch beide Zwecke bei Abschluss des Vertrags gleichwertig berücksichtigen. Die Grenze zu einer geschäftlichen Tätigkeit ist fließend und nur schwer eindeutig zu bestimmen. Zudem würde es vom Zufall abhängen, ob die Person als erfahren oder unerfahren angesehen wird.

---

657 Arbeitsdokument über das europäische Vertragsrecht und die Überarbeitung des gemeinschaftlichen Besitzstands: Sachstand und der Begriff des Verbrauchers des Ausschusses für Binnenmarkt und Verbraucherschutz des Europäischen Parlaments vom 17. Mai 2006 (Dok. DT\615453DE).

658 *Loacker*, JZ 2013, 234 (235 ff.).

659 *Bülow*, WM 2014, 1 (1).

660 Staudinger/*Kannowski*, § 13 Rn. 65; BeckOGK/*Alexander*, § 13, Rn. 310.

Vor diesem Hintergrund sollte bei Dual-Use-Situationen wegen der restriktiven Auslegung des Verbraucherbegriffs zur Bestimmung des Verbrauchers auf den überwiegenden privaten Zweck abgestellt werden.

(4) Arbeitnehmer

Während der deutsche Gesetzgeber in § 13 BGB einen weitergehenden Verbraucherbegriff festschreibt, indem er die Verbrauchereigenschaft lediglich für überwiegend gewerbliche und selbstständig berufliche Tätigkeiten ausschließt, sind im restriktiven europäischen Verbraucherbegriff keine beruflichen Handlungen erfasst.[661] Damit erübrigt sich schon per definitionem eine Diskussion um die Verbrauchereigenschaft des Arbeitnehmers bei arbeitsrechtlichen Aufhebungs- oder Abwicklungsverträgen, da diese Verträge eindeutig der beruflichen Tätigkeit zuzurechnen sind.

In Betracht kommt allerdings, den Begriff der beruflichen Tätigkeit auch im europäischen Recht im Wege der Auslegung auf selbstständige Tätigkeiten zu begrenzen.[662] Auf diese Weise könnten auch unselbstständige Arbeitnehmer, die aus beruflichen Zwecken einen Vertrag abschließen und etwa mit dem Arbeitgeber einen Auflösungsvertrag vereinbaren, unter den Verbraucherbegriff fallen. Dafür spricht Erwägungsgrund 21 der Verbraucherrechterichtlinie, der explizit den Arbeitsplatz als schützenswerten Platz für den Verbraucher nennt. Allerdings ist bereits fraglich, ob Verträge, die in Verbindung mit der beruflichen Aktivität stehen, in den Anwendungsbereich der Richtlinie fallen sollten, da ihnen das Überraschungsmoment fehlt.[663]

Etwas anderes gilt für Kauf- oder Kreditverträge, die der Arbeitgeber am Arbeitsplatz mit seinem Arbeitnehmer schließt.[664] Der Abschluss solcher Verträge ist regelmäßig nicht der beruflichen Tätigkeit zuzuordnen, sodass der Arbeitnehmer in diesen Vertragssituationen unter den Verbraucherbegriff fällt. Gleiches gilt für den Beurteilungsmaßstab von Allgemeinen Geschäftsbedingungen. Diese Fälle unterscheiden sich hinsichtlich des Schutzzwecks nicht von herkömmlichen Vertragssituationen zwischen einem Verbraucher und einem Unternehmer. Somit ist der Arbeitnehmer bei solchen Rechtsgeschäften, die er mit dem Arbeitgeber losgelöst von seinem Arbeitsverhältnis schließt, vom Verbraucherbegriff umfasst.[665]

---

661 Zur Überlagerung von Verbraucherschutz- und Arbeitsrecht im BGB und im Europarecht *Hümmerich/Holthausen*, NZA 2002, 173 (174); *Hoffmann*, WM 2006, 560 (561); *Gregor*, GPR 2007, 73 (73 ff.), der den Arbeitnehmer sogar unter den Unternehmerbegriff subsumiert; *Mohr*, AcP 204 (2004), 660 (671 ff.).

662 *Effer-Uhe/Watson*, GPR 2009, 7 (9).

663 Staudinger/*Kannowski*, § 13 Rn. 53.

664 Staudinger/*Kannowski*, § 13 Rn. 53.

665 Zu demselben Ergebnis führen auch die Theorien zum absoluten und relativen Verbraucherbegriff, die sich für das deutsche Recht entwickelt haben. Wegen des weiter gefassten Wortlauts des § 13 BGB lässt sich allerdings auch die Beteiligung

Ob verbraucherschützende Regelungen dann aber auch eingreifen, hängt von den jeweiligen vertrags- bzw. situationsbedingten Voraussetzungen ab, insbesondere davon, ob ein außerhalb von Geschäftsräumen geschlossener Vertrag i. S. d. Verbraucherrechterichtlinie oder ein Verbraucherkreditgeschäft vorliegt, oder ob eine Vertragsklausel wirksam in den Vertrag einbezogen wurde bzw. als missbräuchlich zu beurteilen ist.[666]

b. Verbraucherbegriff des EuGHs

Der EuGH hat sich in seiner Rechtsprechung nicht allgemeingültig, sondern stets einzelfallbezogen auf den konkret heranzuziehenden Rechtsakt zur Frage der Verbrauchereigenschaft geäußert.[667] Dennoch ist in seiner Rechtsprechung eine einheitliche Linie zu erkennen. In zeitlicher Dimension konkretisiert der EuGH den Verbraucherbegriff in den Entscheidungen *Benincasa*[668] und *Di Pinto*[669] dahin gehend, dass sowohl Existenzgründer als auch Existenzauflöser wegen des geschäftlichen Bezugs nicht unter den Verbraucherbegriff fallen.[670] Darüber hinaus grenzt der EuGH in der Entscheidung *Idealservice*[671] juristische Personen aus, selbst wenn sie zu ideellen Zwecken tätig werden.[672]

Über die Verbrauchereigenschaft bei Geschäften, die zu gemischt privat-geschäftlichen Zwecken abgeschlossen werden, hatte der EuGH in seiner Entscheidung *Gruber*[673] zu urteilen. In dieser Entscheidung hat er für das Europäische Zivilverfahrensrecht die Verbrauchereigenschaft bereits bei geringen, aber nicht nebensächlichen beruflichen oder gewerblichen Zwecken verneint.[674] Schließlich hat der EuGH in seiner *Dietzinger*-Entscheidung[675] entschieden, dass ein Bürge nicht als Verbraucher angesehen werden kann, wenn der Hauptschuldner im Rahmen seiner Erwerbstätigkeit handelt.

Insgesamt muss bei der Betrachtung der EuGH-Rechtsprechung zwischen der Auslegung des Anwendungsbereichs, insbesondere der Bestimmung des

---

bei sämtlichen Rechtsgeschäften rund um das Arbeitsverhältnis unter den Verbraucherbegriff subsumieren.

666 In gleicher Weise klärte dies das Bundesarbeitsgericht in seinem Urteil vom 25. Mai 2005 – 5 AZR 572/04, NJW 2005, 3305.

667 *Reichardt*, Der Verbraucher und seine variable Rolle im Wirtschaftsverkehr, 170.

668 EuGH, Urteil v. 3. Juli 1997, Rs. C-269/95 – Benincasa, Slg. 1997, I-3767.

669 EuGH, Urteil v. 14. März 1991, Rs. C-361/89 – Di Pinto, Slg. 1991, I-1189.

670 Vgl. dazu unter § 4 B. II. 1. a. cc. (1) und (2).

671 EuGH, Urteil v. 22. November 2001, Rs. C-541/99 und Rs. C-542/99 – Idealservice, Slg. 2001, I-9049, Rn. 16.

672 Vgl. dazu unter § 4 B. II. 1. a. cc. (1).

673 EuGH, Urteil v. 20. Januar 2005, Rs. C-464/01 – Gruber, Slg. 2005, I-439, Rn. 35–37.

674 Vgl. dazu unter § 4 B. II. 1. a. cc. (3).

675 EuGH, Urteil v. 17. März 1998, Rs. C-45/96 (Bayerische Hypotheken- und Wechselbank AG/Edgar Dietzinger), Slg. 1998, I-1199.

Verbrauchers, und der Auslegung der daran anschließenden Verbraucherrechte unterschieden werden. Während der EuGH den Verbraucherbegriff restriktiv auslegt, legt er bei der Beurteilung der Verbraucherrechte einen verbraucherfreundlichen Maßstab an.[676] Zu nennen sind etwa die Entscheidungen zum Wertersatz[677] oder zu den Rücksendekosten.[678] Der Verbraucherbegriff sollte daher auch weiterhin eng ausgelegt werden, um ein Ausufern des Verbraucherschutzes zu verhindern.

c. Verbraucherbegriff im Entwurf eines Gemeinsamen Referenzrahmens

Der Entwurf eines Gemeinsamen Referenzrahmens wählt einen engen Verbraucherbegriff, der nur natürliche Personen umfasst. Da der Entwurf eines Gemeinsamen Referenzrahmens in Bezug auf das Verbraucherrecht auf den verbraucherschützenden Richtlinien und der diesbezüglich ergangenen EuGH-Rechtsprechung basiert, kann angenommen werden, dass Tätigkeiten, die einer Existenzgründung dienen, auch nach dem Entwurf eines Gemeinsamen Referenzrahmens nicht dem privaten, sondern vielmehr einem beruflichen und gewerblichen Zweck zuzuschreiben sind. Dasselbe gilt auch für die Berücksichtigung der juristischen Personen und Arbeitnehmer.[679]

Fraglich bleibt weiterhin die Einordnung der Dual-Use-Geschäfte.[680] Der Entwurf eines Gemeinsamen Referenzrahmens definiert den Verbraucher in Art. I. – 1:105 Abs. 1 DCFR als eine natürliche Person, die hauptsächlich zu Zwecken handelt, die nicht mit ihrer handwerklichen, geschäftlichen oder beruflichen Tätigkeit verbunden sind. Damit schließt der Entwurf sich der zweiten Ansicht an, nach der es für die Bejahung der Verbrauchereigenschaft ausreicht, wenn die natürliche

---

676 Dennoch wird eine generelle Auslegungsregel „in dubio pro consumente" zurecht abgelehnt, *Riesenhuber*, JZ 2005, 829 (829 ff.); *Riesenhuber* in Riesenhuber (Hrsg.), Europäische Methodenlehre, § 10, Rn. 57 ff.; Dauses/Ludwigs/*Micklitz/Rott*, Handbuch des EU-Wirtschaftsrecht, H. V, Rn. 101 ff.; MüKo/*Micklitz/Purnhagen*, Vor §§ 13, 14, Rn. 98 ff.; *Baldus/Vogel*, GPR 2007, 158 (158); a. A. *Rösler*, JZ 2006, 400 (400 ff.); *Tonner*, JZ 2006, 402 (402 ff.); *Rösler*, Europäisches Konsumentenvertragsrecht, 6; *Tonner*, EuZW 2002, 402 (403 f.).

677 EuGH, Urteil v. 17. April 2008, Rs. C-404/06 – Quelle, Slg. 2008 I-2685; EuGH, Urteil v. 3. September 2009, Rs. C-489/07 – Messner, Slg. 2009, I-00000.

678 EuGH, Urteil v. 15. April 2010, Rs. C-511/08 (Handelsgesellschaft Heinrich Heine GmbH/Verbraucherzentrale Nordrhein-Westfalen e.V.), NJW 2010, 1941.

679 Vgl. die Kommentierung zum Entwurf eines Gemeinsamen Referenzrahmens *von Bar/Clive*, Principles, Definitions and Model Rules of European Private Law, Draft Common Frame of Reference (DCFR), Full Edition, I.–1:105 und die Kommentierung zum Vorschlag über ein Gemeinsames Europäisches Kaufrecht Schulze/*Wendehorst*, CESL, Art. 2, Rn. 15, 18.

680 Zum Meinungsstand siehe unter § 4 B. II. 1. a.cc. (3).

Person überwiegend zu privaten Zwecken handelt. Er spricht sich somit aus Verbraucherschutzgründen gegen die Übertragbarkeit der *Gruber*-Entscheidung[681] auf das Richtlinienrecht aus.[682]

Die Formulierung des Entwurfs eines Gemeinsamen Referenzrahmens weist allerdings folgendes Problem auf: Das Merkmal „überwiegend" findet sich nur in der Verbraucherdefinition, sodass eine natürliche Person, die überwiegend aus privaten, aber eben auch geringfügig aus beruflichen Zwecken handelt, gleichzeitig Verbraucher und Unternehmer sein kann. Dieser Überschneidung begegnet der Entwurf eines Gemeinsamen Referenzrahmens mit Art. I. – 1:105 Abs. 3 DCFR, der besagt, dass eine Person, die unter beide Definitionen fällt, ausschließlich als Verbraucher anzusehen ist, wenn eine verbraucherschützende Norm betroffen ist. Anderenfalls muss sie als Unternehmer behandelt werden. Das hieße, dass bei einem Kaufvertrag zwischen zwei Personen, die beide überwiegend aus privaten, aber eben doch auch aus beruflichen oder gewerblichen Zwecken handeln, der Käufer deshalb als Verbraucher behandelt wird, weil ihn die Vorschriften zum Verbrauchsgüterkauf schützen, und der Verkäufer, dadurch dass ihm als Verkäufer keine verbraucherschützenden Vorschriften begünstigen, als Unternehmer anzusehen ist.[683]

Diese im Einzelfall vorzunehmende Entscheidung kann in der Praxis zu Rechtsunsicherheit führen. Darüber hinaus darf nicht vergessen werden, dass dem Verkäufer, der trotz überwiegender privater Tätigkeit als Unternehmer behandelt wird, mehr Pflichten, wie beispielsweise Informationspflichten, treffen, als wenn er als Verbraucher anzusehen wäre. Diese Regelung schafft künstlich Unternehmer-Verbrauchergeschäfte mit allen Vor- und Nachteilen. Zudem widerspricht diese Vorgehensweise der Einschätzung des Ausschusses für Binnenmarkt und Verbraucherschutz des Europäischen Parlaments. Danach liegt eine Verbrauchereigenschaft ebenfalls vor, wenn eine natürliche Person teilweise für gewerbliche Zwecke gehandelt hat, solange der Hauptzweck der Handlung nicht einer geschäftlichen oder beruflichen Tätigkeit zuzurechnen ist. Diese Einschätzung müsste konsequenterweise beide Vertragsparteien als Verbraucher deklarieren, sodass die Vorschriften zu C-to-C-Geschäften heranzuziehen wären.

---

681 EuGH, Urteil v. 20. Januar 2005, Rs. C-464/01 – Gruber, Slg. 2005, I-439, Rn. 35–37.

682 Vgl. unter § 4 B. II. 1. a. cc. (3); dagegen *Herresthal* in Wagner (Hrsg.), The Common Frame of Reference, 177; dafür *Schulte-Nölke* in Schulze/von Bar/Schulte-Nölke (Hrsg.), Der akademische Entwurf für einen Gemeinsamen Referenzrahmen, 62; *Loos*, Review of the European Acquis, 12; für den zugrunde liegenden Artikel der Acquis-Prinzipien *Zoll*, GPR 2008, 106 (115), der eine Notwendigkeit der Ausweitung des Verbraucherbegriffs sieht, wenn dies sachgerecht ist.

683 Vgl. das Beispiel zur Abgrenzung von Unternehmer und Verbraucher im Kauf bei *Schulte-Nölke* in Schulze/von Bar/Schulte-Nölke (Hrsg.), Der akademische Entwurf für einen Gemeinsamen Referenzrahmen, 62.

d. Einordnung der Verbraucherkreditrichtlinie 2008/48/EG

Die Verbraucherkreditrichtlinie von 2008 hält an der engen Verbraucherdefinition fest, nach der nur die natürlichen Personen Verbraucher sind, die aus einem Zweck handeln, der nicht der beruflichen oder gewerblichen Tätigkeit zugerechnet werden kann. Trotz vollharmonisierter Ausgestaltung kann der Verbraucherkreditrichtlinie von 2008 eine Ausweitung oder Klarstellung der oben bereits angesprochenen Abgrenzungsbereiche nicht entnommen werden,[684] sodass es eines genaueren Blicks auf diese Abgrenzungsbereiche bedarf.

Mit der Begrenzung auf natürliche Personen schließt die Verbraucherkreditrichtlinie von 2008 juristische Personen aus dem Schutzbereich der Richtlinie aus. Der europäische Gesetzgeber kann zwar im Anwendungsbereich der Richtlinie Ausnahmen in Form von Optionen festschreiben. Dies ist allerdings für Idealvereine nicht geschehen. Insbesondere fehlt in der Verbraucherkreditrichtlinie von 2008 eine der Fernabsatzrichtlinie für Finanzdienstleistungen vergleichbare Regeloption, nach der der Schutz auf gemeinnützige Organisationen und Existenzgründer ausgeweitet werden kann.[685] Damit fallen auch Existenzgründer nicht unter den Verbraucherbegriff.

Das deutsche Recht hat bisher gem. § 507 BGB a. F. Kreditverträge von Existenzgründern bis zu einer Höhe von 50 000 Euro als Verbraucherkreditverträge behandelt. Dieses Vorgehen kann der deutsche Gesetzgeber auch so beibehalten. Die Ausgestaltung der Richtlinie in Form der Vollharmonisierung hindert den deutschen Gesetzgeber jedenfalls nicht, eine Materie, die nicht vom Anwendungsbereich der Richtlinie betroffen ist, dem Regelungsinhalt der Richtlinie auf gleiche Art und Weise zu unterwerfen.[686] Etwas anderes würde gelten, wenn die Existenzgründer im Anwendungsbereich der Richtlinie in Form einer eingeschränkten Regelung einbezogen würden. Da dies jedoch nicht der Fall ist, hat der deutsche Gesetzgeber die Einbeziehung der Existenzgründer aufrechterhalten und die Darlehen von Existenzgründern in § 513 BGB n. F. denselben Schutzvorschriften unterworfen, die für die Verbraucher gelten.[687] Zudem hat er die Höchstgrenze von 50 000 Euro auf 75 000 Euro erhöht.[688]

---

684 Anders *Reich/Micklitz*, Europäisches Verbraucherrecht, 47, die bei Finanzdienstleistungen einen weiten Verbraucherbegriff beobachten, in dem auch der Einleger, Versicherungsnehmer und Anleger unter den Verbraucherbegriff fallen.

685 *Mülbert*, WM 2004, 905 (909).

686 *Ady/Paetz*, WM 2009, 1061 (1063); *Arnold*, RIW 2009, 679 (681); *Schünemann/Blomeyer*, JZ 2010, 1156 (1159), die den Schutzgehalt über eine Analogie zu § 512 BGB sogar ausweiten wollen.

687 *Ady/Paetz*, WM 2009, 1061 (1063).

688 Dieses mitgliedstaatliche Vorgehen darf jedoch nicht dazu führen, dass der Verbraucherbegriff national anders bestimmt oder gar ausgeweitet wird. Der Existenzgründer darf auch national folglich nicht unter den Verbraucherbegriff fallen, sondern muss gesondert behandelt werden.

Die Verbraucherkreditrichtlinie von 2008 weist keine Regelung zur Dual-Use-Problematik auf. Eine Entscheidung, wie sie die Verbraucherrechterichtlinie und der Entwurf eines Gemeinsamen Referenzrahmens vorsehen, fehlt. Auf diese Weise wird sich bei Anlass der EuGH der Frage annehmen müssen, ob er die *Gruber*-Entscheidung[689] auch auf das materielle Recht übertragen möchte oder ob er sich der abzeichnenden Abgrenzung nach dem Nicht-Überwiegen eines gewerblichen Zwecks aus den horizontalen Regelwerken anschließt.

Die Frage, ob Arbeitnehmer Verbraucher sein können, beantwortet die Verbraucherkreditrichtlinie von 2008 nicht explizit. Die Richtlinie nimmt in Art. 2 Abs. 2 lit. g) VKRL 2008 Kredite, die der Arbeitgeber dem Arbeitnehmer zinsfrei oder zu einem geringen Zinssatz anbietet, aus dem Anwendungsbereich der Richtlinie heraus. Dies zeigt für die Begriffsbestimmung des Verbrauchers jedoch im Umkehrschluss, dass der europäische Gesetzgeber grundsätzlich von einer Einbeziehung des Arbeitnehmers in den Verbraucherbegriff ausgeht, zumindest für Verträge, die als „Nebenleistung“[690] zu klassifizieren sind.

Eine Besonderheit für das Verbraucherkreditrecht betrifft die Einbeziehung von Bürgschaftsverträgen in den Schutzbereich des Verbraucherkredits. Der Bürge haftet aufgrund der Akzessorietät dem Gläubiger gegenüber in gleicher Weise wie der Hauptschuldner. Daher wird in der Literatur vorgeschlagen, den Bürgschaftsvertrag – solange der Bürge Verbraucher ist – als Kreditvertrag zu behandeln.[691] Der EuGH hat in der Entscheidung *Berliner Kindl* der Anwendbarkeit des Verbraucherkreditrechts auf die Bürgschaft jedoch eine Absage erteilt.[692] Die Bürgschaft stelle eine Haftungszusage dar und sei damit kein mehrseitig verpflichtender Vertrag. Weder würden dem Bürgen Mittel ausgekehrt, noch würde eine Finanzierungshilfe gewährt. Gerade auf die synallagmatischen Beziehungen ziele das Verbraucherkreditrecht jedoch unmittelbar ab.[693] Wie Art. 2 Abs. 3 VKRL 1986 nimmt auch Art. 2 Abs. 2 lit. a) VKRL 2008 Sicherheiten aus dem Anwendungsbereich der Richtlinie heraus.[694] Folglich wird die Bürgschaft nicht von der Verbraucherkreditrichtlinie von 2008 erfasst und beurteilt sich allein nach den Regeln der Mitgliedstaaten.

Ein Bürge ist zudem aufgrund der Konstellation des Bürgschaftsvertrags nicht ebenso schutzwürdig wie ein Verbraucher, der einen Kreditvertrag abschließt. Der Bürge gibt einem Dritten eine Sicherheit und befindet sich nicht in einer

---

689 EuGH, Urteil v. 20. Januar 2005, Rs. C-464/01 – Gruber, Slg. 2005, I-439, Rn. 35–37.

690 So die Begrifflichkeit der Ausnahmeregel in Art. 2 Abs. 2 lit. g) VKRL 2008.

691 *Baldus/Becker*, ZEuP 1997, 874 (880 ff.); *Bülow*, ZIP 1999, 1613 (1615); *Bydlinski/Klauninger*, ZEuP 1998, 994 (1002 ff.).

692 EuGH, Urteil v. 23. März 2000, Rs. C-208/98 (Berliner Kindl Brauerei AG/Andreas Siepert), Slg. 2000, I-1741.

693 So GA Philippe Léger in seinen Schlussanträgen zum Fall Berliner Kindl vom 20. Oktober 1999, Slg. 2000, I-1743, I-1753, Nr. 37 ff.

694 Zur direkten und analogen Anwendung der Verbraucherkreditrichtlinie von 1986 auf den Bürgen *Mankowski*, Beseitigungsrechte, 292 ff.

finanziellen Notsituation, die zu einer überstürzten Reaktion führen kann. Er ist in der Lage, vor Abschluss des Bürgschaftsvertrags eine eigenständige Entscheidung zu treffen, sodass ein Widerrufsrecht beim Bürgen nicht gerechtfertigt wäre. Etwas anderes kann für die Fälle gelten, in denen ein Familienangehöriger für den Kreditnehmer bürgt oder zwischen dem Kreditnehmer und dem Bürgen ein ähnliches besonderes Näheverhältnis besteht. Dann ist der Bürge häufig nicht in der Lage, eine überdachte und selbstbestimmte Entscheidung zu fällen, sondern stimmt dem Vertrag ggf. unter dem emotionalen Zwang zu.[695] Das deutsche Zivilrecht schützt diese Bürgen über die Sittenwidrigkeit nach § 138 Abs. 1 BGB, wenn ein krasses Missverhältnis zwischen dem Verpflichtungsumfang und der Leistungsfähigkeit des Bürgen besteht.[696]

Ein zusätzliches Widerrufsrecht ist nicht das richtige Instrument zum Schutz der Angehörigen und ist daher abzulehnen. Sinn und Zweck des Widerrufsrechts ist es, ein Ungleichgewicht in einem Vertragsverhältnis zwischen einem erfahrenen Unternehmer und einem Verbraucher auszugleichen. Es beschränkt sich auf Situationen, in denen der Verbraucher überrumpelt wird, uninformiert ist oder aufgrund der Komplexität des Vertrags eine weitere Bedenkzeit benötigt.[697] Bei einer Angehörigenbürgschaft ist nicht die Komplexität des Bürgschafts- und Kreditvertrags ausschlaggebend dafür, dass der Bürge keine selbstbestimmte Entscheidung fällen kann, sondern die emotionale Drucksituation. Diese lässt jedoch im Laufe des Bürgschaftsvertrags in den seltenen Fällen nach, sodass auch eine weitere Bedenkzeit dem Bürgen nicht hilft, eine selbstbestimmte Entscheidung zu treffen.

Zudem ist der Bürge nicht völlig schutzlos. Selbst wenn er nicht den Schutz der Verbraucherkreditrichtlinie von 2008 genießt, kann der Bürge zumindest nach deutschem Recht die Inanspruchnahme verhindern, indem er beispielsweise die Widerrufbarkeit der Hauptschuld gem. § 770 Abs. 1 BGB analog entgegenhält.[698] Eine Einbeziehung des Bürgen in den Anwendungsbereich der Verbraucherkreditrichtlinie von 2008 würde daher insgesamt zu weit gehen. Eine Widerrufbarkeit des Bürgschaftsvertrags bleibt daher weiterhin nur möglich, wenn der Bürgschaftsvertrag einen außerhalb von Geschäftsräumen geschlossenen Vertrag darstellt und sowohl der Bürge als auch der Hauptschuldner Verbraucher sind. Dann greift das Widerrufsrecht der Verbraucherrechterichtlinie ein.[699]

Eine weitere Gruppierung im Kreditrecht sind die Kapitalanleger. Fraglich ist die Verbrauchereigenschaft von Kapitalanlegern beispielsweise in den sogenannten

695 Staudinger/*Sack/Fischinger*, § 138, Rn. 404.

696 BGH, Urt. v. 14. November 2000 – XI ZR 248/99; BGH, Urteil v. 26. April 2001 – IX ZR 337/98.

697 Siehe unter § 4 A I. und II.

698 MüKo/*Habersack*, § 770, Rn. 6.

699 Zur *Dietzinger*-Entscheidung des EuGHs, die noch zur Haustürgeschäfterichtlinie erging, *Eusterhus*, Die Akzessorietät im Bürgschaftsrecht, 142 f.

Schrottimmobilienfällen.[700] In diesen Fällen wird ein Kapitalanleger in einer Haustürsituation zum Erwerb einer Immobilie oder zum Beitritt zu einem geschlossenen Immobilienfonds gedrängt. Das Geschäft wird vollständig fremdfinanziert und verspricht dem Kapitalanleger Steuervorteile. Die Immobilie stellt sich nach Abschluss der Kapitalanlage jedoch als wertlos heraus; Mieteinnahmen bleiben aus. Fraglich ist, ob die Betroffenen sich durch Ausübung eines Widerrufsrechts vom Geschäft lösen können.[701]

Wagner verneint die Verbrauchereigenschaft.[702] Er führt dazu aus, dass Kapitalanleger einen Immobilienerwerbsvertrag oder einen Fondsbeteiligungsvertrag nicht zur Deckung des Eigenbedarfs des privaten Verbrauchs abschließen würden, wie es der EuGH in seiner Entscheidung *Benincasa*[703] gefordert hat.[704] Kapitalanleger würden zwar keine berufliche oder gewerbliche Zwecksetzung verfolgen. Dennoch sei maßgeblich, dass sich die Kapitalanleger letztendlich für ein Investment mit Chancen und Risiken entscheiden und daher in einer anderen Weise handeln als ein Verbraucher, der Geschäfte für den privaten Bedarf tätigt. Der europäische Gesetzgeber würde in seinen Richtlinien ebenfalls zwischen Anleger- und Verbraucherschutz unterscheiden. Lediglich die Rechtsprechung setze den Kapitalanleger ohne Begründung dem Verbraucher gleich.

Dagegen ist einzuwenden, dass sich der Kapitalanleger nach dem Wortlaut unter den Verbraucherbegriff subsumieren lässt. Er ist eine natürliche Person und handelt nicht aus beruflichen oder gewerblichen Zwecken. Der Wortlaut spricht demnach für eine Einbeziehung des Kapitalanlegers in den Verbraucherbegriff.[705] Aber auch nach dem Schutzzweck lässt sich eine Verbrauchereigenschaft bejahen. Das Verbraucherschutzrecht dient dazu, ein Ungleichgewicht zwischen Unternehmern und Verbrauchern auszugleichen, das dadurch entsteht, dass ein geschäftlich erfahrener Unternehmer einem geschäftlich unerfahrenen Verbraucher gegenübersteht.[706] In den Schrottimmobilienfällen haben unerfahrene Kapitalanleger ein Anlagegeschäft abgeschlossen, um privat für ihre Rente vorzusorgen. Es ist davon auszugehen, dass der Abschluss eines solchen Geschäftes für Kapitalanleger

---

700 Auf europäischer Ebene ist insbesondere zu verweisen auf EuGH, Urteil v. 13. Dezember 2001, Rs. C-481/99 – Heininger, Slg. 2001, I-9945; EuGH, Urteil v. 25. Oktober 2005, Rs. C-350/03 – Schulte, Slg. 2005, I-9215; EuGH, Urteil v. 25. Oktober 2005, Rs. C-229/04 – Crailsheimer Volksbank, Slg. 2005, I-9273; EuGH, Urteil v. 15. April 2010, Rs. C-215/08 – Friz, Slg. 2010 I-00000. Für die Befassung des BGH statt vieler: BGH, Urteil v. 16. Mai 2006 – IX ZR 6/04, BGHZ 168, 1–27; BGH, Urteil v. 26. Februar 2008 – XI ZR 74/06, NJW 2008, 1585–1589.

701 Zum Modell der Kapitalanlage Derleder/Knops/Bamberger/*Reifner*, Handbuch zum deutschen und europäischen Bankrecht, Kap. II, § 15, Rn. 186 ff.

702 Wagner, BKR 2003, 649 (651).

703 EuGH, Urteil vom 3. Juli 1997, Rs. C-269/95 – Benincasa, Slg. 1997, I-3767.

704 *Wagner*, BKR 2003, 649 (651), ablehnend auch *Benedict*, ZEuP 2008, 394 (410).

705 *Bülow*, NJ 2010, 221 (222).

706 *Schulze/Zoll*, Europäisches Vertragsrecht, § 3, Rn. 120.

von einmaliger Natur ist und die Anleger im Abschluss von Anlagegeschäften unerfahren sind. *Wagner* ist Recht zu geben, dass die Kapitalanlage nicht unmittelbar zur Deckung des Eigenbedarfs des privaten Verbrauchs dient. Dagegen ist jedoch vorzubringen, dass für die Verbrauchereigenschaft nicht der Kaufgegenstand entscheidend ist, sondern die Wahrnehmung im Geschäftsumfeld und die Erfahrenheit. Somit fällt der Kapitalanleger unter den Verbraucherbegriff, sodass auf ihn bei Vorliegen des sachlichen Anwendungsbereichs die Schutzinstrumente der verbraucherschützenden Richtlinien Anwendung finden.[707]

2. Das Verbraucherleitbild des Unionsrechts

Eng verbunden mit dem Verbraucherbegriff ist das Verbraucherleitbild und damit die Frage, was für eine Person sich hinter dem Verbraucherbegriff verbirgt und auf welchen Typ Verbraucher bei der Neuschaffung einer schützenden Norm oder bei der Auslegung abzustellen ist. Dabei reicht die Spanne von einem „flüchtigen", hilflosen Verbraucher, der Informationen nur überfliegt und nicht aufnimmt, über einen durchschnittlich intelligenten Verbraucher bis hin zu einem aufgeklärten und aufmerksamen Verbraucher, der seine Entscheidungen stets wohldurchdacht trifft. Anders ausgedrückt verkörpert das Verbraucherleitbild die abstrakten Vorstellungen des Gesetzgebers an die zu schützende Person und spiegelt auf diese Weise das hinter der Norm stehende Schutzkonzept wider.[708]

a. Verbraucherleitbild des europäischen Gesetzgebers

Die Diskussion um das Verbraucherleitbild entwickelte sich zunächst im Wettbewerbsrecht – im Recht der Werbung.[709] Während im deutschen Recht traditionell der sozialen Verbraucherschutzkonzeption gefolgt wurde und die Werbung so ausgerichtet werden musste, dass selbst ein unterdurchschnittlich aufmerksamer und kritischer Verbraucher von dieser nicht verleitet wird, verfolgt das Unionsrecht seit Mitte der 1980er Jahre einen liberaleren Ansatz.[710] Die im deutschen Recht bekannten Diskussionsansätze des strukturell unterlegenen Verbrauchers,[711] des

---

707 Zur Auswirkung der Verbraucherkreditrichtlinie von 2008 auf die Schrottimmobilienfälle vgl. unter § 4 D. IV. 3.

708 *Denkinger*, Der Verbraucherbegriff, 109; *Riesenhuber*, System und Prinzipien des Europäischen Vertragsrechts, 265; *von Vogel*, Verbrauchervertragsrecht und allgemeines Vertragsrecht, 32 f.; *Drexl*, Die wirtschaftliche Selbstbestimmung des Verbrauchers, 414; *Dreher*, JZ 1997, 167 (170); *Blaurock*, JZ 1999, 801 (802).

709 *Heiderhoff*, Europäisches Privatrecht, § 5, 203; *Riesenhuber*, EU-Vertragsrecht, § 5, Rn. 35 ff.

710 *Micklitz* in Howells/Schulze (Hrsg.), Modernising and Harmonising Consumer Contract Law, 76, der das Verbraucherleitbild der nationalen Rechte als Ausdruck „sozialer und verteilender Gerechtigkeit" bezeichnet.

711 *Bydlinski*, AcP 204 (2004), 309 (364); Staudinger/*Kannowski*, § 13 Rn. 5; *Simitis*, Verbraucherschutz, Schlagwort oder Rechtsprinzip, 231.

situativ schutzbedürftigen Verbrauchers[712] und der Verknüpfung beider Elemente zu einem Kombinationsmodell[713] kennt das europäische Recht nicht.

Im europäischen Recht steht die Zielvorgabe des Gemeinsamen Marktes bzw. ab Inkrafttreten der EEA des Binnenmarktes im Vordergrund. Der Verbraucher kann daher schon per se als eine Person angesehen werden, die in der Lage ist, aktiv am Marktgeschehen teilzunehmen.[714] Auch wenn die beiden Verbraucherschutzprogramme und die kurz zuvor ergangenen Richtlinien zum Haustürgeschäft und zur Produkthaftung noch Ansätze eines strukturell unterlegenen Verbrauchers aufzeigten,[715] hat sich auf europäischer Ebene das Bild eines mündigen Verbrauchers entwickelt.[716] Dies zeigt sich bereits daran, dass der europäische Gesetzgeber Informationspflichten als Schutzinstrument für den Verbraucher wählt und damit unterstellt, dass der Verbraucher grundsätzlich in der Lage ist, Informationen aufzunehmen, zu verarbeiten und auf ihrer Grundlage eine Entscheidung zu fällen.[717] Die Informationspflichten zielen darauf ab, die Stellung des Verbrauchers als Marktteilnehmer zu stärken und das Informationsdefizit auszugleichen. Dabei soll so wenig wie möglich in das Marktgeschehen eingegriffen werden.[718] Diese Herangehensweise spricht gegen einen generellen Schwächerenschutz. Auch die Einbeziehung von Widerrufsrechten widerspricht dem nicht. Zwar sollen sämtliche Schutzinstrumente in den verbraucherschützenden Richtlinien den Verbraucher vor missbräuchlichen Handelspraktiken schützen. Dadurch muss jedoch keine generelle strukturelle Unterlegenheit angenommen werden.[719] Vielmehr sollen mögliche Situationen aufkommender Unterlegenheit ausgeglichen und der Verbraucher als Marktteilnehmer auf diese Weise gestärkt werden.[720]

Der europäische Gesetzgeber hat das Verbraucherleitbild in den verbraucherschützenden Richtlinien nicht explizit definiert. Ein Anknüpfungspunkt für das Verbraucherleitbild findet sich jedoch in der Richtlinie über unlautere Geschäftspraktiken.[721] Erwägungsgrund 18 legt für die Richtlinie als Maßstab des

---

712 *Pfeiffer* in Schulte-Nölke/Schulze (Hrsg.), Europäische Rechtsangleichung, 21 (28 f.); *Basedow*, AcP 200 (2000), 445 (487); vgl. zu den drei Modellen *Denkinger*, Der Verbraucherbegriff, 112–122; Knops, VuR 1998, 363 (364).

713 MüKo/*Micklitz/Purnhagen*, Vor §§ 13, 14, Rn. 43.

714 *Micklitz* in Howells/Schulze (Hrsg.), Modernising and Harmonising Consumer Contract Law, 76; *Reichardt*, Der Verbraucher und seine variable Rolle im Wirtschaftsverkehr, 154.

715 MüKo/*Micklitz*, 6. Aufl., Vor §§ 13, 14, Rn. 75.

716 *Heiderhoff*, Europäisches Privatrecht, § 5, Rn. 204.

717 *Wiedenmann*, Verbraucherleitbilder und Verbraucherbegriff im deutschen und europäischen Privatrecht, 199, *Dreher*, JZ 1997, 167 (171); *Blaurock*, JZ 1999, 801 (802).

718 Siehe dazu unter § 3 C. III.

719 BeckOGK/*Alexander*, § 13, Rn. 78 ff.

720 *Drexl*, Die wirtschaftliche Selbstbestimmung des Verbrauchers, 40.

721 Richtlinie 2005/29/EG des Europäischen Parlaments und des Rates vom 11. Mai 2005 über unlautere Geschäftspraktiken im binnenmarktinternen Geschäftsverkehr zwischen Unternehmen und Verbrauchern und zur Änderung

Durchschnittsverbrauchers einen Verbraucher fest, der angemessen gut unterrichtet und angemessen aufmerksam und kritisch ist. Bei der Bestimmung des Durchschnittsverbrauchers sollen dabei sowohl soziale, kulturelle und sprachliche Faktoren als auch spezifische Besonderheiten, die den Verbraucher für unlautere Geschäftspraktiken besonders anfällig machen, berücksichtigt werden. Der Verbraucher wird demnach nicht statisch bestimmt. Vielmehr muss die Lauterkeit der Geschäftspraktik aus der Sicht eines Durchschnittsmitglieds der entsprechenden Verbrauchergruppe ermittelt werden.[722] Richtet sich Werbung etwa an Kinder zwischen 11 und 14 Jahren, dann beurteilt sich die Erfahrenheit und Informierbarkeit des Verbrauchers an einen Durchschnittsverbraucher dieser Alterskategorie.

Fraglich ist, ob die Erwägungen der Richtlinie über unlautere Geschäftspraktiken auf das gesamte Verbrauchervertragsrecht übertragbar sind. Schließlich besteht – im deutschen Recht zwar noch mehr als im europäischen Recht – eine unterschiedliche Zielsetzung zwischen Wettbewerbs- und Verbraucherrecht. Dennoch spiegelt sich diese Betrachtungsweise auch in den verbraucherschützenden Richtlinien, beispielsweise in der Verbraucherrechterichtlinie, wider.

Ziel der Verbraucherrechterichtlinie ist es, die Funktionsfähigkeit des Binnenmarkts für Geschäfte zwischen Unternehmern und Verbrauchern zu verbessern, indem das Vertrauen der Verbraucher in den Binnenmarkt gestärkt wird. Dies soll durch die Gewährleistung eines hohen, einheitlichen Verbraucherschutzniveaus sowie einer angemessenen Information des Verbrauchers erreicht werden.[723] Diese Zielsetzung zeigt, dass die Verbraucherrechterichtlinie zielfördernd am Binnenmarktkonzept orientiert ist und den Verbraucher als Teil des Marktgeschehens begreift. Damit sieht die Verbraucherrechterichtlinie den Verbraucher grundsätzlich in der Lage, eigenständig am grenzüberschreitenden Markt tätig zu werden. Auch die Verbraucherrechterichtlinie knüpft daher am Leitbild des mündigen informierten Verbrauchers an und unterstreicht dies, indem sie die Bereitstellung von Information als zentrales Schutzinstrument einsetzt.

Micklitz geht noch einen Schritt weiter. Er sieht in dem Wechsel von Mindestharmonisierung zu Vollharmonisierung auch einen Wechsel des Verbraucherleitbilds. Der gut informierte und vorausschauende Verbraucher habe sich zu einem ökonomischen effizienten Verbraucher gewandelt.[724] Die Kommission habe zur

---

der Richtlinie 84/450/EWG des Rates, der Richtlinien 97/7/EG, 98/27/EG und 2002/65/EG des Europäischen Parlaments und des Rates sowie der Verordnung (EG) Nr. 2006/2004 des Europäischen Parlaments und des Rates (Richtlinie über unlautere Geschäftspraktiken, ABl. EG Nr. L 149 S. 22–39.

722 *Von Vogel*, Verbrauchervertragsrecht und allgemeines Vertragsrecht, 35 f.; *Helm*, WRP 2005, 931 (937); *Rott*, VuR 2015, 163 (164 ff.), der aufgrund des wachsenden personalisierten Marketings bei der Bestimmung des Schutzniveaus des Verbrauchers für ein Abstellen auf Zielgruppen wie in der Richtlinie 2005/29/EG plädiert.

723 Vgl. Erwägungsgrund 5 der Verbraucherrechterichtlinie.

724 *Micklitz* in Howells/Schulze (Hrsg.), Modernising and Harmonising Consumer Contract Law, 77; in dieselbe Richtung *Tiffe*, VuR 2015, 201 (201 f.), der von dem

Begründung der Verbraucherrechterichtlinie herangezogen, dass der Verbraucher nicht von den Vorteilen grenzüberschreitender Geschäfte profitiere. Dahinter stehe die Vorstellung, dass der Verbraucher in der Regel Entscheidungen treffe, die wirtschaftlich effizient sind. Damit gehe die Kommission davon aus, dass der Verbraucher in der Lage sei, die Ware mit der besten Qualität zum kleinsten Preis aus der ganzen Welt zu ordern, und dass sowohl Sprache als auch soziale Begebenheiten kein Hindernis mehr darstellen würden. Darüber hinaus wisse der Verbraucher über seine Rechte Bescheid und vertraue dem Händler. *Micklitz* sieht durch die Verbraucherrechterichtlinie die Gefahr einer „Verwirtschaftlichung" der Verbraucherschutzpolitik, in der der ökonomische Ansatz dazu führe, dass Verbraucherschutz als Deckmantel für wettbewerbsfördernde Maßnahmen benutzt werde.[725]

In der Tat zeichnet sich die Verbraucherrechterichtlinie durch einen starken Marktbezug aus. Erwägungsgrund 4 der Verbraucherrechterichtlinie nennt als übergeordnetes Ziel die Verwirklichung eines „echten" Binnenmarktes. Weiteres Ziel ist laut Erwägungsgrund 6 der Verbraucherrechterichtlinie die Minimierung der Kosten, die aufgrund der Rechtszersplitterung entstanden sind, und die die Unternehmer davon abhalten, in anderen Mitgliedstaaten ihre Ware anzubieten. Allerdings betont die Verbraucherrechterichtlinie in Erwägungsgrund 4 auch, dass die Funktionsfähigkeit des Binnenmarktes unter Gewährleistung eines ausgewogenen Gleichgewichts zwischen hohem Verbraucherschutz und Wettbewerbsfähigkeit der Unternehmer gefördert werden soll. Erreicht werden soll dies nach Erwägungsgrund 5 der Verbraucherrechterichtlinie vor allem durch die Stärkung des Vertrauens der Verbraucher in den Binnenmarkt, durch Gewährleistung eines hohen, einheitlichen Verbraucherschutzniveaus sowie einer angemessenen Information der Verbraucher.

Daraus lässt sich ableiten, dass die Kommission nicht davon ausgeht, dass die Verbraucher bereits effizient vom Binnenmarkt profitieren. Zudem erweitert der europäische Gesetzgeber die Informationspflichten des Unternehmers, sodass er entgegen *Micklitz* nicht von einem *allwissenden* Verbraucher ausgeht, sondern von einem Verbraucher, der für die Entscheidung, einen Vertrag abzuschließen, mehr Informationen benötigt als der Markt bereithält.

Im Ergebnis bleibt festzuhalten, dass der europäische Gesetzgeber dem Verbraucher eine Reihe an Schutzinstrumenten an die Hand gibt, ohne zu bestimmen, welches Bild er vom Verbraucher vor Augen hat. Anhand der Wahl der Schutzinstrumente – insbesondere der Informationspflichten – kann jedoch angenommen werden, dass er vom Leitbild des mündigen, aufmerksamen, informierten

---

„aktiven Verbraucher" spricht, der seine Rechte als Verbraucher und Vertragspartner einfordere.

725 *Micklitz* in Howells/Schulze (Hrsg.), Modernising and Harmonising Consumer Contract Law, 78 f.

Verbrauchers ausgeht, der imstande ist, die zusätzlichen Informationen sinnvoll zu nutzen und seine Marktstellung dadurch zu stärken.[726]

b. Verbraucherleitbild des EuGHs

Während in den 1990er Jahren die Rechtsprechung zum Verbraucherleitbild noch keine eindeutige Linie verfolgt hat,[727] hat sich mittlerweile in der EuGH-Rechtsprechung ein kohärentes Verbraucherleitbild herausgebildet.[728] Als richtungweisend hat sich hierzu das Cassis-de-Dijon-Urteil vom 20. Februar 1979 erwiesen,[729] in dem der EuGH entschied, dass eine Etikettierung der Ware und damit die Erteilung von Informationen eine weniger einschneidende Maßnahme bei gleichbleibendem Schutz darstellt als ein Einfuhrverbot. Die Unterrichtung des Verbrauchers kann jedoch nur gleichwertig sein, wenn der Verbraucher in der Lage ist, die Information für sich zu nutzen. Somit geht auch der EuGH von einem durchschnittlich informierten, aufmerksamen und verständigen Verbraucher aus.

Diese frühe Entscheidung hat der EuGH in einer Reihe von Urteilen zu den Grundfreiheiten bestätigt und weiter konkretisiert.[730] Aus diesen Entscheidungen lässt sich zusammenfassend festhalten, dass der EuGH dem Verbraucher zutraut, dass er die Informationen auf der Ware erkennt und zuzuordnen weiß.[731] Der Verbraucher verfüge über gewisse Kenntnisse und setze sich mit den dazu gewonnenen Informationen kritisch auseinander, um danach eigenverantwortlich, mündig und rational Angebote abzuwägen und sich wie ein „selbstbewusster aktiver Marktbürger"[732] zu verhalten. Die Herangehensweise und Argumentation des

---

726 *Von Vogel*, Verbrauchervertragsrecht und allgemeines Vertragsrecht, 36; *Dreher*, JZ 1997, 167 (171); *Blaurock*, JZ 1999, 801 (802).

727 Kammergericht Berlin, Urteil v. 10. Januar 1994, EuZW 1994, 541 (543); *Blaurock*, JZ 1999, 801 (802); *Meyer*, WRP 1993, 215 (221); *Sack*, WRP 1998, 264 (264).

728 *Von Vogel*, Verbrauchervertragsrecht und allgemeines Vertragsrecht, 33.

729 EuGH, Urteil v. 20. Februar 1979, Rs. C-120/78 – Cassis de Dijon, Slg. 1979, 649.

730 EuGH, Urteil v. 10. November 1982, Rs. 261/81 (Walter Rau/De Smedt), Slg. 1982, 3961; EuGH, Urteil v. 6. Juli 1995, Rs. C-470/93 (Verein gegen Unwesen im Handel und Gewerbe Köln e.V./Mars GmbH), Slg. 1993 I, 6097, Rn. 16, in dem der EuGH zum ersten Mal den Begriff des „verständigen Verbrauchers" benutzte; EuGH, Urteil v. 16. Juli 1998, Rs. C-210/96 (Gut Springenheide GmbH und Rudolf Tusky/Oberkreisdirektion des Kreises Steinfurt, Amt für Lebensmittelüberwachung), Slg. 1998, I-4657, Rn. 31 f., in dem erstmals die Formulierung vom „durchschnittlich informierten und verständigen Durchschnittsverbraucher" aufkam; EuGH, Urteil v. 28. Januar 1999, Rs. C-303/97 (Verbraucherschutzverein e.V./Sektkellerei G. C. Kessler GmbH & Co.), Slg. 1999, I-513, Rn. 36; EuGH, Urteil v. 13. Januar 2000, Rs. C-220/98 (Estée Lauder Costemtics/Lancaster Group), Slg. 2000, I-117, Rn. 27, in welchen das Leitbild des „durchschnittlich informierten und verständigen Durchschnittsverbraucher" bereits zur Standardformel geworden ist; zur Entwicklung zudem *Helm* in FS Tilmann, 135 (136 ff.).

731 *Leisner*, EuZW 1991, 498 (502).

732 Dauses/Ludwigs/*Micklitz/Rott*, Handbuch des EU-Wirtschaftsrechts, H. V., Rn. 114.

EuGHs ist marktorientiert[733] und lässt sich auf die klassische Vorstellung des *Homo oeconomicus* zurückführen, der basierend auf dem Nutzenmaximierungsprinzip jeweils die für ihn optimale Entscheidung trifft.[734]

Allerdings ist darauf hinzuweisen, dass diese Ausführungen zum Verbraucherleitbild für den Bereich des kollektiven Verbraucherrechts gemacht wurden und insbesondere im Lauterkeitsrecht ihren Ursprung haben. Anders als im Verbraucherschutzrecht zielt die Schutzrichtung im Lauterkeitsrecht auf eine Gesamtheit von Verbrauchern ab, die vor unlauterer Werbung, unlauteren Geschäftspraktiken und unbilligen Allgemeinen Geschäftsbedingungen geschützt werden muss.[735]

Fraglich ist, ob die Ausführungen des EuGHs zum Verbraucherleitbild übertragen werden können. Im Verbraucherschutzrecht, in dem dem Unternehmer lediglich ein Verbraucher gegenübersteht, ist es denkbar, dass individuellere Maßstäbe gelten und die Schutzbedürftigkeit einen größeren Bestandteil des Verbraucherleitbildes ausmacht. Vor allem in seiner Rechtsprechung zur Klauselrichtlinie betont der EuGH die schwächere Verhandlungsposition des Verbrauchers gegenüber dem Unternehmer sowie dessen geringeren Informationsstand.[736] Zudem führt der EuGH in der *Heininger*-Entscheidung aus, dass der Verbraucher sein Widerrufsrecht nicht ausüben könne, wenn es ihm nicht bekannt ist, und dass man von einer anderweitigen Kenntnis des Verbrauchers nicht ohne Weiteres ausgehen könne.[737] Darüber hinaus argumentiert der EuGH in der neueren Rechtsprechung,[738] dass der Verbraucher vor drohenden finanziellen Belastungen geschützt werden müsse, die ihn von der Geltendmachung seiner Rechte abhalten könnten. Dies betraf etwa die Zahlung von Nutzungsersatz bei mangelhafter Ware oder die Auferlegung von Hinsendekosten der Ware bei anschließendem Widerruf. Auf diese Weise sollen dem Verbraucher weitere finanzielle Konsequenzen bei Geltendmachung seiner verbraucherschützenden Rechte erspart und für den rechtsunerfahrenen Verbraucher möglicherweise überraschende Kosten verhindert werden.

Daraus lässt sich jedoch nicht ableiten, dass der EuGH im Verbraucherschutzrecht von einem Leitbild eines unterlegenen „flüchtigen" Verbrauchers ausgeht. Mit seinen Ausführungen unterstreicht der EuGH vielmehr die Wichtigkeit der Informationspflichten und rückt die Funktionsfähigkeit der verbraucherschützenden

---

733 *Reichardt*, Der Verbraucher und seine variable Rolle im Wirtschaftsverkehr, 156.

734 *Dick*, Das Verbraucherleitbild der Rechtsprechung, 19 ff.; *Kraft*, Das Bild des Verbrauchers, 59; *Fezer*, WRP 2001, 989 (992).

735 Dauses/Ludwigs/*Micklitz/Rott*, Handbuch des EU-Wirtschaftsrechts, H. V., Rn. 110.

736 EuGH, Urteil v. 27. Juni 2000, Rs. C-240/98 (Océano Grupo Editorial SA/Roció Murciano Quintero), Slg. 2000 I-4941, Rn. 25.

737 EuGH, Urteil v. 13. Dezember 2001, Rs. C-481/99 – Heininger, Slg. 2001 I-9945, Rn. 45; *Rott*, VuR 2002, 49 (50). Daraus resultierte eine unbegrenzte Widerrufsfrist, die der EuGH mittlerweile durch seine Hamilton-Entscheidung für Verträge, deren Leistungen bereits vollständig geleistet wurden, eingeschränkt hat.

738 EuGH, Urteil v. 17. April 2008, Rs. C-404/06 – Quelle, Slg. 2008 I-2685, Rn. 24; EuGH, Urteil v. 15. April 2010, Rs. C-511/08 – Heine, NJW 2010, 1941.

Instrumente in den Mittelpunkt. Insgesamt geht der EuGH auch im Verbraucherschutzrecht von einem mündigen, informierten Verbraucher aus, der zwar nicht immer rechtskundig und dann unerfahrener ist, der aber mithilfe von Informationen eine selbstbestimmte und rationale Entscheidung treffen kann.[739]

c. Verbraucherleitbild im Entwurf eines Gemeinsamen Referenzrahmens

Der Entwurf eines Gemeinsamen Referenzrahmens basiert für das Verbraucherrecht auf dem Acquis communautaire,[740] sodass er dem Leitbild des mündigen und informierten Verbrauchers folgen müsste, das dem europäischen Verbraucherrecht zugrunde liegt.

Der Entwurf eines Gemeinsamen Referenzrahmens ist jedoch als eigenständiges wissenschaftliches Regelwerk anzusehen, das den Acquis communautaire weiterentwickelt. Denkbar ist daher auch, dass er eine verbraucherschützendere Richtung als der Acquis communautaire einnimmt. Tatsächlich gibt es einige Indizien, die dafür sprechen, dass der Entwurf eines Gemeinsamen Referenzrahmens den Verbraucher als schutzbedürftiger ansieht. So bezeichnet der Entwurf eines Gemeinsamen Referenzrahmens den Verbraucher an mehreren Stellen als typischerweise schwächere Partei (*typically weaker parties*).[741] Darüber hinaus hat der Unternehmer ausweislich der Überschrift von Art. II.–3:103 DCFR eine Informationspflicht gegenüber dem Verbraucher, der teilweise benachteiligt ist. Daraus kann der Schluss gezogen werden, dass der Entwurf eines Gemeinsamen Referenzrahmens von einem schwachen, flüchtigen Verbraucher ausgeht, der sich stets in einer schutzwürdigen Situation befindet.

Dagegen spricht, dass der Entwurf eines Gemeinsamen Referenzrahmens daneben auch den Begriff eines „durchschnittlichen Verbrauchers" erwähnt.[742] Art. II.–3:102 DCFR beinhaltet die Pflicht des Unternehmers in der Werbung, keine missverständlichen Informationen zu veröffentlichen. Die Information ist nach Art. II.–3:102 Abs. 1 S. 2 DCFR irreführend, wenn sie wesentliche Tatsachen falsch darstellt oder auslässt, die der Durchschnittsverbraucher für eine informierte Entscheidung über den Abschluss eines Vertrags erwarten kann. Damit geht der Entwurf des Gemeinsamen Referenzrahmens davon aus, dass der Verbraucher in der Lage ist, Tatsachen zu verarbeiten und eine informierte Entscheidung zu treffen.

---

739 *Von Vogel*, Verbrauchervertragsrecht und allgemeines Vertragsrecht, 34; *Reichardt*, Der Verbraucher und seine variable Rolle im Wirtschaftsverkehr, 156; *Dreher*, JZ 1997, 167 (172); *Blaurock*, JZ 1999, 801 (802).

740 *Luth/Cseres* in Larouche/Chirico (Hrsg.), Economic Analysis of the DCFR, 235 (236).

741 *Von Bar et al.*, Principles, Definitions and Model Rules of European Private Law, Draft Common Frame of Reference (DCFR), Outline Edition, Princ. 20, 59.

742 Zur Schwierigkeit der Bestimmung eines durchschnittlichen Verbrauchers *Luth/Cseres* in Larouche/Chirico (Hrsg.), Economic Analysis of the DCFR, 235 (249 ff.); *Gomez*, ERCL 2006, 4 (26 f.); *Gomez*, ERCL 2008, 89 (113).

Vergleicht man Art. II.–3:103 DCFR, der eine ganze Reihe vorvertragliche Informationspflichten des Unternehmers für Geschäfte festlegt, die im Fernabsatz geschlossen werden, mit Art. II.–3:101 DCFR, der für die übrigen Geschäfte eine Informationspflicht über die Eigenschaften einer Ware oder Dienstleistung vorsieht, die der andere vernünftigerweise erwartet, dann kann angenommen werden, dass der Entwurf eines Gemeinsamen Referenzrahmens zwischen der Schutzbedürftigkeit bei Direktgeschäften und bei Distanzgeschäften unterscheidet. *Luth/Cseres* leiten daraus zwei verschiedene Verbraucherleitbilder ab und folgern, dass nach dem Entwurf eines Gemeinsamen Referenzrahmens der Verbraucher bei Distanzgeschäften schutzbedürftiger sei und eine erhöhte Menge an Informationen benötige.[743]

Eine Aufspaltung des Verbraucherleitbildes im Entwurf des Gemeinsamen Referenzrahmens ist nicht anzunehmen. Grund für die unterschiedliche Behandlung des Verbrauchers im Distanz- und Direktgeschäft ist, dass der Entwurf des Gemeinsamen Referenzrahmens noch nicht die Verbraucherrechterichtlinie zugrunde legen konnte, sondern auf der Haustürgeschäfterichtlinie und der Fernabsatzrichtlinie beruht. Anders als in der Verbraucherrechterichtlinie weist die Haustürgeschäfterichtlinie allerdings keine vorvertraglichen Informationspflichten auf, sodass sie im Entwurf eines Gemeinsamen Referenzrahmens fehlen.

Der Entwurf eines Gemeinsamen Referenzrahmens zielt darauf ab, ein Defizit an situativer Unterlegenheit auszugleichen. Das heißt jedoch nicht, dass er den Verbraucher im Distanzgeschäft weniger in der Lage sieht, eine selbstbestimmte Entscheidung zu fällen. Folglich ist auch im Entwurf eines Gemeinsamen Referenzrahmens von einem mündigen Verbraucher auszugehen, der gewiss in einigen Situationen unerfahren ist, aber mithilfe von Informationen seine Entscheidungen überlegt treffen kann. Man kann in diesem Zusammenhang auch von einem *lernfähigen* Verbraucher sprechen. Der Verbraucher ist als Einzelperson dem Unternehmer in Information und Erfahrung unterlegen, lernt aber mit jedem Geschäft, das er tätigt, die ihm zur Verfügung gestellten Informationen zu nutzen.

d. Einordnung der Verbraucherkreditrichtlinie 2008/48/EG

Die Verbraucherkreditrichtlinie von 2008 behält ihre enge Verbraucherdefinition bei und orientiert sich hinsichtlich der Schutzinstrumente an der Fernabsatzrichtlinie für Finanzdienstleistungen. Im Vordergrund der Verbraucherkreditrichtlinie von 2008 steht eine Vielzahl von Informationspflichten sowie das neu aufgenommene Widerrufsrecht. Dies spricht für die Beibehaltung des Leitbildes des aufgeklärten und mündigen Verbrauchers in der neuen Verbraucherkreditrichtlinie.[744]

---

743 *Luth/Cseres* in Larouche/Chirico (Hrsg.), Economic Analysis of the DCFR, 255.

744 Erwägungsgrund 19 der Verbraucherkreditrichtlinie von 2008, der von einer Entscheidung des Verbrauchers in voller Sachkenntnis und einer Prüfung der Informationen vonseiten des Verbrauchers spricht.

Etwas anderes könnte sich jedoch aus der Einführung der Verpflichtung zur Bewertung der Kreditwürdigkeit aus Art. 8 VKRL 2008 ergeben. Die Bewertung der Kreditwürdigkeit stellt die übrig gebliebene Regelung des im deutschen Recht bislang unbekannten Grundsatzes der verantwortungsvollen Kreditvergabe aus den ersten beiden Entwürfen der neuen Verbraucherkreditrichtlinie dar.[745] Fraglich ist, ob aus der Beratungs- und Bewertungspflicht des Unternehmers abgeleitet werden kann, dass der Verbraucher schutzwürdiger ist und nicht mehr in der Lage ist, aufgrund von Informationen eine überdachte Entscheidung zu treffen. Hierzu soll im Folgenden zunächst auf die ursprüngliche Konzeption der verantwortungsvollen Kreditvergabe und ihre Bedeutung für das Verbraucherleitbild eingegangen werden, bevor die endgültige Regelung analysiert wird.

aa. Bedeutung des Grundsatzes der verantwortungsvollen Kreditvergabe im ersten Richtlinienentwurf der Verbraucherkreditrichtlinie 2008/48/EG

Modell für die Konzeption in den Entwürfen der Verbraucherkreditrichtlinie stand insbesondere die Schweizer Regelung.[746] Daher bedarf es einiger Erläuterungen zum Grundgerüst des Schweizer Modells. Nach Art. 28 KKG ist der Kreditgeber verpflichtet, die Kreditfähigkeit des Konsumenten zu prüfen.[747] Dabei ist die Kreditfähigkeit zu bejahen, wenn der Konsument den Kredit zurückzahlen kann, ohne den nicht einpfändbaren Teil des Einkommens beanspruchen zu müssen. Die Prüfung erfolgt auf der Grundlage von Angaben, die der Verbraucher darlegt, und auf die sich der Kreditgeber verlassen darf. Verletzt der Kreditgeber grob fahrlässig die Pflicht zur Prüfung der Kreditfähigkeit, verliert er gem. Art. 32 KKG die von ihm gewährte Kreditsumme samt Zinsen und Kosten. Bereits gezahlte Kreditraten kann der Verbraucher zudem über die Regeln der ungerechtfertigten Bereicherung herausverlangen.[748]

Der Grundsatz der verantwortungsvollen Kreditvergabe ist in Art. 6 i.V.m. Art. 9 des ersten Entwurfs einer neuen Verbraucherkreditrichtlinie aus dem Jahr 2002 derart ausgestaltet, dass der Kreditgeber den Kreditnehmer über die wesentlichen Aspekte des Kreditvertrags informiert, Informationen über die Leistungsfähigkeit des Verbrauchers einholt, sie bewertet und dem Verbraucher schließlich den für seine Bedürfnisse passenden Kreditvertrag vorschlägt. Dem Verbraucher obliegt die Erteilung der Auskünfte, die der Kreditgeber benötigt, um die Kreditfähigkeit zu überprüfen.[749] Zwar soll nach dem Willen des europäischen Gesetzgebers die

745 Siehe dazu unter § 2 D. IV. 2. b.

746 *Rott*, BKR 2003, 851 (851); Reifner, VuR 2006, 121 (122).

747 Zur Kreditfähigkeitsprüfung nach dem KKG *Zahn*, Überschuldungsprävention durch verantwortliche Kreditgabe, 112 ff.

748 *Nobbe*, ZBB 2008, 78 (79).

749 Die Informationsbeschaffung durch den Verbraucher ist als Obliegenheit einzuordnen. Der Kreditgeber hat keinen eigenständigen Auskunftsanspruch, ihm wird

wirtschaftliche und letztendliche Entscheidung über den Abschluss des Kreditvertrags bei dem Verbraucher verbleiben.[750] Allerdings ist zu berücksichtigen, dass Verbraucher sich regelmäßig von der Wahl des Kreditinstruments durch den Kreditgeber beeinflussen lassen und dem Vorschlag des Kreditgebers folgen. Daher ist zu befürchten, dass der Grundsatz der verantwortungsvollen Kreditvergabe – so wie ihn die Kommission in Art. 6 und 9 ihres Entwurfs von 2002 vorgeschlagen hat – die Eigenverantwortung des Verbrauchers erheblich verringert hätte.[751]

Ausweislich der Begründung zu Art. 9 des ersten Richtlinienentwurfs sollte die Kreditfähigkeitsprüfung nach Vorstellung der Kommission eine Sorgfaltspflicht sein.[752] Die Sanktionierung einer Verletzung dieser Sorgfaltspflicht überließ sie jedoch den Mitgliedstaaten.[753] Zudem blieben auch die Maßstäbe der Prüfung der Kreditfähigkeit weitgehend offen. Art 9 des Richtlinienentwurfs von 2002 besagte lediglich, dass sich der Kreditgeber unter Ausnutzung aller ihm zur Verfügung stehenden Mittel von der Bonität des Verbrauchers überzeugen soll. Weitere Leitlinien sollten von den Mitgliedstaaten bestimmt werden.[754] Welche Rechtsfolge eine negative Kreditfähigkeitsprüfung auslöst, regelte der Entwurf nicht.[755]

Das belgische und das schweizerische Recht sehen bei negativer Kreditfähigkeitsprüfung vor, dass dem Verbraucher die Kreditvergabe verwehrt wird.[756] Damit wird der Überschuldung von Privathaushalten entgegengewirkt und die Gesellschaft wird vor Schäden durch unbezahlbaren Konsum geschützt. Allerdings besteht bei einem Kreditvergabeverbot die Gefahr, dass einzelne Bevölkerungsschichten keinen Kredit mehr erhalten und vom Konsum und von der Teilnahme

bei falscher Auskunftserteilung aber auch keine Pflichtverletzung zur Last gelegt; vgl. *Rott,* BKR 2003, 851 (855).

750 Geänderter Vorschlag für eine Richtlinie des Europäischen Parlaments und des Rates über Verbraucherkreditverträge und zur Änderung der Richtlinie 93/13/EWG des Rates vom 7. Oktober 2005, KOM(2005) 483 endg., S. 7.

751 *Riesenhuber,* ZBB 2003, 325 (329); *Rohe,* BKR 2003, 267 (267), der sogar von einer Entmündigung des Verbrauchers sprechen; *Nobbe,* ZBB 2008, 78 (80); a. A. *Knops* in Habersack/Mülbert/Nobbe/Wittig (Hrsg.), Die zivilrechtliche Umsetzung der Zahlungsdienste-Richtlinie, 221.

752 Dazu *Riesenhuber,* ZBB 2003, 325 (330); *Franck,* ZBB 2003, 334 (342); *Knops* in Habersack/Mülbert/Nobbe/Wittig (Hrsg.), Die zivilrechtliche Umsetzung der Zahlungsdienste-Richtlinie, 220.

753 *Rott/Terryn/Twigg-Flesner,* VuR 2011, 163 (163).

754 Damit einher geht die Frage nach dem Maßstab von Kreditscoreverfahren, der nicht näher nachgegangen werden soll. Näher dazu *Metz* in FS Derleder, 421 (421 ff.); zu den kürzlich verankerten Informationsrechten im Kreditscoring *Metz,* VuR 2009, 403 (403 ff.).

755 Genaue Konsequenzen sind dem Entwurf nicht zu entnehmen, *Rott* in Reich/Micklitz/Rott/Tonner (Hrsg.), European Consumer Law, 197 (220), *Rott,* WM 2008, 1104 (1109); *Hoffmann,* BKR 2004, 308 (312);

756 *Rott,* BKR 2003, 851 (853).

am Binnenmarkt ausgeschlossen werden.[757] Alternativ zur Ablehnung des Kredits käme eine Aufklärungspflicht des Kreditgebers über das negative Ergebnis der Kreditfähigkeitsprüfung in Betracht. Dies hätte den Vorteil, dass der Verbraucher gewarnt würde, die Entscheidung über die Aufnahme des Kredits jedoch selber treffen könnte.

Fraglich ist, ob die Einführung der verantwortlichen Kreditvergabe mit der wirtschaftsorientierten Verbraucherschutzkonzeption des europäischen Verbraucherrechts im Einklang steht und welchen Einfluss sie auf das Verbraucherleitbild hat. Während im deutschen Recht die Vertragspartner ihre Informationen grundsätzlich selbst beschaffen müssen und dem Kreditgeber nur in einigen Ausnahmen Aufklärungspflichten treffen,[758] zielen die europäischen Verbraucherschutzrichtlinien darauf ab, Informationsdefizite durch Informationspflichten der Unternehmer auszugleichen. Der europäische Gesetzgeber geht von einem mündigen Verbraucher aus, der dadurch in die Lage versetzt wird, eine reflektierte und eigenverantwortliche Entscheidung zu treffen.

Art. 6 Abs. 2 des ersten Entwurfs der Verbraucherkreditrichtlinie geht über eine reine Information hinaus, indem er eine Beratungspflicht des Kreditnehmers vorsieht, auf die die Verbraucher nicht verzichten können sollte.[759] Zudem sollte der Kreditgeber nach Art. 6 Abs. 3 des ersten Entwurfs dem Verbraucher aus seiner Produktpalette den am besten geeigneten Kredit anbieten. Dahinter verbirgt sich ein Leitbild eines Verbrauchers, der nicht in der Lage ist, Informationen nach seinen eigenen Bedürfnissen zu selektieren und eine selbstständige Entscheidung zu treffen.[760] Keine Einigkeit bestand darüber, ob der Kreditgeber den am besten geeigneten Kredit oder mehrere infrage kommende Kredite hätte auswählen und dem Verbraucher präsentieren müssen. Im ersten Fall hätte der Verbraucher nicht einmal die Möglichkeit gehabt, sich für eine andere Kreditform zu entscheiden, die vielleicht ein wenig schlechter auf das Profil des Verbrauchers zugeschnitten wäre. Dies wäre einer Fremdbestimmung gleichgekommen. Aber selbst im zweiten Fall hätte der Kreditgeber eine Vorabentscheidung vorgenommen und dadurch die Entscheidungsmöglichkeiten des Verbrauchers kanalisiert.

Die Regelung zur verantwortungsvollen Kreditvergabe in Art. 6 und 9 des Richtlinienentwurfs von 2002 hätte zu einem Bruch mit der Schutzkonzeption des

---

757 *Franck*, ZBB 2003, 334 (342); *Danco*, WM 2003, 853 (858); insbesondere dürfen auch nicht die Fälle vergessen werden, in denen Verbraucher einen Kredit benötigen, um etwa ihre beruflichen Chancen zu verbessern, *Rott*, BKR 2003, 851 (853).

758 *Herresthal*, WM 2009, 1174 (1174); *Danco*, WM 2003, 853 (857); *Rohe*, BKR 2003, 267 (270); *Fleischer*, Informationsasymmetrie im Vertragsrecht, 586 f.

759 Einige Autoren sprechen sogar von einer Zwangsberatung *Franck*, ZBB 2003, 334 (341); *Riesenhuber*, ZBB 2003, 325 (329); *Nobbe*, ZBB 2008, 78 (80); *Zahn*, Überschuldungsprävention durch verantwortliche Kreditvergabe, 105.

760 *Nobbe*, ZBB 2008, 78 (80), nach dem die Kommission von einem „bemitleidenswerten Blödian mit Sonderschulniveau aus der früheren deutschen Wettbewerbsrechtsprechung“ ausgeht, „eines Verbrauchers, der Aqua minerale mit Aquavit verwechselt“.

europäischen Verbraucherrechts geführt und das im europäischen Verbraucherrecht vorherrschende Leitbild des mündigen Verbrauchers im Kreditrecht nicht fortgesetzt, sondern im Kreditrecht ein Leitbild eines schutzbedürftigen Verbrauchers herangezogen, der nicht in der Lage ist, Informationen so zu verarbeiten, dass er aus mehreren Möglichkeiten die für ihn richtige Entscheidung fällen kann.

Das europäische Vertragsrecht zielt darauf ab, die Marktstellung des Verbrauchers zu stärken und nicht durch Reglementierungen die Privatautonomie einzuschränken.[761] Das Recht, eine selbstbestimmte Entscheidung zu treffen, beinhaltet auch das Recht des Verbrauchers, unvernünftige Entscheidungen zu treffen, solange sie nicht mangels Informiertheit oder aufgrund unlauterer Geschäftspraktiken zustande gekommen sind.[762] Diese Entscheidungsmöglichkeit wäre dem Verbraucher zu seinem Schutze genommen worden.

Aus ökonomischer Sicht hätte die Einführung des Instruments der verantwortungsvollen Kreditvergabe in Form des Richtlinienentwurfs von 2002 zudem zu erhöhten Kosten geführt. Die für die Beratung erforderliche Informationsbeschaffung und das für fehlerhafte Beratungen einzuberechnende Risiko hätte die Kosten im Vorfeld eines Vertragsschlusses in die Höhe getrieben und wäre aller Wahrscheinlichkeit nach auf die Gesamtheit der Verbraucher abgewälzt worden.[763] Durch den Anstieg der Kosten wäre die Position des Verbrauchers auf dem Binnenmarkt weiter geschwächt worden und Verbraucher mit geringerem Einkommen hätten es schwer gehabt, überhaupt noch einen Kredit zu bekommen. Zudem hätten sich die erfahreneren Verbraucher zwangsweise einer unnötigen Beratung unterziehen und die Kosten dafür mittragen müssen.

bb. Bedeutung des Grundsatzes der verantwortungsvollen Kreditvergabe in der Verbraucherkreditrichtlinie 2008/48/EG

Von dem Grundsatz der verantwortungsvollen Kreditvergabe aus Art. 6 und 9 des Richtlinienentwurfs von 2002 verbleiben im endgültigen Richtlinientext neben der vorvertraglichen Informationspflicht die Bewertung der Kreditwürdigkeit (Art. 8 VKRL 2008) und die Erläuterungspflicht (Art. 5 Abs. 6 VKRL 2008).[764] Damit bleibt der Kreditgeber weiterhin verpflichtet, anhand von Informationen des Verbrauchers und von Datenbanken eine Kreditwürdigkeitsbewertung vorzunehmen und die zur Verfügung stehenden Produkte zu erläutern.

Es stellt sich die Frage, ob die Regelung zur Kreditwürdigkeitsbewertung und anschließender Erläuterung darauf schließen lassen, dass der europäische Gesetzgeber im Kreditrecht den Verbraucher als schutzbedürftiger ansieht als in anderen Rechtsbereichen und nicht von einem mündigen Verbraucher ausgeht. Dagegen

761 So aber *Riesenhuber*, ZBB 2003, 325 (329); *Danco*, WM 2003, 853 (858).
762 *Danco*, WM 2003, 853 (856).
763 *Franck*, ZBB 2003, 334 (340); *Riesenhuber*, ZBB 2003, 325 (329).
764 *Ady/Paetz*, WM 2009, 1061 (1065).

spricht, dass der europäische Gesetzgeber bewusst den Begriff „Erläuterung“ und nicht den Begriff „Beratung“ gewählt hat. Der Duden sieht für den Begriff „Erläuterung“ die Bedeutung „nähere Erklärung“ vor.[765] Eine Erläuterung umfasst die Darstellung, Erklärung und Konkretisierung des Vertragsinhalts sowie der Rechte und Pflichten der Vertragspartner.[766] Eine Beratung geht bereits begrifflich darüber hinaus und zeigt dem Verbraucher eine Entscheidungsrichtung auf.[767] Eine Erläuterung geht somit weiter als eine reine Information, stellt aber gegenüber einer Beratung ein Minus dar.[768]

Diese Einordnung lässt sich zudem der Systematik der Verbraucherkreditrichtlinie von 2008 entnehmen, die die Erläuterungspflicht bei den vorvertraglichen Informationspflichten ansiedelt und damit die Nähe zu den Informationspflichten aufzeigt. Eine Abgrenzung zwischen Erläuterungspflicht und Beratungspflicht wird darüber hinaus aus der Systematik der Wohnimmobilienkreditrichtlinie deutlich, die sich bezüglich der Kreditwürdigkeitsprüfung bewusst an der Verbraucherkreditrichtlinie von 2008 orientiert. Die Wohnimmobilienkreditrichtlinie sieht in Art. 22 WIKRL darüber hinaus vor, dass die Mitgliedstaaten für Beratungsdienstleistungen Standards sicherstellen, nach denen der Verbraucher – soweit ein Angebot besteht – fakultativ zusätzliche Beratungsdienstleistungen in Anspruch nehmen kann.[769] Damit wird bewusst zwischen Erläuterungspflicht und Beratungspflicht unterschieden. Dies impliziert, dass die Erläuterungspflicht des Kreditgebers nicht so weit reicht wie eine Beratungspflicht.

Dennoch bleibt festzuhalten, dass eine Erläuterungspflicht über eine reine Information hinausgeht und dass die vorvertragliche Informationspflicht mit Einführung der Erläuterungspflicht in Richtung Beratung erweitert wird.[770]

Fraglich ist, wie individuell die Erläuterungen erfolgen müssen. Es leuchtet ein, dass die individuellen Bedürfnisse des Verbrauchers in der Erläuterung Berücksichtigung finden müssen.[771] Eine abstrakt-generelle Beschreibung des Kreditangebots würde die vorvertraglichen Informationspflichten schlicht wiederholen und keinen eigenständigen Anwendungsbereich in Anspruch nehmen. Nicht ganz eindeutig ist allerdings, ob die Erläuterungen persönlich vorgenommen werden müssen oder auch standardisiert erfolgen können.[772] Erwägungsgrund 27 der Verbraucherkreditrichtlinie von 2008 sieht vor, dass die Informationen gegebenenfalls

---

765 Dudenredaktion (o. J.): „Erläuterung“ auf Duden online. Url: https://www.duden.de/rechtschreibung/Erlaeuterung; zuletzt abgerufen am 5. Februar 2018.

766 *Herresthal*, WM 2009, 1174 (1179).

767 Zur Abgrenzung von Aufklärungs-, Warn- und Beratungspflichten *Hennrichs* in FS Kümpel, 241 (243); *Blaurock* in FS Horn, 697 (698).

768 *Knops* in Habersack/Mülbert/Nobbe/Wittig (Hrsg.), Die zivilrechtliche Umsetzung der Zahlungsdienste-Richtlinie, 224.

769 *Schürnbrand*, ZBB 2014, 168 (175).

770 *Ady/Paetz*, WM 2009, 1061 (1066).

771 *Ady/Paetz*, WM 2009, 1061 (1067); *Herresthal*, WM 2009, 1174 (1179).

772 *Hoffmann/Bartlitz*, WM 2014, 2297 (2298).

persönlich erläutert werden müssen. Aus Gründen des besonderen Schutzbedürfnisses finanziell unerfahrener Personen sieht *Rott* einen nahezu generellen Bedarf an persönlichen Erläuterungen in Bezug auf „diese Bevölkerungsschicht".[773] *Herresthal* lässt eine standardisierte individualisierte elektronische Erläuterung ausreichen.[774]

Für die Zulässigkeit standardisierter Informationen spricht die Verpflichtung, lediglich eine Erläuterung abzugeben und keine Beratung vorzunehmen.[775] Darüber hinaus zielt die Verbraucherkreditrichtlinie von 2008 gerade darauf ab, grenzüberschreitende Geschäfte und damit auch Angebote von Kreditverträgen im Fernabsatz zu ermöglichen. Eine professionelle, gut visualisierte Erläuterung über das Internet mit Begriffserläuterungen und Beispielen sollte ausreichen, um den durchschnittlich informierten Verbraucher in die Lage zu versetzen, eine informierte Entscheidung zu treffen. Es könnte in Betracht gezogen werden, einen zusätzlichen Chat einzurichten, in dem der Verbraucher im Anschluss an die Präsentation Fragen stellen kann.

Insgesamt ist der endgültige Richtlinientext darauf bedacht, die Eigenverantwortung und die Privatautonomie nicht zu untergraben.[776] Erwägungsgrund 27 der Verbraucherkreditrichtlinie von 2008 unterstreicht, dass die Erläuterungspflicht über die vorvertragliche Informationspflicht hinausgeht, die Erläuterungen jedoch nur zur Unterstützung des Verbrauchers bei der Entscheidung beitragen sollen, welcher Kreditvertrag seinen Bedürfnissen am besten entspricht. Damit signalisiert der europäische Gesetzgeber, dass reine Informationspflichten dem Verbraucher in der Kreditsituation nicht genügen können.

Für den Maßstab des Verbraucherleitbildes bedeutet dies, dass die Anforderungen an den Verbraucher ein wenig herabgesetzt werden. Es findet in der Verbraucherkreditrichtlinie von 2008 Berücksichtigung, dass insbesondere einkommensschwache Verbraucher von einer Überschuldung betroffen sind, die sich vor Vertragsabschluss in einer existenzbedrohlichen Zwangslage befinden. Dennoch rückt der europäische Gesetzgeber nicht von seinem herkömmlichen Verbraucherleitbild ab. Er hält den Verbraucher zwar für nicht ausreichend informiert, sieht ihn aber als für Informationen und Erklärungen empfänglich an.[777] Er ist nicht informiert, aber informierbar, und benötigt weitere Hilfestellungen, um ein vollwertiger informierter Marktteilnehmer zu werden. Es ist jedoch anzunehmen, dass das Leitbild des mündigen und informierten Verbrauchers nicht starr ist,

---

773 *Rott*, WM 2008, 1104 (1109). Zum Umfang der Erläuterungspflicht in der Wohnimmobilienkreditrichtlinie *Buck-Heeb*, BKR 2015, 177 (179).

774 *Herresthal*, WM 2009, 1174 (1179).

775 So auch *Schürnbrand*, Das neue Recht der Verbraucherkredite und der verbundenen Verträge, 181 f.

776 *Schürnbrand*, Das neue Recht der Verbraucherkredite und der verbundenen Verträge, 180.

777 *Rott* in Reich/Micklitz/Rott/Tonner (Hrsg.), European Consumer Law, 197 (217).

sondern einen Spielraum zulässt. Die Verbraucherkreditrichtlinie 2008 zielt wie die übrigen verbraucherschützenden Richtlinien darauf ab, den Verbraucher in die Lage zu versetzen, eine eigenverantwortliche Entscheidung zu fällen. Die Materie des Verbraucherkredits erfordert es jedoch, dass der Verbraucher dazu mehr Informationen benötigt als in den anderen Rechtsgebieten. Dennoch ist nicht davon auszugehen, dass der europäische Gesetzgeber das Leitbild des Verbrauchers in der Verbraucherkreditrichtlinie von 2008 in seinen Grundzügen und in seiner Zielsetzung ändern wollte. Vielmehr fügt es sich in den Spielraum des vorherrschenden Leitbildes des mündigen Verbrauchers ein. Dieser Spielraum umfasst die Spanne zwischen dem Verbraucher, der bereits informiert ist und anhand einiger Informationen die Auswirkungen des Vertrags abschätzen kann, und dem Verbraucher, der Informationen gut aufbereitet und zusätzlich noch Erläuterungen eines Ansprechpartners benötigt; danach aber als informiert zählen kann.

Einigkeit besteht darüber, dass es sich bei der Kreditwürdigkeitsprüfung um eine Rechtspflicht handelt und nicht um eine bloße Obliegenheit.[778] Uneinigkeit herrscht jedoch bei der Frage, ob die Verpflichtung zur Vornahme der Kreditwürdigkeitsprüfung gegenüber dem Verbraucher eine drittschützende Wirkung hat und sich der Verbraucher darauf berufen darf. *Herresthal* verneint dies und stützt sich auf die Regelung der Sanktionen in Art. 23 VKRL 2008, nach der die Mitgliedstaaten eine wirksame, verhältnismäßige und abschreckende Sanktion vorzusehen haben. Von einer Berechtigung oder einem Individualrecht des Verbrauchers sei dabei nicht die Rede.[779] *Ady* und *Paetz* nehmen dagegen ein Schutzgesetz an. Führt der Kreditgeber die Kreditwürdigkeitsprüfung nicht oder mangelhaft aus, wird eine Pflichtverletzung angenommen, die Schadensersatzansprüche zugunsten des Verbrauchers auslösen kann.[780] Auch *Rott* bejaht den Drittbezug und schlägt für das deutsche Recht eine Behandlung der Pflichtverletzung nach den Grundsätzen der *culpa in contrahendo* gem. §§ 311 Abs. 2, 241 Abs. 2, 280 Abs. 1 BGB vor. Daneben hält er verwaltungsrechtliche Sanktionen für sinnvoll.[781]

Der zweiten, den Drittschutz bejahenden, Ansicht ist zuzustimmen. Die Verbraucherkreditrichtlinie von 2008 sieht in Art. 23 VKRL 2008 zwar keine konkreten

---

778 *Hoffmann/Bartlitz*, WM 2014, 2297 (2300); *Herresthal*, WM 2009, 1174 (1176), der dies aus der Überschrift des Art. 8 und systematisch aus der Regelung in Kapitel II („Informationspflichten und vorvertragliche Pflichten") entnimmt.

779 *Herresthal*, WM 2009, 1174 (1176); so auch *Vorwerk*, NJW 2009, 1777 (1782); *Schürnbrand*, Das neue Recht der Verbraucherkredite und der verbundenen Verträge, 183; *Wösthoff*, Die Verbraucherkreditrichtlinie 2008/48/EG und deren Umsetzung ins deutsche Recht, 95 ff.

780 *Ady/Paetz*, WM 2009, 1061 (1067), so auch *Knops* in Habersack/Mülbert/Nobbe/Wittig (Hrsg.), Die zivilrechtliche Umsetzung der Zahlungsdienste-Richtlinie, 223; *Hoffmann/Bartlitz*, WM 2014, 2297 (2302).

781 *Rott*, WM 2008, 1104 (1110); zudem *Reifner*, Konsumentenkreditrichtlinie, VuR 2004, 85 (88), der die verantwortliche Kreditvergabe ebenfalls zu dem Bereich des Aufklärungsverschuldens der c.i.c. zählt.

Vorgaben für die Regelung der Sanktion vor und beantwortet auch nicht die Frage, ob der Verbraucher ein subjektives Recht hat. Daher können grundsätzlich Sanktionen auch wie bislang im deutschen Recht im Öffentlichen Recht verankert werden, solange sie eine abschreckende Wirkung haben und effektiv sind.[782] Nach Art. 23 S. 2 VKRL 2008 müssen die Sanktionen jedoch wirksam, verhältnismäßig und abschreckend sein. Über die abschreckende Wirkung der Sanktionen hatte der EuGH im März 2014 in dem Rechtsstreit *LCL Le Credit Lyonnais* zu entscheiden.[783] Ausgangspunkt des Rechtsstreits war eine Norm des französischen Zivilrechts, nach der der Kreditgeber seinen Anspruch auf die vereinbarten Zinsen verliert, wenn er die Kreditwürdigkeitsprüfung nicht ordnungsgemäß durchführt, dafür aber den gesetzlichen Zinsanspruch erhält, der im Zeitpunkt der Entscheidung des Rechtsstreits nur unwesentlich geringer ausfiel als der vertraglich vereinbarte. Der Kläger hielt diese Rechtsfolge für nicht mit dem in Art. 23 VKRL verankerten Gebot der wirksamen, verhältnismäßigen und abschreckenden Sanktionen vereinbar. Der EuGH hat in seiner Entscheidung keine Aussage darüber getroffen, ob die Verletzung der Pflicht zur Kreditwürdigkeitsprüfung zivilrechtliche Rechtsfolgen nach sich zu ziehen hat, da die Rechtsfolgen im französischen Recht bereits durch eine individualschützende Vorschrift im Zivilrecht umgesetzt waren. Vielmehr verwies der EuGH in seinem Urteil lediglich noch einmal auf die Notwendigkeit einer hinreichend abschreckenden Sanktion.[784] Allerdings macht der EuGH deutlich, „dass die vorvertragliche Verpflichtung des Kreditgebers zur Kreditwürdigkeitsprüfung den Schutz der Verbraucher vor der Gefahr der Überschuldung und der Zahlungsunfähigkeit bezweckt".[785] Hieraus folgt, dass wegen des verbraucherschützenden Charakters der Kreditwürdigkeitsprüfung die Sanktionen im Verhältnis zwischen Kreditgeber und Kreditnehmer und damit im Zivilrecht verankert werden müssen.[786]

Deutschland hatte die Pflicht, wirksame, verhältnismäßige und abschreckende Sanktionen vorzusehen, zunächst allein dadurch umgesetzt, dass es die Pflicht zur Kreditwürdigkeitsprüfung in § 18 Abs. 2 KWG festgeschrieben und damit in das Bankenaufsichtsrecht verortet hat. Mangels Aufnahme in den Bußgeldkatalog in § 56 KWG konnten Verstöße lediglich durch Anordnungsbefugnisse der Bundesanstalt für Finanzdienstleistungsaufsicht gem. § 6 Abs. 2, 3 KWG geahndet werden. Auch § 509 BGB a. F. sah keine Verpflichtung zur Vornahme der Kreditwürdigkeitsprüfung vor, auf die sich der Verbraucher hätte berufen können. Die Vorschrift korrespondierte mit dem nahezu gleichlautenden § 18 Abs. 2 KWG und erweiterte

782 *Hofmann*, NJW 2010, 1782 (1784 f.).

783 EuGH, Urteil v. 27. März 2014, Rs. C-565/12 (LCL Le Credit Lyonnais SA/Kalhan), EuZW 2014, 514.

784 *Herresthal*, EuZW 2014, 497 (500).

785 EuGH, Urteil v. 27. März 2014, Rs. C-565/12 – LCL Le Credit Lyonnais, Rz. 42.

786 *Rott*, EWS 2014, 201 (202 f.); *Hoffmann/Bartlitz*, WM 2014, 2291 (2300 f.); a. A. *Herresthal*, EuZW 2014, 497 (500).

die Regelung auf entgeltliche Finanzierungshilfen i.S.d. § 506 BGB wie Zahlungsaufschübe, Teilzahlungsgeschäfte und Finanzierungsleasingverträge.[787]

Die rein aufsichtsrechtlichen Sanktionen können den verbraucherschützenden Charakter der Kreditwürdigkeitsprüfung nicht mit abdecken und stellen keine wirksame und abschreckende Sanktionierung der Kreditinstitute dar.[788] In Betracht kommt eine Schadensersatzpflicht wegen vorvertraglicher Pflichtverletzung.[789] Dies ließe sich damit begründen, dass die Kreditwürdigkeitsprüfung ein Teil der Informationspflichten des Kreditgebers und damit eine vorvertragliche Pflicht ist. Die Kreditwürdigkeitsprüfung ist mit der Unterrichtung des Verbrauchers über ein negatives Ergebnis in Art. 5 Abs. 1 lit. q) VKRL 2008 als Einheit zu betrachten. Die Durchführung der Kreditwürdigkeitsprüfung allein löst noch keine Aufklärungspflicht aus. Sinn und Zweck der Bewertung der Kreditfähigkeit ist die Verhinderung von Krediten, die der Verbraucher erkennbar nicht zurückzahlen kann. Sie dient in erster Linie dem Kreditinstitut bei der Zusammenstellung von Angeboten verschiedener Kreditformen. Der Verbraucher wird bereits durch die Durchführung der Bewertung geschützt. Sie zielt aber auch darauf ab, dem Verbraucher über seine finanziellen Möglichkeiten zu informieren, damit er diese Information in seiner abschließenden Entscheidung berücksichtigen kann. Die Entscheidung über die für ihn passende Kreditform soll er selbst und unbeeinflusst treffen.[790] Die Kreditwürdigkeitsprüfung stellt daher eine Art Vorprüfung dar, die bei negativem Ausgang eine Aufklärungspflicht des Kreditgebers nach sich zieht. Verletzt er die Aufklärungspflicht, sollte dies eine Schadensersatzpflicht begründen.[791]

Die Wahl der vorvertraglichen Schadensersatzpflicht würde sich zudem systematisch in die Rechtsfolgen bei fehlerhafter Durchführung einer Informationspflicht einfügen. Im deutschen Recht steht mit der *culpa in contrahenda* ein Rechtsinstitut zur Verfügung, das bereits bei Vertragsanbahnung und der Aufnahme von Vertragsverhandlungen eine Schadenersatzpflicht vorsieht, wenn eine Vertragspartei eine Obhuts-, Informations- oder Aufklärungspflicht verletzt.[792]

Auch auf europäischer Ebene wird eine Schadensersatzpflicht bei Verletzung von Informationspflichten als Option angedacht. Der Entwurf eines Gemeinsamen Referenzrahmens hat in Art. II.–3:109 DCFR unabhängig vom Bestehen eines Vertrags und in Ergänzung von Rechtsbehelfen bei Nichtleistung eine Schadensersatzpflicht festgesetzt, wenn ein Unternehmer gegen eine vorvertragliche Informationspflicht verstößt.

---

787 Staudinger/*Kessal-Wulf*, § 509, Rn. 1.
788 *Franck*, Marktordnung durch Haftung, 282.
789 *Rott*, WM 2008, 1104 (1110).
790 *Riesenhuber* in Riesenhuber (Hrsg.), Das Prinzip der Selbstverantwortung, § 10, 230.
791 So auch *Maier*, VuR 2015, 20 (22); *Barta/Braune*, BKR 2014, 324 (329).
792 MüKo/*Emmerich*, § 311, Rn. 50; Hk-BGB/*Schulze*, § 311, Rn. 12.

Der deutsche Gesetzgeber hat im Zuge der Umsetzung der Wohnimmobilienkreditrichtlinie in §§ 505a-d BGB ein „differenziertes zivilrechtliches Sanktionensystem“[793] eingeführt. Verstößt der Kreditgeber gegen die Pflicht zur Kreditwürdigkeitsprüfung, ermäßigt sich nach § 505d Abs. 1 BGB der im Darlehensvertrag vereinbarte Sollzins auf den marktüblichen Zinssatz.[794] Der marktübliche Zinssatz orientiert sich – abhängig davon, ob es sich um einen gebundenen oder veränderlichen Sollzins handelt – an Anlagen in Hypothekenpfandbriefen und öffentlichen Pfandbriefen bzw. an Anleihen mit einer Laufzeit von drei Monaten, die europäische Banken sich einander gewähren. Darüber hinaus kann der Kreditnehmer nach § 505d Abs. 1 S. 3 BGB den Kreditvertrag jederzeit fristlos kündigen. Die Sanktionen greifen nach § 505d Abs. 1 S. 5 BGB jedoch nicht, wenn der Kreditvertrag bei ordnungsgemäßer Kreditwürdigkeitsprüfung hätte abgeschlossen werden dürfen. Es muss folglich eine konkrete Gefahr für den Kreditnehmer entstanden sein, dass er den Kreditvertrag nicht vertragsgemäß bedienen kann.[795] Kann der Kreditnehmer die Pflichten aus dem Kreditvertrag nicht vertragsgemäß erfüllen und hätte der Vertrag nach ordnungsgemäßer Kreditwürdigkeitsprüfung nicht geschlossen werden dürfen, kann der Kreditgeber nach § 505d Abs. 2 BGB keine Ansprüche wegen Pflichtverletzungen geltend machen.

Die Wahl der Rechtsfolge über die Senkung der Zinssätze führt im Gegensatz zur Einführung einer Schadensersatzpflicht dazu, dass der Verbraucher nicht komplett von der Zinslast befreit wird. Dies begründet der deutsche Gesetzgeber damit, dass die Fehler bei der Einschätzung der Kreditwürdigkeit nicht so schwerwiegend sind wie bei einem sittenwidrigen Kreditvertrag.[796] Bei sittenwidrigem Handeln ist es nach herrschender Rechtsprechung anerkannt, dass der Kreditvertrag nach § 138 Abs. 1 BGB nichtig ist und der Kreditnehmer über die Grundsätze der ungerechtfertigten Bereicherung alle Zahlungen, die er an den Kreditgeber geleistet hat, ohne hierzu verpflichtet zu sein, zurückverlangen darf.[797] Die Zinsreduktion bei nicht ordnungsgemäßer Durchführung der Kreditwürdigkeitsprüfung stellt einen Interessenausgleich zwischen Kreditgeber und Kreditnehmer dar, der berücksichtigt, dass der Kreditgeber nicht aus seinem relevant gewordenen Fehlverhalten profitieren soll und der Kreditnehmer andererseits die Gebrauchsvorteile des Kredits nicht unentgeltlich erhalten soll.[798]

Dies berücksichtigt jedoch nicht, dass der Kreditvertrag gem. § 494 Abs. 1 BGB nichtig ist, wenn in der Vertragsurkunde eine der in Art. 247 §§ 6 und 10 bis 13 EGBGB genannten Angaben fehlen. Bei diesen Angaben handelt es sich

793 Entwurf eines Gesetzes zur Umsetzung der Wohnimmobilienkreditrichtlinie vom 7. September 2015, BT-Drs. 18/5922, S. 62.
794 *Pieckenbrock*, GPR 2015, 26 (29); Buck-*Heeb*, BKR 2015, 177 (180).
795 Palandt/*Weidenkaff*, § 505d, Rn. 2.
796 BT-Drs. 18/5922, S. 101.
797 BGH, Urteil vom 30. Juni 1983 – III ZR 114/82, Rn. 29.
798 BT-Drs. 18/5922, S. 101; BeckOGK/*Knops*, § 505d, Rn. 4.

insbesondere um die vorvertraglichen Informationspflichten.[799] Der Verbraucher muss danach die Zinslast nicht tragen, wenn der Kreditgeber beispielsweise gem. Art. 247 §§ 6 Nr. 3 EGBGB die für den Kreditgeber zuständige Aufsichtsbehörde nicht benennt. Wenn der Kreditgeber jedoch die Kreditwürdigkeitsprüfung nicht ordnungsgemäß durchführt, reduziert sich die Zinslast für den Verbraucher lediglich auf den marktüblichen Zins. Dies ist vor dem Hintergrund, dass die Kreditwürdigkeitsprüfung ebenfalls Teil einer Aufklärungspflicht darstellt,[800] nicht sachgerecht. Zudem ist es fraglich, ob die Ermäßigung des Sollzinssatzes eine wirksame, verhältnismäßige und abschreckende Sanktion i.S.d. Art. 23 Abs. 1 VKRL 2008 ist. Einen je nach Vertragsgestaltung und Marktlage u. U. nur geringfügigen Zinsverlust und der Ausschluss von Ansprüchen im Hinblick auf Pflichtverletzungen des Kreditnehmers dürfte Kreditgeber nicht dazu bewegen, eine ordnungsgemäße Kreditwürdigkeitsprüfung vorzunehmen. Der EuGH hat ja bereits der französischen Regelung eine mangelnde abschreckende Wirkung attestiert, weil die Absenkung des Zinssatzes auf den gesetzlichen Zinssatz nur gering ausfiel.[801]

Mit der Einführung der zivilrechtlichen Sanktionsvorschriften in §§ 505a-d BGB hat der deutsche Gesetzgeber zudem die Rechtsfolge einer negativen Kreditwürdigkeitsprüfung geregelt und in § 505a Abs. 1 S. 2 BGB ein Kreditvergabeverbot statuiert. Für ein Kreditvergabeverbot bestehen keine Anknüpfungspunkte in der Verbraucherkreditrichtlinie von 2008.[802] Vielmehr sieht Erwägungsgrund 29 der Verbraucherkreditrichtlinie von 2008 vor, dass der Kreditgeber den Verbraucher über eine negative Kreditwürdigkeitsprüfung und über die Angaben der konsultierten Datenbank unterrichtet. Eine Informationspflicht und die Einbeziehung dieses Ergebnisses in die Erläuterungspflicht wären vor dem Hintergrund, dass der Verbraucher als fähig angesehen wird, Information in seine rationale Entscheidungsfindung einzubeziehen, nach der europäischen Verbraucherschutzkonzeption ausreichend gewesen.

III. Zwischenergebnis

Festzuhalten ist, dass sich im verbraucherschützenden Sekundärrecht ein funktionaler Unternehmerbegriff und ein negativ definierter enger Verbraucherbegriff etabliert haben, die jeweils in Bezug zueinander – nicht aber als Gegenstück – anzusehen sind. Dabei nähert sich das europäische Zivilprozess- und Kollisionsrecht dem materiellen Richtlinienrecht an.

In Bezug auf die Abgrenzungsbereiche, bei denen eine Verbrauchereigenschaft nicht eindeutig bejaht werden kann, ist anzunehmen, dass die GbR Verbraucher sein kann, wenn sie aus privaten Zwecken ein Geschäft abschließt. Existenzgründer

799 MüKo/*Schürnbrand*, § 494, Rn. 11.
800 *Maier*, VuR 2015, 20 (22); *Barta/Braune*, BKR 2014, 324 (329).
801 EuGH, Urteil v. 27. März 2014, Rs. C-565/12 – LCL Le Credit Lyonnais.
802 *Hofmann*, NJW 2010, 1782 (1785); *Herresthal*, WM 2009, 1174 (1177).

und Arbeitnehmer fallen nach europäischem Recht dagegen nicht unter den Verbraucherbegriff, wenn das Geschäft zum Zweck einer unmittelbar bevorstehenden gewerblichen oder selbstständigen beruflichen Tätigkeit bzw. einer unselbstständigen beruflichen Tätigkeit vorgenommen wird. Im Hinblick auf Dual-Use-Geschäfte zeichnet sich mit Verabschiedung der Verbraucherrechterichtlinie auf europäischer Ebene eine einheitliche Regelung ab, wonach eine Verbrauchereigenschaft erst bei überwiegendem Handeln aus gewerblichem Zweck abgelehnt wird. Auch wenn die Schaffung einer einheitlichen Regelung zu begrüßen ist, wäre jedoch eine Regelung interessengerechter, die bei Geschäften, die in gleichem Maße private und gewerbliche Zwecke verfolgen, eine Verbrauchereigenschaft versagen und ein Unternehmergeschäft annehmen würde.

Hinsichtlich des Verbraucherleitbildes wird mittlerweile allgemein von einem Leitbild des mündigen, aufmerksamen, informierten Verbrauchers ausgegangen, der imstande ist, zusätzliche Informationen sinnvoll zu nutzen und seine Marktstellung dadurch zu stärken.[803]

Die Verbraucherkreditrichtlinie von 2008 folgt dem engen Verbraucherbegriff, der sich auf dem Gebiet des europäischen Vertragsrechts herausgebildet hat. Die Wertungen des EuGHs zu den Abgrenzungsbereichen des Verbraucherbegriffs greift die Verbraucherkreditrichtlinie von 2008 zwar nicht auf; sie widerspricht ihnen aber auch nicht. Damit ordnet sich der Verbraucherbegriff der Verbraucherkreditrichtlinie von 2008 in die restriktive Handhabung des Verbraucherbegriffs im EU-Recht ein.

Im Hinblick auf das Verbraucherleitbild orientiert sich die Verbraucherkreditrichtlinie von 2008 durch die Einführung einer Vielzahl von Informationspflichten und eines Widerrufsrechts an der europäischen Verbraucherschutzkonzeption. Die verbleibenden Regelungen zur verantwortungsvollen Kreditvergabe zeigen jedoch, dass der europäische Gesetzgeber die Messlatte an die Erwartungen des Verbrauchers in der Kreditsituation gesenkt hat. Informationen allein reichen dem Verbraucher nicht, sondern es bedarf weiterer Erläuterungen, damit der Verbraucher den Inhalt und die Konsequenzen des Vertrags verstehen und als gleichwertiger Teilnehmer im Binnenmarkt agieren kann.

Dies führt aber nicht dazu, dass die Verbraucherkreditrichtlinie von 2008 von einem anderen Verbraucherleitbild ausgeht als der übrige Verbraucheracquis. Vielmehr ist das Leitbild des mündigen Verbrauchers als flexibel zu betrachten. Die Verbraucherkreditrichtlinie 2008 zielt ebenso wie die übrigen verbraucherschützenden Richtlinien darauf ab, den Verbraucher in eine Lage zu versetzen, in der er eigenverantwortlich und informiert eine Entscheidung an seinen Bedürfnissen gemessen treffen kann. Geht man von einem flexiblen Verbraucherleitbild aus, das sowohl das Leitbild des informierten Verbrauchers als auch das Leitbild des *informierbaren* Verbrauchers umfasst, lässt sich das Verbraucherleitbild der Verbraucherkreditrichtlinie von 2008 in dieses Verbraucherleitbild einordnen.

---

803 *Von Vogel*, Verbrauchervertragsrecht und allgemeines Vertragsrecht, 36.

C. Modalitäten der Ausübung des Widerrufsrechts

Das Widerrufsrecht zeichnet sich durch seine Tatbestandslosigkeit aus.[804] Anders als beim Rücktritt oder bei der Anfechtung bedarf es keines Fehlers oder vertragswidrigen Verhaltens des Vertragspartners. Es genügt, dass sich der Verbraucher in einer den Widerruf rechtfertigenden Situation befindet. Im Verbraucherkreditrecht kann der Verbraucher in diesem Fall gem. Art. 14 VKRL 2008 den Kreditvertrag innerhalb von 14 Kalendertagen ohne Angabe von Gründen widerrufen. Der Beginn dieser 14-tägigen Frist hängt vom Abschluss des Vertrages und vor allem vom Erhalt der vorvertraglichen Informationen, insbesondere der Widerrufsbelehrung, ab.

Im Folgenden sollen die Regelungen der Verbraucherkreditrichtlinie von 2008 zur Ausübung des Widerrufsrechts im Kontext des übrigen Acquis communautaire näher betrachtet und unter dem Gesichtspunkt des ausgewogenen Interessenausgleichs zwischen Unternehmer und Verbraucher analysiert werden. Dabei soll herausgearbeitet werden, welche Regelungen sich für eine Weiterentwicklung des Widerrufsrechts im Acquis communautaire eignen.

I. Widerrufsbelehrung

Bereits die Haustürgeschäfterichtlinie sah in Art. 4 HGRL vor, dass der Unternehmer den Verbraucher über sein Widerrufsrecht zu belehren hat. Die Widerrufsbelehrung findet sich sowohl in der Fernabsatzrichtlinie für Finanzdienstleistungen in Art. 3 Abs. 1 Nr. 3 lit. a) FARLF und in der Verbraucherrechterichtlinie in Art. 6 Abs. 1 lit. h) VRRL als auch in der Timesharing-Richtlinie in Art. 4 Abs. 1 TSRL 2009 und im Entwurf eines Gemeinsamen Referenzrahmens in Art. II.–3:103 Abs. 1 DCFR im Rahmen der vorvertraglichen Informationspflichten wieder.[805] Grund für die Belehrung über das Widerrufsrecht ist, dass dadurch gewährleistet wird, dass der Verbraucher Kenntnis über das Widerrufsrecht erhält. Der EuGH hat in seinem *Heininger*-Urteil[806] entschieden, dass nicht vorausgesetzt werden kann, dass der Verbraucher über die Existenz eines Widerrufsrechts Bescheid weiß. Er muss vielmehr von dem Unternehmer bei Vertragsschluss darauf aufmerksam gemacht werden. Die Belehrungspflicht ist daher als notwendige Ergänzung des Schutzinstruments des Widerrufs zu sehen, das ohne Belehrung in vielen Fällen wegen Unkenntnis praktisch leerlaufen würde.[807]

---

804 *Lorenz*, Der Schutz vor dem unerwünschten Vertrag, 167; *Riesenhuber*, EU-Vertragsrecht, § 8, Rn. 2.
805 *Büßer*, Das Widerrufsrecht des Verbrauchers, 164; *Riesenhuber*, System und Prinzipien des Europäischen Vertragsrechts, 338.
806 EuGH, Urteil v. 13. Dezember 2001, Rs. C-481/99 – Heininger, Slg. 2001, I-9945.
807 *Riesenhuber*, System und Prinzipien des Europäischen Vertragsrechts, 338.

1. Anforderungen an die Widerrufsbelehrung

Anforderungen an die Widerrufsbelehrung stellen sich sowohl in zeitlicher als auch in inhaltlicher und formaler Hinsicht. Auch wenn alle Richtlinien und der Entwurf eines Gemeinsamen Referenzrahmens eine Widerrufsbelehrung des Unternehmers vorsehen, weichen die Vorschriften im Detail voneinander ab.

a. Information in zeitlicher Hinsicht

aa. Verbraucherschützende Richtlinien und Entwurf eines Gemeinsamen Referenzrahmens

Während die Haustürgeschäfterichtlinie in Art. 4 HGRL noch eine Belehrung zum Zeitpunkt des Vertragsschlusses bzw. der Abgabe des Angebots vorsah, sind in den darauffolgenden verbraucherschützenden Richtlinien zwei unterschiedliche Entwicklungen wahrzunehmen.

In einigen verbraucherschützenden Richtlinien erfolgt eine zweistufige Unterrichtung über das Widerrufsrecht.[808] Die Fernabsatzrichtlinie für Finanzdienstleistungen verlangt bereits in Art. 3 Abs. 1 Nr. 3 lit. a) FARLF innerhalb der vorvertraglichen Informationspflichten eine umfassende Unterrichtung über das Bestehen und die Modalitäten des Widerrufsrechts und sieht in Art. 5 Abs. 1 FARLF eine Wiederholung in der Vertragsurkunde vor, es sei denn, der Vertrag kommt mittels fernmündlicher Kommunikation zustande. Auch nach der Timesharing-Richtlinie 2009 umfassen sowohl die vorvertraglichen Informationspflichten (Art. 4 Abs. 1 TSRL 2009) als auch die Vertragsurkunde (Art. 5 Abs. 4 TSRL 2009) konkrete Hinweise zum Widerrufsrecht.

Nach der Verbraucherrechterichtlinie und dem Entwurf eines Gemeinsamen Referenzrahmens ist eine einmalige Erteilung der Informationen zum Widerrufsrecht ausreichend. Der Entwurf eines Gemeinsamen Referenzrahmens fordert gem. Art. II.–5:104 DCFR bereits im Rahmen der vorvertraglichen Informationspflichten „adequate information" über das Widerrufsrecht. Beim Vertragsschluss sind diese nicht zu wiederholen.

Die Verbraucherrechterichtlinie versucht, die beiden Vorgaben aus der Haustürgeschäfterichtlinie und der Fernabsatzrichtlinie zusammenzufügen und möglichst beizubehalten. Nach Art. 4 Abs. 1 lit f) FARL reichte ein schlichter Hinweis über das Bestehen eines Widerrufsrechts in den vorvertraglichen Informationspflichten. Eine weitergehende Belehrung erfolgte im Rahmen der schriftlichen Bestätigung bzw. bis zur Lieferung. Die schriftliche Bestätigung konnte gem. Art. 5 Abs. 1 FARL entfallen, wenn dem Verbraucher alle Informationen bereits vor Vertragsschluss erteilt wurden. Im Kommissionsentwurf der Verbraucherrechterichtlinie fand sich daher wie in der Fernabsatzrichtlinie bei den vorvertraglichen

808 Dazu auch *Schulte-Nölke/Twigg-Flesner/Ebers*, EC Consumer Law Compendium, 475.

Informationspflichten lediglich ein Hinweis über das Bestehen eines Widerrufsrechts.

Nach der endgültigen Verbraucherrechterichtlinie soll der Verbraucher nun gem. Art. 6 Abs. 1 lit. h-k VRRL nähere Informationen über die Bedingungen, Fristen und Verfahren, die sich aus der Ausübung des Widerrufsrechts ergeben, erhalten, bevor er an den Vertrag oder sein Angebot gebunden ist. Daneben soll der Unternehmer dem Verbraucher eine Bestätigung, die alle vorvertraglichen Informationen enthält, bereitstellen. Im Fall eines Fernabsatzvertrages kann gem. Art. 8 Abs. 7 lit a) VRRL die Bestätigung entfallen, wenn der Unternehmer dem Verbraucher diese Informationen bereits vor Vertragsschluss auf einem dauerhaften Datenträger hat zukommen lassen.

Die Doppelung der Widerrufsbelehrung, wie in der Fernabsatzrichtlinie für Finanzdienstleistungen und in der Timesharing-Richtlinie vorgesehen, sollte bei einer Weiterentwicklung des Widerrufsrechts im Acquis communautaire nicht weiter aufrechterhalten werden. Es ist nicht notwendig, dass der Verbraucher alle Informationen über die Ausübung des Widerrufsrechts sowohl vor als auch bei oder kurz nach Vertragsschluss und damit doppelt erhält. Eine zu große Menge an Informationen kann den Verbraucher überfordern und dazu führen, dass er die Informationen nicht oder nur selektiv wahrnimmt und verarbeitet.[809] Entscheidend ist es daher, die Informationen zu sortieren und zu bündeln. Sie sollten dem Verbraucher möglichst nah an dem Zeitpunkt zur Verfügung gestellt werden, an dem er sich mit der Information auseinandersetzt. Das heißt, dass ihm vorvertraglich nur solche Informationen übermittelt werden sollten, die er zum Vergleich der Produkte benötigt. Hierzu reicht es aus, dass der Verbraucher weiß, dass ihm ein Widerrufsrecht zusteht.

bb. Einordnung der Verbraucherkreditrichtlinie 2008/48/EG

Obwohl das Widerrufsrecht der Verbraucherkreditrichtlinie von 2008 sich an dem Widerrufsrecht der Fernabsatzrichtlinie für Finanzdienstleistungen orientiert,[810] lässt sich der Zeitpunkt der Widerrufsbelehrung der Verbraucherkreditrichtlinie von 2008 in das Konzept der Fernabsatzrichtlinie einordnen. Bei den vorvertraglichen Informationspflichten in Art. 5 VKRL 2008 muss der Kreditgeber nur auf das Bestehen oder Nichtbestehen eines Widerrufsrechts hinweisen. Im Kreditvertrag selbst sind dann gem. Art. 10 lit. p) VKRL 2008 weitere Angaben über die Modalitäten und Folgen der Ausübung des Widerrufsrechts anzugeben. Damit ist das Regelungsregime der Verbraucherkreditrichtlinie von 2008 im Vergleich zu den Vorgaben aus den anderen verbraucherschützenden Richtlinien und aus dem Entwurf eines Gemeinsamen Referenzrahmens das effektivere Modell. Vor Vertragsschluss reicht dem Verbraucher die Information über das *Ob* eines Widerrufsrechts.

809 Siehe zum Problem des Informationsüberflusses unter § 4 C. I. 2.
810 Erwägungsgrund 34 der Verbraucherkreditrichtlinie von 2008.

Die Ausgestaltung und die Einzelheiten der Rückabwicklung beschäftigen ihn dann erst in der Zeit nach dem Vertragsschluss, wenn er über die Ausübung des Rechts nachdenkt, zumal die Rückabwicklung beim Kreditvertrag keine nennenswerten Hürden wie einen Rücktransport erfordern.[811] Folglich ist eine nähere Information über das Widerrufsrecht in die Vertragsurkunde zu platzieren.

b. Information in inhaltlicher und formaler Hinsicht

Die Widerrufsbelehrung soll den Verbraucher in die Lage versetzen, seine durch das Widerrufsrecht eingeräumte Bedenkzeit effektiv zu nutzen.[812] Fraglich ist, welche Angaben die Widerrufsbelehrung enthalten muss und in welcher Form sie dem Verbraucher zur Verfügung zu stellen sind, um dieses Ziel zu erreichen.

aa. Verbraucherschützende Richtlinien und Entwurf eines Gemeinsamen Referenzrahmens

Im Laufe der Zeit haben sich der Umfang der Informationen und die Darbietungsform der Widerrufsbelehrung verändert.

Während die Widerrufsbelehrung in der Haustürgeschäfterichtlinie nur die Identität des Unternehmers umfasste,[813] sind in der Fernabsatzrichtlinie für Finanzdienstleistungen bereits zahlreiche Angaben in der Widerrufsbelehrung vorgesehen. Danach muss der Unternehmer gem. Art. 3 Abs. 1 Nr. 3 lit. a) FARLF über das Bestehen oder Nichtbestehen eines Widerrufsrechts sowie für den Fall, dass ein solches Recht besteht, über die Widerrufsfrist und Modalitäten für die Ausübung des Widerrufsrechts, einschließlich des Betrags, den der Verbraucher gegebenenfalls für die tatsächlich erbrachten Dienstleistungen zu entrichten hat, sowie die Folgen der Nichtausübung des Widerrufsrechts belehren. Die Vertragsbedingungen werden dem Verbraucher gem. Art. 5 Abs. 1 FARLF kurz vor Vertragsschluss in Schriftform oder auf einem anderen dauerhaften Datenträger übermittelt.

Die Verbraucherrechterichtlinie sieht in Art. 6 Abs. 1 lit. h) – k) VRRL eine ganze Reihe an Informationen vor, die der Unternehmer dem Verbraucher vor Vertragsschluss zu übermitteln hat. Neben den Angaben zum Bestehen und Nichtbestehen des Widerrufsrechts, zu den Bedingungen, Fristen und Verfahren zur Ausübung des Widerrufsrechts sowie zu den Rücksendekosten und den Kosten bei vorzeitigem Beginn einer Dienstleistung hält sie in Anhang I eine Muster-Widerrufsbelehrung und ein Muster-Widerrufsformular bereit.

Im Gegensatz zur Haustürgeschäfterichtlinie und zur Fernabsatzrichtlinie, die beide Schriftform vorsahen, differenziert die Verbraucherrechterichtlinie hinsichtlich der formalen Anforderungen zwischen Verträgen, die außerhalb von Geschäftsräumen abgeschlossen werden, und Fernabsatzverträgen. Bei Verträgen

---

811 *Eidenmüller/Jansen/Kieninger/Wagner/Zimmermann*, JZ 2012, 269 (277).
812 *Büßer*, Das Widerrufsrecht des Verbrauchers, 157.
813 Art. 4 HGRL.

außerhalb von Geschäftsräumen schreibt sie gem. Art. 7 Abs. 1 VRRL Papierform oder – bei Zustimmung des Verbrauchers – die Verwendung eines dauerhaften Datenträgers vor. Bei Fernabsatzverträgen sollen die Informationen gem. Art. 8 Abs. 1 VRRL in einer den benutzten Kommunikationsmitteln angepassten Weise zur Verfügung gestellt werden.

Die Timesharing-Richtlinie sieht gem. Art. 5 Abs. 4 TSRL 2009 neben den Angaben zum Widerrufsrecht und zur Widerrufsfrist Informationen zu dem während der Widerrufsfrist geltenden Anzahlungsverbot vor, welche dem Verbraucher zusätzlich zum Vertragstext in Form eines gesonderten Formblatts (Anlage V) gereicht werden. Die Timesharing-Richtlinie schreibt eine Übermittlung in Papierform oder mithilfe eines dauerhaften Datenträgers vor.

Nach dem Entwurf eines Gemeinsamen Referenzrahmens muss die Widerrufsbelehrung gem. Art. II.–3:103 und Art. II.–5:104 DCFR Informationen enthalten über das Bestehen eines Widerrufsrechts, die Ausübung des Widerrufsrechts, die Widerrufsfrist und die Identität des Unternehmers. In formaler Hinsicht verlangt er gem. Art. II.–5:104 DCFR eine Belehrung in Textform auf einem dauerhaften Datenträger und in klarer und verständlicher Sprache.[814]

Dieser Zusammenschau lässt sich entnehmen, dass sich als kleinster gemeinsamer Nenner die Angaben zum Bestehen des Widerrufsrechts, zur Länge der Frist und dessen Beginn, zur Person, an die der Verbraucher den Widerruf richten soll, sowie zur Art und Weise der Ausübung des Widerrufsrechts herausgebildet haben. Diese vier Basisinformationen werden insbesondere in der Verbraucherrechterichtlinie um die beim Widerrufsrecht zu erwartenden Rechtsfolgen erweitert. Vereinzelt werden Informationen über Ausnahmen vom Widerrufsrecht oder über vertragsspezifische Informationen wie das Anzahlungsverbot gefordert. Diese Angaben sind allerdings nur einzelnen Richtlinien zu entnehmen und daher nicht als europäischer gemeinsamer Nenner anzusehen.[815]

Nicht ganz eindeutig ist bislang, ob die Angaben zum Bestehen auch das Nichtbestehen eines Widerrufsrechts umfassen. Angesichts der vielen Ausnahmen vom Widerrufsrecht, die insbesondere in der Verbraucherrechterichtlinie weiter angewachsen sind, sollte der Verbraucher auch über das Nichtbestehen eines Widerrufsrechts bzw. über die Möglichkeit eines Verlusts informiert werden.[816] In den Köpfen der Verbraucher hat sich das Widerrufsrecht bereits verfestigt, sodass das Eintreten einer Ausnahme den Verbraucher überraschen dürfte. Zu Recht hat sich in der Verbraucherrechterichtlinie eine einzelfallbezogene Widerrufsbelehrung in Form der Muster-Widerrufsbelehrung durchgesetzt. Dort kann der Unternehmer mit Textbausteinen die Widerrufsbelehrung erstellen, die er für das jeweilige

---

814 *Von Bar/Clive*, DCFR Full Edition, Art. II–5:104, 365.

815 Vgl. *Büßer*, Das Widerrufsrecht des Verbrauchers, 156 f., der diese vier Kriterien als notwendig, aber auch als ausreichend ansieht.

816 *Zöchling-Jud*, AcP 212 (2012), 550 (564 f.); *Christiansen*, Effektive und effiziente Widerrufsrechte, 296.

Geschäft braucht. Dies hat den Vorteil, dass der Verbraucher nur die Informationen erhält, die er auch tatsächlich benötigt. Vom Verbraucher kann nicht erwartet werden, dass er sich aus einer Masse an Informationen die zu ihm Passenden heraussucht.

In formaler Hinsicht hat sich eine Belehrung in Papierform oder auf einem dauerhaften Datenträger etabliert. Dies stellt eine Abkehr von der Schriftform dar, die sich noch in den ersten verbraucherschützenden Richtlinien, wie in Art. 4 HGRL oder in Art. 5 Abs. 1 FARL, wiederfinden. Zu beachten ist jedoch, dass die Schriftform in den europäischen Verbraucherschutzrichtlinien vom Sinn und Zweck nicht mit der deutschen Schriftform gleichgesetzt werden kann. Nach deutschem Verständnis übt die Schriftform eine Klarstellungs-, Echtheits-, Beweis- und Warnfunktion aus und setzt gem. § 126 Abs. 1 BGB eine eigenhändige Namensunterschrift voraus.[817] Sie kann zwar gem. §§ 126 Abs. 3, 126a BGB durch die elektronische Form ersetzt werden. Dafür müsste der Unternehmer die Belehrung jedoch mit einer qualifizierten elektronischen Signatur versehen, wofür ein enormer technischer Aufwand nötig ist.[818]

Bei der Widerrufsbelehrung geht es dagegen um die reine Information des Verbrauchers. Dabei ist dem Unternehmer zwar aufgrund der Aufklärungspflicht eine Beweisfunktion wichtig. Jedoch spielt die Echtheits- und Warnfunktion einer Information über das Widerrufsrecht eine untergeordnete Rolle. Evident ist, dass der Verbraucher die Möglichkeit hat, die Informationen der Widerrufsbelehrung so oft wie nötig nachzulesen. Diese Funktion erfüllt auch ein Schriftstück oder ein dauerhafter Datenträger.[819]

Damit entspricht die europäische Formvorgabe vielmehr der deutschen Textform in § 126b BGB, was bereits der Entwurf eines Gemeinsamen Referenzrahmens in seiner Regelung in Art. II.–5:104 DCFR „textual form" berücksichtigt. Die Papierform sollte zur Förderung des elektronischen Geschäftsverkehrs nur in den Fällen gewählt werden, in denen sie dem Unternehmer einen Vorteil bietet, etwa weil der Verbraucher bei Vertragsschluss körperlich anwesend ist und das Papier sofort entgegennehmen kann.

bb. Einordnung der Verbraucherkreditrichtlinie 2008/48/EG

Die Verbraucherkreditrichtlinie von 2008 legt in Art. 10 Abs. 2 lit. p) VKRL 2008 als inhaltliche Vorgabe für die Widerrufsbelehrung fest, dass dem Verbraucher das

817 MüKo/*Einsele*, § 126a, Rn. 22 ff.; Erman/*Arnold*, § 126a, Rn. 4; *Mankowski* in Schulte-Nölke/Schulze (Hrsg.), Europäisches Vertragsrecht im Gemeinschaftsrecht, 184 ff.

818 Jauernig/*Mansel*, § 126a, Rn. 1; Erman/*Arnold*, § 126a, Rn. 5.

819 Gem. Art. 3 m) VKRL 2008 ist ein dauerhafter Datenträger jedes Medium, das es dem Verbraucher gestattet, an ihn persönlich gerichtete Informationen derart zu speichern, dass er sie in der Folge für eine den Zwecken der Informationen angemessene Dauer einsehen kann, und das die unveränderte Wiedergabe der gespeicherten Informationen ermöglicht.

Bestehen oder Nichtbestehen eines Widerrufsrechts, die Frist und die Modalitäten für die Ausübung des Widerrufsrechts sowie Informationen über die Verpflichtung zur Rückzahlung, über die Zinsen und die Zinshöhe pro Tag mitgeteilt werden. Somit folgt sie genau den Vorgaben, die sich bislang auf europäischer Ebene entwickelt haben. Die Widerrufsbelehrung enthält Angaben zu den vier Basisinformationen und passt sie an die spezielle Situation des Kreditrechts an, indem sie den Verbraucher beispielsweise über den Zinssatz bei der Rückabwicklung informiert.

In formaler Hinsicht übernimmt die Verbraucherkreditrichtlinie in Art. 10 Abs. 1 VKRL 2008 die Vorgabe, die sich im europäischen Vertragsrecht erkennbar entwickelt hat. Der Unternehmer stellt dem Verbraucher die Informationen schriftlich auf Papier oder auf einem anderen dauerhaften Datenträger zur Verfügung. Anders als in der Verbraucherrechterichtlinie werden die Informationen zum Widerrufsrecht nicht getrennt in einer Muster-Widerrufsbelehrung aufgeführt, sondern werden mit anderen Informationen geballt in der Vertragsurkunde zusammengefasst. Dies kann dazu führen, dass die Informationen zum Widerrufsrecht aufgrund der Fülle an Informationen beim Verbraucher leicht untergehen.[820]

2. Informationsüberfluss

Die Vielzahl an Informationen, einschließlich der Angaben über das Widerrufsrecht, birgt die Gefahr, dass der Verbraucher die Fülle an Informationen nicht mehr aufnehmen, verarbeiten und bewusst in seine Entscheidung einfließen lassen kann. Die durch den Informationsüberfluss – *information overload* – hervorgerufene Überforderung des Verbrauchers kann im Ergebnis das Gegenteil von Informiertheit bewirken.[821] Zu viele Informationen schrecken den Verbraucher ab, alle Aspekte im Detail zu lesen. Auf diese Weise bricht er entweder die Lektüre ab, bevor er zu den wesentlichen Bestimmungen kommt, oder die Fülle an Informationen hindert ihn, die wichtigen von den weniger wichtigen oder selbstverständlichen Bestimmungen zu unterscheiden.[822]

Ökonomisch gesehen verursacht die Beschäftigung mit den Informationen einen Zeitaufwand, der auch einen rational handelnden Verbraucher dazu bewegen kann, die Informationen zu ignorieren. Hinzu kommt, dass dieser Prozess sich schneller vollzieht, wenn das Risiko als klein eingeschätzt wird oder wenn

---

820 So auch *Riesenhuber*, ZBB 2003, 325 (328); zur Fernabsatzrichtlinie für Finanzdienstleitungen *Härting/Schirmbacher*, CR 2002, 809 (812).

821 *Büßer*, Das Widerrufsrecht des Verbrauchers, 156; *Mäsch*, EuZW 1995, 8 (11); *Kind*, Die Grenzen des Verbraucherschutzes durch Information, 513; für den Entwurf eines Gemeinsamen Referenzrahmens *Grundmann*, ERCL 2008, 225 (239); *Wendlandt*, VuR 2004, 117 (120); *Angermann*, Die Verletzung vertragsschlussbezogener Informationspflichten des Europäischen Privatrechts, 77 f.

822 *Kötz*, Europäisches Vertragsrecht, § 11, 283; *Kind*, Die Grenzen des Verbraucherschutzes durch Information, 513 f.; *Knops* in Habersack/Mülbert/Nobbe/Wittig (Hrsg.), Die zivilrechtliche Umsetzung der Zahlungsdienste-Richtlinie, 228.

der Verbraucher zusätzlich auf eine andere Weise etwa durch ein Widerrufsrecht geschützt wird.[823] Dieses Verhalten kann dazu führen, dass der Verbraucher relevante Information nicht mehr aufnimmt und er eine qualitativ schlechtere Entscheidung trifft. Das Schutzinstrument der Information würde versagen, da der Verbraucher den Schutz nicht länger genießt und darüber hinaus die Kosten der Bereitstellung der Information zu tragen hat. Diese belaufen sich auf die Informationsbeschaffungskosten des Unternehmers, die über den Preis auf die Verbraucher abgewälzt werden, und die eigenen etwaigen Kosten, die ihm durch die Informationsverarbeitung entstanden sind.[824] Daher ist es evident, den richtigen Zeitpunkt für die Widerrufsbelehrung zu definieren und die notwendigen Informationen auszuwählen.[825]

Die Verbraucherkreditrichtlinie von 2008 begegnet dem Problem des Informationsüberflusses mit der Einführung des Formulars „Europäische Standardinformationen für Verbraucherkredite" und mit der in Art. 5 Abs. 6 VKRL 2008 neu aufgeführten Pflicht zur Erläuterung.[826] Das Formular dient dazu, die vorvertraglichen Informationspflichten zu strukturieren. Es beginnt mit den wesentlichen Informationen zur Person des Kreditgebers, zum Kreditprodukt und zu den Kreditkosten. Bei den rechtlichen Aspekten wird als Erstes über das Bestehen oder Nichtbestehen eines 14-tägigen Widerrufsrechts informiert, bevor auf eine vorzeitige Rückzahlung oder eine Datenbankabfrage eingegangen wird. Zuletzt werden zusätzliche Informationen zum Fernabsatz für Finanzdienstleistungen erbracht.[827] Die vorvertraglichen Informationen enthalten somit nur die Information über das Bestehen des Widerrufsrechts und noch nicht die Einzelheiten über die Ausübung des Rechts.[828]

Die Begrenzung der Informationen im Formular verhindert, dass der Verbraucher dieselben Informationen doppelt erhält und senkt damit die Gefahr, dass ihn die Masse überfordert oder dass er die Informationen aufgrund der Fülle bis zum Vertragsschluss wieder vergessen hat.[829] In beiden Situationen würde die

823 *Faust* in Schulze/von Bar/Schulte-Nölke (Hrsg.), Der akademische Entwurf für einen Gemeinsamen Referenzrahmen, 132.

824 Zu den Kosten des Widerrufsrechts *Christiansen*, Effektive und effiziente Widerrufsrechte, 88 ff.

825 *Schinkels*, JZ 2009, 774 (777), der sich für einen möglichst späten Zeitpunkt für die Widerrufsbelehrung ausspricht, um einem Vergessen oder Verlegen der Belehrung vorzubeugen.

826 Zur Begegnung des Informationsüberflusses mithilfe von Standardisierung bereits *Ebers* in Schulze/Ebers/Grigoleit (Hrsg.), Informationspflichten und Vertragsschluss im Acquis communautaire, 171 (180). Zur Schwierigkeit des Einsatzes des Formulars *Schürnbrand*, JZ 2015, 974 (979).

827 Die Europäischen Standardinformationen für Verbraucherkredite finden sich in Anhang II der Verbraucherkreditrichtlinie von 2008; kritisch *Reifner*, Verbraucherschutz, VuR 2009, 3 (4).

828 Vgl. unter § 4 C. I. 1. a. bb.

829 *Riesenhuber*, System und Prinzipien des Europäischen Vertragsrechts, 392.

Effektivität der Informationspflichten und des Widerrufsrechts geschmälert. Das Formular „Europäische Standardinformationen für Verbraucherkredite“ wirkt folglich einem Informationsüberfluss im vorvertraglichen Bereich entgegen.

Die Gefahr des Informationsüberflusses besteht allerdings ebenso für den Zeitpunkt des Vertragsschlusses. Die Verbraucherkreditrichtlinie von 2008 sieht in Art. 10 Abs. 2 VKRL 2008 vor, dass die Vertragsurkunde neben einer Vielzahl von Informationen zu Art, Laufzeit und Höhe des Kredits sowie zum Tilgungsplan und sonstigen Kosten auch die Angaben zur Ausübung des Widerrufsrechts enthält. Um der Fülle an Informationen und damit der Gefahr einer Überforderung des Verbrauchers entgegenzuwirken, könnte der Kreditvertrag hinsichtlich einzelner Informationen auf das Formular „Europäische Standardinformationen für Verbraucherkredite“ verweisen. Hiermit ließe sich eine Doppelung der Informationen verhindern. Zudem hätte ein Verweis den Vorteil, dass die noch unbekannten Informationen, wie etwa zur Ausübung des Widerrufsrechts, sichtbarer werden und der Verbraucher ihnen dadurch mehr Beachtung schenkt.

Ein Verweis könnte allerdings auch dazu führen, dass der Verbraucher im entscheidenden Moment nicht über die relevanten Informationen verfügt, da sie im Formular „Europäische Standardinformationen für Verbraucherkredite“ enthalten und in der Vertragsurkunde nicht nochmal aufgegriffen werden. Zudem besteht die Gefahr, dass ihm die Relevanz einzelner Informationen nicht bewusst ist, wenn sie im Formular „Europäische Standardinformationen für Verbraucherkredite“, nicht aber in der Vertragsurkunde dargelegt sind. Dieser Gefahr kann jedoch – jedenfalls teilweise – dadurch vorgebeugt werden, dass der Unternehmer dem Verbraucher das Formular als Anlage zur Vertragsurkunde noch einmal beifügt. Dadurch könnte die Vertragsurkunde selbst an Umfang verlieren. Der Verbraucher hätte dennoch sämtliche relevante Informationen im Paket zur Verfügung. Auch wenn die Informationen wieder doppelt erteilt werden, kann der Verbraucher die vorvertraglichen Informationen im Formular „Europäische Standardinformationen für Verbraucherkredite“ besser einordnen. Er weiß, dass er die Informationen ggf. bereits gelesen hat und er sie nur ergänzend zur Vertragsurkunde heranziehen muss, wenn auf sie verwiesen wird.

Eine weitere Möglichkeit, die Informationen in der Vertragsurkunde für den Verbraucher besser zu strukturieren, läge in der Einführung eines gesonderten Formulars zum Widerrufsrecht – wie in der Verbraucherrechterichtlinie nach Art. 6 Abs. 4 VRRL. Diese Vorgehensweise könnte dazu beigetragen, dass die wesentlichen Informationen zur Kreditform und die Rechte und Konsequenzen des Vertrags von den Informationen zur Lösung des Vertrags durch Widerruf getrennt und die Aufmerksamkeit stärker auf diese Möglichkeit gelenkt werden. Ein gesondertes Formblatt zum Widerrufsrecht sieht auch die Timesharing-Richtlinie von 2009 in Art. 7 i.V.m. Anhang V TSRL 2009 vor.[830] Laut Überschrift des Anhangs V der Timesharing-Richtlinie von 2009 soll mit dem Formblatt die Wahrnehmung des

830 Anhang V der Timesharing-Richtlinie von 2009.

Widerrufsrechts erleichtert werden. Mit der Trennung der Informationen könnte die Gefahr des Informationsüberflusses für das Schutzinstrument des Widerrufsrechts folglich reduziert werden.

Im deutschen Recht konnte am 29. Juli 2009 nach langer Zeit der Unsicherheit eine Musterwiderrufsbelehrung für die vorvertragliche Widerrufsbelehrung verabschiedet werden,[831] nach dessen Maßgabe der Unternehmer den Verbraucher gem. § 312a Abs. 2 BGB in Verbindung mit Anlage 1 zu Art. 246a § 1 Abs. 2 EGBGB zu informieren hat.[832] Diese Musterwiderrufsbelehrung gilt jedoch nicht für Verbraucherkreditverträge, da der Unternehmer die Informationen zum Widerruf gem. Art. 10 Abs. 2 lit. p) VKRL 2008 nicht im Rahmen der vorvertraglichen Informationspflichten, sondern in der Vertragsurkunde zu übermitteln hat. Der Deutsche Bundestag hat daher die Bundesregierung in seiner Entschließung vom 2. Juli 2009 aufgefordert, ein weiteres Muster zu entwerfen.[833] Mit dem Gesetz zur Einführung einer Musterwiderrufsinformation für Verbraucherdarlehensverträge vom 17. Juni 2010[834] wurde in Anlage 7 zu Art. 247 § 6 Abs. 2 und § 12 Abs. 1 EGBGB ein Muster für Verbraucherdarlehen eingeführt. Die Umsetzung der Wohnimmobilienkreditrichtlinie hat ein weiteres Muster für Immobiliar-Verbraucherdarlehensverträge erforderlich gemacht (Anlage 8 zu Art. 247 § 6 Abs. 2 und § 12 Abs. 1 EGBGB).[835]

Die Zeit, in der die deutschen Kreditgeber ihre Widerrufsbelehrungen noch selbst formulieren müssen,[836] ist damit vorüber. Die Verwendung durch den Kreditgeber ist zwar fakultativ, allerdings kann er sich auf die Gesetzlichkeitsfiktion berufen, sodass bei Einbeziehung des Musters die Informationspflichten als erfüllt gelten.[837]

Die Schwierigkeit bei der Erstellung eines rechtmäßigen Musters in Deutschland hat gezeigt, welcher Unsicherheit die Kreditgeber ausgesetzt waren. Wenn nun jeder Mitgliedstaat sein eigenes Muster für eine Widerrufsbelehrung erstellt,

---

831 BGBl. 2009 I Nr. 49, S. 2355–2408.

832 Zu dem langen Weg einer „gerichtsfesten“ Musterbelehrung und den Folgen *Schröder*, NJW 2010, 1933 (1933 ff.); zudem *Schürnbrand*, JZ 2015, 974 (975); *Borowski*, BKR 2014, 361 (362); *Artz*, ZGS 2010, 398 (398 ff.); *Bodendiek*, MDR 2003, 1 (2 f.); *Bülow*, NJW 2010, 1713 (171 f.); *Flohr*, ZGS 2009, 203 (203 ff.); *Möller*, BB 2010, 1417 (1417 f.); *Schirmbacher*, BB 2009, 1088 (1088 ff.).

833 BT-Drs. 16/13669.

834 Gesetz zur Einführung einer Musterwiderrufsinformation für Verbraucherdarlehensverträge, zur Änderung der Vorschriften über das Widerrufsrecht bei Verbraucherdarlehensverträgen und zur Änderung des Darlehensvermittlungsrechts vom 24. Juli 2010, BGBl. 2010 I Nr. 39, S. 977–982.

835 Gesetz zur Umsetzung der Wohnimmobilienkreditrichtlinie und zur Änderung handelsrechtlicher Vorschriften vom 11. März 2016, BGBl. 2016 I Nr. 12, S. 396–441.

836 *Bülow*, NJW 2010, 1713 (1713).

837 Zur Widerrufsmöglichkeit trotz Gesetzlichkeitsfiktion *Borowski*, BKR 2014, 361 (363).

bleiben Unterschiede bei den Mustern europaweit bestehen, die weiterhin zu Rechtsunsicherheit auf dem europäischen Binnenmarkt führen.[838] Die Standardisierung der Widerrufsbelehrung durch ein europäisches Muster, wie es etwa die Verbraucherrechterichtlinie vorsieht, würde einen weiteren Schritt zum Abbau von Hemmnissen und Rechtsunsicherheiten darstellen.[839]

Darüber hinaus sieht die Verbraucherkreditrichtlinie von 2008 in Art. 5 Abs. 6 VKRL 2008 eine Erläuterungspflicht über die vorvertraglichen Informationen, die Hauptmerkmale der angebotenen Produkte und die möglichen Auswirkungen sowie über die Konsequenzen bei Zahlungsverzug vor. Die Erläuterungspflicht dient dazu, den Verbraucher in die Lage zu versetzen, zu beurteilen, ob der Vertrag seinen Bedürfnissen und seiner finanziellen Situation gerecht wird. Sie kann den Verbraucher aber auch darin unterstützen, die wesentlichen Informationen zu identifizieren. Die Einzelheiten über das Widerrufsrecht sind nicht Gegenstand der Erläuterungspflicht, da die vorvertraglichen Informationen nur die Angabe über das Bestehen oder Nichtbestehen des Widerrufsrechts enthalten und Art. 5 Abs. 6 VKRL 2008 die darüber hinausgehenden Informationen zum Widerrufsrecht nicht explizit erwähnt. Dies spricht umso mehr für ein eigenes Muster einer Widerrufsbelehrung, um der Bedeutung des Widerrufsrechts Rechnung zu tragen.

In einer einheitlichen Regelung aller Widerrufsrechte könnten die Verbraucherkreditrichtlinie von 2008 und die Verbraucherrechterichtlinie gemeinsam als Vorbild zur Vermeidung eines Informationsüberflusses dienen. Danach sollte – wie in der Verbraucherkreditrichtlinie von 2008 – in den vorvertraglichen Informationspflichten lediglich ein schlichter Hinweis über das Bestehen oder Nichtbestehen eines Widerrufsrechts aufgeführt werden. Hinzuzufügen wären Angaben über etwaige Rücksendekosten des Verbrauchers, da er diese Informationen für den Vergleich mit anderen Angeboten bereits vor Vertragsschluss benötigt.[840] Die Informationen zur Ausübung des Widerrufsrechts und zu einer anschließenden Vertragsabwicklung benötigt der Verbraucher erst bei Erfüllung des Vertrags und sollten entsprechend der Verbraucherrechterichtlinie in einem gesonderten Muster-Widerrufsformular der Vertragsurkunde beigefügt werden.

II. Widerrufsfrist und Abwendung des Widerrufsrechts

Für eine optimale Nutzung des Widerrufsrechts ist es entscheidend, dass der Verbraucher eine angemessene Frist zur Verfügung hat, in der er nochmals alle Chancen und Risiken des Vertrages abwägen kann. Zu Beginn der Harmonisierung Mitte der 1980er Jahre hat jede verbraucherschützende Richtlinie sektorspezifisch eigene Vorgaben zur Widerrufsfrist enthalten. Während die Haustürgeschäfterichtlinie

838 *Föhlisch*, MMR 2009, 75 (75).

839 So für die Musterbelehrung im Kommissionsentwurf der Verbraucherrechterichtlinie auch *Schröder*, NJW 2010, 1933 (1938).

840 *Eidenmüller/Jansen/Kieninger/Wagner/Zimmermann*, JZ 2012, 269 (277).

eine Frist von sieben Tagen aufwies, sah die Fernabsatzrichtlinie eine Frist von sieben Werktagen vor,[841] sodass die Frist de facto länger war. Erst mit den Arbeiten an einem Entwurf eines Gemeinsamen Europäischen Referenzrahmens und an der Verbraucherrechterichtlinie setzte sich nach und nach eine einheitliche Frist von 14 Kalendertagen durch. Auch in der Fernabsatzrichtlinie für Finanzdienstleistungen beträgt die Widerrufsfrist 14 Kalendertage. In der Timesharing-Richtlinie wurde die Widerrufsfrist bei der Revision im Jahr 2009 ebenfalls von 10 auf 14 Tage angeglichen.[842]

Die Differenzierung nach Werk- oder Kalendertagen wurde dabei zurecht nicht mehr aufrecht erhalten, da sie bei einem Verbrauchergeschäft nicht sinnvoll ist. Der Verbraucher wird neben seinen beruflichen Tätigkeiten womöglich gerade am Wochenende die Zeit finden, über den Vertrag nachzudenken, sodass Wochenenden und Feiertage in die Berechnung einbezogen werden können.[843]

Es stellt sich die Frage, ob eine einheitliche Widerrufsfrist überhaupt sinnvoll ist oder ob nicht bei Geschäften außerhalb von Geschäftsräumen und im Fernabsatz eine kürzere Widerrufsfrist ausreichen würde.[844] Eine Differenzierung zwischen den einzelnen Widerrufsfristen ließe sich dadurch begründen, dass einfache Kaufverträge an der Haustür, auf öffentlichen Plätzen oder im Fernabsatz leichter nachzuvollziehen und zu überdenken sind als beispielsweise Timesharing- oder Kreditverträge, die komplexer sind und die Existenz bedrohen können.[845] Dagegen spricht jedoch, dass diese Aussage nicht für alle Haustür- und Fernabsatzverträge zutrifft und etwa auch Bürgschaften[846] an der Haustür abgeschlossen werden.[847] Insgesamt sollte an einer einheitlichen Widerrufsfrist von 14 Kalendertagen für alle Widerrufsrechte festgehalten werden. Eine einheitliche Frist sorgt für mehr Transparenz und vereinfacht dem Verbraucher den Umgang mit dem Widerrufsrecht.

Die Verbraucherkreditrichtlinie von 2008 folgt dem Harmonisierungstrend und bestimmt in Art. 14 Abs. 1 VKRL 2008 ebenfalls eine Frist von 14 Kalendertagen.

---

841 Zu den europaweit unterschiedlichen Definitionen von Werktagen *Reuter*, Der Fernabsatz und seine rechtliche Ausgestaltung in der Europäischen Union, 99.

842 Die Zehn-Tages-Frist der Timesharing-Richtlinie von 1994 stand immer wieder in der Kritik, da der Verbraucher den Vertrag in vielen Fällen noch am Urlaubsort überprüfen musste, um rechtzeitig den Widerruf erklären zu können. Dieser Überprüfung stehen jedoch das Fehlen der gewohnten Informationsquellen, die Sprachbarrieren und die anhaltende Urlaubseuphorie entgegen, *Kappus*, EWS 1996, 273 (275); *Mäsch*, EuZW 1995, 8 (12).

843 *Riesenhuber*, System und Prinzipien des Europäischen Vertragsrechts, 335.

844 *Loos*, ZEuP 2007, 5 (28 ff.).

845 *Riesenhuber*, System und Prinzipien des Europäischen Vertragsrechts, 329.

846 Vgl. den *Dietzinger*-Fall des EuGHs (EuGH, Urteil v. 17. März 1998, Rs. C-45/96 – Dietzinger, Slg. 1998, I 1199), der ein Haustürgeschäft nur wegen des Geschäftsbezugs des Hauptschuldners ablehnte.

847 So auch *von Vogel*, Verbrauchervertragsrecht und allgemeines Vertragsrecht, 156.

Ebenso relevant wie die Länge der Widerrufsfrist ist die Frage, wann diese 14-tägige Widerrufsfrist beginnt und wann sie endet und ob der Verbraucher die Möglichkeit hat, ein früheres Ende zu wählen. Daher sollen im Folgenden zunächst der Fristbeginn (1.) und sodann das Fristende (2.) näher untersucht werden. Beim Fristende ist vertieft auf die absolute Frist (a.), die Verwirkung (b.) und weitere Abwendungsmöglichkeiten (c.) einzugehen.

1. Fristbeginn

Der Fristbeginn ist in den verbraucherschützenden Richtlinien ganz unterschiedlich geregelt.[848] Allen gemeinsam ist die Vorstellung, dass der Fristbeginn die nachträgliche Bedenkzeit in Gang setzt, die dazu dient, ein situationsbedingtes oder vertragsgegenstandsbezogenes Defizit während des Vertragsschlusses beim Verbraucher auszugleichen. Dies impliziert, dass die Bedenkzeit nur Sinn ergibt, wenn das Defizit in dieser Zeit ausgeräumt werden kann, was wiederum eine vollständige Information des Verbrauchers voraussetzt. Der Beginn der Widerrufsfrist ist folglich von einer ordnungsgemäßen Belehrung des Verbrauchers abhängig.[849]

a. Zeitpunkt des Fristbeginns

aa. Verbraucherschützende Richtlinien und Entwurf eines Gemeinsamen Referenzrahmens

Die verbraucherschützenden Richtlinien bestimmen ganz unterschiedliche Zeitpunkte dafür, wann dem Verbraucher alle relevanten Informationen für eine Überprüfung der Entscheidung vorliegen sollen. Während die Haustürgeschäfterichtlinie und die Fernabsatzrichtlinie für den Fristbeginn noch an die ordnungsgemäße Widerrufsbelehrung anknüpften, differenziert die Verbraucherrechterichtlinie anhand der Vertragstypen und stellt bei den Dienstleistungsverträgen auf den Vertragsschluss und bei Kaufverträgen auf den Erhalt der Ware ab.[850]

Damit reagierte der europäische Gesetzgeber auf das Problem, dass die Widerrufsfrist bei ausschließlicher Anknüpfung an den Zeitpunkt der Widerrufsbelehrung bereits vor Vertragsschluss zu laufen beginnen und auch vor Vertragsschluss schon beendet sein kann.[851] Eine intensive Auseinandersetzung mit

---

848 *Riesenhuber*, System und Prinzipien des Europäischen Vertragsrechts, 334; *von Vogel*, Verbrauchervertragsrecht und allgemeines Vertragsrecht, 157; *Büßer*, Das Widerrufsrecht des Verbrauchers, 166; *Howells* in Schulte-Nölke/Schulze (Hrsg.), Europäisches Vertragsrecht im Gemeinschaftsrecht, 229 (235); *Kammerer*, Harmonisierung des Verbraucherrechts in Europa, 55.

849 *Büßer*, Das Widerrufsrecht des Verbrauchers, 166.

850 Dauses/Ludwigs/*Micklitz/Rott*, Handbuch des EU-Wirtschaftsrechts, Rn. 231.

851 *Schulte-Nölke/Twigg-Flesner/Ebers*, EC Consumer Law Compendium, 478.

den Informationen ist für den Verbraucher jedoch nur sinnvoll, wenn der Unternehmer seine Willenserklärung bereits abgegeben hat und die Angaben nicht mehr einseitig ändern kann. Der Verbraucher wird erst dann ernsthaft nachdenken, wenn die Entscheidung über den Inhalt und die Tragweite des Vertrags allein in seinen Händen liegt.[852] Folglich spielt der Vertragsschluss als Anknüpfungspunkt eine wesentliche Rolle. Zudem benötigt der Verbraucher für seine Entscheidung alle wesentlichen Informationen über die Ware oder Dienstleistung. Gerade im Fernabsatz resultiert das Informationsdefizit aus der Abwesenheit der Ware. Daher kann der Verbraucher vernünftigerweise eine reflektierte Entscheidung erst mit Erhalt der Ware fällen.

Die Verbraucherrechterichtlinie berücksichtigt diese Voraussetzungen. Bei den Dienstleistungsverträgen enthält die Vertragsurkunde alle benötigten Informationen, sodass die Widerrufsfrist bereits mit Vertragsschluss zu laufen beginnen kann. Bei Kaufverträgen erhält der Verbraucher mit Lieferung der Ware die letzten für die Ausübung der Bedenkzeit erforderlichen Informationen. Die übrigen notwendigen Informationen hat der Verbraucher bereits vor Vertragsschluss erhalten. Sie sind gem. Art. 6 Abs. 5 VRRL Bestandteil des Vertrages geworden. Dabei wird vorausgesetzt, dass ein Vertragsschluss zeitlich vor der Lieferung der Ware erfolgt. Vernünftigerweise überlässt kein Unternehmer einem Verbraucher Ware, bevor er einen Kaufvertrag geschlossen hat.

Die Fernabsatzrichtlinie für Finanzdienstleistungen bestimmt den Widerrufsfristbeginn ebenfalls anhand der Kriterien Vertragsschluss und Erteilung der wesentlichen Informationen zum Vertragsgegenstand. Nach Art. 6 Abs. 1 FARLF ist der Vertragsschluss maßgeblich für den Fristbeginn. Für den Fall, dass der Verbraucher bei Vertragsschluss die Vertragsbedingungen und die vorvertraglichen Informationen noch nicht vom Unternehmer bekommen hat, beginnt die Frist erst mit dem Erhalt dieser Informationen zu laufen.

Auch die Timesharing-Richtlinie von 2009 folgt dieser kumulierten Vorgehensweise und bestimmt in Art. 6 Abs. 2 TSRL 2009 für den Fristbeginn den Tag des Vertragsschlusses oder den Tag, an dem der Verbraucher die jeweilige Vertragsurkunde erhält. Nach Art. 5 Abs. 2–4 TSRL 2009 werden die vorvertraglichen Informationspflichten sowie die Angaben zu den Vertragsparteien und zum Widerrufsrecht Bestandteil des Vertrages sodass mit Erhalt der Vertragsurkunde der Verbraucher auch alle Informationen zur Verfügung hat.

Der Entwurf eines Gemeinsamen Referenzrahmens sieht in Art. II–5:103 Abs. 2 DCFR vor, dass die Widerrufsfrist spätestens ab Vertragsschluss, ab Belehrung über das Widerrufsrecht – sofern dies bei Vertragsschluss noch nicht geschehen ist – oder bei Warenlieferung ab Erhalt der Ware beginnt. Folglich rückt der Entwurf eines Gemeinsamen Referenzrahmens nicht von den Vorgaben der zugrundeliegenden Richtlinien ab und hätte durchaus nicht nur die Belehrung über das Widerrufsrecht, sondern auch den Erhalt aller Informationspflichten zur Bedingung

852 *Büßer*, Das Widerrufsrecht des Verbrauchers, 169.

des Fristbeginns machen können. Unzureichende Informationen werden jedoch gem. Art. II–3:109 Abs. 1 DCFR auf dieselbe Art sanktioniert wie das Fehlen einer Widerrufsbelehrung, sodass es dadurch zu keinen anderen Ergebnissen kommt.

Festzuhalten ist, dass die Widerrufsfrist nicht beginnen sollte, bevor der Vertrag geschlossen wird und der Verbraucher nicht alle wesentlichen Informationen, die er für seine nachträgliche Bedenkzeit benötigt, inklusive der Ware, erhalten hat.

bb. Einordnung der Verbraucherkreditrichtlinie 2008/48/EG

Die Verbraucherkreditrichtlinie von 2008 greift für den Beginn der Widerrufsfrist beide der im Abschnitt zuvor herausgearbeiteten Voraussetzungen zum Fristbeginn auf. Nach Art. 14 Abs. 1 VKRL 2008 beginnt die Widerrufsfrist entweder am Tag des Vertragsschlusses oder – sofern bei Vertragsschluss noch nicht erfolgt – an dem Tag, an dem der Verbraucher die zwingenden Angaben im Kreditvertrag i.S.d. Art. 10 VKRL 2008 erhält. Damit berücksichtigt die Verbraucherkreditrichtlinie von 2008 genau die zeitlichen Vorgaben, die sich im europäischen Vertragsrecht herausgebildet haben. Diese Zeitpunkte gleichen die Interessen zwischen Unternehmer und Verbraucher optimal aus, da sie den Beginn der Widerrufsfrist so früh wie möglich festsetzen und damit dem Interesse des Unternehmers nach möglichst zeitnaher Rechtssicherheit entgegenkommen. Dabei wird aber auch berücksichtigt, dass der Verbraucher sein Widerrufsrecht nur dann effektiv ausüben kann, wenn er alle zur Verarbeitung erforderlichen Informationen hat. Es ist nur dann sinnvoll, die Vertragsfreiheit des Unternehmers einzugrenzen, wenn der Verbraucher nach Erhalt der Informationen in der Lage ist, eine durchdachte Entscheidung darüber zu treffen, ob er den Vertrag aufrechterhalten oder sich davon lösen möchte.

b. Fehlen einer Widerrufsbelehrung

aa. Verbraucherschützende Richtlinien und Entwurf eines Gemeinsamen Referenzrahmens

Wie für den Beginn der Widerrufsfrist existieren auch für den Fall einer fehlenden oder fehlerhaften Widerrufsbelehrung unterschiedliche Regelungen in den verbraucherschützenden Richtlinien und im Entwurf eines Gemeinsamen Referenzrahmens.[853] Allen Widerrufsvorschriften gemein ist, dass die Widerrufsfrist ohne Widerrufsbelehrung nicht nach 14 Tagen endet.

Die Fernabsatzrichtlinie für Finanzdienstleistungen sieht keine ausdrückliche Regelung für den Fall vor, dass der Unternehmer den Verbraucher nicht oder nicht vollständig über sein Widerrufsrecht belehrt. Da die Fernabsatzrichtlinie für Finanzdienstleistungen den Fristbeginn vom Vertragsschluss und vom Erhalt der Vertragsbedingungen und vorvertraglichen Informationen abhängig macht, die

---

853 *Büßer*, Das Widerrufsrecht des Verbrauchers, 171.

auch die Informationen über das Widerrufsrecht enthalten, beginnt die Widerrufsfrist ohne Widerrufsbelehrung nicht zu laufen. Dies führt dazu, dass der Verbraucher unbegrenzt von seinem Widerrufsrecht Gebrauch machen kann.[854]

Auch in der Timesharing-Richtlinie hindert eine unzureichende oder gar fehlende Information den Beginn der Widerrufsfrist, da der Beginn der Widerrufsfrist vom Vertragsschluss abhängt und gem. Art. 5 Abs. 2 TSRL 2009 die Widerrufsbelehrung fester Vertragsbestandteil ist.

Einen anderen Weg schlägt der Entwurf eines Gemeinsamen Referenzrahmens ein. Er belässt es nicht bei der Verknüpfung von Fristbeginn und Erhalt der Widerrufsbelehrung, wodurch bei fehlerhafter Widerrufsbelehrung im Umkehrschluss die Frist nicht zu laufen beginnt, sondern regelt ausdrücklich eine Sanktion bei fehlender oder fehlerhafter Widerrufsbelehrung. Nach Art. II.–3:109 Abs. 1 DCFR beginnt die Widerrufsfrist nicht zu laufen, wenn der Unternehmer seine Informationspflichten verletzt, worunter auch die Belehrung über das Widerrufsrecht fällt. Darüber hinaus verweist Art. II.–3:109 Abs. 2 DCFR auf die Rechtsbehelfe wegen Nichterfüllung.[855]

Auch die Verbraucherrechterichtlinie sieht in Art. 10 VRRL ausdrücklich eine Regelung über die Nichtbelehrung über das Widerrufsrecht vor. Danach läuft die Widerrufsfrist gem. Art. 10 Abs. 1 VRRL 12 Monate nach Ablauf der ursprünglichen Widerrufsfrist ab, wenn der Unternehmer den Verbraucher nicht nach Maßgabe des Art. 6 Abs. 1 lit. h) VRRL über sein Widerrufsrecht belehrt. Daraus ist zu entnehmen, dass die Widerrufsfrist durchaus regulär zu laufen beginnt. Die Verbraucherrechterichtlinie knüpft bei der Sanktion vielmehr an das Ende der Widerrufsfrist an. In der Verbraucherrechterichtlinie wird somit – anders als im Entwurf eines Gemeinsamen Referenzrahmens – nur die fehlende Widerrufsbelehrung und nicht auch noch andere Informationspflichtverletzungen mit einer Verlängerung der Widerrufsfrist sanktioniert.

Festzuhalten ist, dass die verbraucherschützenden Richtlinien und der Entwurf eines Gemeinsamen Referenzrahmens sehr unterschiedliche Lösungsansätze bieten. Allen gemeinsam ist, dass bei mangelnder Information über das Widerrufsrecht die Widerrufsfrist verlängert wird. Dies ist zu begrüßen, da der Verbraucher bei fehlenden Informationen zusätzliche Zeit dafür benötigt, sich die Informationen selbst zu beschaffen. Sinnvoll wäre es, die wesentlichen Informationspflichten über den Vertragsgegenstand mit einzubeziehen, sodass die Widerrufsfrist auch dann verlängert wird, wenn der Verbraucher nicht alle der wesentlichen Informationen bekommen hat, die er für eine effektive Ausübung der Bedenkzeit benötigt.

---

854 *Mankowski*, Beseitigungsrechte, 744. Dieses Regelungsregime war bereits aus der Haustürgeschäfterichtlinie bekannt. Dazu *von Vogel*, Verbrauchervertragsrecht und allgemeines Vertragsrecht, 157

855 Damit kann neben das Widerrufsrecht ein Schadensersatzanspruch treten. Vgl. dazu das Beispiel in *von Bar/Clive*, DCFR Full Edition, Art. II.–5:103, 366.

Damit würde dem Verbraucher selbst überlassen, ob er trotz Informationspflichtverletzung an dem Vertrag festhalten möchte.

bb. Einordnung der Verbraucherkreditrichtlinie 2008/48/EG

Die Verbraucherkreditrichtlinie von 2008 regelt keine ausdrückliche Sanktion für eine fehlende oder unzureichende Widerrufsbelehrung. Dadurch, dass der Fristbeginn an die Informationen, die im Kreditvertrag angegeben werden müssen, geknüpft ist, beginnt jedoch die Frist nicht zu laufen.[856] Der Verbraucher hat das Recht, sich ohne zeitliche Begrenzung von dem Vertrag zu lösen. Der Unternehmer kann dieser Rechtsfolge nur dadurch begegnen, dass er die fehlenden Informationen dem Verbraucher nachliefert.[857] Auf diese Weise würde er die Frist zum Laufen bringen. Die Verbraucherkreditrichtlinie von 2008 ordnet sich demnach in das im europäischen Verbrauchervertragsrecht bestehende Regelungsgefüge ein.

Problematisch ist, dass die unbegrenzte Verlängerung der Widerrufsfrist der Grundidee des Widerrufsrechts widerspricht, die Interessen des Unternehmers und Verbrauchers auszugleichen. Das Widerrufsrecht ist nur auf eine kurze Zeitspanne von 14 Tagen ausgelegt. Die Folgen des Widerrufsrechts sind somit überschaubar und können regelmäßig von beiden Vertragsparteien eingeplant werden. Wenn die Widerrufsfrist nicht zu laufen beginnt und der Verbraucher noch Jahre nach Vertragsschluss das Widerrufsrecht ausüben kann, läuft dies der Zielrichtung des Widerrufrechts zuwider. Der Verbraucher soll nach dem Erhalt aller nötigen Informationen die Möglichkeit haben, informiert die Vor- und Nachteile des Vertrags abzuwägen und den Abschluss des Vertrags noch einmal zu überdenken. Diese Bedenkzeit soll ein Informationsdefizit des Verbrauchers gegenüber dem Unternehmer ausgleichen und zu einer Parität der Vertragsparteien führen, die das Marktgeschehen wieder in ein Gleichgewicht bringt.

Sobald die Informationen fehlen, hilft eine unbegrenzte Bedenkzeit über diesen Mangel nicht hinweg. Der Verbraucher kann die zusätzliche Zeit nicht zum Nachdenken nutzen.[858] Vielmehr führt die unbegrenzte Frist zu Rechtsunsicherheit. Der Unternehmer rechnet nicht mehr mit einer Auflösung des Vertrags und der Verbraucher kann die Folgen eines Widerrufs nach längerer Zeit nicht mehr überblicken.[859] Hinzu kommt, dass davon auszugehen ist, dass der Verbraucher sich nach einem gewissen Zeitraum nicht mehr bemühen wird, die Informationen zu sammeln oder über die Chancen und Risiken nachzudenken, sodass eine unbefristete

---

856 *Schulze/Zoll*, Europäisches Vertragsrecht, § 3, Rn. 139.

857 Zur Nachbelehrung *Tonner*, BKR 2002, 856 (858).

858 *Büßer*, Das Widerrufsrecht des Verbrauchers, 175.

859 Zur Rückübereignung können Wertersatzansprüche für die Nutzung der Ware oder Verlustbeteiligungen hinzukommen. Hierzu hat der EuGH eine Entscheidung gefällt in EuGH, Urteil v. 3. September 2008, Rs. C-489/07 – Messner, Slg. 2009 I-00000; EuGH, Urteil v. 15. April 2010, Rs. C-215/08 – Friz, Slg. 2010 I-00000.

Möglichkeit des Widerrufs vielmehr den Zweck einer Sanktionierung des Unternehmers und nicht eines Informationsausgleichs verfolgt.[860]

Folglich geht eine Regelung über eine unbegrenzte Möglichkeit, vom Widerrufsrecht Gebrauch zu machen, über den Sinn und Zweck der europäischen Verbraucherschutzkonzeption hinaus. Daraus resultiert, dass die Widerrufsfrist unabhängig davon, ob die Frist zu laufen begonnen hat oder nicht, ein absolutes Ende finden sollte. Dabei sind die Interessen des Verbrauchers, der bei fehlender Aufklärung nur durch Zufall Kenntnis von einem Widerrufsrecht und von wesentlichen Informationen erhält, und die Bedürfnisse des Unternehmers, dem an Rechtssicherheit gelegen ist, angemessen zu berücksichtigen.

2. Fristende

In Anlehnung an die Regelungen zum Fristbeginn endet die Widerrufsfrist grundsätzlich 14 Tage nach Vertragsschluss oder nach Erhalt der Ware oder den weiteren Informationen. Die Timesharing-Richtlinie von 1994 berücksichtigte noch eine Verlängerung der Widerrufsfrist, wenn der letzte Tag der Frist auf einen Sonn- oder Feiertag fällt.[861] Die Unterscheidung zwischen Werk- und Ruhetagen wurde in der Timesharing-Richtlinie von 2009 jedoch nicht beibehalten, zumal davon auszugehen ist, dass Verbraucher über ihre privaten Geschäfte hauptsächlich nach Feierabend und an den Wochenenden nachdenken.[862]

Im Falle einer fehlenden oder unzulänglichen Widerrufsbelehrung verlängert sich die Widerrufsfrist. Einige Richtlinien sehen für diesen Fall eine absolute Höchstfrist vor, nach deren Ablauf der Vertrag in jedem Fall unwiderrufbar ist. Wie eine solche absolute Höchstfrist ausgestaltet ist und welche Vorgaben der EuGH macht, soll Gegenstand der folgenden Untersuchung sein (a.). Zu überlegen ist im Weiteren, ob das Widerrufsrecht nach einer gewissen Frist verwirkt (b.) und ob der Verbraucher auf den Ablauf der Widerrufsfrist verzichten kann und unter gewissen Umständen ein früheres Ende der Bedenkzeit wählen darf(c.).

a. Absolutes Ende

Die Idee einer absoluten Widerrufsfrist basiert auf EuGH-Rechtsprechung, die im Rahmen des Entwurfs eines Gemeinsamen Referenzrahmens diskutiert und schließlich über die Verbraucherrechterichtlinie Eingang in das Sekundärrecht erhalten hat.

---

860 So im Kern auch *Neumann*, Bedenkzeit vor und nach Vertragsschluss, 307, der von einer „Fiktion des Klugerwerdens" spricht.

861 Art. 5 Abs. 1 TSRL 1994.

862 Vgl. unter § 4 C. II.

aa. Vorgaben des EuGHs

Der EuGH beschäftigte sich drei Mal mit der Frage, welche Konsequenzen eine fehlende Widerrufsbelehrung hat. Im Fall *Heininger*[863] ging es um die Beurteilung des Verhaltens der deutschen Kreditwirtschaft, die immer wieder versuchte, mit einer Grundschuld abgesicherte Darlehensverträge zur Finanzierung einer Immobilie an der Haustür abzuschließen und damit das Überraschungsmoment und die Unvorbereitetheit der Verbraucher auszunutzen.[864] Konkret wurde dem EuGH zur Vorabentscheidung die Frage vorgelegt, ob die deutsche Regelung, die eine Begrenzung der Widerrufsfrist vorsah, mit Art. 4 Abs. 3 HGRL im Einklang steht. Den Schlussanträgen des GA *Léger* folgend argumentierte der EuGH stark am Wortlaut angelehnt, dass die Widerrufsfrist ohne ordnungsgemäße Belehrung nicht zu laufen beginnen und damit auch nicht enden kann. Der Verbraucher könne ein Widerrufsrecht nicht ausüben, wenn es ihm nicht bekannt ist. Darüber hinaus würden Kreditinstitute, die ihrer Belehrungspflicht nicht nachkommen, keinerlei Rechtssicherheit verdienen.[865]

Der EuGH spricht sich damit grundsätzlich für eine unbegrenzte Möglichkeit der Ausübung des Widerrufsrechts aus.[866] Diese Ansicht hat er in seiner *Endress*-Entscheidung im Jahr 2013 noch einmal bestätigt und entschieden, dass eine nationale Begrenzung des Widerrufsrechts (hier 1 Jahr gem. § 5a VVG a. F.) im Falle einer nicht ordnungsgemäßen Belehrung nicht im Einklang mit Art. 15 Abs. 1 der Zweiten Richtlinie über die Lebensversicherungen steht, der den Beginn der Widerrufsfrist von der Kenntnis des Versicherungsnehmers abhängig macht.[867]

Eine Ausnahme dieses Grundsatzes legte der EuGH in seiner *Hamilton*-Entscheidung fest.[868] Anders als in der *Heininger*- und in der *Endress*-Entscheidung[869] ging

863 EuGH, Urteil v. 13. Dezember 2001, Rs. C-481/99 – Heininger, Slg. 2001, I-9945. Dazu auch unter § 4 B. II. 2. b. und § 4 C. I.

864 Zum *Heininger*-Urteil und zu den Folgen für das Widerrufsrecht und die Regelungen des deutschen Rechts *Fischer*, DB 2002, 727 (727 ff.); *Franzen*, JZ 2003, 321 (325 ff.); *Habersack*, WM 2000, 981 (982); *Habersack/Mayer*, WM 2002, 253 (253 ff.); *Hammann*, BWNotZ 2003, 34 (34 ff.); *Hochleitner/Wolf/Großerichter*, WM 2002, 529 (529 ff.); *Hoffmann*, ZIP 2002, 145 (145 ff.); *Meinhof*, NJW 2002, 2273 (2273 f.); *Peters/Ivanova*, WM 2003, 55 (55 ff.); *Piepenbrock/Schulze*, WM 2002, 521 (521 ff.); *Reich* in FS Derleder, 127 (127 ff.); *Reiter/Methner*, VuR 2002, 90 (90 ff.); *Rott*, VuR 2002, 49 (49 ff.); *Singer*, DZWir 2003, 221 (221 ff.); *Staudinger*, NJW 2002, 653 (653 ff.); *Strube*, VuR 2002, 55 (55 ff.); *Tonner*, BKR 2002, 856 (856 ff.).

865 EuGH, Urteil v. 13. Dezember 2001, Rs. C-481/99 – Heininger, Slg. 2001, I-9945, Rn. 44 f.

866 Für das deutsche Recht hat dies bedeutet, dass die durch die Schuldrechtsmodernisierung eingeführte zeitliche Begrenzung des Widerrufsrechts bei fehlender Widerrufsbelehrung wieder aufgehoben werden musste. Die Aufhebung erfolgte im Rahmen des OLG-Vertretungsänderungsgesetzes (BGBl. 2002 I Nr. 53, S. 2850–2861).

867 EuGH, Urteil v. 19. Dezember 2013, Rs. C-209/12 – Endress, NJW 2014, 452–454, Rn. 30, 32.

868 EuGH, Urteil v. 10. April 2008, Rs. C-412/06 – Hamilton, NJW 2008, 1865–1867.

869 EuGH, Urteil v. 13. Dezember 2001, Rs. C-481/99 – Heininger, Slg. 2001, I-9945; EuGH, Urteil v. 19. Dezember 2013, Rs. C-209/12 – Endress, NJW 2014, 452–454.

es in der *Hamilton*-Entscheidung[870] um die Beurteilung der Begrenzbarkeit des Widerrufsrechts *nach Erfüllung* des Vertrags.[871] In diesen Fällen sah das deutsche Recht ein Erlöschen des Widerrufsrechts nach einem Monat vor. Anders als GA *Maduro*, der auf die tatsächliche Kenntnisnahme des Verbrauchers über sein Widerrufsrecht abstellte, bejahte der EuGH die Konformität einer Begrenzung des Widerrufsrechts nach Vertragserfüllung.

Obwohl der EuGH die fehlerhafte Widerrufsbelehrung mit der fehlenden Belehrung nach Art. 4 Abs. 3 HGRL gleichsetzte, kam er zu dem Ergebnis, dass der absolute Schutz des Verbrauchers in Form eines endlichen Widerrufsrechts lediglich für noch laufende Verträge gelten solle. Dies sei der Formulierung einer Reihe von Vorschriften – etwa dem fünften Erwägungsgrund der Haustürgeschäfterichtlinie und Art. 5 Abs. 1 u. 2 HGRL zu entnehmen, die von einer Widerrufsmöglichkeit der „eingegangenen Verpflichtungen" sprechen. Die Erfüllung eines Vertrags führe allerdings regelmäßig zu einer Beendigung des Vertrags, sodass keine „aus dem Vertrag erwachsenden Verpflichtungen" mehr existieren würden.[872] Insgesamt bedeutet die *Hamilton*-Entscheidung[873] eine Einschränkung der in der *Heininger*-Entscheidung[874] entwickelten und in der *Endress*-Entscheidung[875] aufrechterhaltenden unbegrenzten Widerrufsfrist.[876]

Der EuGH entscheidet sich damit für eine faktische Begrenzung der Widerrufsfrist bei Erfüllung des Vertrags. Dies birgt die Gefahr in sich, dass die Unternehmer auf eine schnelle Vertragserfüllung hinwirken. Der Verbraucherschutz wird zugunsten der Rechtssicherheit beschränkt.[877]

bb. Verbraucherschützende Richtlinien und Entwurf eines Gemeinsamen Referenzrahmens

Bei der absoluten Widerrufsfrist ist zwischen der Verlängerung der Widerrufsfrist wegen fehlender Widerrufsbelehrung und wegen anderer fehlenden vorvertraglichen Informationspflichten zu unterscheiden. Zudem ist der Fall zu berücksichtigen, in dem der Unternehmer die fehlenden Informationen nachreicht.

---

870 EuGH, Urteil v. 10. April 2008, Rs. C-412/06 – Hamilton, NJW 2008, 1865–1867.

871 Zum Hamilton-Urteil *Deblitz/Fuchs*, BKR 2008, 397 (397 ff.); *Ebers*, VuR 2008, 268 (268 ff.); *Kroll*, NJW 2008, 1999 (1999 ff.); *Häublein*, ZIP 2008, 2005 (2005 ff.); *Mankowski*, JZ 2008, 1141 (1141 ff.).

872 EuGH, Urteil v. 10. April 2008, Rs. C-412/06 – Hamilton, NJW 2008, 1865, Rn. 41 ff.

873 EuGH, Urteil v. 10. April 2008, Rs. C-412/06 – Hamilton, NJW 2008, 1865–1867.

874 EuGH, Urteil v. 13. Dezember 2001, Rs. C-481/99 – Heininger, Slg. 2001, I-9945.

875 EuGH, Urteil v. 19. Dezember 2013, Rs. C-209/12 – Endress, NJW 2014, 452–454.

876 *Ebers*, VuR 2008, 268 (270); *Kroll*, NJW 2008, 1999 (2000), die auf das Problem der Zeitpunktbestimmung der Erfüllung hinweist.

877 Dies kritisierend *Häublein*, ZIP 2008, 2005 (2008).

Die Fernabsatzrichtlinie von Finanzdienstleistungen sieht keine absolute Widerrufsfrist vor. Da die Widerrufsfrist nach Art. 6 Abs. 1 2. Spiegelstrich FARLF erst mit der Erfüllung der Informationspflichten zu laufen beginnt, kann der Unternehmer die unbegrenzte Widerrufsmöglichkeit des Verbrauchers begrenzen, indem er die Informationen nachholt. Die Widerrufsfrist endet dann 14 Tage nach dem Tag, an dem der Verbraucher die fehlenden Informationen erhält.

Die Timesharing-Richtlinie von 2009 differenziert in Art. 6 Abs. 3 a) und b) TSRL 2009 zwischen den Belehrungen zum Widerrufsrecht und zu den vorvertraglichen Informationspflichten.[878] Bei fehlenden Informationen zum Widerrufsrecht verlängert sich die Widerrufsfrist auf ein Jahr und 14 Tage. Im Falle fehlender vorvertraglicher Informationen beträgt die verlängerte Widerrufsfrist drei Monate und 14 Tage. Dabei verkürzt die Timesharing-Richtlinie die absolute Widerrufsfrist, wenn der Unternehmer während der jeweiligen Frist die fehlenden Informationen nachreicht. In diesem Fall beginnt nach Art. 6 Abs. 4 TSRL 2009 die regelmäßige Widerrufsfrist von 14 Tagen ab dem Zeitpunkt, ab dem dem Verbraucher alle Informationen vorliegen, und bietet dem Unternehmer somit einen Anreiz, dem Verbraucher sobald wie möglich die Informationen nachzureichen.[879] Darüber hinaus sollen die Mitgliedstaaten gem. Art. 6 Abs. 3 TSRL 2009 wirkungsvolle, angemessene, verhältnismäßige und abschreckende Sanktionen vorsehen.

Der Entwurf eines Gemeinsamen Referenzrahmens schlägt in Art. II–3:109 Abs. 1; II–5:103 Abs. 3 DCFR eine absolute Frist von einem Jahr nach Vertragsschluss vor, unabhängig davon, ob der Verbraucher alle Informationen erhalten hat oder nicht. Dabei differenziert der Entwurf nicht zwischen vorvertraglichen Informationen und Widerrufsbelehrung, was der Vereinfachung dient. Bei Nachreichen der fehlenden Informationen endet die Frist 14 Tage nach Erhalt der Informationen über die Widerrufsfrist (Art. II–5:103 Abs. 2 lit. b) DCFR) und der vorvertraglichen Informationen (Art. II–3:109 Abs. 1 DCFR).

Die Verbraucherrechterichtlinie hat sich in ihrem Kommissionsentwurf zunächst an der Bestimmung der Fernabsatzrichtlinie orientiert und sah eine Verlängerung bei Nichtbelehrung auf drei Monate vor.[880] Diese Drei-Monats-Frist sollte sich entgegen dem bisherigen Konzept auch auf Haustürgeschäfte erstrecken[881] und ist vermutlich der Zielsetzung zuzuschreiben, die Regelungen für Fernabsatzverträge und Haustürgeschäfte zu vereinheitlichen. Anders als in der Fernabsatzrichtlinie sollte die verlängerte Frist von drei Monaten gem. Art. 13 des

878 Art. 6 Abs. 3 a) und b) TSRL 2009.

879 *Riesenhuber*, EU-Vertragsrecht, § 8, Rn. 21.

880 Zur Regelung in der Fernabsatzrichtlinie Grabitz/Hilf/Nettesheim/*Micklitz*, Das Recht der Europäischen Union, Bd. IV, A 3, Art. 6, Rn. 72; *Riesenhuber*, System und Prinzipien des Europäischen Vertragsrechts, 561 *Riesenhuber*, System und Prinzipien des Europäischen Vertragsrechts, 338; *Büßer*, Das Widerrufsrecht des Verbrauchers, 172.

881 *Kroll-Ludwigs*, ZEuP 2010, 509 (518).

Kommissionsentwurfs ab dem Tag beginnen, an dem der Unternehmer seine anderen vertraglichen Verpflichtungen in vollem Umfang erfüllt hat.[882] Damit wurde der *Hamilton*-Rechtsprechung des EuGHs[883] Rechnung getragen. Die aktuelle Verbraucherrechterichtlinie beschränkt sich auf eine Regelung zur fehlenden Widerrufsbelehrung und lässt andere fehlende vorvertragliche Informationen außen vor. Nach Art. 10 Abs. 1 VRRL endet die Widerrufsfrist zwölf Monate nach Ablauf der ursprünglichen Widerrufsfrist, also nach zwölf Monaten und 14 Tagen, und verkürzt sich bei Nachreichen der Informationen auf 14 Tage nach Erhalt der Informationen. Hier wäre eine sprachliche Anpassung an den übrigen Acquis communautaire auf ein Jahr statt zwölf Monate wünschenswert gewesen.

Eine einheitliche Regelung hat sich damit im europäischen Verbrauchervertragsrecht noch nicht entwickelt. Eine Tendenz geht dahin, eine absolute Widerrufsfrist von einem Jahr und 14 Tagen zu bestimmen und die 14-tägige Widerrufsfrist laufen zu lassen, wenn der Unternehmer innerhalb der absoluten Frist die Belehrung nachholt. Sinnvoll wäre es, weitere vorvertragliche Informationspflichten, die der Verbraucher für seine Überlegungszeit benötigt, wie beispielsweise die wesentlichen Merkmale des Kreditprodukts, an die Verlängerung der Widerrufsfrist zu koppeln.

cc. Einordnung der Verbraucherkreditrichtlinie 2008/48/EG

Die Verbraucherkreditrichtlinie von 2008 sieht kein absolutes Fristende vor.[884] Auch für eine Begrenzung des Widerrufs nach beiderseitiger Erfüllung ist die Verbraucherkreditrichtlinie von 2008 ihrem Wortlaut nach nicht zugänglich. Art. 14 VKRL 2008 besagt, dass der Verbraucher berechtigt ist, den *Kreditvertrag* zu widerrufen. Da der Vertrag als solcher nach Erfüllung nicht erlischt, ist die Wortlautauslegung aus der Hamilton-Entscheidung,[885] die sich auf das Erlöschen der aus dem Vertrag erwachsenden Verpflichtungen bezieht, auf die Verbraucherkreditrichtlinie von 2008 nicht anwendbar. Selbst nach beidseitiger Erfüllung bleibt danach in der Verbraucherkreditrichtlinie von 2008 ein unbefristetes Widerrufsrecht bestehen.[886]

Die Verbraucherkreditrichtlinie von 2008 scheint der Ende der 1990er Jahre vorherrschenden Vorstellung zu folgen, dass der Verbraucher kein Widerrufsrecht ausüben kann und damit es auch nicht verlieren soll, wenn er keine Kenntnis von dessen Existenz hat.[887] Damit ordnet die Verbraucherkreditrichtlinie von 2008 sich

---

882 Zur Frage, ob die absolute Frist von drei Monaten auch anzuwenden ist, wenn der Unternehmer seinen weiteren Informationspflichten nicht nachkommt, *Lukas* in Jud/Wendehorst (Hrsg.), Neuordnung des Verbraucherprivatrechts in Europa?, 92.

883 EuGH, Urteil v. 10. April 2008, Rs. C-412/06 – Hamilton, NJW 2008, 1865–1867.

884 *Rott*, WM 2008, 1104 (1111); *Gsell/Schellhase*, JZ 2009, 20 (26); *Schinkels*, JZ 2009, 774 (776).

885 EuGH, Urteil v. 10. April 2008, Rs. C-412/06 – Hamilton, NJW 2008, 1865–1867.

886 Sonst wären Gewährleistungsrechte nach Erfüllung gar nicht möglich, vgl. *Häublein*, ZIP 2008, 2005 (2006 f.).

887 *Gsell/Schellhase*, JZ 2009, 20 (26).

zwar in das bestehende Gefüge des europäischen Vertragsrechts ein – schließlich folgt sie der *Heininger-* und der *Endress*-Entscheidung des EuGH.[888] Allerdings ist nicht zu verkennen, dass der europäische Gesetzgeber und der EuGH bereits zum Zeitpunkt der Überarbeitung der Verbraucherkreditrichtlinie bemüht waren, die unbegrenzte Widerrufsfrist zu begrenzen.[889] Auch die Fernabsatzrichtlinie für Finanzdienstleistungen, die der Verbraucherkreditrichtlinie von 2008 bzgl. der Widerrufsregelungen als Vorbild diente, sieht in Art. 6 Abs. 2 lit. c FARLF einen Widerrufsausschluss bei beiderseitiger Erfüllung vor, wenn der Verbraucher den Beginn der Ausführung der Dienstleistung ausdrücklich erwünscht hat.

Eine Begrenzung wäre zudem mit der europäischen Verbraucherschutzkonzeption vereinbar. Der absolute Verbraucherschutz ist mit dem Grundsatz der Rechtssicherheit in Einklang zu bringen. Bei einem unbefristeten Widerrufsrecht besteht die Gefahr, dass der Unternehmer sein Risiko in den Preis einkalkuliert und die Kosten auf alle Konsumenten abwälzt, ohne dass dem Verbraucher diese unbegrenzte Widerrufsfrist nützt, wenn er nicht zufällig anderweitig Kenntnis von der Möglichkeit des Widerrufsrechts erhält.[890] Es ist anzunehmen, dass der Verbraucher – je weiter der Vertragsschluss in die Ferne rückt – immer weniger Anstrengungen unternehmen wird, sich selbst Informationen zu beschaffen und diese sodann zu verarbeiten, und sich vielmehr mit dem Vertragsschluss abfinden wird.[891] Eine absolute Frist etwa von einem Jahr dürfte mit der Zielsetzung eines hohen Verbraucherschutzes vereinbar sein. Dies zeigt beispielsweise die Umsetzung der Wohnimmobilienkreditrichtlinie ins deutsche Recht. § 356b Abs. 2 S. 4

888 EuGH, Urteil v. 13. Dezember 2001, Rs. C-481/99 – Heininger, Slg. 2001, I-9945; EuGH, Urteil v. 19. Dezember 2013, Rs. C-209/12 – Endress, NJW 2014, 452–454. Dazu auch *Tonner*, VuR 2014, 24 (24).

889 Nicht nur der EuGH hat in seiner Hamilton-Entscheidung eine Begrenzung für vereinbar erklärt, sondern auch die horizontalen Regelwerke wie der Entwurf eines Gemeinsamen Referenzrahmens oder die Verbraucherrechterichtlinie haben den Gedanken einer Begrenzung aufgenommen.

890 Abzulehnen sind Vorschläge, die das Einsetzen einer absoluten Frist von dem Kriterium der Kenntniserlangung oder einer weiteren Widerrufsbelehrung bei Erfüllung vorsehen, vgl. *Deblitz/Fuchs*, BKR 2008, 397 (403). Im ersten Fall müsste genau festgelegt werden, welche Anforderungen an die anderweitige Kenntniserlangung gestellt werden müssten. Die Festlegung dieses Zeitpunktes ist sehr vage. Zudem könnte das Kriterium der Kenntniserlangung für eine Verwirkung herangezogen werden, womit einzelfallbezogen eine gerechtere Lösung gefunden werden kann. Eine zweite Widerrufsbelehrung würde dem Verbraucher nur in den Fällen nützen, in denen er vorher keine Belehrung erhalten hat. In den Fällen, in denen der Verbraucher ordnungsgemäß belehrt wurde, käme es zu einer weiteren Doppelung, die den Informationsüberfluss mit seinen negativen Auswirkungen begünstigen würde. Darüber hinaus wird in einigen Fällen die Widerrufsfrist zum Zeitpunkt der Erfüllung bereits abgelaufen sein.

891 So im Kern wohl auch *Mankowski*, Beseitigungsrechte, 755.

BGB sieht für Immobiliar-Verbraucherkreditverträgen eine absolute Widerrufsfrist von 12 Monaten und 14 Tagen vor.[892]

Dennoch darf bei der Diskussion um die Begrenzung der absoluten Widerrufsfrist die Natur und die Eigenart des Verbraucherkredits nicht außer Acht gelassen werden. Anders als etwa im Fernabsatz oder im Timesharing wird der Verbraucher bei Unzufriedenheit über den Vertrag versuchen, den Kredit mithilfe eines weiteren Kredits abzulösen. Gerade wenn der Verbraucher keine Kenntnis über sein Widerrufsrecht hat, wird er sich vielmehr über Umschuldungsmodelle informieren als über Möglichkeiten, die Folgen des Vertrags abzuwenden. Dies ist der reinen Austauschbarkeit von Geld geschuldet. Inhalt der Leistungspflicht einer Geldschuld ist nicht die Übereignung bestimmter Geldscheine oder Münzen, sondern die Wertverschaffung.[893] Damit beschäftigt sich der Verbraucher viel länger mit den Möglichkeiten, die finanziellen Belastungen des Verbraucherkredits abzuwenden als bei Fernabsatzverträgen über Finanzdienstleistungen oder Haustürgeschäften.

Für eine Harmonisierung der Widerrufsvorschriften auf europäischer Ebene würde dies bedeuten, dass Verbraucherkreditverträge von der zeitlichen Begrenzung der Widerrufsfrist auszunehmen wären oder eine Begrenzung erst dann vorzusehen wäre, wenn der Verbraucher von seinem Widerrufsrecht Kenntnis erlangt hat oder beide Parteien den Kreditvertrag vollumfänglich erfüllt hätten.

Allerdings wäre eine Begrenzung der Widerrufsfrist aus Vereinheitlichungsgründen wünschenswert. Eine Möglichkeit wäre, die Widerrufsfrist zu begrenzen, dem Verbraucher jedoch anderweitige Kompensationsmöglichkeiten zur Verfügung zu stellen, damit er nach Ablauf der absoluten Frist nicht gänzlich schutzlos dasteht. Der EuGH hat in seinen Entscheidungen *Schulte*[894] und *Crailsheimer Volksbank*[895] deutlich gemacht, dass die Widerrufsbelehrung eine Rechtspflicht des Unternehmers darstellt. Damit kann dem Verbraucher ein Schadensersatzanspruch gegen den Unternehmer eingeräumt werden, der sich auf die fehlende Widerrufsbelehrung stützt. In den Fällen, in denen der Verbraucher sein Widerrufsrecht wegen des Ablaufs der absoluten Frist nicht mehr ausüben kann, kommt folglich ein Schadensersatzanspruch in Betracht.[896] Dieser Gedanke spiegelt sich bereits im Entwurf eines Gemeinsamen Referenzrahmens in Art. II.–3:109 Abs. 3 DCFR wider, nach dem der Unternehmer bei Verletzung seiner vorvertraglichen Informationspflichten im Hinblick auf den verursachten Schaden schadensersatzpflichtig ist. Die Schadensersatzpflicht hebelt auch die Sperrwirkung der absoluten Widerrufsfrist nicht aus, denn das Widerrufsrecht und der Schadensersatzanspruch

---

892 Dazu *Bülow*, WM 2015, 1829 (1829).

893 Hk-BGB/*Schulze*, § 244, Rn. 3.

894 EuGH, Urteil v. 25. Oktober 2005, Rs. C-350/03 – Schulte, Slg. 2005, I-9215, Rn. 94 ff.

895 EuGH, Urteil v. 25. Oktober 2005, Rs. C-229/04 – Crailsheimer Volksbank, Slg. 2005, I-9273, Rn. 48 f.

896 *Ebers*, Rechte, Rechtsbehelfe und Sanktionen im Unionsprivatrecht, 837; a. A. *Heinze*, Schadensersatz im Unionsprivatrecht, 269.

verfolgen ganz unterschiedliche Schutzrichtungen. Während das Widerrufsrecht es dem Verbraucher ermöglicht, seine Entscheidung noch einmal zu bedenken und ein Gleichgewicht der Verhandlungspositionen der Vertragspartner wiederherzustellen, dient der Schadensersatzanspruch dazu, einen Schaden auszugleichen, der auf einer schuldhaften vorvertraglichen Pflichtverletzung des Unternehmers beruht. Zudem ziehen beide Schutzinstrumente mit der Rückabwicklung des Vertrags beim Widerrufsrecht und der Kompensation bei Aufrechterhaltung des Vertragsverhältnisses beim Schadensersatzanspruch unterschiedliche Rechtsfolgen nach sich.

Insgesamt wäre eine Begrenzung des ewigen Widerrufsrechts unter Verbraucherschutzaspekten somit möglich und im Sinne eines gerechten Interessenausgleichs sinnvoll.

b. Verwirkung

Mangels absoluter Widerrufsfrist in der Verbraucherkreditrichtlinie von 2008 stellt sich die Frage, ob als Begrenzung des Widerrufsrechts das Rechtsinstitut der Verwirkung in Betracht kommt.[897] Die Verwirkung würde dazu führen, dass der Verbraucher sein Widerrufsrecht nicht ausüben kann, obwohl die Widerrufsfrist nicht in Gang gesetzt wurde und ein unbefristetes Widerrufsrecht besteht.[898]

Im deutschen Recht wird die Verwirkung als Fall der unzulässigen Rechtsausübung aus § 242 BGB hergeleitet.[899] Ihr sind ein *Zeitmoment* und ein *Umstandsmoment* immanent.[900] In zeitlicher Hinsicht muss der Verbraucher sein Recht über eine längere Zeit nicht geltend gemacht haben, obwohl er dazu in der Lage war. Ein bloßer Zeitablauf reicht für die Annahme einer Verwirkung allerdings nicht aus.[901] Hinzutreten müssen Umstände, aus denen der Unternehmer berechtigterweise annehmen darf, dass der Verbraucher auch zukünftig keinen Gebrauch mehr von seinem Recht machen wird. Der Verbraucher muss sich demnach unredlich verhalten.[902]

Zu bedenken ist der Ausnahmecharakter der Verwirkung. Im Regelfall soll der Verbraucher nach dem Willen des Gesetzgebers bei fehlender Belehrung die Möglichkeit besitzen, von seinem Widerrufsrecht Gebrauch zu machen.[903] Denkbar erscheint die Verwirkung als Korrektiv allenfalls für solche Fälle, in denen

---

897 *Gsell/Schellhase*, JZ 2009, 20 (26).

898 *Büßer*, Das Widerrufsrecht des Verbrauchers, 178.

899 *Müggenborg/Horbach*, NJW 2015, 2145 (2145); *Bülow*, WM 2015, 1829 (1829).

900 Hk-BGB/*Schulze*, § 242, Rn. 42 *Bülow*, WM 2015, 1829 (1829).

901 *Braunschmidt*, NJW 2014, 1558 (1560); *Gansel/Huth/Knorr*, BKR 2014, 353 (360); *Borowski*, BKR 2014, 361 (364).

902 Staudinger/*Kessal-Wulf*, § 495, Rn. 49; *Müggenborg/Horbach*, NJW 2015, 2145 (2145); *Duchstein*, NJW 2015, 1409 (1409).

903 Soergel/*Pfeiffer*, § 355, Rn. 34; *Bülow*, WM 2015, 1829 (1829); *Schürnbrand*, JZ 2009, 133 (138).

der Verbraucher auf andere Art und Weise Kenntnis von seinem Widerrufsrecht erlangt und es dennoch über einen längeren Zeitraum nicht ausübt.[904]

Eine Begrenzung des Widerrufsrechts durch Verwirkung sollte höchst restriktiv und nur bei einem missbräuchlichen Verhalten des Verbrauchers nach Abwägung im Einzelfall erfolgen. Maßgeblich ist dabei auch, wie schwerwiegend die Mängel der Widerrufsbelehrung wiegen.[905] Bei überwiegend missbräuchlichem Verhalten des Verbrauchers beschränkt die Verwirkung den Verbraucherschutzgedanken nicht, sondern sorgt für einen gerechten Interessenausgleich, indem es den Verbraucher zwingt, sorgfältig mit den Informationen umzugehen und das Marktgeschehen nicht durch widerrechtliches Zögern zu beeinträchtigen.

c. Abwendung des Widerrufsrechts

Fraglich ist, ob der Verbraucher das Widerrufsrecht ganz oder teilweise abwenden kann. In Betracht kommt ein rechtsgeschäftlicher Verzicht (aa.) oder zumindest eine Verkürzung der Widerrufsfrist des Verbrauchers (bb.) sowie anderweitige Schutzinstrumente wie die notarielle Beurkundung (cc.).

aa. Rechtsgeschäftlicher Verzicht

Der europäische Gesetzgeber formuliert in den verbraucherschützenden Richtlinien durchweg, dass „die Verbraucher auf die ihnen durch diese Richtlinie übertragenen Rechte nicht verzichten können".[906] Lediglich der Entwurf eines Gemeinsamen Referenzrahmens verwendet eine Formulierung, die etwas weiter gefasst ist. Nach Art. II.–5:101 DCFR dürfen die Parteien nicht die Anwendbarkeit der verbraucherschützenden Regeln zulasten der bedachten Person ausschließen, von ihnen abweichen oder die Rechtsfolgen verändern. Dies schließt auch den rechtsgeschäftlichen Verzicht auf das Widerrufsrecht des Verbrauchers ein, da mit dem Verzicht die Anwendbarkeit des den Verbraucher begünstigenden Widerrufsrechts ausgeschlossen würde. Fraglich könnte lediglich sein, ob der Ausschluss des Widerrufsrechts in allen Fällen zulasten des Verbrauchers sein muss. Schließlich gibt es auch Verbraucher, die selbst beruflich im Kreditgeschäft tätig sind und die Bedenkzeit als überflüssig empfinden oder nicht riskieren möchten, dass der Kredit erst nach Ablauf der Widerrufsfrist ausgezahlt wird. Sie würden den Verzicht auf das Widerrufsrecht nicht als belastend empfinden.

Dagegen ist jedoch einzuwenden, dass auch der Verzicht eine selbstbestimmte Entscheidung voraussetzt. Der Widerruf zeichnet sich dadurch aus, dass in der

904 *Häublein*, ZIP 2008, 2005 (2008); *Duchstein*, NJW 2015, 1409 (1411); *Gansel/Huth/Knorr*, BKR 2014, 353 (360); *Schinkels*, JZ 2009, 774 (776), der ein ewiges Widerrufsrecht aufgrund der Möglichkeit der Verwirkung und Verjährung als „Fremdkörper in der Kodifikation" ansieht.

905 *Duchstein*, NJW 2015, 1409 (1413).

906 Art. 12 Abs. 1 FARLF, Art. 12 Abs. 1 TSRL 2009; Art. 25 VRRL.

Vertragsabschlusssituation eine selbstbestimmte Entscheidung aufgrund situations- oder informationsbedingter Unterlegenheit oder aufgrund komplexer Vertragsstrukturen für den typischen Verbraucher gerade nicht möglich ist.[907] Daher gewährt der Gesetzgeber dem Verbraucher eine nachträgliche Überlegungsfrist. Für die Entscheidung, ob auf ein Gestaltungsrecht verzichtet werden kann, ist es aber ebenfalls erforderlich, die Vertragsinhalte zu kennen und durchdacht zu haben. Der Grund für die Unterlegenheit des Verbrauchers liegt auch bei der Entscheidung über einen Verzicht vor, sodass auch die Verzichtserklärung nicht selbstbestimmt abgegeben werden kann. Nun mag es sein, dass einige sachkundige Verbraucher dieses Defizit bei ihrer Entscheidung nicht aufweisen. Jedoch kann sich der Verbraucherschutz nicht am Einzelfall orientieren. Ein effektiver Verbraucherschutz kann sich nur durch eine typisierende Betrachtungsweise realisieren, mit der Konsequenz, dass der ausnahmsweise sachkundige Verbraucher zugunsten des typischerweise unterlegenen Verbrauchers in seiner Gestaltungsfreiheit eingeschränkt wird.[908]

Der Verbraucher wird regelmäßig die volle Widerrufsfrist benötigen, um eine freie und selbstverantwortliche Entscheidung zu treffen, sodass eine Verzichtserklärung generell unzulässig sein sollte. Darüber hinaus würde eine Verzichtsmöglichkeit des Verbrauchers eine große Missbrauchsgefahr mit sich bringen.[909] Kreditgeber würden darauf hinwirken, dass der Verbraucher den Verzicht erklärt, sei es durch AGB, sei es durch Einwirkungen im Rahmen des Beratungsgesprächs. Die finanzielle Notsituation, in der sich der Verbraucher regelmäßig vor Abschluss eines Kreditvertrags befindet, würde ein Weiteres dazutun, dass sich der Verbraucher auf einen Verzicht einließe. Zum Schutz der Verbraucher sollte ein Verzicht auf das Widerrufsrecht sowohl zum Zeitpunkt des Vertragsschlusses als auch während der Widerrufsfrist unzulässig sein.

Etwas anderes könnte sich aus den Regelungen in Art. 6 Abs. 2 lit. c) FARLF und in Art. 16 lit. a) VRRL ergeben, nach denen das Widerrufsrecht bei Dienstleistungen ausgeschlossen ist, wenn auf ausdrücklichen Wunsch des Verbrauchers und in Kenntnisnahme des Verlusts des Widerrufsrechts der Vertrag bereits vollständig erfüllt ist. Der Unternehmer und der Verbraucher können den Vertrag bereits während der Widerrufsfrist widerrufsausschließend erfüllen, was einem Verzicht mit der Folge einer schnelleren Vertragsabwicklung gleichkommt.[910] Der Verbraucher muss zu diesem widerrufsausschließenden Beginn der Dienstleistung allerdings ausdrücklich zustimmen. Der bisherigen Argumentation folgend muss diese Zustimmung selbstbestimmt abgegeben werden. Dies erscheint wegen der situativen Unterlegenheit des Verbrauchers, die das Widerrufsrecht rechtfertigt, zweifelhaft. Wenigstens muss der Verbraucher Kenntnis über die Rechtsfolgen der

907 *Büßer*, Das Widerrufsrecht des Verbrauchers, 150.
908 *Artz*, Der Verbraucher als Kreditnehmer, 186.
909 *Artz*, Der Verbraucher als Kreditnehmer, 187.
910 *Ebers*, VuR 2008, 268 (271).

Zustimmung erlangen, damit er die Tragweite der Entscheidung kennt, wenn er sie auch nicht verinnerlichen kann.[911]

Bei der Regelung über den Widerrufsausschluss bei Dienstleistungen handelt es sich um eine Ausnahmeregelung, die nicht verallgemeinert werden kann. Die Vorschrift bezieht sich auf Dienstleistungen, die aufgrund ihrer Art und Weise nicht oder nur mit hohem Aufwand rückgängig gemacht werden können.[912] Daher kann nach ausreichender Unterrichtung des Verbrauchers die Entscheidung über den Beginn der Ausübung der Dienstleistung zum Schutze des Unternehmers dem Verbraucher übertragen werden. Maßgeblich für diese Wertung ist, dass eine Dienstleistung nicht ohne Weiteres rückabgewickelt werden kann und der Unternehmer bei Ausübung des Widerrufsrechts trotz mangelfreier Leistung leer ausgehen würde. Dies könnte den Verbraucher dazu verleiten, stets einen Dienstleistungsvertrag zu widerrufen. Anstelle das Widerrufsrecht bei beiderseitiger Erfüllung auszuschließen, bestünde allerdings auch die Möglichkeit, den Missbrauch des Verbrauchers über eine Wertersatzlösung zu unterbinden. Der Vorteil des Widerrufsausschlusses ist aber, dass der Verbraucher die Möglichkeit hat, selbst darüber zu entscheiden, ob er die Dienstleistung durchführen lässt oder ob er noch Bedenkzeit benötigt und dabei nicht das Risiko eingeht, dass ihm Missbrauch vorgeworfen wird. Im Ergebnis lässt sich der Ausschluss des Widerrufsrechts bei beiderseitiger Erfüllung nicht zu einer generellen Verzichtsmöglichkeit des Verbrauchers verallgemeinern.

Auch die Verbraucherkreditrichtlinie von 2008 ordnet sich in dieses Schema ein und verbietet gem. Art. 22 VKRL 2008 einen Verzicht. Sie folgt demnach dem Grundsatz, dass der Verbraucher die ihm aus Verbraucherschutzgründen zugebilligten Rechte nicht ausschließen darf. Das Widerrufsrecht benötigt der Verbraucher, um aufgrund der Komplexität des Verbraucherkreditvertrags Zeit für die Verarbeitung der Informationen zu erlangen und eine selbstbestimmte und informierte Entscheidung zu fällen. Dies wäre bei einer Verzichtsmöglichkeit stark gefährdet. Somit ist die Versagung des Verzichts nicht als Entmündigung und damit als protektionistische Maßnahme anzusehen, sondern als Ausdruck eines effektiven Verbraucherschutzes.[913]

bb. Rechtsgeschäftliche Verkürzung der Widerrufsfrist

Der Ausschluss der Verzichtsmöglichkeit des Verbrauchers, den die verbraucherschützenden Richtlinien vorschreiben, gilt grundsätzlich auch für eine Verkürzung der Widerrufsfrist. Der Verbraucher würde in dieser Konstellation auf einen Teil der ihm zustehenden Widerrufsfrist verzichten. Die Widerrufsfrist ist als solche

---

911 *Loos*, ZEuP 2007, 5 (24); *Ebers*, VuR 2008, 268 (271), der ein Verzicht sehenden Auges fordert.

912 *Loos*, ZEuP 2007, 5 (23); *Neumann*, Bedenkzeit vor und nach Vertragsabschluss, 354.

913 *Artz*, Der Verbraucher als Kreditnehmer, 186.

regelmäßig so bemessen, dass der Verbraucher den vollen Umfang für seine Überlegungen benötigt, sodass eine Verkürzung dem Sinn und Zweck des Widerrufsrechts widerspräche und wie beim Verzicht zum Missbrauch des Kreditgebers verleiten könnte.[914]

Die Verbraucherkreditrichtlinie von 2008 sieht jedoch in Art. 14 Abs. 2 VKRL vor, dass eine nationale Regel beibehalten werden darf, die dem Verbraucher erlaubt, auf ausdrücklichen Wunsch die Frist auf eine spezielle Dauer zu verkürzen, wenn bei einem verbundenen Geschäft die Mittel ansonsten nicht vor Ablauf dieser speziellen Frist bereitgestellt werden dürften. Der Verbraucher soll somit eine schnellere Lieferung der Ware oder Vornahme der Dienstleistung verlangen können.[915] Diese Option der Mitgliedstaaten trägt der französischen Rechtsordnung Rechnung, nach der ein Verkäufer bei einem verbundenen Geschäft nicht verpflichtet ist, die Ware zu liefern oder die Dienstleistung zu erbringen, solange der Kreditnehmer sein Widerrufsrecht noch ausüben kann.[916]

Der Verbraucher kann jedoch mithilfe einer schriftlichen Bitte die sofortige Lieferung oder den Beginn der Dienstleistung verlangen, wodurch die Widerrufsfrist erlischt. Dabei darf eine Zeitspanne von drei Tagen nicht unterschritten werden. Die Verkürzung der Widerrufsfrist durch schriftliche Bitte setzt vier Kriterien voraus: Die Erklärung muss ausdrücklich sein, sie muss handschriftlich verfasst worden sein, sie muss eigenhändig datiert sein und sie muss unterschrieben sein.[917] Durch die eigenhändige und ausdrückliche Formulierung des Verzichts soll sich der Verbraucher hinreichend bewusst darüber werden, auf welche Rechte er verzichtet. Zudem stellt die selbsterstellte Erklärung durch das Hinsetzen und eigenhändige Abschreiben einen gewissen Aufwand und damit eine Hemmschwelle dar. Der Verzicht darf frühestens drei Tage nach Beginn der Widerrufsfrist erklärt werden, um eine Beeinflussung bei Vertragsschluss durch den Kreditgeber zu verhindern. Der Kreditgeber trägt die Beweislast, die Kosten und die Gefahr für eine vorzeitige Lieferung bzgl. des verbundenen Geschäfts.

Eine Verkürzung der Widerrufsfrist von 14 Tagen[918] auf 3 Tage stellt eine starke Einschränkung des Widerrufsrechts dar, die zulasten der Effektivität des Widerrufsrechts geht. Zu beachten ist aber, dass im französischen Verbraucherkreditrecht das zentrale französische Verbraucherschutzinstrument der „offre préalable"

914 *Reifner*, Konsumentenkreditrichtlinie, VuR 2004, 85 (87).

915 Vgl. die Empfehlung für die zweite Lesung im Hinblick auf die Verbraucherkreditrichtlinie von *Kurt Lechner*, EP-Dok. A6–0504/2007, S. 20.

916 Art. L. 311–35 C. cons.; *Rott* in Reich/Micklitz/Rott/Tonner (Hrsg.), European Consumer Law, 197 (225); *Rott*, WM 2008, 1104 (1111).

917 „Une demande expresse rédigée, datée et signée de sa main même", Art. L. 311–35 C. cons.; dazu auch *Neumann*, Bedenkzeit vor und nach Vertragsabschluss, 356.

918 Vor der Vorgabe der Widerrufsfrist von 14 Tagen durch die Verbraucherkreditrichtlinie von 2008 betrug die Widerrufsfrist für Kreditverträge im französischen Recht 7 Tage, vgl. Art. L. 311–24 C. cons. (a. F.).

(bindendes Angebot) einen adäquaten Ausgleich zur Verkürzung der Widerrufsfrist schafft.[919] Die „offre préalable“ stellt ein verbindliches Vorabangebot dar, das der Kreditgeber vor Vertragsschluss für mindestens 15 Tage aufrechterhalten muss.[920] Die Einführung einer 14-tägigen Widerrufsfrist nach Vertragsschluss stellt zusätzlich zur 15-tägigen Bedenkfrist vor Vertragsschluss folglich eine Doppelung im französischen Verbraucherschutzrecht dar, sodass eine Verkürzung der Widerrufsfrist im französischen Recht nicht die Möglichkeit des Verbrauchers beeinträchtigt, die Informationen ohne zeitlichen Druck zu verarbeiten.

In der Verbraucherkreditrichtlinie von 2008 hätte in Art. 14 Abs. 2 VKRL jedoch darauf hingewiesen werden sollen, dass die Mitgliedstaaten eine Regelung über die Verkürzung der Widerrufsfrist nur bei Sicherstellung der Effektivität des Widerrufsrechts durch anderweitige Schutzinstrumente aufrechterhalten können. Anderenfalls verliert das Widerrufsrecht an Effektivität. Es ist davon auszugehen, dass der Verbraucher die gesamte Widerrufsfrist benötigt, um die Informationen zu verarbeiten und eine durchdachte Entscheidung zu treffen. Mit Verkürzung der Bedenkzeit kann der Zweck des Widerrufsrechts nicht erreicht werde. Diese Lücke muss durch ein alternatives Schutzinstrument kompensiert werden.

cc. Anderweitige Schutzinstrumente

Wenn der Verbraucher rechtsgeschäftlich grundsätzlich nicht auf sein Widerrufsrecht verzichten kann, stellt sich die Frage, ob er es durch anderweitige Schutzinstrumente abwenden kann. In Betracht kommen zum einen dingliche Sicherheiten (1) und zum anderen Sicherheiten formaler Art wie die notarielle Beurkundung (2).

(1) Dingliche Sicherungen

Ein Kreditvertrag wird nicht selten in Form eines Realkreditvertrages gewährt, dessen Besonderheit es ist, dass er durch ein Grundpfandrecht gesichert ist. Das Grundpfandrecht soll dabei nicht nur dem Kreditgeber die Sicherheit geben, bei Zahlungsausfall in das Grundstück vollstrecken zu können, sondern auch den Verbraucher vor der Schuldenfalle bewahren. Einerseits ist die Gefahr, dass dem Verbraucher unverhältnismäßig hohe Zinsen auferlegt werden, geringer, wenn er ein Grundstück als Sicherheit angeben kann. Andererseits steht nicht die gesamte Existenz, sondern nur der Verlust des Grundstücks auf dem Spiel. Daher liegt es nahe, bei einer zusätzlichen dinglichen Sicherung durch eine Hypothek oder eine Grundschuld die Schutzbedürftigkeit des Verbrauchers als geringer anzusehen und die Notwendigkeit eines Widerrufsrechts in Frage zu stellen. Dies lässt sich zudem darauf stützen, dass die Verbraucherkreditrichtlinie von 2008 nach Art. 2 Abs. 2 lit.

919 So auch *Reifner*, Konsumentenkreditrichtlinie, VuR 2004, 85 (87).
920 Zum Verbraucherschutzinstrument der „offre préalable“ siehe unter § 2 D. IV. 2. d. bb.

a) VKRL 2008 nicht für Kreditverträge gilt, die dinglich gesichert sind.[921] Dagegen spricht allerdings, dass diese Kreditverträge auf europäischer Ebene nun in den Anwendungsbereich der Wohnimmobilienkreditrichtlinie fallen, nach der die Mitgliedstaaten in Art. 14 Abs. 6 UAbs. 2 WIKRL eine vorvertragliche Bedenkzeit, ein Widerrufsrecht oder beides vorsehen können.[922]

Darüber hinaus ist im deutschen Recht das Abstraktionsprinzip und damit die Trennung zwischen dem schuldrechtlichen und dinglichen Vertrag zu beachten. Die Grundpfandrechte stellen dingliche Schutzinstrumente dar, die den Verbraucherkreditvertrag als solchen nicht betreffen. Die Notwendigkeit eines Widerrufsrechts, das den Verbraucherkreditvertrag bei Ausübung zur Rückabwicklung bringt, wird dadurch nicht berührt. Dingliche Schutzinstrumente dienen nicht dazu, das Informationsdefizit des Verbrauchers abzuwenden und können somit das schuldrechtlich wirkende Widerrufsrecht nicht kompensieren.

(2) Notarielle Beurkundung

Nach Art. 14 Abs. 6 VKRL 2008 können die Mitgliedstaaten das Widerrufsrecht für Kreditverträge, die unter Mitwirkung eines Notars geschlossen werden, ausschließen, sofern der Notar bestätigt, dass der Verbraucher die vorvertraglichen Informationen und die zwingenden Angaben in Kreditverträgen erhalten hat. Problematisch ist diese Ausschlussmöglichkeit des Widerrufsrechts, wenn die notarielle Beurkundung kein ausreichendes Äquivalent darstellt. Dies ist der Fall, wenn der Verbraucher die notarielle Beurkundung lediglich als Formalie empfindet.[923]

Dem Verbraucher wird regelmäßig schon zum Zeitpunkt der Unterzeichnung der Kreditvertragsurkunde, die bereits alle vertragswesentlichen Punkte enthält, der Eindruck einer Bindung vermittelt. Ein Hinweis, dass der Vertrag erst mit notarieller Beurkundung Wirksamkeit erzeugt, hilft da wenig. Im Übrigen ist Art. 14 Abs. 6 VKRL 2008 nicht zu entnehmen, inwiefern der Notar den Verbraucher aufzuklären und zu belehren hat.[924] Somit lässt die Regelung Raum für eine Umgehung des Widerrufsrechts, etwa wenn nichtbeurkundungsbedürftige Rechtsgeschäfte der Form der notariellen Beurkundung unterworfen werden, um dadurch die Möglichkeit zu erhalten, das Widerrufsrecht auszuschließen. Die nationalen Gesetzgeber sind gut beraten, strenge Belehrungsvorschriften für den Notar vorzusehen, wenn sie von der Ausschlussmöglichkeit Gebrauch machen.

---

921 vgl. auch den Widerrufsausschluss in Art. 6 Abs. 3 lit. b) FARLF.

922 Vgl. § 2. D. IV. 1 b. aa. (1).

923 *Althammer*, BKR 2003, 280 (282); *Frings*, BB 1999, 2366 (2366); a. A. *Habersack*, ZIP 2001, 353 (358).

924 *Singer*, DZWir 2003, 221 (224), der davor warnt, den „Schutzeffekt der notariellen Beurkundung […] zu hoch zu veranschlagen“. Zu der Umsetzung ins deutsche Recht *Mairose*, RNotZ 2012, 467 (481).

Im deutschen Recht wurde bereits durch das OLG-Vertretungsänderungsgesetz vom 23. Juli 2002[925] das Beurkundungsgesetz (BeurkG) mit Einführung des § 17 Abs. 2a S. 2 BeurkG verschärft. Dieser sieht vor, dass der Notar die rechtsgeschäftlichen Erklärungen des Verbrauchers von diesem persönlich oder durch eine Vertrauensperson entgegenzunehmen hat. Darüber hinaus soll dem Verbraucher ausreichend Gelegenheit – im Regelfall zwei Wochen vor der Beurkundung – gegeben werden, sich im Vorfeld mit dem Beurkundungsgegenstand auseinanderzusetzen. Dadurch wird dem Verbraucher etwa bei Grundstückskaufverträgen eine vorzeitige Bedenkzeit von zwei Wochen erteilt, in denen er den Vertragstext studieren und sich informieren kann.

Am 1. Oktober 2013 trat das Gesetz zur Stärkung des Verbraucherschutzes im notariellen Beurkundungsverfahren in Kraft,[926] das die Einhaltung der zweiwöchigen Bedenkzeit bei Immobilienkäufen in § 17 Abs. 2a S. 2 BeurkG nunmehr weiter verstärkt. Danach soll dem Verbraucher der Vertragsentwurf nur noch von dem den Kaufvertrag beurkundenden Notar zur Verfügung gestellt werden. Das Datum der Zusendung muss in den Akten dokumentiert werden. Bei einer Abweichung der Frist müssen die Gründe in die Niederschrift aufgenommen werden, damit dem Verbraucher bei Verlesung der Niederschrift im anschließenden Beurkundungsverfahren die Abweichung vor Augen geführt wird.[927]

Im Vergleich zum Widerruf stellt die Bedenkzeit vor der notariellen Beurkundung eine vorvertragliche Überlegungsfrist dar, die das Informationsdefizit des Verbrauchers vor Wirksamkeit des Vertrags verringern soll. Durch das persönliche Erscheinen des Verbrauchers und die Einrichtung der Überlegungsfrist wird der Schutzzweck des Widerrufsrechts kompensiert. Von diesen Beratungspflichten darf der Notar nicht ohne Grund abweichen. Außer Betracht bleibt, dass der Verbraucher aus den Gesamtumständen annehmen könnte, dass der Vertrag bereits vor der notariellen Beurkundung Wirksamkeit entfaltet. Dann wird er die vorzeitige Bedenkzeit nicht allzu ernst nehmen und sie nicht ausreichend zur Entscheidungsfindung nutzen. Der Notar sollte bei Bereitstellung der Vertragsurkunde auf die Bedeutung der Überlegungsfrist hinweisen. Dies wird im deutschen Recht über den Art. 17 Abs. 1 BeurkG gewährleistet, nach dem der Notar die Beteiligten über die rechtliche Tragweite des Geschäfts belehren soll.[928]

Insgesamt ist festzuhalten, dass die Einbeziehung eines Notars anstelle des Widerrufsrechts grundsätzlich ein gleichrangiges Schutzinstrument darstellt.[929] Zu

925 BGBl. 2002 I Nr. 53, S. 2850–2861.

926 BGBl. 2003 I Nr. 38, S. 2378.

927 *Junglas*, VuR 2013, 114 (114 ff.).

928 *Hammann*, BWNotZ 2003, 34 (37).

929 *Hammann*, BWNotZ 2003, 34 (37), der die Einbeziehung des Notars als „probates, wenn auch zugegebenermaßen umständliches Mittel" bezeichnet; kritisch *Reifner*, Konsumentenrichtlinie, VuR 2004, 85 (87). Für die Rechtslage vor Änderung des BeurkG *Büßer*, Das Widerrufsrecht des Verbrauchers, 144, der einen Ausschluss bei notarieller Beurkundung für Haustürgeschäfte ablehnt; *Habersack*, ZIP 2001, 353

beachten ist aber auch der Ausnahmecharakter dieser Regelung, die vermeiden soll, dass öffentliche Erklärungen durch einen Widerruf rückabgewickelt werden müssen.

III. Form und Rechtzeitigkeit der Widerrufserklärung

Zur Ausübung des Widerrufsrechts muss der Verbraucher gem. Art. 14 Abs. 3 a) VKRL 2008 dem Kreditgeber gegenüber den Widerruf in einer den Nachweis ermöglichenden Weise erklären. Die Widerrufsfrist gilt als gewahrt, wenn diese Mitteilung, sofern sie auf Papier oder einem anderen dauerhaften Datenträger erfolgt, vor Fristablauf abgesandt wird. Diese Vorschrift ist der Fernabsatzrichtlinie für Finanzdienstleistungen entnommen. Sie ist bewusst offengehalten, um dem Verbraucher die Möglichkeit zu geben, auf jegliche Art und Weise, auch mündlich durch einen Telefonanruf oder schriftlich per E-Mail, zu widerrufen.[930] Da der Verbraucher die Beweislast für die Ausübung des Widerrufsrechts trägt, empfiehlt sich jedenfalls eine Widerrufserklärung auf einem dauerhaften Datenträger.

Weiterhin stellt sich die Frage, ob auch ein Zugang vor Fristablauf erfolgen muss. Dies würde die Widerrufsfrist u. U. erheblich einschränken und die Effektivität des Widerrufsrechts beeinträchtigen. In den übrigen Verbraucherschutzrichtlinien und im Entwurf eines Gemeinsamen Referenzrahmens hat sich für die Fristwahrung das „Dispatch-Prinzip" durchgesetzt.[931] Nach diesem Prinzip ist ein Widerrufsrecht rechtzeitig ausgeübt, wenn die Widerrufserklärung während der Widerrufsfrist versandt wird, und angenommen werden kann, dass sie unter normalen Umständen den Adressaten erreicht. Das Risiko der Verzögerung trägt demnach der Unternehmer.[932] Der Verbraucher muss dagegen für das Verlustrisiko einstehen.[933] Bei Anhaltspunkten für

---

(358), dem es bei notarieller Beurkundung an der Überraschung oder Überforderung des Kunden fehlt.

930 Die Frage, ob die „bloße Rücksendung" der Ware als Widerrufserklärung verstanden werden kann, wie es die Acquis-Prinzipien und der Entwurf eines Gemeinsamen Referenzrahmens vorsehen, stellt sich im Kreditrecht nicht. Zur Diskussion über den Vorschlag über ein Gemeinsames Europäisches Kaufrecht Schulze/*Schulze*, CESL, Art. 41, Rn. 10; *Looschelders* in Remien/Herrler/Limmer (Hrsg.), Gemeinsames Europäisches Kaufrecht für die EU?, 131 f.; *Weller* in Schmidt-Kessel (Hrsg.), Ein einheitliches europäisches Kaufrecht?, 158 ff.

931 *Loos*, ZEuP 2007, 5 (17); Grabitz/Hilf/Nettesheim/*Micklitz*, Das Recht der Europäischen Union, Bd. IV, A 2, Art. 4–7, Rn. 78; *von Bar/Clive*, DCFR Full Edition, Art. II.–5:103, 358.

932 *Riesenhuber*, System und Prinzipien des Europäischen Vertragsrechts, 338, *Schulze/Zoll*, Europäisches Vertragsrecht, § 3, Rn. 137; a. A. *Reinicke/Tiedtke*, ZIP 1992, 217 (219), die auf die rechtzeitige Absendung der Widerrufserklärung abstellen.

933 Zur Risikoverteilung in der Verbraucherrechterichtlinie siehe unter § 3 D. II. 2. b.

einen Verlust kann er den Widerruf aber unverzüglich nachholen. Zu beachten ist, dass der Versand für die rechtzeitige Ausübung des Widerrufs zwar ausreicht. Die Wirksamkeit des Widerrufs richtet sich allerdings weiterhin nach dem Zugang der Erklärung.[934]

Auch die Verbraucherkreditrichtlinie von 2008 übernimmt das Dispatch-Prinzip und gliedert sich damit in den übrigen Acquis communautaire ein. Sie folgt auf diese Weise der Lockerung des Zugangsprinzips, das sich auf europäischer Ebene zugunsten der Effektivität des Widerrufsrechts und damit zur Stärkung der europäischen Verbraucherschutzkonzeption entwickelt hat.

IV. Zwischenergebnis

Im Hinblick auf die Anforderungen an die Widerrufsbelehrung lassen sich den verbraucherschützenden Richtlinien vier Basisinformationen entnehmen. Dabei handelt es sich um Angaben zum Bestehen des Widerrufsrechts, zur Länge und zum Beginn der Frist, zur Person, an die der Widerruf zu richten ist, sowie zur Art und Weise der Ausübung des Widerrufsrechts. Als Zeitpunkt für die Belehrung wählen die Fernabsatzrichtlinie für Finanzdienstleistungen in Art. 5 Abs. 1 FARLF und die Timesharing-Richtlinie in Art. 5 Abs. 4 TSRL 2009 eine doppelte Unterrichtung im Rahmen der vorvertraglichen Informationspflichten und zum Zeitpunkt des Vertragsschlusses. Die Verbraucherrechterichtlinie und der Entwurf eines Gemeinsamen Referenzrahmens beschränken sich auf eine einmalige Erteilung der Informationen.

Bezüglich des Fristbeginns zeichnet sich ab, dass die Widerrufsfrist erst beginnt, wenn der Vertrag abgeschlossen worden ist und der Verbraucher alle erforderlichen Informationen sowie die Ware erhalten hat. Hinsichtlich der Ausübung des Widerrufsrechts gilt, dass der Widerruf keiner bestimmten Form bedarf. Er muss allerdings vor Fristablauf abgesendet werden (*dispatch rule*) und sollte nachweisbar sein.

Die Verbraucherkreditrichtlinie von 2008 übernimmt die Basisinformationen für die Frage, welche Informationen in der Widerrufsbelehrung anzuführen sind. In zeitlicher Hinsicht folgt sie nicht den Vorgaben der verbraucherschützenden Richtlinien, die eine Doppelung der Angaben in den vorvertraglichen Informationen und in der Vertragsurkunde vorsehen und auch nicht der Verbraucherrechterichtlinie und dem Entwurf eines Gemeinsamen Referenzrahmens, die die Informationen zu einem frühen Zeitpunkt, nämlich im Rahmen der vorvertraglichen Informationspflichten, ansiedeln. Vielmehr sieht sie in Art. 5 Abs. 1 lit. o) VKRL 2008 vor, dass der Verbraucher im Vorfeld lediglich über das Bestehen des Widerrufsrechts aufzuklären ist. Über die Einzelheiten der Widerrufsrechtsausübung wird er gem. Art. 10 Abs. 2 lit. p) VKRL 2008 erst kurz vor Vertragsschluss, zusammen mit einer Reihe weiterer Informationen, belehrt. Diese Vorgehensweise

934 MüKo/*Fritsche*, § 355, Rn. 48.

ist grundsätzlich geeignet, einem Informationsüberfluss entgegenzuwirken und damit einen Ausgleich von Unternehmer- und Verbraucherinteressen zu unterstützen.

Allerdings schreibt die Verbraucherkreditrichtlinie von 2008 eine gegenüber der Ursprungsrichtlinie stark erweiterte Anzahl an Informationspflichten bei Vertragsschluss vor.[935] Angaben, die das Kreditprodukt betreffen, werden auf diese Weise einer Doppelung unterzogen, da sie bereits Gegenstand der vorvertraglichen Informationen sind. Die zum Zeitpunkt des Vertragsschlusses neuen Informationen, beispielsweise über das Widerrufsrecht, bedürfen daher einer optischen Verdeutlichung. Dies könnte in Form eines abgetrennten Formblattes erfolgen, so wie es auch die neue Timesharing-Richtlinie von 2009 vorsieht. Einen Informationsüberfluss bzgl. der anderen Informationen und seine dysfunktionale Wirkung auf den Schutzzweck der europäischen Verbraucherschutzkonzeption könnte durch eine Aufhebung der Doppelung durch einen Verweis auf das Formular „Europäische Standardinformationen für Verbraucherkredite" verhindert werden. Dabei könnte die Gefahr, dass der Verbraucher im entscheidenden Moment nicht über die relevanten Informationen verfügt und ihm die Relevanz einzelner Informationen nicht bewusst ist, wenn sie nicht in der Vertragsurkunde dargelegt sind, dadurch begegnet werden, dass man dem Verbraucher das Formular als Anlage zur Vertragsurkunde noch einmal beifügt. Auf diese Weise hätte der Verbraucher sämtliche relevante Informationen im Paket vorliegen und könnte die bereits erteilten und damit ggf. bereits gelesenen Informationen ergänzend zur Vertragsurkunde heranziehen, wenn im Vertrag auf sie verwiesen wird.[936]

Darüber hinaus könnten wesentliche Informationen im Vertragstext optisch hervorgehoben werden.[937] Daneben dient auch die Erläuterungspflicht dazu, einem Informationsüberfluss entgegenzuwirken. Insgesamt ist festzuhalten, dass die Verbraucherkreditrichtlinie von 2008 das Risiko des Informationsüberflusses erkennt und einen Lösungsweg vorschlägt, der – ergänzt um weitere Parameter – als Vorbild für eine Weiterentwicklung des Acquis communautaire dienen könnte.

Die Verbraucherkreditrichtlinie von 2008 folgt auch im Hinblick auf Fristbeginn und Fristende dem übrigen Acquis communautaire. Die Widerrufsfrist ist gem. Art. 14 Abs. 1 VKRL 2008 geknüpft an den Vertragsschluss und an den Zeitpunkt, zu dem der Verbraucher alle erforderlichen Informationen erhalten hat. Fehlt die Widerrufsbelehrung oder ist sie unzureichend, beginnt die Widerrufsfrist daher nicht zu laufen und der Verbraucher kann sich auch zu einem deutlich späteren Zeitpunkt noch auf sein Widerrufsrecht berufen. Anders als die neueren

---

935 *Reifner*, Verbraucherschutz, VuR 2009, 3 (4); *Riesenhuber*, ZBB 2003, 325 (328).

936 Siehe dazu unter § 4 C. I. 2.

937 Vgl. bspw. das Standard-Informationsblatt des Kommissionsvorschlags über ein Gemeinsames Europäisches Kaufrecht in Anhang II GEKR; dazu *Schmidt-Kessel* in Schmidt-Kessel (Hrsg.), Der Entwurf für ein Europäisches Vertragsrecht, Art. 8, 9 GEK-VO-E, Rn. 24.

verbraucherschützenden Richtlinien regelt die Verbraucherkreditrichtlinie von 2008 kein absolutes Fristende. Ein absolutes Fristende steht jedoch grundsätzlich mit dem hohen Verbraucherschutzpostulat im Einklang.[938] Das Widerrufsrecht soll dem Verbraucher helfen, eine informierte Entscheidung zu treffen. Erhält er nicht alle Informationen, nützt ihm eine unbegrenzte Frist ebenso wenig wie eine Jahresfrist. Aus Gründen der Rechtssicherheit für beide Parteien ist ein Widerrufsrecht zeitlich zu begrenzen.[939] Mit Ablauf eines Jahres kann davon ausgegangen werden, dass der Verbraucher sich mit dem Geschäft arrangiert oder die negativen Auswirkungen bemerkt und daraufhin sich informiert hat. Selbst bei Dauerschuldverhältnissen, in denen der Verbraucher in regelmäßigen Abständen eine Zahlung tätigen muss, wird der Verbraucher die Belastungen innerhalb der Jahresfrist spüren und aktiv tätig werden können.[940]

Eine unbegrenzte Widerrufsfrist kann auch im Verbraucherkreditrecht durch eine Verwirkung beendet werden, wenn der Verbraucher sich missbräuchlich verhält.[941] Dies ist nach Abwägung im Einzelfall zu beurteilen. Dagegen widerspricht es dem Schutzcharakter des Widerrufsrechts, wenn dem Verbraucher eine Abwendungsmöglichkeit des Widerrufsrechts eingeräumt wird, etwa durch Verzicht oder durch die Bereitstellung vergleichbarer Sicherheiten.[942] Abzustellen ist auf den Durchschnittsverbraucher, der in der Regel die gesamte Bedenkzeit für eine selbstbestimmte Entscheidung benötigt. Einzelne Verbraucher, die die Reichweite des Vertrages sofort überblicken und direkt eine informierte und unwiderrufliche Entscheidung treffen könnten, sind bei der Betrachtung außer Acht zu lassen. Der Verbraucher kann anderenfalls die ihm übermittelten Informationen nicht richtig nutzen, sodass dem Informationsdefizit aufgrund der Komplexität des Vertragsgegenstandes nicht entgegengewirkt würde. Die Verbraucherkreditrichtlinie von 2008 folgt diesem Grundsatz, indem sie einen rechtsgeschäftlichen Verzicht oder Verkürzung gem. Art. 22 Abs. 2 VKRL 2008 für unzulässig hält, soweit keine anderweitigen Schutzinstrumente den Verlust des Widerrufsrechts auffangen. Anerkannte anderweitige Schutzinstrumente sind die notarielle Beurkundung und die ‚offre préalable', welche als Ausnahme in Art. 14 Abs. 2 und 6 VKRL 2008

---

938 *Eidenmüller* in Eidenmüller/Faust/Grigoleit/Jansen/Wagner/Zimmermann (Hrsg.), Revision des Verbraucher-*acquis*, 109 (156).

939 *Koch*, JZ 2014, 758 (760); a. A. *Lurger* in Bydlinski/Lurger (Hrsg.), Die Richtlinie über die Rechte der Verbraucher, 53 (74).

940 *Eidenmüller* in Eidenmüller/Faust/Grigoleit/Jansen/Wagner/Zimmermann (Hrsg.), Revision des Verbraucher-*acquis*, 109 (156); a. A. *Mankowski* in Schulze/Schulte-Nölke (Hrsg.), Die Schuldrechtsreform vor dem Hintergrund des Gemeinschaftsrechts, 364, der in der Jahresfrist einen Anreiz für den Unternehmer sieht, Belastungen möglichst aus dem ersten Jahr fernzuhalten. Näher dazu unter § 4 C. II. 2. a. cc.

941 *Duchstein*, NJW 2015, 1409 (1413); *Lang/Schulz*, ZBB 2014, 273 (288).

942 *Reiner*, AcP 203 (2003), 1 (36). Näher dazu unter § 4 C. II. 2. c. aa. und cc.

aufgenommen wurden, um mit nationalen Grundpfeilern des deutschen und französischen Rechts nicht zu kollidieren.

Auch die Verbraucherkreditrichtlinie von 2008 sieht keine Formerfordernisse der Widerrufserklärung vor und übernimmt das Dispatch-Prinzip. Insgesamt ist damit festzuhalten, dass sich die Verbraucherkreditrichtlinie von 2008 in den Bahnen des übrigen Acquis communautaire bewegt.

D. Rechtsfolgen des Widerrufsrechts

Die Rechtsfolgen des Widerrufsrechts waren bis zur Verabschiedung der Verbraucherkreditrichtlinie von 2008 nur ansatzweise geregelt.[943] Um das Ziel eines effektiven Verbraucherschutzinstruments zu erreichen, muss der Verbraucher durch den Widerruf von allen seinen Verbindlichkeiten befreit werden.[944] Dies ist unproblematisch, soweit die Vertragsparteien mit der Erfüllung ihrer Pflichten noch nicht begonnen haben. Sobald die Leistungen erbracht wurden oder damit begonnen wurde, etwa bei Auszahlung der Darlehenssumme, muss der Vertrag rückabgewickelt werden. Die Ausgestaltung der Rückabwicklung ist dabei bislang weitestgehend den Mitgliedstaaten vorbehalten geblieben.[945] Daneben ist fraglich, inwiefern Ersatzleistungen geleistet und Nutzungen herausgegeben werden müssen und wer das Risiko weiterer Kosten des Vertrages zu tragen hat. Dabei ist beispielsweise der Verbleib einer Restschuldversicherung, die der Verbraucher zuzüglich zum Kreditvertrag abgeschlossen hat, zu betrachten.

Im Folgenden sollen die Vorschriften der Verbraucherkreditrichtlinie zur Rückgewähr der erhaltenen Leistungen (I.), zum Wert- und Nutzungsersatz (II.), zu den Kosten der Rückabwicklung (III.) und verbundenen Verträgen (IV.) im Lichte der Regelungen im übrigen Acquis communautaire diskutiert werden. Dabei wird besonderes Augenmerk auf die Zweckmäßigkeit der Rechtsfolgen des Widerrufs gelegt.

I. Rückgewähr der erhaltenen Leistungen

In erster Linie sind die vertraglich bestimmten Leistungen von Unternehmer und Verbraucher zurückzugewähren. Damit der Verbraucher effektiv von der Möglichkeit einer zweiten Entscheidung Gebrauch machen kann, darf ihm aus der Ausübung des Widerrufs kein Nachteil entstehen. Der Verbraucher ist damit

---

943 *Riesenhuber*, System und Prinzipien des Europäischen Vertragsrechts, 331; *Schulze/Zoll*, Europäisches Vertragsrecht, § 3, Rn. 140; *von Vogel*, Verbrauchervertragsrecht und allgemeines Vertragsrecht, 158.

944 *Kammerer*, Harmonisierung des Verbraucherrechts in Europa, 80.

945 Dabei ist eine Rückabwicklung über bereicherungsrechtliche Regeln ebenso wie über die Regeln zum Rücktritt möglich, siehe dazu *Schulze/Zoll*, Europäisches Vertragsrecht, § 3, Rn. 140.

grundsätzlich so zu stellen, als hätte er das Geschäft gar nicht abgeschlossen.[946] Der Unternehmer dagegen hat das begründete Interesse, den Vertragsgegenstand zurückzuerhalten und ggf. einen Ersatz für einen Wertverlust zu bekommen oder eine angemessene Vergütung für seine erbrachte Dienstleistung zu erhalten. Anderenfalls wird er das Risiko finanziell auf die gesamte Nachfragerseite abwälzen. Der Verbraucher wird dadurch mit erhöhten Preisen „bestraft".[947] Demzufolge ist ein Interessenausgleich vorzunehmen, der insbesondere die besondere Vertragsabschlusssituation bzw. das Informationsdefizit oder die Komplexität des Vertrages zu berücksichtigen hat.

1. Verbraucherschützende Richtlinien und Entwurf eines Gemeinsamen Referenzrahmens

Während die frühen verbraucherschützenden Richtlinien die Rechtsfolgen des Widerrufsrechts nur sehr pauschal regelten und im Übrigen den Mitgliedstaaten überließen,[948] wurden die Regelungen zu den Rechtsfolgen des Widerrufsrechts mit der Fernabsatzrichtlinie für Finanzdienstleistungen im Jahr 2002 konkreter. Die Fernabsatzrichtlinie für Finanzdienstleistungen sieht in Art. 7 Abs. 4 FARLF vor, dass der Unternehmer dem Verbraucher den Betrag zurückzahlt, den er vom Verbraucher nach dem Fernabsatzvertrag erhalten hat, abzüglich des Betrags für bereits erbrachte Dienstleistungen. Eine Vergütung für die erbrachte Dienstleistung muss allerdings gem. Art. 7 Abs. 1 S. 2 FARLF nur erbracht werden, wenn der Verbraucher zuvor ausdrücklich zustimmt. Zu beachten ist, dass der Betrag gem. Art. 7 Abs. 1 S. 3 FARLF nicht das Verhältnis zum Gesamtbetrag der vorgesehenen Dienstleistung überschreiten darf und dass er nicht so hoch sein darf, dass er einer Vertragsstrafe gleichkommt. Die Rückerstattung der Leistungen erfolgt in beiden Richtungen binnen 30 Tagen. Dabei hat der Verbraucher in Vorleistung zu treten, da die Frist beim Verbraucher gem. Art. 7 Abs. 5 FARLF mit Absendung und beim Unternehmer gem. Art. 7 Abs. 4 FARLF mit Erhalt der Widerrufserklärung zu laufen beginnt.

Die Timesharing-Richtlinie von 2009 erklärt explizit in Art. 8 Abs. 1 TSRL 2009, dass die Erfüllungspflichten der Vertragsparteien beendet werden. Gem. Art. 8 Abs. 2 TSRL 2009 hat der Verbraucher keinerlei Kosten zu tragen und muss auch keinen Wertersatz für Leistungen zahlen, die vor dem Widerruf erbracht wurden. Ebenso wie die Timesharing-Richtlinie von 2009 regelt der Entwurf eines Gemeinsamen Referenzrahmens in Art. II.–5:105 Abs. 1 DCFR, dass mit Ausübung des Widerrufsrechts die Vertragsbeziehung und die Verpflichtungen nach dem

946 *Riesenhuber*, System und Prinzipien des Europäischen Vertragsrechts, 339.

947 *Eidenmüller* in Eidenmüller/Faust/Grigoleit/Jansen/Wagner/Zimmermann (Hrsg.), Revision des Verbraucher-*acquis*, 109 (138).

948 Grabitz/Hilf/Nettesheim/*Micklitz*, Das Recht der Europäischen Union, Bd. IV, A 2, Art. 4–7, Rn. 80; *Kammerer*, Harmonisierung des Verbraucherrechts in Europa, 82.

Vertrag beendet werden. Hinsichtlich der Rückabwicklung verweist der Entwurf eines Gemeinsamen Referenzrahmens in Art. II.–5:105 Abs. 2 DCFR auf das Recht der Vertragsbeendigung wegen Nichtleistung, das mit einigen Modifikationen zur Geltung kommt. Dies ist eine Gesetzessystematik, die dem deutschen Recht zum Zeitpunkt der Erarbeitung des Entwurfs eines Gemeinsamen Referenzrahmens entstammt. Nach § 357 Abs. 1 BGB a. F. hat sich das Widerrufsrecht zunächst mit gewissen dem Widerrufsrecht immanenten Abweichungen am Rücktrittsrecht orientiert.[949] Mit Umsetzung der Verbraucherrechterichtlinie ist der Verweis in § 357 Abs. 1 BGB auf das Rücktrittsrecht (§§ 346 ff. BGB) entfallen.[950] In §§ 357 ff. BGB finden sich nun eigenständige Vorschriften zur Rückabwicklung nach Widerruf, die als abschließend zu betrachten sind.[951] Geldzahlungen des Verbrauchers müssen – wie bereits in den Richtlinien bestimmt – auch nach Art. II.–5:105 Abs. 3 DCFR innerhalb von 30 Tagen an den Verbraucher zurückgezahlt werden.

Noch konkreter regelt die Verbraucherrechterichtlinie die Wirkung des Widerrufs. Die Verbraucherrechterichtlinie bestimmt in Art. 12 VRRL, dass die Verpflichtungen zur Erfüllung des Vertrags oder in Fällen, in denen der Verbraucher ein Angebot zum Abschluss eines Vertrags abgegeben hat, mit Ausübung des Widerrufs enden. Dem Wortlaut nach hat der Widerruf damit eine Ex-nunc-Wirkung.[952] Unklar bleibt, ob mit Widerruf die Vertragsbeziehung als Ganze endet oder ob sie unter veränderten Vorzeichen weiterbesteht.[953] Die Vorschriften der Verbraucherrechterichtlinie deuten auf Letzteres. Zum einen übernimmt die Verbraucherrechterichtlinie nicht die Formulierung aus dem Entwurf eines Gemeinsamen Referenzrahmens, nach dem gem. Art. II.–5:105 Abs. 1 DCFR ausdrücklich auch die Vertragsbeziehung endet. Zum anderen kann systematisch aus der Gesamtschau mit Art. 13 und 14 VRRL gefolgert werden, dass lediglich die Pflichten der Vertragsparteien ausgewechselt werden. Nach Art. 12 VRRL enden die Erfüllungspflichten. Die Art. 13 und 14 VRRL sehen bereits laut Überschrift neue Pflichten bzw. Verpflichtungen im Widerrufsfall vor. Der Unternehmer wird gem. Art. 13 VRRL verpflichtet, die Zahlungen, die der Verbraucher geleistet hat unverzüglich, spätestens binnen 14 Tagen, zurückzugewähren, wobei ihm bis zum Erhalt der Ware bzw. bis zum Nachweis der Rücksendung ein Zurückbehaltungsrecht zusteht.[954] Der Verbraucher muss im Gegenzug gem. Art. 14 Abs. 1 VRRL die Ware

949 MüKo/*Fritsche*, § 355, Rn. 2; Palandt/*Grüneberg*, § 355, Rn. 12.

950 *Piekenbrock/Rodi*, WM 2015, 1085 (1086).

951 Palandt/*Grüneberg*, § 355, Rn. 12.

952 So für Art. 43 GEKR, *Weller* in Schmidt-Kessel (Hrsg.), Ein einheitliches europäisches Kaufrecht?, 164.

953 Für dieselbe Frage im Kommissionsvorschlag über ein Gemeinsames Europäisches Kaufrecht Schulze/*Schulze*, CESL, Art. 43, Rn. 6.

954 Zum Entwurf der Verbraucherrechterichtlinie *Effer-Uhe/Watson*, GPR 2009, 7 (12); *Schauer* in Jud/Wendehorst (Hrsg.), Neuordnung des Verbraucherprivatrechts in Europa, 114, der im Abweichen vom Zug-um-Zug-Prinzip eine Benachteiligung des Verbrauchers sieht.

unverzüglich, spätestens nach 14 Tagen ab Mitteilung des Widerrufsrechts, dem Unternehmer zurücksenden.

Diese zeitliche Verkürzung der Vertragsrückabwicklung ist für Haustürgeschäfte und alltägliche Geschäfte im Fernabsatz zu begrüßen, da solche Geschäfte nicht die Existenz bedrohen. 14 Tage ist eine ausreichend lange Frist für die Tätigung einer Überweisung oder die Rücksendung von Ware, zumal auch diesbezüglich das Dispatch-Prinzip gilt.[955] Zudem führt die Regelung dazu, dass sich die Rückabwicklung beschleunigt, wodurch beide Parteien schneller Rechtssicherheit erlangen. Das Zurückbehaltungsrecht des Unternehmers ist dem Umstand geschuldet, dass der Unternehmer wegen der Ware, die sich stets zu verschlechtern droht, besonders schutzbedürftig ist. Die Rückabwicklung soll den Status quo ante wiederherstellen, sodass der Unternehmer seine Ware möglichst unbeschädigt zurückerhalten soll. Das Risiko, nach der Rücksendung kein Druckmittel für die Kaufpreisrückzahlung durch den Unternehmer mehr zu haben, wird in angemessener Weise dadurch reduziert, dass der Verbraucher bereits mit dem Nachweis der Rücksendung der Ware das Zurückbehaltungsrecht abwenden kann.[956]

Es ist festzuhalten, dass sich mittlerweile im Hinblick auf die Rechtsfolgen des Widerrufs ein gemeinsamer europäischer Nenner gebildet hat. Mit Ausübung des Widerrufsrechts erlöschen die vertraglichen Verpflichtungen. Dies führt dazu, dass die Leistungen von Unternehmer und Verbraucher innerhalb einer Frist von höchstens 30 Tagen zurückzugewähren sind. Dabei wird die Frist an das Versenden bzw. an den Erhalt der Widerrufserklärung geknüpft.

2. Einordnung der Verbraucherkreditrichtlinie 2008/48/EG

Auch nach der Verbraucherkreditrichtlinie von 2008 enden die Verpflichtungen mit Ausübung des Widerrufsrechts. Der Verbraucher hat dem Kreditgeber gem. Art. 14 Abs. 3 b) VKRL 2008 das Darlehen unverzüglich, spätestens jedoch innerhalb einer Frist von 30 Tagen nach Absenden der Widerrufserklärung einschließlich der Zinsen, die ab Inanspruchnahme des Darlehens bis zur Rückzahlung aufgelaufen sind, zurückzuzahlen.[957] Die Verbraucherkreditrichtlinie von 2008 folgt demnach dem Schema, welches aus den übrigen verbraucherschützenden Richtlinien und dem Entwurf eines Gemeinsamen Referenzrahmens bekannt ist. Dabei wickelt sie das Kreditverhältnis ex nunc ab. Der Unternehmer erlässt die weitere Ratenzahlung und erhält dafür die Kreditsumme zurück.

Dieser Mechanismus stellt den Verbraucher im Verbraucherkredit vor eine große Herausforderung. Im Normalfall wird der Verbraucher das Darlehen direkt nach Erhalt sofort für die Finanzierung eines ihm bedeutenden Gegenstandes

955 Zur selben Frage im Vorschlag über ein Gemeinsames Europäisches Kaufrecht *Weller* in Schmidt-Kessel (Hrsg.), Ein einheitliches europäisches Kaufrecht?, 166.
956 *Unger*, ZEuP 2012, 270 (290 f.).
957 *Rott* in Reich/Micklitz/Rott/Tonner (Hrsg.), European Consumer Law, 197 (224).

verbrauchen. Er wird die lang ersehnte Reise machen, sich Luxusgüter anschaffen oder sich beruflich weiterentwickeln und seine Existenz sichern. Jedenfalls wird bei Ausübung des Widerrufsrechts das Geld nicht mehr in seinem Besitz sein. Anstelle einer Ratenzahlung muss er jedoch bei Ausübung des Widerrufsrechts das aufgenommene Darlehen sofort in vollem Umfang zurückzahlen. Er wird also ein neues Darlehen aufnehmen müssen und steht wieder an dem Punkt, sich erneut informieren zu müssen, welche Konditionen für ihn am besten geeignet sind, um dann eine Entscheidung zu treffen, die er wiederum für 14 Tage überdenken kann. Neben einer gewissen emotionalen Hürde, die er bei der Entscheidung des Rückgängigmachens des ersten Kreditvertrags und der damit einhergehenden aktiven Geltendmachung des Widerrufsrechts als Gestaltungsrecht empfindet,[958] sieht er sich zusätzlich zu einer weiteren Auseinandersetzung mit der Finanzierung des erfüllten Wunsches konfrontiert. Emotional gesehen birgt die Entscheidung, den Vertrag zu widerrufen, um eine andere Finanzierungsmöglichkeit einzugehen, Scham, Versagensängste und eine Überforderung in sich. Dies stellt die Zweckmäßigkeit des Widerrufsrechts bei Kreditverträgen allgemein infrage.

Dogmatisch muss diesbezüglich aber festgehalten werden, dass das Widerrufsrecht nicht vor der Entscheidung schützt, sich einen Wunsch zu erfüllen, für den man nicht über die nötigen Barmittel verfügt. Der Verbraucher kann und soll frei entscheiden, ob er sich diesen Wunsch erfüllt und einer Finanzierung zustimmt oder nicht. Das Widerrufsrecht setzt erst später an, wenn der Verbraucher sich für den Wunsch entschieden und eine Finanzierung ausgewählt hat. Es eröffnet dem Verbraucher die Möglichkeit, sich ohne Angabe von Gründen von dem Vertrag zu lösen und einen anderen einzugehen. Ziel ist es, die Informationen nach Vertragsabschluss zu verarbeiten und eine überdachte Entscheidung zu treffen.[959] Die Tatsache, dass sich Zweifel an der „Richtigkeit" der Vertragsentscheidung erst nach Ablauf der Widerrufsfrist zeigen können,[960] kann vom Schutzzweck des Widerrufsrechts im Rahmen der europäischen Verbraucherschutzkonzeption nicht umfasst sein. Danach dient das Widerrufsrecht allein dazu, die aufgrund der Komplexität des Vertragsgegenstandes erhaltenen Informationen zu verinnerlichen.[961] Ein Schutz vor jeglichen Bedenken, die sich im Laufe des Kreditvertrags ergeben, wäre zu paternalistisch und würde den Unternehmer in unangemessener Weise benachteiligen. Ausgangspunkt des Widerrufsrechts ist es, ein Informationsgleichgewicht zum Zeitpunkt des Vertragsschlusses herzustellen. Nachteile, die während

---

958 *Kroll-Ludwigs*, ZEuP 2010, 509 (521).

959 *Von Vogel*, Verbrauchervertragsrecht und allgemeines Vertragsrecht, 153; *Gessner*, Widerrufsrecht und Widerrufsbelehrung im deutschen und europäischen Verbraucherrecht, 11.

960 *Riesenhuber*, System und Prinzipien des Europäischen Vertragsrechts, 330; *Kroll-Ludwigs*, ZEuP 2010, 509 (520).

961 *Schulze/Zoll*, Europäisches Vertragsrecht, § 3, Rn. 123; *Loos* in Howells/Schulze (Hrsg.), Modernising and Harmonising Consumer Contract Law, 249.

der Kreditlaufzeit zutage kommen und auf einem Informationsungleichgewicht bei Vertragsschluss basieren, müssen durch ergänzende Schutzinstrumente ausgeglichen werden. Bei Nichtbelehrung über das Widerrufsrecht könnte etwa über einen Schadensersatzanspruch wegen Verletzung der Informationspflichten nachgedacht werden, wenn das Widerrufsrecht nicht noch deswegen besteht, weil die Widerrufsfrist noch nicht in Gang gesetzt wurde.[962]

II. Wert- und Nutzungsersatz

Die empfangene Leistung des Unternehmers kann so beschaffen sein, dass sie in Natur so nicht zurückgewährt werden kann oder bei Widerruf bereits einen gewissen Wert verloren hat. Darüber hinaus kann der Gegenstand während der Widerrufsfrist beim Verbraucher untergegangen sein oder sich stark verschlechtert haben. In diesen Fällen kann der Verbraucher den Vertragsgegenstand nicht in der Beschaffenheit zurückgegeben, wie er sie vom Unternehmer bekommen hat. Davon zu unterscheiden sind Nutzungen, die dem Verbraucher in Form von Gebrauchsvorteilen in der Zeit vor Ausübung des Widerrufsrechts zugutekommen. Der Wertersatz wegen Verschlechterung ist daher streng vom Nutzungsersatz zu trennen.[963]

Im Kreditrecht kann das Darlehen regelmäßig nicht in Natur zurückgewährt werden, weil das Geld verbraucht ist.[964] Die Rückzahlung des Darlehens ist damit als Wertersatzleistung anzusehen.[965] Darüber hinaus fallen Zinsen an, die der Verbraucher im Falle eines Widerrufs zurückzuzahlen hat. Es stellt sich die Frage, wie die Wertersatzpflicht des Verbrauchers bei Widerruf des Verbraucherkredits mit dem Grundsatz des kostenfreien Widerrufsrechts im europäischen Vertragsrecht im Einklang steht. In den übrigen verbraucherschützenden Richtlinien und in der Rechtsprechung des EuGHs ist die Entwicklung einer einheitlichen Regelung erkennbar.

1. Entwicklung des Grundsatzes der kostenfreien Widerrufsrechtsausübung

Die Haustürgeschäfterichtlinie sah kein Sanktionsverbot vor, sondern überließ die Regelung der Rechtsfolgen des Widerrufsrechts nach Art. 7 HGRL den Mitgliedstaaten. Die Mitgliedstaaten konnten demnach ohne Weiteres Wert- und Nutzungsersatzregelungen treffen oder aufrechterhalten.[966] Dagegen hat die

962 Siehe unter § 4 C. II. 2. a. cc.
963 *Unger*, ZEuP 2012, 270 (293).
964 MüKo/*Fritsche*, § 357, Rn. 38.
965 Artz/Bülow/*Bülow*, Verbraucherkreditrecht, § 495, Rn. 196.
966 *Rott*, Die Umsetzung der Haustürwiderrufsrichtlinie in den Mitgliedstaaten, 130; *Reich/Micklitz*, Europäisches Verbraucherrecht, 563; a. A. *Grundmann*, Europäisches Schuldvertragsrecht, 2.01, 17.

Fernabsatzrichtlinie in Art. 6 Abs. 1 FARL bestimmt, dass ein Verbraucher den Vertragsabschluss ohne Strafzahlung widerrufen kann und ihm nur die unmittelbaren Kosten der Rücksendung der Waren auferlegt werden können. Auch nach Art. 6 Abs. 1 FARLF soll der Verbraucher den Vertrag widerrufen können, ohne eine Vertragsstrafe zahlen zu müssen. Die Timesharing-Richtlinie und die Verbraucherrechterichtlinie greifen die Begrifflichkeit der Kostenfreiheit in Art. 8 Abs. 2 TSRL 2009 und Art. 14 Abs. 1 UAbs. 2 VRRL auf.

Fraglich ist, wie der Begriff der *Kosten* auszulegen ist. Der Begriff der Kosten wird in der deutschen Rechtstradition oftmals eng ausgelegt. Mit Kosten werden in der Regel Verwaltungs- oder Bankgebühren bzw. Transportkosten, und nicht Ersatzleistungen, assoziiert.[967] Das Zugrundelegen dieses engen Begriffsverständnisses würde dazu führen, dass Verschlechterungen und Gebrauchsvorteile nicht unter die Kostenfreiheit fielen und vom Unternehmer als Ersatzleistung herausverlangt werden dürften. Allerdings ist zu beachten, dass Begriffe des europäischen Sekundärrechts autonom auszulegen sind und nicht nach nationalem Verständnis Anwendung finden.[968] Der Begriff der Kosten ist demnach *europäisch* nach Wortlaut, Historie, Systematik und Sinn und Zweck auszulegen.

Anhand des Wortlauts allein kann nicht bestimmt werden, ob Ersatzleistungen von dem Begriff der Kosten umfasst sind und daher vom Unternehmer nicht verlangt werden dürfen. Auch die Historie kann die Frage nicht eindeutig klären. Die Kommission schlug in ihren Entwürfen der Fernabsatzrichtlinie vor, dass die Rückerstattungskosten die einzigen Kosten sind, die der Verbraucher zu tragen hat.[969] Dem Rat führte diese Besserstellung des Verbrauchers zu weit und er strich die Erleichterung.[970] Das Europäische Parlament bestand jedoch auf die Wiederaufnahme des Passus der Kostenfreiheit. Die Uneinigkeit zwischen Kommission und Parlament auf der einen Seite und dem Rat auf der anderen deutet darauf hin, dass es bei dem Begriff der Kosten um mehr gehen muss als um Bearbeitungs-, Verwaltungs- oder Transportgebühren. Allerdings geben weder Wortlaut noch Historie bei der Frage nach der Reichweite des Kostenbegriffs abschließend Aufschluss.

Fraglich ist, ob die Systematik einen Anhaltspunkt geben kann. *Kammerer* folgert aus der Systematik von Art. 6 Abs. 1 S. 2 und Art. 6 Abs. 2 S. 2 FARL, dass

---

967 *Schinkels*, ZGS 2005, 179 (179).

968 *Franzen*, Privatrechtsangleichung durch die Europäische Gemeinschaft, 475 f.; *Heiderhoff*, Europäisches Privatrecht, § 4, Rn. 111.

969 Vorschlag für eine Richtlinie des Rates über den Verbraucherschutz bei Vertragsabschlüssen im Fernabsatz, KOM(1992) 11 endg. vom 20. Mai 1992, ABl. EG Nr. C 156 vom 23. Juni 1992, S. 14; Geänderter Vorschlag für eine Richtlinie des Rates über den Verbraucherschutz bei Vertragsabschlüssen im Fernabsatz, KOM(1993), 369 endg. vom 7. Oktober 1993, ABl. EG Nr. C 308 vom 15. November 1993, S. 18.

970 Gemeinsamer Standpunkt (EG) Nr. 19/95 vom Rat festgelegt am 29. Juni 1995 im Hinblick auf den Erlaß der Richtlinie 95/.../EG des Europäischen Parlaments und des Rates vom ... über den Verbraucherschutz bei Vertragsabschlüssen im Fernabsatz, ABl. EG Nr. C 288 vom 30. Oktober 1995, S 1.

Art. 6 Abs. 1 S. 2 FARL auch sonstige nicht mit der Rückabwicklung des Vertrags im Zusammenhang stehende Kosten umfasse.[971] Art. 6 Abs. 1 S. 2 FARL müsse gegenüber Abs. 2 S. 1 und 2 einen eigenen Anwendungsbereich haben. Ansonsten stelle die Doppelung eine überflüssige Wiederholung dar. Dagegen lässt sich jedoch anführen, dass die Doppelung auch darauf beruhen kann, dass Art. 6 Abs. 1 FARL die Pflichten des Verbrauchers und Art. 6 Abs. 2 FARL die Pflichten des Unternehmers regelt und damit zwei unterschiedliche Regelungsbereiche betroffen sind. Die Systematik des Art. 6 FARL liefert folglich auch keine Lösung.

Die Reichweite des Kostenbegriffs ist demnach nach dem Sinn und Zweck zu bestimmen. Ziel der Befreiung von der Kostentragung ist, dass dem Verbraucher eine Überlegungsfrist eingeräumt wird, ohne dass ihn finanzielle Nachteile treffen, die ihn von der Ausübung seines Rechts abhalten würden.[972] In dieser Zeit soll der Verbraucher die ihm erteilten Informationen verarbeiten – im Fernabsatz umfasst dies auch, die Ware in Augenschein zu nehmen und zu testen.[973] Wenn der Verbraucher jedoch im Anschluss dessen stets Nutzungsersatz zahlen müsste, würde dies dazu führen, dass er von einer eingehenden Prüfung Abstand nimmt und das Widerrufsrecht nicht ausübt. Dadurch würde die Wirksamkeit des Widerrufsrechts beeinträchtigt.[974] Der Nutzungsersatz würde den Verbraucher daher von der Ausübung des Widerrufsrechts abhalten.[975]

Für den Kostenbegriff in der Fernabsatzrichtlinie heißt dies, dass Kosten auch Wert-, Schadens- und Nutzungsersatz einschließen, die im Rahmen der Überlegungen und der Entscheidungsfindung notwendigerweise entstanden sind.[976]

Die Verbraucherrechterichtlinie hat in Art. 14 Abs. 2 VRRL die Wertersatzpflicht geregelt. Danach haftet der Verbraucher nur für den Wertverlust, der auf einen zur Prüfung der Ware nicht notwendigen Umgang zurückzuführen ist. Dies bestätigt die Auslegung des Art. 6 Abs. 1 FARL, da die Regelung den zur Prüfung erforderliche Gebrauch der Ware schützt und jedweden Umgang, der darüber hinausgeht, als Folge eines Interessenausgleichs zwischen Unternehmer und Verbraucher unter Wertersatz stellt.[977]

Aus ähnlichen Gründen sind auch in der Timesharing-Richtlinie von 2009 die Nutzungen gem. Art. 8 Abs. 2 TSRL 2009 nicht herauszugeben. Auch wenn das

971 *Kammerer*, Harmonisierung des Verbraucherrechts in Europa, 102.

972 Erwägungsgrund 47 der Verbraucherrechterichtlinie; *Rünz*, Verbraucherschutz im Fernabsatz, 145.

973 *Fuchs*, ZIP 2000, 1273 (1280); *Gessner*, Widerrufsrecht und Widerrufsbelehrung im deutschen und europäischen Verbraucherrecht, 219.

974 *Micklitz/Reich*, BB 1999, 2093 (2095).

975 *Brüggemeier/Reich*, BB 2001, 213 (219).

976 *Grundmann*, Europäisches Schuldvertragsrecht, 2.02, 20; *Micklitz/Reich*, BB 1999, 2093 (2095); *Tonner*, BB 2000, 1413 (1416); *Brüggemeier/Reich*, BB 2001, 213 (219); a. A. *Fuchs*, ZIP 2000, 1273 (1285), *Meents*, Rechtsgeschäfte im Internet, 205; *Pützhoven*, Europäischer Verbraucherschutz im Fernabsatz, 82; *Roth*, JZ 2000, 1013 (1019).

977 *Koch*, JZ 2014, 758 (763).

Widerrufsrecht im Timesharing aufgrund der Komplexität des Vertrags und nicht wegen eines Informationsdefizits gerechtfertigt ist, so ist eine Wert- oder Nutzungsersatzpflicht nach der soeben betrachteten Wertung nur dann angemessen, wenn der Verbraucher das Erlangte über den üblichen Gebrauch nutzt.[978] Selbst wenn ein Verbraucher nach seiner Entscheidung, den Vertrag zu widerrufen, die Unterkunft weiter nutzt, ist zu berücksichtigen, dass im Timesharing anderenfalls weitere Kosten wie z.B. Kosten für Flüge oder Ersatzunterkünfte anfallen, die ihn – wie Strafzahlungen – von der Ausübung des Widerrufsrechts abhalten können.

Eine ähnliche Wertung liegt der Fernabsatzrichtlinie für Finanzdienstleistungen zugrunde. Nach Art. 6 Abs. 1 FARLF muss ein Verbraucher einen Vertrag widerrufen können, ohne eine Vertragsstrafe zahlen zu müssen. Wäre die Konsequenz bei Ausübung des Widerrufsrechts, dass der Verbraucher neben der Dienstleistung noch für die Gebrauchsvorteile aufkommen müsste, käme diese Zahlung einer Bestrafung gleich.

2. Vorgaben des EuGHs

Mit der Frage nach der Vereinbarkeit von Wert- und Nutzungsersatz mit dem europäischen Vertragsrecht hat sich der EuGH in zwei unterschiedlichen Fällen auseinandergesetzt.

Am 17. April 2008 hat er in dem sog. Quelle-Urteil entschieden, dass ein Ersatzanspruch der im Falle der Nacherfüllung durch Neulieferung gezogenen Nutzungen nicht mit der Verbrauchsgüterkaufrichtlinie vereinbar ist.[979] Als Begründung gibt der EuGH an, dass Art. 3 Abs. 2 VGKRL für den Verbraucher einen Anspruch auf unentgeltliche Nacherfüllung vorsieht. Durch die Unentgeltlichkeit soll der Verbraucher vor drohenden finanziellen Belastungen geschützt werden, sodass jede finanzielle Forderung des Verkäufers im Rahmen der Erfüllung seiner Verpflichtung zur Herstellung des vertragsmäßigen Zustands des Verbrauchsguts ausgeschlossen sei.[980] Gerechtfertigt wird diese Auslegung mit dem Ziel der Richtlinie, ein hohes Verbraucherschutzniveau zu erreichen. Der Verbraucher habe im Gegensatz zum Unternehmer seine vertraglichen Verpflichtungen ordnungsgemäß erfüllt, sodass der Unternehmer die Folgen seiner Schlechtleistung zu tragen habe. Der EuGH hat folglich in seinem *Quelle*-Urteil eine weite Auslegung des Merkmals der Unentgeltlichkeit gewählt und dem Ersatz von Nutzungen eine Abfuhr erteilt.[981] Fraglich bleibt, ob diese Wertung des EuGHs zur Neulieferung im Gewährleistungsrecht auf das Widerrufsrecht übertragbar ist.

---

978 *Von Vogel*, Verbrauchervertragsrecht und allgemeines Vertragsrecht, 161, der hinsichtlich einer Ersatzpflicht nach der Zurechenbarkeit differenziert.

979 EuGH, Urteil vom 17.04.2008, Rs. C-404/06 – Quelle, Slg. 2008 I-2685.

980 EuGH, Urteil vom 17.04.2008, Rs. C-404/06 – Quelle, Slg. 2008 I-2685, Rn. 34; kritisch *Herresthal*, NJW 2008, 2475 (2476).

981 EuGH, Urteil vom 17.04.2008, Rs. C-404/06 – Quelle, Slg. 2008 I-2685; vgl. *Fischinger*, EuZW 2008, 310 (313); *Herresthal*, NJW 2008, 2475 (2476).

In der Tat gibt es einige Überlegungen zum Nacherfüllungsanspruch, die auf die Widerrufssituation übertragbar sind. Das Widerrufsrecht hat sich wie die Nacherfüllung zu einem zentralen Instrument für die Gewährleistung eines hohen Verbraucherschutzniveaus entwickelt. Dieses hohe Niveau kann jedoch nur erreicht werden, wenn der Verbraucher die Möglichkeit erhält, das Schutzinstrument effektiv auszuüben, mit anderen Worten: wenn das Widerrufsrecht nicht nur ein rein formales Recht ist.[982] Wenn der Verbraucher allerdings mit einem Wert- oder Nutzungsersatzanspruch beschwert würde, könnte dies dazu führen, dass er von der Ausübung des Widerrufsrechts Abstand nimmt. Er wird regelmäßig die Reichweite und die Höhe des Ersatzanspruches nicht überblicken können.[983]

Dennoch ist hier die Nacherfüllungssituation streng von der Widerrufssituation zu unterscheiden. Im Fall der Nacherfüllung wird der Vertrag nicht rückabgewickelt. Vielmehr erfüllt der Verkäufer verspätet seine vertragsgemäße Leistung. Folglich sind im Wesentlichen zwei Unterschiede zu vermerken. Zum einen werden die gegenseitig erbrachten Leistungen nicht zurückgewährt. Der Unternehmer behält die Leistung des Verbrauchers und damit auch die Nutzungen, etwa in Form von Zinsen.[984] Zum anderen liefert der Unternehmer im Fall der Nacherfüllung eine mangelhafte Sache. Der Nacherfüllungsanspruch dient dazu, dem Verbraucher nachträglich eine vertragsgemäße Sache zu gewähren. Es ist daher nicht einzusehen, warum den Verbraucher finanzielle Einbußen treffen sollen. Zudem musste der Verbraucher davon ausgehen, dass er von Anfang an die Sache wie ein Eigentümer nutzen kann.

Im Gegensatz dazu werden bei einem Widerruf die Leistungen beider Parteien zurückgewährt. Darüber hinaus ist dem Unternehmer kein Vorwurf zu machen. Er hat ordnungsgemäß seine Leistung aus dem Vertrag erfüllt.[985] Dem Verbraucher wird vielmehr wegen einer Unterlegenheit, die aus der Vertragsabschlusssituation oder der Komplexität des Vertragsgegenstandes resultiert, die Möglichkeit eines Widerrufsrechts gegeben, das ohne Angabe eines Grundes ausgeübt werden kann, um die Entscheidung über den Vertragsabschluss noch einmal zu überdenken. Dazu darf der Verbraucher die Sache nicht über eine Prüfung hinausgehend benutzen. Nach einer Prüfung der Ware muss er entscheiden, ob er sie behalten und damit uneingeschränkt nutzen oder ob er sie lieber zurückschicken möchte. Im letzten Fall muss er einen weiteren Gebrauch der Ware unterlassen. Der Verbraucher hat es damit selbst in der Hand, eine etwaige Ersatzpflicht zu vermeiden. Die Entscheidung des EuGHs ist demnach nicht auf das Widerrufsrecht übertragbar.

---

982 *Höhne*, Das Widerrufsrecht bei Kaufverträgen im Spannungsverhältnis von Opportunismus und Effektivität, 23; *Rünz*, Verbraucherschutz im Fernabsatz, 145.

983 *Gsell*, NJW 2003, 1969 (1971).

984 *Gsell*, NJW 2003, 1969 (1970); *Fest*, NJW 2005, 2959 (2960).

985 Zur Abgrenzung der Ausgangslage *Buchmann*, K&R 2008, 505 (507 f.).

In seiner zweiten Entscheidung ging es um die Frage nach der generellen Auferlegung von Wertersatz bei fristgerechter Ausübung des Widerrufsrechts.[986] Im Fall *Messner*[987] kam es acht Monate nach einem Kauf eines gebrauchten Notebooks über das Internet zum Preis von 278 Euro zu einem Defekt des Displays. Nachdem der Unternehmer eine kostenlose Beseitigung des Defekts ablehnte, widerrief die Verbraucherin den Kaufvertrag elf Monate nach dem Kauf. Der Widerruf erfolgte mangels ordnungsgemäßer Widerrufsbelehrung fristgerecht. Der Unternehmer verlangte daraufhin Wertersatz für die Nutzung des Laptops während der acht Monate in Höhe von 316,80 Euro. Der EuGH versagte in der *Messner*-Entscheidung eine *generelle* Auferlegung eines Wertersatzes für die Nutzung der gekauften Ware.[988]

Maßgeblich dafür sei der Sinn und Zweck des Widerrufsrechts. Der Verbraucher erhalte die Möglichkeit des Widerrufsrechts, um sich vor der besonderen Vertragsabschlusssituation im Fernabsatz zu schützen. Der Verbraucher könne bei Vertragsschluss die Ware nicht sehen oder ihre Eigenschaften prüfen. Daher werde ihm nachträglich eine Bedenkzeit eingeräumt, in der er dies nachholen und sich bei Unzufriedenheit noch von dem Vertrag lösen könne. Wäre die Ausübung mit Kosten verbunden, würde er von der Möglichkeit Abstand nehmen und das Widerrufsrecht würde als bloß formales Recht ins Leere laufen. Die pauschalierte Auferlegung von Wertersatz für die Nutzung der Sache sei folglich mit der Ratio der Fernabsatzrichtlinie nicht vereinbar.[989]

Der EuGH legt den Begriff der Kosten zur Sicherstellung der Zweckmäßigkeit des Widerrufsrechts demnach weit aus und zieht alle finanziellen Belastungen unter den Kostenbegriff, die *kausal* auf die Ausübung des Widerrufsrechts zurückzuführen sind.[990] In seinem zweiten Leitsatz macht der EuGH deutlich, dass die Fernabsatzrichtlinie keinen generellen Wertersatz zulässt. Sie schließt aber nicht eine Wertersatzpflicht für die Benutzung der Ware aus, die nach der Art und Weise des Gebrauchs nicht mit den Grundsätzen des bürgerlichen Rechts, wie Treu und Glauben, vereinbar sind. Diese Wertersatzverpflichtung müsse allerdings mit der Zielsetzung der Richtlinie und insbesondere mit der Wirksamkeit und der Effektivität des Widerrufsrechts im Einklang stehen.

---

986 AG Lahr, Beschluss vom 26. Oktober 2007 – 5 C 138/07; dazu *Schirmbacher*, BB 2008, 694 (694).

987 EuGH, Urteil v. 3. September 2009, Rs. C-489/07 – Messner, Slg. 2009, I-00000.

988 EuGH, Urteil v. 3. September 2009, Rs. C-489/07 – Messner, Slg. 2009, I-00000, Rn. 23, 24; *Özfirat-Skubinn*, NJOZ 2010, 2006 (2007); *Ballhausen*, K&R 2009, 703 (703 ff.). Zur Umsetzung der Messner-Entscheidung ins deutsche Recht *Wendehorst*, NJW 2011, 2551 (2552 ff.).

989 *Ebers*, Rechte, Rechtsbehelfe und Sanktionen im Unionsprivatrecht, 871; *Özfirat-Skubinn*, NJOZ 2010, 2006 (2007).

990 *Özfirat-Skubinn*, NJOZ 2010, 2006 (2007).

Die Frage nach dem Wertersatz muss demnach differenziert betrachtet werden. Der Fernabsatzkäufer wird die Ware zunächst prüfen, worunter ein *Ansehen* und *Ausprobieren* zu verstehen ist.[991] Nachdem er die Ware zum ersten Mal entsprechend ihres Verwendungszwecks benutzt, gelangt der Verbraucher von der schlichten Prüfungsphase in die Ingebrauchnahmephase. Tatsächlicher Gebrauch liegt danach vor, wenn der Verbraucher nach Ingebrauchnahme die Nutzung fortsetzt und Eigenschaften oder Funktionen einer Sache mehrfach benutzt.[992] Die Kategorien können je nach Ware ineinander übergehen. Bei einer Zeitschrift wird man ein kurzes Durchblättern zur Prüfung und Ingebrauchnahme ausreichen lassen, wohingegen eine Kamera sämtliches Ausprobieren der Funktionen erfordert.[993] Daher ist im konkreten Fall zu entscheiden, ob die Art der Benutzung zum Zwecke der Ausübung des Widerrufs erforderlich ist oder den dafür benötigten Rahmen übersteigt.[994] Dabei sind die Natur der Ware und die Länge des Zeitraums zwischen Erhalt der Ware und Erklärung des Widerrufs zu berücksichtigen.[995]

Entscheidend ist, dass die Wertersatzpflicht die Wirksamkeit und die Effektivität des Widerrufsrechts unberührt lässt. Dies ist insbesondere dann nicht der Fall, wenn der Verbraucher in der Widerrufsbelehrung nicht oder nur mangelhaft auf die Voraussetzungen des Wertersatzes hingewiesen wird und die Höhe des Wertersatzes nicht im Verhältnis zum Kaufpreis steht.[996] Für die Effektivität des Widerrufsrechts ist es unerlässlich, dass der Unternehmer den Verbraucher über sein Widerrufsrecht ausreichend informiert, da anzunehmen ist, dass das Informationsdefizit auch die Kenntnisse über das Bestehen eines Widerrufsrechts, die Widerrufsfrist, Name und Adresse des Widerrufsempfängers sowie die Art und Weise der Ausübung des Widerrufsrechts umfasst.[997] Sowohl die Fernabsatzrichtlinie für Finanzdienstleistungen (in Art. 3 Nr. 3 lit. a) FARLF) und die Timesharing-Richtlinie (in Art. 5 Abs. 4 UAbs. 1, 3 TSRL 2009) als auch die Verbraucherrechterichtlinie (in Art. 6 Abs. 1 lit. h) VRRL) sehen eine Unterrichtung über die Basisinformationen, nicht aber über die Widerrufsrechtsfolgen vor. Allerdings ist nur dann sichergestellt, dass der Verbraucher die Widerrufsfrist effektiv nutzen und die Folgen der Ausübung des Widerrufsrechts und der Beibehaltung des Vertrags

---

991 *Lapp*, jurisPR-ITR 19/2009, Anm. 2.

992 *Ballhausen*, K&R 2009, 703 (705).

993 *Faust*, JuS 2009, 1049 (1051); der bei einer Differenzierung zwischen Prüfung und Ingebrauchnahme einerseits und Gebrauch andererseits zu große Abgrenzungsschwierigkeiten sieht. Ablehnend auch *Trstenjak*, GA Trstenjak, Schlussanträge v. 18. Februar 2009, Rs. C-489/07 – Messner, Slg. 2009, I-00000, Rn. 85, die wegen der Unsicherheit der Grenzziehung eine Ablehnung des Nutzungsersatzes insgesamt befürwortet.

994 *Özfirat-Skubinn*, NJOZ 2010, 2006 (2007).

995 EuGH, Urteil v. 3. September 2009, Rs. C-489/07 – Messner, Slg. 2009, I-00000, Rn. 28.

996 *Ballhausen*, K&R 2009, 703 (706), *Hähnchen*, ZJS 2009, 736 (737); *Özfirat-Skubinn*, NJOZ 2010, 2006 (2009).

997 *Schulze/Zoll*, Europäisches Vertragsrecht, § 3, Rn. 138.

gegeneinander abwägen kann, wenn der Verbraucher ausreichend über die Modalitäten der Ausübung und die daraus resultierenden Rechtsfolgen belehrt wurde. Weiß der Verbraucher nicht, dass der Gebrauch der Sache über das reine Testen hinaus Wertersatzansprüche auslösen können, wird er die Sache u. U. weiter nutzen und würde sich wertersatzpflichtig machen, obwohl er dies hätte vermeiden können. Die Bedenkzeit des Widerrufsrechts verliert an Effektivität, da der Verbraucher nicht alle wesentlichen Informationen in seine Entscheidung einfließen lassen konnte.[998]

3. Entwurf eines Gemeinsamen Referenzrahmens und Verbraucherrechterichtlinie

Der Entwurf eines Gemeinsamen Referenzrahmens greift die Vorgaben der Entscheidung *Messner*[999] des EuGHs auf und regelt in Art. II.–5:105 Abs. 5 ausdrücklich, dass der Verbraucher im Falle einer Wertminderung durch normalen Gebrauch haftet, es sei denn, er wurde nicht ausreichend über sein Widerrufsrecht belehrt. Eine Nutzungsersatzpflicht wird daneben nicht explizit erwähnt. Art. II.–5:105 Abs. 2 DCFR verweist jedoch für die Rechtsfolgen des Widerrufsrechts auf das allgemeine Rücktrittsrecht in Buch III, soweit die Regelungen über das Widerrufsrecht in Buch II nichts anderes bestimmen. Danach umfasst die Rückgewähr gem. Art. III.–3:510 Abs. 5 DCFR auch die Früchte, die aus dem Vorteil, wie dem Besitz einer Ware, gezogen wurden. Damit einher geht, dass der Entwurf eines Gemeinsamen Referenzrahmens nicht die Kostenlosigkeit des Widerrufsrechts unterstreicht. Allerdings bestimmt Art. II.–5:105 Abs. 6 DCFR, dass die widerrufende Partei keinerlei Verpflichtung übernehmen muss, die sich aus der Ausübung des Widerrufsrechts ergibt. Nutzungen, die der Verbraucher durch das Prüfen und Testen erlangt, muss er demnach nicht ersetzen. Somit folgt der Entwurf eines Gemeinsamen Referenzrahmens den vorangegangenen Überlegungen zu den verbraucherschützenden Richtlinien und der Messner-Entscheidung des EuGHs.

Die Verbraucherrechterichtlinie regelt gem. Art. 14 Abs. 2 VRRL – wie der Entwurf eines Gemeinsamen Referenzrahmens auch – nur den Wertersatz bei Verschlechterung der Ware.[1000] Danach haftet der Verbraucher für einen Wertverlust der Waren nur dann, wenn der Wertverlust auf einen zur Prüfung der Beschaffenheit, Eigenschaften und Funktionsweise der Waren nicht notwendigen Umgang mit den Waren zurückzuführen ist und er gem. Art. 6 Abs. 1 lit. h) VRRL über sein Widerrufsrecht belehrt wurde. Dabei ist zu berücksichtigen, dass Art. 6 Abs. 1 lit. h)

---

998 *Höhne*, Das Widerrufsrecht bei Kaufverträgen im Spannungsverhältnis von Opportunismus und Effektivität, 178.

999 EuGH, Urteil v. 3. September 2009, Rs. C-489/07 – Messner, Slg. 2009, I-00000.

1000 *Unger*, ZEuP 2012, 270 (293 ff.); *Kötz*, Europäisches Vertragsrecht, § 11, 285; *Höhne*, Das Widerrufsrecht bei Kaufverträgen im Spannungsverhältnis von Opportunismus und Effektivität, 208.

VRRL nicht die Belehrung über die Rechtsfolgen und damit über die Möglichkeit, sich wertersatzpflichtig zu machen, umfasst.[1001] Lediglich Art. 6 Abs. 4 VRRL, auf den sich Art. 14 Abs. 2 S. 2 VRRL nicht bezieht, verweist auf die Muster-Widerrufsbelehrung gem. Anhang I Teil A, das über die Wertersatzpflicht informiert. Hierbei ist von einem redaktionellen Versehen auszugehen, das sich damit erklären lässt, dass die Verbraucherrechterichtlinie umfangreichere Regelungen zu den Widerrufsrechtsfolgen trifft als die Vorgängerrichtlinien sowie die Fernabsatzrichtlinie für Finanzdienstleistungen und die Timesharing-Richtlinie.[1002] Die Vorschrift zur Widerrufsbelehrung in Art. 6 Abs. 1 lit. h) VRRL orientiert sich dabei eher an die Regelung in der Fernabsatzrichtlinie für Finanzdienstleistungen in Art. 3 Abs. 1 Nr. 3 lit. a) FARLF.

Fraglich ist, ob der Verbraucher neben dem Wertersatz bei normalem, über das reine Testen hinausgehenden Gebrauch auch für Nutzungen aufkommen muss, die er während des Besitzes an der Ware gezogen hat. Als Beispiel lässt sich der sog. Wasserbettfall des BGH anführen.[1003] Darin hatte ein Verbraucher im Fernabsatz ein Wasserbett bestellt, es mit Wasser befüllt, ausprobiert und anschließend noch drei Tage benutzt, bevor er den Vertrag widerrief. Die Verschlechterung des Wasserbettes erfolgte ausschließlich durch das Befüllen mit Wasser, welches Bestandteil des Ausprobierens war und somit keinen Wertersatz auslöste. Die weitere Nutzung verursachte so gut wie keinen Wertverlust. Allerdings kamen dem Verbraucher nicht unerhebliche Nutzungsvorteile zugute.[1004]

Mangels ausdrücklicher Regelung zum Nutzungsersatz in der Verbraucherrechterichtlinie kann angenommen werden, dass der Nutzungsersatz per se nicht von der Verbraucherrechterichtlinie ausgenommen ist und die Mitgliedstaaten einen Nutzungsersatzanspruch regeln können.[1005] Dagegen spricht jedoch, dass Art. 14 Abs. 5 VRRL vorsieht, dass der Verbraucher über die in Art. 13 Abs. 2 und Art. 14 VRRL geregelten Kostenübernahme- und Wertersatzpflichten hinaus nicht aufgrund der Ausübung seines Widerrufsrechts in Anspruch genommen werden können soll.[1006] Ein Nutzungsersatz, der aufgrund der Ausübung des Widerrufsrechts erhoben wird, scheidet damit aus. Dies hat zur Folge, dass der Verbraucher die Ware auch nach dem Ausprobieren und Testen ohne Ersatzpflicht weiternutzen kann, solange sich der Wert der Sache dadurch nicht verschlechtert. Die Ausgestaltung in der Verbraucherrechterichtlinie ist daher verbraucherfreundlicher als im

---

1001 *Unger*, ZEuP 2012, 270 (295).

1002 *Höhne*, Das Widerrufsrecht bei Kaufverträgen im Spannungsverhältnis von Opportunismus und Effektivität, 178.

1003 BGH, Urteil v. 3. November 2010 – VIII ZR 337/09, NJW 2011, 56–59.

1004 *Weller* in Schmidt-Kessel (Hrsg.), Ein einheitliches europäisches Kaufrecht?, 170.

1005 *Schulze/Zoll*, Europäisches Vertragsrecht, § 3, Rn. 144.

1006 *Weller* in Schmidt-Kessel (Hrsg.), Ein einheitliches europäisches Kaufrecht?, 171; *Unger*, ZEuP 2012, 270 (294); *Zöchling-Jud*, AcP 212 (2012), 550 (567) *Ebers*, Rechte, Rechtsbehelfe und Sanktionen im Unionsprivatrecht, 873.

Entwurf des Gemeinsamen Referenzrahmens und setzt die Vorgaben der Messner-Entscheidung des EuGHs nicht vollständig um.

Ein Gebrauch, der über eine notwendige Prüfung hinausgeht, ist jedoch nicht vom Sinn und Zweck des Widerrufsrechts, das Informationsdefizit des Verbrauchers auszugleichen, gedeckt. *Unger* schlägt daher vor, dass in den Fällen, in denen der Verbraucher die Ware über die bloße Prüfung hinaus gebraucht und ein Wertersatz dem Unternehmer nicht nützt, ein Nutzungsersatz wiederaufleben muss.[1007] Zum einen habe die Verbraucherrechterichtlinie die EuGH-Rechtsprechung in der Rechtssache *Messner* nicht abändern wollen und zum anderen sei der Verbraucher in diesen Fällen ohne Nutzungsersatzpflicht ungerechtfertigt bereichert. Dieser Ansicht ist zuzustimmen. Die *Messner*-Entscheidung des EuGHs lässt eine Regelung zu, die den Gebrauch entgegen Treu und Glauben oder in einer der ungerechtfertigten Bereicherung unvereinbaren Art und Weise mit einer (Nutzungs-) Wertersatzpflicht sanktioniert.[1008] Dafür spricht zudem Erwägungsgrund 47 der Verbraucherrechterichtlinie, nach dem der Verbraucher mit der Ware nur so umgehen und in Augenschein nehmen soll, wie er es in einem Geschäft tun dürfte. Beispielsweise soll der Verbraucher ein Kleidungsstück nur ausprobieren, nicht jedoch tragen dürfen. Dies lässt darauf schließen, dass der europäische Gesetzgeber Verbrauchern die Gebrauchsvorteile einer Sache, die mit einem Gebrauch über einem schlichten Probieren hinaus einhergehen, nicht zugestehen möchte.

Daher sollte in Anlehnung an das System des Wertersatzes der Ausschluss des Nutzungsersatzes nur auf die Nutzung beim Ausprobieren und Testen der Ware beschränkt werden. Zwar wird dadurch die Abwicklung des Vertrags nach einem Widerruf noch komplexer und der Unternehmer wird Schwierigkeiten haben, eine weitergehende Nutzung zu beweisen.[1009] Allerdings werden auf diese Weise die Interessen von Unternehmer und Verbraucher besser ausgeglichen. Der Verbraucher erhält die Wahl, ob er ein kostenloses Widerrufsrecht möchte oder ob er die Sache bereits wie seine eigene verwenden möchte. Im ersten Fall hat er die Ware mit der gebührenden Sorgfalt zu behandeln und sie lediglich einer Prüfung zu unterziehen. Anderenfalls muss er bei der Rückerstattung des Kaufpreises einen Abzug in Kauf nehmen. Entscheidend ist dabei, dass der Verbraucher – wie in Art. II.–5:105 Abs. 5 DCFR – über die Rechtsfolgen des Wert- und Nutzungsersatzes in der Widerrufsbelehrung aufgeklärt wird, damit er Kenntnis darüber erlangt, in

---

1007 *Unger*, ZEuP 2012, 270 (294, 295).

1008 EuGH, Urteil v. 3. September 2009, Rs. C-489/07 – Messner, Slg. 2009, I-00000, Rn. 26.

1009 *Ebers*, Rechte, Rechtsbehelfe und Sanktionen im Unionsprivatrecht, 872; zum Kommissionsvorschlag über ein Gemeinsames Europäisches Kaufrecht *Weller* in Schmidt-Kessel (Hrsg.), Ein einheitliches europäisches Kaufrecht?, 170 f; *Zöchling-Jud*, AcP 212 (2012), 550 (567), die über einen Ausschluss des Widerrufsrechts bei weitergehendem Gebrauch der Ware nachdenkt.

welchem Umfang er die Ware gebrauchen darf.[1010] Dabei hat sich die Belehrung nicht nur auf das Bestehen oder Nichtbestehen zu erstrecken, sondern vor allem auch auf die Rechtsfolgen mitsamt der Information, wann der Verbraucher ersatzpflichtig wird.[1011] Ein Unternehmer darf im Fall einer unterlassenen oder unzulänglichen Widerrufsbelehrung nicht auch noch durch den Erhalt von Nutzungsersatz belohnt werden. Es ist eine Einschränkung auf diejenigen Verbraucher vorzunehmen, die trotz Belehrung die Sache übermäßig in Gebrauch nehmen.

Festzuhalten ist, dass sich in Bezug auf die Frage nach dem Wert- und Nutzungsersatz auf europäischer Ebene die Entwicklung abzeichnet, dass der Verbraucher im Grunde sein Widerrufsrecht kostenfrei ausübt und demnach von sämtlichen Kosten und Ersatzleistungen befreit wird. Eine Ausnahme stellt der Gebrauch der Sache dar, der über eine schlichte Prüfung hinausgeht. In diesem Fall soll der Verbraucher einen Wertersatz für die Verschlechterung der Ware leisten, sofern er dazu zuvor belehrt wurde. Eine Nutzungsersatzpflicht trifft den Verbraucher (bislang) nicht.[1012]

4. Einordnung der Verbraucherkreditrichtlinie 2008/48/EG

Entgegen der Entwicklung eines im Grundsatz kosten- und wertersatzfreien Widerrufsrechts bestimmt die Verbraucherkreditrichtlinie von 2008 in Art. 14 Abs. 3 lit. b) VKRL 2008 einen generellen Ersatz für den Gebrauchsvorteil des Kredits.[1013] Der Verbraucher hat neben dem Darlehen die ab dem Zeitpunkt der Inanspruchnahme des Kredits bis zum Zeitpunkt der Rückzahlung des Darlehens aufgelaufenen Zinsen zurückzuzahlen. Überwiegend werden Zinsen als laufzeitabhängige, gewinn- und umsatzunabhängige, in Geld oder anderen vertretbaren Sachen zu

---

1010 *Höhne*, Das Widerrufsrecht bei Kaufverträgen im Spannungsverhältnis von Opportunismus und Effektivität, 178.

1011 *Unger*, ZEuP 2012, 270 (295).

1012 Damit wird das deutsche System vor Inkrafttreten der Verbraucherrechterichtlinie, nach dem der Verbraucher Nutzungsersatz, und nicht Wertersatz, für die Verschlechterung zahlen muss, genau umgekehrt, vgl. *Looschelders* in Remien/Herrler/Limmer (Hrsg.), Gemeinsames Europäisches Kaufrecht für die EU?, 138 f; *Föhlisch/Buchmann*, MMR 2010, 3 (4).

1013 Die Frage, ob es sich bei dem Zinsanspruch um einen Wertersatz- oder um einen Nutzungsersatzanspruch handelt, soll hier nicht weiter vertieft werden, da im Unionsrecht beide Begriffe häufig synonym verwendet werden; *Müller-Ibold/Käseberg*, WM 2005, 1592 (1594 ff.). Der GA Léger hat in seinem Schlussantrag im Verfahren *Crailsheimer Volksbank* (EuGH, Urteil v. 25. Oktober 2005, Rs. C-229/04 – Crailsheimer Volksbank, Slg. 2005, I-9273) den Begriff des Nutzungsersatzes verwendet. Dann ist der Zinsanspruch aber immer von der Verwendung der Kreditsumme abhängig. Vgl. zur Begriffsbenutzung für das deutsche Recht *Feldhusen*, BKR 2015, 441 (443); *Pieckenbrock/Rodi*, WM 2015, 1085 (1089), die den Zinsanspruch als Wertersatzanspruch für den Erhalt der nicht herausgabefähigen Gebrauchsüberlassung einordnen.

entrichtende Vergütung für den Gebrauch eines auf Zeit überlassenen Kapitals angesehen.[1014] Die Verpflichtung, im Kreditrecht Wertersatz zu leisten, widerspricht jedoch aus mehreren Gründen nicht der grundsätzlichen Kostenfreiheit des Widerrufsrechts im europäischen Verbraucherrecht.

Zum einen besteht im Kreditrecht eine andere Ausgangslage. Im Gegensatz zum Widerruf von Verträgen über Waren kann im Kreditrecht nicht zwischen einer Prüfung, einer Ingebrauchnahme und einem fortlaufenden Gebrauch differenziert werden. Nicht die Qualität der Ware steht im Mittelpunkt der Frage, ob ein Verbraucher von seinem Widerrufsrecht Gebrauch macht, sondern die Konditionen des Vertrags. Das Widerrufsrecht hat den Zweck, dem Verbraucher hinsichtlich der Vertragskonditionen eine Bedenkzeit zu verschaffen.[1015] Zur Abgrenzung mit der Unentgeltlichkeit aus Art. 8 Abs. 2 TSRL 2009 oder Art. 6 Abs. 1 FARLF ist zu beachten, dass der Wertersatz für den Verbraucher im Kreditrecht nicht überraschend ist und er von einer kostenlosen Bereitstellung des Kredits nicht ausgehen kann.[1016]

Während in Deutschland bislang zur Berechnung der Zinszahlung der marktübliche Zins herangezogen wurde, wird nach Art. 14 Abs. 3 lit. b) VKRL 2008 der Zins auf der Grundlage des vereinbarten Sollzinses ermittelt. Im Rahmen des Kreditvertrags wird somit bereits ein Ersatz für die Überlassung der Kreditsumme vereinbart, der nicht zwingend dem Wert der tatsächlichen Gebrauchsvorteile entsprechen muss.[1017]

Im Verbraucherkredit kennt der Verbraucher somit den Prozentsatz der Zinsen bzgl. der geliehenen Geldsumme. Weitere Aufwendungen hat der Verbraucher nach europäischem Vertragsrecht nicht zu leisten und müssen auch nach deutschem Recht gem. § 357a Abs. 3, S. 5 BGB nicht herausgegeben werden.[1018]

Darüber hinaus tangiert der Wertersatz im Kreditrecht nicht die Effektivität des Widerrufsrechts. Der Verbraucher nimmt grundsätzlich vom Widerrufsrecht Abstand, wenn die Situation nach Ausübung des Widerrufs verglichen mit der Lage ohne Widerruf keinen großen Unterschied ausmacht und sich das Widerrufsrecht folglich als bloß formales Recht darstellt.[1019] Bei einer Laufzeit von mehreren Jahren wird es sich grundsätzlich lohnen, die Zinsen für die tatsächliche Gebrauchsdauer zu entrichten und ein anderes Angebot über ein Darlehen abzuschließen,

---

1014 BGH NJW-RR 1992, 591 (592); Palandt/*Grüneberg*, § 246 Rn. 2; *Canaris*, NJW 1978, 1891 (1892).

1015 *Kroll-Ludwigs*, ZEuP 2010, 509 (511); *Schulze/Zoll*, Europäisches Vertragsrecht, § 3, Rn. 123; *Kötz*, Europäisches Vertragsrecht, § 11, 282.

1016 *Heiderhoff*, Europäisches Privatrecht, § 6, Rn. 361.

1017 EuGH, Urteil v. 25. Oktober 2005, Rs. C-229/04 – Crailsheimer Volksbank, Slg. 2005, I-9273.

1018 Hk-BGB/*Schulze*, § 357a, Rn. 4; Müko/*Fritsche*, § 357a, Rn. 19; Jauernig/*Stadler*, § 357a, Rn. 4.

1019 *Neumann*, Bedenkzeit vor und nach Vertragsabschluss, 231.

um damit das Darlehen zurückzuzahlen und in der Zukunft einen geringeren Kostenumfang in Form von Zinsen, Versicherungsprämien sowie Kontoführungsgebühren zu leisten.[1020] Folglich ist der Wertersatz durch Zinszahlung im Verbraucherkredit wegen der Berechenbarkeit und Geringfügigkeit mit der Wirksamkeit und Effektivität des Widerrufsrechts vereinbar und entspricht der europäischen Verbraucherschutzkonzeption, die das Informationsdefizit des Verbrauchers ausgleichen möchte, ohne allzu sehr in das Marktgeschehen einzugreifen.

Diese Betrachtungsweise korrespondiert mit der Rechtsprechung des EuGHs in den Urteilen *Schulte*[1021] und *Crailsheimer Volksbank,*[1022] in denen er die Rückzahlung von Zinsen nach Ausübung des Widerrufsrechts im Haustürgeschäft bejahte.[1023] Die Haustürgeschäfterichtlinie verbiete es nicht, dass der Verbraucher nach nationalem Recht im Fall des Widerrufs eines Realkreditvertrags nicht nur die aufgrund dieses Vertrages erhaltenen Beträge zurückzahlen, sondern dem Darlehensgeber auch noch die marktüblichen Zinsen zahlen muss.[1024]

Somit muss der Verbraucher im Kreditrecht zwar Wertersatz leisten, obwohl dies in den anderen verbraucherschützenden Richtlinien grundsätzlich nicht vorgesehen ist. Jedoch bedeutet dies nicht, dass der Verbraucherschutz in der Verbraucherkreditrichtlinie von 2008 ein geringerer ist, da die Überlegungen, die im Verbraucherkreditrecht zu einem Wertersatz führen, dieselben sind, die in den anderen europäischen Richtlinien zum Verbraucherschutz gegen einen Wertersatz sprechen. Auf diese Weise fügt sich die Verbraucherkreditrichtlinie von 2008 auch mit anderem Ergebnis in den übrigen Verbraucheracquis ein.

III. Kosten der Rückabwicklung

Die verbraucherschützenden Richtlinien und der Entwurf eines Gemeinsamen Referenzrahmens sehen grundsätzlich vor, dass der Verbraucher neben der Rückgewähr der vom Unternehmer empfangenen Leistungen keine weiteren Kosten tragen muss.[1025]

Diesem Gedanken der Kostenbefreiung und Sanktionslosigkeit schließt sich die Verbraucherkreditrichtlinie von 2008 nicht an. Sie sieht in Art. 14 Abs. 3 lit. b) VKRL 2008 vor, dass der Kreditgeber vom Verbraucher Entschädigungen für

---

1020 *Piekenbrock/Rodi*, WM 2015, 1085 (1092).

1021 EuGH, Urteil v. 25. Oktober 2005, Rs. C-350/03 – Schulte, Slg. 2005, I-9215.

1022 EuGH, Urteil v. 25. Oktober 2005, Rs. C-229/04 – Crailsheimer Volksbank, Slg. 2005, I-9273.

1023 Vgl. dazu auch *Özfirat-Skubinn*, NJOZ 2010, 2006 (2010).

1024 3. Leitsatz in EuGH, Urteil v. 25. Oktober 2005, Rs. C-350/03 – Schulte, Slg. 2005, I-9215.

1025 Vgl. unter § 4 D. II 1. Auf dieser Grundlage hat der EuGH in seiner Entscheidung Heine (EuGH, Urteil v. 15. April 2010, Rs. C-511/08 – Heine, NJW 2010, 1941) entschieden, dass der Unternehmer dem Verbraucher selbst die Kosten der Hinsendung bei Widerruf zurückerstatten muss.

Entgelte anberaumen kann, die der Kreditgeber an Behörden entrichtet hat und nicht zurückverlangen kann. Diese Bestimmung wurde zum ersten Mal im gemeinsamen Standpunkt vom 20. September 2007 eingeführt.[1026]

Zwar kehrt die Verbraucherkreditrichtlinie von 2008 damit das Regel-Ausnahme-Verhältnis nicht um, da der Verbraucher grundsätzlich keine Entschädigungen leisten muss und die behördlichen Entgelte, die nicht zurückverlangt werden können, nur eine Ausnahme darstellen. Dennoch gewährt sie dem Unternehmer ein Zugeständnis. Dies ist im Gleichklang mit der Bemühung der Verbraucherrechterichtlinie, um eine interessengerechte Kostenverteilung zu sehen. Auch in der Verbraucherkreditrichtlinie von 2008 schafft der europäische Gesetzgeber hinsichtlich der Kosten der Rückabwicklung eine Balance. Der Unternehmer trägt grundsätzlich die Kosten für Entgelte, die aufgrund des Kreditvertrages angefallen sind, d. h. bei reversiblen Entgelten ist er angehalten, für die Rückforderung zu sorgen. Nur dann, wenn dies nicht möglich ist und nur im Zusammenhang mit Behörden, muss der Verbraucher diese Entgelte übernehmen. Berücksichtigung finden muss auch hier, dass der Unternehmer den Verbraucher über diese zusätzlichen Kosten im Rahmen der Widerrufsbelehrung informieren muss.[1027]

IV. Verbundene Verträge

Nach Ausübung des Widerrufsrechts hat der Verbraucher gem. Art. 14 Abs. 3 lit. b) VKRL 2008 den Kredit unverzüglich zurückzuzahlen. In den meisten Fällen nimmt der Verbraucher jedoch einen Kredit auf, um ein weiteres Geschäft zu finanzieren. Dabei kommt es nicht selten vor, dass die beiden Geschäfte derart miteinander verbunden sind – etwa, wenn der Verkäufer zur Finanzierung seiner Ware Anträge über einen Kreditvertrag des Kreditgebers verwendet – dass sich die Frage nach dem Schicksal des weiteren Geschäftes stellt.

Rechtlich gesehen handelt es sich um zwei selbstständige Verträge: um das Finanzierungsgeschäft und um das finanzierte Geschäft.[1028] Danach können sich im Falle eines Widerrufs zwei Konstellationen ergeben. Bei Widerruf des Finanzierungsgeschäfts ist der Verbraucher weiterhin an das finanzierte Geschäft gebunden, muss aber den Kredit zurückzahlen. Wenn er das finanzierte Geschäft widerruft, muss er die Ware zurückgeben und darüber hinaus seinen Verpflichtungen aus dem Kreditvertrag nachkommen. Dies bewirkt, dass ein wirtschaftlich

---

1026 Gemeinsamer Standpunkt (EG) Nr. 14/2007 vom 20. September 2007, vom Rat festgelegt gemäß dem Verfahren des Artikels 251 des Vertrags zur Gründung der Europäischen Gemeinschaft im Hinblick auf den Erlass einer Richtlinie des Europäischen Parlaments und des Rates über Verbraucherkreditverträge und zur Aufhebung der Richtlinie 87/102/EWG des Rates, ABl. EG Nr. C 270 E vom 13. November 2007, S. 1–35.

1027 *Rott* in Reich/Micklitz/Rott/Tonner (Hrsg.), European Consumer Law, 197 (224).

1028 Staudinger/*Herresthal*, § 358, Rn. 25 (Neubearbeitung 2017).

einheitlicher Lebensvorgang künstlich in zwei selbstständige aufgespaltet wird.[1029] Um die Effektivität des Widerrufsrechts zu stärken – niemand widerruft ein finanziertes Geschäft, wenn er weiterhin an die Kreditraten gebunden ist – sehen einige verbraucherschützende Richtlinien Bestimmungen vor, um den Verbraucher vor den Folgen dieses Aufspaltungsrisikos zu bewahren.[1030]

1. Verbraucherschützende Richtlinien und Entwurf eines Gemeinsamen Referenzrahmens

Die Vorgaben zu den verbundenen Verträgen variieren in den verschiedenen verbraucherschützenden Richtlinien und haben sich bis zur Verbraucherkreditrichtlinie von 2008 stetig weiterentwickelt.

a. Verbraucherrechterichtlinie

Anders als die Haustürgeschäfterichtlinie, die – wie der EuGH in seinen Entscheidungen *Schulte*[1031] und *Crailsheimer Volksbank*[1032] ausführte – keine Regelung zu den verbundenen Geschäften enthielt, sah die Fernabsatzrichtlinie in Art. 6 Abs. 4 FARL vor, dass die Mitgliedstaaten eine Regelung treffen sollten, die den Verbraucher bei Inanspruchnahme des Widerrufsrechts auch entschädigungsfrei vom Kreditvertrag entbindet.

Die Verbraucherrechterichtlinie übernimmt die Regelung zum verbundenen Kreditvertrag aus der Fernabsatzrichtlinie und weitet sie auf alle verbundenen Verträge aus. Nach Art. 15 Abs. 1 VRRL werden mit Ausübung des Widerrufsrechts alle akzessorischen Verträge automatisch beendet, ohne dass dem Verbraucher dafür Kosten entstehen dürfen. Damit gelten auch für den Widerruf des verbundenen Vertrags die Regelung des Widerrufsrechts nach Art. 9 Abs. 1 VRRL und damit auch der Grundsatz der Kostenfreiheit des Widerrufsrechts.[1033]

Folglich stellt sich wiederum die Frage, ob neben den Ansprüchen auf Rückgewähr der erbrachten Leistungen des verbundenen Geschäfts Wert- und Nutzungsersatzansprüche zu leisten sind. Die Verbraucherrechterichtlinie regelt dazu in Art. 15 Abs. 1 VRRL, dass im Gleichklang mit dem widerrufenen Geschäft der Verbraucher nach Art. 13 Abs. 2 und Art. 14 VRRL die zusätzlichen Lieferkosten,

---

1029 Dies erkannte auch schon frühzeitig der BGH und bezog zunächst den Kreditvertrag in das gesetzliche Widerrufsrecht nach § 1 b AbzG mit ein; BGHZ 47, 253 (254) = NJW 1967, 1036 (1036); BGHZ 91, 9 (14) = NJW 1984, 1755 (1755); BGHZ 91, 338 (339) = NJW 1984, 2292 (2293).

1030 *Schulze/Zoll*, Europäisches Vertragsrecht, § 3, Rn. 147; *Füller*, ZBB 2001, 157 (159 ff.).

1031 EuGH, Urteil v. 25. Oktober 2005, Rs. C-350/03 – Schulte, Slg. 2005, I-9215.

1032 EuGH, Urteil v. 25. Oktober 2005, Rs. C-229/04 – Crailsheimer Volksbank, Slg. 2005, I-9273.

1033 BeckOGK/*Rosenkranz*, § 358, Rn. 13; Müko/*Habersack*, § 358, Rn. 6a; *Ebers*, Rechte, Rechtsbehelfe und Sanktionen im Unionsprivatrecht, 875.

die unmittelbaren Rücksendekosten und den Wertverlust der Waren bei über eine schlichte Prüfung hinausgehendem Gebrauch zu tragen hat. Für Kreditverträge stellt Art. 15 Abs. 1 VRRL klar, dass die Vorschriften zu den akzessorischen Verträgen in Art. 15 VKRL 2008 unberührt bleiben. Kreditverträge unterliegen damit nicht dem Regime des Art. 15 Abs. 1 VRRL, sondern der gesonderten Regelung in der Verbraucherkreditrichtlinie von 2008.

Für die Erstreckung des Widerrufsrechts auf den verbundenen Vertrag ist entscheidend, welche Verträge unter den Begriff des verbundenen Vertrags fallen. Die Verbraucherrechterichtlinie regelt den Begriff des „akzessorischen"[1034] Vertrages neu und orientiert sich diesbezüglich nicht an der Fernabsatzrichtlinie. Nach Art. 2 Nr. 15 VRRL ist mit einem akzessorischen Vertrag ein Vertrag gemeint, mit dem der Verbraucher Waren oder Dienstleistungen erwirbt, die im Zusammenhang mit einem Fernabsatzvertrag oder einem außerhalb von Geschäftsräumen geschlossenen Vertrag stehen. Dabei werden diese Waren oder Dienstleistungen von dem Unternehmer oder einem Dritten auf der Grundlage einer Vereinbarung zwischen diesem Dritten und dem Unternehmer geliefert oder erbracht. Maßgeblich sind demnach drei Punkte. Erstens muss es sich bei dem verbundenen Vertrag um einen Vertrag handeln, bei dem der Verbraucher Waren oder Dienstleistungen erwirbt. Zweitens muss dieser Vertrag im Zusammenhang mit dem Hauptvertrag abgeschlossen werden und drittens müssen beide Verträge durch eine Vereinbarung zwischen dem Unternehmer und dem Dritten derart eng verknüpft werden, dass es ohne Belang ist, ob der Dritte oder der Unternehmer die Ware des akzessorischen Vertrags liefert oder die Dienstleistung erbringt.[1035] Anders als in der Fernabsatzrichtlinie fallen Kreditverträge damit bereits nicht unter die Definition der akzessorischen Verträge.[1036]

b. Fernabsatzrichtlinie für Finanzdienstleistungen

Die Fernabsatzrichtlinie für Finanzdienstleistungen greift nicht auf die Regelung über die verbundenen Verträge der Fernabsatzrichtlinie zurück, die die Erstreckung des Widerrufsrechts auf Kreditverträge vorsieht. Vielmehr beschränkt sich Art. 6 Abs. 7 FARLF auf die Regelung des Falls, dass einem Fernabsatzvertrag über Finanzdienstleistungen ein anderer Fernabsatzvertrag „hinzugefügt" wird.[1037] Dieser zweite Fernabsatzvertrag wird dann ohne Vertragsstrafe aufgelöst, wenn

---

1034 Aus Gründen der Harmonisierung hätte man die „akzessorischen Verträge" in Anlehnung an die zuvor verabschiedete Verbraucherkreditrichtlinie von 2008 wohl besser „verbundene Verträge" genannt.

1035 Zu der identischen Definition im Kommissionsvorschlag über ein Gemeinsames Europäisches Kaufrecht Schulze/*Schulze*, CESL, Art. 46, Rn. 5.

1036 Zum Entwurf der Verbraucherrechterichtlinie *Micklitz/Reich*, EuZW 2009, 279 (284).

1037 Anders noch Art. 4 Abs. 4 des Vorschlags der Kommission für eine Richtlinie des Europäischen Parlamentes und des Rates über den Fernabsatz von Finanzdienstleistungen an Verbraucher vom 19. November 1998; KOM(1998) 468.

Gegenstand des verbundenen Fernabsatzvertrags entweder Dienstleistungen des Anbieters der Finanzdienstleistungen oder Dienstleistungen eines Dritten sind, der mit dem Anbieter eine Vereinbarung getroffen hat. Entweder muss der Anbieter der Finanzdienstleistung die zusätzliche Dienstleistung in einem weiteren Vertrag anbieten, oder eine dritte Person, die auf der Grundlage einer Vereinbarung handelt, muss dem Verbraucher ein weiteres Angebot machen. Die Voraussetzungen des Widerrufsrechts für den weiteren Fernabsatzvertrag orientieren sich wiederum am Widerrufsrecht des Fernabsatzvertrags über Finanzdienstleistungen, sodass der Verbraucher auch den verbundenen Fernabsatzvertrag ohne Vertragsstrafen auflösen kann.

Es stellt sich die Frage, wie sich die Voraussetzung der Vertragsauflösung ohne *Vertragsstrafe* gem. Art. 6 Abs. 7 FARLF zu der *kostenlosen Beendigung* gem. Art. 15 Abs. 1 VRRL verhält. Ein Anhaltspunkt liefert die Entstehungsgeschichte der Fernabsatzrichtlinie. Im gemeinsamen Standpunkt der Fernabsatzrichtlinie wurde die Passage zur Kostenlosigkeit komplett gestrichen. Bestehen blieb lediglich das Verbot von Strafzahlungen.[1038] Daraus kann geschlossen werden, dass der Begriff des Strafzahlungsverbots konsensfähiger ist und ein Minus gegenüber der kostenlosen bzw. entschädigungsfreien Rückabwicklung darstellt. Wert- oder Nutzungsersatz ist danach nur zu leisten, wenn diese nicht als Strafzahlungen zu werten sind.

Der Begriff der Vertragsstrafe in der Fernabsatzrichtlinie für Finanzdienstleistungen sollte nach Sinn und Zweck dahingehend ausgelegt werden, dass alle Zahlungen, die wie eine Strafzahlung wirken und den Verbraucher von der Ausübung des Widerrufsrechts abhalten, unter den Begriff der Vertragsstrafe zu ziehen sind und daher vom Unternehmer nicht erhoben werden können.[1039] Als Bewertungsmaßstab kann die Wertung aus Art. 7 Abs. 1 FARLF und Art. 7 Abs. 3 bzw. Art. 8 Abs. 8 i.V.m. Art. 14 Abs. 3 VRRL herangezogen werden. Solange mit der Ausführung der Dienstleistung nicht nach Zustimmung des Verbrauchers begonnen wurde, kann kein Wert- oder Nutzungsersatz erhoben werden. Dasselbe gilt, wenn der Verbraucher über diese Folge nicht ordnungsgemäß belehrt wurde. Anderenfalls kommt ein Nutzungsersatz einer Teilvergütung gleich, die wie eine Strafzahlung für die Ausübung des Widerrufsrechts wirkt.

c. Timesharing-Richtlinie

Im Gegensatz zur Vorgängerregelung in Art. 7 TSRL 1994, die praktisch identisch zu der Regelung über verbundene Verträge in der Fernabsatzrichtlinie war,[1040]

1038 *Kammerer*, Harmonisierung des Verbraucherrechts in Europa, 103.

1039 *Riesenhuber*, System und Prinzipien des Europäischen Vertragsrechts, 340.

1040 *Kammerer*, Harmonisierung des Verbraucherrechts in Europa, 128; Grabitz/Hilf/Nettesheim/*Martinek*, Das Recht der Europäischen Union, Bd. IV, A 13, Art. 12, Rn. 196 (201).

weitet die Timesharing-Richtlinie von 2009 die Bestimmung auf alle akzessorischen Verträge aus.[1041] Erfasst werden gem. Art. 2 Abs. 1 lit. g) TSRL 2009 alle Verträge, mit denen der Verbraucher Leistungen erwirbt, die im Zusammenhang mit einem Teilzeitnutzungsvertrag oder mit einem Vertrag über ein langfristiges Urlaubsprodukt stehen. Diese Leistungen müssen entweder vom Unternehmer oder von einem Dritten auf der Grundlage einer Vereinbarung zwischen diesem Dritten und dem Unternehmer erbracht werden.

Damit wird zum einen ein Kausalitätserfordernis zwischen der Timesharingleistung und der Leistung aus dem verbundenen Vertrag begründet und zum anderen die Differenzierung zwischen Anbieterleistung und Drittleistung beibehalten.[1042] Die Timesharing-Richtlinie von 2009 wählt eine weite Definition der akzessorischen Verträge. Darin werden alle Verträge im Zusammenhang mit dem Teilzeitnutzungsvertrag einbezogen. Um ein Ausufern der Durchbrechung des Grundsatzes *pacta sunt servanda* zu verhindern, muss über das Vorliegen der wirtschaftlichen Einheit, die anhand der Vereinbarung zwischen dem Dritten und dem Unternehmer zu bestimmen ist, die Ausweitung der Widerrufsrechtsfolgen auf den verbundenen Vertrag teleologisch eingegrenzt werden.[1043]

Als Rechtsfolge ordnet Art. 11 Abs. 1 TSRL 2009 die automatische Beendigung der akzessorischen Verträge ohne Kosten für den Verbraucher an. Bei der Formulierung „ohne Kosten" kann auf die Auslegung zu Art. 15 Abs. 1 VRRL zurückgegriffen werden.[1044] Der Verbraucher ist nicht verpflichtet, Wert- oder Nutzungsersatz zu leisten, mit Ausnahme des Wertverlusts, der durch einen über die Prüfung im Rahmen des Widerrufsrechts hinausgehenden Gebrauch entstanden ist. Die Regelung in Art. 11 Abs. 1 TSRL 2009 gilt allerdings nicht für Kreditverträge. Unbeschadet der Regelung zu den verbundenen Verträgen in Art. 15 VKRL 2008 bestimmt sich die Ausweitung des Widerrufsrechts auf verbundene Kreditverträge nach Art. 11 Abs. 2 TSRL 2009. Auch diese Beendigung erfolgt, ohne dass dem Verbraucher Kosten auferlegt werden. Damit wurde für finanzierte Geschäfte eine Lex-specialis-Regelung getroffen.[1045]

d. Entwurf eines Gemeinsamen Referenzrahmens

Der Entwurf eines Gemeinsamen Referenzrahmens versucht, die unterschiedlichen Vorgaben der verbraucherschützenden Richtlinien zu verbinden und zu einer Regelung zusammenzuführen. Dabei bestimmt er allgemein in Art. II.–5:106 Abs. 1 DCFR, dass sich die Rechtsfolgen bei einem Widerruf eines Vertrags über die

1041 *Busch*, GPR 2008, 13 (14); *Gaedtke*, VuR 2008, 130 (134).

1042 Zur Vorgängerregelung vgl. insbesondere Grabitz/Hilf/Nettesheim/*Martinek*, Das Recht der Europäischen Union, Bd. IV, A 13, Art. 12, Rn. 196 (201).

1043 So auch *Busch*, GPR 2008, 13 (14).

1044 Siehe unter § 4 D. IV. 1. a.

1045 *Gaedtke*, VuR 2008, 130 (134). Dafür spricht auch Erwägungsgrund 16 der Timesharing-Richtlinie von 2009.

Lieferung von Sachen oder anderer Vermögenswerte sowie die Erbringung von Dienstleistungen auch auf jeden verbundenen Vertrag erstrecken. Hierbei fällt auf, dass sich der Widerruf im Entwurf eines Gemeinsamen Referenzrahmens nicht nur auf den finanzierenden Vertrag, sondern auf sämtliche Verträge erstreckt.[1046] Diese Ausweitung hat ihren Anknüpfungspunkt in der Timesharing-Richtlinie von 2009, die zum Zeitpunkt der Erarbeitung des Entwurfs als einzige Richtlinie eine weite Regelung zu den verbundenen Verträgen aufwies. Dabei wird trotz des unklaren Wortlauts auch der Fall unter Absatz 1 zu ziehen sein, in dem ein Kreditvertrag widerrufen wird und sich die Widerrufsfolgen beispielsweise auf einen verbundenen Fernabsatzvertrag erstrecken.[1047]

Wann ein verbundener Vertrag bei kreditfinanzierten Verträgen anzunehmen ist, regelt Art. II.–5:106 Abs. 2 DCFR. Danach liegen verbundene Verträge vor, wenn der Lieferant der Waren, Vermögenswerte oder Dienstleistungen auch der Kreditgeber ist oder wenn ein Dritter, der die Finanzierung für den Verbraucher übernimmt, die Dienste des Lieferanten nutzt, um den Kreditvertrag vorzubereiten oder abzuschließen. Darüber hinaus wird ein verbundener Vertrag angenommen, wenn mit dem Kreditvertrag spezielle Waren oder Dienstleistungen finanziert werden sollen und die Verbindung der beiden Verträge vom Lieferanten oder vom Kreditgeber vorgeschlagen wird oder wenn eine ähnliche wirtschaftliche Verbindung besteht. Für nichtkreditfinanzierte Verträge existiert keine eigene Definition für den verbundenen Vertrag, sodass in diesen Fällen die Erstreckung der Widerrufsfolgen nach Art. II.–5:106 Abs. 1 DCFR viel weiter gefasst ist.[1048]

Im Hinblick auf die Frage, wie weit sich die Widerrufsfolgen auf das verbundene Geschäft erstrecken, verweist Art. II.–5:106 Abs. 3 DCFR auf die allgemeine Vorschrift in Art. II.–5:105 DCFR. Damit erfolgt ein Gleichklang der Rückabwicklungen beider Verträge. Dies lässt darauf schließen, dass der Verbraucher generell angesichts der Ausübung des Widerrufsrechts auch für den verbundenen Vertrag keine Haftung übernehmen muss. Dies gilt – in Anlehnung an Art. II.–5:105 Abs. 5 DCFR – wiederum nicht für den normalen Gebrauch des Vertragsgegenstandes, der über das Ausprobieren hinausgeht, wenn der Verbraucher zuvor angemessen belehrt wurde. Von der Erstreckung des Widerrufsrechts auf den verbundenen Vertrag sind gem. Art. II.–5:106 Abs. 4 DCFR Kreditverträge ausgenommen, die Waren- oder Dienstverträge finanzieren, deren Preise aufgrund des Finanzmarktes Schwankungen ausgesetzt sind.

1046 Staudinger/*Herresthal*, § 358, Rn. 49 (Neubearbeitung 2017); kritisch *Wendehorst* in Schmidt-Kessel (Hrsg.), Der Entwurf eines Gemeinsamen Referenzrahmens, 347 f.; *Herresthal* in Wagner (Hrsg.), The Common Frame of Reference, 179.

1047 Staudinger/*Herresthal*, § 358, Rn. 50 (Neubearbeitung 2017); *Wendehorst* in Schmidt-Kessel (Hrsg.), Der Entwurf eines Gemeinsamen Referenzrahmens, 348.

1048 *Wendehorst* in Schmidt-Kessel (Hrsg.), Der Entwurf eines Gemeinsamen Referenzrahmens, 347.

2. Einordnung der Verbraucherkreditrichtlinie 2008/48/EG

Die Verbraucherkreditrichtlinie von 2008 versucht, ihre Vorgängernorm zu den verbundenen Verträgen mit den Vorgaben der Regelungen aus den anderen verbraucherschützenden Richtlinien zu verbinden. Sie führt in Art. 15 Abs. 1 VKRL 2008 einen Widerrufsdurchgriff ein, wonach der Verbraucher nicht mehr an einen verbundenen Kreditvertrag gebunden ist, wenn er ein Recht auf Widerruf von einem Vertrag über die Lieferung von Waren oder die Erbringung von Dienstleistungen ausgeübt hat, das auf Unionsrecht beruht. Dieser umgekehrte Widerrufsdurchgriff hat seinen Ursprung bereits in der Verbraucherkreditrichtlinie von 1986. Nach Art. 11 Abs. 1 VKRL 1986 hatten die Mitgliedstaaten Vorkehrungen zu treffen, dass das Bestehen eines Kreditvertrags die Rechte des Verbrauchers gegenüber dem Lieferanten von Waren bzw. Erbringer von Dienstleistungen nicht beeinträchtigt. Damit hatte der europäische Gesetzgeber vordergründig die Rückabwicklung bei nicht vertragsgemäßer Ware vor Augen. Die Vorschrift konnte aber auch auf das Widerrufsrecht übertragen werden.

Bei der Regelung des neu eingeführten Widerrufsdurchgriffs in Art. 15 Abs. 1 VKRL 2008 fallen insbesondere zwei Aspekte auf. Zum einen beschränkt sich die Verbraucherkreditrichtlinie von 2008 auf einen umgekehrten Widerrufsdurchgriff. Nicht der Widerruf des Kreditvertrags beendet die verbundenen Verträge, sondern umgekehrt erstrecken sich die Widerrufsfolgen eines verbundenen Vertrags auf den Kreditvertrag. Mit Einführung des Widerrufsrechts im Verbraucherkredit wäre auch die Erstreckung der Widerrufsfolgen auf z. B. einen Fernabsatzvertrag denkbar gewesen. Diese Ausweitung hätte sich mit der Timesharing-Richtlinie und dem Entwurf eines Gemeinsamen Referenzrahmens gedeckt, die einen Widerrufsdurchgriff für alle verbundenen Verträge vorsehen.

Durch die Konzeption des umgekehrten Widerrufsdurchgriffs erstreckt sich der Widerruf eines Verbraucherkreditvertrags nach europäischem Recht zunächst einmal nicht auf andere verbundene Verträge wie die Restschuldversicherung.[1049] Die Verbraucherkreditrichtlinie von 2008 sieht jedoch an anderer Stelle eine Möglichkeit für den Verbraucher vor, sich bei Widerruf eines Verbraucherkredits von einer Restschuldversicherung zu lösen. Art. 14 Abs. 4 VKRL 2008 bestimmt, dass der Verbraucher bei Ausübung seines Widerrufsrechts an Nebenleistungen nicht weiter gebunden ist, die im Zusammenhang zum Kreditvertrag stehen und mit dem Kreditgeber oder mit einem Dritten, der auf der Grundlage einer Vereinbarung zwischen dem Kreditgeber und dem Dritten handelt, vereinbart wurden. Die Verbraucherkreditrichtlinie von 2008 erstreckt die Rechtsfolgen des Widerrufsrechts somit nur auf Nebenleistungen und nicht wie die Timesharing-Richtlinie, der Entwurf eines Gemeinsamen Referenzrahmens oder etwa das deutsche Recht auf

---

1049 Anders im deutschen Recht vor und nach Umsetzung der Verbraucherkreditrichtlinie, vgl. BGH, Urteil v. 15. Dezember 2009, Az. XI ZR 45/09, BGHZ 184, 1–13; dazu *Reifner*, WM 2008, 2329 (2337); *Wolters/Podewils*, ZVI 2010, 209 (210 f.).

sämtliche verbundene Verträge.[1050] Das deutsche Recht bestimmt in § 358 Abs. 2, 5 BGB – auch nach Umsetzung der Verbraucherkreditrichtlinie 2008 – die Erstreckung der Widerrufsfolgen bei Widerruf des Verbraucherkreditvertrags auf alle verbundenen Verträge mit Ausnahme von Darlehensverträgen, die der Finanzierung des Erwerbs von Finanzinstrumenten dienen.[1051]

Selbst bei einem umgekehrten Widerrufsdurchgriff wie in der Verbraucherkreditrichtlinie von 2008 ist es erforderlich, dass die Widerrufsfolgen nicht unbegrenzt auf alle irgendwie im Zusammenhang mit dem Kreditvertrag stehenden Verträge ausgeweitet werden. Sinn und Zweck der Erstreckung der Widerrufsfolgen auf verbundene Verträge ist es, die Effektivität und Zweckmäßigkeit des Widerrufsrechts zu stärken.[1052] Somit sind einer Definition der verbundenen Verträge enge Grenzen gesetzt.

Art. 3 lit. n) VKRL 2008 setzt diesbezüglich voraus, dass der verbundene Kreditvertrag ausschließlich zur Finanzierung eines Vertrags über Waren oder Dienstleistungen geschlossen wird und zwischen beiden Verträgen objektiv eine wirtschaftliche Einheit besteht. Von einer wirtschaftlichen Einheit ist gem. Art. 3 lit. n) ii) VKRL 2008 insbesondere dann auszugehen, wenn der Lieferant und Kreditgeber dieselbe Person sind, sich der Kreditgeber bei der Vorbereitung oder beim Abschluss des Kreditvertrags der Mitwirkung des Lieferanten bedient, oder wenn im Kreditvertrag die spezifischen Waren oder Dienstleistungen angegeben sind. Die Merkmale der wirtschaftlichen Einheit weisen eine Ähnlichkeit zu den Voraussetzungen für die Annahme verbundener Verträge im Entwurf eines Gemeinsamen Referenzrahmens auf.[1053] Es ist zu beachten, dass die in Art. 3 lit. n) ii) VKRL 2008 genannten Fälle zur Annahme einer wirtschaftlichen Einheit lediglich richtungsweisend und nicht abschließend sind und das Vorliegen einer wirtschaftlichen Einheit nach der Zielsetzung der europäischen Verbraucherschutzkonzeption, nur so wenig wie möglich in das Marktgeschehen einzugreifen, eng auszulegen ist.[1054]

Der zweite Aspekt, der bei der Formulierung des umgekehrten Widerrufsdurchgriffs auffällt, betrifft die Rechtsfolge. Art. 15 Abs. 1 VKRL 2008 besagt, dass der Verbraucher nach Ausübung eines anderen unionsrechtlichen Widerrufsrechts an den Kreditvertrag nicht mehr gebunden ist. Dieser Wortlaut lässt darauf schließen, dass dem Verbraucher ein Wahlrecht zusteht, ob er bei Widerruf eines Vertrags über Waren oder Dienstleistungen an dem verbundenen Kreditvertrag festhalten möchte oder nicht.[1055] Dies könnte dem Verbraucher dann zugutekommen, wenn

---

1050 Staudinger/*Herresthal*, § 358, Rn. 34 (Neubearbeitung 2017).

1051 Jauernig/*Stadler*, § 358, Rn. 10 ff.; Müko/*Habersack*, § 358, Rn. 7, 9; Palandt/*Grüneberg*, § 358, Rn. 1, 26; Ermann/*Koch*, § 358, Rn. 25 ff.; Hk-BGB/*Schulze*, § 358, Rn. 14; Prütting/Wegen/Weinrich/*Stürner*, § 358, Rn. 27.

1052 *Schulze/Zoll*, Europäisches Vertragsrecht, § 3, Rn. 147; *Füller*, ZBB 2001, 157 (159 ff.).

1053 Siehe unter § 4 D. IV. 1. d.

1054 Siehe unter § 3 C. III

1055 Dies war im deutschen Recht bereits zu § 9 VerbrKrG umstritten; gegen ein Wahlrecht BGH NJW 1995, 3386 (3388); MüKo/*Habersack*, § 358, Rn. 65; *Coester*, Jura

er einen günstigen Kreditvertrag abgeschlossen hat, den er nach Widerruf des Vertrags über die Ware oder Dienstleistung anderweitig einsetzen kann.[1056]

Gegen das Wahlrecht ist einzuwenden, dass der Kreditvertrag gerade dazu abgeschlossen wurde, um den Vertrag über Waren oder Dienstleistungen zu finanzieren. Kann der Verbraucher nur den finanzierten Vertrag widerrufen, ohne dass sich die Folgen des Widerrufs auch auf den Kreditvertrag erstrecken, ändert dies die Voraussetzungen, die zum Vertragsabschluss des Kreditvertrags geführt haben.[1057] Für den Kreditgeber würde eine Wahlmöglichkeit ein unvorhersehbares Risiko darstellen, sodass er kostengünstige Kredite für finanzierte Geschäfte nicht weiter vergeben würde. Zudem würde eine Wahlmöglichkeit Missbrauch Tür und Tor öffnen. Denn Verbraucher könnten wahllos Waren über das Internet bestellen und zur Finanzierung einen günstigen Kreditvertrag abschließen und dann den Vertrag über die Ware widerrufen, um einen kostengünstigen Kreditvertrag zu erhalten. Zudem könnten die Unternehmer ihrerseits nach der Erklärung des Widerrufs auf den Verbraucher einwirken, sodass zumindest der Kreditvertrag, wenn er für den Kreditgeber auch isoliert rentabel ist, noch aufrechterhalten wird. Art. 15 Abs. I VKRL 2008 sollte demnach so verstanden werden, dass der Kreditvertrag automatisch mit dem finanzierten Geschäft rückabgewickelt wird, zumal es dem Verbraucher nicht genommen ist, nach dem Widerruf mit dem jeweiligen Vertragspartner einen neuen Vertrag abzuschließen.[1058]

Die Verbraucherkreditrichtlinie von 2008 übernimmt in Art. 15 Abs. 2 VKRL 2008 ferner den Einwendungsdurchgriff aus Art. 11 Abs. 2 VKRL 1986. Danach darf der Verbraucher Rechte aus dem Vertrag mit dem Lieferanten dem Kreditgeber gegenüber geltend machen, wenn bei einem Dreipersonenverhältnis eine vorherige Abmachung zwischen Lieferant und Kreditgeber besteht, der Verbraucher den Kredit im Rahmen der Abmachung erhält, die Lieferung der Ware oder Dienstleistung mangelhaft sind und der Verbraucher seine Rechte bereits erfolglos gegenüber dem Lieferanten geltend gemacht hat. Diesen Einwendungsdurchgriff haben die späteren Verbraucherschutzrichtlinien bei ihren Bestimmungen zu den verbundenen Verträgen nicht übernommen und auch der Entwurf eines Gemeinsamen Referenzrahmens und die Verbraucherrechterichtlinie sehen keinen Einwendungsdurchgriff vor.[1059] Wie beim Widerrufsdurchgriff liegt der Sinn und Zweck des Einwendungsdurchgriffs darin, den Verbraucher vor den Nachteilen

---

1992, 617 (620); Staudinger/*Herresthal*, § 358, Rn. 91; a. A. Palandt/*Grüneberg*, § 358, Rn. 8; Prütting/Wegen/Weinreich/*Stürner*, § 358, Rn. 23.

1056 *Rott* in Reich/Micklitz/Rott/Tonner (Hrsg.), European Consumer Law, 197 (228).

1057 *Pfeiffer*, ZGS 2008, 409 (409).

1058 MüKo/*Habersack*, § 358, Rn. 22; Staudinger/*Herresthal*, § 358, Rn. 90 (Neubearbeitung 2017); a. A. *Ebers*, Rechte, Rechtsbehelfe und Sanktionen im Unionsprivatrecht, 875; *Wendt/Lorscheid-Kratz*, BB 2013, 2434 (2437).

1059 *Wendehorst* in Schmidt-Kessel (Hrsg.), Der Entwurf eines Gemeinsamen Referenzrahmens, 349.

der Aufspaltung eines wirtschaftlich einheitlichen Sachverhalts in zwei rechtlich selbstständige Verträge zu schützen.[1060]

Diese Konstellation erscheint aber auch für die Konzeption der Verbraucherrechterichtlinie sinnvoll. Wenn ein Käufer ein Zubehör zu der eigentlichen Kaufsache ebenfalls im Fernabsatz bestellt und eine enge wirtschaftliche Verbindung zwischen den beiden Unternehmern besteht, dann ist es nur interessengerecht, wenn der Verbraucher auch in dieser Konstellation seine Rechte nach erfolgloser Geltendmachung auch gegenüber dem Verkäufer der Hauptsache geltend machen kann.

Die Regelung des Ausmaßes und der Bedingungen des Einwendungsdurchgriffs überlässt die Verbraucherkreditrichtlinie von 2008 gem. Art. 15 Abs. 2 S. 2 VKRL 2008 den Mitgliedstaaten. Daneben dürfen Mitgliedstaaten, die bereits eine gesamtschuldnerische Haftung des Kreditgebers und des Lieferers bei Ansprüchen gegen den Lieferer vorsehen, diese gem. Art. 15 Abs. 3 VKRL 2008 beibehalten.[1061]

3. Auswirkungen auf die Schrottimmobilienfälle

Der EuGH befasste sich mit den Auswirkungen des Widerrufsrechts bei verbundenen Verträgen in den sog. Schrottimmobilienfällen. Darin wurden Verbraucher in einer Haustürsituation zum Erwerb einer Immobilie oder zum Beitritt zu einem geschlossenen Immobilienfonds gedrängt. Nach Abschluss des Vertrags stellte sich heraus, dass die zugrundeliegenden Immobilien nahezu wertlos waren und sich nicht als Kapitalanlagen eigneten. Da zum Zeitpunkt der Entscheidungen die Verbraucherkreditrichtlinie von 2008 noch nicht in Kraft war und die Verbraucherkreditrichtlinie von 1986 keine Regelung zum Widerrufsrecht vorsah, die Kreditverträge jedoch außerhalb von Geschäftsräumen geschlossen wurden, diente die Haustürgeschäfterichtlinie als rechtliche Grundlage der Entscheidungen.

Es stellt sich die Frage, ob und wie die Novellierung der Verbraucherkreditrichtlinie von 2008 Einfluss auf die durch den EuGH festgelegten Grundsätzen zu den Schrottimmobilienfällen hat. Dabei ist zudem zu berücksichtigen, dass die Haustürgeschäfterichtlinie seit dem Jahr 2011 durch die Verbraucherrechterichtlinie ersetzt wurde und seit dem Jahr 2014 die Wohnimmobilienkreditrichtlinie neben die Verbraucherkreditrichtlinie von 2008 tritt.

a. Entwicklung der Rechtsprechung zu Schrottimmobilien

Nachdem der EuGH zunächst in seiner *Heininger*-Entscheidung[1062] entschieden hatte, dass Realkreditverträge in den Anwendungsbereich der Haustürgeschäfterichtlinie fallen, wurde ihm daraufhin in den Entscheidungen *Schulte*[1063] und

1060 Staudinger/*Herresthal*, § 359, Rn. 1 (Neubearbeitung 2017).
1061 *Rott* in Reich/Micklitz/Rott/Tonner (Hrsg.), European Consumer Law, 197 (229).
1062 EuGH, Urteil v. 13. Dezember 2001, Rs. C-481/99 – Heininger, Slg. 2001, I-9945.
1063 EuGH, Urteil v. 25. Oktober 2005, Rs. C-350/03 – Schulte, Slg. 2005, I-9215.

Crailsheimer Volksbank[1064] die Frage vorgelegt, ob die Aberkennung der Widerrufsrechtserstreckung des Kreditvertrags auf das Grundstücksgeschäft mit dem Schutzzweck des Widerrufsrechts aus der Haustürgeschäfterichtlinie vereinbar ist.[1065]

Hintergrund war, dass der XI. Senat des BGH zwar den Widerruf des Kreditvertrags anerkannte, jedoch eine Anwendung des Gedankens der verbundenen Verträge auf Realkreditvertrag und finanziertes Grundstücksgeschäft ablehnte.[1066] Dies hatte zur Folge, dass der Verbraucher – auch wenn er die gezahlten Raten nebst marktüblichen Zinsen zurückerhielt – den kompletten Darlehensbetrag auf einmal zurückzuzahlen hatte und der Grundstückskaufvertrag daneben wirksam blieb, sodass er auf der nahezu wertlosen Immobilie sitzen blieb.[1067] Der Widerruf des Verbraucherkreditvertrags ist damit für den Verbraucher wirtschaftlich wenig bis gar nicht interessant.[1068]

Gegen diese Entscheidung des BGH formierte sich erheblicher Widerstand. Insbesondere wurde in der Literatur eine entsprechende Anwendung der Grundsätze über verbundene Verträge gefordert und mit der fehlenden Effektivität des Widerrufsrechts in der Schrottimmobiliensituation begründet.[1069] Mit der Erstreckung der Widerrufsrechtsfolgen auf den Grundstücksvertrag könnte der Verbraucher seinen Anspruch auf Rückzahlung des Kaufpreises der Immobilie dem Rückzahlungsanspruch des Kreditgebers über den kompletten Kredit entgegenhalten und dem Kreditgeber lediglich die wertlose Immobilie herausgeben.

Der EuGH bestätigte in seinen Entscheidungen *Schulte*[1070] und *Crailsheimer Volksbank*[1071] zunächst die *Heininger*-Entscheidung[1072] und damit die Geltung der Haustürgeschäfterichtlinie. Im Hinblick auf die Anwendbarkeit der Grundsätze zum verbunden Geschäft berief er sich allerdings darauf, dass sich die Rechtsfolgen des Widerrufs mangels Regelungen in der Haustürgeschäfterichtlinie nach

---

1064 EuGH, Urteil v. 25. Oktober 2005, Rs. C-229/04 – Crailsheimer Volksbank, Slg. 2005, I-9273.

1065 Vgl. Vorlagebeschlüsse des LG Bochums und des OLG Bremens; LG Bochum, Beschluss vom 29. Juli 2003, Az. 1 O 795/02, NJW 2003, 2612 (2612 ff.); OLG Bremen, Beschluss vom 27. Mai 2004, Az. 2 U 20/02, 23/02, 53/02, NJW 2004, 2238 (2238 ff.).

1066 BGH, Urteil v. 12. November 2002, Az. XI ZR 47/01, BGHZ 152, 331 (337).

1067 *Bergmann*, Jura 2010, 426 (429); *Staudinger*, NJW 2005, 3521 (3523).

1068 Dies räumte der BGH schließlich selbst ein; BGHZ 152, 331 (337).

1069 *Derleder*, BKR 2005, 442 (444); *Fischer*, DB 2005, 2507 (2510); *Habersack*, JZ 2006, 91 (92); *Hoffmann*, ZIP 2005, 1985 (1986 f.); *Hofmann*, BKR 2005, 487 (492); *Käseberg/Richter*, EuZW 2006, 46 (48); *Limbach*, ZGS 2006, 66 (67); *Reich/Rörig*, VuR 2005, 452 (452); *Schwintowski*, EuZW 2005, 724 (726); *Staudinger*, NJW 2005, 3521 (3525); *Thume/Edelmann*, BKR 2005, 477 (485).

1070 EuGH, Urteil v. 25. Oktober 2005, Rs. C-350/03 – Schulte, Slg. 2005, I-9215.

1071 EuGH, Urteil v. 25. Oktober 2005, Rs. C-229/04 – Crailsheimer Volksbank, Slg. 2005, I-9273.

1072 EuGH, Urteil v. 13. Dezember 2001, Rs. C-481/99 – Heininger, Slg. 2001, I-9945.

nationalem Recht richten. Damit sei eine Beschränkung der Rechtsfolgen des Widerrufs nur auf den Kreditvertrag bei einem fremdfinanzierten Erwerb einer Immobilie im Rahmen eines Kapitalanlagemodells im Grunde nicht zu beanstanden.[1073]

Um den Verbraucher dennoch nicht schutzlos zu stellen, betonte er die Notwendigkeit, bei der Umsetzung der Haustürgeschäfterichtlinie der ordnungsgemäßen Widerrufsbelehrung einen hohen Stellenwert einzuräumen.[1074] Zudem gab er der Bundesrepublik Deutschland auf, das deutsche Recht so zu gestalten, dass der Verbraucher nicht mit den Risiken des Kapitalanlagemodells belastet wird, wenn er nicht ordnungsgemäß über sein Widerrufsrecht belehrt wird. Bei ordnungsgemäßer Belehrung hätte der Verbraucher den Kreditvertrag widerrufen und vom Erwerb der Immobilie Abstand nehmen können.[1075] Folglich verbindet der EuGH über das Erfordernis der ordnungsgemäßen Widerrufsbelehrung den Kreditvertrag mit dem Immobilienkauf, um bei fehlender oder fehlerhafter Widerrufsbelehrung das Risiko der Kapitalanlage dem Kreditgeber aufzubürden. Um diese Vorgabe des EuGHs ins deutsche Recht umzusetzen, wurden verschiedene Vorschläge unterbreitet, darunter insbesondere die Begründung eines Schadensersatzanspruches wegen unterlassener Widerrufsbelehrung.[1076]

Ähnliche Fragen haben die Fälle aufgeworfen, in denen Verbraucher zum Beitritt zu einem geschlossenen Immobilienfonds gedrängt wurden. Dabei haben die Verbraucher die Immobilie selbst nicht erworben, sondern sind einer Personengesellschaft beigetreten, die die Instandsetzung, Modernisierung und Verwaltung eines Immobilienobjekts zum Zweck hatte. Die Verträge wurden in einer Haustürsituation abgeschlossen, sodass sich die Gerichte mit der Frage nach der Widerrufbarkeit dieser Verträge befassen mussten. Die deutschen Gerichte haben die Widerrufbarkeit der Beitrittsverträge bejaht und sie entsprechend dem Gedanken des Rückforderungsdurchgriffs gem. § 358 Abs. 4 S. 5 BGB nach den Grundsätzen über die fehlerhafte Gesellschaft ex nunc abgewickelt.[1077] Dies hatte jedoch zur Folge, dass nicht die vollständige Einlage, sondern lediglich das regelmäßig weit unterhalb der Einlage liegende aktuelle Auseinandersetzungsguthaben ausgezahlt

1073 EuGH, Urteil v. 25. Oktober 2005, Rs. C-350/03 – Schulte, Slg. 2005, I-9215, Rn. 67 ff; EuGH, Urteil v. 25. Oktober 2005, Rs. C-229/04 – Crailsheimer Volksbank, Slg. 2005, I-9273, Rn. 46 ff.; so auch *Lauer*, BKR 2004, 92 (94).

1074 *Bergmann*, Jura 2010, 426 (431).

1075 *Habersack*, JZ 2006, 91 (93); *Häublein*, NJW 2006, 1553 (1556); *Ehricke*, ZBB 2005, 443 (449).

1076 Da die Untersuchung sich auf die Widerrufsvorschriften im europäischen Vertragsrecht fokussiert, wird von einer Auseinandersetzung mit den Umsetzungsvorschlägen im deutschen Recht abgesehen. Vgl. dazu *Habersack*, JZ 2006, 91 (92 f.); *Häublein*, NJW 2006, 1553 (1554 ff.); *Knops/Kulke*, VuR 2006, 127 (132 ff.); *Staudinger*, NJW 2005, 3521 (3524 f.); *Jungmann*, NJW 2007, 1562 (1563 ff.); *Möllers/Grassl*, VuR 2010, 3 (7 ff.); *Rott*, GPR 2006, 25 (26 f.).

1077 U. a. BGHZ 133, 254; BGHZ 148, 201.

wurde.[1078] Der BGH hat schließlich dem EuGH im Wege des Vorabentscheidungsverfahrens nach Art. 267 AEUV u. a. die Frage vorgelegt, ob die Beitrittsverträge unter den Anwendungsbereich der Haustürgeschäfterichtlinie fielen, da sie gem. Art. 3 Abs. 2 lit. a) HGRL nicht für Verträge über den Bau, den Verkauf und die Miete von Immobilien sowie Verträge über andere Rechte an Immobilien Anwendung fand.[1079] Der EuGH bejahte dies, da der maßgebliche Zweck des Beitritts nicht darin liege, Mitglied der Personengesellschaft zu werden, deren Aufgabe es ist, ein Grundstück instand zu setzen, zu modernisieren und zu verwalten, sondern darin, Kapital anzulegen.[1080] Der Fondsbeitritt ist daher als ein Anlagevertrag und nicht als ein Vertrag zum Erwerb von Eigentumsrechten an einem Grundstück anzusehen.[1081]

b. Änderungen durch die Verbraucherkreditrichtlinie 2008

Die Einführung des Widerrufsrechts in Art. 14 VKRL 2008 und die Regelung über verbundene Verträge in Art. 15 VKRL 2008 könnte zu einer Änderung der Rechtslage und der Regelung der Schrottimmobilienfälle auf europäischer Ebene führen. Allerdings ist die Regelung über die verbundenen Verträge als *umgekehrter Widerrufsdurchgriff* konzipiert, sodass sich die Rechtsfolgen beim Widerruf eines Kreditvertrags nicht auf den verbundenen Vertrag, sondern lediglich gem. Art. 14 Abs. 4 VKRL 2008 auf die Nebenleistungen des Kreditvertrags erstrecken.[1082] Ein Immobilienkaufvertrag kann aber nicht als eine Nebenleistung angesehen werden. Die Verbraucherkreditrichtlinie von 2008 führt in Erwägungsgrund 22 als Beispiel für eine Nebenleistung die Eröffnung eines Bankkontos an und hebt in Art. 4 Abs. 3 VKRL 2008 einen Versicherungsvertrag (gemeint ist vor allem die Restschuldversicherung) hervor. In beiden genannten Fällen ist die Nebenleistung Voraussetzung dafür, dass der Kredit gewährt wird und ist somit Bestandteil des Kreditvertrags. Ein Immobilienvertrag kann zwar mit einem Kreditvertrag eng verbunden sein, stellt jedoch einen eigenständigen gleichwertigen Vertrag dar.

Hinzu kommt, dass die Verbraucherkreditrichtlinie von 2008 in Art. 2 Abs. 2 lit. a und b VKRL 2008 Real- und Immobilienkredite aus ihrem Anwendungsbereich herausnimmt, sodass die Widerrufsvorschriften der Verbraucherkreditrichtlinie von 2008 nicht zur Anwendung kommen.[1083] Aber auch die Verbraucherrechterichtlinie findet für den Fall, dass der Kreditvertrag und der Immobilienkaufvertrag an der Haustür abgeschlossen werden, keine Anwendung,

---

1078 *Podewils*, EWS 2010, 265 (266).
1079 BGH, EuZW 2008, 377.
1080 EuGH, Urteil v. 15. April 2010, Rs. C-215/08 – Friz, Slg. 2010 I-00000, Rn. 34; *Armbrüster*, EuZW 2010, 614 (615).
1081 *Bergmann*, Jura 2010, 426 (435).
1082 Siehe unter § 4 D. IV. 2.
1083 Siehe unter § 2 D. IV. 1. b. aa. (1).

weil die Verbraucherrechterichtlinie gem. Art. 3 Abs. 3 lit e) VRRL für Verträge über den Erwerb von Immobilien nicht gilt.

Schließlich kann auch die Richtlinie über Wohnimmobilienkreditverträge nicht eintreten, die ja gerade die Lücke bei den grundpfandrechtlich besicherten Kreditverträgen und bei den Kreditverträgen zum Erwerb oder Erhalt von Eigentumsrechten an Grundstücken schließen soll.[1084] Die Richtlinie legt nach Art. 14 Abs. 6 UAbs. 2 WIKRL den Mitgliedstaaten lediglich die Pflicht auf, eine Bedenkfrist von sieben Tagen festzuschreiben, die entweder als eine Bedenkzeit vor Abschluss des Kreditvertrags, als Widerrufsrecht und damit als eine Bedenkzeit nach Abschluss des Kreditvertrags oder in beiden Formen ausgestaltet werden kann.[1085] Damit besteht auf europäischer Ebene für Wohnimmobilienkreditverträge kein einheitliches Widerrufsrecht und somit auch keine Regelung für verbundene Verträge. Die Rechtsfolgen des Widerrufsrechts bei den verbundenen Verträgen richten sich folglich nach den mitgliedstaatlichen Vorschriften.

Für den Beitritt zu einem Immobilienfonds ergibt sich dasselbe Ergebnis. Ein Kreditvertrag, der den Beitrittsvertrag finanziert, fällt in den Anwendungsbereich der Verbraucherkreditrichtlinie von 2008, sofern er nicht durch ein Grundpfandrecht besichert ist. Anderenfalls kommt die Wohnimmobilienkreditrichtlinie zur Anwendung, die – wie soeben erörtert – keine einheitlichen Widerrufsregelungen aufweist und den Mitgliedstaaten die Möglichkeit der Regelung überlässt. Da die Verbraucherkreditrichtlinie von 2008 in Art. 14 Abs. 1 VKRL 2008 nur einen umgekehrten Widerrufsdurchgriff regelt, also lediglich die Widerrufsfolgen des verbundenen Vertrags auf den Kreditvertrag erstreckt, und der Beitrittsvertrag auch nicht von der Regelung über die Nebenleistungen nach Art. 14 Abs. 4 VKRL 2008 umfasst wird, müsste der Verbraucher den Beitrittsvertrag zum geschlossenen Immobilienfonds widerrufen. Unionsrechtlich ist dies nach Inkrafttreten der Verbraucherrechterichtlinie für den Fall, dass der Vertrag im Fernabsatz oder außerhalb von Geschäftsräumen geschlossen wurde, jedoch nicht möglich, da nach Art. 3 Abs. 3 lit. d) VRRL Finanzdienstleistungen ebenfalls vom Anwendungsbereich der Verbraucherrechterichtlinie ausgeschlossen sind. Folglich ist die Schrottimmobilienproblematik nicht länger am Maßstab des Unionsrechts zu beurteilen, sondern ist allein Sache des nationalen Rechts.

1084 Zur Abgrenzung der Anwendungsbereiche der Wohnimmobilienkreditrichtlinie und der Verbraucherkreditrichtlinie von 2008, einschließlich der Änderung des Anwendungsbereichs der Verbraucherkreditrichtlinie von 2008 durch die Wohnimmobilienkreditrichtlinie sowie zu den Schutzinstrumenten der Wohnimmobilienkreditrichtlinie siehe unter § 2 D. IV. 1. b. aa. (1) und (5) sowie unter § 3 D. V.

1085 *König*, WM 2013, 1688 (1693).

V. Zwischenergebnis

Im Hinblick auf die Rückgewähr zeichnet sich bei den übrigen verbraucherschützenden Richtlinien sowie beim Entwurf eines Gemeinsamen Referenzrahmens die Regelung ab, dass die vertraglichen Verpflichtungen mit Ausübung des Widerrufsrechts erlöschen und die Leistungen von Unternehmer und Verbraucher innerhalb einer Frist von höchstens 30 Tagen zurückzugewähren sind. Dabei wird die Frist an das Versenden bzw. an den Erhalt der Widerrufserklärung geknüpft. Zudem lässt sich in den verbraucherschützenden Richtlinien und dem Entwurf eines Gemeinsamen Referenzrahmens die Tendenz ablesen, dass der Verbraucher Wertersatz leisten muss, wenn sich der Gegenstand wegen eines über eine schlichte Prüfung hinausgehenden Gebrauchs verschlechtert. Ein Nutzungsersatz und die Rückzahlung weiterer Kosten werden im Wesentlichen abgelehnt, obwohl auch die Einräumung des Ersatzes von Nutzungen, die der Verbraucher infolge eines über das reine Testen der Ware zieht, zweckmäßig wäre.[1086] Bei den Anforderungen an die Rückabwicklung verbundener Verträge lassen die meisten verbraucherschützenden Richtlinien und der Entwurf eines Gemeinsamen Referenzrahmens die Erstreckung der Widerrufsrechtsfolgen auf alle verbundenen Verträge zu, wobei für die kreditfinanzierten Verträge mit Verweis auf Art. 15 VKRL 2008 eine Sonderregelung gilt.

Die Verbraucherkreditrichtlinie von 2008 folgt im Wesentlichen den Entwicklungen des übrigen Verbraucheracquis. Dennoch ergeben sich einige, dem Verbraucherkredit immanente Besonderheiten. So hat der Verbraucher spätestens innerhalb von 30 Tagen neben der Kreditsumme Wertersatz in Form von Zinszahlungen zu leisten, was jedoch nicht einem hohen Verbraucherschutzniveau widerspricht, sondern einen gerechten Ausgleich zwischen Unternehmer und Verbraucher fördert.[1087] Darüber hinaus belastet die Verbraucherkreditrichtlinie von 2008 den Verbraucher mit Entschädigungen für Entgelte, die der Kreditgeber an Behörden entrichten musste und nicht zurückverlangen kann.

Hinsichtlich der Regelung zu den verbundenen Verträgen sieht Art. 15 Abs. 1 VKRL 2008 einen umgekehrten Widerrufsdurchgriff vor, nach dem sich die Widerrufsrechtsfolgen eines verbundenen Warenlieferungs- oder Dienstleistungsvertrags auf den Kreditvertrag erstrecken. Auch wenn die Verbraucherkreditrichtlinie von 2008 durch diese restriktive Regelung bewusst die Anwendungsfälle eines Widerrufsdurchgriffs eingegrenzt und dadurch die Unternehmerinteressen berücksichtigt, hätte die Entwicklung des übrigen Verbraucheracquis auch eine Ausweitung des Widerrufs des Verbraucherkreditvertrags auf sämtliche verbundenen Verträge gerechtfertigt.[1088]

1086 Siehe unter § 4 D. II. 3.

1087 *Heiderhoff*, Europäisches Privatrecht, § 6, Rn. 361.

1088 Siehe unter § 4 D. IV. 2.

Darüber hinaus sieht Art. 15 Abs. 2 VKRL 2008 einen Einwendungsdurchgriff vor, mit dem die Verbraucherkreditrichtlinie von 2008 über die bisherigen Regelungen im Acquis communautaire hinausgeht. Eine solche Regelung wäre auch im übrigen Verbraucheracquis sinnvoll.

Die Verbraucherkreditrichtlinie von 2008 führt zu keinen Änderungen im Bereich der Rechtsprechung zu den Schrottimmobilienfällen. Dies rührt im Wesentlichen daher, dass Real- und Immobilienkredite gem. Art. 2 Abs. 2 lit. a) und b) VKRL 2008 aus dem Anwendungsbereich der Verbraucherkreditrichtlinie von 2008 ausgenommen sind und die Verbraucherrechterichtlinie in Art. 3 Abs. 3 lit. e) VRRL sowohl Verträge über den Erwerb von Immobilien als auch Verträge über Finanzdienstleistungen vom Anwendungsbereich ausschließt. Die Wohnimmobilienkreditrichtlinie schließt diese Lücke nicht, da sie nach Art. 14 Abs. 6 UAbs. 2 WIKRL den Mitgliedstaaten die Regelung einer Bedenkzeit überlässt. Die Widerrufsrechtsfolgen bei Kreditverträgen mit verbundenem Grundstücksgeschäft bzw. Beitrittsverträgen zu einem geschlossenen Immobilienfonds ist damit nicht länger auf der Grundlage des europäischen Vertragsrechts zu beurteilen, sondern allein anhand des mitgliedstaatlichen Rechts, obwohl die europäischen Vorgaben zu den Rechtsfolgen des Widerrufsrechts, insbesondere durch die Verbraucherrechterichtlinie, den Entwurf eines Gemeinsamen Referenzrahmens und der Verbraucherkreditrichtlinie von 2008 dies hergäben.[1089]

E. Ergebnis zu § 4

Insgesamt ist festzuhalten, dass die Verbraucherkreditrichtlinie von 2008 im Wesentlichen den Regelungen und Wertungen folgt, die sich im übrigen Acquis communautaire entwickelt haben. Dabei fällt auf, dass der europäische Gesetzgeber zur Rechtsangleichung nicht – wie in Erwägungsgrund 34 der Verbraucherkreditrichtlinie von 2008 angekündigt – lediglich die Widerrufsbestimmungen der „verwandten Sachgebiete“ auf das Verbraucherkreditrecht überträgt, sondern eine abweichende Regelung dort trifft, wo ein ausgeglichenes Verhältnis zwischen Unternehmer und Verbraucher es erfordert. Beispielsweise lassen die Erläuterungspflichten in Art. 5 Abs. 6 VKRL 2008 darauf schließen, dass der europäische Gesetzgeber geringere Anforderungen an den Verbraucher stellt und nicht vom informierten, sondern vom *informierbaren* Verbraucher ausgeht. Darüber hinaus wurde mit der Verbraucherkreditrichtlinie von 2008 das Formular „Europäische Standardinformationen für Verbraucherkredite“ eingeführt und die Informationen über das Widerrufsrecht im Rahmen der vorvertraglichen Informationspflichten reduziert. Damit leistet die Verbraucherkreditrichtlinie von 2008 einen Beitrag zur Eindämmung des Informationsüberflusses, der als Vorbild für die weitere Entwicklung des Acquis communautaire dienen kann. Sonstige Abweichungen wie die Abwendbarkeit des Widerrufsrechts durch die Einschaltung eines Notars und

1089 Siehe unter § 4 D. IV. 1. und 2.

die Einführung eines Wertersatzes und Ersatzes für behördliche Entgelte, die nicht zurückverlangt werden können, sind der Materie des Verbraucherkreditrechts geschuldet und führen nicht zu einem Richtungswechsel im europäischen Verbrauchervertragsrecht.

Insgesamt bewegt sich die Verbraucherkreditrichtlinie 2008 damit in den vom übrigen Acquis communautaire vorgegebenen Rahmen unter Beachtung eines gerechten Ausgleichs der Verbraucher- und Unternehmerinteressen im Sinne der europäischen Verbraucherschutzkonzeption.

§ 5 Ausblick

A. Zusammenführung sektorspezifischer Regelungen

Das Harmonisierungskonzept des Europäischen Privatrechts hat in mehrfacher Hinsicht einen tief greifenden Wandel vollzogen. Zum einen hat der europäische Gesetzgeber im europäischen Vertragsrecht einen Wechsel des Harmonisierungsansatzes von der Mindestharmonisierung zur Vollharmonisierung durchgeführt.[1090] Dieser Wechsel im Harmonisierungsansatz ist im Wesentlichen in Bereichen zu beobachten, in denen bereits existierende Richtlinien reformiert wurden, wie in der Timesharing-Richtlinie, in der Verbraucherrechterichtlinie und in der Verbraucherkreditrichtlinie. Zum anderen streben Kommission und Wissenschaft danach, einzelne Sektoren gemeinsam zu regeln und dadurch Inkonsistenzen zu beseitigen und einzelne Schutzinstrumente für verschiedene Regelungsbereiche einheitlich fortzuentwickeln.

Eine klare Linie bezüglich des Harmonisierungskonzeptes lässt sich dieser neueren Entwicklung nicht entnehmen. Dies verwundert nicht. Die Schaffung eines europäischen Vertragsgesetzbuchs erscheint politisch bislang nicht realisierbar. Dies zeigen insbesondere die unterschiedlichen Reaktionen der Mitgliedstaaten auf den Vorschlag der Kommission über ein Gemeinsames Europäisches Kaufrecht. Während die kleineren osteuropäischen Länder, wie beispielsweise Litauen, dem Entwurf durchaus positiv gegenüberstanden, lehnten die größeren Länder wie Deutschland, Frankreich und Großbritannien die Einführung eines optionalen Instruments grundsätzlich ab.[1091] Am 16. Dezember 2014 hat die Kommission den Vorschlag für eine Verordnung über ein Gemeinsames Europäisches Kaufrecht insgesamt zurückgenommen.[1092]

Trotz dieser unterschiedlichen Ansätze der Rechtsangleichung auf dem Gebiet des europäischen Vertragsrechts zeichnet sich die Zielsetzung des europäischen Gesetzgebers ab, bereits existierende sektorspezifische Regelungsbereiche horizontal zusammenzufassen und ihre Regelungen weiter aufeinander abzustimmen und zu verdichten.[1093] Dieses Bestreben ist zu begrüßen, denn darin liegt zugleich

---

1090 *Mittwoch*, Vollharmonisierung und Europäisches Privatrecht, 1 (12); *Ebers*, Rechte, Rechtsbehelfe und Sanktionen im Unionsprivatrecht, 743.

1091 *Mayer/Lindemann*, ZEuP 2014, 1 (6).

1092 Siehe unter § 3 A. IV.

1093 Mitteilung der ehemaligen Kommissarin für Justiz, Grund- und Bürgerrechte Viviane Reding an die Mitglieder des Europäischen Parlaments vom 7.1.2010, Dokument PE431.139v02–00, 10, in der sie die Erarbeitung eines Europäischen Zivilgesetzbuches als mittelfristiges Projekt besonders hervorhebt; *Schulze* in Schulte-Nölke/Zoll/Jansen/Schulze (Hrsg.), Der Entwurf für ein optionales europäisches Kaufrecht, 159, der von einer „Anschlussfähigkeit" des Widerrufsrechts spricht.

die Chance, die Regelungen des Widerrufsrechts derart weiter anzugleichen, dass auch die Vorschriften zum Widerrufsrecht der Verbraucherkreditrichtlinie von 2008 mit einbezogen wären.

Strukturell ließe sich hierfür die Systematik des Entwurfs eines Gemeinsamen Referenzrahmens heranziehen, der sich gegenüber der Verbraucherrechterichtlinie darin unterscheidet, dass er die Ausnahmen und Besonderheiten des Vertragstyps in einem gesonderten Unterkapitel regelt. Damit differenziert er noch deutlicher als die Verbraucherrechterichtlinie zwischen den Auslösern eines Widerrufsrechts (bestimmte Vertriebsmethode bzw. Vertragstyp) und allgemeinen Regelungen des Widerrufsrechts, die auf sämtliche ein Widerrufsrecht auslösende Ereignisse übertragen werden können.[1094] Daraus lässt sich ableiten, dass sich die Struktur des Widerrufsrechts immer mehr in einen Allgemeinen und einen Besonderen Teil aufgliedert.[1095] Der Allgemeine Teil enthält Regelungen, die auf alle Widerrufsrechte Anwendung finden, wie die Widerrufsfrist, den Widerrufsbeginn sowie Regelungen zur Ausübung und Rückabwicklung des Widerrufsrechts. Der Besondere Teil dagegen wird den Besonderheiten der jeweiligen Vertriebsmethoden bzw. Vertragstypen, beispielsweise deren spezifischen Ausnahmen vom Widerrufsrecht, gerecht. Eine Einbeziehung des Widerrufsrechts der Verbraucherkreditrichtlinie von 2008 würde dazu führen, dass die Besonderheiten des Verbraucherkredits, insbesondere die Ausnahmen vom Widerrufsrecht beim Verbraucherkreditvertrag, in einer Regelung zusammengefasst würden. Daneben würden die allgemeinen Vorschriften des Widerrufsrechts auch auf den Verbraucherkreditvertrag Anwendung finden. Es stellt sich daher abschließend die Frage, ob die Widerrufsrechtsvorschriften der Verbraucherkreditrichtlinie 2008 in eine solche allgemeine Widerrufsrechtsregelung integriert werden können.

B. Einbeziehung des Widerrufsrechts der Verbraucherkreditrichtlinie

Die Einbeziehung des Verbraucherkreditrechts in ein allgemeines Widerrufsrechtsregime wäre aus Verbraucher- und Unternehmersicht möglich und erstrebenswert. Das Verbraucherkreditrecht verfolgt dasselbe Verbraucherschutzkonzept wie der übrige Acquis communautaire, indem es die Regelungen so ausgestaltet, dass die Interessen der Unternehmer so wenig wie möglich tangiert und die Interessen der Verbraucher dagegen so weit gestärkt werden, dass Verbraucher und Unternehmer sich nahezu als gleichwertige Vertragspartner begegnen. Damit wird eine gleiche Ausgangslage geschaffen. Dies ist entscheidend, da die Zusammenführung der

1094 Schulze/*Schulze*, CESL, Art. 40, Rn. 8 f.; *Schulze* in Schulte-Nölke/Zoll/Jansen/Schulze, Der Entwurf für ein optionales europäisches Kaufrecht, 158 f.

1095 Zur Entstehung eines allgemeinen Teils *Schulze/Zoll*, Europäisches Vertragsrecht, § 3, Rn. 119.

Regelungen zum Widerrufsrecht nur dann sinnvoll ist, wenn alle einbezogenen Regelungsinhalte dieselbe Schutzrichtung verfolgen.

Die Verbraucherkreditrichtlinie von 2008 bewegt sich aber auch bezüglich ihrer Rechtfertigung, des Anwendungsbereiches und der weiteren Modalitäten innerhalb der Grenzen des übrigen Acquis communautaire.[1096] So lässt sich z.B. die Rechtfertigung des Widerrufsrechts aus der Komplexität des Vertragsgegenstandes herleiten. Zudem sind Unternehmer- und Verbraucherbegriffe in der Verbraucherkreditrichtlinie von 2008 und in den übrigen verbraucherschützenden Richtlinien die gleichen und im Hinblick auf die Modalitäten des Widerrufsrechts orientiert sich das Widerrufsrecht nach Erwägungsgrund 34 der Verbraucherkreditrichtlinie 2008 an den Bedingungen der Fernabsatzrichtlinie für Finanzdienstleistungen. Auch das Verbraucherleitbild der Verbraucherkreditrichtlinie von 2008 bewegt sich in dem Spielraum des übrigen Acquis communautaire, nach dem der Verbraucher in der Lage sein muss, nach einer gründlichen Unterrichtung mitsamt Erläuterungen eine eigenverantwortliche Entscheidung zu fällen.

Darüber hinaus lassen sich für eine Weiterentwicklung der Widerrufsrechtsregelungen sowohl aus der Verbraucherkreditrichtlinie von 2008 als auch aus dem übrigen Acquis communautaire Vorschläge für Verbesserungen einzelner Widerrufsrechtsbestimmungen finden.

Für die Anforderungen an die Widerrufsbelehrung ist es entscheidend, den Verbraucher nicht mit einer Vielzahl von Informationen zu überfrachten und somit die Widerrufsbelehrung auf die nötigsten Informationen zu beschränken und Doppelungen zu meiden. Daher sollte am Beispiel der Verbraucherkreditrichtlinie von 2008 in den vorvertraglichen Informationspflichten nur über das Bestehen oder Nichtbestehen des Widerrufsrechts und ergänzend über etwaige Rücksendekosten belehrt werden. Ausführliche Informationen zur Ausübung des Widerrufsrechts und der anschließenden Rückabwicklung sollten erst bei Vertragsschluss folgen. Im Interesse des Unternehmers sollte für die Widerrufsbelehrung ein Standardformular eingeführt werden, das dem Verbraucher bei Vertragsschluss getrennt von den anderen Informationen überreicht wird. Auf diese Weise kann der Unternehmer sichergehen, dass die Widerrufsfrist nach Erhalt des Formulars tatsächlich zu laufen beginnt.

Die Widerrufsfrist beträgt mittlerweile auf europäischer Ebene einheitlich 14 Tage und beginnt mit Vertragsschluss. In einer allgemeinen Regel sollte wie in der Verbraucherkreditrichtlinie von 2008 klargestellt werden, dass der Fristbeginn an den Vertragsschluss und an den Erhalt aller wesentlichen Informationen geknüpft ist. Diese Regelung ermöglicht dem Verbraucher, sich auch dann von dem Vertrag zu lösen, wenn ihm wesentliche andere Informationen bei Vertragsschluss fehlen, die er im Anschluss zunächst selbst beschaffen müsste. Die Widerrufsfrist würde danach erst einmal nicht zu laufen beginnen. Aus Gründen der Rechtssicherheit sollte jedoch insgesamt ein absolutes Fristende von einem Jahr nach

1096 Vgl. § 4 der vorliegenden Arbeit.

Ablauf der ursprünglichen Widerrufsfrist gewählt werden, nach dessen Ablauf der Verbraucher unabhängig von einer richtigen oder vollständigen Belehrung sein Widerrufsrecht nicht länger ausüben kann. Zwar besteht bei Verbraucherkrediten wegen der langen Laufzeit und der Austauschbarkeit von Geld die Schwierigkeit, dass Verbraucher sich bei Unkenntnis über das Widerrufsrecht viel länger über die finanzielle Belastung Gedanken machen und ein Widerrufsrecht nicht in Betracht ziehen, obwohl es auch noch nach einer längeren Zeitspanne sinnvoll sein kann. Allerdings sollte in diesen Fällen auf andere Kompensationsmöglichkeiten, wie auf ein Schadensersatzanspruch wegen Verletzung der Aufklärungspflicht, zurückgegriffen werden.[1097] Wenn der Unternehmer die Belehrung jedoch innerhalb der absoluten Frist nachholt, sollte die Widerrufsfrist von 14 Tage zu laufen beginnen. Sobald der Verbraucher die vollständigen Informationen erhält, reicht eine Frist von 14 Tagen aus, um eine endgültige Entscheidung zu treffen.

Für die Widerrufsrechtsausübung sollte dem Verbraucher die Wahl überlassen werden, ob er mithilfe eines Muster-Standardformulars, das ihm bei Vertragsschluss ausgehändigt wird, oder auf andere Weise sein Widerrufsrecht ausübt. Für die Rechtzeitigkeit der Ausübung sollte die Dispatch-Regel beibehalten werden.

Mit Widerrufsausübung erlöschen die Verpflichtungen aus dem Vertrag und der Vertrag wird rückabgewickelt. Anders als bei Haustür- oder Fernabsatzgeschäften kann von dem Verbraucher bei einem Kreditvertrag nicht verlangt werden, dass er den Kredit binnen 14 Tagen zurückzahlt. Ebenso ist bei Teilzeitnutzungsrechten und bei Finanzdienstleistungen eine längere Rückabwicklung nötig. Daher sollte generell eine Rückabwicklung von 30 Tagen festgeschrieben werden, mit Ausnahme der Geschäfte, die im Fernabsatz und außerhalb von Geschäftsräumen abgeschlossen werden, solange es sich dabei nicht um Kreditverträge oder anderweitige im europäischen Vertragsrecht geregelte Vertragstypen handelt. Für Warenkäufe im Fernabsatz oder außerhalb von Geschäftsräumen reicht eine 14-tägige Rückabwicklungsfrist aus.

Das Widerrufsrecht sollte weiterhin so ausgestaltet werden, dass der Verbraucher es ohne Angabe von Gründen und ohne Kosten ausüben kann. Hiervon ausgenommen werden sollte die bereits allgemein anerkannte Wertersatzpflicht für die Verschlechterung der Ware sowie ein Nutzungsersatzanspruch für den Fall, dass der Verbraucher die Ware über eine reine Prüfung hinaus gebraucht. Zudem sollten die Zinsen im Verbraucherkredit und Entgelte bei Behörden, die der Unternehmer nicht zurückverlangen kann, unabhängig von der Kostenlosigkeit des Widerrufsrechts vom Verbraucher zu ersetzen sein.

Die Regelung zu den verbundenen Verträgen muss so ausgestaltet werden, dass sie die Verbraucherkredite mit umfasst. Dabei besteht das Problem, dass Art. 15 Abs. 1 VKRL 2008 nur einen umgekehrten Widerrufsdurchgriff vorsieht und sich ein Widerruf des Verbraucherkreditvertrags nicht auf andere Verträge erstreckt. Im Gegenzug sehen nicht alle verbraucherschützenden Richtlinien eine Erstreckung

1097 Siehe unter § 4 C. II. 2. a. cc.

der Widerrufsrechtsfolgen auch auf Verbraucherkredite vor. Der Acquis communautaire lässt seit der überarbeiteten Timesharing-Richtlinie (Art. 11 Abs. 1 TSRL 2009) und der Verbraucherrechterichtlinie (Art. 15 Abs. 1 VRRL) jedoch eine ausnahmslose Erstreckung der Widerrufsrechtsfolgen auf alle verbundenen Verträge zu, sodass bei einer Weiterentwicklung der Regelungen zum Widerrufsrecht ein Widerrufsdurchgriff für sämtliche Vertragstypen auf alle verbundenen Verträge festgeschrieben werden sollte. Ausgehend von der Regelung in Art. 15 Abs. 1 VRRL sollte eine Beendigung aller verbundenen Verträge *ohne Kosten* erfolgen. Ausgenommen davon sollten – neben dem Wertersatz wegen Verschlechterung und Nutzungsersatz bei normalem Gebrauch – der Zinssatz, der sich entsprechend der Dauer der Inanspruchnahme des Kredits nach dem Sollzinssatz berechnet, sowie Entschädigungen für Entgelte, die der Kreditgeber an Behörden entrichtet hat und nicht zurückverlangen kann.

Der besonders sensible Vertragstyp des Verbraucherkredits lässt sich demnach in das sich abzeichnende allgemeine Widerrufsrechtskonzept integrieren, ohne dabei die besondere Schutzbedürftigkeit des Verbrauchers im Verbraucherkreditrecht außer Acht zu lassen. Es bleibt abzuwarten, ob die Kommission bei der weiteren Rechtsangleichung diesem Vorschlag folgt und das Verbraucherkreditrecht bei der Weiterentwicklung des europäischen Vertragsrechts zukünftig stärker integriert.

§ 6 Zusammenfassung der wichtigsten Ergebnisse

Mit der Verbraucherkreditrichtlinie von 2008 hat der europäische Gesetzgeber eine weitere verbraucherschützende Richtlinie verabschiedet, die den Verbraucher mithilfe eines Widerrufsrechts schützt. Nach Untersuchung der einzelnen Bestimmungen des Widerrufsrechts in der Verbraucherkreditrichtlinie von 2008 im Lichte des übrigen Acquis communautaire lässt sich feststellen, dass die Verbraucherkreditrichtlinie von 2008 im Grunde dem europäischen Verbraucherschutzkonzept folgt, dem zugrunde liegt, dass der europäische Gesetzgeber so wenig wie möglich in das Marktgeschehen eingreift und Schutzinstrumente zugunsten des Verbrauchers wählt, die die materielle Vertragsfreiheit stärken.[1098] Dies gestattet es, bei einer weiteren Rechtsangleichung die Widerrufsrechtsbestimmungen des Verbraucherkredits in eine allgemeine Regelung des Widerrufsrechts für den gesamten Acquis communautaire zu integrieren. Bei der Ausgestaltung einer solchen Regelung können sowohl neue Wege der Verbraucherkreditrichtlinie von 2008 als auch bewährte Bestimmungen des übrigen Acquis communautaire Eingang finden. Im Einzelnen lassen sich die Ergebnisse der Untersuchung folgendermaßen zusammenfassen:

1. Das Widerrufsrecht schränkt zugunsten der materiellen Vertragsfreiheit die Bindungswirkung des Vertrages ein und bedarf daher einer Rechtfertigung, um den Ausnahmecharakter des Schutzinstruments zu wahren. Die Rechtfertigung des Widerrufsrechts kann nach dem Schutzziel oder nach dem jeweiligen Auslöser der Gefahr erfolgen.

   Hinsichtlich der Einteilung nach dem Schutzziel ist das Widerrufsrecht der Verbraucherkreditrichtlinie von 2008 nicht dem Überrumpelungs- und Übereilungsschutz oder der Informationsasymmetrie, sondern – der Fernabsatzrichtlinie für Finanzdienstleistungen folgend – der Kategorie der Komplexität des Vertrages zuzuordnen. In der Kategorie der Komplexität liegt das Defizit im Vergleich zur ebenfalls naheliegenden Kategorie der Informationsasymmetrie schwerpunktmäßig in der Verarbeitung der vielen und schwer verständlichen Informationen und nicht in der Beschaffung der Informationen selbst. Bezüglich des Auslösers der Gefahr ist nicht auf die Situation des Vertragsschlusses, sondern auf den Vertragsgegenstand des Kreditvertrags abzustellen.
2. Die Verbraucherkreditrichtlinie von 2008 folgt – wie bereits die übrigen verbraucherschützenden Richtlinien – dem engen Verbraucherbegriff, unter den nur natürliche Personen fallen, die zu einem Zweck handeln, der nicht der beruflichen oder gewerblichen Tätigkeit zugerechnet werden kann. Diese

1098 Zum europäischen Verbraucherschutzkonzept siehe unter § 3 C. III.

Entscheidung ist sachgerecht, da sie den Kreis der Nutznießer von Verbraucherrechten im Interesse des Unternehmers auf die wahren Schutzbedürftigen beschränkt.

Dies heißt aber auch, dass Idealvereine und Existenzgründer nicht in den Verbraucherbegriff einbezogen werden. Auch wenn diesen beiden Kategorien eine gewisse Schutzbedürftigkeit nicht abzusprechen ist, ist zu berücksichtigen, dass ein Idealverein von seinen Mitgliedern unabhängig ist und daher seine Schutzbedürftigkeit nicht an einzelnen natürlichen Personen gemessen werden kann.

Existenzgründer hingegen schließen einen Kreditvertrag gezielt bezogen auf eine eigene gewerbliche Tätigkeit ab, sodass man annehmen kann, dass sie sich im Vorfeld besonders informiert und bewusst zu dem Vertrag entschieden haben. Gegen eine Einbeziehung der Existenzgründer in den Verbraucherbegriff spricht zudem, dass der deutsche Gesetzgeber in § 513 BGB ganz bewusst die Anwendung der §§ 491–512 BGB auf Existenzgründer ausgedehnt hat.[1099]

Arbeitnehmer fallen nach der oben genannten Definition ebenfalls nicht unter den Verbraucherbegriff, wenn der Vertrag im Zusammenhang mit ihrem Beruf steht. Etwas anderes gilt, wenn der Vertrag unabhängig von der beruflichen Tätigkeit abgeschlossen wird. Hier rechtfertigt das zusätzliche Überraschungsmoment die besondere Schutzbedürftigkeit und damit die Einbeziehung in den Verbraucherbegriff. Der deutsche Gesetzgeber hat den Verbraucherbegriff in § 13 BGB dagegen weiter gefasst und schließt auch die unselbstständige berufliche Tätigkeit mit ein, sodass der Arbeitnehmer in Deutschland vom Verbraucherbegriff erfasst ist.

Der Bürge ist aufgrund der Schutzrichtung der Verbraucherkreditrichtlinie von 2008 und der Tatsache, dass Sicherheiten aus dem Anwendungsbereich herausgenommen wurden, nicht als Verbraucher i. S. d. Verbraucherkreditrichtlinie von 2008 zu behandeln. Anderes gilt für die Kapitalanleger, die infolge des Wortlauts und des Schutzzwecks in den persönlichen Anwendungsbereich und damit in den Verbraucherbegriff einzubeziehen sind.

Nicht von der Verbraucherkreditrichtlinie von 2008 aufgegriffen wird die Dual-Use-Problematik. Sie obliegt somit der Entscheidung des EuGHs und den nationalen Gesetzgebern. Der deutsche Gesetzgeber erkennt die Verbrauchereigenschaft bei Dual-Use-Geschäften nach § 13 BGB bereits dann an, wenn der Verbraucher nicht überwiegend gewerblich oder selbstständig beruflich tätig wird. Sachgerechter wäre eine positive Formulierung gewesen, nach der für eine Bejahung der Verbrauchereigenschaft ein überwiegender privater Zweck bestehen muss, denn anderenfalls sind auch Verbraucher, die gleichermaßen aus beruflichen und privaten Zwecken handeln, als Verbraucher zu behandeln. Letztere haben bei Vertragsabschluss aber auch zum gleichen Teil ihre beruflichen Ziele vor Augen und sind damit nicht ebenso schutzwürdig wie Personen, die überwiegend aus privaten Zwecken handeln.

1099 MüKo/*Schürnbrand*, § 513, Rn. 1, 1a.

3. Durch die aktuelle Regelung des Grundsatzes der verantwortungsvollen Kreditvergabe in der Verbraucherkreditrichtlinie von 2008 bleibt die Verantwortung der Entscheidung über die Konditionen des Kreditvertrags beim Verbraucher. Das Risiko einer ungünstigen Kreditwahl wird nicht auf den Kreditgeber abgewälzt. Dennoch werden dem Kreditgeber über die Informationspflichten hinaus Erläuterungspflichten bzgl. der vorvertraglichen Informationspflichten und der Hauptmerkmale der angebotenen Kreditverträge aufgebürdet, die der Unterstützung, aber nicht der Herabsetzung der Eigenverantwortung des Verbrauchers dienen. Somit geht der europäische Gesetzgeber davon aus, dass der Verbraucher weitere Unterstützung braucht, damit ein Kräfteverhältnis zwischen den Marktteilnehmern ausgeglichen wird.[1100]

   Im Vergleich zu dem herrschenden Leitbild des informierten Verbrauchers, der bei Erhalt von Informationen selbstständig in der Lage ist, sich ausreichend zu informieren, wird der Maßstab des Verbraucherleitbildes in der Verbraucherkreditrichtlinie 2008 damit herabgesetzt. Der Verbraucher in der Verbraucherkreditrichtlinie von 2008 kann treffender als *informierbarer* Verbraucher[1101] bezeichnet werden, da er zu den Informationen noch Erläuterungen benötigt, dann aber eine eigenverantwortliche und informierte Entscheidung treffen kann.

   Entscheidend ist, dass der europäische Gesetzgeber auch im sensiblen Bereich des Verbraucherkreditrechts davon ausgeht, dass der Verbraucher letztlich in der Lage ist, eine selbstbestimmte und informierte Entscheidung zu fällen. Folglich ist anzunehmen, dass das Leitbild des mündigen Verbrauchers, wie es sich im Verbraucherschutzacquis durchgesetzt hat, einen Spielraum zulässt, in dem sich das Verbraucherleitbild der Verbraucherkreditrichtlinie von 2008 bewegt. Das Verbraucherleitbild der Verbraucherkreditrichtlinie von 2008 steht somit nicht im Widerspruch zur europäischen Verbraucherschutzkonzeption und lässt sich in den Acquis communautaire integrieren. Es zeigt sich, dass dem europäischen Gesetzgeber ein ausgeglichenes Kräfteverhältnis der Marktteilnehmer wichtiger war als die schlichte Übertragung der Grundideen zum Widerrufsrecht aus den „verwandten Sachgebieten".[1102]

4. Die Verbraucherkreditrichtlinie 2008 überwindet das Risiko eines Informationsüberflusses beim Verbraucher mit der Einführung des Formulars „Europäische Standardinformationen für Verbraucherkredite" und mit der Einführung einer Erläuterungspflicht. Darüber hinaus werden die vorvertraglichen Informationen im Vergleich zu den Informationen in der Vertragsurkunde reduziert. Der Unternehmer hat den Verbraucher auf diese Weise nur über die Existenz und noch nicht über die Einzelheiten des Widerrufsrechts zu informieren. Dies verhindert eine Doppelung der Informationen und eine Überforderung des Verbrauchers und ließe sich als Vorbild für die Weiterentwicklung des Acquis

1100 Vgl. Erwägungsgrund 27 der Verbraucherkreditrichtlinie von 2008.
1101 Vgl. § 3 C. III.
1102 Vgl. Erwägungsgrund 34 der Verbraucherkreditrichtlinie von 2008.

communautaire heranziehen. Allerdings geht diese Regelung noch nicht weit genug. Die Informationen, die der Verbraucher bei Vertragsschluss zum ersten Mal erhält, wie beispielsweise die Einzelheiten über das Widerrufsrecht, müssten in der Vertragsurkunde kenntlicher gemacht werden. Im Hinblick auf das Widerrufsrecht könnte dies durch ein abgetrenntes Formblatt erfolgen. Im Übrigen müsste hinsichtlich doppelter Informationen, die sowohl vorvertraglich als auch bei Vertragsschluss zu erteilen sind, in der Vertragsurkunde auf das im Vorfeld zu überreichende Formular „Europäische Standardinformationen für Verbraucherkredite“ verwiesen werden.

5. Die Verbraucherkreditrichtlinie von 2008 sieht kein absolutes Fristende für den Widerruf vor. Vor dem Hintergrund, dass der Verbraucher sein Widerrufsrecht nicht ausüben kann, wenn er von der Existenz eines solchen Rechts nichts weiß, setzt eine nicht ordnungsgemäße Widerrufsbelehrung die Widerrufsfrist nicht in Gang. Hier folgt die Verbraucherkreditrichtlinie von 2008 zwar den älteren Verbraucherschutzrichtlinien und fügt sich damit in den übrigen Acquis communautaire ein.

   Eine Übertragung der Regelung der neueren Verbraucherschutzrichtlinien wäre allerdings sinnvoller gewesen. Zum Zwecke der Rechtssicherheit wäre eine Begrenzung der Widerrufsfrist auf ein Jahr nach Ablauf der regulären Widerrufsfrist angebracht. Danach ist anzunehmen, dass der Verbraucher sich ein umfangreiches Bild von der finanziellen Belastung gemacht hat und davon absehen wird, sich selbst weitere Informationen zu beschaffen.[1103] Auch wenn sich der Verbraucher bei einem Kreditvertrag aufgrund der leichter austauschbaren Geldschuld viel länger mit Abwendungsmöglichkeiten der finanziellen Belastung auseinandersetzen wird, kann eine Begrenzung der Widerrufsfrist auf ein Jahr zum Zwecke einer weiteren Vereinheitlichung des Widerrufsrechts begründet werden. Die Verbraucher müssen sich nicht mit unterschiedlichen Ausgestaltungen des Widerrufsrechts auseinandersetzen und können darauf vertrauen, dass die Regelungen für sämtliche Widerrufsrechte gelten. Eine einheitliche Begrenzung der Widerrufsfrist wäre auch mit dem Postulat eines hohen Verbraucherschutzniveaus vereinbar, denn dem Verbraucher steht mit einem Schadensersatzanspruch wegen fehlender Widerrufsbelehrung eine anderweitige Kompensationsmöglichkeit zur Verfügung.[1104]

   Die absolute Widerrufsfrist im Verbraucherkreditrecht kann aktuell bei missbräuchlichem Verhalten des Verbrauchers durch das Rechtsinstitut der Verwirkung begrenzt werden. Hierzu ist eine Abwägung im Einzelfall unter Berücksichtigung der Schwere der Mängel der Widerrufsbelehrung, der Unredlichkeit des Verhaltens des Verbrauchers und der Zielsetzung des Widerrufsrechts durchzuführen.

1103 Siehe unter § 4 D. II. 2. a. cc.
1104 Siehe unter § 4 D. II. 2. a. cc.

6. Das Widerrufsrecht kann nicht rechtsgeschäftlich durch Verzicht abgewendet werden. Allerdings kann die Mitwirkung eines Notars das Widerrufsrecht ausschließen. Diese Vorschrift ist dem Schutz des öffentlichen Glaubens in den Bestand einer notariellen Beurkundung geschuldet. Bei Ausübung eines Widerrufsrechts müsste der unter Mitwirkung eines Notars eingegangene Kreditvertrag ansonsten rückabgewickelt werden. In Deutschland stellen die in § 17 Abs. 2a S. 2 BeurkG festgeschriebene vorzeitige Bedenkzeit und ein persönliches Erscheinen des Verbrauchers beim Notar ein mit dem Schutzzweck des Widerrufsrechts ausreichendes Äquivalent dar, da das Widerrufsrecht im Verbraucherkreditrecht nicht vor Übereilung, sondern vor der Komplexität des Vertrages schützen soll. Daher ist ein Ausschluss des Widerrufsrechts zugunsten des Vertrauens der Öffentlichkeit in den Bestand einer notariellen Beurkundung als Ausnahmeregelung gerechtfertigt.
7. Im Gegensatz zu den anderen bereits existierenden Verbraucherschutzrichtlinien verpflichtet die Verbraucherkreditrichtlinie von 2008 den Verbraucher neben der Rückzahlung des Kredites zum Wertersatz für den allgemeinen Gebrauch, nämlich für den Gebrauchsvorteil des Kredits. Damit ist eine Zahlung von Zinsen ab dem Zeitpunkt der Inanspruchnahme bis zur Rückzahlung des Kredits auf der Grundlage des Sollzinssatzes gemeint. Der Wertersatz steht jedoch nicht im Widerspruch mit dem übrigen Verbraucheracquis, der den Verbraucher grundsätzlich nicht zur Zahlung von Wert- und Nutzungsersatz verpflichtet, um ihn nicht von der Ausübung des Widerrufsrechts abzuhalten.

   Vielmehr lässt sich auch in diesem Punkt das Verständnis der Widerrufsrechtsbestimmungen der „verwandten Sachgebiete“ auf die Verbraucherkreditrichtlinie von 2008 übertragen. Im Verbraucherkreditrecht beeinflusst der Wertersatzanspruch nicht die Entscheidung über das Widerrufsrecht als solches, da sie nicht im Zusammenhang mit der Beschaffenheit einer Ware, sondern allein mit Vertragskonditionen gefällt wird. Die Vertragskonditionen sind dem Verbraucher jedoch bekannt. Die Höhe des Wertersatzes ist daher nicht überraschend und berührt aufgrund seines geringen Prozentsatzes im Verhältnis zur Gesamtsumme und der geringen Laufzeit nicht die Zweckmäßigkeit des Widerrufsrechts, da sie den Verbraucher nicht von der Ausübung seines Widerrufsrechts abhält.
8. Die Verbraucherkreditrichtlinie von 2008 behält zwar die Regelungen zum Einwendungsdurchgriff aus der Ursprungsrichtlinie bei und verschafft dem Verbraucher im Vergleich zum übrigen Acquis communautaire, in dem der Einwendungsdurchgriff nicht geregelt ist, mehr Rechte. Allerdings führt sie nur sehr restriktiv einen einseitig auf den Kreditvertrag bezogenen umgekehrten Widerrufsdurchgriff ein. Dies führt dazu, dass sich die Widerrufsrechtsfolgen bei Vorliegen eines auf Unionsrecht beruhenden Widerrufsrechts eines Warenlieferungs- oder Dienstleistungsvertrags auf den Kreditvertrag erstrecken und nicht umgekehrt die Widerrufsrechtsfolgen des Kreditvertrags auf verbundene Kauf- oder Dienstverträge, die dem Unionsrecht unterliegen. Die Verbraucherkreditrichtlinie von 2008 übernimmt damit strikt die Vorgaben

aus dem übrigen Acquis communautaire. An dieser Stelle hätte die Verbraucherkreditrichtlinie von 2008 die Möglichkeit gehabt, den Widerrufsdurchgriff auch auf dem Unionsrecht unterliegende verbundene Kauf- oder Dienstverträge auszuweiten und einen Impuls für eine Weiterentwicklung des Acquis communautaire zu setzen. Die Einführung eines Widerrufsdurchgriffs auf alle verbundenen Verträge hätte den Verbraucher vor der Situation bewahrt, dass der Vertrag über eine Ware oder eine Dienstleistung bei Widerruf des Kreditvertrags aufrechterhalten bleibt. Eine Ausweitung des Widerrufsdurchgriffs hätte mit dem Verbraucheracquis im Einklang gestanden, da die Timesharing-Richtlinie, der Entwurf eines Gemeinsamen Referenzrahmens und die Verbraucherrechterichtlinie einen Widerrufsdurchgriff für alle verbundenen Verträge kennen.

9. Die Verbraucherkreditrichtlinie von 2008 führt dazu, dass Schrottimmobilienfälle nunmehr ausschließlich nach nationalem Recht zu beurteilen sind. Die Fälle kreditfinanzierter Immobilienkäufe als Kapitalanlage unterliegen nicht den Regelungen der Verbraucherkreditrichtlinie von 2008, da Real- und Immobilienkredite aus dem Anwendungsbereich der Verbraucherkreditrichtlinie von 2008 ausgeschlossen sind. Die Wohnimmobilienkreditrichtlinie, die diese Lücke schließt, überlässt jedoch nach Art. 14 Abs. 6 UAbs. 2 WIKRL den Mitgliedstaaten die Ausgestaltung eines Widerrufsrechts. Sie unterliegen aber auch nicht länger den Vorschriften zum Haustürgeschäft, da Art. 3 Abs. 3 e) VRRL Verträge über den Erwerb von Immobilien aus dem Anwendungsbereich der Verbraucherrechterichtlinie herausnimmt.

   Dasselbe gilt auch für die Fälle des Beitritts zu einem geschlossenen Immobilienfonds, der nicht durch ein Grundpfandrecht abgesichert wird. Anderenfalls würden sie in den Anwendungsbereich der Wohnimmobilienkreditrichtlinie und der dort vorgesehenen Rechtsfolgen fallen. Zwar kommen bei Beitrittsverträgen zu Immobilienfonds die Vorschriften der Verbraucherkreditrichtlinie von 2008 zur Anwendung. Allerdings besteht kein unionsrechtliches Widerrufsrecht des Beitrittsvertrags, dessen Rechtsfolgen sich auf den Kreditvertrag erstrecken könnten. Art. 3 Abs. 3 lit. d) VRRL schließt auch Finanzdienstleistungen vom Anwendungsbereich der Verbraucherrechterichtlinie aus. Die Rückabwicklung des Beitritts zum Immobilienfonds erfolgt danach ebenfalls nach nationalem Recht, etwa wie im deutschen Recht durch die Anwendung der Regeln über die fehlerhafte Gesellschaft.

10. Die Einbeziehung des Verbraucherkreditrechts in eine allgemeine Widerrufsrechtsregelung für den gesamten Acquis communautaire wäre möglich und sinnvoll. Zur Vorbeugung eines Informationsüberflusses sollte dazu am Beispiel der Verbraucherkreditrichtlinie von 2008 in den vorvertraglichen Informationspflichten nur über das Bestehen oder Nichtbestehen eines Widerrufsrechts belehrt werden. Ausführlichere Informationen sollten der Vertragsurkunde vorbehalten werden. Für die Widerrufsbelehrung sollte ein Standardformular eingeführt werden, das dem Verbraucher bei Vertragsschluss getrennt von den übrigen Informationen überreicht wird. Der Fristbeginn sollte

zum Schutze des Verbrauchers an den Erhalt der Widerrufsbelehrung und aller wesentlichen Informationen, wie z.B. die Kontaktdaten des Unternehmers und den Erhalt der Ware, geknüpft werden. Im Gegenzug dazu sollte ein absolutes Fristende von einem Jahr nach Ablauf der regulären Widerrufsfrist festgesetzt werden. Für die Rechtzeitigkeit der Ausübung des Widerrufsrechts sollte die Dispatch-Regel beibehalten werden. Nach Ausübung des Widerrufsrechts erlöschen die Verpflichtungen aus dem Vertrag und der Vertrag wird rückabgewickelt. Die Rückabwicklung sollte für beide Vertragspartner innerhalb einer Frist von 30 Tagen erfolgen, mit Ausnahme bei Geschäften im Fernabsatz und außerhalb von Geschäftsräumen, für die eine 14-tägige Rückabwicklungsfrist ausreicht. Als Ausnahme der Kostenfreiheit des Widerrufsrechts sollten zusätzlich zur bisherigen Regelung ein Wertersatz für vertraglich definierte Zinsen und ein Schadensersatz für Entgelte eingeführt werden, die der Unternehmer von Behörden nicht zurückverlangen kann. Diese Ausnahme muss auch bei der Regelung zur Erstreckung des Widerrufsrechts auf verbundene Verträge Berücksichtigung finden. Schließlich sollte ein Widerrufsdurchgriff für sämtliche Vertragstypen auf alle verbundenen Verträge festgeschrieben werden.

Literaturverzeichnis

Ady, Johannes/Paetz, Erich, Die Umsetzung der Verbraucherkreditrichtlinie in deutsches Recht und besondere verbraucherpolitische Aspekte, in: WM 2009, S. 1061–1070, zitiert: *Ady/Paetz*, WM 2009, S.

Althammer, Christoph, Der Widerruf notariell beurkundeter Fondsbeitritte und die Modalitäten der Rückabwicklung, in: BKR 2003, S. 280–286, zitiert: *Althammer*, BKR 2003, S.

Angermann, Juliane, Die Verletzung vertragsschlussbezogener Informationspflichten des Europäischen Privatrechts. Unionsrechtliche Vorgaben und Sanktionierung fehlerhafter Informationserteilung nach nationalem Recht, Baden-Baden 2010, Dissertation Hamburg 2009, zitiert: *Angermann*, Die Verletzung vertragsschlussbezogener Informationspflichten des Europäischen Privatrechts, S.

Armbrüster, Christian, Kapitalanleger als Verbraucher? Zur Reichweite des europäischen Verbraucherschutzrechts, in: ZIP 2006, S. 406–415, zitiert: *Armbrüster*, ZIP 2006, S.

Armbrüster, Christian, Rückabwicklung von Fondsbeteiligungen – deutsches Gesellschaftsrecht modifiziert europäisches Verbraucherschutzrecht (EuGH, EuZW 2010, 382 – Friz), in: EuZW 2010, S. 614–616; zitiert: *Armbrüster*, EuZW 2010, S.

Arnold, Stefan, Vollharmonisierung im europäischen Verbraucherrecht, in: RIW 2009, S. 679–685, zitiert: *Arnold*, RIW 2009, S.

Artz, Markus, Der Verbraucher als Kreditnehmer, Berlin 2001, Dissertation Trier 2000/2001, zitiert: *Artz*, Der Verbraucher als Kreditnehmer, S.

Artz, Markus, Neue Musterwiderrufsinformation für Verbraucherkreditverträge, in: ZGS 2010, S. 298–302, zitiert: *Artz*, ZGS 2010, S.

Baldus, Christian/Becker, Rainer, Haustürgeschäfte und richtlinienkonforme Auslegung. Probleme bei der Anwendung angeglichenen europäischen Privatrechts, Vorlagebeschluß des BGH vom 11. Januar 1996 – IX ZR 56/95, in: ZEuP 1997, S. 874–889, zitiert: *Baldus/Becker*, ZEuP 1997, S.

Baldus, Christian/Vogel, Friederike, „Kompetitives Vertragsrecht“: ein Harmonisierungsmodell?, in: GPR 2007, S. 158–167, zitiert: *Baldus/Vogel*, GPR 2007, S.

Ballhausen, Miriam, Generelle Wertersatzpflicht bei Widerruf nach Warenprüfung unzulässig, in K&R 2009, S. 703–707, zitiert: *Ballhausen*, K&R 2009, S.

Bamberger, Heinz Georg/Roth, Herbert, Kommentar zum Bürgerlichen Gesetzbuch, Band 1, §§ 1–610, CISG, 3. Aufl. München 2012, zitiert: Bamberger/Roth/*Bearbeiter*, §, Rn.

Bar, Christian von/Clive, Eric/Schulte-Nölke, Hans, Principles, Definitions and Model Rules of European Private Law. Draft Common Frame of Reference (DCFR),

Interim Outline Edition, München 2008, zitiert: *von Bar et al.*, Principles, Definitions and Model Rules of European Private Law. Draft Common Frame of Reference (DCFR), Interim Outline Edition, S.

Bar, Christian von/ Clive, Eric/Schulte-Nölke, Hans, Principles, Definitions and Model Rules of European Private Law. Draft Common Frame of Reference (DCFR), Outline Edition, München 2009, zitiert: *von Bar et al.*, Principles, Definitions and Model Rules of European Private Law. Draft Common Frame of Reference (DCFR), Outline Edition, S.

Bar, Christian von/Clive, Eric, Principles, Definitions and Model Rules of European Private Law. Draft Common Frame of Reference (DCFR), Full Edition, München 2009, zitiert: *von Bar/Clive*, Principles, Definitions and Model Rules of European Private Law. Draft Common Frame of Reference (DCFR), Full Edition, S.

Bar, Christian von/Schulte-Nölke, Hans, Gemeinsamer Referenzrahmen für europäisches Schuld- und Sachenrecht, in: ZRP 2005, S. 165–168, zitiert: *von Bar/Schulte-Nölke*, ZRP 2005, S.

Bar, Christian von/Zimmermann, Reinhard, Grundregeln des Europäischen Vertragsrechts: Teile I und II, München 2002, zitiert: *von Bar/Zimmermann*, Grundregeln des Europäischen Vertragsrechts: Teile I und II, S.

Bar, Christian von/Zimmermann, Reinhard, Grundregeln des Europäischen Vertragsrechts: Teil III, München 2005, zitiert: *von Bar/Zimmermann*, Grundregeln des Europäischen Vertragsrechts: Teil III, S.

Barta, Sebastian/Braune, Ulrike, Schadensersatz als Rechtsfolge der unzureichenden Prüfung der Kreditwürdigkeit des Verbrauchers – Konsequenzen aus der Entscheidung des EuGH in Sachen Le Crédit Lyonnais SA/Fesih Kalhan für das Verständnis des deutschen Rechts, in: BKR 2014, S. 324–330, zitiert: *Barta/Braune*, BKR 2014, S.

Bartling, Hartwig/Luzius, Franz, Grundzüge der Volkswirtschaftslehre. Einführung in die Wirtschaftstheorie und Wirtschaftspolitik, 17. Aufl., München 2014, zitiert: *Bartling/Luzius*, Grundzüge der Volkswirtschaftslehre, S.

Basedow, Jürgen, Das BGB im künftigen Privatrecht: Der hybride Kodex. Systemsuche zwischen nationaler Kodifikation und Rechtsangleichung, in: AcP 200 (2000), S. 445–492, zitiert: *Basedow*, AcP 200 (2000), S.

Beale, Hugh, The Future of the Common Frame of Reference, in: ERCL 2007, S. 257–276, zitiert: *Beale*, ERCL 2007, S.

Beck Online Großkommentar zum Zivilrecht, Bürgerliches Recht, Stand. 1. Januar 2018, zitiert: BeckOGK/*Bearbeiter*, §, Rn.

Benedict, Jörg, *Responsible Lending* – Das europäische Vertragsrecht zwischen *caveat emptor* und *cavet creditor*! Entscheidung der Chambre commerciale der Cour de cassation vom 3. Mai 2006, in: ZEuP 2008, S. 394–410, zitiert: *Benedict*, ZEuP 2008, S.

Bergmann, Andreas, Der Kreditvertrag als Haustürgeschäft – eine kleine Geschichte der Schrottimmobilien, in: Jura 2010, S. 426–437, zitiert: *Bergmann,* JURA 2010, S.

Berlemann, Michael, Makroökonomik. Modellierung, Paradigmen und Politik, Berlin, Heidelberg 2005, zitiert: *Berlemann,* Makroökonomik, S.

Bieber, Roland/Epiney, Astrid/Haag, Marcel/Kotzur, Markus, Die Europäische Union. Europarecht und Politik, 12. Aufl., Baden-Baden 2016, zitiert: *Bieber/Epiney/Haag/Kotzur,* Die Europäische Union, §, Rn.

Bieberstein, Wolfgang Freiherr Marschall von, Gutachten zur Reform des finanzierten Abzahlungskaufs. Untersuchungen von Möglichkeiten einer künftigen gesetzlichen Regelung des finanzierten Abzahlungskaufs und anderen Formen des Konsumentenkredits für das Bundesministerium der Justiz, Köln 1978, zitiert: *von Bieberstein,* Gutachten zur Reform des finanzierten Abzahlungskaufs, S.

Bieder, Marcus, Rechtsfähigkeit der (Außen-) GbR, in: NZI 2001, S. 235–238, zitiert: *Bieder,* NZI 2001, S.

Blaurock, Uwe, Verbraucherkredit und Verbraucherleitbild in der Europäischen Union, in: JZ 1999, S. 801–809, zitiert: *Blaurock,* JZ 1999, S.

Blaurock, Uwe, Informations- und Beratungspflichten bei der Kreditvergabe, in: Berger, Klaus P./Borges, Georg/Herrmann, Harald/Schlüter, Andreas/Wackerbarth, Ulrich, Zivil- und Wirtschaftsrecht im Europäischen und Globalen Kontext. Private and Commercial Law in a European and Global Context. Festschrift für Norbert Horn zum 70. Geburtstag, Berlin 2006, S. 697–716, zitiert: *Blaurock* in FS Horn, S.

Bodendiek, Frank, Verbraucherschutz – Die neue Musterwiderrufsbelehrung, in: MDR 2003, S. 1–3, zitiert: *Bodendiek,* MDR 2003, S.

Bodewig, Theo, Die neue europäische Richtlinie zum Fernabsatz, in: DZWir 1997, S. 447–455, zitiert: *Bodewig,* DZWir 1997, S.

Boemke, Burkhard, Das Widerrufsrecht im allgemeinen Verbraucherschutzrecht und seine Ausübung in der Zwangsvollstreckung, in: AcP 197 (1997), S. 161–186, zitiert: *Boemke,* AcP 197 (1997), S.

Boest, Reinhard, Die Neuregelung der Preisangabe für Kredite, in: NJW 1993, S. 40–42, zitiert: *Boest,* NJW 1993, S.

Borowski, Sascha, Der Widerruf des Verbraucherkredites – Gestaltungsmöglichkeiten des Verbrauchers im Kredit- und Kapitalanlagerecht, in: BKR 2014, S. 361–366, zitiert: *Borowski,* BKR 2014, S.

Bourgoignie, Thierry, Vers un droit européen de la consommation? Possibilités et limites, in: Revue Trimestrielle de Droit Européen (RTDE) 1982, S. 1–74, zitiert: *Bourgoignie,* RTDE 1982, S.

Braunschmidt, Florian, Der Widerruf im Bankrecht – Richtlinienkonforme Auslegung und Belehrungswirren, in: NJW 2014, S. 1558–1560, zitiert: *Braunschmidt,* NJW 2014, S.

Brenner, Christoph, Die verbraucherschützenden EG-Richtlinien im Bereich des Schuldrechts und ihre Umsetzung in Deutschland und Frankreich. Auf dem Weg zu einem europäischen Privatrecht?, München 2000, Dissertation München 2000, zitiert: *Brenner,* Die verbraucherschützenden EG-Richtlinien im Bereich des Schuldrechts und ihre Umsetzung in Deutschland und Frankreich, S.

Brüggemeier, Gert/Reich, Norbert, Europäisierung des BGB durch große Schuldrechtsreform? Stellungnahme zum Entwurf eines Schuldrechtsmodernisierungsgesetz, in: BB 2001, S. 213–221, zitiert: *Brüggemeier/Reich,* BB 2001, S.

Buchmann, Felix, Kein Nutzungsersatz beim Widerruf von Fernabsatzgeschäften?, in: K&R 2008, S. 505–509, zitiert: *Buchmann,* K&R 2008, S.

Buck-Heeb, Petra, Aufklärungs- und Beratungspflichten bei Kreditverträgen – Verschärfung durch die EuGH-Rechtsprechung und die Wohnimmobilien-Richtlinie, in: BKR 2015, S. 177–186, zitiert: *Buck-Heeb,* BKR 2015, S.

Bülow, Peter, Verbraucherkreditrichtlinie, Verbraucherbegriff und Bürgschaft, in: ZIP 1999, S. 1613–1616, zitiert: *Bülow,* ZIP 1999, S.

Bülow, Peter, Der Verbraucherbegriff des BGB – Missverständnisse zur Vollharmonisierung – Erwiderung auf Jochen Hoffmann, WM 2006, 560, in: WM 2006, S. 1513–1514, zitiert: *Bülow,* WM 2006, S.

Bülow, Peter, Aufklärungspflichten von Banken gegenüber Verbrauchern, in: NJ 2010, S. 221–264, zitiert: *Bülow,* NJ 2010, S.

Bülow, Peter, Neues Verbraucherkreditrecht in Etappen, in: NJW 2010, S. 1713–1714, zitiert: *Bülow,* NJW 2010, S.

Bülow, Peter, Ein neugefasster § 13 BGB – überwiegende Zweckbestimmung, in: WM 2014, S. 1–4, zitiert: *Bülow,* WM 2014, S.

Bülow, Peter, Rechtsfragen des Immobiliar-Verbraucherkreditvertrags im neuen Recht, in: WM 2015, S. 1309–1312, zitiert: *Bülow,* WM 2015, S.

Bülow, Peter/Artz, Markus, Am Vorabend einer neuen Verbraucherkreditrichtlinie, in: WM 2005, S. 1153–1157, zitiert: *Bülow/Artz,* WM 2005, S.

Bülow, Peter/Artz, Markus, Handbuch Verbraucherprivatrecht, Heidelberg 2005, zitiert: Bülow/Artz/ *Bearbeiter,* Handbuch Verbraucherprivatrecht, S.

Bülow, Peter/Artz, Markus, Verbraucherkreditrecht. Entgeltliche und unentgeltliche Darlehen und Finanzierungshilfen. Verbraucher und Unternehmer. Widerruf und verbundene Geschäfte. Kreditvermittlung; IPR (Rom I–VO). Mahnverfahren; Art. 17 EuGVVO, 9. Aufl., München 2016, zitiert: Bülow/Artz/*Bearbeiter,* Verbraucherkreditrecht, §, Rn.

Busch, Christoph, Der Vorschlag der EU-Kommission für eine Reform der Timeshare-Richtlinie – ein richtiger Schritt auf dem Weg zur Überarbeitung des Verbraucheracquis? in: GPR 2008, S. 13–17, zitiert: *Busch,* GPR 2008, S.

Büßer, Janko, Das Widerrufsrecht des Verbrauchers. Das verbraucherschützende Vertragslösungsrecht im europäischen Vertragsrecht, Frankfurt a.M. 2001,

Dissertation Frankfurt (Oder) 2001, zitiert: *Büßer*, Das Widerrufsrecht des Verbrauchers, S.

Bydlinski, Franz, System und Prinzipien des Privatrechts, Wien 1996, zitiert: *Bydlinski*, System und Prinzipien des Privatrechts, S.

Bydlinski, Franz, Die Suche nach der Mitte als Daueraufgabe der Privatrechtswissenschaft, in: AcP 204 (2004), S. 309–395, zitiert: *Bydlinski*, AcP 204 (2004), S.

Bydlinski, Peter/Klauninger, Johannes, Zur Anwendbarkeit der Richtlinie 85/577/EWG vom 20. Dezember 1985 betreffend den Verbraucherschutz im Falle von außerhalb von Geschäftsräumen geschlossenen Verträgen auf Bürgschaftsverpflichtungen von Verbrauchern. Entscheidung des Gerichtshofs der Europäischen Gemeinschaften vom 17. März 1998, in: ZEuP 1998, S. 994–1015, zitiert: *Bydlinski/Klauninger*, ZEuP 1998, S.

Callies, Christian, Der Binnenmarkt, die europäische Kompetenzordnung und das Subsidiaritätsprinzip im Lichte der neuen Europäischen Verfassung, in: Köck, Heribert Franz/Lengauer, Alina/Ress, Georg, Europarecht im Zeitalter der Globalisierung. Festschrift für Peter Fischer. Beiträge zum europäischen Verfassungs- und Wirtschaftsverfassungsrecht sowie zum europäischen und internationalen Wirtschaftsrecht, Wien 2004, S. 1–31, zitiert: *Callies* in FS Fischer, S.

Callies, Christian/Ruffert, Matthias, EUV/AEUV Das Verfassungsrecht der Europäischen Union mit Europäischer Grundrechtecharta. Kommentar, 5. Aufl., München 2016, zitiert: Calliess/Ruffert/*Bearbeiter* EUV/AEUV, Art., Rn.

Canaris, Claus-Wilhelm, Der Zinsbegriff und seine rechtliche Bedeutung, in: NJW 1978, S. 1891–1898, zitiert: *Canaris*, NJW 1978, S.

Canaris, Claus-Wilhelm, Wandlungen des Schuldvertragsrechts – Tendenzen zu seiner „Materialisierung", in: AcP 200 (2000), S. 273–364, zitiert: *Canaris*, AcP 200 (2000), S.

Cezanne, Wolfgang, Allgemeine Volkswirtschaftslehre, 6. Aufl., München 2005, zitiert: *Cezanne*, Allgemeine Volkswirtschaftslehre, S.

Christiansen, Ragnhild, Effektive und effiziente Widerrufsrechte. Eine rechtsvergleichende Analyse der Umsetzung der Widerrufsrechte der Haustürwiderrufsrichtlinie und der Fernabsatzrichtlinie in Deutschland und England im Vergleich mit dem Vorschlag für eine Richtlinie über Rechte der Verbraucher, Jena 2011, Dissertation Hamburg 2011, zitiert: *Christiansen*, Effektive und effiziente Widerrufsrechte, S.

Coelho de Sousa Ribeiro, Joaquim José, L'impératif de transparence, in: Hans Schulte-Nölke/Reiner Schulze in Verbindung mit Ludovic Bernardeau (Hrsg.), Europäisches Vertragsrecht im Gemeinschaftsrecht. European Contract Law, Droit des contrats à l'aune du droit communautaire, Trier 2002, S. 213–238, zitiert: *Coelho de Sousa Ribeiro*, in Schulte-Nölke/Schulze (Hrsg.), Europäisches Vertragsrecht im Gemeinschaftsrecht, S.

Coester, Michael, Verbraucherschutz bei drittfinanzierten Geschäften (§ 9 VerbrKrG), in: Jura 1992, S. 617–624, zitiert: *Coester,* Jura 1992, S.

Collins, Hugh, The European Civil Code. The way forward, Cambridge 2008, zitiert: *Collins,* The European Civil Code, S.

Conrad, Stefanie, Das Konzept der Mindestharmonisierung. Eine Analyse anhand der Verbrauchervertragsrichtlinien, Baden-Baden 2004, Dissertation Heidelberg 2002, zitiert: *Conrad,* Das Konzept der Mindestharmonisierung, S.

Damm, Reinhard, Privatautonomie und Verbraucherschutz – Legalstruktur und Realstruktur von Autonomiekonzepten –, in VersR 1999, S. 129–141, zitiert: *Damm,* VersR 1999, S.

Danco, Anne, Die Novellierung der Verbraucherkreditrichtlinie, in: WM 2003, S. 853–861, zitiert: *Danco,* WM 2003, S.

Dauner-Lieb, Barbara, Verbraucherschutz durch Ausbildung eines Sonderprivatrechts für Verbraucher: systemkonforme Weiterentwicklung oder Schrittmacher der Systemveränderungen?, Berlin 1983, Dissertation Tübingen 1982/1983, zitiert: *Dauner-Lieb,* Verbraucherschutz durch Ausbildung eines Sonderprivatrechts für Verbraucher, S.

Dauner-Lieb, Barbara/Dötsch, Wolfgang, Ein „Kaufmann" als „Verbraucher"? – Zur Verbrauchereigenschaft des Personengesellschafters, in: DB 2003, S. 1666–1669, zitiert: *Dauner-Lieb/Dötsch,* DB 2003, S.

Dauses, Manfred A., Information der Verbraucher in der Rechtsprechung des EuGH, in: RIW 1998, S. 750–757, zitiert: *Dauses,* RIW 1998, S.

Dauses, Manfred A./Ludwigs, Markus, Handbuch des EU-Wirtschaftsrechts, Band 2, München, Stand Oktober 2017, 43. Ergänzungslieferung, zitiert: Dauses/Ludwigs/*Bearbeiter,* Handbuch des EU-Wirtschaftsrechts, Kapitel, Rn.

Deblitz, Stephanie/Fuchs, Michael, Hamilton: Abkehr des EuGH von wertungsgeleiteter Verbraucherschutzrechtsprechung – Eine kritische Stellungnahme, in: BKR 2008, S. 397–403, zitiert: *Deblitz/Fuchs,* BKR 2008, S.

Dehn, Wilma, Allgemeine Informationspflichten nach Art. 5 des Vorschlags für eine Richtlinie über Rechte der Verbraucher, in: Jud, Brigitta/Wendehorst, Christiane (Hrsg.), Neuordnung des Verbraucherprivatrechts in Europa? Zum Vorschlag einer Richtlinie über Rechte der Verbraucher, Wien 2009, S. 41–64, zitiert: *Dehn* in Jud/Wendehorst (Hrsg.), Neuordnung des Verbraucherprivatrechts in Europa?, S.

Denkinger, Fleur, Der Verbraucherbegriff. Eine Analyse persönlicher Geltungsbereiche von verbraucherrechtlichen Schutzvorschriften in Europa, Berlin 2007, Dissertation Saarbrücken 2006, zitiert: *Denkinger,* Der Verbraucherbegriff, S.

Derleder, Peter, Anwendbarkeit der Haustürwiderrufsrichtlinie bei Verträgen über Immobilien – Crailsheimer Volksbank eG ./. Conrads pp., in: BKR 2005, S. 441–450, zitiert: *Derleder,* BKR 2005, S.

Derleder, Peter, Die vollharmonisierende Europäisierung des Rechts der Zahlungsdienste und des Verbraucherkredits, in: NJW 2009, S. 3195–3202, zitiert: *Derleder,* NJW 2009, S.

Derleder, Peter/Knops, Kai-Oliver/Bamberger, Heinz G., Handbuch zum deutschen und europäischen Bankrecht, 2. Aufl., Berlin 2009, zitiert: Derleder/Knops/Bamberger/*Bearbeiter,* Handbuch zum deutschen und europäischen Bankrecht, Kapitel, §, Rn.

Dick, Hans, Das Verbraucherleitbild der Rechtsprechung. Der Einfluß von Verbraucherschutzkonzeptionen auf die Gerichtsbarkeit am Beispiel der Rechtsprechung zur Verbraucherverschuldung und zur Verbraucherinformation, München 1995, Dissertation Regensburg 1995, zitiert: *Dick,* Das Verbraucherleitbild der Rechtsprechung, S.

Dreher, Meinrad, Der Verbraucher – Das Phantom in den opera des europäischen und deutschen Rechts?, in: JZ 1997, S. 167–178, zitiert: *Dreher,* JZ 1997, S.

Drexl, Josef, Die wirtschaftliche Selbstbestimmung des Verbrauchers. Eine Studie zum Privat- und Wirtschaftsrecht unter Berücksichtigung gemeinschaftsrechtlicher Bezüge, Tübingen 1998, zitiert: *Drexl,* Die wirtschaftliche Selbstbestimmung des Verbrauchers, S.

Duchstein, Michael, Die Verwirkung des Widerrufsrechts bei Verbraucherdarlehen, in: NJW 2015, S. 1409–1413, zitiert: *Duchstein,* NJW 2015, S.

Ebers, Martin, Informations- und Beratungspflichten bei Finanzdienstleistungen: Allgemeine und besondere Rechtsgrundsätze in: Schulze, Reiner/Ebers, Martin/Grigoleit Hans Christoph (Hrsg.), Informationspflichten und Vertragsschluss im Acquis communautaire. Information Requirements and Formation of Contract in the Acquis Communautaire, Tübingen 2003, S. 171–190, zitiert: *Ebers* in Schulze/Ebers/Grigoleit (Hrsg.), Informationspflichten und Vertragsschluss im Acquis communautaire, S.

Ebers, Martin, Zeitliche Begrenzung des Haustürgeschäfte-Widerrufs nach vollständiger Vertragsabwicklung?, in: VuR 2008, S. 268–271, zitiert: *Ebers,* VuR 2008, S.

Ebers, Martin, Rechte, Rechtsbehelfe und Sanktionen im Unionsprivatrecht, Tübingen 2016, Habilitationsschrift Berlin 2015/2016, zitiert: *Ebers,* Rechtsbehelfe und Sanktionen im Unionsprivatrecht, S.

Effer-Uhe, Daniel Oliver/Watson, Jonathon Mark, Der Entwurf einer horizontalen Richtlinie über Rechte der Verbraucher, in: GPR 2009, S. 7–15, zitiert: *Effer-Uhe-Watson,* GPR 2009, S.

Ehricke, Ulrich, Gemeinschaftsrechtliche Vorgaben zur Rückabwicklung von finanzierten Immobiliengeschäften. Zugleich eine Besprechung der Urteile des EuGH vom 25.10.2005 – Rs C-250/03 („Schulte/Badenia") sowie Rs. C-229/04 („Crailsheimer Volksbank"), ZBB 2005, 436 und 442 (in diesem Heft), in: ZBB 2005, S. 443–451, zitiert: *Ehricke,* ZBB 2005, S.

Eiden, Christoph, Die Rechtsangleichung gemäß Art. 100 des EWG-Vertrages, Berlin 1984, Dissertation Münster 1983, zitiert: *Eiden,* Die Rechtsangleichung gemäß Art. 100 des EWG-Vertrages, S.

Eidenmüller, Horst, Die Rechtfertigung von Widerrufsrechten, in: AcP 210 (2010), S. 67–104, zitiert: *Eidenmüller,* AcP 210 (2010), S.

Eidenmüller, Horst, Widerrufsrechte in Eidenmüller, Horst/Faust, Florian/Grigoleit, Hans Christoph/Jansen, Nils/Wagner, Gerhard/Zimmermann, Reinhard (Hrsg.), Revision des Verbraucher-*acquis,* Tübingen 2011, S. 109–165, zitiert: *Eidenmüller* in Eidenmüller/Faust/Grigoleit/Jansen/Wagner/Zimmermann (Hrsg.), Revision des Verbraucher-*acquis,* S.

Eidenmüller, Horst/Faust, Florian/Grigoleit, Hans Christoph/Jansen, Nils/Wagner, Gerhard/Zimmermann, Reinhard, Der Entwurf eines Gemeinsamen Referenzrahmens für das Europäische Privatrecht – Wertungsfragen und Kodifikationsprobleme – in: JZ 2008, S. 529–550, zitiert: *Eidenmüller et al.,* JZ 2008, S.

Eidenmüller, Horst/Jansen, Nils/Kieninger, Eva-Maria/Wagner, Gerhard/Zimmermann, Reinhard, Der Vorschlag für eine Verordnung über ein Gemeinsames Europäisches Kaufrecht. Defizite der neuesten Textstufe des europäischen Vertragsrechts, in: JZ 2012, S. 269–289, zitiert: *Eidenmüller/Jansen/Kieninger/Wagner/Zimmermann,* JZ 2012, S.

Emmerich, Volker, Die Verbraucherkreditrichtlinie und die nationalen Verbraucherkreditgesetze, in: FLF 1991, S. 140–144, zitiert: *Emmerich,* FLF 1991, S.

Emmerich, Volker/Doehner, Rupert, Maximalharmonisiertes Verbraucherkreditrecht und Binnenmarktkompetenz, in: Bub, Wolf-Rüdiger/Knieper, Rolf/Metz, Rainer/Winter, Gerd, Zivilrecht im Sozialstaat. Festschrift für Professor Dr. Peter Derleder, Baden-Baden 2005, S. 367–381, zitiert: *Emmerich/Doehner* in FS Derleder, S.

Enders, Germar, Neuerungen im Recht der Verbraucherdarlehensverträge. Fortschritt oder Rückschritt für den Verbraucherschutz?, Berlin 2004, Dissertation Köln 2004, zitiert: *Enders,* Neuerungen im Recht der Verbraucherdarlehensverträge, S.

Erlei, Mathias/Leschke, Martin/Sauerland, Dirk, Neue Institutionenökonomik, 2. Aufl. Stuttgart 2007, zitiert: *Erlei/Leschke/Sauerland,* Neue Institutionenökonomik, S.

Erman, Walter, Bürgerliches Gesetzbuch, Handkommentar mit AGG, EGBGB (Auszug), ErbbauRG, HausratsVO, LPartG, ProdHaftG, UKlaG, VAHRG und WEG, Band I, 15. Aufl., Köln 2017, zitiert: Erman/*Bearbeiter,* §, Rn.

Ernst, Wolfgang, Der ‚Common Frame of Reference' aus juristischer Sicht, in: AcP 208 (2008), S. 248–282, zitiert: *Ernst,* AcP 208 (2008), S.

Eucken, Walter, Die Grundlagen der Nationalökonomie, 9. Aufl. Berlin 1989, zitiert: *Eucken,* Die Grundlagen der Nationalökonomie, S.

Eusterhus, Daniel, Die Akzessorietät im Bürgschaftsrecht. Eine Untersuchung zum deutschen und französischen Recht, München 2002, Dissertation Augsburg 2002, zitiert: *Eusterhus*, Die Akzessorietät im Bürgschaftsrecht, S.

Faber, Wolfgang, Elemente verschiedener Verbraucherbegriffe in EG-Richtlinien, zwischenstaatlichen Übereinkommen und nationalem Zivil- und Kollisionsrecht, in: ZEuP 1998, S. 854–892, zitiert: *Faber*, ZEuP 1998, S.

Faust, Florian, Informationspflichten, in Schulze, Reiner/von Bar, Christian/Schulte-Nölke, Hans (Hrsg.), Der akademische Entwurf für einen Gemeinsamen Referenzrahmen – Kontroversen und Perspektiven, Tübingen 2008, S. 115–134, zitiert: *Faust* in Schulze/von Bar/Schulte-Nölke (Hrsg.), Der akademische Entwurf für einen Gemeinsamen Referenzrahmen, S.

Faust, Florian, Kaufrecht. Nutzungsentschädigung bei Ersatzlieferung, in: JuS 2009, S. 274–276, zitiert: *Faust*, JuS 2009, S.

Feldhusen, Claire, Rückzahlungsverpflichtungen nach Widerruf von Immobiliardarlehensverträgen, in: BKR 2015, S. 441–448, zitiert: *Feldhusen*, BKR 2015, S.

Felke, Klaus/Jordans, Roman, Der Referentenentwurf für die Umsetzung der Fernabsatzrichtlinie für Finanzdienstleistungen, in: WM 2004, S. 166–171, zitiert: *Felke/Jordans*, WM 2004, S.

Fest, Timo, Kein Anspruch des Verkäufers auf Nutzungsersatz bei Nachlieferung?, in: NJW 2005, S. 2959–2961, zitiert: *Fest*, NJW 2005, S.

Fezer, Karl-Heinz, Modernisierung des deutschen Rechts gegen den unlauteren Wettbewerb auf der Grundlage einer Europäisierung des Wettbewerbsrechts, in: WRP 2001, S. 989–1022, zitiert: *Fezer*, WRP 2001, S.

Finke, Tilman, Der Fernabsatz von Finanzdienstleistungen an Verbraucher. Zur Umsetzung der Richtlinie 2002/65/EG in das deutsche Recht, Baden-Baden 2004, EULISP Abschlussarbeit 2002/2003, zitiert: *Finke*, Der Fernabsatz von Finanzdienstleistungen an Verbraucher, S.

Fischer, Nikolaj, Die Gemeinschaftswidrigkeit der Befristung des Widerrufsrechts gemäß § 355 Abs. 3 Satz 1 BGB bei „Haustürgeschäften" – Die Schuldrechtsreform und die Auswirkungen des „*Heininger*"-Urteils des EuGH vom 13.12.2001: Notwendigkeit einer Gesetzeskorrektur –, in: DB 2002, S. 727–731, zitiert: *Fischer*, DB 2002, S.

Fischer, Nikolaj, Gemeinschaftsrechtskonforme Rückabwicklung von Haustür-„Schrottimmobilien"-Geschäften, in: DB 2005, S. 2507–2512, zitiert: *Fischer*, DB 2005, S.

Fischinger, Philipp S., Kein Wertersatz für Nutzung vertragswidrigen Verbrauchsguts, in: EuZW 2008, S. 310–313, zitiert: *Fischinger*, EuZW 2008, S.

Flaschel, Peter/Groh, Gangolf/Krolzig, Hans-Martin/Proano, Christian, Keynesianische Makroökonomik. Zins, Beschäftigung, Inflation und Wachstum, 3. Aufl., Berlin 2012, zitiert: *Flaschel/Groh/Krolzig/Proano*, Keynesianische Makroökonomik, S.

Fleischer, Holger, Vertragsschlußbezogene Informationspflichten im Gemeinschaftsprivatrecht, in: ZEuP 2000, S. 772–798, zitiert: *Fleischer*, ZEuP 2000, S.

Fleischer, Holger, Informationsasymmetrie im Vertragsrecht. Eine rechtsvergleichende und interdisziplinäre Abhandlung zu Reichweite und Grenzen vertragsschlußbezogener Aufklärungspflichten, München 2001, Habilitationsschrift Köln 1998/1999, zitiert: *Fleischer*, Informationsasymmetrie im Vertragsrecht, S.

Flohr, Eckhard, Das neue Recht der Widerrufsbelehrung und dessen Bedeutung für Franchise-Verträge, in: ZGS 2009, S. 203–205, zitiert: *Flohr*, ZGS 2009, S.

Flume, Werner, Allgemeiner Teil des Bürgerlichen Rechts, Zweiter Band: Das Rechtsgeschäft, 4. Aufl., Berlin 1992, zitiert: *Flume*, AT, Bd. II, §, Abschnitt.

Flume, Werner, Die Rechtsprechung zur Haftung der Gesellschafter der Vor-GmbH und die Problematik der Rechtsfortbildung, in: DB 1998, S. 45–49, zitiert: *Flume*, DB 1998, S.

Föhlisch, Carsten, Endlich Vollharmonisierung im Fernabsatz? Auswirkungen der geplanten Europäischen Verbraucherrechtsrichtlinie, in: MMR 2009, S. 75–80, zitiert: *Föhlisch*, MMR 2009, S.

Föhlisch, Carsten/Buchmann, Felix, „Globales Leihhaus Internet“ statt Onlinehandel? Wertersatz für Nutzungen nach fernabsatzrechtlichen Widerruf, in: MMR 2010, S. 3–8, zitiert: *Föhlisch/Buchmann*, MMR 2010, S.

Franck, Jens-Uwe, Bessere Kreditkonditionen für Verbraucher durch mehr Regulierung? Zum Paradigmenwechsel im Vorschlag für eine neue Verbraucherkreditrichtlinie vor dem Hintergrund der ökonomischen Theorie, in: ZBB 2003, S. 334–342, zitiert: *Franck*, ZBB 2003, S.

Franck, Jens-Uwe, Marktordnung durch Haftung. Legitimation, Reichweite und Steuerung der Haftung auf Schadensersatz zur Durchsetzung marktordnenden Rechts, Tübingen 2016, zitiert: *Franck*, Marktordnung durch Haftung, S.

Franzen, Martin, Privatrechtsangleichung durch die Europäische Gemeinschaft, Berlin 1999, Habilitationsschrift Berlin 1998, zitiert: *Franzen*, Privatrechtsangleichung durch die Europäische Gemeinschaft, S.

Franzen, Martin, „Heininger“ und die Folgen: ein Lehrstück zum Gemeinschaftsprivatrecht, in: JZ 2003, S. 321–332, zitiert: *Franzen*, JZ 2003, S.

Freitag, Robert, Vorzeitige Rückzahlung und Vorfälligkeitsentschädigung nach der Reform der Verbraucherkreditrichtlinie, in: ZIP 2008, S. 1102–1110, zitiert: *Freitag*, ZIP 2008, S.

Friesen, Siegfried, Rechtszersplitterung im Binnenmarkt – Zur Notwendigkeit einer Reform des § 481b II BGB, in: EuZW 2015, S. 381–385, zitiert: *Friesen*, EuZW 2015, S.

Frings, Hartmut, Nochmals: Notarielle Beurkundung und Widerrufsrecht des Verbrauchers, in: BB 1999, S. 2366–2368, zitiert: *Frings*, BB 1999, S.

Fritsch, Michael, Marktversagen und Wirtschaftspolitik. Mikroökonomische Grundlagen staatlichen Handelns, 9. Aufl., München 2014, zitiert: *Fritsch,* Marktversagen und Wirtschaftspolitik, S.

Fuchs, Andreas, Zur Disponibilität gesetzlicher Widerrufsrechte im Privatrecht – unter besonderer Berücksichtigung der Widerrufsrechte nach §§ 7 VerbrKG, §§ 168 S. 2 und 130 Abs. 1 S. 2 BGB, in: AcP 196 (1996), S. 313–394, zitiert: *Fuchs,* AcP 196 (1996), S.

Fuchs, Andreas, Das Fernabsatzgesetz im neuen System des Verbraucherschutzrechts, in: ZIP 2000, S. 1273–1287, zitiert: *Fuchs,* ZIP 2000, S.

Füller, Jens Thomas, Der Einwendungsdurchgriff im Verbraucherkreditrecht, in: ZBB 2001, S. 157–169, zitiert: *Füller,* ZBB 2001, S.

Gaedtke, Enrico, Die Reform der Timesharing-Richtlinie – Lösung aller Probleme?, in: VuR 2008, S. 130–137, zitiert: *Gaedtke,* VuR 2008, S.

Gansel, Timo/Huth, Marko/Knorr, Alexander, Zur Verwirkung von Verbraucherschutzrechten am Beispiel des Widerrufs von Immobiliendarlehensverträgen, in: BKR 2014, S. 353–361, zitiert: *Gansel/Huth/Knorr,* BKR 2014, S.

Geiger, Rudolf/Khan, Daniel E./Kotzur, Markus, EUV/AEUV. Vertrag über die Europäische Union. Vertrag über die Arbeitsweise der Europäischen Union. Kommentar, 6. Aufl., München 2017, zitiert: Geiger/Khan/Kotzur/*Bearbeiter,* EUV/AEUV, Art., Rn.

Geimer, Reinhold/Schütze, Rolf, Europäisches Zivilverfahrensrecht. Kommentar zur EuGVVO, EuEheVO, EuZustellungsVO, EuInsVO, EuVTVO, zum Lugano-Übereinkommen und zum nationalen Kompetenz- und Anerkennungsrecht, 3. Aufl. München 2010, zitiert: Geimer/Schütze/*Bearbeiter,* Europäisches Zivilverfahrensrecht, Kapitel, Art., Rn.

Gessner, Jenny, Widerrufsrecht und Widerrufsbelehrung im deutschen und europäischen Verbraucherrecht, Frankfurt a. M. 2009, Dissertation Hamburg 2009, zitiert: *Gessner,* Widerrufsrecht und Widerrufsbelehrung im deutschen und europäischen Verbraucherrecht, S.

Gilles, Peter, Auf dem Weg zu einem Verbraucherkreditgesetz, in: ZRP 1989, S. 299–307, zitiert: *Gilles,* ZRP 1989, S.

Gomez, Fernando, The Unfair Commercial Practices Directive: a Law and Economics perspective, in: ERCL 2006, S. 4–34, zitiert: *Gomez,* ERCL 2006, S.

Gomez, Fernando, The Harmonization of Contract Law through European Rules: a Law and Economics Perspective, in: ERCL 2008, S. 89–118, zitiert: *Gomez,* ERCL 2008, S.

Gottschalk, Eckart, Verbraucherbegriff und Dual Use-Verträge, in: RIW 2006, S. 576–578, zitiert: *Gottschalk,* RIW 2006, S.

Grabitz, Eberhard/Hilf, Meinhard, Nettesheim, Martin, Das Recht der Europäischen Union, Band IV Sekundärrecht, Stand 40. Ergänzungslieferung, München 2009 (wird nicht weiter aktualisiert), zitiert: Grabitz/Hilf/Nettesheim/*Bearbeiter*, Das Recht der Europäischen Union, Bd. IV, Kapitel, Art., Rn.

Grabitz, Eberhard/Hilf, Meinhard, Nettesheim, Martin, Das Recht der Europäischen Union, Band II EUV/AEUV, Stand Juli 2017, 62. Ergänzungslieferung, München 2017, zitiert: Grabitz/Hilf/Nettesheim/*Bearbeiter*, Das Recht der Europäischen Union, Bd. II, Art., Rn.

Gregor, Stephan, Obligationenrecht (einschl. ziviles Verbraucherschutzrecht). Der Unternehmerbegriff in den Verbraucherschutzrichtlinien und seine deutsche Umsetzung, in: GPR 2007, S. 73–80, zitiert: *Gregor*, GPR 2007, S.

Grigoleit, Hans Christoph, Der Verbraucheracquis und die Entwicklung des Europäischen Privatrechts, in: AcP 210 (2010), S. 355–423, zitiert: *Grigoleit*, AcP 210 (2010), S.

Grigoleit, Hans Christoph, Die Aufklärungspflichten des *acquis* in: Eidenmüller, Horst/Faust, Florian/Grigoleit, Hans Christoph/Jansen, Nils/Wagner, Gerhard/Zimmermann, Reinhard (Hrsg.), Revision des Verbraucher-*acquis*, Tübingen 2011, S. 109–165, zitiert: *Grigoleit* in Eidenmüller/Faust/Grigoleit/Jansen/Wagner/Zimmermann (Hrsg.), Revision des Verbraucher-*acquis*, S.

Gröner, Helmut/Köhler, Helmut, Verbraucherschutzrecht in der Marktwirtschaft. Ökonomische und rechtliche Aspekte des Konsumentenkredits, Tübingen 1987, zitiert: *Gröner/Köhler*, Verbraucherschutzrecht in der Marktwirtschaft, S.

Grossmann, Henryk, Marx, die klassische Nationalökonomie und das Problem der Dynamik, Frankfurt am Main 1969, zitiert: *Grossmann*, Marx, die klassische Nationalökonomie und das Problem der Dynamik, S.

Grundmann, Stefan, Europäisches Schuldvertragsrecht. Das europäische Recht der Unternehmensgeschäfte (nebst Texten und Materialien zur Rechtsangleichung), Berlin 1999, zitiert: *Grundmann*, Europäisches Schuldvertragsrecht, Kap., Rn.

Grundmann, Stefan, Privatautonomie im Binnenmarkt. Informationsregeln als Instrument, in: JZ 2000, S. 1133–1143, zitiert: *Grundmann*, JZ 2000, S.

Grundmann, Stefan, Das Internationale Privatrecht der E-Commerce-Richtlinie – was ist kategorial anders im Kollisionsrecht des Binnenmarkts und warum?, in RabelsZ 2003, S. 246–297, zitiert: *Grundmann*, RabelsZ 2003, S.

Grundmann, Stefan, Die EU-Verbraucherrechterichtlinie. Optimierung, Alternative oder Sackgasse?, in: JZ 2013, S. 53–65, zitiert: *Grundmann*, JZ 2013, S.

Grundmann, Stefan/Kerber, Wolfgang/Weatherill, Stephen, Party Autonomy and the Role of Information in the Internal Market, Berlin 2001, zitiert: *Grundmann/Kerber/Weatherill*, Party Autonomy and the Role of Information in the Internal Market, S.

Gsell, Beate, Nutzungsentschädigung bei kaufrechtlicher Nacherfüllung, in: NJW 2003, S. 1969–1975, zitiert: *Gsell*, NJW 2003, S.

Gsell, Beate/Schellhase, Martin, Vollharmonisiertes Verbraucherkreditrecht – Ein Vorbild für die weitere europäische Angleichung des Verbrauchervertragsrecht?, in: JZ 2009, S. 20–29, zitiert: *Gsell/Schellhase,* JZ 2009, S.

Habersack, Mathias, Haustürgeschäfterichtlinie und Realkreditverträge, in: WM 2000, S. 981–992, zitiert: *Habersack,* WM 2000, S.

Habersack, Mathias, Widerruf notariell beurkundeter Willenserklärungen? Überlegungen zum Anwendungsbereich des § 1 Abs. 2 Nr. 3 HWiG, in: ZIP 2001, S. 353–358, zitiert: *Habersack,* ZIP 2001, S.

Habersack, Mathias, Anmerkung zu EuGH, Urteil v. 25. Oktober 2005 – Rs. C-229/04 Crailsheimer Volksbank, in: JZ 2006, S. 91–94, zitiert: *Habersack,* JZ 2006, S.

Habersack, Mathias/Mayer, Christian, Der Widerruf von Haustürgeschäften nach der „Heininger"-Entscheidung des EuGH, in: WM 2002, S. 253–259, zitiert: *Habersack/Mayer,* WM 2002, S.

Hadding, Walther, Die Fernabsatzrichtlinie für Finanzdienstleistungen, in: Bank Archiv: Zeitschrift für das gesamte Bank- und Börsenwesen 2001, S. 105–111, zitiert: *Hadding,* ÖBA 2001, S.

Hall, Elizabeth/Howells, Geraint/Watson, Jonathon, The Consumer Rights Directive – An Assessment of its Contribution to the Development of European Consumer Contract Law, in: ERCL 2012, S. 139–166, zitiert: *Hall/Howells/Watson,* ERCL 2012, S.

Hähnchen, Susanne, Entscheidungsanmerkung. Europarechtswidrigkeit von Nutzungsersatz bei Verbraucherwiderruf im Fernabsatz, in: ZJS 2009, S. 726–729, zitiert: *Hähnchen,* ZJS 2009, S.

Hammann, Frank, Das Widerrufsrecht bei verbundenen Verbraucherdarlehensverträge – Zur Rechtslage nach den „Heininger"-Urteilen und dem Gesetz zur Änderung des Rechts der Vertretung durch Rechtsanwälte vor den Oberlandesgerichten –, in: BWNotZ 2003, S. 34–37, zitiert: *Hammann,* BWNotZ 2003, S.

Haratsch, Andreas/Koenig, Christian/Pechstein, Matthias, Europarecht, 10. Aufl., Tübingen 2016, zitiert: *Haratsch/Koenig/Pechstein,* Europarecht, Rn.

Härting, Niko/Schirmbacher, Martin, Finanzdienstleistungen im Fernabsatz, in: CR 2002, S. 809–817, zitiert: *Härting/Schirmbacher,* CR 2002, S.

Hau, Wolfgang J., Vertragsanpassung und Anpassungsvertrag, Tübingen 2003, Habilitationsschrift Trier 2002, zitiert: *Hau,* Vertragsanpassung und Anpassungsvertrag, S.

Häublein, Martin, Erlöschen von verbraucherschützenden Widerrufsrechten nach beiderseits vollständiger Leistungserbringung?, in: ZIP 2008, S. 2005–2009, zitiert: *Häublein,* ZIP 2008, S.

Hayek, Friedrich August von, Der Wettbewerb als Entdeckungsverfahren, Kiel 1968, zitiert: *Hayek,* Der Wettbewerb als Entdeckungsverfahren, S.

Heidel, Thomas et.al., Nomos Kommentar BGB. Allgemeiner Teil. EGBGB, Band 1, 3. Aufl. Baden-Baden 2016, zitiert: Nomos-Kommentar BGB/*Bearbeiter*, §, Rn.

Heiderhoff, Bettina, Grundstrukturen des nationalen und europäischen Verbrauchervertragsrechts. Insbesondere zur Reichweite europäischer Auslegung, München 2004, Habilitationsschrift Leipzig 2003, zitiert: *Heiderhoff*, Grundstrukturen des nationalen und europäischen Verbrauchervertragsrechts, S.

Heiderhoff, Bettina, Europäisches Privatrecht, 4. Aufl., Heidelberg 2016, zitiert: *Heiderhoff*, Europäisches Privatrecht, §, Rn.

Heinrich, Christian, Formale Freiheit und materiale Gerechtigkeit. Die Grundlagen der Vertragsfreiheit und Vertragskontrolle am Beispiel ausgewählter Probleme des Arbeitsrechts, Tübingen 2000, Habilitationsschrift Passau 1999, zitiert: *Heinrich*, Formale Freiheit und materiale Gerechtigkeit, S.

Heinrichs, Helmut, Das Widerrufsrecht nach der Richtlinie 97/7/EG über den Verbraucherschutz bei Vertragsabschlüssen im Fernabsatz, in: Beuthien, Volker/Fuchs, Maximilian/Roth, Herbert/Schiemann, Gottfried/Wacke, Andreas (Hrsg.), Festschrift für Dieter Medicus zum 70. Geburtstag, Köln 1999, S. 177–197 zitiert *Heinrichs* in FS Medicus, S.

Heinze, Christian, Schadensersatz im Unionsprivatrecht. Eine Studie zu Effektivität und Durchsetzung des Europäischen Privatrechts am Beispiel des Haftungsrechts, Tübingen 2017, Habilitationsschrift Hamburg 2014, zitiert: *Heinze*, Schadensersatz im Unionsprivatrecht, S.

Helm, Horst, Das Verbraucherleitbild des Europäischen Gerichtshofs und des Bundesgerichtshofs im Vergleich, in: Keller, Erhard/Plassmann, Clemens/Falk, Andreas von (Hrsg.), Festschrift für Winfried Tilmann. Zum 65. Geburtstag, Köln 2003, S. 135–146, zitiert: *Helm* in FS Tilmann, S.

Helm, Horst, Der Abschied vom „verständigen" Verbraucher, in: WRP 2005, S. 931–940, zitiert: *Helm*, WRP 2005, S.

Hennrichs, Joachim, Informationspflichten bei Darlehensgeschäften – Insbesondere bei Festdarlehen mit alternativen Tilgungsinstrumenten, in: Ekkenga, Jens/Hadding, Walther/Hammen, Horst (Hrsg.), Bankrecht und Kapitalmarktrecht in der Entwicklung. Festschrift für Siegfried Kümpel zum 70. Geburtstag, Berlin 2003, S. 241–255, zitiert: *Hennrichs* in FS Kümpel, S.

Henrich, Dieter, Die Umsetzung der Richtlinie 87/102/EWG zur Harmonisierung des Verbraucherkredits in Deutschland und Italien, in: Canaris, Claus-Wilhelm/Zaccaria, Alesso (Hrsg.), Die Umsetzung von zivilrechtlichen Richtlinien der Europäischen Gemeinschaft in Italien und Deutschland, Berlin 2002, S. 25–37, zitiert: *Henrich* in Canaris/Zaccaria (Hrsg.), Die Umsetzung von zivilrechtlichen Richtlinien der Europäischen Gemeinschaft in Italien und Deutschland, S.

Herdegen, Matthias, Europarecht, 19. Aufl., München 2017, zitiert: *Herdegen*, Europarecht, §, Rn.

Herresthal, Carsten, Die Richtlinienwidrigkeit des Nutzungsersatzes bei Nachlieferung im Verbrauchsgüterkauf, in: NJW 2008, S. 2475–2478, zitiert: *Herresthal*, NJW 2008, S.

Herresthal, Carsten, Die Verpflichtung zur Bewertung der Kreditwürdigkeit und zur angemessenen Erläuterung nach der neuen Verbraucherkreditrichtlinie 2008/48/EG, in: WM 2009, S. 1174–1180, zitiert: *Herresthal*, WM 2009, S.

Herresthal, Carsten, Consumer Law in the DCFR, in: Wagner, Gerhard (Hrsg.), The Common Frame of Reference: A View from Law & Economics, München 2009, S. 163–205, zitiert: *Herresthal* in Wagner (Hrsg.), The Common Frame of Reference, S.

Herresthal, Carsten, Die Vorzugswürdigkeit einer europäischen Vertragsrechtsharmonisierung durch optionale Instrumente, in: Hahn, Jörg-Uwe (Hrsg.), Gemeinsames Europäisches Kaufrecht. Moderner Ansatz oder praxisferne Vision?, München 2012, S. 83–112, zitiert: *Herresthal* in Hahn (Hrsg.), Gemeinsames Europäisches Kaufrecht, S.

Herresthal, Carsten, Unionsrechtliche Vorgaben zur Sanktionierung eines Verstoßes gegen die Kreditwürdigkeitsprüfung, in: EuZW 2014, S. 497–500, zitiert: *Herresthal*, EuZW 2014, S.

Hesselink, Martijn, CFR & Social Justice, München 2008, zitiert: *Hesselink* (Hrsg.), CFR & Social Justice, S.

Hippel, Eike von, Verbraucherschutz, 3. Aufl., Tübingen 1986, zitiert: *von Hippel*, Verbraucherschutz, S.

Hirsch, Günter, Erwartungen der gerichtlichen Praxis an einen Gemeinsamen Referenzrahmen für ein Europäisches Vertragsrecht, in: ZIP 2007, S. 937–943, zitiert: *Hirsch*, ZIP 2007, S.

Hochleitner, Wolf-Dieter/Wolf, Manfred/Großerichter, Helge, Teleologische Reduktion auf Null? – Zur Unzulässigkeit einer richtlinienkonformer „Auslegung" des § 5 Abs. 2 HWiG in der Folge der „Heininger"-Entscheidung des EuGH –, in: WM 2002, S. 529–535, zitiert: *Hochleitner/Wolf/Großerichter*, WM 2002, S.

Hofmann, Christian, Verbundene Geschäfte auch beim Realkredit: Die Auswirkungen der EuGH-Urteile „Schulte/Badenia" und „Crailsheimer Volksbank", in: BKR 2005, S. 487–496, zitiert: *Hofmann*, BKR 2005, S.

Hoffmann, Jochen, Realkredite im Europäischen Verbraucherschutzrecht. Besprechung des EuGH-Urteils vom 13.12.2001, Rechtssache C-481/99 „Heininger", ZIP 2002, 31, in: ZIP 2002, S. 145–152, zitiert: *Hoffmann*, ZIP 2002, S.

Hoffmann, Jochen, Die EuGH-Entscheidungen „Schulte" und „Crailsheimer Volksbank" – Ein Meilenstein für den Verbraucherschutz beim kreditfinanzierten Immobilienerwerb?, in: ZIP 2005, S. 1985–1994, zitiert: *Hoffmann*, ZIP 2005, S.

Hoffmann, Jochen, Der Verbraucherbegriff des BGB nach Umsetzung der Finanz-Fernabsatzrichtlinie, in: WM 2006, S. 560–567, zitiert: *Hoffmann*, WM 2006, S.

Hoffmann, Jochen/Bartlitz, David, Erläuterungs- und Bonitätsprüfungspflicht im Verbraucherkreditrecht, WM 2014, S. 2297–2304, zitiert: *Hoffmann/Bartlitz*, WM 2014, S.

Hoffmann, Markus, Der Diskussionsstand zur Reform der Verbraucherkreditrichtlinie, in: BKR 2004, S. 308–315, zitiert: *Hoffmann*, BKR 2004, S.

Hoffmann, Markus, Die Reform der Verbraucherkredit-Richtlinie (87/102/EWG). Eine Darstellung und Würdigung der Entwürfe für eine neue Verbraucherkredit-Richtlinie unter besonderer Berücksichtigung des deutschen und englischen Rechts, Berlin 2007, Dissertation Berlin 2006, zitiert: *Hoffmann*, Die Reform der Verbraucherkredit-Richtlinie (87/102/EWG), S.

Hofmann, Christian, Die Pflicht zur Bewertung der Kreditwürdigkeit, in: NJW 2010, S. 1782–1786, zitiert: *Hofmann*, NJW 2010, S.

Howells, Geraint, The right of withdrawal in European Consumer Law, in: Schulte-Nölke, Hans/Schulze, Reiner in Verbindung mit Bernardeau, Ludovic (Hrsg.), Europäisches Vertragsrecht im Gemeinschaftsrecht. European Contract Law in Community Law. Droit des contrats à l'aune du droit communautaire, Trier 2002, S. 229–239, zitiert: *Howells* in Schulte-Nölke/Schulze (Hrsg.), Europäisches Vertragsrecht im Gemeinschaftsrecht, S.

Howells, Geraint/Schulze, Reiner, Overview of the Proposed Consumer Rights Directive, in: Howells, Geraint/Schulze, Reiner (Hrsg.), Modernising and Harmonising Consumer Contract Law, München 2009, S. 3–25, zitiert: *Howells/Schulze* in Howells/Schulze (Hrsg.), Modernising and Harmonising Consumer Contract Law, S.

Howells, Geraint/Schulze, Reiner, Modernising and Harmonising Consumer Contract Law, München 2009, zitiert: *Howells/Schulze*, Modernising and Harmonising Consumer Contract Law, S.

Howells, Geraint/Weatherill, Stephen, Consumer Protection Law, 2. Aufl., Aldershot 2005, zitiert: *Howells/Weatherill*, Consumer Protection Law, S.

Hümmerich, Klaus/Holthausen, Joachim, Der Arbeitnehmer als Verbraucher, in: NZA 2002, S. 173–181, zitiert: *Hümmerich/Holthausen*, NZA 2002, S.

Hüttebräuker, Astrid, Die Entstehung der EG-Rechtlinien über den Verbraucherkredit, Bonn 2000, Dissertation Bonn 2000, zitiert: *Hüttebräuker*, Die Entstehung der EG-Richtlinien über den Verbraucherkredit, S.

Jansen, Nils, Traditionsbegründung im europäischen Privatrecht, in: JZ 2006, S. 536–546, zitiert: *Jansen*, JZ 2006, S.

Jansen, Nils, Revision des Acquis communautaire?, ZEuP 2012, S. 741–775, zitiert: *Jansen*, ZEuP 2012, S.

Jansen, Nils/Zimmermann, Reinhard, Grundregeln des bestehenden Gemeinschaftsprivatrechts?, in JZ 2007, S. 1113–1126, zitiert: *Jansen/Zimmermann*, JZ 2007, S.

Jansen, Nils/Zimmermann, Reinhard, Was ist und wozu der DCFR?, in: NJW 2009. S. 3401–3406, zitiert: *Jansen/Zimmermann*, NJW 2009, S.

Jauernig, Othmar, Bürgerliches Gesetzbuch mit Rom–I-, Rom–II-, Rom–III-VO, EG-UntVO/HUntProt und EuErbVO, 16. Aufl., München 2015, zitiert; Jauernig/*Bearbeiter*, §, Rn.

Jeschke, Dietmar, Konsumentensouveränität in der Marktwirtschaft – Idee, Kritik, Realität, Berlin 1975, Dissertation Marburg 1973, zitiert: *Jeschke*, Konsumentensouveränität in der Marktwirtschaft, S.

Jud, Brigitta/Wendehorst, Christiane, Neuordnung des Verbraucherprivatrechts in Europa? Zum Vorschlag einer Richtlinie über Rechte der Verbraucher, Wien 2009, zitiert: *Jud/Wendehorst*, Neuordnung des Verbraucherprivatrechts in Europa?, S.

Junglas, Benjamin, Entwurf eines Gesetzes zur Stärkung des Verbraucherschutzes im notariellen Beurkundungsverfahren, in: VuR 2013, S. 114–118, zitiert: *Junglas*, VuR 2013, S.

Jungmann, Carsten, Schadensersatzansprüche in Schrottimmobilienfällen – Die unterschiedlichen Vorstellungen von EuGH und BGH, in: NJW 2007, S. 1562–1566, zitiert: *Jungmann*, NJW 2007, S.

Kaiser, Sven, Vorschlag der EU-Kommission für eine Überarbeitung der Verbraucherkreditrichtlinie – Darstellung der wesentlichen Änderungen, in: VuR 2002, S. 385–390, zitiert: *Kaiser*, VuR 2002, S.

Kammerer, Christoph, Harmonisierung des Verbraucherrechts in Europa. Das verbraucherschützende Widerrufsrecht der §§ 355 ff. BGB im Lichte der europarechtlichen Vorgaben und im Vergleich zum Code de la consommation, Hamburg 2004, Dissertation Frankfurt a.M. 2004, zitiert: *Kammerer*, Harmonisierung des Verbraucherrechts in Europa, S.

Kapnopoulou, Elissavet, Das Recht der mißbräuchlichen Klauseln in der Europäischen Union. Das griechische Verbraucherschutzgesetz als Beitrag zum Europäischen Privatrecht, Tübingen 1997, Dissertation Saarbrücken 1995, zitiert: *Kapnopulou*, Das Recht der mißbräuchlichen Klauseln in der Europäischen Union, S.

Kappus, Andreas, EU-Time-Sharing-Richtlinie und deutsche Umsetzungsgesetzgebung, in: EWS 1996, S. 273–277, zitiert: *Kappus*, EWS 1996, S.

Kalss, Susanne/Lurger, Brigitta, Zu einer Systematik der Rücktrittsrechte insbesondere im Verbraucherrecht. 1. Teil, in: JBl. 1998, S. 89–97, zitiert: *Kalss/Lurger*, JBl. 1998, 1. Teil, S.

Kalss, Susanne/Lurger, Brigitta, Zu einer Systematik der Rücktrittsrechte insbesondere im Verbraucherrecht. 2. Teil, in: JBl. 1998, S. 153–174, zitiert: *Kalss/Lurger*, JBl. 1998, 2. Teil, S.

Käseberg, Thorsten/Richter, Klaus, Haustürwiderrufsrichtlinie und „Schrottimmobilien". Die Urteile in Sachen Schulte und Crailsheimer Volksbank, in: EuZW 2006, S. 46–49, zitiert: *Käseberg/Richter*, EuZW 2006, S.

Kendall, Vivienne, EC Consumer Law, London 1994, zitiert: *Kendall,* EC Consumer Law, S.

Kervégan, Jean-Francois, Hayek et le concept d'ordre spontané. Les prémises philosophiques d'une utopie libérale in: Kervégan, Jean-Francois/Mohnhaupt, Heinz (Hrsg.), Wirtschaft und Wirtschaftstheorien in Rechtsgeschichte und Philosophie. Economie et théories économiques en histoire du droit et en philosophie, Frankfurt am Main 2004, zitiert: *Kervégan* in Kervégan/Mohnhaupt (Hrsg.), Wirtschaft und Wirtschaftstheorien in Rechtsgeschichte und Philosophie, S.

Keynes, John M., Allgemeine Theorie der Beschäftigung, des Zinses und des Geldes, übersetzt von Fritz Waeger, verbessert und um eine Erläuterung des Aufbaus ergänzt von Jürgen Kromphardt und Stephanie Schneider, 1. Aufl. Berlin 2009, zitiert: *Keynes,* Allgemeine Theorie der Beschäftigung, des Zinses und des Geldes, S.

Kind, Sandra, Die Grenzen des Verbraucherschutzes durch Information – aufgezeigt am Teilzeitwohnrechtegesetz, Berlin 1998, Dissertation Mainz 1997, zitiert: *Kind,* Die Grenzen des Verbraucherschutzes durch Information, S.

Kirschen, Etienne-Sadi, Les Avatars d'une double directive de la CEE. A propos de l'harmonisation du crédit à la consommation, in: Revue du marché commun (RMC) 1990, S. 621–626, zitiert: *Kirschen,* RMC 1990, S.

Klauer, Irene, Die Europäisierung des Privatrechts: Der EuGH als Zivilrichter, Baden-Baden 1998, Dissertation St. Gallen 1997, zitiert: *Klauer,* Die Europäisierung des Privatrechts, S.

Kluth, David, Die Grenzen des kollisionsrechtlichen Verbraucherschutzes. Eine vergleichende Untersuchung der Regelungen der Art. 29, 29a EGBGB und des Art. 6 der Rom-I-Verordnung, Jena 2009, Dissertation Düsseldorf 2009, zitiert: *Kluth,* Die Grenzen des kollisionsrechtlichen Verbraucherschutzes, S.

Knops, Kai-Oliver, Verbraucherleitbild und situationsbezogene Unterlegenheit, in: VuR 1998, S. 363–365, zitiert: *Knops,* VuR 1998, S.

Knops, Kai-Oliver, Der Verbraucherkredit zwischen Privatautonomie und Maximalharmonisierung, in: Habersack, Mathias/Mülbert, Peter O./Nobbe, Gerd/Wittig, Arne, Die zivilrechtliche Umsetzung der Zahlungsdienste-Richtlinie, Finanzkrise und Umsetzung der Verbraucherkreditrichtlinie, Bankrechtstag 2009, Berlin 2010, S. 195–232, zitiert: *Knops* in Habersack/Mülbert/Nobbe/Wittig (Hrsg.), Die zivilrechtliche Umsetzung der Zahlungsdienste-Richtlinie, S.

Knops, Kai-Oliver/Kulke, Ulrich, Die Umsetzung der EuGH-Urteile *Crailsheimer Volksbank* und *Schulte* für die Abwicklung an der Haustür vermittelter Finanzierungen von Anlagen in Immobilien und Immobilienfonds – Teil 2 –, in: VuR 2006, S. 127–186, zitiert: *Knops/Kulke,* VuR 2006, S.

Koch, Raphael, Rechte des Unternehmers und Pflichten des Verbrauchers nach Umsetzung der Richtlinie über die Rechte der Verbraucher, in: JZ 2014, S. 758–764, zitiert: *Koch,* JZ 2014, S.

Köhler, Claus, Geldwirtschaft: Geldversorgung und Kreditpolitik, Band 1, 2. Aufl., Berlin 1977, zitiert: *Köhler*, Geldwirtschaft, S.

Köhler, Helmut, Die Rechte des Verbrauchers beim Teleshopping (TV-Shopping, Internet-Shopping), in: NJW 1998, S. 185–190, zitiert: *Köhler*, NJW 1998, S.

Konecny, Norman, Der Verordnungsentwurf über ein Gemeinsames Europäisches Kaufrecht. Meilenstein der europäischen Integration oder Irrlicht der europäischen Politik?, Frankfurt am Main, 2014, Dissertation Saarbrücken 2014, zitiert: *Konecny*, Der Verordnungsentwurf über ein Gemeinsames Europäisches Kaufrecht, S.

König, Christian, Mögliche Änderungen durch die Richtlinie über Wohnimmobilienkreditverträge im deutschen Recht – Ergebnisse der politischen Einigung der Trilog-Parteien, in: WM 2013, S. 1688–1698, zitiert: *König*, WM 2013, S.

Körber, Torsten, Grundfreiheiten und Privatrecht, Tübingen 2004, Habilitationsschrift Göttingen 2003, zitiert: *Körber*, Grundfreiheiten und Privatrecht, S.

Kötz, Hein, Europäisches Vertragsrecht, 2. Aufl., Tübingen 2015, zitiert: *Kötz*, Europäisches Vertragsrecht, §, S.

Kowalewski, Jörn, Das Vorerwerbsrecht der Mutteraktionäre beim Börsengang einer Tochtergesellschaft. Anlegeraktionärsschutz im Konzern zwischen Neoklassik und behavioral finance; eine juristische und ökonomische Analyse, Tübingen 2008, Dissertation Hamburg 2007, zitiert: *Kowalewski*, Das Vorerwerbsrecht der Mutteraktionäre beim Börsengang einer Tochtergesellschaft, S.

Koziol, Helmut, Bankrecht und Verbraucherschutz, in: Wiegand, Wolfgang (Hrsg.), Berner Bankrechtstag 2003. Banken und Bankrecht im Wandel. Jubiläumstagung zum zehnjährigen Bestehen des Instituts für Bankrecht und des Berner Bankrechtstages, Bern 2004, S. 129–154, zitiert: *Koziol* in: Wiegand (Hrsg.), Banken und Bankrecht im Wandel, S.

Kraft, Astrid, Das Bild des Verbrauchers im deutschen Wettbewerbsrecht unter dem Einfluß des europäischen Verbraucherschutzrechtes, Bremen 1999, zitiert: *Kraft*, Das Bild des Verbrauchers, S.

Krämer, Ludwig, EWG-Verbraucherrecht, 1. Aufl., Baden-Baden 1985, zitiert: *Krämer*, EWG-Verbraucherrecht, S.

Krebs, Peter, Verbraucher, Unternehmer oder Zivilpersonen – Zur Einordnung von BGB-Gesellschaften und anderen „Verbänden" ohne eigenes Gewerbe oder selbstständige berufliche Tätigkeit –, in: DB 2002, S. 517–520, zitiert: *Krebs*, DB 2002, S.

Kroll, Kathrin, Vertragserfüllung als zeitliche Grenze des verbraucherschützenden Widerrufsrechts, NJW 2008, S. 1999–2002, zitiert: *Kroll*, NJW 2008, S.

Kroll-Ludwigs, Kathrin, Die Zukunft des verbraucherschützenden Widerrufsrechts in Europa, in: ZEuP 2010, S. 509–535, zitiert: *Kroll-Ludwigs*, ZEuP 2010, S.

Kropholler, Jan/von Hein/Jan, Europäisches Zivilprozeßrecht. Kommentar zu EuGVO, Lugano-Übereinkommen 2007, EuVTVO, EuMVVO, EuGFVO, 9. Aufl., Frankfurt am Main 2011, zitiert: *Kropholler/von Hein,* Europäisches Zivilprozeßrecht, Art., Rn.

Kulke, Ulrike, Der Gesetzesentwurf der Bundesregierung zur Umsetzung der Verbraucherkreditrichtlinie, des zivilrechtlichen Teils der Zahlungsdiensterichtlinie sowie zur Neuordnung der Vorschrift über das Widerrufs- und Rückgaberecht – Teil 1, in: VuR 2009, S. 12–15, zitiert: *Kulke,* VuR 2009, S.

Lang, Volker/Rösler, Patrick, Novellierung der Verbraucherkreditrichtlinie: Muss der Verbraucherkreditnehmer vor sich selbst geschützt werden?, in: BKR 2002, S. 793–794, zitiert: *Lang/Rösler,* BKR 2002, S.

Lang, Volker/Schulz, Stephan, Das Widerrufsrecht beim Verbraucherdarlehen – zwischen Ewigkeit und Rechtsmissbrauch, in: ZBB 2014, S. 273–290, zitiert: *Lang/Schulz,* ZBB 2014, S.

Lanzke, Uwe, Angleichung der Rechtsvorschriften über den Verbraucherkredit, in: ZfgKW 1985, S. 500–502, zitiert: *Lanzke,* ZfgKW 1985, S.

Lapp, Thomas, Generelle Pflicht zum Wertersatz bei Widerruf im Fernabsatz unzulässig. Anmerkung zu EuGH 1. Kammer, Urteil vom 03.09.2009 – C-489/07, in: jurisPR-ITR 19/2009, Anmerkung 2, zitiert: *Lapp,* jurisPR-ITR 19/2009, Anm. 2

Latham, Patrick, Consumer Credit: An EC Draftman's view, in: Hörmann, Günter (Hrsg.), Verbraucherkredit und Verbraucherinsolvenz. Perspektiven für die Rechtspolitik aus Europa und USA. Tagung des Zentrums für Europäische Rechtspolitik (ZERP). Bremen, 18. und 19. April 1985, Bremen 1986, S. 571–591, zitiert: *Latham* in Hörmann (Hrsg.), Verbraucherkredit und Verbraucherinsolvenz, S.

Latham, Patrick, Dispositions communautaires relatives au crédit à la consommation: la Directive 87/102/CEE du 22 Décembre 1986, in: RMC 1988, S. 219–224, zitiert: *Latham,* RMC 1988, S.

Lauer, Jörg, Risiken des neu geregelten verbundenen Geschäfts bei Immobilienfinanzierungen, in: BKR 2004, S. 92–102, zitiert: *Lauer,* BKR 2004, S.

Laurent, Alain, Les grands courants du libéralisme, Paris 1998, zitiert: *Laurent,* Les grands courants du libéralisme, S.

Lehmann, Michael, Das Prinzip Wettbewerb: ein gemeinsames Gesetz der Evolution für Biologie, Ökonomie und Wirtschaftsrecht?, in: JZ 1990, S. 61–67, zitiert: *Lehmann,* JZ 1990, S.

Leible, Stefan, Was tun mit dem Gemeinsamen Referenzrahmen für das Europäische Vertragsrecht? – Plädoyer für ein optionales Instrument, in: BB 2008, S. 1469–1475, zitiert: *Leible,* BB 2008, S.

Leisner, Walter, Der mündige Verbraucher in der Rechtsprechung des EuGH. Zur europarechtlichen Zulässigkeit abstrakter Gefährdungstatbestände (§§ 6a, 6b UWG), in: EuZW 1991, S. 498–504, zitiert: *Leisner,* EuZW 1991, S.

Lenz, Carl Otto/Borchardt, Klaus-Dieter, EU-Verträge Kommentar. EUV. AEUV. GRCh, 6. Aufl., Köln 2012, zitiert: Lenz/Borchardt/*Bearbeiter*, EU- Verträge Kommentar, Art., Rn.

Limbach, Francis, Schulte und Crailsheimer Volksbank: Die Haftung des Unternehmers bei Nichtbeachtung der Widerrufsbelehrungspflicht, in: ZGS 2006, S. 66–72, zitiert: *Limbach*, ZGS 2006, S.

Loacker, Leander D., Verbraucherverträge mit gemischter Zwecksetzung. Ist der Scheideweg im Unionsprivatrecht erreichbar?, in: JZ 2013, S. 234–242, zitiert: *Loacker*, JZ 2013, S.

Loos, Marco B. M., The case for a uniform and efficient right of withdrawal from consumer contracts in European Contract Law, in: ZEuP 2007, S. 5–36, zitiert: *Loos*, ZEuP 2007, S.

Loos, Marco B. M., Review of the European Consumer Acquis, München 2008, zitiert: *Loos*, Review of the European Consumer Acquis, S.

Loos, Marco B. M., Rights of Withdrawal, in: Howells, Geraint/Schulze, Reiner (Hrsg.), Modernising and Harmonising Consumer Contract Law, München 2009, S. 237–277, zitiert: *Loos* in Howells/Schulze (Hrsg.), Modernising and Harmonising Consumer Contract Law, S.

Looschelders, Dirk, Informationspflichten des Unternehmers und Widerrufsrecht des Verbrauchers, in: Remien, Oliver/Herrler, Sebastian/Limmer, Peter (Hrsg.), Gemeinsames Europäisches Kaufrecht für die EU? Analyse des Vorschlags der Europäischen Kommission für ein optionales Europäisches Vertragsrecht vom 11. Oktober 2011, München 2012, S. 107–142, zitiert: *Looschelders* in Remien/Herrler/Limmer (Hrsg.), Gemeinsames Europäisches Kaufrecht für die EU?, S.

Lorenz, Stephan, Der Schutz vor dem unerwünschten Vertrag. Eine Untersuchung von Möglichkeiten und Grenzen der Abschlußkontrolle im geltenden Recht, München 1997, Habilitätsschrift München 1996/1997, zitiert: *Lorenz*, Der Schutz vor dem unerwünschten Vertrag, S.

Lukas, Meinhard, Außerhalb von Geschäftsräumen abgeschlossene Verträge, in: Jud, Brigitta/Wendehorst, Christiane (Hrsg.), Neuordnung des Verbraucherprivatrechts in Europa? Zum Vorschlag einer Richtlinie über Rechte der Verbraucher, Wien 2009, S. 65–98, zitiert: *Lukas* in Jud/Wendehorst (Hrsg.), Neuordnung des Verbraucherprivatrechts in Europa?, S.

Lurger, Brigitta, Regulierung und Deregulierung im europäischen Privatrecht, Frankfurt am Main 1997, zitiert: *Lurger*, Regulierung und Deregulierung im europäischen Privatrecht, S.

Lurger, Brigitta, Widerrufsrechte, in: Bydlinski, Peter/Lurger, Brigitta (Hrsg.), Die Richtlinie über die Rechte der Verbraucher (2011/83/EU vom 25. Oktober 2011). Entstehung – Inhalt – Umsetzung, Wien 2012, S. 53–95, zitiert: *Lurger* in Bydlinski/Lurger (Hrsg.), Die Richtlinie über die Rechte der Verbraucher, S.

Luth, Hanneke A./Cseres, Katalin, The DCFR and Consumer Protection: An Economic Assessment, in: Larouche, Pierre/Chirico, Filomena (Hrsg.), Economic Analysis of the DCFR. The work of the Economic Impact Group within CoPECL, S. 235–273, München 2010, zitiert: *Luth/Cseres* in Larouche/Chirico (Hrsg.), Economic Analysis of the DCFR, S.

Maier, Arne, Sanktionen gegen den Kreditgeber bei unterlassener Prüfung der Kreditwürdigkeit des Kreditnehmers, in: VuR 2015, S. 20–23; zitiert: *Maier*, VuR 2015, S.

Mairose, Niklas Patrick, Verbraucherkreditrecht in der notariellen Praxis, in: RNotZ 2012, S. 467–489, zitiert: *Mairose*, RNotZ 2012, S.

Mankowski, Peter, Beseitigungsrechte: Anfechtung, Widerruf und verwandte Institute, Tübingen 2003, Habilitationsschrift Osnabrück 2000, zitiert: *Mankowski*, Beseitigungsrechte, S.

Mankowski, Peter, Widerrufsrecht und Rückgaberecht, in: Schulze, Reiner/ Schulte-Nölke, Hans (Hrsg.), Die Schuldrechtsreform vor dem Hintergrund des Gemeinschaftsrechts, Tübingen 2001, S. 357–377, zitiert: *Mankowski* in Schulze/Schulte-Nölke (Hrsg.), Die Schuldrechtsreform vor dem Hintergrund des Gemeinschaftsrechts, S.

Mankowski, Peter, Schwebende Wirksamkeit unter § 361a BGB – Probleme, Reaktionsmöglichkeiten, Kritik und Korrektur – Teil I, in: WM 2001, S. 793–802, zitiert: *Mankowski*, WM 2001, S.

Mankowski, Peter, Formvorschriften und Europäisches Privatrecht, in: Schulte-Nölke, Hans/Schulze, Reiner in Verbindung mit Bernardeau, Ludovic (Hrsg.), Europäisches Vertragsrecht im Gemeinschaftsrecht. European Contract Law in Community Law. Droit des contrats à l'aune du droit communautaire, Trier 2002, S. 181–210, zitiert: *Mankowski* in Schulte-Nölke/Schulze (Hrsg.), Europäisches Vertragsrecht im Gemeinschaftsrecht, S.

Mankowski, Peter, Die gemeinschaftsrechtliche Kontrolle von Erlöschenstatbeständen für verbraucherschützende Widerrufsrechte. Zugleich Besprechung von EuGH, Urteil v. 10.4.2008, in: JZ 2008, S. 1141–1150, zitiert: *Mankowski*, JZ 2008, S.

Mansel, Heinz-Peter, Der Verordnungsvorschlag für ein Gemeinsames Europäisches Kaufrecht – Teil I –, in: WM 2012, S. 1253–1267, zitiert: *Mansel*, WM 2012, S.

Martens, Sebastian, Ein Europa, ein Privatrecht – Die Bestrebungen zur Vereinheitlichung des Europäischen Privatrechts, in: EuZW 2010, S. 527–530, zitiert: *Martens*, EuZW 2010, S.

Martinek, Michael, Das Teilzeiteigentum an Immobilien in der Europäischen Union. Kritik des Timesharing-Richtlinienvorschlags der Europäischen Kommission, in: ZEuP 1994, S. 470–492, zitiert: *Martinek*, ZEuP 1994, S.

Martinek, Michael, Das neue Teilzeit-Wohnerechtegesetz – mißratener Verbraucherschutz bei Time-Sharing-Verträgen, in: NJW 1997, S. 1393–1399, zitiert: *Martinek*, NJW 1997, S.

Martinek, Michael, Unsystematische Überregulierung und kontraintentionale Effekte im Europäischen Verbraucherschutzrecht oder: Weniger wäre mehr, in: Grundmann, Stefan (Hrsg.), Systembildung und Systemlücken in Kerngebieten des Europäischen Privatrechts, Tübingen 2000, S. 511–557 zitiert: *Martinek* in Grundmann (Hrsg.), Systembildung und Systemlücken in Kerngebieten des Europäischen Privatrechts, S.

Marx, Claudius/Bäuml, Swen Oliver, Die Information des Verbrauchers zum Widerrufsrecht im Fernabsatz – „klar und verständlich"?, in: WRP 2004, S. 162–168, zitiert: *Marx/Bäuml*, WRP 2004, S.

Mäsch, Gerald, Die Time-Sharing-Richtlinie. Licht und Schatten im Europäischen Verbraucherschutzrecht, in: EuZW 1995, S. 8–14, zitiert: *Mäsch*, EuZW 1995, S.

Medicus, Dieter/Petersen, Jens, Allgemeiner Teil des BGB, 11. Aufl., Heidelberg 2016, zitiert: *Medicus/Petersen*, AT, §, Rn.

Meinhof, Alexander, Neuerungen im modernisierten Verbrauchervertragsrecht durch das OLG-Vertretungsänderungsgesetz. Heininger und die Folgen, in: NJW 2002, S. 2273–2275, zitiert: *Meinhof*, NJW 2002, S.

Mercuro, Nicholas/Medema, Steven G., Economics and the Law. From Posner to postmodernism and beyond, 2. Aufl., Princeton 2006, zitiert: *Mercuro/Medema*, Economics and the Law, S.

Metz, Rainer, Kreditscoring: Verbraucher durchleuchtet und bewertet – Verbraucherrechte aber nur partiell geklärt, in: Bub, Wolf-Rüdiger/Knieper, Rolf/Metz, Rainer/Winter, Gerd (Hrsg.), Zivilrecht im Sozialstaat. Festschrift für Professor Dr. Peter Derleder, Baden-Baden 2005, S. 421–437, zitiert: *Metz* in FS Derleder, S.

Metz, Rainer, Verbraucherrelevante europäische Rechtssetzung im Bereich Finanzdienstleistungen, in: VuR 2007, S. 361–364, zitiert: *Metz*, VuR 2007, S.

Metz, Rainer, Scoring: Licht im Tunnel, in: VuR 2009, S. 403–408, zitiert: *Metz*, VuR 2009, S.

Meyer, Hagen, Das Verbraucherleitbild des Europäischen Gerichtshofs – Abkehr vom „flüchtigen Verbraucher" – in: WRP 1993, S. 215–224, zitiert: *Meyer*, WRP 1993, S.

Micklitz, Hans-W., Ein einheitliches Kaufrecht für Verbraucher in der EG?, in: EuZW 1997, S. 229–237, zitiert: *Micklitz*, EuZW 1997, S.

Micklitz, Hans-W., Verbandsklage und die EG-Richtlinie über missbräuchliche Klauseln, in: ZIP 1998, S. 937–944, zitiert: *Micklitz*, ZIP 1998, S.

Micklitz, Hans-W., Perspektiven eines Europäischen Privatrechts. Ius commune praeter legem?, in: ZEuP 1998, S. 253–276, zitiert: *Micklitz*, ZEuP 1998, S.

Micklitz, Hans-W., Fernabsatz und E-Commerce im Schuldrechtsmodernisierungsgesetz, in: EuZW 2001, S. 133–143, zitiert: Micklitz, EuZW 2001, S.

Micklitz, Hans-W., The Targeted Full Harmonisation Approach: Looking Behind the Curtain, in: Howells, Geraint/Schulze, Reiner (Hrsg.), Modernising and Harmonising Consumer Contract Law, München 2009, S. 47–83, zitiert: *Micklitz* in Howells/Schulze (Hrsg.), Modernising and Harmonising Consumer Contract Law, S.

Micklitz, Hans-W./Reich, Norbert, Verbraucherschutz im Vertrag über die Europäische Union – Perspektiven für 1993, in: EuZW 1992, S. 593–598, zitiert: *Micklitz/Reich*, EuZW 1992, S.

Micklitz, Hans-W./Reich, Norbert, Der Kommissionsvorschlag vom 8.10.2008 für eine Richtlinie über „Rechte der Verbraucher", oder: „der Beginn des Endes einer Ära...", in: EuZW 2009, S. 279–286, zitiert: *Micklitz/Reich*, EuZW 2009, S.

Micklitz, Hans-W./Weatherill, Stephen, Consumer Policy in the European Community: Before and After Maastricht, in: Journal of Consumer Policy 1993, S. 285–321, zitiert: *Micklitz/Weatherill*, JCP 1993, S.

Mittwoch, Anne-Christin, Die Vereinheitlichung des Privatrechts in Europa – auf dem Weg zu einem Europäischen Zivilgesetzbuch?, in: JuS 2010, S. 767–771, zitiert: *Mittwoch*, JuS 2010, S.

Mittwoch, Anne-Christin, Vollharmonisierung und Europäisches Privatrecht. Methode, Implikationen und Durchführung, Berlin 2013, Dissertation Berlin 2013, zitiert: *Mittwoch*, Vollharmonisierung und Europäisches Privatrecht, S.

Mohr, Jochen, Der Begriff des Verbrauchers und seine Auswirkungen auf das neugeschaffene Kaufrecht und das Arbeitsrecht, in: AcP 204 (2004), S. 660–696, zitiert: *Mohr*, AcP 204 (2004), S.

Möller, Mirko, Neuer Anlauf einer Musterwiderrufsbelehrung – Verbraucherschutzrecht, in: BB 2010, S. 1417, zitiert: *Möller*, BB 2010, S.

Möllers, Thomas/Grassl, Pia, Zur Europarechtswidrigkeit der Schrottimmobilien-Rechtsprechung des XI. Senates – Die Umsetzung der EuGH-Rechtsprechung zur Haustürwiderrufs-RiL 85/577/EWG durch deutsche Gerichte, in: VuR 2010, S. 3–16, zitiert: *Möllers/Grassl*, VuR 2010, S.

Müggenborg, Hans-Jürgen/Horbach, Rainer, Die Verwirkung des Widerrufsrechts bei Immobiliendarlehen, in: NJW 2015, S. 2145–2149, zitiert: *Müggenborg/Horbach*, NJW 2015, S.

Mülbert, Peter O., Außengesellschaften – manchmal ein Verbraucher?, in: WM 2004, S. 905–915, zitiert: *Mülbert*, WM 2004, S.

Müller-Graff, Peter-Christian, Unionsprivatrecht statt Gemeinschaftsprivatrecht?, in GPR 2008, S. 105, zitiert: *Müller-Graff*, GPR 2008, S.

Müller-Ibold, Till/Käseberg, Thorsten, Zinsen nach Darlehenswiderruf beim Haustürgeschäft – Anmerkungen zum Schlussantrag von Generalanwalt Léger im

Verfahren Crailsheimer Volksbank –, in: WM 2005, S. 1592–1597, zitiert: *Müller-Ibold/Käseberg*, WM 2005, S.

Münchener Kommentar zum Bürgerlichen Gesetzbuch, Band 1, Allgemeiner Teil, §§ 1–240, ProstG, AGG 6. Aufl. München 2012, zitiert: MüKo/*Bearbeiter*, 6. Aufl., §, Rn.

Münchener Kommentar zum Bürgerlichen Gesetzbuch, Band 1, Allgemeiner Teil, §§ 1–240, ProstG, AGG 7. Aufl. München 2015, zitiert: MüKo/*Bearbeiter*, §, Rn.

Münchener Kommentar zum Bürgerlichen Gesetzbuch, Band 2, Schuldrecht – Allgemeiner Teil, §§ 241–432, 7. Aufl., München 2016, zitiert: MüKo/*Bearbeiter*, §, Rn.

Münchener Kommentar zum Bürgerlichen Gesetzbuch, Band 3a, Schuldrecht – Besonderer Teil, §§ 491–515 n. F., 7. Aufl., München 2017, zitiert: MüKo/*Bearbeiter*, §, Rn.

Münchener Kommentar zum Bürgerlichen Gesetzbuch, Band 5/2, Schuldrecht – Besonderer Teil III/2, §§ 651a–704, 7. Aufl., München 2017, zitiert: MüKo/*Bearbeiter*, §, Rn.

Münchener Kommentar zum Bürgerlichen Gesetzbuch, Band 6, Schuldrecht Besonderer Teil IV, §§ 705–853, Partnerschaftsgesellschaftsgesetz, Produkthaftungsgesetz, 7. Aufl., München 2017, zitiert: MüKo/*Bearbeiter*, §, Rn.

Münstermann, Walter, Zu dem Vorschlag einer EG-Richtlinie über den Verbraucherkredit in: Hörmann, Günter (Hrsg.), Verbraucherkredit und Verbraucherinsolvenz. Perspektiven für die Rechtspolitik aus Europa und USA. Tagung des Zentrums für Europäische Rechtspolitik (ZERP). Bremen, 18. und 19. April 1985, Bremen 1986, S. 610–620, zitiert: *Münstermann* in Hörmann (Hrsg.), Verbraucherkredit und Verbraucherinsolvenz, S.

Nassall, Wendt, Die Anwendung der EU-Richtlinie über missbräuchliche Klauseln in Verbraucherverträgen. Zugleich ein Beitrag zur Auslegung gemeinschaftsrechtlicher Generalklauseln, in: JZ 1995, S. 689–694, zitiert: *Nassall*, JZ 1995, S.

Neumann, Nils, Bedenkzeit vor und nach Vertragsabschluss. Verbraucherschutz durch Widerrufsrechte und verwandte Instrumente im deutschen und im französischen Recht, Tübingen 2005, Dissertation Saarbrücken 2004, zitiert: *Neumann*, Bedenkzeit vor und nach Vertragsabschluss, S.

Nobbe, Gerd, Verantwortlichkeit der Bank bei der Vergabe von Krediten und der Hereinnahme von Sicherheiten, in: ZBB 2008, S. 78–82, zitiert: *Nobbe*, ZBB 2008, S.

Nordhausen Scholes, Annette, Information Requirements, in: Howells, Geraint/Schulze, Reiner (Hrsg.), Modernising and Harmonising Consumer Contract Law, München 2009, S. 213–236, zitiert: *Nordhausen Scholes* in Howells/Schulze (Hrsg.), Modernising and Harmonising Consumer Contract Law, S.

Nützenadel, Alexander, Stunde der Ökonomen. Wissenschaft, Politik und Expertenkultur in der Bundesrepublik 1949–1974, Göttingen 2005, zitiert: *Nützenadel*, Stunde der Ökonomen, S.

Oderkerk, Marieke, The CFR and the Method(s) of Comparative Legal Research, in: ERCL 2007, S. 315–331, zitiert: *Oderkerk,* ERCL 2007, S.

Oppermann, Thomas/Classen, Claus D./Nettesheim, Martin, Europarecht. Ein Studienbuch, 7. Aufl., München 2016, zitiert: *Oppermann/Classen/Nettesheim,* Europarecht, §, Rn.

Özfirat-Skubinn, Sirin, Der Fall Pia Messner – Ein Entscheidungsvorschlag. Zur Vereinbarkeit der deutschen Widerrufsfolgenregelung in § 357 BGB mit der Fernabsatzrichtlinie, in: NJOZ 2010, S. 2006–2016, zitiert: *Ozfirat-Skubinn,* NJOZ 2010, S.

Palandt, Otto, Bürgerliches Gesetzbuch mit Nebengesetzen insbesondere mit Einführungsgesetz (Auszug) einschließlich Rom–I-, Rom–II- und Rom–III-Verordnungen sowie Haager Unterhaltsprotokoll und EU-Erbrechtsverordnung, Allgemeines Gleichbehandlungsgesetz (Auszug), Wohn- und Betreuungsvertragsgesetz, BGB-Informationspflichten-Verordnung, Unterlassungsklagengesetz, Produkthaftungsgesetz, Erbbaurechtsgesetz, Wohnungseigentumsgesetz, Versorgungsausgleichsgesetz, Lebenspartnerschaftsgesetz, Gewaltschutzgesetz, 77. Aufl., München 2018, zitiert: Palandt/*Bearbeiter,* §, Rn.

Paschke, Marian/Iliopoulos, Constantin, Europäisches Privatrecht: Ein Studienbuch zum Privatrecht der Europäischen Gemeinschaft, Hamburg 1998, zitiert: *Paschke/Iliopoulos,* Europäisches Privatrecht, S.

Peters, Bernd/Ivanova, Radostina, „Heininger" und die Personalkredite – Zugleich Anmerkungen zu den Entscheidungen des OLG München vom 25.7.2002 = WM 2003, 66 und vom 29.7.2002 = WM 2003, 69, in: WM 2003, S. 55–59, zitiert: *Peters/Ivanova,* WM 2003, S.

Peters, Hans Rudolf, Wirtschaftspolitik, 3. Aufl., München 2000, zitiert: *Peters,* Wirtschaftspolitik, S.

Pfeiffer, Thomas, Der Verbraucherbegriff als zentrales Merkmal im europäischen Privatrecht, in: Schulte-Nölke, Hans/Schulze, Reiner (Hrsg.), Europäische Rechtsangleichung und nationale Privatrechte, Baden-Baden 1999, S. 21–43, zitiert: *Pfeiffer* in Schulte-Nölke/Schulze (Hrsg.), Europäische Rechtsangleichung und nationale Privatrechte, S.

Pfeiffer, Thomas, Die Subjekte des Europäischen Vertragsrechts, in Schulte-Nölke, Hans/Schulze, Reiner in Verbindung mit Bernardeau, Ludovic (Hrsg.), Europäisches Vertragsrecht im Gemeinschaftsrecht. European Contract Law in Community Law. Droit des contrats à l'aune du droit communautaire, Trier 2002, S. 85–94, zitiert: *Pfeiffer* in Schulte-Nölke/Schulze (Hrsg.), Europäisches Vertragsrecht im Gemeinschaftsrecht, S.

Pfeiffer, Thonas, Methodik der Privatrechtsangleichung in der EU. Der Entwurf eines Gemeinsamen Referenzrahmens zum europäischen Vertragsrecht, in: AcP 208 (2008), S. 227–247, zitiert: *Pfeiffer,* AcP 208 (2008), S.

Pfeiffer, Thomas, Der isolierte Widerruf des verbundenen Darlehens, in: ZGS 2008, S. 409–410, zitiert: *Pfeiffer,* ZGS 2008, S.

Pfeiffer, Thomas, Neues Internationales Vertragsrecht. Zur Rom-I-Verordnung, in: EuZW 2008, S. 622–629, zitiert: *Pfeiffer*, EuZW 2008, S.

Pfeiffer, Thomas, Was kann ein Verbraucher? Zur Relevanz von Informationsverarbeitungskapazitäten im AGB-Recht und darüber hinaus, in: NJW 2011, S. 1–7, zitiert: *Pfeiffer*, NJW 2011, S.

Pfeiffer, Thomas, Verbraucherrecht mit vielen Säulen – Auf der Suche nach funktionsgerechten Konstruktionsprinzipien eines Rechtsgebiets, in: NJW 2012, S. 2609–2613, zitiert: *Pfeiffer*, NJW 2012, S.

Pieckenbrock, Andreas, Die geplante Umsetzung der Wohnimmobilienkreditvertragsrichtlinie, in: GPR 2015, S. 26–36, zitiert: *Pieckenbrock*, GPR 2015, S.

Pieckenbrock, Andreas/Rodi, Daniel, Die Rechtsfolgen des Widerrufs von Verbraucherdarlehensverträgen unter besonderer Berücksichtigung des Wertersatzes für die Kapitalüberlassung, in: WM 2015, S. 1085–1093; zitiert: *Pieckenbrock/Rodi*, WM 2015, S.

Pieckenbrock, Andreas/Schulze, Götz, Die Grenzen richtlinienkonformer Auslegung – autonomes Richterrecht oder horizontale Direktwirkung, in: WM 2002, S. 521–529, zitiert: *Pieckenbrock/Schulze*, WM 2002, S.

Podewils, Felix, Haustürwiderrufsrichtlinie: Anwendung auf Personengesellschaften – Fortgeltung der Grundsätze der fehlerhaften Gesellschaft, in: EWS 2010, S. 265–269, zitiert: *Podewils*, EWS 2010, S.

Posner, Richard A., Economic Analysis of Law, 8. Aufl., New York 2011, zitiert: *Posner*, Economic Analysis of Law, S.

Prütting, Hanns/Wegen, Gerhard/Weinrich, Gerd, Bürgerliches Gesetzbuch. Kommentar, 11. Aufl., Köln 2016, zitiert: Prütting/Wegen/Weinrich/*Bearbeiter*, §, Rn.

Ptak, Ralf, Vom Ordoliberalismus zur Sozialen Marktwirtschaft. Stationen des Neoliberalismus in Deutschland, Opladen 2004, Dissertation Hamburg 2003, zitiert: *Ptak*, Vom Ordoliberalismus zur Sozialen Marktwirtschaft, S.

Pützhoven, Andreas, Europäischer Verbraucherschutz im Fernabsatz. Die Richtlinie 97/7/EG und ihre Einbindung in nationales Verbraucherrecht, München 2001, Dissertation Greifswald 2000/2001, zitiert: *Pützhoven*, Europäischer Verbraucherschutz im Fernabsatz, S.

Radnitzky, Gerard, An Economic Theory of the Rise of Civilization and Its Policy Implications: Hayek's Account Generalized, in: ORDO 38 (1987), S. 47–90, zitiert: *Radnitzky*, ORDO 38 (1987), S.

Ramsay, Iain, From Truth in Lending to Responsible Lending, in: Howells, Geraint/Janssen, André/Schulze, Reiner (Hrsg.), Information Rights and Obligations. A Challenge for Party Autonomy and Transactional Fairness, Aldershot 2005, S. 47–65, zitiert: *Ramsay* in Howells/Janssen/Schulze (Hrsg.), Information Rights and Obligations, S.

Rauscher, Thomas, Europäisches Zivilprozess- und Kollisionsrecht. EuZPR/EUIPR. Kommentar, Band I, Brüssel–Ia-VO, 4. Aufl., Köln 2016, zitiert: Rauscher/*Bearbeiter*, Europäisches Zivilprozess- und Kollisionsrecht, Art., Rn.

Reich, Norbert, Zivilrechtstheorie, Sozialwissenschaften und Verbraucherschutz, in: ZRP 1974, S. 187–194, zitiert: *Reich*, ZRP 1974, S.

Reich, Norbert, Markt und Recht. Theorie und Praxis des Wirtschaftsrechts in der Bundesrepublik Deutschland, Neuwied 1977, zitiert: *Reich*, Markt und Recht, S.

Reich, Norbert, Die neue Richtlinie 97/7/EG über den Verbraucherschutz bei Vertragsabschlüssen im Fernabsatz, in: EuZW 1997, S. 581–589, zitiert: *Reich*, EuZW 1997, S.

Reich, Norbert, Verbraucherpolitik und Verbraucherschutz im Vertrag von Amsterdam, in: VuR 1999, S. 3–10, zitiert: *Reich*, VuR 1999, S.

Reich, Norbert, *Heininger* und das Europäische Privatrecht, in: Bub, Wolf-Rüdiger/Knieper, Rolf/Metz, Rainer/Winter, Gerd (Hrsg.), Zivilrecht im Sozialstaat. Festschrift für Professor Dr. Peter Derleder, Baden-Baden 2005, S. 127–143, zitiert: *Reich* in FS Derleder, S.

Reich, Norbert, Europäisches Vertragsrecht im Umbruch?, in VuR 2007, S. III–IV, zitiert: *Reich*, VuR 2007, S.

Reich, Norbert, Von der Minimal- zur Voll- zur „Halbharmonisierung". Ein europäisches Privatrechtsdrama in fünf Akten, in: ZEuP 2010, S. 7–39, zitiert: *Reich*, ZEuP 2010, S.

Reich, Norbert, General Principles of EU Civil Law, Cambridge 2014, zitiert: *Reich*, General Principles of EU Civil Law, S.

Reich, Norbert/Micklitz, Hans-W., Verbraucherschutzrecht in der Bundesrepublik Deutschland. Eine Studie im Auftrage der EG Kommission, New York 1980, zitiert: *Reich/Micklitz*, Verbraucherschutzrecht in der Bundesrepublik Deutschland, S.

Reich, Norbert/Micklitz, Hans-W., Verbraucherschutzrecht in den EG-Staaten. Eine vergleichende Analyse. Eine Studie im Auftrage der EG Kommission, New York 1981, zitiert: *Reich/Micklitz*, Verbraucherschutzrecht in den EG-Staaten, S.

Reich, Norbert/Micklitz, Hans-W., Europäisches Verbraucherrecht, 4. Aufl., Baden-Baden 2003, zitiert: *Reich/Micklitz*, Europäisches Verbraucherrecht, S.

Reich, Norbert/Rörig, Ursula, Die Urteile des EuGH in den Rechtssachen C-350/03 (Schulte) und C-229/04 (Crailsheimer Volksbank eG) – VuR 2005, 419 und 423, in: VuR 2005, S. 452–453, zitiert: *Reich/Rörig*, VuR 2005, S.

Reichardt, Vanessa, Der Verbraucher und seine variable Rolle im Wirtschaftsverkehr. Die Problematik der rechtlichen Erfassung und Einordnung von Vertragsparteien als Verbraucher und Unternehmer im Sinne der §§ 13, 14 BGB, Berlin 2008, Dissertation Freiburg 2007, zitiert: *Reichardt*, Der Verbraucher und seine variable Rolle im Wirtschaftsverkehr, S.

Reiff, Peter, Die (Außen-)Gesellschaft bürgerlichen Rechts – niemals ein Verbraucher in: Bielefeld, Thomas/Marlow, Sven (Hrsg.), Ein Leben mit der Versicherungswissenschaft. Festschrift für Helmut Schirmer, Karlsruhe, 2005, zitiert: *Reiff* in FS Schirmer, S.

Reifner, Udo, Alternatives Wirtschaftsrecht am Beispiel der Verbraucherverschuldung: Realitätsverleugnung oder soziale Auslegung im Zivilrecht, Neuwied 1979, zitiert: *Reifner,* Alternatives Wirtschaftsrecht am Beispiel der Verbraucherverschuldung, S.

Reifner, Udo, Die EG-Richtlinie über den Konsumentenkredit – Nachhilfe im Verbraucherschutz für die Bundesrepublik Deutschland in: Hörmann, Günter (Hrsg.), Verbraucherkredit und Verbraucherinsolvenz. Perspektiven für die Rechtspolitik aus Europa und USA. Tagung des Zentrums für Europäische Rechtspolitik (ZERP). Bremen, 18. und 19. April 1985, Bremen 1986, S. 621–643, zitiert: *Reifner* in Hörmann (Hrsg.), Verbraucherkredit und Verbraucherinsolvenz, S.

Reifner, Udo, Finanzielle Allgemeinbildung. Bildung als Mittel der Armutsprävention in der Kreditgesellschaft. Projektabschlussbericht zur ersten Phase des vom Bundesministerium für Familie, Senioren, Frauen und Jugend unterstützten Projektes, Baden-Baden 2003, zitiert: *Reifner,* Finanzielle Allgemeinbildung, S.

Reifner, Udo, Empfehlungen zum Vorschlag einer EU-Richtlinie zum Konsumentenkredit, in: VuR 2004, S. 11–15, zitiert: *Reifner,* Empfehlungen, VuR 2004, S.

Reifner, Udo, Konsumentenkreditrichtlinie im Europaparlament – Zurück zu den Siebzigern?, in: VuR 2004, S. 85–90, zitiert: *Reifner,* Konsumentenkreditrichtlinie, VuR 2004, S.

Reifner, Udo, Die neue Verbraucherkreditrichtlinie: Ein erster Eindruck zur kleinen Dienstleistungsrichtlinie, in: VuR 2005, S. 414–415, zitiert: *Reifner,* VuR 2005, S.

Reifner, Udo, Verantwortung bei Kreditvergabe oder im Kredit? – Zum Konzept des Entwurfs der Konsumentenkreditrichtlinie, in: VuR 2006, S. 121–126, zitiert: *Reifner,* VuR 2006, S.

Reifner, Udo, Die Restschuldversicherung im Ratenkredit, in: WM 2008, S. 2329–2339, zitiert: *Reifner,* WM 2008, S.

Reifner, Udo, Neue Sittenwidrigkeit von Ratenkrediten?, in: BKR 2009, S. 51–65, zitiert: *Reifner,* BKR 2009, S.

Reifner, Udo, Verbraucherschutz und Neo-Liberalismus. DCFR, EU-Verbraucherrichtlinien und die Kritik Stürners, in: VuR 2009, S. 3–11, zitiert: *Reifner,* Verbraucherschutz, VuR 2009, S.

Reiner, Günter, Der verbraucherschützende Widerruf im Recht der Willenserklärungen, in: AcP 203 (2003), S. 1–45, zitiert: *Reiner,* AcP 203 (2003), S.

Reinicke, Dietrich/Tiedtke, Klaus, Zweifelsfragen bei der Anwendung des Verbraucherkreditgesetzes, in: ZIP 1992, S. 217–228, zitiert: *Reinicke/Tiedtke,* ZIP 1992, S.

Reinhard, Hans-Joachim, Verbraucherschutz durch EU-Richtlinien. Der *acquis communautaire* im Bereich des Verbraucherrechts, in: EuLF 2004, S. 86–91, zitiert: *Reinhard,* EuLF 2004, S.

Reiter, Julius F./Methner, Olaf, Anwendbarkeit des Haustürwiderrufsgesetzes auf Kreditverträge – Stärkung des Verbraucherschutzes oder Rechtstheorie? (Noch eine) Anmerkung zu EuGH, Urt. v. 13.12.2001 (Rechtssache C-481/99), in: VuR 2002, S. 90–93, zitiert: *Reiter/Methner,* VuR 2002, S.

Remien, Oliver, AGB-Gesetz und Richtlinie über missbräuchliche Verbrauchervertragsklauseln in ihrem europäischen Umfeld, in: ZEuP 1994, S. 34–66, zitiert: *Remien,* ZEuP 1994, S.

Remien, Oliver, Zwingendes Vertragsrecht und Grundfreiheiten des EG-Vertrags, Tübingen 2003, Habilitationsschrift Hamburg 2000, zitiert: *Remien,* Zwingendes Vertragsrecht und Grundfreiheiten des EG-Vertrags, S.

Remien, Oliver, Zweck, Inhalt, Anwendungsbereich und Rechtswirkung des Gemeinsamen Referenzrahmens: Eine erste Analyse des Standpunktes des Justizministerrates vom 18.4.2008, in: GPR 2008, S. 124–128, zitiert: *Remien,* GPR 2008, S.

Remien, Oliver, Gemeinsames Europäisches Kaufrecht für die EU? Einführung, in: Remien, Oliver/Herrler, Sebastian/Limmer, Peter (Hrsg.), Gemeinsames Europäisches Kaufrecht für die EU? Analyse des Vorschlags der Europäischen Kommission für ein optionales Vertragsrecht vom 11. Oktober 2011, München 2012, S. 1–5, zitiert: *Remien* in Remien/Herrler/Limmer (Hrsg.), Gemeinsames Europäisches Kaufrecht für die EU?, S.

Research Group on the Existing EC Private Law (Acquis Group), Principles of the Existing EC Contract Law (Acquis Principles). Contract II. General Provisions, Delivery of Goods, Package Travel and Payment Services, München 2009, zitiert: *Bearbeiter* in Research Group on the Existing EC Private Law (Acquis Group), Contract II. Art., Rn.

Reuter, Manfred, Der Fernabsatz und seine rechtliche Ausgestaltung in der Europäischen Union. Die Richtlinie 97/7/EG über den Verbraucherschutz bei Vertragsabschlüssen im Fernabsatz sowie der Vorschlag für eine Richtlinie über den Fernabsatz von Finanzdienstleistungen an Verbraucher, Frankfurt am Main 2003, Dissertation Frankfurt am Main 2002, zitiert: *Reuter,* Der Fernabsatz und seine rechtliche Ausgestaltung in der Europäischen Union, S.

Riehm, Thomas, Die überschießende Umsetzung vollharmonisierender EG-Richtlinien im Privatrecht, in: JZ 2006, S. 1035–1045, zitiert: *Riehm,* JZ 2006, S.

Riehm, Thomas/Schreindorfer, Benedikt, Das Harmonisierungskonzept der neuen Verbraucherkreditrichtlinie, in: GPR 2008, S. 244–249, zitiert: *Riehm/Schreindorfer,* GPR 2008, S.

Riesenhuber, Karl, Fernabsatz von Finanzdienstleistungen im europäischen Schuldvertragsrecht – Zum Richtlinienvorschlag der Kommission vom 14.10.1998 –, in: WM 1999, S. 1441–1451, zitiert: *Riesenhuber,* WM 1999, S.

Riesenhuber, Karl, System und Prinzipien des Europäischen Vertragsrechts, Berlin 2003, Habilitationsschrift Erlangen-Nürnberg 2002, zitiert: *Riesenhuber,* System und Prinzipien des Europäischen Vertragsrechts, S.

Riesenhuber, Karl, Information – Beratung – Fürsorge. Kritische Bemerkungen zum Vorschlag einer neuen Verbraucherkreditrichtlinie, in: ZBB 2003, S. 325–334, zitiert: *Riesenhuber,* ZBB 2003, S.

Riesenhuber, Karl, Kein Zweifel für den Verbraucher, in: JZ 2005, S. 829–835, zitiert: *Riesenhuber,* JZ 2005, S.

Riesenhuber, Karl, Das Prinzip der Selbstverantwortung. Grundlagen und Bedeutung im heutigen Privatrecht, Tübingen 2011, zitiert: *Bearbeiter* in Riesenhuber (Hrsg.), Das Prinzip der Selbstverantwortung, §, S.

Riesenhuber, Karl, Der Vorschlag für eine Verordnung über ein „Gemeinsames Europäisches Kaufrecht" – Kompetenz, Subsidiarität, Verhältnismäßigkeit, in: EWS 2012, S. 7–12, zitiert: *Riesenhuber,* EWS 2012, S.

Riesenhuber, Karl, EU-Vertragsrecht, Tübingen 2013, zitiert: *Riesenhuber,* EU-Vertragsrecht, §, Rn.

Riesenhuber, Karl, Europäische Methodenlehre. Handbuch für Ausbildung und Praxis, 3. Aufl., Berlin 2015, zitiert: *Bearbeiter* in Riesenhuber (Hrsg.), Europäische Methodenlehre, §, S.

Riesenhuber, Karl/Nishitani, Yuko, Wandlungen oder Erosion der Privatautonomie? Deutsch-japanische Perspektiven des Vertragsrechts, Berlin 2007, zitiert: *Bearbeiter* in Riesenhuber/Nishitani (Hrsg.), Wandlungen oder Erosion der Privatautonomie?, S.

Rittner, Fritz, Das Gemeinschaftsprivatrecht und die europäische Integration, in: JZ 1995, S. 849–858, zitiert: *Rittner,* JZ 1995, S.

Ritz, Corinna, Harmonisierungsprobleme bei der Umsetzung der EG-Richtlinie 87/102 über den Verbraucherkredit, Frankfurt am Main 1996, Dissertation Frankfurt am Main 1995, zitiert: *Ritz,* Harmonisierungsprobleme bei der Umsetzung der EG-Richtlinie 87/102 über den Verbraucherkredit, S.

Rohe, Mathias, Privatautonomie im Verbraucherkreditrecht wohin? – Zum Richtlinienvorschlag zur Harmonisierung der Rechts- und Verwaltungsvorschriften der Mitgliedstaaten über den Verbraucherkredit, in: BKR 2003, S. 267–273, zitiert: *Rohe,* BKR 2003, S.

Rösler, Hannes, Europäisches Konsumentenvertragsrecht. Grundkonzeption, Prinzipien und Fortentwicklung, München 2004, Dissertation Marburg 2003, zitiert: *Rösler,* Europäisches Konsumentenvertragsrecht, S.

Rösler, Hannes, Erwiderungen auf Karl Riesenhuber: Kein Zweifel für den Verbraucher, in: JZ 2005, 829, in: JZ 2006, S. 400–402, zitiert: *Rösler,* JZ 2006, S.

Rösler, Hannes, Primäres EU-Verbraucherrecht: Vom Römischen Vertrag bis zum Vertrag von Lissabon, in: EuR 2008, S. 800–823, zitiert: *Rösler,* EuR 2008, S.

Rösler, Hannes/Siepmann, Verena, Der Beitrag des EuGH zur Präzisierung von Art. 15 I EuGVO, in: EuZW 2006, S. 76–79, zitiert: *Rösler/Siepmann*, EuZW 2006, S.

Rösler, Patrick/Werner, Stefan, Erhebliche Neuerungen im zivilen Bankrecht: Umsetzung von Verbraucherkredit- und Zahlungsdiensterichtlinie. Überblick über den Umsetzungsbedarf in der Bankpraxis anhand der vorliegenden Gesetzentwürfe, in: BKR 2009, S. 1–10, zitiert: *Rösler/Werner*, BKR 2009, S.

Roth, Herbert, Das Fernabsatzgesetz, in: JZ 2000, S. 1013–1019, zitiert: *Roth*, JZ 2000, S.

Rott, Peter, Die Umsetzung der Haustürwiderrufsrichtlinie in den Mitgliedstaaten, Baden-Baden 2000, zitiert: *Rott*, Die Umsetzung der Haustürwiderrufsrichtlinie in den Mitgliedstaaten, S.

Rott, Peter, „Heininger" und die Folgen für das Widerrufsrecht, in: VuR 2002, S. 49–55, zitiert: *Rott*, VuR 2002, S.

Rott, Peter, Mitverantwortung des Kreditgebers bei der Kreditaufnahme – Warum eigentlich nicht?, in BKR 2003, S. 851–859, zitiert: *Rott*, BKR 2003, S.

Rott, Peter, Bedrohung des Verbraucherschutzes im Internationalen Verfahrens- und Privatrecht durch den Binnenmarkt, in: EuZW 2005, S. 167–173, zitiert: *Rott*, EuZW 2005, S.

Rott, Peter, Maximum Harmonisation and Mutual Recognition versus Consumer Protection: The Example of Linked Credit Agreements in EC Consumer Credit Law, in: EuLF 2006, S. I-61–I-68, zitiert: *Rott*, EuLF 2006, S.

Rott, Peter, Risikohaftung der Banken für „Schrottimmobilien": Anmerkung zu EuGH, Rs. C-350/03 – Schulte und C-229/04 – Crailsheimer Volksbank, in: GPR 2006, S. 25–28, zitiert: *Rott*, GPR 2006, S.

Rott, Peter, Die neue Verbraucherkredit-Richtlinie 2008/48/EG und ihre Auswirkungen auf das deutsche Recht, in: WM 2008, S. 1104–1113, zitiert: *Rott*, WM 2008, S.

Rott, Peter, Verbraucherschutz durch Prüfung der Kreditwürdigkeit, in: EWS 2014, S. 201–204, zitiert: *Rott*, EWS 2014, S.

Rott, Peter, Chapter 5 Consumer Credit in: Reich, Norbert/Micklitz, Hans-W./Rott, Peter/Tonner, Klaus (Hrsg.), European Consumer Law, 2. Aufl., Cambridge 2014, S. 197–238, zitiert: *Rott* in Reich/Micklitz/Rott/Tonner (Hrsg.), European Consumer Law, S.

Rott, Peter, Die neue Immobiliarkredit-Richtlinie 2014/17/EU und ihre Auswirkungen auf das deutsche Recht, in: BKR 2015, S. 8–14, zitiert: *Rott*, BKR 2015, S.

Rott, Peter, Der „Durchschnittsverbraucher" – ein Auslaufmodell angesichts personalisierten Marketings?, in: VuR 2015, S. 163–167, zitiert: *Rott*, VuR 2015, S.

Rott, Peter/Terryn, Evelyne, The Proposal for a Directive on Consumer Rights: No Single Set of Rules, in: ZEuP 2009, S. 456–488, zitiert: *Rott/Terryn*, ZEuP 2009, S.

Rott, Peter/Terryn, Evelyne/Twigg-Flesner, Christian, Kreditwürdigkeitsprüfung: Verbraucherschutzverhinderung durch Zuweisung zum Öffentlichen Recht?, in: VuR 2011, S. 163–169, zitiert: *Rott/Terryn/Twigg-Flesner*, VuR 2011, S

Rünz, Britta, Verbraucherschutz im Fernabsatz. Informationspflicht und Widerrufsrecht als Schutzinstrumente deutscher und europäischer Vorschriften, Münster 2004, Dissertation Münster 2004, zitiert: *Rünz*, Verbraucherschutz im Fernabsatz, S.

Sack, Rolf, Das Verbraucherleitbild und das Unternehmerleitbild im europäischen und deutschen Wettbewerbsrecht, in: WRP 1998, S. 264–269, zitiert: *Sack*, WRP 1998, S.

Samuelson, Paul A./Nordhaus, William D., Volkswirtschaftslehre. Das internationale Standardwerk der Makro- und Mikroökonomie, 5. Aufl., übersetzt aus dem Amerikanischen von Regina Berger und Brigitte Hilgner, München 2016, zitiert: *Samuelson/Nordhaus*, Volkswirtschaftslehre, S.

Schäfer, Frank L., Wohnimmobilienkreditrichtlinie. Geschichte und Umsetzung im Verbraucherdarlehensrecht, in: VuR 2014, S. 207–216, zitiert: *Schäfer*, VuR 2014, S.

Schäfer, Hans-Bernd/Ott, Claus, Lehrbuch der ökonomischen Analyse des Zivilrechts, 5. Aufl., Berlin, Heidelberg 2012, zitiert: *Schäfer/Ott*, Lehrbuch der ökonomischen Analyse des Zivilrechts, S.

Schauer, Martin, Fernabsatzverträge, in: Jud, Brigitta/Wendehorst, Christiane (Hrsg.), Neuordnung des Verbraucherprivatrechts in Europa? Zum Vorschlag einer Richtlinie über Rechte der Verbraucher, Wien 2009, S. 99–118, zitiert: *Schauer* in Jud/Wendehorst (Hrsg.), Neuordnung des Verbraucherprivatrechts in Europa?, S.

Schinkels, Boris, Die Wertersatzverpflichtung des Verbrauchers bei Widerruf von Fernabsatzverträgen – Rechtsfortbildungsvorschläge, in: ZGS 2005, S. 179–184, zitiert: *Schinkels*, ZGS 2005, S.

Schinkels, Boris, Der Kommissionsentwurf einer Verbraucherrechterichtlinie und seine Sprengkraft für § 355 BGB, in: JZ 2009, S. 774–779, zitiert: *Schinkels*, JZ 2009, S.

Schirmbacher, Martin, Musterhafte Widerrufsbelehrung – Neuerungen und kein Ende, in: BB 2009, S. 1088–1093, zitiert: *Schirmbacher*, BB 2009, S.

Schlecht, Otto, Grundlagen und Perspektiven der sozialen Marktwirtschaft, Tübingen 1990, zitiert: *Schlecht*, Grundlagen und Perspektiven der sozialen Marktwirtschaft, S.

Schmelz, Karl Joachim/Klute, Sabine, Zum Gesetzesentwurf für ein Verbraucherkreditgesetz, in: ZIP 1989, S. 1509–1525, zitiert: *Schmelz/Klute*, ZIP 1989, S.

Schmidt-Kessel, Martin, Der Vorschlag der Kommission für ein Optionales Instrument – Einleitung, in: Schmidt-Kessel, Martin (Hrsg.), Ein einheitliches europäisches Kaufrecht? Eine Analyse des Vorschlags der Kommission, München

2012, S. 1–28, zitiert: *Schmidt-Kessel* in Schmidt-Kessel (Hrsg.), Ein einheitliches europäisches Kaufrecht?, S.

Schmidt-Kessel, Martin, Der Entwurf für ein Gemeinsames Europäisches Kaufrecht, Kommentar, München 2014, zitiert: Schmidt-Kessel/*Bearbeiter*, Der Entwurf für ein Gemeinsames Europäisches Kaufrecht, Art., Rn.

Schmidtchen, Dieter, Vereinheitlichung des Vertragsrechts in Europa – eine Lösung auf der Suche nach dem Problem? Die Sicht der Neuen Institutionenökonomik, in: Eger, Thomas/Schäfer, Hans-Bernd (Hrsg.), Ökonomische Analyse der europäischen Zivilrechtsentwicklung. Beiträge zum X. Travemünder Symposium zur ökonomischen Analyse des Rechts (29. März bis 1. April 2006), Tübingen 2007, S. 1–45, zitiert: *Schmidtchen* in Eger/Schäfer (Hrsg.), Ökonomische Analyse der europäischen Zivilrechtsentwicklung, S.

Schmolke, Klaus Ulrich, Grenzen der Selbstbindung im Privatrecht. Rechtspaternalismus und Verhaltensökonomik im Familien-, Gesellschafts-, und Verbraucherrecht, Tübingen 2014, Habilitationsschrift Hamburg 2012, zitiert: *Schmolke*, Grenzen der Selbstbindung im Privatrecht, S.

Schnauder, Franz, Der Kreditvertrag im Wandel der Zeit – vom „bürgerlichen" Darlehensvertrag zum Verbraucherkreditvertrag –, in: WM 2014, S. 783–791, zitiert: *Schnauder*, WM 2014, S.

Scholz, Franz Josef, Verbraucherkredit in der europäischen Gemeinschaft, in: FLF 1987, S. 83–87, zitiert: *Scholz*, FLF 1987, S.

Scholz, Franz Josef, Schwerpunkte der EG-Verbraucherkreditrichtlinie – unter Berücksichtigung des geltenden deutschen Rechts –, in: MDR 1988, S. 730–736, zitiert: *Scholz*, MDR 1988, S.

Schröder, Bernhard, Gesetz … zur Neuordnung der Vorschriften über das Widerrufs- und Rückgaberecht. Rückblick und Ausblick, in: NJW 2010, S. 1933–1938, zitiert: *Schröder*, NJW 2010, S.

Schroeter, Ulrich G., Probleme des Anwendungsbereichs des Verbrauchsgüterkaufrechts (§§ 474 ff. BGB), in: JuS 2006, S. 682–686, zitiert: *Schroeter*, JuS 2006, S.

Schulte-Nölke, Hans, EC Law on the Formation of Contract – from the Common Frame of Reference to the 'Blue Button', in: ERCL 2007, S. 332–349, zitiert: *Schulte-Nölke*, ERCL 2007, S.

Schulte-Nölke, Hans, Acquis Principles und Gemeinsamer Referenzrahmen, in: Schulze, Reiner/von Bar, Christian/Schulte-Nölke, Hans (Hrsg.), Der akademische Entwurf für einen Gemeinsamen Referenzrahmen – Kontroversen und Perspektiven, Tübingen 2008, S. 47–71, zitiert: *Schulte-Nölke* in Schulze/von Bar/Schulte-Nölke (Hrsg.), Der akademische Entwurf für einen Gemeinsamen Referenzrahmen, S.

Schulte-Nölke, Hans, Arbeiten an einem europäischen Vertragsrecht – Fakten und populäre Irrtümer, in: NJW 2009, S. 2161–2167, zitiert: *Schulte-Nölke*, NJW 2009, S.

Schulte-Nölke, Hans, Scope and Function of the Optional Instrument on European Contract Law in: Schulze, Reiner/Stuyck, Jules (Hrsg.), Towards a European Contract Law, München 2011, S. 35–45, zitiert: *Schulte-Nölke* in Schulze/Stuyck (Hrsg.), Towards a European Contract Law, S.

Schulte-Nölke, Hans, Vor- und Entstehungsgeschichte des Vorschlags für ein Gemeinsames Europäisches Kaufrecht, in: Schulte-Nölke, Hans/Zoll, Fryderyk/Jansen, Nils/Schulze, Reiner (Hrsg.), Der Entwurf für ein optionales europäisches Kaufrecht, München 2012, S. 1–20, zitiert: *Schulte-Nölke* in Schulte-Nölke/Zoll/Jansen/Schulze (Hrsg.), Der Entwurf für ein optionales europäisches Kaufrecht, S.

Schulte-Nölke, Hans/Schulze, Reiner in Verbindung mit *Bernardeau, Ludovic* (Hrsg.), Europäisches Vertragsrecht im Gemeinschaftsrecht. European Contract Law in Community Law. Droit des contrats à l'aune du droit communautaire, Trier 2002, zitiert: *Bearbeiter* in Schulte-Nölke/Schulze (Hrsg.), Europäisches Vertragsrecht im Gemeinschaftsrecht, S.

Schulte-Nölke, Hans/Twigg-Flesner, Christian/Ebers, Martin, EC Consumer Law Compendium. The Consumer Acquis and its transposition in the Member States, München 2008, zitiert: *Schulte-Nölke/Twigg-Flesner/Ebers*, EC Consumer Law Compendium, S.

Schulze, Reiner, Gemeinsamer Referenzrahmen und *acquis communautaire*, in: ZEuP 2007, S. 130–144, zitiert: *Schulze*, ZEuP 2007, S.

Schulze, Reiner, DCFR – Funktionen, Methoden und Struktur in: Schulze, Reiner/von Bar, Christian/Schulte-Nölke, Hans (Hrsg.), Der akademische Entwurf für einen Gemeinsamen Referenzrahmen – Kontroversen und Perspektiven, Tübingen 2008, S. 1–33, zitiert: *Schulze* in Schulze/von Bar/Schulte-Nölke (Hrsg.), Der akademische Entwurf für einen Gemeinsamen Referenzrahmen, S.

Schulze, Reiner (Hrsg.), Common Frame of Reference and Existing EC Contract Law, 2. Aufl. München 2009, zitiert: *Schulze* (Hrsg.), Common Frame of Reference and Existing EC Contract Law, S.

Schulze, Reiner, Die Widerrufsrechte im Vorschlag für ein Europäisches Kaufrecht, in: Schulte-Nölke, Hans/Zoll, Fryderyk/Jansen, Nils/Schulze, Reiner (Hrsg.), Der Entwurf für ein optionales europäisches Kaufrecht, München 2012, S. 151–168, zitiert: *Schulze* in Schulte-Nölke/Zoll/Jansen/Schulze (Hrsg.), Der Entwurf für ein optionales europäisches Kaufrecht, S.

Schulze, Reiner, Ein fakultatives europäisches Kaufrechtssystem – Wahlfreiheit als Alternative zur Vollharmonisierung? in: Hahn, Jörg-Uwe (Hrsg.), Gemeinsames Europäisches Kaufrecht. Moderner Ansatz oder praxisferne Vision?, München 2012, S. 69–82, zitiert: *Schulze* in Hahn (Hrsg.), Gemeinsames Europäisches Kaufrecht, S.

Schulze, Reiner, Common European Sales Law (CESL) – Commentary, Baden-Baden 2012, zitiert: Schulze/*Bearbeiter*, CESL, Art., Rn.

Schulze, Reiner et al., Bürgerliches Gesetzbuch Handkommentar, 9. Aufl., Baden-Baden 2017, zitiert: Hk-BGB/*Bearbeiter*, §, Rn.

Schulze, Reiner/von Bar, Christian/Schulte-Nölke, Hans (Hrsg.), Der akademische Entwurf für einen Gemeinsamen Referenzrahmen – Kontroversen und Perspektiven, Tübingen 2008, zitiert: *Schulze/von Bar/Schulte-Nölke* (Hrsg.), Der akademische Entwurf für einen Gemeinsamen Referenzrahmen, S.

Schulze, Reiner/Stuyck, Jules (Hrsg.), Towards a European Contract Law, München 2011, zitiert: *Schulze/Stuyck* (Hrsg.), Towards a European Contract Law, S.

Schulze, Reiner/Zoll, Fryderyk, Europäisches Vertragsrecht, 2. Aufl., Baden-Baden 2017, zitiert: *Schulze/Zoll*, §, Rn.

Schulze, Reiner/Zuleeg, Manfred/Kadelbach, Stefan, Europarecht. Handbuch für die deutsche Rechtspraxis, 3. Aufl., Baden-Baden 2015, zitiert: Schulze/Zuleeg/Kadelbach/*Bearbeiter*, Europarecht, §, Rn.

Schünemann, Wolfgang/Blomeyer, Michael, Existenzgründer: Unternehmer oder Verbraucher?, in: JZ 2010, S. 1156–1160, zitiert: *Schünemann/Blomeyer*, JZ 2010, S.

Schürnbrand, Jan, Zwingender Verbraucherschutz und das Verbot unzulässiger Rechtsausübung, in: JZ 2009, S. 133–139, zitiert: *Schürnbrand*, JZ 2009, S.

Schürnbrand, Jan, Das neue Recht der Verbraucherkredite und der verbundenen Verträge, in: Bankrechtstag 2009, Die zivilrechtliche Umsetzung der Zahlungsdienste-Richtlinie, Finanzkrise und Umsetzung der Verbraucherkreditrichtlinie, Berlin 2010, zitiert: *Schürnbrand*, Das neue Recht der Verbraucherkredite und der verbundenen Verträge, S.

Schürnbrand, Jan, Die Richtlinie über Wohnimmobilienkreditverträge für Verbraucher, in: ZBB 2014, S. 168–178, zitiert: *Schürnbrand*, ZBB 2014, S.

Schürnbrand, Jan, Gesetzliche Muster im Verbraucherschutzrecht, in: JZ 2015, S. 974–980, zitiert: *Schürnbrand*, JZ 2015, S.

Schwab, Andreas/Giesemann, Amelie, Die Verbraucherrechterichtlinie: Ein wichtiger Schritt zur Vollharmonisierung im Binnenmarkt, in: EuZW 2012, S. 253–257, zitiert: *Schwab/Giesemann*, EuZW 2012, S.

Schwarze, Jürgen, EU-Kommentar, 3. Aufl., Baden-Baden 2012, zitiert: Schwarze/*Bearbeiter*, EU-Kommentar, Art., Rn.

Schwintowski, Hans Peter, Das neue Verbraucherkreditgesetz – sozialpolitische Instrumentalisierung des Privatrechts?, in: JA 1992, S. 33–39, zitiert: *Schwintowski*, JA 1992, S.

Schwintowski, Hans-Peter, Vertragsschluss für Waren und Dienstleistungen im europäischen Verbraucherrecht: Form- und Inhaltsbindungen kontra Privatautonomie, in: EWS 2001, S. 201–208, zitiert: *Schwintowski*, EWS 2001, S.

Schwintowski, Hans-Peter, Folgen unterbliebener Widerrufsrechtsbelehrung im Immobilien-Strukturvertrieb, in: EuZW 2005, S. 724–726, zitiert: *Schwintowski,* EuZW 2005, S.

Seydel, Eberhard, Die geplante EG-Richtlinie zum Verbraucherkredit und ihre Auswirkungen auf das deutsche Recht, in: FLF 1986, S. 39–48, zitiert: *Seydel,* FLF 1986, S.

Siems, Mathias, Die neue Verbraucherkreditrichtlinie und ihre Folgen, in: EuZW 2008, S. 454–458, zitiert: *Siems,* EuZW 2008, S.

Simitis, Konstantin, Verbraucherschutz, Schlagwort oder Rechtsprinzip, Baden-Baden 1976, zitiert: *Simitis,* Verbraucherschutz, Schlagwort oder Rechtsprinzip, S.

Singer, Reinhard, Widerrufsdurchgriff bei Realkreditverträgen? – Zu den Folgen der „Heininger"-Entscheidungen des EuGH und BGH für das deutsche Verbraucherkreditrecht, in: DZWir 2003, S. 221–227, zitiert: *Singer,* DZWir 2003, S.

Smith, Adam, Eine Untersuchung über das Wesen und die Ursachen des Reichtums der Nationen. In drei Bänden, Band I, 4. Aufl., übersetzt und eingeleitet von Peter Thal, Berlin 1963, zitiert: *Smith,* Eine Untersuchung über das Wesen und die Ursachen des Reichtums der Nationen, Bd. I, Buch, Kap., S.

Soergel, Hans Theodor, Bürgerliches Gesetzbuch mit Einführungsgesetzen und Nebengesetzen, Band 5/3, Schuldrecht 3/3, §§ 328–432, 13. Aufl., Stuttgart 2009, Stand August 2009 mit Nachtrag zur Neufassung der §§ 355–361 BGB in der ab 11.6.2010 geltenden Fassung, zitiert: Soergel/*Bearbeiter,* §, Rn.

Sonntag, Marcel, Das BGB unter europäischem Einfluss. Eine Analyse der Mindest- und Vollharmonisierung von Richtlinien im Verbraucherprivatrecht, Hamburg 2009, Dissertation Münster 2008, zitiert: *Sonntag,* Das BGB unter europäischem Einfluss, S.

Stabentheiner, Johannes/Cap, Verena, Die neue Verbraucherrechterichtlinie. Werdegang, Geltungsbereich, „klassisches" Verbraucherschutzrecht, in: ÖJZ 2011, S. 1045–1060, zitiert: *Stabentheiner/Cap,* ÖJZ 2011, S.

Stathopoulos, Michael, Europäisches Vertragsrecht und ratio scripta – Zuständigkeiten und Perspektiven, in: ZEuP 2003, S. 243–265, zitiert: *Stathopoulos,* ZEuP 2003, S.

Staudenmayer, Dirk, Europäisches Verbraucherschutzrecht nach Amsterdam – Stand und Perspektiven, in: RIW 1999, S. 733–738, zitiert: *Staudenmayer,* RIW 1999, S.

Staudenmayer, Dirk, Die Mitteilung der Kommission zum Europäischen Vertragsrecht, EuZW 2001, S. 485–489, zitiert: *Staudenmayer,* EuZW 2001, S.

Staudenmayer, Dirk, Ein optionelles Instrument im Europäischen Vertragsrecht, in: ZEuP 2003, S. 828–846, zitiert: *Staudenmayer,* ZEuP 2003, S.

Staudenmayer, Dirk, Der Kommissionsvorschlag für eine Verordnung zum Gemeinsamen Europäischen Kaufrecht, in: NJW 2011, S. 3491–3498, zitiert: *Staudenmayer*, NJW 2011, S.

Staudinger, Ansgar, Das Transparenzgebot im AGB-Gesetz: Klar und verständlich? – Zu den Grundsätzen der Richtlinientransformation –, in: WM 1999, S. 1546–1553, zitiert: *Staudinger*, WM 1999, S.

Staudinger, Ansgar, Der Widerruf bei Haustürgeschäften: eine unendliche Geschichte?, in: NJW 2002, S. 653–656, zitiert: *Staudinger*, NJW 2002, S.

Staudinger, Ansgar, Die Zukunft der „Schrottimmobilien" nach den EuGH-Entscheidungen vom 25.10.2005, in: NJW 2005, S. 3521–3525, zitiert: *Staudinger*, NJW 2005, S.

Staudinger, Julius von, J. von Staudingers Kommentar zum Bürgerlichen Gesetzbuch mit Einführungsgesetz und Nebengesetzen, Einleitung zum Bürgerlichen Gesetzbuch, Buch 1 Allgemeiner Teil §§ 1–14; Verschollenheitsgesetz (Einleitung zum BGB und Allgemeiner Teil 1) Neubearbeitung, Berlin 2013, zitiert: Staudinger/*Bearbeiter*, §, Rn.

Staudinger, Julius von, J. von Staudingers Kommentar zum Bürgerlichen Gesetzbuch mit Einführungsgesetz und Nebengesetzen, Buch 1, Allgemeiner Teil, §§ 90–124; 130–133 (Sachen und Tiere, Geschäftsfähigkeit, Willenserklärung), Neubearbeitung, Berlin 2017, zitiert: Staudinger/*Bearbeiter*, §, Rn.

Staudinger, Julius von, J. von Staudingers Kommentar zum Bürgerlichen Gesetzbuch mit Einführungsgesetz und Nebengesetzen, Buch 1, Allgemeiner Teil, §§ 134–138; ProstG (Gesetzliches Verbot, Verfügungsverbot, Sittenwidrigkeit), Neubearbeitung, Berlin 2017, zitiert: Staudinger/*Bearbeiter*, §, Rn.

Staudinger, Julius von, J. von Staudingers Kommentar zum Bürgerlichen Gesetzbuch mit Einführungsgesetz und Nebengesetzen, Buch 2, Recht der Schuldverhältnisse, §§ 346–361 (Rücktritt und Widerruf), Neubearbeitung, Berlin 2012, zitiert: Staudinger/*Bearbeiter*, §, Rn.

Staudinger, Julius von, J. von Staudingers Kommentar zum Bürgerlichen Gesetzbuch mit Einführungsgesetz und Nebengesetzen, Buch 2, Recht der Schuldverhältnisse, §§ 358–360 (verbundene und zusammenhängende Verträge), Neubearbeitung, Berlin 2017, zitiert: Staudinger/*Bearbeiter*, §, Rn. (Neubearbeitung 2017).

Staudinger, Julius von, J. von Staudingers Kommentar zum Bürgerlichen Gesetzbuch mit Einführungsgesetz und Nebengesetzen, Buch 2 Recht der Schuldverhältnisse, §§ 491–512 (Verbraucherdarlehen) Neubearbeitung, Berlin 2012, zitiert: Staudinger/*Bearbeiter*, §, Rn.

Stavenhagen, Gerhard, Geschichte der Wirtschaftstheorie, 4. Aufl., Göttingen 1969, zitiert: *Stavenhagen*, Geschichte der Wirtschaftstheorie, S.

Steppeler, Wolfgang, Vorvertragliche Information, Vertragsabschluß und Widerrufsrecht im Entwurf einer EG-Verbraucherkredit-Richtlinie und in nationalen

Verbraucherkreditgesetzen in: Hörmann, Günter (Hrsg.), Verbraucherkredit und Verbraucherinsolvenz. Perspektiven für die Rechtspolitik aus Europa und USA. Tagung des Zentrums für Europäische Rechtspolitik (ZERP). Bremen, 18. und 19. April 1985, Bremen 1986, S. 592–609, zitiert: *Steppeler* in Hörmann (Hrsg.), Verbraucherkredit und Verbraucherinsolvenz, S.

Streinz, Rudolf, EUV/AEUV. Vertrag über die Europäische Union und Vertrag über die Arbeitsweise der Europäischen Union, 2. Aufl., München 2012, zitiert: Streinz/*Bearbeiter*, EUV/AEUV, Art., Rn.

Streinz, Rudolf, Europarecht, 10. Aufl., Heidelberg 2016, zitiert: *Streinz*, Europarecht, §, Rn.

Strube, Hartmut, Die Auswirkungen des Urteils des EuGH vom 13.12.2001, Rs. C-481/99 (Heininger/Bayerische Hypo- und Vereinsbank AG), in: VuR 2002, S. 55–57, zitiert: *Strube*, VuR 2002, S.

Stuyck, Jules, European Consumer Law after the Treaty of Amsterdam: Consumer Policy in or beyond the internal market?, in: CML Rev. 2000, S. 367–400, zitiert: *Stuyck*, CML Rev. 2000, S.

Sujecki, Bartosz, Grenzüberschreitender Verbraucherschutz beim elektronischen Geschäftsverkehr nach der EuGVVO und der Rom–I-VO, in: EWS 2012, S. 360–366, zitiert: *Sujecki*, EWS 2012, S.

Tacou, Theofanis, Verbraucherschutz auf hohem Niveau oder Mogelpackung? Der Vorschlag für eine Richtlinie über Rechte der Verbraucher, in: ZRP 2009, S. 140–143, zitiert: *Tacou*, ZRP 2009, S.

Tamm, Marina, Binnenmarkt contra Rechtsvielfalt? Ein Plädoyer für das Minimalstandardprinzip – wider die Brüsseler Pläne zur Vollharmonisierung, in: KJ 2007, S. 391–403, zitiert: *Tamm*, KJ 2007, S.

Tamm, Marina, Das Grünbuch der Kommission zum Verbraucheracquis und das Modell der Vollharmonisierung – eine kritische Analyse, in: EuZW 2007, S. 756–761, zitiert: *Tamm*, EuZW 2007, S.

Tamm, Marina, Verbraucherschutz. Europäisierung und Materialisierung des deutschen Zivilrechts und die Herausbildung eines Verbraucherschutzprinzips, Tübingen 2011, Habilitationsschrift Berlin 2010, zitiert: *Tamm*, Verbraucherschutz, S.

Tamm, Marina, Das Gemeinsame Europäische Kaufrecht als optionales Instrument – eine kritische Analyse zur Binnenmarktharmonisierungskompetenz der Kommission, in: VuR 2012, S. 3–12, zitiert: *Tamm*, VuR 2012, S.

Tamm, Marina/Tonner, Klaus, Verbraucherrecht. Rechtliches Umfeld, Vertragstypen, Rechtsdurchsetzung, 2. Aufl., Baden-Baden 2016, zitiert: Tamm/Tonner/*Bearbeiter*, Verbraucherrecht, §, Rn.

Terryn, Evelyne, The Right of Withdrawal, the Acquis Principles and the Draft Common Frame of Reference, in: Schulze, Reiner (Hrsg.), Common Frame of Reference and Existing EC Contract Law, 2. Aufl., München 2008, S. 143–182, zitiert: *Terryn* in Schulze (Hrsg.), Common Frame of Reference and Existing EC Contract Law, S.

Tettinger, Peter, Nichts Halbes und nichts Ganzes? Der Kommissionsvorschlag einer europäischen Richtlinie über Rechte der Verbraucher, in: ZGS 2009, S. 106–108, zitiert: *Tettinger,* ZGS 2009, S.

Thume, Matthias/Edelmann, Hervé, Keine Pflicht zur systemwidrigen richtlinienkonformen Rechtsfortbildung – zugleich Besprechung der Urteile des EuGH vom 25.10.2005 in den Rechtssachen C-229/04 („Schulte") und C-350/03 („Crailsheimer Volksbank"), in: BKR 2005, S. 477–487, zitiert: *Thume/Edelmann,* BKR 2005, S.

Tiffe, Achim, Wie aktive Verbraucher Banken und Bausparkassen zunehmend unter Druck setzen, in: VuR 2015, S. 201–203, zitert: *Tiffe,* VuR 2015, S.

Tonner, Klaus, Das neue Fernabsatzgesetz – oder: System statt „Flickenteppich", in: BB 2000, S. 1413–1421, zitiert: *Tonner,* BB 2000, S.

Tonner, Klaus, Probleme des novellierten Widerrufsrecht: Nachbelehrung, verbundene Geschäfte, Übergangsvorschriften, BKR 2002, S. 856–862, zitiert: *Tonner,* BKR 2002, S.

Tonner, Klaus, EuGH: Begriff der Pauschalreise, in: EuZW 2002, S. 402–404, zitiert: *Tonner,* EuZW 2002, S.

Tonner, Klaus, Die teleologische Auslegung der Pauschalreise-Richtlinie. Erwiderungen auf Karl Riesenhuber: Kein Zweifel für den Verbraucher, JZ 2005, 829, in: JZ 2006, S. 402–404, zitiert: *Tonner,* JZ 2006, S.

Tonner, Klaus, Pauschalreiserecht und Teilzeitwohnrechte. Zur Reform des gemeinschaftlichen Besitzstandes im Verbraucherschutz, Berlin 2008, zitiert: *Tonner,* Pauschalreiserecht und Teilzeitwohnrechte, S.

Tonner, Klaus, Das Grünbuch der Kommission zum Europäischen Vertragsrecht für Verbraucher und Unternehmer – Zur Rolle des Verbrauchervertragsrechts im europäischen Vertragsrecht, in: EuZW 2010, S. 767–771, zitiert: *Tonner,* EuZW 2010, S.

Tonner, Klaus, Die Umsetzung der Verbraucherrechterichtlinie – Auswirkungen der Vollharmonisierung, in VuR 2014, S. 23–27, zitiert: *Tonner,* VuR 2014, S.

Tonner, Klaus/Tamm, Marina, Der Vorschlag einer Richtlinie über Rechte der Verbraucher und seine Auswirkungen auf das nationale Verbraucherrecht, JZ 2009, S. 277–290, zitiert: *Tonner/Tamm,* JZ 2009, S.

Twigg-Flesner, Christian, No sense of purpose or direction? The modernisation of European Consumer Law, in: ERCL 2007, S. 198–213, zitiert: *Twigg-Flesner,* ERCL 2007, S.

Ulmer, Peter/Habersack, Mathias, Verbraucherkreditgesetz Kommentar, 2. neubearbeitete Aufl., München 1995, zitiert: Ulmer/Habersack/*Bearbeiter,* VerbrKrG, §, Rn.

Unger, Oliver, Die Richtlinie über die Rechte der Verbraucher – Eine systematische Einführung, in: ZEuP 2012, S. 270–304, zitiert: *Unger,* ZEuP 2012, S.

d'Usseaux, Francesca Brunetta, Formal and substantive aspects of the transparence principle in European private law, in: CLJ 1998, S. 320–338, zitiert: *d'Usseaux,* CLJ 1998, S.

Vogel, Alexander von, Verbrauchervertragsrecht und allgemeines Vertragsrecht. Fragen der Kohärenz in Europa, Berlin 2006, Dissertation Berlin 2005, zitiert: *von Vogel,* Verbrauchervertragsrecht und allgemeines Vertragsrecht, S.

Vogenauer, Stefan/Weatherill, Stephen, Eine empirische Untersuchung zur Angleichung des Vertragsrechts in der EG, in: JZ 2005, S. 870–878, zitiert: *Vogenauer/Weatherill,* JZ 2005, S.

Vorwerk, Volkert, Schutz in der Finanzmarktkrise – Welche Rechte hat der Verbraucher?, in: NJW 2009, S. 1777–1782, zitiert: *Vorwerk,* NJW 2009, S.

Wagner, Gerhard, The Common Frame of Reference: A View from Law & Economics, München 2009, zitiert: *Wagner* (Hrsg.), The Common Frame of Reference, S.

Wagner, Gerhard, Zwingendes Vertragsrecht in Eidenmüller, Horst/Faust, Florian/Grigoleit, Hans Christoph/Jansen, Nils/Wagner, Gerhard/Zimmermann, Reinhard (Hrsg.), Revision des Verbraucher-*acquis,* Tübingen 2011, S. 1–52, zitiert: *Wagner* in Eidenmüller/Faust/Grigoleit/Jansen/Wagner/Zimmermann (Hrsg.), Revision des Verbraucher-*acquis,* S.

Wagner, Gerhard/Zimmermann, Reinhard, Vorwort: Sondertagung der Zivilrechtslehrervereinigung zum Vorschlag für ein *Common European Sales Law,* in: AcP 212 (2012), S. 467–472, zitiert: *Wagner/Zimmermann,* AcP 212 (2012), S.

Wagner, Klaus, Sind Kapitalanleger Verbraucher? – zum Verhältnis von Kapitalanlegerrecht zum Verbraucherschutzrecht –, in: BKR 2003, S. 649–656, zitiert: *Wagner,* BKR 2003, S.

Wagner, Matthias, Das Konzept der Mindestharmonisierung, Berlin 2001, Dissertation Bayreuth 1999, zitiert: *Wagner,* Das Konzept der Mindestharmonisierung, S.

Weatherill, Stephen, EU Consumer Law and Policy, Second Editon, Cheltenham 2013, zitiert: *Weatherill,* EU Consumer Law and Policy, S.

Weller, Matthias, Kapitel 4: Widerrufsrecht bei Fernabsatz- und Haustürgeschäften, in: Schmidt-Kessel, Martin (Hrsg.), Ein einheitliches europäisches Kaufrecht? Eine Analyse des Vorschlags der Kommission, München 2012, S. 147–178, zitiert: *Weller* in Schmidt-Kessel (Hrsg.), Ein einheitliches europäisches Kaufrecht?, S.

Wendehorst, Christiane, The CFR and the Review of the Acquis Communautaire, in: Schmidt-Kessel, Martin (Hrsg.), Der Entwurf eines Gemeinsamen Referenzrahmens. Entstehung, Inhalte, Anwendung, München 2009, S. 323–364, zitiert: *Wendehorst* in Schmidt-Kessel (Hrsg.), Der Entwurf eines Gemeinsamen Referenzrahmens, S.

Wendehorst, Christiane, Dauerbaustelle Verbrauchervertrag: Wertersatz bei Widerruf von Fernabsatzverträgen in: NJW 2011, S. 2551–2555, zitiert: *Wendehorst,* NJW 2011, S.

Wendlandt, Bettina, Die Timesharing-Richtlinie, das BGB und die Privatautonomie – „realistisch betrachtet“, in: VuR 2004, S. 117–124, zitiert: *Wendtland,* VuR 2004, S.

Wendt, Domenik Henning/Lorscheid-Kratz, Barbara, Das Widerrufsrecht bei „zusammenhängenden Verträgen“, in: BB 2013, S. 2434–2440, zitiert: *Wendt/Lorscheid-Kratz,* BB 2013, S.

Westermann, Harm Peter, Verbraucherschutz. Empfiehlt sich bei der Aufnahme bisher entwickelter Verbraucherschutzvorschriften (z.B. Abzahlungsgesetz, AGB-Gesetz, Fernunterrichtsschutzgesetz) in das Bürgerliche Gesetzbuch eine einheitliche Abgrenzung ihrer Anwendung? Welche Normen, die jetzt die Rechtsstellung bestimmter Personen betreffen, enthalten allgemeingültige Regeln, die verallgemeinert werden können? Können Regelungen in der Europäischen Gemeinschaft oder in Nachbarstaaten als Vorbild dienen?) in: Bundesminister der Justiz, Gutachten und Vorschläge zur Überarbeitung des Schuldrechts, Band III, Köln 1983, zitiert: *Westermann,* Verbraucherschutz, S.

Wiedenmann, Kai Udo, Verbraucherleitbilder und Verbraucherbegriff im deutschen und europäischen Privatrecht. Eine Untersuchung zur Störung der Vertragsparität im Verbraucher-Unternehmer-Verhältnis und den Instrumenten zu deren Kompensation, Frankfurt am Main 2004, Dissertation Heidelberg 2003, zitiert: *Wiedenmann,* Verbraucherleitbilder und Verbraucherbegriff im deutschen und europäischen Privatrecht, S.

Wilhelmsson, Thomas, Full Harmonisation of Consumer Contract Law?, in: ZEuP 2008, S. 225–229, zitiert: *Wilhelmsson,* ZEuP 2008, S.

Wimmer, Konrad, Die Aktuelle und zukünftige Effektivzinsangabeverpflichtung von Kreditinstituten. Eine vergleichende Analyse, in: BB 1993, S. 950–956, zitiert: *Wimmer,* BB 1993, S.

Wojtkowiak, Remigiusz, Der Rückforderungsdurchgriff beim verbundenen Geschäft nach dem modernisierten Schuldrecht, Baden-Baden 2011, Dissertation Augsburg 2009/2010, zitiert: *Wojtkowiak,* Der Rückforderungsdurchgriff beim verbundenen Geschäft nach dem modernisierten Schuldrecht, S.

Wolf, Manfred, Störungen des Binnenmarkts durch das Verbraucherkreditgesetz, in: Kübler, Friedrich/Mertens, Hans-Joachim/Werner, Winfried (Hrsg.), Festschrift für Theodor Heinsius zum 65. Geburtstag am 25. September 1991, S. 967–978, Berlin 1991, zitiert: *Wolf* in FS Heinsius, S.

Wolf, Manfred/Neuner, Jörg, Allgemeiner Teil des Bürgerlichen Rechts, 11. Aufl., München 2016, zitiert: *Wolf/Neuner,* AT, §, Rn.

Wolter, Udo, Ius canonicum in iure civili. Studien zur Rechtsquellenlehre in der neueren Privatrechtsgeschichte, Köln 1975, Dissertation Regensburg 1973/1974, zitiert: *Wolter,* Ius canonicum in iure civil, S.

Wolters, Martin/Podewils, Arne, Der Widerruf des mit einer Restschuldversicherung verbundenen Verbraucherdarlehensvertrages, in: ZVI 2010, S. 209–215, zitiert: *Wolters/Podewils*, ZVI 2010, S.

Wösthoff, Philipp, Die Verbraucherkreditrichtlinie 2008/48/EG und deren Umsetzung ins deutsche Recht, Frankfurt am Main 2011, Dissertation Wien 2010, zitiert *Wösthoff*, Die Verbraucherkreditrichtlinie 2008/48/EG und deren Umsetzung ins deutsche Recht, S.

Wunderlich, Nils-Christian, Kreditnehmende Gesellschaften des bürgerlichen Rechts als Verbraucher?, in: BKR 2002, S. 304–309, zitiert: *Wunderlich*, BKR 2002, S.

Zahn, Marcus, Überschuldungsprävention durch verantwortliche Kreditvergabe. Gleichzeitig ein Beitrag zur Verbraucherkreditrichtlinie 2008/48/EG und ihrer nationalen Umsetzung, Berlin 2011, Dissertation Mainz 2011, zitiert: *Zahn*, Überschuldungsprävention durch verantwortliche Kreditvergabe, S.

Ziegler, Bernd, Geschichte des ökonomischen Denkens. Paradigmenwechsel in der Volkswirtschaftslehre, 2. Aufl., München 2008, zitiert: *Ziegler*, Geschichte des ökonomischen Denkens, S.

Zimmermann, Reinhard, Die Unidroit-Grundregeln der internationalen Handelsverträge 2004 in vergleichender Perspektive, in ZEuP 2005, S. 264–290, zitiert: *Zimmermann*, ZEuP 2005, S.

Zimmermann, Reinhard, Römisches Recht und Europäische Kultur, in JZ 2007, S. 1–12, zitiert: *Zimmermann*, JZ 2007, S.

Zimmermann, Reinhard, Textstufen in der modernen Entwicklung des europäischen Privatrechts, in: EuZW 2009, S. 319–323, zitiert: *Zimmermann*, EuZW 2009, S.

Zimmermann, Steffen, Die EU-Verbraucherkreditrichtlinie als nucleus eines europaweiten Kreditbinnenmarktes, in BKR 2006, S. 178–179, zitiert: *Zimmermann*, BKR 2006, S.

Zöchling-Jud, Brigitta, Acquis-Revision, *Common European Sales Law* und Verbraucherrechterichtlinie, in: ACP 212 (2012), S. 550–574, zitiert: *Zöchling-Jud*, AcP 212 (2012), S.

Zoll, Fryderyk, Die Grundregeln der Acquis-Gruppe im Spannungsverhältnis zwischen acquis commun und acquis communautaire, in: GPR 2008, S. 106–117, zitiert: *Zoll*, GPR 2008, S.

Zweigert, Konrad/Kötz, Hein, Einführung in die Rechtsvergleichung auf dem Gebiete des Privatrechts, 3. Aufl., Tübingen 1996, zitiert: *Zweigert/Kötz*, Einführung in die Rechtsvergleichung, S.

Zypries, Brigitte, Der Vorschlag für eine Richtlinie über Verbraucherrechte, in: ZEuP 2009, S. 225–229, zitiert: *Zypries*, ZEuP 2009, S.

Anhang

Synthesepapier der Europäischen Kommission, Generaldirektion Gesundheit und Verbraucherschutz, vom 8. Juni 2001

DE

EUROPÄISCHE KOMMISSION
GENERALDIREKTION GESUNDHEIT UND VERBRAUCHERSCHUTZ

Direktion B – Verbraucherfragen
B5 – Finanzdienstleistungen

SYNTHESEPAPIER

1. Rückblick

Ausgehend von einem Vorschlag der Europäischen Kommission aus dem Jahr 1979 ist die Richtlinie 87/102/EWG[1] über den Verbraucherkredit verabschiedet worden. Diese Richtlinie wurde 1990 und 1998 geändert[2]. Mit der Richtlinie ist auf Gemeinschaftsebene ein Rechtsrahmen für Verbraucherkredite gesetzt worden. Damit sollte ein Beitrag zur Schaffung eines gemeinsamen Marktes für das Kreditwesen geleistet und eine gemeinschaftliche Mindestregelung zum Schutz des Verbrauchers festgeschrieben werden.

1995 hat die Kommission einen Bericht über die Anwendung dieser Richtlinie vorgelegt[3] und im Anschluss daran eine breit angelegte Befragung der betroffenen Kreise durchgeführt. Zu diesem Bericht aus dem Jahr 1995 hat die Kommission 1997 einen zusammenfassenden Bericht über die Reaktionen und Stellungnahmen vorgelegt[4].

Aus den eingegangenen Reaktionen und Stellungnahmen hat die Kommission den Schluss gezogen, dass die Richtlinie nicht mehr den heutigen Gegebenheiten des Marktes für Verbraucherkredite entspreche und sich deshalb eine Überarbeitung der Richtlinie aufdränge.[5]

Deshalb hat die Kommission eine Reihe von Studien zu verschiedenen spezifischen Themen durchführen lassen[6] und sämtliche nationalen Rechtsvorschriften zur Umsetzung der Richtlinie einer eingehenden vergleichenden Analyse unterzogen.

Die Analyse des grenzenlosen europäischen Marktes für Verbraucherkredite zeigt, dass dieser Markt sich nur unwesentlich weiterentwickelt hat.

Infolgedessen müsste der derzeit bestehende Rechtsrahmen überarbeitet werden, um den Verbrauchern wie auch den Unternehmen die Möglichkeit zu bieten, vollen Nutzen aus dem Binnenmarkt zu ziehen.

2. Leitlinien der geplanten Überarbeitung der Richtlinie 87/102/EWG

Dass sich der grenzübergreifende europäische Kreditmarkt nur schwach weiterentwickelt hat, ist auf verschiedene Faktoren zurückzuführen, von denen als wichtigste zu nennen wären:

- Technische Schwierigkeiten, andere Märkte zu erschliessen;
- unzureichender Harmonisierung der nationalen Rechtsvorschriften;
- die Entwicklungen im Bereich Kredittechniken- und formen seit Vorlage der Richtlinie durch die Kommission und Verabschiedung durch den Rat.

Rue de la Loi 200, B-1049 Brüssel - Belgien - Büro: B232 7/42
Telefon: Durchwahl (32-2) 295 69 47, Zentrale 299 11 11. Telefax: 296 79 18

Die Überarbeitung der Richtlinie erfordert mithin:

- Eine Anpassung des Rechtsrahmens an die neuen Kredittechniken;
- eine Neugewichtung der Rechte und Pflichten der Verbraucher wie auch der Kreditgeber;
- die Sicherstellung eines hohen Verbraucherschutzniveaus.

Angestrebtes Ziel ist es, die Voraussetzungen für das Zustandekommen eines transparenten Marktes mit einem Mehr an Effizienz zu schaffen, der ein solches Verbraucherschutzniveau bietet, dass Kreditangebote unter den bestmöglichen Bedingungen für die Anbieter wie auch für Darlehensnehmer frei zirkulieren können.

Infolgedessen möchten die zuständigen Dienststellen der Kommission Leitlinien für die geplante Überarbeitung der Richtlinie vorstellen, zu der sie einen Vorschlag vorzulegen beabsichtigen, und die Mitgliedstaaten wie auch die betroffenen Kreise zu den mit der überbearbeiteten Fassung verfolgten wesentlichen Orientierungen konsultieren und zu diesem Zweck verschiedene Optionen aufzeigen, die als besonders stichhaltig erachten werden.

Zur Erreichung der genannten Zielsetzung könnten für die geplante Überarbeitung der Richtlinie folgende sechs Leitlinien zugrundegelegt werden:

(1) Neudefinierung des Anwendungsbereichs der Richtlinie, damit sie den heutigen Marktgegebenheiten Rechnung trägt und zwischen Verbraucherkrediten einerseits und Immobilienkrediten andererseits deutlicher als bislang differenziert wird;

(2) Einbeziehung neuer Bestimmung, die nicht nurfür Kreditgeber, sondern auch für Kreditvermittler gelten;

(3) Schaffung eines strukturierten Rahmens in Sachen Information der Krediteinrichtungen, damit diese ihre Risiken besser einschätzen können;

(4) Festschreibung einer Regelung in puncto umfassender Unterrichtung sowohl der Verbraucher als auch der etwaigen Sicherheitsgeber/Bürgen;

(5) ausgewogenere Verteilung der Verantwortlichkeiten zwischen dem Verbraucher und den Gewerbetreibenden;

(6) Verbesserung der Modalitäten und Praktiken zur Handhabung von Zahlungsausfällen seitens der Gewerbetreibenden, und zwar im Interesse der Verbraucher wie auch der Krediteinrichtungen.

3. Gegenstand der Konsultierung

Die Dienststellen der Kommission möchten speziell die Mitgliedstaaten und die betroffenen Kreise zu folgenden Themen hören:

- *Zweckmäßigkeit der Ausweitung des Geltungsbereichs der Richtlinie, um insbesondere künftig durch Hypothek gesicherte Kredite, die zur Finanzierung des Erwerbs von für Endverbraucher bestimmten Gütern und Dienstleistungen bestimmt sind, mit der Richtlinie zu erfassen;*

- *Bedarf an Maßnahmen zur Verbesserung der Information der Krediteinrichtungen unter strenger Einhaltung der bestehenden Vorschriften zum Schutz personenbezogener Daten; zu prüfen wäre insbesondere, ob es zweckmäßig sein könnte, Maßnahmen zur verstärkten Inanspruchnahme folgender Instrumente vorzusehen:*

  - *nationale Negativdateien zur Registrierung von Insolvenzen;*

  - *nationale Positivdateien, d. h. Register zur zentralen Erfassung sämtlicher Verbindlichkeiten der Verbraucher in Kreditangelegenheiten;*

  - *nationale Negativ- und Positivdateien.*

- *Zweckmäßigkeit, die Bestimmungen der Richtlinie 87/102/EWG in Sachen gesamtschuldnerischer Haftung des Verkäufers von Gütern und Dienstleistungen und der Krediteinrichtung abzuändern;*

- *Zweckmäßigkeit, Maßnahmen im Zusammenhang mit Versicherungen zur Deckung bestimmter Zahlungsausfallrisiken vorzusehen. Erörtert werden müsste insbesondere, ob ein auf einer individuellen Versicherung beruhendes System oder eine obligatorische Versicherung des gesamten Kreditvertrags-Portfolios des Kreditgebers in Frage käme.*

Implizit mit der Realisierung dieser Ziele verbunden wäre, eine maximale Harmonisierung (statt der bisherigen Mindestharmonisierung) anzustreben. Eine solche maximale Harmonisierung wäre die optimale Lösung, da auf diese Weise den Interessen aller Verbraucher in der EU ein hohes Schutzniveau zugesichert wäre.

Diskussionspapier zur Änderung der Richtlinie 87/102/EWG über den Verbraucherkredit

FESTSTELLUNGEN

Hauptziel der Richtlinie 87/102/EWG und der daran anschließenden beiden Novellierungs-Richtlinien war die Angleichung der Rechts- und Verwaltungsvorschriften der Mitgliedstaaten über den Verbraucherkredit als Beitrag zur Schaffung eines wirklich gemeinsamen Marktes für das Kreditwesen und die Festschreibung gemeinsamer Mindest-Standards in Sachen Verbraucherschutz[7].

Bei der Umsetzung dieser Richtlinien[8] sind die Mitgliedstaaten zu der Auffassung gelangt, dass das mit den entsprechenden Bestimmungen festgeschriebene Verbraucherschutzniveau unzureichend sei. Ihren Niederschlag gefunden hat diese Feststellung zum einen in den nachdrücklichen Forderungen nach Verbesserung der Information und des Schutzes der Verbraucher und zum anderen in dem Wunsch nach Berücksichtigung von Kreditvarianten bzw. neuen Formen von Kreditverträgen, die bislang nicht durch die genannten Richtlinien erfasst sind[9]. Diese allgemein auf europäischer Ebene vertretene Einstellung hat dazu geführt, dass die Mitgliedstaaten sich bisher weitgehend mit der Anwendung der sog. Mindestklausel begnügt haben[10].

Inzwischen aber haben sich die Kredittechniken stark weiterentwickelt, so dass die Richtlinie heute offensichtlich mit diesen Entwicklungen nicht mehr Schritt hält.

Im Übrigen ist festzustellen, dass der europäische Markt für Verbraucherkredite sich bis heute nur marginal entwickelt hat.

Dem Bericht aus dem Jahr 1995 zufolge sind die Dienststellen der Kommission der Auffassung, dass der bestehende Rechtsrahmen überarbeitet werden müsste, um es den Verbrauchern wie auch den Unternehmen zu ermöglichen, vollen Nutzen aus dem Binnenmarkt zu ziehen. Ziel eines solchen Unterfangens ist es, die Voraussetzungen für einen wirklichen freien Verkehr für Kreditangebote in einem transparenteren, effizienteren Markt zu schaffen, der ein hohes Verbraucherschutzniveau bietet und es den Gewerbetreibenden gestattet, etwaige Risiken besser einzuschätzen.

Eine solche Überarbeitung erfordert, dass der Rechtsrahmen an die neuen Kredittechniken angepasst wird. Implizit damit verbunden ist eine Neugewichtung der Rechte und Pflichten der Verbraucher wie auch der Krediteinrichtungen.

Von daher sind die Dienststellen der Kommission der Auffassung, dass die Überarbeitung der Richtlinie nach folgenden sechs Leitlinien erfolgen müssten:

(1) Neudefinierung des Anwendungsbereichs der Richtlinie, damit sie den heutigen Gegebenheiten am Markt Rechnung trägt und zwischen Verbraucherkredit einerseits und Immobilienkredit andererseits deutlicher als bisher differenziert werden kann;

(2) Einbeziehung neuer Bestimmung, die nicht nur für die Kreditgeber, sondern auch für Kreditvermittler;

(3) Schaffung eines strukturierten Rahmens in Sachen Information der Krediteinrichtungen, damit diese ihre Risiken besser einschätzen können;

(4) Festschreibung einer Regelung zwecks in punkto umfassender Unterrichtung der Verbraucher wie auch der etwaigen Sicherheitsgeber/Bürgen;

(5) ausgewogenere Verteilung der Verantwortlichkeiten zwischen Verbraucher und Gewerbetreibenden;

(6) Verbesserung der Modalitäten und Praktiken zur Handhabung von Zahlungsausfällen für die Gewerbetreibenden, und zwar im Interesse der Verbraucher wie auch der Krediteinrichtungen.

Die Verwirklichung dieser Ziele würde bedeuten, auf eine maximale Harmonisierung hin zuarbeiten (statt der bisherigen Mindestharmonisierung), damit ein hohes Schutzniveau der Interessen aller Verbraucher in der EU sichergestellt werden kann.

1. Neufestlegung des Geltungsbereichs der Richtlinie

1.1. Definition des Verbrauchers

In der Richtlinie 87/102/EWG wird der Verbraucher definiert als „*eine natürliche Person, die bei den von dieser Richtlinie erfassten Geschäften zu einem Zweck handelt, der nicht ihrer beruflichen oder gewerblichen Tätigkeit zugerechnet werden kann*"[11].

Frage 1.1:

Wäre es angesichts der unterschiedlichen Definitionen, wie sie in bestimmten Mitgliedstaaten gelten[12], angezeigt, diese Definition in der Richtlinie dahingehend auszuweiten, dass darunter auch natürliche Personen – ob selbständig oder abhängig Beschäftigte – fallen, die einen Verbraucherkredit zu beruflichen Zwecken in Anspruch nehmen?

Wenn ja, bieten sich folgende Möglichkeiten an:

1.1.1. Abänderung der Definition dahingehend, dass darunter auch Zusammenschlüsse natürlicher Personen fallen, die eine gewerbliche Tätigkeit ausüben möchten;

1.1.2. Abänderung der Definition, damit diese auch „gemischte" Verträge erfasst, d. h. Kreditverträge, die einer natürlichen Person zu vorwiegend - aber nicht ausschließlich - privaten Zwecken gewährt werden[13].

1.2. Unter die Richtlinie fallende Kreditverträge

In Artikel 2 der Richtlinie 87/102/EWG werden eine Reihe von Ausnahmen aufgeführt, die allem Anschein nach heute nicht mehr gerechtfertigt sind. Die neue Richtlinie müsste auf sämtliche Formen des Kredits Anwendung finden, die natürlichen Personen vorwiegend zu privaten Zwecken gewährt werden, und zwar unabhängig von

- der Höhe des Kredits;

- der verlangten Sicherheit;

- dem Verwendungszwecks des Kredits[14] - ausgenommen solche Kredite, die für den Erwerb oder die Renovierung von Wohnraum bestimmt sind[15].

Fakt ist nämlich, dass

a) die bisherige Trennung von Markt für Verbraucherkredite einerseits und Markt für Immobilienkredite und durch Hypothek abgesicherten Kredite andererseits zunehmend schwindet. Die verwendeten Finanzierungstechniken sind quasi identisch geworden: fester oder variabler Zinssatz, Möglichkeit einer oder mehrerer Kreditbetragentnahmen, zeitlich gestaffelte Rückzahlung oder Einmaltilgung bei Vertragsende, "klassisches" Darlehen oder Krediteröffnung, Grundschuld bzw. Bestellung einer Hypothek, Bürgschaft usw.;

b) die Hypothek immer häufiger Verwendung findet, und zwar aufgrund von Verfahren, die für jede Art von Schuldforderung im Bereich der Finanzierung des Kaufs von Verbrauchsgütern in Frage kommen. Mit dieser Entwicklung verbunden sind für den

Verbraucher ernsthafte Risiken, wenn er sein Eigenheim als Sicherheitsleistung für Konsumzwecke beleiht, wie dies etwa bei den „equity release"-Techniken im Vereinigten Königreich der Fall ist. In mehreren Mitgliedstaaten kann eine Hypothek unabhängig von der Schuldforderung sein und unbefristet gelten[16]. Auch der durch Hypothek zweiten (oder dritten bzw. vierten) Ranges abgesicherter Kredit dient in vielen Fällen zur Refinanzierung von Verbraucherkrediten. Von daher erscheint eine Beibehaltung der eigentlich praxisfremden Differenzierung von „Verbraucherkredit" und „Hypothekenkredit" nicht länger gerechtfertigt.

Fragen 1.2.:

Nachzugehen wäre folgenden Fragen:

1.2.1. Wäre es, was die Ausnahme in der derzeitigen Fassung der Richtlinie in bezug auf Mindest- und Höchstbeträge [17], den gebührenfreien Kredit, Mietverträge zur Finanzierung der Nutzung von Gütern oder zur Inanspruchnahme von Dienstleistungen, durch Beurkundung beschlossene Verbraucherkreditverträge usw. angezeigt, diese künftig aus der Richtlinie zu streichen?

Anmerkung: Die befragten Parteien, die für eine Beibehaltung der bisherigen Ausnahmen oder aber für eine Hinzufügung weiterer Ausnahmen plädieren, sind gebeten, ihre Vorschläge zu begründen.

1.2.2. Wäre es – was durch Hypothek gesicherte Kreditverträge und Immobilien-Kredite für den Erwerb von Wohneigentum betrifft – angebracht, zwischen ersten und letzteren zu differenzieren und die Ausnahme betreffend die durch Hypothek abgesicherten Kredite, die nicht ausschließlich zum Erwerb von Eigentum bestimmt sind, zu streichen, so dass letztere in den Geltungsbereich der Richtlinie fallen würden?

1.2.3. Wäre es angezeigt, Immobilienkredite und Wohnungsbaudarlehen im Rahmen der geplanten Überarbeitung der Richtlinie ganz oder teilweise mit aufzunehmen?

1.3. Effektiver Jahreszins

Beim effektiven Jahreszins, der laut Art. 1a der Richtlinie 90/88/EWG "auf Jahresbasis die Gleichheit zwischen den Gegenwartswerten der gesamten gegenwärtigen oder künftigen Verpflichtungen (Darlehen, Tilgungszahlungen und Unkosten) des Darlehensgebers und des Verbrauchers herstellt" bedürfen zwei Aspekte der Befassung: die Berechnungsgrundlage des effektiven Jahreszinses und der Kalkulationsmodus.

1.3.1. Berechnungsgrundlage des effektiven Jahreszinses

Grundsätzlich muss der effektive Jahreszins sämtliche Kostenelemente enthalten. Die Richtlinien 90/88/EWG und 98/7/EG zur Änderung der Richtlinie 87/102/EWG sehen eine "Negativliste" der Kosten vor, die aus dieser Berechnungsgrundlage ausgeklammert werden sollten. Damit der effektive Jahreszins absolut verlässlich wäre und EU-weit in gleicher Weise angewandt werden könnte, müssten die Mitgliedstaaten ihn idealerweise einheitlich berechnen und sämtliche Kostenelemente im Zusammenhang mit dem Kreditvertrag auf die gleiche Weise berücksichtigen. Dies ist aber trotz der durch die Richtlinie 98/7/EG herbeigeführten Änderungen noch immer nicht der Fall.

Generell gilt es, die Einbeziehung oder Ausklammerung bestimmter Kosten aus ökonomischen Erwägungen[18] zu prüfen, damit im Endeffekt ein Minimum an auszuklammernden Kostenelementen für die Berechnungsgrundlage mitspielen. Dies müsste zur Folge haben, dass die nationalen Berechnungsgrundlagen de facto einander angeglichen werden und die Berechnungsweise stärker vereinheitlich wird und so ein Mehr an Transparenz und Vergleichbarkeit entsteht.

Die Schwierigkeiten in Sachen Nachweis in Bezug auf den „obligatorischen“ Aspekt von Versicherungen und Sicherheiten zur Deckung der Rückzahlung eines Kredits – dieser „zwingende“ Charakter ist maßgebendes Kriterium für die Einbeziehung der Kosten solcher Versicherungen und Sicherheiten in die Berechnungsgrundlage – haben bestimmte Mitgliedstaaten zu einer über die Richtlinie hinausgehenden Reglementierung nach dem Konzept der Mindestklausel veranlasst. Nach Auffassung der betreffenden Länder hat der Verbraucher nämlich in der Praxis so gut wie keine Möglichkeit der freien Wahl; stattdessen bevorzugt es der Kreditgeber aus Gründen der Vorsorge oder aus kommerziellen Interessen offensichtlich, von vornherein den Abschluss eines Versicherungsvertrags auszuhandeln, auch wenn der Verbraucher zunächst überhaupt keinen Bedarf für eine solche Versicherung zu erkennen gibt[19].

Frage 1.3.1.:

Nachgegangen werden müsste folgender Fragestellung[20] :

1.3.1.a) Sollten die Kosten im Zusammenhang mit persönlichen wie auch dinglichen Sicherheiten mit einbezogen werden?

1.3.1.b) Wäre es angezeigt, bestimmte Elemente wie Steuern, Kreditvermittlerprovision u.ä. in der Richtlinie zu präzisieren?

1.3.2. Berechnung des effektiven Jahreszinses

Die Richtlinie 98/7/EG bietet verschiedene Zeitparameter zur Auswahl an, was zur Folge hat, dass die Berechnung des effektiven Jahreszinses de facto sehr ungenau ist[21]. Außerdem gibt es keine genauen Regeln für „gemischten“ Finanzprodukte ("Kredit-Mix"), d.h. solche, die zum einen ein Kreditelement und zum anderen eine Spar- oder Versicherungskomponente beinhalten (Lebensversicherung/gemischte V.)

Frage 1.3.2.:

Sollte

a) zum einen der Berechnungsmodus präzisiert und vereinheitlicht werden, und zwar mit Vorgabe von Kalkulationsbeispielen für jede einzelne Finanztechnik;

b) zum anderen eine gemeinsame Methodik erarbeitet werden, um

(i) die genannten"Kredit-Mix-Komponenten"einzubeziehen?

(ii) sie zu standardisieren?

(iii) sie zu neutralisieren?

1.4. Soll-Zinssatz

In Artikel 6 der Richtlinie 87/102/EWG ist zwar die Rede vom „effektiven Jahreszins". Allerdings wird dieser nicht definiert. Wenn nun aber eine Regelung gefunden werden soll für Kontokorrent-Vorauszahlungen, Überziehungen und damit generell für Kreditverträge, bei denen die Sollzinsen *ex post* berechnet werden, wäre es wünschenswert, diesen Zins auf Jahresbasis oder sonstiger periodischer Basis zu definieren. Angewandt werden können müsste nämlich in sämtlichen Mitgliedstaaten der gleiche Zinssatz im Sinne einer echten Vergleichbarkeit der Kontoauszüge, einer problemlosen kalkulatorischen Nachvollziehbarkeit der für die jeweilige Zeitspanne verlangten Zinsen u.a.m.

Frage 1.4.:

1.4.a) Ist also die Definierung eines Jahreszinses erforderlich bzw.

1.4.b) müsste dieser Zins nach der gleichen Formel wie beim effektiven Jahreszins berechnet werden und ggf. nach der Gleichheitsmethode umgewandelt werden können [22] [23] ?

2. Kreditvermittler

Artikel 12 Absatz 1 der Richtlinie 87/102/EWG bietet den Mitgliedstaaten drei Möglichkeiten zur Kontrolle der Anwendung der Richtlinie, insbesondere was die Kreditvermittler betrifft. In dem Bericht über die Anwendung der Richtlinie wurde der Vorschlag formuliert, die in diesem Artikel vorgesehene dritte Möglichkeit als zwingende Vorschrift einzuführen. Diese Option beinhaltet, dass die Mitgliedstaaten auf die Errichtung entsprechender Instanzen hinarbeiten, denen die Entgegennahme von Beschwerden im Zusammenhang mit Kreditverträgen oder sonstigen Darlehens-Konditionen obliegen würde. Solche Einrichtungen könnten auch den Verbrauchern einschlägige Informationen oder Ratschläge erteilen[24].

Implizit verbunden mit einer strengeren Kontrolle der Kreditvermittler wären folgende Maßnahmen:

- Amtliche Registrierung der betreffenden Personen;
- Festlegung von Zulassungsbedingungen (berufliche Befähigung);
- Möglichkeit, bei Bedarf die amtliche Zulassung als Kreditvermittler vorübergehend zu entziehen oder sogar abzuerkennen;
- öffentliche Bekanntmachung etwaiger Beschwerdefälle.

Dies beinhaltet, dass jeder Mitgliedstaat die Verkäufer und/oder Vertriebskanäle für Kreditverträge amtlich registrieren müsste.

Die optimale Lösung wäre, die in Artikel 12 Absatz 1 der Richtlinie 87/102/EWG vorgesehenen drei Optionen zusammengenommen obligatorisch vorzuschreiben:

So könnte in dem neu zu fassenden Artikel 12 für alle Kreditvermittler ein einheitlicher gemeinsamer Grundsockel vorgesehen werden, der allerdings Spielraum für Detailregelungen hinsichtlich Art und Geltungsbereich der Befugnisse des Kreditvermittlers und, *a fortiori*, in der Frage der Verantwortlichkeit des Kreditgebers gegenüber dem ausgewählten oder akzeptierten Kreditvermittler (Makler, bevollmächtigter Agent, Verkäufer) bieten könnte.

Frage 2:

2.1. Ist die "Kumulationslösung" (d.h. alle 3 Optionen zusammengenommen) – mit entsprechendem Ausgestaltungsspielraum – annehmbar?

Oder wäre die eine oder andere der nachstehenden Möglichkeiten zu bevorzugen:

2.2. Harmonisierung der Bedingungen für die berufliche Zulassung als Kreditvermittler mit Festlegung gemeinsamer Anforderungen in Sachen Ehrenhaftigkeit und beruflicher Eignung.

2.2.a) Für den Fall, dass Bedingungen hinsichtlich beruflicher Eignung festgelegt werden, wird vorgeschlagen, sie, soweit dies möglich ist, mit den Eignungsvoraussetzungen im Versicherungswesen gleichzusetzen.

2.2.b) Ferner wäre es angezeigt, einen speziellen Status für „Verkäufer" (unter der Verantwortlichkeit der Kreditgeber) zu konzipieren oder aber diese Anbieter wegen mangelnder nachweislicher „Befähigung" zur Ausübung der entsprechenden Tätigkeiten aus dieser Berufsgruppe auszuklammern.

2.3. Sicherstellung einer ordnungsgemäßen Unterrichtung über Qualität und Geltungsbereich der Kompetenzen des Kreditvermittlers sowie Information über den etwaigen „Exklusivcharakter" seiner Tätigkeit im Auftrag des Kreditgebers[25].

2.4. Angabe, dass der Kreditvertrag durch Einschaltung eines Vermittlers zustande gekommen ist und obligatorische Erwähnung der Identität des Vermittlers. Die Unterrichtung über den Kompetenzbereich der Kreditvermittler steht im Zusammenhang mit dem Problem der bislang fehlenden Definition des Begriffs „Kreditvermittler".

2.5.a) Sicherstellung eines Mehrs an Transparenz in Sachen Vergütung des Kreditvermittlers, insbesondere durch Angabe (im Kreditvertrag) der zu entrichtenden Provision, die im Übrigen ebenfalls in den effektiven Jahreszins einfließen müsste[26] [27].

2.5.b) Ins Auge gefasst werden könnte im Übrigen eine Staffelung der an den Vermittler zu entrichtenden Vergütung, um ihn im Falle von Verträgen, bei deren Erfüllung Zahlungsschwierigkeiten auftreten, stärker in die Verantwortung zu nehmen.

2.6.a) Ist zu vertreten, dass ein Kreditvermittler befugt ist, für ein Kreditgesuch oder für eine Bitte um Auskünfte direkt vom Verbraucher eine Vergütung verlangen kann?

2.6.b) Wäre es wünschenswert, sich auf ein absolutes Verbot festzulegen, wie es in mehreren Mitgliedstaaten vorgesehen ist – wohl wissend, dass eine Regelung zur Staffelung der Vergütung nur unter dieser Voraussetzung effizient greifen kann?

3. Verbesserung der Information des Kreditgebers

Die Kosten eines Kredits richten sich nach dem Risiko, das der Kreditgeber eingeht. Dieses Risiko wiederum hängt maßgeblich von der Aussagefähigkeit der Informationen ab, die dem Kreditgeber vorliegen, wenn er darüber zu befinden hat, ob er einen Vertrag mit dem Verbraucher schließt.

Die Informationen des Kreditgebers sind von daher wesentlich für das Funktionieren des Kreditmarktes und damit auch des Marktes für Verbraucherkredite.

Die Qualität der Informationen, die dem Kreditgeber vorliegen, gewinnen noch zusätzlich an Bedeutung, wenn einem Verbraucher, der in einem anderen Mitgliedstaat ansässig ist, ein Kredit gewährt werden soll.

Infolgedessen ist die Verbesserung der Informationen der Krediteinrichtung wesentlich Voraussetzung für das Zustandekommen eines Verbraucherkredit-Binnenmarktes. Anderenfalls dürfte es dem Verbraucher sehr schwer fallen, einen Kredit in einem anderen Mitgliedstaat aufzunehmen.

Negativregister – zur Erfassung von Solvenzschwierigkeiten – und/oder Positivregister, in denen sämtliche von einem Verbraucher aufgenommene Kredite registriert sind, werden in allen Mitgliedstaaten geführt. Gehandhabt werden solche zentralen Auskunfts-Dateien entweder auf privatrechtlicher Basis oder von der öffentlichen Hand.

Zentrale Positivregister – ob öffentlich oder privat – gibt es in Deutschland, den Niederlanden, in Österreich und im Vereinigten Königreich. In Kürze soll auch in Belgien ein solches zentrales Positivregister eingerichtet werden. Die Meldestellen tauschen ihre Daten untereinander aus. Entsprechende Vereinbarungen bestehen z.B. zwischen der belgischen und der niederländischen bzw. zwischen der belgischen und der deutschen Meldezentrale.

In verschiedenen Mitgliedstaaten[28] sind die Kreditgeber verpflichtet, vor der Vergabe von Krediten ein „Credit Scoring" durchzuführen und die Solvenz des Kreditnehmers unter Heranziehung der in einer Zentraldatei gespeicherten Daten zu prüfen. Mit dieser Verpflichtung wird auch dem Bestreben entsprochen, ein transparentes, objektives System zur Beurteilung der Kreditwürdigkeit eines Verbrauchers und ggf. der Abwägung der Solvenz der Bürgen zu nutzen.

Übrigens könnte mit einer systematischen Heranziehung solcher Informationen – unter strenger Wahrung der Datenschutzbestimmungen zum Schutz der Privatsphäre – vermieden werden, dass Kreditgeber auf Umwegen auf unsichere und vom Verbraucher nicht zu kontrollierende Mittel zurückgreift, um Informationen zu seiner Person einzuholen, wie zum Beispiel Wählerlisten oder spezielle private Datenbanken.

Das allgemeine Interesse gebietet es, dass die Beschaffung und Nutzung personenbezogener Verbraucherdaten mit Hilfe transparenter Register gewährleistet wird, die in einem gesicherten Rechtsrahmen unter strenger Einhaltung der Bestimmungen zum Schutz der Privatsphäre funktionieren, und auf diese Weise die Voraussetzungen dafür geschaffen werden, dass der Verbraucher grenzübergreifend Zugang zu Krediten haben kann. Das allerdings darf der Gewissheit keinen Abbruch tun, dass Verbraucher, die Gefahr laufen, sich übermäßig zu verschulden, nicht als kreditwürdig erachtet werden.

Frage 3:

Im Rahmen einer globalen Reflexion lassen sich je nach Art des angestrebten Harmonisierungsgrades verschiedene Fragen stellen:

Als eine Notwendigkeit erweist es sich offensichtlich, dass ein in einem Mitgliedstaat zugelassener Kreditgeber unter den gleichen Bedingungen Zugang zu Informationsquellen und Datenbanken in den anderen Mitgliedstaaten haben sollte.

3.1. Wie kann dafür gesorgt werden, dass ein Kreditgeber Zugang zu Verbraucherdaten erhält?

3.2. Müssten ausreichende, objektive Daten über jeden Verbraucher in allen Mitgliedstaaten zugänglich sein oder sollte man es bei der derzeitigen Handhabung belassen?

3.3. Wenn die Lösung lauten sollte „Angaben über jeden Verbraucher aus jedem Mitgliedstaat", welche Maßnahmen wären dann zu ergreifen, damit diese Informationen auch tatsächlich eingeholt werden können?

3.3.a) Müsste die Datenbeschaffung zum alleinigen Zweck der Einschätzung der Solvenz des Verbrauchers bzw. des Bürgen harmonisiert werden?

3.3.b) Müsste näher ausgeführt werden, dass die Daten nur zur Befriedigung des legitimen Interesses desjenigen, dem die Heranziehung der Daten obliegt, übermittelt werden dürfen, und zwar unter der ausdrücklichen Bedingung, dass es nicht gegen die Interessen bzw. Rechte und Grundfreiheiten der betroffenen Person verstößt?

3.3.c) Wenn ein Verbraucher dem Kreditgewerbe Angaben im Hinblick auf die Gewährung eines Kredits mitteilt, muss er dann sicher sein können, dass diese Daten ausschließlich zu diesem Zweck benutzt werden? Müsste mithin nicht verboten werden, dass Dritte, die im Rahmen eines Kreditgeschäfts in keinerlei direkter Beziehung Bezug zum Verbraucher stehen, solche Daten zu kommerziellen Zwecken nutzen, weiterverkaufen oder speichern?

3.4.a) Sollte man die Idee der „verantwortungsbewussten Kreditvergabe" befürworten, bei der insbesondere davon ausgegangen wird, dass es Aufgabe der Krediteinrichtungen ist, die Solvenz des Verbrauchers einzuschätzen und seine Kreditwürdigkeit zu beurteilen, und zwar nach Konsultierung objektiver, verlässlicher, unabhängiger Daten, die jedem Kreditgeber in der EU wie auch den Verbrauchern selbst, soweit ihre eigenen persönlichen Daten betroffen sind, zugänglich wäre?

3.4.b) Angenommen, das Konzept der „verantwortungsbewussten Kreditvergabe" findet Zustimmung, ist dann eine Regelung zu treffen, nach der der Verbraucher verpflichtet wäre, wahrheitsgetreue und vollständige Angaben zu seiner Person zu machen, und der Kreditgeber bzw. -vermittler nachweisen müsste, dass er die entsprechenden Auskünfte (ggf. anhand eines Fragebogens) ausschließlich zum Zweck des "Credit Scoring" eingeholt hat?

3.5. Sollten Register die Ausgangsbasis für einen gemeinsamen Lösungsansatz bieten? Wenn für eine solche Lösung Bedarf bestehen sollte: Welche Art von Register sollte dann in Erwägung gezogen werden:

3.5.a) Vorzugsweise Negativ-databanken?

3.5.b) Oder müssten für sämtliche Mitgliedstaaten Positivregister geschaffen werden?

3.5.c) Oder sollten beide beibehalten werden?

Zur Frage der Art der Register, die am geeignetsten erscheint, die vorhin aufgeführten einzelnen Ziele miteinander in Einklang zu bringen, wäre die Kommission für Stellungnahmen der betroffenen Kreise dankbar.

4. Verbesserung der Information der Verbraucher und der Bürgen

4.1. Bessere Verbraucherinformation

Bessere Information des Krediteinrichtungen bedeutet auch bessere Information des Verbrauchers.

Transparenz in Sachen Konditionen bei Kreditangeboten ist gleichzeitig eine unverzichtbare Voraussetzung für ein Mehr an Vergleichsmöglichkeiten zwischen den am Markt angebotenen Produkten sowie auch unerlässlich, um Vergleiche zum internationalen Angebot anstellen zu können. Transparenz ist auch Vorbedingung für das Zustandekommen eines Marktes, in dem Kreditangebote tatsächlich ungehindert zirkulieren können.

Die Verbraucherkreditrichtlinie müsste für sämtliche Arten von Kreditverträgen gelten und deshalb dergestalt angepasst werden, dass davon alle neuen Kreditformen, wie sie seit Verabschiedung der Richtlinie 87/102/EWG am Markt gehandhabt werden, erfasst werden.

Dabei kommt es jedoch stärker auf die Finanzierungstechniken an als auf die Art des jeweiligen Kreditvertrags; von daher gilt es, Bestimmungen vorzusehen, die insbesondere darauf abstellen, dass dem Verbraucher je nach der benutzten Technik eine angemessene Unterrichtung zuteil wird.

Letzteres müsste insbesondere für folgende Aspekte gelten:

- Zinssatz: Der Verbraucher muss zumindest darüber im Bilde sein, unter welchen Konditionen der Zinssatz variieren kann, wie er berechnet wird, für welchen Zeitraum er gilt usw.;

- Abzahlungsmodalitäten: Ist das Darlehen in periodischen Teilbeträgen zu tilgen, durch einmalige Rückzahlung oder in Form relativ bescheidener Raten, aber mit hohem Restbetrag, der am Ende der Laufzeit auf einmal fällig wird [29], und kann die Rückzahlung in bar oder durch Sachleistungen erfolgen ?

- Verfügungsmodalitäten: Darf der Verbraucher seinen Kreditbetrag durch einmalige Abhebung ausschöpfen oder in Form mehrerer Teilbeträge? Ist der Betrag irgendwie gestaffelt oder handelt es sich um periodische Teilbeträge in gleicher Höhe? Ist eine vorherige vollständige Rückzahlung der letzten Rate als Bedingung vorgesehen? u.a.m.

- Tilgungsplan: Ein solcher müsste dem Verbraucher für jede Art von Vertrag ausgehändigt werden, bei dem die Zinsen und sonstigen Kosten *ex ante* berechnet werden.

Frage 4.1.:

Müssten die Artikel 3 (Werbung) sowie 4 und 6 (Verträge im Allgemeinen, Überziehungskredite auf Girokonten) der Richtlinie insoweit neu gefasst werden, dass darin eine ordnungsgemäße Unterrichtung des Verbrauchers für jede Art von Kreditvertrag vorgesehen ist?

4.2. Bürgen

Mit der Frage der Rechte und Pflichten der Bürgen im Rahmen von Verbraucherkreditverträgen beschäftigen sich derzeit mehrere Mitgliedstaaten, die Bürgen einstweilen noch aus der Richtlinie 87/102/EWG[30] ausgeklammert sind.

Zum einen müsste der Geltungsbereich der Richtlinie weiter gefasst werden, so dass darunter auch die mit dem Kreditvertrag verbundenen Sicherheiten und die Bürgen, die diese Sicherheiten leisten, fallen. Zum anderen müsste die Richtlinie auch die Fälle abdecken, in denen Personen zu einem Zwecke handeln, der zwar nicht ihrer beruflichen oder gewerblichen Tätigkeit zugerechnet werden kann, aber für Kreditverträge Sicherheiten leisten müssen, die nicht unter die Richtlinie fallen. Bürgen dieser Art – z. B. Familienangehörige eines Kreditnehmers, der sich als Geschäftsmann selbständig macht – handeln als Verbraucher und bedürfen in dieser Eigenschaft einer Unterrichtung und eines Schutzes von der Qualität, wie ihnen zuteil würde, wenn sie im Zusammenhang mit einem Kreditvertrag im engeren Sinne handelten.

Infolgedessen sollten Bürgen in den Anwendungsbereiche der Richtlinie mit einbezogen werden.

Frage 4.2.:

Angenommen, Bürgen werden in die Richtlinie aufgenommen:

4.2.1. Sollte man sich dann darauf beschränken, dass ausschließlich Bürgen im Rahmen eines Kreditvertrags, der unter die Richtlinie fällt, davon erfasst werden?

4.2.2. Oder sollten vielmehr auch die Verbindlichkeiten im Zusammenhang mit einem Kreditvertrag betroffen sein, der *nicht* unter die Richtlinie fällt, d. h. Sicherheiten, die von natürlichen Personen geleistet werden, die nicht zu beruflichen oder gewerblichen Zwecken handeln?

Derjenige, der eine persönliche oder dingliche Sicherheit leistet, müsste darüber unterrichtet werden, welche Kreditverträge tatsächlich bestehen und welcher Hauptschuldner ggf. seinen Verpflichtungen nicht nachkommt.

Verträge zur Absicherung von Krediten müssten bestimmte Mindestangaben enthalten, insbesondere den „garantierten Betrag“ ausweisen, der eigentlich nur die Hauptsumme des Kreditvertrags und etwaige vom Verbraucher geschuldete Verzugszinsen umfassen dürfte, d. h. keinerlei sonstigen Gebühren oder Konventionalstrafen. Es wäre ein Unding, wenn der Bürge für derartige Kosten in Zusammenhang mit einer vom Verbraucher verschuldete Nichterfüllung eines Vertrags aufkommen müsste!

Im Übrigen sollte es einem Gläubiger nur dann gestattet sein, auf die Bürgen zurückzugreifen, nachdem er einen ersten (ergebnislosen) Versuch zur Belangung des Hauptschuldners unternommen hat und sich herausstellt, das letzterer zahlungsunfähig ist.

5. Bessere rechtliche Absicherung der Verbraucher

5.1. Absatzmethoden

Die nationalen Bestimmungen zur Untersagung von Haustürgeschäften bzw. zur Regelung sonstiger Absatzmethoden und des Rechts auf Widerruf oder auf Bedenkzeit weichen sehr stark voneinander ab[31].

In mehreren Mitgliedstaaten sind bestimmte Formen nicht ausdrücklich erbetener Kommunikation untersagt bzw. gilt ein durch europäische Regelung vorgegebenes absolutes Verbot der Umwerbung des Verbrauchers in dessen Wohnung oder am Arbeitsplatz zum Zwecke des Abschlusses von Kreditverträgen[32].

Frage 5.1.:

5.1.1. Sollte das Verbot von Haustürgeschäften

5.1.1.a) harmonisiert werden?

5.1.1.b) wenn ja, inwieweit ?

5.1.2. Sollte in Sachen Widerrufsrecht bzw. Bedenkzeit in den übrigen Fällen ein einheitlich geregeltes Recht auf Rückgängigmachung vorgesehen und die entsprechende Frist generell auf sieben Tage festgelegt werden?

5.2. Höchstzinssätze und Wucherzinsen

In mehreren Mitgliedstaaten sind die zulässigen Höchstzinssätze gesetzlich geregelt und die über diese Zinssätze hinausgehenden „Wucherzinssätze" rechtlich definiert[33]. Wie der Bericht über die Anwendung der Verbraucherkreditrichtlinie gezeigt hat, wird diese Problematik von den einzelnen Mitgliedstaaten stark unterschiedlich gehandhabt, so dass sich die Kommission in ihrem Bericht für eine Erörterung zum Thema „Wucherzins" auf Gemeinschaftsebene ausgesprochen hat[34].

Frage 5.2.:

Die Kommission bittet um Stellungnahmen zur Zweckmäßigkeit von Maßnahmen zur Schaffung einer EU-weiten Regelung für zulässige Höchstzinssätze und/oder Wucherzinsen.

5.3. Bereitstellung des Kreditbetrags

Der Verbraucher – und nur er allein – hat ein Anrecht darauf, in voller Sachkenntnis frei über seinen Kredit zu verfügen. Etwaige ihm von Seiten des Kreditgebers auferlegte Einschränkungen dieses Rechts auf freie Verfügung oder des Rechts auf Inanspruchnahme von Auszahlungsbeträgen müsste der Kreditgeber begründen können. Solche Restriktionen müssten in jedem Fall transparent sein und dürften nicht dazu "missbraucht" werden, dass sich der Kreditgeber oder der Kreditvermittler unzulässige Geldvorteile verschafft bzw. dass sich der Verbraucher genötigt sieht, in einen Kreditvertrag einzuwilligen, ohne im Einzelnen über die Konditionen hinsichtlich Kreditkosten und Rückzahlung im Bilde zu sein.

Derartige Einschränkungen müssten im Übrigen aus der Perspektive der „missbräuchlichen Vertragsklauseln" untersucht werden - z. B. eine Kreditvertragsklausel, die den Verbraucher (als Voraussetzung für die Inanspruchnahme eines Auszahlungsbetrags) verpflichtet, den Kreditbetrag ganz oder teilweise zur Sicherung des Darlehens zu verpfänden oder ihn ganz oder teilweise einer Bankeinlage zuzuführen oder zur Hinterlegung in Wertpapieren oder sonstigen Finanzinstrumenten zu verwenden.

Frage 5.3.:

Sollte also

5.3.1. der Kreditgeber, solange der Kreditvertrag nicht vom Verbraucher unterzeichnet ist, dem Verbraucher keinerlei Kreditbetrag zur Verfügung stellen können?

5.3.2. der Verbraucher, solange er nicht über seinen Kredit verfügt, nicht zur Rückzahlung verpflichtet werden können? Sollen die Sollzinsen erst von dem Tag an geschuldet werden, an dem der Kredit zur Verfügung gestellt wird?

5.3.3. der Kreditgeber für die Geldbeträge (oder Güter), die er dem Kreditvermittler zur Erfüllung des Kreditvertrags überlassen hat, solange dafür haften, bis diese zur Gänze an den Verbraucher oder an einem von diesem bestimmten Dritten ausgezahlt (oder ausgehändigt) sind?

5.3.4. ein Auszahlungsbetrag (bzw. eine Sache/Dienstleistung) nur mit ausdrücklicher Billigung des Verbrauchers einem Dritten übergeben werden können?

5.4. Vorzeitige Rückzahlung

Der Trend geht dahin, das Recht auf vorzeitige Rückzahlung, insbesondere bei Immobilienkrediten, weiter zu konsolidieren und weiter zu fassen[35].

Frage 5.4.:

Ist es für die unter die Richtlinie fallenden Kredite heute noch angebracht, vom Verbraucher eine „Wiederanlagegebühr" oder eine "Entschädigung" in sonstiger Form zu verlangen, wo es doch andere Möglichkeiten gibt, Kapital auf dem internationalen Markt anzulegen?

5.5. Solidarische Haftung des Kreditgebers und des Lieferers

Durch Kredite finanzierte Kaufgeschäfte über den Erwerb von Waren oder Dienstleistungen geben immer wieder Anlass zu Rechtsstreitigkeiten zwischen Verbrauchern und den Lieferern der auf diese Weise finanzierten Waren oder Dienstleistungen. In Anlehnung an die entsprechende Regelung des *Common Law* wollte die Kommission in ihrem ursprünglichen Vorschlag, aus der die Richtlinie 87/102/EWG hervorgegangen ist, dem Verbraucher das Recht einräumen, den Kreditgeber direkt belangen zu können, und zwar ohne jedwede ausdrückliche Verpflichtung, zunächst gegen den Lieferer der Waren und/oder Dienstleistungen klagen zu müssen. Grundlage dieses Ansatzes war die Überlegung, dass das Bestehen eines Kreditvertrags in solchen Fällen Voraussetzung für den Abschluss des zugehörigen Kaufvertrags ist. Daraus ergibt sich eine gewisse „Solidarität" zwischen dem Lieferer einer Ware oder der Erbringer einer Dienstleistung (laut Kaufvertrag) und dem Kreditgeber mit bestimmten Rechtsfolgen für letzteren.

Die Regelung, wie sie letzten Endes in Art. 11 der Richtlinie verankert wurde (die sogenannte subsidiarische Haftung) ist eine Kompromisslösung. Demzufolge ist der Verbraucher berechtigt, vom Kreditgeber die Zahlung einer bestimmten Summe zu verlangen, wenn die gegen den Lieferer gerichtete Beschwerde begründet ist und dieser dem Verbraucher keiner Entschädigung geleistet hat. Die Umsetzung der Bestimmungen dieses Richtlinienartikels hat allerdings dazu geführt, dass mehrere Mitgliedstaaten Vorschriften erlassen haben, die sich als ineffizient erwiesen haben [36]. In anderen Mitgliedstaaten dagegen, insbesondere in Frankreich, Deutschland und im Vereinigten Königreich, gehen die zur Umsetzung der Richtlinie erlassenen Rechtsvorschriften viel weiter als die in Art. 11 enthaltene grundsätzliche Bestimmung[37].

Bei näherer Betrachtung dieser unterschiedlichen Handhabungsweisen erscheint die Forderung nach Lockerung der Bestimmungen in Art. 11 Abs. 2 gerechtfertigt. Mithin könnte auch der Begriff „ausschließlich" ersatzlos gestrichen werden. Sollte im übrigen eine Harmonisierung für zweckmäßig erachtet werden, so wäre es angezeigt, sich auf eine bestimmte Regelung festzulegen und nicht auf irgendeine partielle Lösung oder auf ein Hybrid-System, das in der Praxis nicht funktioniert. Sollte keine Veranlassung bestehen, noch weitere Vorschläge oder Modalitäten mit herauszunehmen, so wäre es dennoch unerlässlich, für eine klare Regelung und einen optimalen Schutz im Zusammenhang mit Kreditverträgen jeder Art Sorge zu tragen.

Frage 5.5. :

Nachzugehen wäre folgenden Fragen:

- Zur Frage der Solidarhaftung:

5.5.1. Ist es angezeigt, Art. 11 in der bisherigen Form beizubehalten und darin nur das Wort „ausschließlich" zu streichen?

5.5.2. Wäre es angebracht, einen Schritt weiterzugehen und in den Artikel eine grundsätzliche Bestimmung zur Frage der Solidarhaftung für die Fälle aufzunehmen, in denen der Verbraucher sich eines Zahlungsmittels bedient, mit dem direkt oder indirekt Beträge von seiner Kreditlinie abgebucht werden?

5.5.3. Wenn ja, wäre es zweckmäßig, ein System vorzusehen, das auf einem der bestehenden nationalen Systeme basiert? Wenn ja, auf welchem nationalen System?

5.5.4. Falls man sich für ein solches System entscheidet, müsste dann in jedem Fall als Voraussetzung gelten, dass vorab ein entsprechendes Einvernehmen zwischen dem Lieferer von Ware/dem Erbringer der Dienstleistung und dem Kreditgeber erzielt wurde?

5.5.5. Kann in einem solchen Fall toleriert werden, dass der Verbraucher nicht verpflichtet ist, den Beweis für das Bestehen einer solchen vorab geschlossenen Vereinbarung zu erbringen, wenn der Lieferer gleichzeitig Kreditvermittler ist und an dem Zustandekommen des Kreditvertrags mitgewirkt hat?

5.5.6. Gesetz den Fall, man entscheidet sich für die Prinzipien der Solidarhaftung zwischen dem Kreditgeber und dem Lieferer, und vorausgesetzt, diese haben sich vorher geeignet: Müssten dann, die Anlehnung an die Regelung im englischem Recht, Grenzwerte für die Beträge vorgesehen werden, die unter diese Regelung fallen würden? Oder würden sich solche Grenzwerte erübrigen?

- Zur Rangordnung der Einspruchsmöglichkeiten:

5.5.7. Wäre es erstrebenswert, dem Verbraucher das Recht einzuräumen, den Kreditgeber im Wege einer Direktklage belangen zu können, wo doch dieser aufgrund seiner Beziehungen zu seinen Lieferern in der Regel in kommerzieller Hinsicht im Vorteil ist und in kommerzieller Hinsicht über Möglichkeiten verfügt, von denen er gegenüber den Lieferern Gebrauch machen kann?

5.5.8. Wäre es diesbezüglich angebracht, dass der Verbraucher zunächst den Lieferer belangt oder wäre dies nicht zweckmäßig?

6. Verbesserung der Vorgehensweise bei Zahlungsausfällen

6.1. Absicherung gegen potenzielle Säumnis: Versicherungen

Es liegt im Interesse des Kreditgebers wie auch des Verbrauchers, sich vorsorglich gegen Zahlungsausfälle abzusichern. Dazu bieten die in Art. 1a Abs. 2 Buchst. v) der Richtlinie 87/102/EWG (in der durch die Richtlinie 90/88/EWG geänderten Fassung) aufgeführten Versicherungen das geeignetste Instrumentarium.

Die bisherige Sachlage ist hauptsächlich aus folgenden drei Gründen alles andere als zufriedenstellend:

- Es erweist sich als äußerst schwierig, zwischen Fällen, in denen eine Versicherung fakultativ ist, und Situationen, in den sie obligatorisch ist, zu differenzieren.

- Die Versicherungskosten müssten im Falle von Pflichtversicherungen in die Berechnung des effektiven Jahreszinses mit einfließen. Dies ist aber bei fakultativen Versicherungen nicht der Fall. Dadurch entstehen künstlich herbeigeführte Wettbewerbsverzerrungen, wenn bei Versicherungen, die nicht obligatorisch sind, das Einverständnis des Kreditgebers stillschweigend davon abhängig gemacht wird, dass der Verbraucher eine Versicherung abschließt.

- Wo eine Versicherung obligatorisch oder unumgänglich ist, kann der Verbraucher sich in den seltensten Fällen den Versicherer frei aussuchen. Diese Einschränkung kann sich nachhaltig auf die Gesamtkosten des Kredits für den Verbraucher auswirken und mitunter sogar dazu führen, dass sich der Kreditgeber zusätzliche Geldvorteile ("Bereicherung") verschafft.

Frage 6.1. :

Welche der nachfolgenden vier Möglichkeiten wäre die geeignetste:

6.1.1. Dem Verbraucher eine noch größere Möglichkeit der freien Wahl einräumen, in dem ihm das Recht zugestanden wird, dass er von sich aus eine Versicherung abschließt (bei einem solchen Versicherungsschutz müssten dann von auch bereits laufende Versicherungen mit berücksichtigt werden) und gleichzeitig sicherstellen, dass die zu entrichtenden Prämien und Gebühren in dem Fall, wo er sich für ein Angebot des Kreditgebers, des Kreditvermittlers oder eines von ihnen bestimmten dritten Versicherer entscheidet, möglichst transparent sind?

6.1.2. Art. 1a der Richtlinie 87/102 dahingehend weiter fassen, dass die Kosten für Versicherungen unbedingt in den effektiven Jahreszins einfließen - es sei denn, die Versicherung ist nicht implizite oder explizite Voraussetzung für die Gewährung des Kredits, und vorausgesetzt, der Verbraucher ist darüber in Schriftform unmissverständlich belehrt worden und er hat seinerseits eindeutig seinen Willen bekundet, dennoch eine Versicherung abschließen zu wollen, nachdem ihm die Höhe der zu entrichtenden Prämien mitgeteilt worden ist? Sichergestellt werden müsste dabei auch, dass die Prämien und sonstigen Gebühren absolut transparent sind.

6.1.3. Ein System akzeptieren, das eine deutliche Unterscheidung zwischen effektivem Jahreszins einschließlich Versicherung und effektivem Jahreszins ausschließlich Versicherung zulassen würde und dieses System EU-weit vorschreiben?

6.1.4. In die Richtlinie eine zwingende Bestimmung einfügen, wonach der Kreditgeber verpflichtet wäre, seinen Bestand an Kreditverträgen ("Kredit-Portfolio") generell gegen Zahlungsausfälle, wie in Art. 1a Abs. 2 Buchst. v) derzeit vorgesehen, zu versichern? Dies hätte vielerlei Vorteile: Der Verbraucher wäre generell gegen bestimmte "Lebenssituations-Risiken" versichert, für den Darlehensgeber wäre das Risiko geringer, die entsprechenden Kosten wären ebenfalls niedriger, da der Versicherungsvertrag vom Kreditgeber ausgehandelt und das Risiko auf das gesamten Portfolio verteilt wäre, und der Wettbewerb könnte weiterhin spielen[38].

Die Machbarkeit dieser vierten Möglichkeit ist von den zuständigen Kommissionsdienststellen geprüft worden. Fazit dieser Untersuchung:

- Eine allgemeine obligatorische Versicherung für den gesamten Bestand an Kreditverträgen ist technisch möglich.

- Der Versicherer muss weiterhin die Möglichkeit haben, vor Abschluss eines Versicherungsvertrags den Bestand an Kreditverträgen des Darlehensgebers wie auch alle weiteren Verträge, die nach Abschluss des Versicherungsvertrags geschlossen werden, zu prüfen, und Risiken, die der Kreditgeber nach Einschätzung des Versicherers ohne Berücksichtigung von Vorsichtsregeln und Grundsätzen für eine korrekte Vermögensverwaltung eingegangen ist, oder Risiken, in deren Zusammenhang der Versicherer über besondere Umstände auf Seiten des Verbrauchers und über die Wahrscheinlichkeit, dass letzterer seinen Verpflichtungen nicht nachkommen kann, unterrichtet ist, unter Einhaltung der bestehenden Bestimmungen über den Schutz der Privatsphäre, nicht versichern zu wollen.

- Die geplanten Mechanismen im Zusammenhang mit den zentralen Meldestellen (Positiv- oder Negativregister) würden die vorhin spezifizierten Risiken schmälern.

- Durch obligatorische Versicherungen könnte für diese Arten von Versicherungen ein echter Markt entstehen und damit bilateralen Vereinbarungen Einhalt geboten werden, was sich letztendlich kostendämpfend auf solche Versicherungen auswirken würde.

6.2. Die Nichterfüllung von Verträgen

Die Probleme im Zusammenhang mit der Nichterfüllung betreffen sowohl Kreditverträge selbst als auch Verträge zur Absicherung von Krediten. An Schwierigkeiten zu nennen wären: Zahlungsverzug, stillschweigende bzw. unzulässige Überziehungen und Nichterfüllung von Verträgen auf der ganzen Linie.

Generell müssten sämtliche anfallenden Kosten und Zinsen für den Fall der Nichterfüllung der vertraglichen Verpflichtungen im Kreditvertrag aufgeführt sein. Auch müssten die Mitgliedstaaten dazu angehalten werden, dafür Sorge zu tragen, dass die Rechte und Pflichten der einzelnen Parteien weiterhin in einem ausgewogenen Verhältnis zueinander stehen.

Stillschweigende oder unzulässige Überziehungen sollten, da sie vielfach Ursache für Überschuldung sind und für den Kreditgeber wie auch für den Verbraucher eine ernstzunehmende Gefahr darstellen können, generell nicht gestattet sein. Ins Auge gefasst werden könnten allerdings bestimmte Ausnahmesituationen bzw. eine Art Schonfrist. Wenn dies der Fall wäre, müsste die Berechnung des Zinses für den Überziehungsbetrag harmonisiert auf jeden Fall gewährleistet werden, dass dieser dem Verbraucher mitgeteilt wird. Nach Ablauf dieser Übergangsfrist müsste jede weitere stillschweigende Überziehung unter Zugrundelegung einer erneuten Kundenrisikobeurteilung anhand eines neuen Kreditvertrags regularisiert oder nötigenfalls der bestehende Vertrag gelöst werden können.

Denkbar wären mehrere Mechanismen:

1) Vorgehensweisen:

- Es müsste der Grundsatz gelten, dass der Verbraucher vorher angemahnt wird (dies setzt voraus, dass der Vertrag nicht von Rechts wegen gelöst wird) und ihm eine angemessene Frist eingeräumt wird, innerhalb derer er seinen Zahlungsrückstand begleichen oder eine Umschichtung der geschuldeten Summe beantragen kann.

- Sowohl dem Verbraucher als auch dem Bürgen müssten auf Wunsch unverzüglich unentgeltlich ein ausführlicher Finanzstatus ausgehändigt werden.

- Der Kreditgeber müsste sich zunächst an den Verbraucher wenden und sich erst danach, wenn er dessen Zahlungsunfähigkeit feststellt, mit den Bürgen in Verbindung setzen.

- Manche Verfahren zur Schuldeneintreibung sindals rechtswidrige Inkassopraktiken anzusehen[39].

- Für die Rücknahme von Waren müsste eine bessere Kontrolle auf Seiten der Gerichte vorgesehen werden.[40]

Frage 6.2.1.:

Die Dienststellen der Kommission bitten um Stellungnahmen zu den oben dargelegten Vorstellungen.

2) Kosten, die bei Zahlungsausfall verlangt werden können:

- In bestimmten Mitgliedstaaten darf nur der bei Zahlungsverzug geltende Zinssatz angewandt werden. Es dürfen keine anderen Gebühren (als Verfahrenskosten) verlangt werden.

Allerdings sind die Bestimmungen über die Nichterfüllung von Verträgen und die Verfahren zur Eintreibung von Schulden von Land zu Land unterschiedlich. So wird beispielsweise in Belgien die Nichterfüllung von Rückzahlungsverpflichtungen durch direkte Gehaltsabtretung geregelt[41]. Dazu bedarf es lediglich der Zustellung eines entsprechenden Pfändungsbescheids per Einschreiben an den Arbeitgeber, die Rentenkasse u.ä. In Frankreich hingegen erfordert ein solches Eintreibungsverfahren die Einschaltung des Gerichts. Entsprechend unterschiedlich sind die damit verbundenen Kosten.

Frage 6.2.2.:

Aus den vorhin dargelegten Überlegungen heraus wird deshalb gegenwärtig von einem Vorschlag abgesehen, neue Bestimmungen zur Regelung der Entschädigungsleistung einzuführen. Gibt es etwa Argumente, die dagegen sprechen?

6.3. Überschuldung

Eine Richtlinie zur Harmonisierung der nationalen Rechtsvorschriften über den Verbraucherkredit wäre nicht das geeignete Instrument, um allgemein die Problematik der Überschuldung zu regeln, da dieses Phänomen vielerlei Facetten hat. Da nun aber der Verbraucherkredit, speziell in seiner heutigen Form, zweifelsohne ein bereits wichtiger und weiter an Bedeutung gewinnender Faktor ist, der zu Überschuldung führen kann, werden in dem nunmehr anstehendem Vorschlag Initiativen auf präventiver Ebene empfohlen.

Präventive Maßnahmen lassen sich insbesondere mit Hilfe von Bestimmungen wie den vorgesehenen verbessern, damit die involvierten Akteure stärker in die Verantwortung genommen werden können, etwa durch die Schaffung eines gemeinsamen Rahmens für die Datenbanken der Meldestellen oder auch durch Einführung eines Systems zur Absicherung gegen Risiken in bestimmten Lebenssituationen..

Antwort - Tabelle

Thema	Anmerkungen
1.1. Definition „Verbraucher“	
1.1.1.	
1.1.2.	
1.2. Unter die Richtlinie fallende Kreditverträge	
1.2.1.	
1.2.2.	
1.2.3.	
1.3.1 Effektiver Jahreszins: Berechnungs-Grundlage	
1.3.1.a)	
1.3.1.b)	
1.3.2. Effektiver Jahreszins: Berechnungs-Modus	
1.3.1.a)	
1.3.1.b) (i)	
1.3.1.b) (ii)	
1.3.1.b) (iii)	
1.4. Sollzins	
1.4.a)	
1.4.b)	
2. Kreditvermittler	
2.1.	
2.2.a)	

Thema	Anmerkungen
2.2.b)	
2.3.	
2.4.	
2.5.a)	
2.5.b)	
2.6.a)	
2.6.b)	
3. Verbesserung der Information des Kreditgebers	
3.1.	
3.2.	
3.3.	
3.3.a)	
3.3.b)	
3.3.c)	
3.4.a)	
3.4.b)	
3.5.	
3.5.a)	
3.5.b)	
3.5.c)	
4.1 Bessere Information des Verbrauchers	
4.2 Bürgen	
4.2.a)	
4.2.b)	

Thema	Anmerkungen
5.1. Verkaufs-Methoden	
5.1.1.a)	
5.1.1.b)	
5.1.2.	
5.2. Höchstzinssätze und Wucherzins	
5.3. Bereitstellung des Kredits	
5.3.1.	
5.3.2.	
5.3.3.	
5.3.4.	
5.4. Vorzeitige Rückzahlung	
5.5. Solidarhaftung von Kreditgeber und Lieferer	
5.5.1.	
5.5.2.	
5.5.3.	
5.5.4.	
5.5.5.	
5.5.6.	
5.5.7.	
5.5.8.	
6.1. Absicherung gegen Zahlungsausfall-Risiken: Versicherungen	
6.1.1.	

Thema	Anmerkungen
6.1.2.	
6.1.3.	
6.1.4.	
6.2. Nichterfüllung von Verträgen	
6.2.1.	
6.2.2.	

1 Richtlinie 87/102/EWG des Rates vom 22.12.1986 zur Angleichung der Rechts- und Verwaltungsvorschriften der Mitgliedstaaten über den Verbraucherkredit

2 Richtlinie 90/88/EWG des Rates vom 22.2.1990 zur Änderung der Richtlinie 87/102/EWG zur Angleichung der Rechts- und Verwaltungsvorschriften der Mitgliedstaaten über den Verbraucherkredit, ABl. L 61 vom 10.3.1990, S. 14, geändert durch die Richtlinie 98/7/EG des Europäischen Parlaments und des Rates vom 16.2.1998, ABl. L 101 vom 1.4.1998, S. 17.

3 Europäische Kommission, Bericht über die Anwendung der Richtlinien 87/102/EWG, KOM (95) 117 endg.

4 Europäische Kommission, Zusammenfassender Bericht über die Reaktionen und Stellungnahmen, KOM (97) 465 endg.

5 Mitteilung der Kommission „Finanzdienstleistungen: Das Vertrauen der Verbraucher stärken", Maßnahmen im Anschluss an das Grünbuch „Finanzdienstleistungen: Wahrung der Verbraucherinteressen", KOM (97) 309 endg.

6 LEA, M.J., WELTER, R., DÜBEL, A., « Study on the mortgage credit in the European Economic Area. Structure of the sector and application of the rules in the directives 87/102 and 90/88". Schlussbericht zum Vertrag gemäß Ausschreibung Nr.° XXIV/96/U6/21 SECKELMANN, R., « Methods of calculation, in the European Economic Area, of the annual percentage rate of charge, Schlussbericht 31.10.1995, Vertrag Nr. AO 2600/94/00101 ; REIFNER, U., 'Harmonisation of cost elements of the annual percentage rate of charge, APR', Hamburg 1998, Projekt Nr. AO-2600/97/000169. DOMONT-NAERT, F., et LACOSTE, A.-C., « Etude sur le problème de l'usure dans certains états membres de l'espace économique européen, Louvain-la-Neuve 1997, Vertrag Nr.° AO-2600/96/000260 ; DOMONT-NAERT, F., et DEJEMEPPE, P, ' Etude sur le rôle et les activités des intermédiaires de crédit aux consommateurs', Vertrag Nr. AO-2600/95/000254, 1996 ; BALATE, E., et DEJEMEPPE, P., "Conséquences de l'inexécution des contrats de crédit à la consommation." Studie AO-2600/95/000270 Europäische .Kommission, Schlussbericht.

7 Siehe Erwägungsgründe der Richtlinie 87/102/EWG, ABl. L 42 vom 12.2.1987, S. 48.

8 in der durch die Richtlinie 90/88/EWG geänderten Fassung.

9 Der entsprechende Richtlinienvorschlag war Ende der siebziger Jahre formuliert worden, d. h. zu einer Zeit, als andere Kreditformen als Ratenkredite sich erst allmählich entwickelten. Die entsprechende Richtlinie wurde Ende der achtziger Jahre in nationales Recht umgesetzt, also zu einer Zeit, als der

persönliche Kredit/das persönliche Darlehen sich zur dominierenden Kreditart entwickelt hatte. Deshalb schlug die Kommission bereits in ihrem Vorschlag über die Anwendung der Richtlinie vor, diese dahin gehend abzuändern, dass sie der Entwicklung der benutzten Finanztechniken Rechnung trüge (siehe Bericht über die Anwendung der Richtlinie 87/102/EWG, KOM (95) 117 endg., S. 3, Ziff. 15). Im Übrigen war die Kommission von Anfang an der Ansicht, dass die Richtlinie für alle Arten von Verbraucherkrediten gelten sollte. Wenn freilich auch Ausnahmen vorgesehen werden mussten, so war die Kommission dennoch entschlossen, diese auf ein Minimum zu beschränken. Dieser Auffassung schloss sich der Rat allerdings nicht an; stattdessen legte er (damals noch auf einstimmigen Beschluss hin) eine ausführliche Liste von Ausnahmen zum Artikel 2 fest, von denen die Mitgliedstaaten allerdings nicht systematisch Gebrauch gemacht haben.

[10] Siehe Bericht über die Anwendung der Richtlinie 87/102/EWG, KOM (95) 117 endg., S. 104, Ziff. 384ff. und Synthesebericht über die Reaktionen und Stellungnahmen, KOM (97) 465 endg., S. 20, Ziff. 87.

[11] Diese Definition deckt sich sinngemäß mit der Verbraucherdefinition in den anderen Verbraucherschutz-Richtlinien.

[12] Nach deutschem Recht gilt als Verbraucher jede natürliche Person, es sei denn, dass der Kredit für eine von ihr bereits ausgeübte gewerblich oder selbständige berufliche Tätigkeit bestimmt ist. Ein Kredit zur Finanzierung der Aufnahme einer beruflichen Tätigkeit unterliegt damit in Deutschland gesetzlichen Auflagen. Im Vereinigten Königreich wird der Verbraucher bzw. der Schuldner definiert als jene Person („the individual“), der aufgrund eines Verbraucherkreditvertrags ein Kredit gewährt worden ist; dazu gehört auch die Person, deren Rechte und Pflichten durch Abtretung oder von Rechts wegen übertragen worden sind. Bei dieser Person kann es sich sowohl um eine Offene Handelsgesellschaft als auch um jeden anderen Zusammenschluss von Personen handeln, der nicht zur Gänze aus juristischen Personen besteht.

[13] Beispiele: Ein Anwalt kauft ein Kraftfahrzeug sowohl für berufliche als auch private Zwecke; ein Kredit, der gleichzeitig zur Refinanzierung laufender Verbraucherkredite dient als auch zur Tilgung einer Schuld im beruflich-gewerblichen Bereich.

[14] Den etwaigen Besonderheiten eines Kreditvertrags müsste dadurch entsprochen werden, dass ggf. entsprechend angepasste Bestimmungen vorgesehen werden.

[15] Europäische Vereinbarung über einen freiwilligen Verhaltenscodex über die Unterrichtung vor Vertragsabschluss im Zusammenhang mit Wohnungsdarlehen.

[16] Zum Beispiel die „Grundschuld" in Deutschland: siehe hierzu VORMS, B., „L'expression du taux effectif global en matière de crédit hypothécaire“ (effektiver Gesamtzins bei Hypothekendarlehen), im Auftrag der Europäischen Kommission durchgeführte Studie, Vertrag B5 – 1030/92/013150), 1993, S. 37; in Belgien kann heutzutage jede Art von Schuldforderung durch Hypothek abgesichert werden.

[17] Hier einige Angaben betreffend bestimmte Mitgliedstaaten zur Veranschaulichung der Problemstellung:

- In Deutschland gibt es keinen Höchstbetrag, es sei denn, es handelt sich um einen Kredit, der einer natürlichen Person zur Finanzierung der Aufnahme einer beruflichen Tätigkeit gewährt wird (100 000 DM (d. h. 52 000 €, auf 50 000 € herabgesetzt). Ersetzt worden ist der Schwellenwert von 400 DM durch den Betrag von 200 € (§ 3 Absatz 1 Ziffer 1 und 2 des Verbraucherkreditgesetzes).

- Im österreichischen Gesetz ist kein Höchstbetrag vorgesehen; das Gesetz gilt für Kreditverträge mit einem Kreditbetrag von über 20 000 €.

- In Belgien ist diese Ausnahme nur teilweise berücksichtigt worden, und zwar für bestimmte Formvorschriften und in Bezug auf den Höchstbetrag, allerdings nur in Kombination mit der in Absatz 4 vorgesehenen Ausnahme.

– In Dänemark gibt es weder Mindest- noch Höchstbetrag; ausgenommen sind allerdings die Bestimmungen über die Pflicht zur Unterrichtung von Seiten des Darlehensgebers: Für diesen Teil beträgt der Mindestbetrag 1 500 DKR (=196 €) (§ 3 Abs. 3 Ziff. 1 "Lov om kreditaftaler").

– In Finnland gelten bestimmte nationale Bestimmungen nicht für Kredite mit einem Betrag von weniger als 200 € bzw. gelten besondere Bestimmungen für vorzeitige Rückzahlungen von Beträgen in Höhe von mehr als 20 000 €. Einen Höchstbetrag gibt es de facto aber nicht.

– In Frankreich gibt es keinen Mindestbetrag. Ausgenommen sind Verbraucherkredite über einen Kreditbetrag von mindestens 140 000 FF (21 342,86 €); ausgenommen sind allerdings die Bestimmungen über die Werbung für unentgeltliche Kredite oder Kredite zu Sonderkonditionen (Artikel L.311-3, Absatz 1 Ziffer 2ff., Französisches Verbrauchergesetzbuch („Code de la consommation"), Dekret Nr. 88-293, Artikel D.311-1). Diese Beträge sind seit 1988 nicht mehr aktualisiert worden. Bei der Festlegung des Kreditbetrags im Falle eines unbefristeten Kredits wird als Kreditbetrag die Debet-Summe berücksichtigt, die nach den ersten drei Monaten der Inanspruchnahme der Kreditlinie durch den Kreditnehmer aufgelaufen ist (Urteil Appellationsgericht Toulouse, 3. Kammer, 2.4.1996, Bull. Inf. Cass. vom 1.10.1996, Nr. 96-498: Da das Gesetz lediglich die Höhe der Darlehenssumme betrifft, sind die Gesamtkosten des Kredits nicht zu berücksichtigen).

– In Irland gibt es weder einen Mindest- noch einen Höchstbetrag. Ausgenommen sind allerdings von zugelassenen Pfand-/Leihhäusern gegen Pfandhinterlegung gewährte Kredite (Consumer Credit Act, Abschnitt 3 Ziff. 2 Buchst. c).

– Luxemburg hat den Mindest- und den Höchstbetrag in Anlehnung an das belgische Gesetz vom 19. Juli 1957 (abgeändert 1991) auf 7 500 LUF (185,92 €) bzw. 1 Mio. LUF (24 789,35 €) festgesetzt (Luxemburgisches Verbraucherkreditgesetz, Art. 3 Abs. 1 Buchst. f).

– In den Niederlanden gibt es keinen Mindestbetrag für Kleinkredite. Artikel 3 Absatz 3 des niederländischen Verbraucherkreditgesetzes („wet op het consumentenkrediet") sieht einen Mindestbetrag bei Krediten über 40 840 € (90 000 HFL) vor.

– Im Vereinigten Königreich wurde 1998 der Höchstbetrag auf 43 381 € (25 000 £) festgesetzt. Dieser Höchstbetrag gilt allerdings nicht für Werbung und Werbeangebote, die Zulassung von Maklern und unter Wucherbedingungen gewährte Kredite. Auch dann, wenn der ursprünglich vereinbarte Kredit(höchst)betrag durch einen Anschlusskredit aufgestockt wird, findet das entsprechende Gesetz Anwendung – d. h. selbst bei Überschreitung der Summe von 25 000 £ – jedoch mit Ausnahme von Vorschüssen auf Kontokorrentkonten. Die Tatsache, dass der Zinssatz variabel ist, darf nicht von Rechts wegen zur Folge haben, dass sich an dem sachlichen Geltungsbereich etwas ändert.

18 Abgesehen von den Kosten im Zusammenhang mit der Nichterfüllung eines Kreditvertrags.

19 Verwiesen sei hier auf die vergleichende Tabelle in dem Bericht über die Anwendung der Richtlinie 90/88/EWG, Dok. KOM (96) 79 endg. vom 12.4.1996, Ziff. 97, S. 24, und auf die Situation in den USA, die über ähnliche Rechtsvorschriften verfügen, allerdings - im Vergleich zu der Richtlinie der Gemeinschaft - die Ausschlussgründe viel weiter fassen (US-Code, Titel 15, Abschnitt 1605 (b).

20 Bezüglich Versicherungen: Siehe nachstehenden Punkt 6.1.

21 So ist beispielsweise eine Differenz in der Größenordnung von 0,1 % bis 0,2 % bei Kleinkrediten unerheblich (zieht man etwa die Zinssätze in Höhe von 200 bis 300 % (und mehr) heran, wie sie die „money-lender" im Vereinigten Königreich und in Irland verlangen); anders dagegen die Sachlage bei hohen Kreditbeträgen mit kurzer Tilgungszeit, da hier die Differenz, die sich auf die Monatsrate niederschlägt, mehrere Euro ausmachen kann.

[22] Auf diese Weise wird eine hinreichende Transparenz gewährleistet, da vermieden wird, dass die Berechnung der periodischen Zinsen auf unzählige Art und Weisen unter Zugrundelegung voneinander abweichender Pro-rata-temporis-Regeln erfolgt, die nur sehr vage in Relation zum zeitlichen Linear-Charakter stehen. Tatsächlich entspricht ein proportionaler periodischer Zinssatz den effektiven Kosten nicht, sondern wird zu einer Belastung, die höher ausfällt, als die, in die der Verbraucher eingewilligt hat.

[23] Siehe Bericht über die Anwendung der Richtlinie 90/88/EWG – KOM (96) 79 endg. vom 12.4.1996, S. 7, Nr. 26.

[24] Siehe Bericht über die Anwendung der Richtlinie 87/102/EWG zur Angleichung der Rechts- und Verwaltungsvorschriften der Mitgliedstaaten über den Verbraucherkredit – KOM (95) 117 endg. vom 11.5.1995, Ziff. 27 und 219; Synthesebericht über die Reaktionen und Stellungnahmen, KOM (97) 465 endg. vom 24.9.1997, Nr. II.9.

[25] Zum Vergleich: Siehe Empfehlung 92/48/EWG der Europäischen Kommission vom 18.12.1991 betreffend Versicherungsvermittler.

[26] Vorgesehen ist dies unter anderem in den belgischen, französischen, luxemburgischen und niederländischen Rechtsvorschriften.

[27] Nach deutschem Recht (Verbraucherkreditgesetz) bedarf der Kreditvermittlungsvertrag der Schriftform (andernfalls ist er nichtig) und muss in der Vertragsurkunde die Vergütung des Kreditvermittlers in einem Vomhundertsatz des Darlehensbetrags angegeben werden. Anzugeben ist ferner im Vertrag die vom Kreditnehmer mit dem Kreditgeber vereinbarte Vergütung (§ 15 VerbrKrG). Geschuldet wird die Vergütung nur dann, wenn das Darlehen effektiv gewährt worden ist und der Verbraucher nicht mehr von seinem Widerrufsrecht Gebrauch machen kann. Soweit das Darlehen mit Wissen des Kreditvermittlers zur vorzeitigen Ablösung eines anderen Kredits dient, entsteht ein Anspruch auf Vergütung nur, wenn sich der effektive Jahreszins (etwaige Vermittlungskosten nicht mitgerechnet) oder der anfängliche effektive Jahreszins erhöht (§ 16 VerbrKrG). Dient der Kredit zur Finanzierung einer Dienstleistung, so darf vom Verbraucher kein weiteres Entgelt – außer der Erstattung von Vorauszahlungen/erforderlichen Auslagen des Kreditvermittlers – verlangt werden *(„(Es) kann vereinbart werden, dass dem Kreditvermittler entstandene, erforderliche Auslagen zu erstatten sind") (§ 17 VerbrKrG).*

[28] U. a. Belgien und die Niederlande.

[29] Gedacht wird hierbei unter anderem an „Open end lease"-Verträge und allgemein an sog. „Balloon"-Verträge.

[30] Siehe hierzu die Schlussanträge von Generalanwalt Philippe LEGER vom 28.10.1999 und Urteil des Europäischen Gerichtshofs (Fünfte Kammer) vom 2303.2000 in der Rechtssache C-208/98, Berliner Kindl Brauerei AG gegen Andreas Siepert: Ein Bürgschaftsvertrag fällt nicht unter die Richtlinie 87/102/EWG.

[31] Der derzeitige Stand lässt sich wie folgt zusammenfassen:

- In Deutschland gibt es ein Widerrufsrecht, das binnen sieben Tagen geltend gemacht werden kann; dieses Recht gilt nicht für Kreditverträge, bei denen die Zinsen nur alle drei Monate belastet und außer den Zinsen keine weiteren Kosten in Rechnung gestellt werden, sofern der Verbraucher den Kredit jederzeit ohne Einhaltung einer Kündigungsfrist und ohne zusätzliche Kosten zurückzahlen kann. Die Widerrufsfrist beginnt mit dem Tag, an dem dem Verbraucher eine deutlich gestaltete Belehrung über dieses ihm eingeräumte Recht zum Widerruf ausgehändigt worden ist (§ 7 VerbrKrG.).
- In Belgien steht dem Verbraucher ein „Recht auf Verzicht" zu, das er binnen sieben Werktagen, vom Tag der Kreditvertragsunterzeichnung an gerechnet, geltend machen kann, sofern der Vertrag in Anwesenheit beider Parteien außerhalb der Räumlichkeiten des Kreditgebers oder Kreditvermittlers geschlossen wird. Ebenso hat der Verbraucher ein „Recht

auf Verzicht", das er binnen sieben Wochentagen, vom Tag der Vertragsunterzeichnung an gerechnet, geltend machen kann, wenn der Vertrag an dem Tag geschlossen wurde, an dem dem ihm ein Kreditangebot in rechtmäßiger Form unterbreitet worden ist; ausgenommen hiervon sind Raten- und Leasinggeschäfte (Art. 18 des belgischen Gesetzes über den Verbraucherkredit).

- In Frankreich kann der Darlehensnehmer binnen sieben Tagen, vom Tag der Annahme des Angebots an gerechnet, dieses Angebot rückgängig machen. Von diesem Recht Gebrauch machen kann er mit Hilfe eines jedem Kreditangebot beiliegenden speziellen Vordrucks.

- In Irland gilt ein Widerrufsrecht, das binnen zehn Kalendertagen, vom Tag der Entgegennahme des Kreditvertrags durch den Verbraucher an gerechnet, geltend gemacht werden kann. Der Verbraucher, der von diesem Widerrufsrecht Gebrauch machen möchte, unterzeichnet eine entsprechende Erklärung als Willensbekundung darüber, dass er auf seine Rechte verzichtet. Das Widerrufsrecht gilt nicht für Wohnungsdarlehen, Kredite in Verbindung mit Kreditkarten und von Kreditinstituten gewährte Überziehungskredite (Abschnitt 50, Consumer Credit Act).

- In Luxemburg steht dem Verbraucher das Recht zu, von einem geschlossenen Vertrag „Abstand zu nehmen"; allerdings gilt dieses Verzichtrecht nur für von einem Lieferer angebotene Kreditverträge. Die Einräumung dieser Verzichtmöglichkeit ist von Rechts wegen zulässig. Das „Widerrufsrecht" muss binnen zwei Tage wahrgenommen werden.

- Im Vereinigten Königreich gilt ein Widerrufsrecht („cooling-off period", d. h. eigentlich Bedenkzeit) bei kündbaren Verbraucherkreditverträgen („cancellable agreements"), jedoch nicht für Darlehen, die durch ein Recht an einer Immobilie abgesichert sind („ interest in land", d. h. Recht an Grundbesitz), wenn der Kredit zur Finanzierung des Erwerbs einer Immobilie bestimmt ist oder als Überbrückungskredit dient, sowie für Kreditverträge, die mit dem Verbrauche am Sitz des Unternehmens, des Kreditgebers oder des Vermittlers („negociator", in diesem Fall Makler, Verkäufer usw.) geschlossen wird, auch wenn dieser Sitz nur vorübergehend ist (vgl. Abschnitt 67, Consumer Credit Act). Dass der Verbraucher über ein Recht auf Widerruf bzw. eine Bedenkzeit verfügt, wie dieses Recht gehandhabt wird und unter welchen Bedingungen, muss dem Verbraucher entweder zum Zeitpunkt der Aushändigung des für ihn bestimmten Exemplars des Kreditvertrags oder schriftlich binnen sieben Tagen nach Zustandekommen des Vertrags mitgeteilt werden (Consumer Credit Act, Abschnitte 62 bis 64). Ausnahmen hierzu sind durch die „Statutory Instruments" geregelt. Der Kreditgeber muss bestimmte Formvorschriften einhalten. Der Verbraucher muss sein Widerrufsrecht binnen fünf Tagen nach Überlassung der für ihn bestimmten Ausfertigung des Kreditvertrags bzw. Entgegennahme der schriftlichen Mitteilung geltend machen. Diese Frist kann in den Fällen, in denen Ausnahmen zu der Vorabmitteilung zulässig sind, um bis zu 14 Tage vom Tag der Vertragsunterzeichnung an gerechnet verlängert werden (Consumer Credit Act, Abschnitt 68).

[32] Mit diesem Verbot geregelt ist nicht nur die Bedenkzeit, wie in Artikel 4 der Richtlinie 85/577/EWG des Rates vom 20.12.1985 betreffend den Verbraucherschutz im Falle von außerhalb von Geschäftsräumen geschlossenen Verträgen vorgesehen.

[33] U. a. in Frankreich, den Niederlanden, Italien, Belgien und teilweise in Portugal und in Spanien.

[34] Bericht über die Anwendung der Richtlinie 87/102/EWG zur Angleichung der Rechts- und Verwaltungsvorschriften der Mitgliedstaaten über den Verbraucherkredit – KOM (95) 117 endg. vom 11.5.1995, Ziff. 273 bis 297; zusammenfassender Bericht über die Reaktionen und Stellungnahmen KOM (97) 465 endg. vom 24.9.1997, S. 17, Nr. II.12.

[35] So wird beispielsweise in Frankreich für Verbraucherkredite keine „Wiederanlagegebühr" erhoben. Auch bei Hypothekendarlehen wird eine solche Gebühr nicht mehr verlangt, wenn die vorzeitige Rückzahlung mit dem Verkauf der Immobilie infolge Ortswechsels des Darlehensnehmers oder seines Ehepartners aus beruflichen Gründen, Ablebens oder Aufgabe der beruflichen/gewerblichen Tätigkeit aus zwingenden Gründen in Zusammenhang steht.

[36] Siehe u. a. Art. 24 des belgischen Gesetzes vom 12.6.1991 über den Verbraucherkredit.

[37] Verwiesen sei hier auf folgende drei Modelle aus Mitgliedstaaten, die weiterreichende Bestimmungen als in Art. 11 der Richtlinie vorgesehen, erlassen haben:

(1) Frankreich hat das sich das Konzept des **„crédit affecté“** (soviel wie: zweckgebundener Kredit) gegeben. Darunter zu verstehen sind verbundene Geschäfte, d. h. Fälle, in denen das Zustandekommen des Kaufvertrags von der Bewilligung eines Kredits abhängt (und umgekehrt). Deshalb ist nach dem französischen Gesetz der Gewerbetreibende (Verkäufer einer Sache oder Erbringer von Dienstleistungen) verpflichtet, im Kauf- oder Liefervertrag näher auszuführen, dass der Kaufpreis per Kredit finanziert wird (Artikel L.311-23), und zwar auch dann, wenn der Käufer den Kredit, den der Verkäufer ihm anbietet, ausschlägt und stattdessen einen Kredit bei einem anderen Kreditgeber seiner Wahl in Anspruch nimmt, und das Kreditinstitut verpflichtet ist, im Kreditvertrag die Ware/oder Dienstleistung, die mit dem Kredit finanziert wird, näher anzugeben (Artikel L.311-20). Die Regelung, derzufolge also beide Verträge miteinander verbunden sind, spielt damit in zwei wichtigen Vertragsphasen: a) beim Zustandekommen des Vertrags und b) bei der Vertragserfüllung.

(2) In Deutschland hat der Gesetzgeber die Regelung der **„wirtschaftlichen Einheit“** geschaffen. Nach dieser Regelung bildet ein Kaufvertrag ein mit dem Kreditvertrag verbundenes Geschäft, wenn der Kredit der Finanzierung des Kaufpreises dient und beide Verträge als wirtschaftliche Einheit anzusehen sind. Eine wirtschaftliche Einheit ist dann anzunehmen, wenn der Kreditgeber sich bei der Vorbereitung oder dem Abschluss des Kreditvertrags der Mitwirkung des Verkäufers bedient (VerbrKrG § 9 (1)). Der Kaufvertrag kommt nur dann zustande, wenn der Verbraucher nicht von seinem Rücktrittsrecht vom Kreditvertrag Gebrauch gemacht hat. In der entsprechenden Vertragsbestimmung über den Widerruf des Vertrags muss der ausdrückliche Hinweis enthalten sein, dass im Falle des Widerrufs auch der verbundene Kaufvertrag nicht zustande kommt. Der Widerruf bleibt auch dann wirksam, wenn der Darlehensbetrag noch nicht zurückgezahlt worden ist. Der Verbraucher kann die Rückzahlung verweigern, soweit Einwendungen aus dem verbundenen Kaufvertrag ihn gegenüber dem Verkäufer zur Verweigerung seiner Leistung aufgrund eines vertraglichen Mangels berechtigen würden.

(3) Das Vereinigte Königreich hat die dort geltende Regelung der **„joint and several liability“** (gesamtschuldnerische Haftung) beibehalten. Abschnitt 75 des British Consumer Credit Act (BCA) regelt *„the liability of the creditor for breaches by the supplier under a debtor-creditor-supplier agreement“*. Da der Kreditgeber in enger geschäftlicher Beziehung mit dem Lieferer von Waren oder Dienstleistungen steht, haftet in dem Fall, wo dem Verbraucher eine mangelhafte Sache oder nur ein Teil der in Auftrag gegebenen Waren oder Dienstleistungen geliefert wird oder die gesamte Lieferung ausbleibt, der Kreditgeber gemeinsam mit dem Lieferer für den erlittenen Schaden. Der Verbraucher muss wahlweise entweder den Kreditgeber *oder* den Lieferer der gerichtlich belangen können, um Wiedergutmachung für den erlittenen Schaden zu erhalten. Diese Bestimmung gilt nicht für Kreditverträge jeder Art, sondern nur für die in Art. 12 Abs. b und c des britischen Verbraucherkreditgesetztes näher bezeichneten, d. h. *„credit agreements which are made under pre-existing arrangements, or in contemplation of future arrangements, between the creditor and the supplier“*. In dieser Bestimmung ist weder von „Ausschließlichkeit“, noch von dem Erfordernis die Rede, dem zufolge der Verbraucher vorab seine Rechte gegen den Lieferer geltend gemacht haben muss.

[38] Geprüft werden müsste, ob auch „Erwerbslosigkeit“ darunter fallen kann, und die entsprechenden Schadensfälle müssten darin genau festgelegt werden.

[39] U.a. Art. 36 des irischen und Art. 39 des belgischen Verbraucherkreditgesetzes.

[40] Siehe Bericht über die Anwendung der Richtlinie 87/102/EWG zur Angleichung der Rechts- und Verwaltungsvorschriften der Mitgliedstaaten über den Verbraucherkredit – KOM (95) 117 endg. vom 11.5.1995, Ziff. 184 bis 188. Zusammenfassender Bericht über die Reaktionen und Stellungnahmen, KOM (97) 465 endg. vom 24.9.1997, Nr. II.5.